2022
Bilingual Tax Preparation Course

Volume 2

©2022 Latino Tax Pro

Table of Contents / Índice

Chapter 6 Other Taxes 16

Capítulo 6 Otros impuestos 17

Chapter 7 Payments and Tax Credits 66

Capítulo 7 Pagos y créditos tributarios 67

Chapter 8 Itemized Deductions 154

Capítulo 8 Deducciones detalladas 155

Chapter 9 Schedule C 216

Capítulo 9 Anexo C 217

Chapter 10 Schedule E 302

Capítulo 10 Anexo E 303

Chapter 11: Schedule F 354

Capítulo 11: Anexo F 355

Chapter 12 Depreciation 390

Capítulo 12 Depreciación 391

Chapter 13 Capital Gains and Losses 428

Capítulo 13 Ganancias y pérdidas de capital 429

Chapter 14 Electronic Filing 460

Capítulo 14 Declaración electrónica 461

Chapter 15 Extensions and Amendments 510

Capítulo 15 Prórrogas y enmiendas 511

Quick Start Guide

WELCOME to the most advanced tax learning system in the United States: Prendo365 powered by Latino Tax Professionals! Our tax education is a powerful, user-friendly e-learning system. An optional textbook is available. The following instructions will provide the steps to create and/or log in to your Prendo365 account.

First-Time User Purchased Online or Through Sales Rep

Step 1: After purchase, open the email you received from edsupport@latinotaxpro.com with subject line "Welcome to Prendo365" – it contains a password and username to access your created account. Check your spam/junk folder if you do not see it.

Step 2: At login, you MUST complete and save the required fields marked with a red asterisk to continue.

Step 3: Scroll down to "Courses" on the left side of your dashboard and click on your course icon to begin!

First-Time User Through Instructor or Office Manager

Step 1: Enter prendo365.com into your preferred browser then hit enter. (We recommend Google Chrome or Firefox for best user experience.)

Step 2: Click on the "Register" button on the top right.

Step 3: Your username is your email*. (Remember which email and password you used). Complete all required fields.

Step 4: If you have an instructor, click on the drop-down menu, "*do you have an instructor*" and select your instructor. Otherwise, click on the "I Accept the terms of the privacy policy" and click "Next."

Step 5: Enter your PTIN and State information for Continuing Education Credits, if applicable. If you do not have a PTIN, type "N/A". Complete all required fields. You will receive an email from edsupport@latinotaxpro.com. If you do not receive the email within 15 minutes, check your spam folder.

Step 6: Open the email you received from edsupport@latinotaxpro.com — it contains your temporary password. Click the link to confirm your registration and use the temporary password provided to sign in.

Step 7: Enter the temporary password and then create a new password that you will remember. Click "Save Changes."

Step 8: Scroll down to "Courses" on the list to the left side of your dashboard and click on your course icon to begin!

*If you receive a message that your email is already in the system, an account has been created by a staff member, instructor, or by purchasing online. Click on "Forgot your password?" to reset your password or chat at prendo365.com.

Guía de inicio rápido

BIENVENIDO al sistema de aprendizaje de impuestos más avanzado de los Estados Unidos: ¡Prendo365, impulsado por Latino Tax Professionals! Nuestra educación fiscal es un sistema de aprendizaje electrónico poderoso fácil de usar con libros de texto opcionales. Siga los pasos a continuación para crear o iniciar sesión en su cuenta de Prendo365.

Usuario por primera vez que compró en línea o con un representante de ventas.

Paso 1: Después de la compra, abra el correo electrónico que recibió de edsupport@latinotaxpro.com con línea de asunto "Bienvenido a Prendo365" : contiene una contraseña y un nombre de usuario para acceder a su cuenta creada. Revisa tu carpeta de spam/correo no deseado si no la ves.

Paso 2: Al iniciar sesión, debe completar y guardar los campos obligatorios marcados con un asterisco rojo para continuar.

Paso 3: Desplázate hacia abajo hasta "Cursos" en el lado izquierdo de tu panel y haz clic en el ícono de tu curso para comenzar!

Usuario por primera vez que hizo su compra con un instructor o un gerente.

Paso 1: Introduzca prendo365.com en su navegador preferido y luego pulse "enter". (Recomendamos Google Chrome o Firefox para la mejor experiencia de usuario.)

Paso 2: Haga clic en el botón "Registrarse" en la parte superior derecha.

Paso 3: Su nombre de usuario es su correo electrónico*. Recuerda qué correo electrónico y contraseña usaste. Complete todos los campos obligatorios.

Paso 4:: Si tiene un instructor, haga clic en el menú desplegable, "*¿tiene un instructor?*" y seleccione su instructor. De lo contrario, haga clic en "Acepto los términos de la política de privacidad" y haga clic en "Siguiente".

Paso 5: Ingrese su PTIN y la información estatal para los Créditos de Educación Continua, si corresponde. Si no tiene un PTIN, escriba "N/A". Complete todos los campos obligatorios. Recibirá un correo electrónico de edsupport@latinotaxpro.com. Si no recibe el correo electrónico en 15 minutos, revise su carpeta de correo no deseado.

Paso 6: Abra el correo electrónico que recibió de edsupport@latinotaxpro.com , ya que contiene su contraseña temporal. Haga clic en el enlace para confirmar su registro y utilice la contraseña temporal proporcionada para iniciar sesión.

Paso 7: Ingrese la contraseña temporal y luego cree una nueva contraseña que recordará. Haga clic en "Guardar cambios".

Paso 8: Desplácese hacia abajo hasta "Cursos" en la lista al lado izquierdo de su panel de control y haga clic en su icono del curso para comenzar!

*Si recibe un mensaje de que su correo electrónico ya está en el sistema, un miembro del personal, un instructor o una compra en línea han creado una cuenta. Haga clic en "¿Olvidó su contraseña?" para restablecer su contraseña o chatear en prendo365.com.

Returning User

Step 1: Enter Prendo365.com in your preferred browser. Hit enter.

Step 2: Click the "Sign In" button.

Step 3: Enter your username and password. Forgot your password? Click "Forgot your password?"

Step 4: Click "Sign In."

Step 5: Haven't started your course yet? Find your course on the dashboard. On the left side under "Courses" open your course by clicking on the thumbnail. Then click on "Start Learning Now".

Step 6: Started your course already? Find your course once again on the dashboard under "Courses" and click on the thumbnail to open. Then choose "Resume Where You Left Off" to go to the last section completed.

Still have questions? Chat at prendo365.com, email questions to edsupport@latinotaxpro.com or call 866.936.2587.

You have been placed into a group with other tax pros taking the same course! This community is for you to SHARE knowledge and CONNECT with others.

HOW TO ACCESS YOUR ACCOUNT

1. Once you're in your Prendo365 account, click on the 3 lines on the top left corner to open the menu.
2. With the menu open, click on "Visit the Community" to continue.
3. YOU NEED TO CLICK "Continue with your existing Prendo365 account" to enter your information.
4. You're in! Agree to the Code of Conduct, upload a profile picture, and start posting in the Community!

Have a question? Call or text us for questions at (866) 936-2587!

Usuario que regresa

Paso 1: Ingrese Prendo365.com en su navegador preferido. Pulsa intro.

Paso 2: Haga clic en el botón "Iniciar sesión".

Paso 3: Ingrese su nombre de usuario y contraseña. ¿Ha olvidado su contraseña? Haga clic en "Olvidó su contraseña?"

Paso 4: Haga clic en "Iniciar sesión".

Paso 5: ¿Aún no has comenzado tu curso? Encuentra tu curso en el panel de control. En el lado izquierdo en "Cursos", abra su curso haciendo clic en la miniatura. Luego haga clic en "Comience a aprender ahora".

Paso 6: ¿ Ya has comenzado tu curso? Encuentre su curso una vez más en el panel de control en "Cursos" y haga clic en la miniatura para abrir. Luego elija "Reanudar donde lo dejó" para ir a la última sección completada.

¿Todavía tienes preguntas? Chatea en prendo365.com, envía preguntas por correo electrónico a edsupport@latinotaxpro.com o llama al 866.936.2587.

¡Te han colocado en un grupo con otros profesionales de impuestos que toman el mismo curso! Esta comunidad es para que COMPARTAS conocimientos y TE CONECTES con los demás.

CÓMO ACCEDER A TU CUENTA

1. Una vez que esté en su cuenta de Prendo365, haga clic en las 3 líneas en la esquina superior izquierda para abrir el menú.
2. Con el menú abierto, haga clic en "Visitar la comunidad" para continuar.
3. DEBE HACER CLIC EN "Continuar con su cuenta Prendo365 existente" para ingresar su información.
4. ¡Estás dentro! ¡Acepta el Código de Conducta, sube una foto de perfil y comienza a publicar en la Comunidad!

¿Tiene alguna pregunta? ¡Llámenos o envíenos un mensaje de texto si tiene preguntas al (866) 936-2587!

Course Description

Our **Tax Preparation Course** is designed to give you the knowledge needed to fulfill IRS requirements and give you a basic understanding of tax law and practice to ensure you serve your clients with the highest quality. This study material has been organized to give line-by-line instructions for Form 1040.

In this beginner tax preparer course, you will learn:

- How to prepare a federal individual tax return
- Filing status
- Which form to use
- Credits the taxpayer qualifies for

Our proprietary Professional Training System combines traditional textbook courses with online interactive materials, questions, and practice tax returns exercises. After each chapter, the student will complete online review questions and a Practice Tax Returns (PTR). The PTR is in PDF format and includes a link to the necessary tax forms to complete a tax return. Returns containing Schedule A are prepared with state income tax withholding on line 5 and the additional state specific taxes such as CASDI. PTRs are based on covered material.

Review questions and PTRs may be taken as many times as necessary to achieve the required score. If you have obtained a score of 70% or better, but choose to obtain a higher score, Prendo365 records the most recent score, even if it is less than your prior score.

This course expires November 30, 2023. This course does not qualify for IRS continuing education hours.

Included in this course:

- **Textbook Study Guide** (Must be purchased separately)
- **eBook** (The online course includes an eBook for every chapter)
- **Online Questions** "To Test Your Knowledge"
- **Online Practice Tax Returns** (PTR). There is a quiz at the end of each chapter.
- **Online Finals**. You will have three final exams at the end of the course.

This course has been copyrighted and published by Latino Tax Professionals Association, LLC.

Descripción del curso

Nuestro **Curso de Preparación de Impuestos** está diseñado para brindarle el conocimiento necesario para cumplir con los requisitos del IRS y brindarle una comprensión básica de la ley y la práctica tributaria para garantizar que sirva a sus clientes con la más alta calidad. Este material de estudio se ha organizado para dar instrucciones línea por línea para el Formulario 1040.

En este curso de preparación de impuestos para principiantes, aprenderá:

- Cómo preparar una declaración de impuestos individuales federales
- Estado civil
- Qué formulario usar
- Créditos para los que el contribuyente califica

Nuestro sistema de capacitación profesional patentado combina cursos de libros de texto tradicionales con materiales interactivos en línea, preguntas y ejercicios de práctica de declaraciones de impuestos. Después de cada capítulo, el estudiante completará las preguntas de revisión en línea y una Declaración de Impuestos de Práctica (PTR). El PTR está en formato PDF e incluye un enlace a los formularios de impuestos necesarios para completar una declaración de impuestos. Las declaraciones que contienen el Anexo A se preparan con la retención del impuesto estatal sobre la renta en la línea 5 y los impuestos específicos estatales adicionales como CASDI. Los PTR se basan en material cubierto.

Las preguntas de revisión y los PTR se pueden tomar tantas veces como sea necesario para lograr la puntuación requerida. Si ha obtenido una puntuación del 70% o superior, pero opta por obtener una puntuación más alta, Prendo365 registra la puntuación más reciente, incluso si es inferior a su puntuación anterior.

Este curso vence el 30 de noviembre de 2023. Este curso no califica para las horas de educación continua del IRS.

Incluido en este curso:

- **Guía de estudio de** libros de texto (debe comprarse por separado)
- **eBook** (El curso en línea incluye un libro electrónico para cada capítulo)
- **Preguntas en línea** "Para poner a prueba sus conocimientos"
- **Declaraciones de impuestos de práctica en línea** (PTR). Hay un cuestionario al final de cada capítulo.
- **Finales online**. Tendrás tres exámenes finales al final del curso.

Este curso ha sido protegido por derechos de autor y publicado por Latino Tax Professionals Association, LLC.

How to Use This Textbook

LTP has organized this study material to give line-by-line instructions for Form 1040. It is our editorial staff's belief that you, the student, should understand theory before putting it into practice. Therefore, we recommend that all practice returns be prepared by hand first. Our course is designed to explain where tax information is reported on the individual tax return. Yes, you will most likely preparer tax return using a software, but you still have to understand how the process works so you can identify what you need to know. The software will not tell you what form to use for certain tax items.

Chapter Introduction

Each chapter begins with an introductory paragraph that will give the student an overview of what is covered in the chapter.

Chapter Objectives

Each chapter is designed to build upon the others. The chapter objectives state the framework for the material presented in the chapter.

Chapter Resources

The chapter resources serve as a guide for students when more research may be needed on a particular topic. Our editorial team has created this list of resources to make it easier to begin researching.

Part Questions

The content of each chapter is divided into several parts. You will find review questions at the end of each chapter part. LTP encourages the student not to skip these but read and learn from the answers and feedback.

Chapter Questions "To Test Your Knowledge"

There is a short quiz at the end of each chapter. The online review questions are designed to help the student recall subject matter from the chapter. These review questions are not graded and are not part of the final grade you need to pass this course.

Final Exams

Per regulations, this course does not include the final federal tax law exam. It does include chapter exams, chapter practice tax return quizzes and a Practice Tax Return Final Exam which you Must pass with a 70% or better to complete the course and receive your certificate.

Como usar este texto

LTP ha organizado este material de estudio para dar instrucciones línea por línea para el Formulario 1040. Nuestro equipo editorial cree que usted, el estudiante, debe comprender la teoría antes de ponerla en práctica. Por lo tanto, recomendamos que todas las devoluciones de práctica se preparen primero a mano. Nuestro curso está diseñado para explicar dónde se informa la información fiscal en la declaración de impuestos individual. Sí, lo más probable es que prepare la declaración de impuestos utilizando un software, pero aún debe comprender cómo funciona el proceso para que pueda identificar lo que necesita saber. El software no le dirá qué formulario usar para ciertos elementos de impuestos.

Introducción al capítulo

Cada capítulo comienza con un párrafo introductorio que le dará al estudiante una visión general de lo que cubre el capítulo.

Objetivos de capítulos

Cada capítulo está diseñado para que incremente lo que aprendió de los anteriores. Los objetivos del capítulo son el marco en el que se presenta el material de cada capítulo.

Recursos del capítulo

Los recursos del capítulo sirven como una guía para los estudiantes cuando se necesita más investigación sobre un tema en particular. Nuestro equipo editorial ha creado esta lista de recursos para que sea más fácil comenzar a investigar.

Preguntas de cada parte

Hay preguntas de repaso al final de cada parte en el capítulo. LTP exhorta a los estudiantes a que no dejen pasar estas preguntas, por el contrario, hay que leerlas y contestarlas, luego ver las respuestas y el comentario.

Preguntas del capítulo "Para poner a prueba sus conocimientos"

Hay un breve cuestionario al final de cada capítulo. Las preguntas de revisión en línea están diseñadas para ayudar al estudiante a recordar el tema del capítulo. Estas preguntas de revisión no se califican y no forman parte de la calificación final que necesita para aprobar este curso.

Exámenes finales

De acuerdo a los reglamentos, este curso no incluye el examen final de la ley federal de derecho tributario. Incluye exámenes de capítulo, cuestionarios de declaración de impuestos de práctica de capítulo y un examen final de declaración de impuestos de práctica que debe aprobar con un 70% o mejor para completar el curso y recibir su certificado.

Practice Tax Returns

LTP has created practice tax returns (PTR) to assist the student in understanding tax preparation. Each PTR is based on a scenario encompassing the course content that has been included up to that point. For example, if a lesson covers income, the tax calculations will not reflect any credits that have not yet been discussed in the course, even if the taxpayer in the scenario would have qualified for them. Ideally, the student would prepare the PTR by hand and then answer the PTR review questions on the website. LTP does not discourage software preparation.

When preparing a Schedule A, there are 2 choices for Taxes You Paid; State Tax Withheld or Sales Tax. PTR instructions will use a fixed Sales Tax when preparing the tax return. Be aware that individual states, and county and city could vary in rate and tax withheld.

Textbook Updates

The digital version of the textbook is updated throughout the year to always contain the most recent information. The physical copy of the textbook will also be updated periodically. Notifications are inside Prendo365 indicated by the bell in the upper right of the screen.

LTP Mission

LTP promotes entrepreneurship, education, diversity, and knowledge among tax preparation businesses across the nation — a number that is growing every year. Not only do we provide education, we provide support for tax professionals who pursue opening their own tax preparation businesses or for current business owners who strive to expand their businesses.

> ➤ Our **GOAL** is to help you grow your practice and increase your profits.
> ➤ Our **VISION** is to give you the best education, leadership, and business-skill training available.
> ➤ Our **MISSION** is to give tax professionals a unified, powerful voice on a national level.

LTP believes the best way to begin tax preparation is by understanding Form 1040 efficiently. The chapters in this textbook are designed to give the student basic instructions. When the chapter is completed, the student will go online and complete multiple-choice review questions with feedback for review.

LTP Commitment

This publication is designed to provide accurate and authoritative information on the matter covered. It is presented with the understanding that Latino Tax Professionals is not engaged in rendering legal or accounting services or other professional advice and assumes no liability in connection with its use. Pursuant to Circular 230, this text has been prepared with due diligence; however, the possibility of mechanical or human error does exist. The text is not intended to address every situation that may arise. Consult additional sources of information, as needed, to determine the solution of tax questions.

Practique las declaraciones de impuestos

LTP ha creado declaraciones de impuestos de práctica (PTR) para ayudar al estudiante a comprender la preparación de impuestos. Cada PTR se basa en un escenario que abarca el contenido del curso que se ha incluido hasta ese momento. Por ejemplo, si una lección cubre ingresos, los cálculos de impuestos no reflejarán ningún crédito que aún no se haya discutido en el curso, incluso si el contribuyente en el escenario hubiera calificado para ellos. Idealmente, el estudiante prepararía el PTR a mano y luego respondería las preguntas de revisión del PTR en el sitio web. LTP no desalienta la preparación de software.

Al preparar un Anexo A, hay 2 opciones para los impuestos que pagó; Impuesto estatal retenido o impuesto sobre las ventas. Las instrucciones de PTR utilizarán un impuesto sobre las ventas fijo al preparar la declaración de impuestos. Tenga en cuenta que los estados individuales, el condado y la ciudad pueden variar en la tasa y los impuestos retenidos.

Actualizaciones de libros de texto

La versión digital del libro de texto se actualiza a lo largo del año para contener siempre la información más reciente. La copia física del libro de texto también se actualizará periódicamente. Las notificaciones están dentro de Prendo365 indicadas por la campana en la parte superior derecha de la pantalla.

Misión LTP

LTP promueve el espíritu empresarial, la educación, la diversidad y el conocimiento entre las empresas de preparación de impuestos en todo el país, un número que crece cada año. No solo brindamos educación, sino que brindamos apoyo a los profesionales de impuestos que buscan abrir sus propios negocios de preparación de impuestos o a los propietarios de negocios actuales que se esfuerzan por expandir sus negocios.

1. Nuestro **OBJETIVO** es ayudarlo a hacer crecer su práctica y aumentar sus ganancias.
2. Nuestra **VISIÓN** es brindarle la mejor educación, liderazgo y capacitación en habilidades comerciales disponibles.
3. Nuestra **MISIÓN** es dar a los profesionales de impuestos una voz unificada y poderosa a nivel nacional.

LTP cree que la mejor manera de comenzar la preparación de impuestos es entendiendo el Formulario 1040 de manera eficiente. Los capítulos de este libro de texto están diseñados para dar al estudiante instrucciones básicas. Cuando se complete el capítulo, el estudiante se conectará en línea y completará las preguntas de revisión de opción múltiple con comentarios para su revisión.

Compromiso LTP

Esta publicación está diseñada para proporcionar información precisa y autorizada sobre el asunto cubierto. Se presenta en el entendimiento de que Latino Tax Professionals no se dedica a prestar servicios legales o contables u otro asesoramiento profesional y no asume ninguna responsabilidad en relación con su uso. De conformidad con la Circular 230, este texto se ha preparado con la debida diligencia; sin embargo, existe la posibilidad de error mecánico o humano. El texto no pretende abordar todas las situaciones que puedan surgir. Consulte fuentes adicionales de información, según sea necesario, para determinar la solución de las preguntas fiscales.

Tax laws are constantly changing and are subject to differing interpretation. In addition, the facts and circumstances of a particular situation may not be the same as those presented here. Therefore, the student should do additional research to understand fully the information contained in this publication.

Federal law prohibits unauthorized reproduction of the material in this manual. All reproduction must be approved in writing by Latino Tax Professionals. This is not a free publication. Illegal distribution of this publication is prohibited by international and United States copyright laws and treaties. Any illegal distribution by the purchaser can subject the purchaser to penalties of up to $100,000 per copy distributed. No claim is made to original government works; however, within this product or publication, the following are subject to LTP's copyright:

1. Gathering, compilation, and arrangement of such government materials
2. The magnetic translation and digital conversion of data if applicable
3. The historical statutory and other notes and references
4. The commentary and other materials

Authors: Kristeena S. Lopez, MA Ed, EA
Carlos C. Lopez, MDE, EA

Editor: Fernando Cabrera, MA

Contributing Staff: Niki Young, BS, EA
Fernando Cabrera, MA
Andres Santos, EA
Timur Taluy, BS
Roberto Pons, EA
Ricardo Rivas, EA
Pascual Garcia, EA

Graphic Designers: Susan Espinoza, BS
David Lopez

ISBN: 9798837849558

Made in California, USA

Published Date: June 23, 2022

Las leyes fiscales cambian constantemente y están sujetas a diferentes interpretaciones. Además, los hechos y circunstancias de una situación particular pueden no ser los mismos que los aquí presentados. Por lo tanto, el estudiante debe hacer una investigación adicional para comprender completamente la información contenida en esta publicación.

La ley federal prohíbe la reproducción no autorizada del material de este manual. Toda reproducción debe ser aprobada por escrito por Latino Tax Professionals. Esta no es una publicación gratuita. La distribución ilegal de esta publicación está prohibida por las leyes y tratados internacionales y de derechos de autor de los Estados Unidos. Cualquier distribución ilegal por parte del comprador puede someter al comprador a multas de hasta $ 100,000 por copia distribuida. No se reclama ninguna obra original del gobierno; sin embargo, dentro de este producto o publicación, los siguientes están sujetos a los derechos de autor de LTP:

1. Recopilación, compilación y disposición de dichos materiales gubernamentales
2. La traducción magnética y la conversión digital de datos, si procede.
3. La historia estatutaria y otras notas y referencias
4. El comentario y otros materiales

Autores: Kristeena S. Lopez, MA Ed, EA
Carlos C. Lopez, MDE, EA

Editor: Fernando Cabrera, MA

Contribuidores: Niki Young, BS, EA
Fernando Cabrera, MA
Andres Santos, EA
Timur Taluy, BS
Roberto Pons, EA
Ricardo Rivas, EA
Pascual Garcia, EA

Diseño Gráfico: Susan Espinoza, BS
David Lopez

ISBN: 9798837849558   **Hecho en California, USA**

Fecha de Publicación: 23 de junio de 2022

Chapter 6 Other Taxes

Introduction

This chapter provides an overview of taxes reported on Schedule 2. Some common other taxes that a tax preparer will see are:

- Alternative Minimum Tax (AMT)
- Additional taxes on IRAs
- Additional Medicare Tax
- Additional tax on IRAs
- Excess Social Security tax
- Household employment taxes
- Net investment income tax (NIIT)
- Self-employment tax (will be covered in a later chapter)
- Unreported tip income

Objectives

At the end of this lesson the student will:

- Complete Form 1040, Schedule 2.
- Explain when a taxpayer must repay the Premium Tax Credit.
- Understand the taxability of excess Social Security.
- Identify when a taxpayer must pay an additional tax on IRAs.
- Clarify when to use Schedule H.

Resources

Form 1040	Publication 17	Instructions Form 1040
Form 4137	Publication 334	Instructions Form 4137
Form 5329	Publication 560	Instructions Form 5329
Form 5405	Publication 575	Instructions Form 5405
Form 6251	Publication 590-B	Instructions Form 6251
Form 8919	Publication 594	Instructions Form 8919
Form 8959	Publication 721	Instructions Form 8959
Form 8962	Publication 939	Instructions Form 8962
Form 8965	Publication 974	Instructions Form 8965
Schedule 2	Tax Topic 410, 554, 556, 557, 558, 560, 561, 611, 612, 653	Instructions for Schedule H
Schedule H		Instructions for Schedule SE
Schedule SE		Instructions for Schedule SE-EZ
Schedule SE-EZ		

Capítulo 6 Otros impuestos

Introducción

Este capítulo contiene un resumen de los impuestos que se declaran en el Anexo 2. Algunos de los otros impuestos que son comunes y que un preparador de impuestos trabajará, incluyen:

- Impuesto mínimo alternativo (AMT)
- Impuestos adicionales a las cuentas IRA
- Impuesto adicional de Medicare
- Impuesto adicional a las cuentas IRA
- Impuesto por exceso del Seguro Social
- Impuestos sobre el empleo en el hogar
- Impuesto sobre el ingreso neto de inversión (NIIT)
- Impuesto sobre el trabajo por cuenta propia (será abordado en un capítulo posterior)
- Ingreso por propina no declarada

Objetivos

Al finalizar esta lección, el estudiante podrá realizar lo siguiente:

- Completar el Formulario 1040, Anexo 2.
- Explicar cuándo el contribuyente debe reembolsar el crédito tributario de prima.
- Comprender la posibilidad de gravar el exceso del Seguro Social.
- Identificar cuándo un contribuyente debe pagar un impuesto adicional sobre las cuentas IRA.
- Aclarar cuándo se debe utilizar el Anexo H.

Recursos

Formulario 1040	Publicación 17	Instrucciones del Formulario 1040
Formulario 4137	Publicación 334	Instrucciones del Formulario 4137
Formulario 5329	Publicación 560	Instrucciones del Formulario 5329
Formulario 5405	Publicación 575	Instrucciones del Formulario 5405
Formulario 6251	Publicación 590-B	Instrucciones del Formulario 6251
Formulario 8919	Publicación 594	Instrucciones del Formulario 8919
Formulario 8959	Publicación 721	Instrucciones del Formulario 8959
Formulario 8962	Publicación 939	Instrucciones del Formulario 8962
Formulario 8965	Publicación 974	Instrucciones del Formulario 8965
Anexo 2	Temas Tributarios 410, 554, 556, 557, 558, 560, 561, 611, 612, 653	Instrucciones del Anexo H
Anexo H		Instrucciones del Anexo SE
Anexo SE		Instrucciones del Anexo SE-EZ
Anexo SE-EZ		

Other Taxes

Table of Contents / Índice

Introduction	16
Introducción	17
Part 1 Additional Taxes from Schedule 2	20
Line 1 Alternative Minimum Tax (Form 6251)	20
Parte 1 Impuestos adicionales del Anexo 2	21
Línea 1 del impuesto mínimo alternativo (Formulario 6251)	21
Line 2 Excess Advanced Premium Tax Credit (Form 8962)	22
Línea 2 crédito tributario por exceso de prima anticipada (Formulario 8962)	23
Terms to know for PTC purposes:	24
Términos que hay que conocer a efectos del PTC:	25
Minimum Essential Coverage (MEC)	26
Cobertura esencial mínima (MEC)	27
Marketplace Plan Levels	28
Niveles del plan del mercado de seguros	29
Employer-sponsored Coverage	30
Cobertura patrocinada por el empleador	31
Advance Payments of the Premium Tax Credit	32
Pagos anticipados del crédito tributario de prima	33
Excess Advanced Premium Tax Credit Repayment	34
Reembolso del exceso del crédito tributario de prima anticipado	35
Shared Policy Allocation	36
Part 1 Review Questions	36
Asignación de políticas compartidas	37
Parte 1 Preguntas de repaso	37
Part 1 Review Questions Answers	38
Parte 1 Respuestas a las preguntas de repaso	39
Part 2 Taxes for Self-Employment	42
Line 4 Self-Employment tax. Attach Schedule SE	42
Line 5 Social Security and Medicare Tax on Unreported Tip Income (Form 4137)	42
Line 6 Uncollected Social Security and Medicare Tax (Form 8919)	42
Parte 2 Impuestos para el trabajo por cuenta propia	43
Línea 4 Impuesto sobre el trabajo por cuenta propia. Adjunte el Anexo SE	43
Línea 5 Impuesto del Seguro Social y Medicare sobre los ingresos por propinas no declarados (Formulario 4137)	43
Línea 6 Impuestos no cobrados del Seguro Social y Medicare (Formulario 8919)	43
Line 8 Additional Tax on IRAs and Other Similar Plans and Accounts	44
Línea 8 Impuesto adicional a las cuentas IRA y otros planes y cuentas similares	45
Line 9 Household Employment Taxes	48
Línea 9 Impuestos sobre el empleo en el hogar	49
Line 10 First-Time Homebuyer Credit Repayment (Form 5405)	50
Line 11 Additional Medicare Tax (Form 8959)	50
Línea 10 Reembolso del crédito para compradores de vivienda por primera vez (Formulario 5405)	51
Línea 11 Impuesto adicional de Medicare (Formulario 8959)	51
Line 12 Net Investment Income Tax (NIIT)	54
Línea 12 Impuesto sobre el ingreso neto de inversión (NIIT)	55
Additional Taxes	56
Line 18 Total Additional Taxes	56
Line 20 Net Tax Liability Installment	56
Kiddie Tax (Form 8615)	56
Impuestos adicionales	57

Otros impuestos

    Línea 18 Total de impuestos adicionales 57
    Línea 20 Cuota neta de la obligación tributaria 57
    Impuesto para niños (Formulario 8615) 57
    Part 2 Review Questions 58
    Parte 2 Preguntas de repaso 59
    Part 2 Review Question Answers 60
    Parte 2 Respuestas a las preguntas de repaso 61
Takeaways 64
Aportes 65

Other Taxes

Part 1 Additional Taxes from Schedule 2

Line 1 Alternative Minimum Tax (Form 6251)

Portion of 2021 Form 1040

The alternative minimum tax (AMT) applies to taxpayers who qualify for certain deductions under tax law. It is calculated using Form 6251 and reported on Schedule 2, line 1. The additional tax is on preference items, which is normally tax-free income or a high amount of itemized deductions. If the taxpayer has deducted preference items and their income exceeds a certain amount, AMT recalculates income tax after adding tax preference items back into the adjusted gross income. As the name suggests, the AMT is the minimum tax possible so that taxpayers cannot go without paying taxes, despite whatever exclusions, credits, or deductions may have been taken. If an adequate amount of a taxpayer's income is from the preference items, and that income exceeds the preset amounts discussed below, they will have to pay AMT even if they had otherwise lowered their tax liability below zero.

Whether or not a taxpayer is subject to AMT is determined based on income. If a taxpayer with an excess amount of deductions received an amount of income that exceeds $73,600 (2021) (for Single and Head of Household), and $114,600 (2021) (for Qualifying Widow(er) or Married Filing Jointly), and $57,300 (for taxpayers filing separately), then the AMT tax will be triggered and applied. The 2021 AMT tax rate was 26% on the first $199,900 worth of income. If the taxpayer's income exceeds $199,900, the tax rate is 28%. Married Filing Separate taxpayers' AMT threshold is $99,950. For 2022, the AMT amount is $75,900 for singles and $118,100 for married couples.

AMT is calculated using Alternative Minimum Tax Income (AMTI) instead of their adjusted gross income (AGI). If the AMTI amount is zero, then the taxpayer would use his or her AGI to calculate the AMT after reducing the AGI amount by his or her itemized or standard deduction and qualified business income deduction. AMTI cannot be reduced by the standard deduction or the net qualified disaster loss that increased the standard deduction. This amount will be added back into the AMT calculation later. For 2022 the AMTI excess is $206,100 for all taxpayers.

The following are taxpayers who must file Form 6251:

1. If line 7 on Form 6251 is greater than line 10.

Parte 1 Impuestos adicionales del Anexo 2

Línea 1 del impuesto mínimo alternativo (Formulario 6251)

Parte del Formulario 1040 de 2021

El impuesto mínimo alternativo (AMT) se aplica a los contribuyentes que califican para ciertas deducciones de conformidad con la ley tributaria. Se calcula utilizando el Formulario 6251 y se declara en el Anexo 2, línea 1. El impuesto adicional se aplica a las partidas preferenciales, que normalmente corresponde al ingreso libre de impuesto o a un importe elevado de deducciones detalladas. Si el contribuyente dedujo partidas preferenciales y su ingreso excede cierto importe, el AMT recalcula el impuesto sobre la renta después de añadir nuevamente las partidas preferenciales tributarias al ingreso bruto ajustado. Como su nombre lo sugiere, el AMT es el impuesto mínimo posible para que los contribuyentes no queden libres de pagar impuestos, a pesar de las exclusiones, créditos o deducciones que puedan haber aprovechado. Si un importe adecuado del ingreso del contribuyente proviene de partidas preferenciales y ese ingreso excede los importes preestablecidos que se discuten más adelante, tendrá que pagar el AMT incluso si por otros motivos redujo su obligación tributaria por debajo de cero.

El hecho de que un contribuyente esté sujeto o no al AMT se determina con base en su ingreso. Si un contribuyente con un importe excesivo de deducciones recibió ingresos que superan los $73,600 (2021) (para solteros y cabezas de familia), y $114,600 (2021) (para viudos calificados o casados que presentan una declaración conjunta), y $57,300 (para contribuyentes que presentan una declaración por separado), entonces se activará y aplicará el impuesto AMT. La tasa impositiva del AMT de 2021 era del 26% sobre los primeros $199,900 de ingresos. Si el ingreso del contribuyente supera los $199,900 la tasa impositiva es del 28%. El límite del AMT de los contribuyentes casados que declaran por separado es de $99,950. Para 2022, el monto de AMT es de $ 75,900 para solteros y $ 118,100 para parejas casadas.

El AMT se calcula utilizando el ingreso del impuesto mínimo alternativo (AMTI) en lugar de su ingreso bruto ajustado (AGI). Si el importe del AMTI es cero, el contribuyente utilizará su AGI para calcular el AMT después de reducir el importe del AGI por su deducción detallada o estándar y la deducción por ingreso comercial calificado. El AMTI no puede ser reducido por la deducción estándar o la pérdida neta calificada por desastre que aumentó la deducción estándar. Este importe se añadirá posteriormente al cálculo del AMT. Para 2022 el exceso de AMTI es de $206,100 para todos los contribuyentes.

Los siguientes son los contribuyentes que deben presentar el Formulario 6251:

1. Si la línea 7 en el Formulario 6251 es superior que la línea 10.

2. Taxpayer claimed a general business credit, and either line 6 or 25 in Part I of Form 3800 is more than zero.
3. Taxpayer claimed the qualified electric vehicle credit on Form 8834, using the personal part of the alternative fuel vehicle refueling property credit on Form 8911 or the prior year minimum tax on Form 8801.
4. The total of lines 2c through 3 on Form 6251 is negative and line 7 is greater than line 10, if lines 2c through 3 were not taken into account.

The exemption begins to phase out when an individual income reaches $523,600 and $1,047,200 for married filing joint taxpayers. See Instructions Form 6251 and Publication 17.

Taxpayers who need to file Form 8801, *Credit for Prior Year Minimum Tax*, could be an individual, estate or trust. This form is used when the taxpayer has a credit carryforward to the next year. The taxpayer had claimed a qualified vehicle credit that was unallowed. Another trigger could be an AMT liability and adjustments or preferences that were not an exclusion item. See IRC Code Section 53.

Line 2 Excess Advanced Premium Tax Credit (Form 8962)

Although there is no penalty for not having health insurance, if the taxpayer purchased health care through the Marketplace, the individual must complete Form 8962 to calculate if they need to repay the premium tax credit repayment.

Using Form 8962, the Premium Tax Credit (PTC) is a credit that can help individuals and their families pay for their health insurance if they have enrolled in a qualified health plan through the Marketplace. The Marketplace is an exchange for those who need qualified health care to purchase qualifying plans, and a taxpayer may be able to claim the Premium Tax Credit if an individual and his or her tax family (as defined below) enrolled through the Marketplace for a qualified health plan. For more information, see Publication 974 and Instructions Form 8962. The Premium Tax Credit is reported on both Form 1040 and Form 1040NR.

Portion of 2021 Form 8962

2. El contribuyente reclamó un crédito comercial general, y bien la línea 6 o la 25 en la Parte I del Formulario 3800 es mayor que cero.
3. El contribuyente reclamó el crédito calificado por vehículo eléctrico en el Formulario 8834, utilizando la parte personal del crédito por propiedad de recarga de vehículos de combustible alternativo en el Formulario 8911 o el impuesto mínimo del año anterior en el Formulario 8801.
4. El total de las líneas 2c hasta la 3 del Formulario 6251 es negativo y la línea 7 es mayor que la línea 10, si no se tomaron en cuenta las líneas 2c hasta la 3.

La exención empieza a desaparecer cuando los ingresos de un individuo alcanzan $523,600 y $1,047,200 en el caso de los contribuyentes casados que presentan una declaración conjunta. Consulte las instrucciones del Formulario 6251 y la Publicación 17.

Los contribuyentes que necesitan presentar el Formulario 8801, *Crédito por Impuesto Mínimo del Año Anterior*, podrían ser un individuo, patrimonio o fideicomiso. Este formulario se utiliza cuando el contribuyente tiene un crédito transferido al año siguiente. El contribuyente había reclamado un crédito de vehículo calificado que no estaba permitido. Otro desencadenante podría ser una responsabilidad de AMT y ajustes o preferencias que no fueran un elemento de exclusión. Consulte la Sección 53 del Código IRC.

Línea 2 crédito tributario por exceso de prima anticipada (Formulario 8962)

Aunque no hay penalización por no tener seguro médico, si el contribuyente adquirió la atención médica a través del mercado de seguros, el individuo debe rellenar el Formulario 8962 para calcular si tiene que devolver el reembolso del crédito tributario de la prima.

Mediante el Formulario 8962, el crédito tributario de prima (PTC) es un crédito que puede ayudar a las personas y a sus familias a pagar su seguro médico si se han inscrito en un plan de salud calificado a través del mercado de seguros. El mercado de seguros es un intercambio para aquellos que necesitan atención médica calificada para comprar planes calificados, y es posible que un contribuyente pueda reclamar el crédito tributario de prima si el individuo y su familia fiscal (como se define más adelante) se inscribió a través del mercado de seguros en un plan de salud calificado. Para obtener más información, consulte la Publicación 974 y las instrucciones del Formulario 8962. El crédito tributario de prima se declara tanto en el Formulario 1040 como en el Formulario 1040NR.

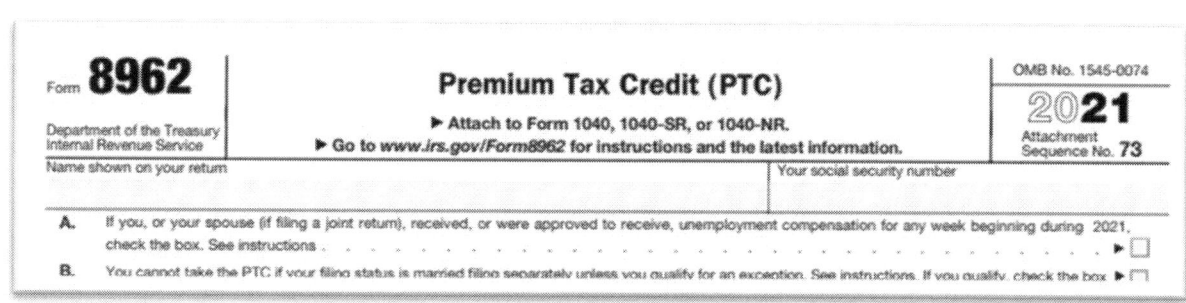

Parte del Formulario 8962 de 2021

Other Taxes

Terms to know for PTC purposes:

- ➤ **Tax Family**: Consists of individuals whom the taxpayer (and spouse if Married Filing Jointly) claims as a dependent on his or her tax return. A family's size is the number of qualifying individuals on his or her tax family.
- ➤ **Household Income**: Household income is the modified gross income of the taxpayer (and spouse if filing a joint return) plus the modified AGI of each individual claimed as a dependent who is required to file a tax return because his or her income meets the threshold to file. Household income does not include the modified AGI of dependents who are only filing a current year tax return to claim a refund of their federal withholding.
- ➤ **Modified AGI**: Modified AGI is the AGI on the tax return plus certain income that is not subject to tax, such as foreign earned income, tax-exempt interest, and the portion of Social Security benefits that is not taxable.
- ➤ **Coverage Family**: The coverage family includes all individuals in the tax family who are enrolled in a qualified health plan and are not eligible for minimum essential coverage (MEC) beyond the coverage in the individual market. Individuals included in the coverage family may change from month to month. If an individual in the tax family is not enrolled in a qualified health plan or is enrolled in a qualified health plan but is eligible for minimum essential coverage, he or she is not part of the coverage family. The Premium Tax Credit is available to pay the coverage of those included in the coverage family.
- ➤ **Monthly Credit Amount**: The amount of tax credit for a month. The PTC for the year is the sum of all monthly credit amounts. The monthly credit amount is the least of the following:
    - ○ The enrollment premiums for the month for one or more qualified health plans in which any individual in the tax family was enrolled.
    - ○ The applicable, monthly amount of the Second Lowest Cost Silver Plan (SLCSP) premium after the monthly contribution amount has been subtracted.
    - ○ To qualify for the monthly credit amount, at least one tax family member must be enrolled in a qualified health plan on the first day of the month. The monthly credit will not apply if the tax family was not enrolled in a qualified health plan on the 1st of the month. For more instructions see Instructions Form 8962.
- ➤ **Enrollment Premiums**: Total monthly premiums for one or more qualified health plans that any tax family member enrolled in. Form 1095-A reports the enrollment premiums. The tax professional should ask to see all forms related to health coverage.
- ➤ **Applicable Second Lowest Cost Silver Plan (SLCSP)**: The Second Lowest Cost Silver Plan is, as the name suggests, the plan in the silver category (discussed further in the "Marketplace Plan Levels" Section) that costs the second least. It is not the cheapest but the second-cheapest plan. It is important to know the premium of the SLCSP offered in your area, because that premium is one of the things used to calculate the PTC. The SLCSP premium is a different premium than the enrollment premium described above.
- ➤ **Monthly Contribution Amount**: The monthly contribution is also one of the things used to calculate the Premium Tax Credit amount. The monthly contribution is the amount of income that taxpayers are responsible to pay as their monthly premiums.

Términos que hay que conocer a efectos del PTC:

- *Familia fiscal*: Consiste de las personas que el contribuyente (y su cónyuge si está casado y presentan una declaración conjunta) declara como dependientes en su declaración de impuestos. El tamaño de una familia es el número de personas que cumplen los requisitos en su familia fiscal.
- *Ingresos del hogar:* Los ingresos del hogar son los ingresos brutos modificados del contribuyente (y del cónyuge si presentan una declaración conjunta) más el AGI modificado de cada persona declarada como dependiente que está obligada a presentar una declaración de impuestos porque sus ingresos alcanzan el límite para presentarla. Los ingresos del hogar no incluyen el AGI modificado de los dependientes que solo presentan una declaración de impuestos del año en curso para reclamar el reembolso de sus retenciones federales.
- *AGI modificado:* El AGI modificado es el AGI de la declaración de impuestos más ciertos ingresos que no están sujetos a impuestos, como los ingresos devengados en el extranjero, los intereses exentos de impuestos y la parte de los beneficios del Seguro Social que no está sujeta a impuestos.
- *Familia de cobertura*: La familia de cobertura incluye a todos los individuos de la familia fiscal que están inscritos en un plan de salud calificado y no pueden optar por la cobertura esencial mínima (MEC) más allá de la cobertura en el mercado individual. Los individuos incluidos en la familia de cobertura pueden cambiar de un mes a otro. Si un individuo de la familia fiscal no está inscrito en un plan de salud calificado o está inscrito en un plan de salud calificado, pero tiene derecho a la cobertura esencial mínima, él o ella no es parte de la familia de cobertura. El crédito tributario de prima está disponible para pagar la cobertura de las personas incluidas en la familia de cobertura.
- *Importe del crédito mensual*: El importe del crédito tributario de un mes. El PTC del año es la suma de todos los importes de los créditos mensuales. El importe del crédito mensual es el menor de los siguientes:
    - Las primas de inscripción del mes para uno o más planes de salud calificados en los que se inscribió cualquier individuo de la familia fiscal.
    - El importe mensual aplicable de la prima del Segundo Plan Plata de Menor Coste (SLCSP) una vez restado el importe del aporte mensual.
    - Para tener derecho al importe del crédito mensual, al menos un miembro de la familia fiscal debe estar inscrito en un plan de salud calificado el primer día del mes. El crédito mensual no se aplicará si la familia fiscal no estaba inscrita en un plan de salud calificado el 1° del mes. Para más información, consulte las instrucciones del Formulario 8962.
- *Primas de inscripción*: El total de las primas mensuales de uno o más planes de salud calificados en los que se inscribió cualquier miembro de la familia fiscal. El Formulario 1095-A declara las primas por inscripción. El profesional de impuestos debe pedir ver todos los formularios relacionados con la cobertura de salud.
- *Segundo Plan Plata de Menor Coste (SLCSP) aplicable:* El Segundo Plan Plata de Menor Coste es, como su nombre indica, el plan en la categoría plata (que se explica más adelante en la sección "Niveles de los planes del mercado de seguros") que es el segundo que menos cuesta. No es el más barato, sino el segundo plan más barato. Es importante conocer la prima del SLCSP que se ofrece en su zona, porque esa prima es uno de los elementos que se utilizan para calcular el PTC. La prima del SLCSP es una prima diferente a la prima de inscripción descrita anteriormente.
- *Importe del aporte mensual*: El aporte mensual es también uno de los elementos que se utilizan para calcular el importe del crédito tributario de prima. El aporte mensual es la cantidad de ingresos que los contribuyentes son responsables de pagar como sus primas mensuales.

Other Taxes

> ➤ ***Qualified Health Plan***: A qualified health insurance plan (also referred to as a policy) purchased through the Marketplace at the bronze, silver, gold, or platinum level. Catastrophic health plans and stand-alone dental plans purchased through the Marketplace, as well as all plans purchased through SHOP (Small Business Health Options Programs), are not qualified health plans for the purposes of the PTC.

Minimum Essential Coverage (MEC)

Minimum essential coverage includes government-sponsored programs, eligible employer-sponsored plans, individual market plans, and any other coverage that the Department of Health and Human Services designates as minimum essential coverage:

- ➤ Health plans offered in the individual market.
- ➤ Grandfathered health plans.
- ➤ Government-sponsored programs.
- ➤ Employer-sponsored plans.
- ➤ Other health coverage plans designated as minimum essential coverage by the Department of Health and Human Services.

Señor 1040 Says: Minimum essential coverage does not include coverage consisting solely of excepted benefits. Excepted benefits include stand-alone vision and dental plans (except pediatric dental coverage), workers' compensation coverage, and coverage limited to a specified disease or illness. A taxpayer may have any of these types of coverage and still qualify for the PTC on their qualified health plan.

The following "essential health benefits" must be provided to be a qualified health plan:

- ➤ Ambulatory patient services.
- ➤ Emergency services.
- ➤ Hospitalization.
- ➤ Maternity and newborn care.
- ➤ Mental health and substance abuse.
- ➤ Prescription drugs.
- ➤ Rehabilitative services and devices.
- ➤ Laboratory services.
- ➤ Preventive and wellness services and chronic disease management.
- ➤ Pediatric services, including oral and vision care.

The Individual Shared Responsibility Provision requires the taxpayer and each member of his or her family to do one of the following:

- ➤ Have qualifying health coverage.
- ➤ Qualify for a health coverage exemption.
- ➤ Make a shared responsibility payment when filing their federal income tax return.

> ***Plan de salud calificado***: Un plan de seguro médico calificado (también denominado póliza) adquirido a través del mercado de seguros en el nivel de bronce, plata, oro o platino. Los planes de salud catastróficos y los planes dentales independientes adquiridos a través del mercado de seguros, así como todos los planes adquiridos a través de SHOP (Programas de opciones de salud para pequeñas empresas), no son planes de salud calificados a los efectos del PTC.

Cobertura esencial mínima (MEC)

La cobertura esencial mínima incluye programas patrocinados por el gobierno, planes elegibles patrocinados por el empleador, planes del mercado individual y cualquier otra cobertura que el Departamento de Salud y Servicios Humanos designe como cobertura esencial mínima:

- Planes de salud ofrecidos en el mercado individual.
- Planes de salud con derechos adquiridos.
- Programas patrocinados por el gobierno.
- Planes patrocinados por el empleador.
- Otros planes de cobertura de salud designados como cobertura esencial mínima por el Departamento de Salud y Servicios Humanos.

El Señor 1040 dice: La cobertura esencial mínima no incluye la cobertura consistente únicamente en beneficios exceptuados. Los beneficios exceptuados incluyen los planes oftalmológicos y dentales independientes (con excepción de la cobertura dental pediátrica), la cobertura de indemnización por accidente laboral y la cobertura limitada a una enfermedad o padecimiento específico. Un contribuyente puede tener cualquiera de estos tipos de cobertura y seguir teniendo derecho al

Para ser un plan de salud calificado se deben proporcionar los siguientes "beneficios de salud esenciales":

- Servicios para pacientes ambulatorios.
- Servicios de emergencia.
- Hospitalización.
- Maternidad y atención al recién nacido.
- Salud mental y abuso de sustancias.
- Medicamentos con receta.
- Servicios y dispositivos de rehabilitación.
- Servicios de laboratorio.
- Servicios de prevención y bienestar y gestión de enfermedades crónicas.
- Servicios pediátricos, incluida la atención bucodental y oftalmológica.

La disposición de responsabilidad compartida individual requiere que el contribuyente y cada miembro de su familia hagan una de las siguientes cosas:

- Tengan una cobertura de salud calificada.
- Cumplan los requisitos para la exención de la cobertura de salud.
- Realicen un pago de responsabilidad compartida al presentar su declaración de impuesto sobre la renta federal.

Other Taxes

Many people already have minimum essential coverage and do not have to do anything more than maintain the coverage and report their coverage when they file their tax return. If the taxpayer is covered by any of the following types of plans, they are considered covered under the health care law and do not have to pay a penalty or get a health coverage exemption:

- Any Marketplace plan or any individual insurance plan they already have.
- Any job-based plan, including retiree plans and COBRA coverage.
- Medicare Part A or Part C.
- Most Medicaid coverage.
- The Children's Health Insurance Program (CHIP).
- Most individual health plans bought outside the Marketplace, including "grandfathered" plans (not all plans sold outside the Marketplace qualify as minimum essential coverage).
- Dependents under the age of 24 who are covered under a parent's plan.
- Self-funded health coverage offered to students by universities for plan or policy years that started on or before Dec. 31, 2014 (check with your university to see if the plan counts as minimum essential coverage).
- Health coverage for Peace Corps volunteers.
- Certain types of veteran's health coverage through the Department of Veterans Affairs.
- Department of Defense Nonappropriated Fund Health Benefits Program.
- Refugee Medical Assistance.
- State high-risk pools for plan or policy years that started on or before December 31, 2014 (check with your high-risk pool plan to see if it qualifies as minimum essential coverage).

For a more detailed list of types of plans that do and do not count as minimum essential coverage, see Instructions Form 8965, *Health Coverage Exemptions*, from the IRS.

Marketplace Plan Levels

The ACA requires that all new policies, including those plans that are sold on the exchange (except stand-alone dental, vision, and long-term care plans), comply with one of the four benefit categories set up by the Patient Protection and Affordable Care Act (PPACA). PPACA established four levels of coverage based on the concept of "actuarial value," which is the share of health care expenses the plan covers for a typical group of enrollees. As plans increase in actuarial value, they would cover a greater share of enrollee's medical expenses overall, though the details could vary across different plans. The levels of coverage provided for in the PPACA are central to the coverage that individuals will get and how each will ultimately perceive the effects of the health reform law.

The four Marketplace levels are:

Bronze	60%
Silver	70%
Gold	80%
Platinum	90%

Muchas personas ya tienen una cobertura esencial mínima y no tienen que hacer nada más que mantener la cobertura y declarar su cobertura cuando presentan su declaración de impuestos. Si el contribuyente está cubierto por alguno de los siguientes tipos de planes, se considera que está cubierto por la ley de atención médica y no tiene que pagar una penalización ni obtener una exención de la cobertura de salud:

> - Cualquier plan del mercado de seguros o cualquier plan de seguro individual que ya tengan.
> - Cualquier plan basado en el trabajo, incluidos los planes para jubilados y la cobertura COBRA.
> - Medicare Parte A o Parte C.
> - La mayoría de las coberturas de Medicaid.
> - El Programa de Seguro Médico para Niños (CHIP).
> - La mayoría de los planes de salud individuales comprados fuera del mercado de seguros, incluidos los planes "con derechos adquiridos" (no todos los planes vendidos fuera del mercado de seguros califican como cobertura esencial mínima).
> - Dependientes menores de 24 años que están cubiertos por el plan de sus padres.
> - Cobertura de salud autofinanciada ofrecida a los estudiantes por las universidades para los años del plan o de la póliza que empezaron el 31 de diciembre de 2014 o antes (compruebe con su universidad si el plan cuenta como cobertura esencial mínima).
> - Cobertura de salud para los voluntarios del Cuerpo de Paz.
> - Ciertos tipos de cobertura de salud para veteranos a través del Departamento de Asuntos de Veteranos.
> - Programa de beneficios de salud del fondo no asignado del Departamento de Defensa.
> - Asistencia médica a los refugiados.
> - Grupos estatales de alto riesgo para los años del plan o de la póliza que empezaron el 31 de diciembre de 2014 o antes (consulte con su plan de grupo de alto riesgo para ver si se califica como cobertura esencial mínima).

Para obtener una lista más detallada de los tipos de planes que cuentan y no cuentan como cobertura esencial mínima, consulte las instrucciones del Formulario 8965, *Exenciones de cobertura de salud*, del IRS.

Niveles del plan del mercado de seguros

La ACA exige que todas las pólizas nuevas, incluidos los planes que se venden por intercambio (excepto los planes independientes de atención dental, oftalmológica y de larga duración), cumplan con una de las cuatro categorías de beneficios establecidas por la Ley de Protección al Paciente y Atención Asequible (PPACA). La PPACA estableció cuatro niveles de cobertura basados en el concepto de "valor actuarial", que es la parte de los gastos de atención médica que el plan cubre para un grupo típico de afiliados. A medida que los planes aumenten su valor actuarial, cubrirán una mayor parte de los gastos médicos de los afiliados en general, aunque los detalles podrían variar según los distintos planes. Los niveles de cobertura previstos en la PPACA son fundamentales para la cobertura que obtendrán los individuos y la forma en que cada uno percibirá en última instancia los efectos de la ley de reforma sanitaria.

Los cuatro niveles del mercado de seguros son:

Bronce	60%
Plata	70%
Oro	80%
Platino	90%

Other Taxes

For people with low and modest incomes, the ACA provides reduced cost sharing if enrollees select a plan from the silver tier in the federal or state marketplace. The cost-sharing reductions are accomplished by requiring insurers to create variants of each standard silver plan, with each variant meeting a successively higher actuarial value. The federal government reimburses insurance companies for the loss of profit resulting from reducing costs for their customers. This act of reimbursement is also referred to as a "subsidy".

As the percentage of expenses paid by the health plan increases, the percentage of expenses paid by the individual decreases. The health plans that cover more medical expenses usually have a higher monthly payment, but individuals will pay less whenever they receive medical care. Individuals can choose to pay a higher monthly premium so that when they need medical care, they pay less. The taxpayer could choose to pay a lower monthly premium, but the taxpayer would pay more when he or she needs medical care.

Employer-sponsored Coverage

If the taxpayer and other members of the tax family had the opportunity to enroll in a plan that is MEC offered by their employer for 2022, the taxpayer is considered eligible for MEC under the plan for a month only if the offer of coverage met a minimum standard of affordability and provided a minimum level of benefits, referred to as "minimum value." The coverage offered by an employer is generally considered affordable for the taxpayer and qualifying family members allowed to enroll in the coverage. Share of the annual cost for self-only coverage, which is sometimes referred to as the employee required contribution, is not more than 9.78% of household income.

Example: Don was eligible to enroll in his employer's coverage for 2021 but instead applied for coverage in a qualified health plan through the Marketplace. Don provided accurate information about his employer's coverage to the Marketplace, and the Marketplace determined that the offer of coverage was not affordable, and that Don was eligible for APTC. Don enrolled in the qualified health plan for 2021. Don got a new job with employer coverage that he could have enrolled in as of September 1, 2021, but chose not to. Don did not return to the Marketplace to determine if he was eligible for APTC for the months September through December 2021, and remained enrolled in the qualified health plan. Don is not considered eligible for employer-sponsored coverage for the months January through August of 2021 because he gave accurate information to the Marketplace about the availability of employer coverage, and the Marketplace determined that he was eligible for APTC for coverage in a qualified health plan. The Marketplace determination does not apply, however, for the months September through December of 2021. This is because Don did not provide information to the Marketplace about his new employer's offer of coverage. Whether Don is considered eligible for employer-sponsored coverage and ineligible for the PTC for the months September through December of 2021 is determined under the eligibility rules described under Employer-Sponsored Plans in Pub. 974 *Premium Tax Credit (PTC)*. If taxpayer cannot get benefits under an employer-sponsored plan until after a waiting period has expired, taxpayer is not treated as being eligible for that coverage during the waiting period. See Pub. 974 *Waiting periods and other periods without access to benefits section*.

Para las personas con ingresos bajos y modestos, la ACA ofrece costes compartidos reducidos si los afiliados seleccionan un plan del nivel plata en el mercado de seguros federal o estatal. Las reducciones de costes compartidos se consiguen exigiendo a las aseguradoras que creen variantes de cada plan plata estándar, y que cada variante cumpla un valor actuarial sucesivamente más alto. El gobierno federal reembolsa a las aseguradoras la pérdida de ganancias resultante de la reducción de costes para sus clientes. Este acto de reembolso también se denomina "subsidio".

A medida que aumenta el porcentaje de gastos pagados por el plan de salud, disminuye el porcentaje de gastos pagados por el individuo. Los planes de salud que cubren más gastos médicos suelen tener una cuota mensual más alta, pero las personas pagarán menos cada vez que reciban atención médica. Las personas pueden optar por pagar una prima mensual más alta para que, cuando necesiten atención médica, paguen menos. El contribuyente puede optar por pagar una prima mensual más baja, pero pagará más cuando necesite atención médica.

Cobertura patrocinada por el empleador

Si el contribuyente y otros miembros de la familia fiscal tuvieron la oportunidad de inscribirse en un plan con MEC ofrecido por su empleador para 2022, el contribuyente se considera calificado para la MEC de conformidad con el plan durante un mes solo si la oferta de cobertura cumplió con un estándar mínimo de asequibilidad y proporcionó un nivel mínimo de beneficios, denominado "valor mínimo". La cobertura ofrecida por un empleador se considera generalmente asequible para el contribuyente y los miembros de la familia que reúnen los requisitos necesarios para inscribirse en la cobertura. La cuota del coste anual de la cobertura solo para uno mismo, que a veces se denomina aporte obligatorio del empleado, no es superior al 9.78% de los ingresos del hogar.

Ejemplo: Don tenía derecho a inscribirse en la cobertura de su empleador para 2021, pero en su lugar solicitó cobertura en un plan de salud calificado a través del mercado de seguros. Don proporcionó información precisa sobre la cobertura de su empleador al mercado de seguros, y el mercado de seguros determinó que la oferta de cobertura no era asequible, y que Don tenía derecho al APTC. Don se inscribió en el plan de salud calificado para 2021. Don consiguió un nuevo trabajo con cobertura del empleador en el que podría haberse inscrito a partir del 1° de septiembre de 2021, pero decidió no hacerlo. Don no volvió al mercado de seguros para determinar si tenía derecho al APTC para los meses de septiembre a diciembre de 2021, y permaneció inscrito en el plan de salud calificado. Don no se considera calificado para la cobertura patrocinada por el empleador para los meses de enero a agosto de 2021 porque dio información precisa al mercado de seguros sobre la disponibilidad de la cobertura del empleador, y el mercado de seguros determinó que tenía derecho al APTC para la cobertura en un plan de salud calificado. Sin embargo, la determinación del mercado de seguros no se aplica a los meses de septiembre a diciembre de 2021. Esto se debe a que Don no proporcionó información al mercado de seguros sobre la oferta de cobertura de su nuevo empleador. Si se considera que Don tiene derecho a la cobertura patrocinada por el empleador y que no tiene derecho al PTC para los meses de septiembre a diciembre de 2021 se determina bajo las reglas de calificación descritas en los planes patrocinados por el empleador en la Publicación *974 Crédito tributario de prima (PTC)*. Si el contribuyente no puede obtener los beneficios de un plan patrocinado por el empleador hasta que haya expirado el periodo de espera, el contribuyente no se considera calificado para esa cobertura durante el periodo de espera. Consulte la Publicación 974 *Sección periodos de espera y otros periodos sin acceso a los beneficios*.

Other Taxes

Advance Payments of the Premium Tax Credit

If the taxpayer purchased insurance through the Health Insurance Marketplace, they may be eligible for an Advanced Premium Tax Credit (APTC) to help pay for the insurance coverage. Receiving too little or too much in advance will affect the taxpayer's refund or balance due. To avoid owing a balance, the taxpayer should contact the insurance provider to report changes in income or family size to the Marketplace as soon as possible.

If the taxpayer and members of their family enrolled in Marketplace coverage, Form 1095-A should be received from the Marketplace with the months of coverage and the amounts of APTC paid. If the taxpayer received a Form 1095-A showing APTC, Form 8962 must be filed, even if the taxpayer is not otherwise required to file. The taxpayer's Premium Tax Credit is determined by reference to the premium amount for the second lowest cost silver plan offered by an exchange in the rating area where the taxpayer resides.

The Premium Tax Credit is limited to the amount of premium paid for the chosen plan. The credit may be payable in advance, with the payments going directly to the insurance company. A taxpayer who is eligible for an advanced assistance payment may decline it and receive the full amount of the credit on the tax return. Eligibility and the amount of the credit itself are affected by the family size and household income. A married couple must file a joint return to claim the credit. If a married couple files Married Filing Separately, they are not eligible for the credit. If taxpayers file separately because they are victims of domestic abuse, then see Notice 2014-23 for the criteria.

A taxpayer is allowed an advanceable and refundable credit to help subsidize the purchase of health insurance. The taxpayer must have household income of at least 100% but not more than 400% of the federal poverty line for a family of the size involved. The taxpayer must not receive health insurance under an employer-sponsored plan (including COBRA) or certain government plans such as Medicare.

American Rescue Plan Act of 2021 (ARPA) provides a temporary reduction of COBRA premiums for certain individuals who have lost healthcare coverage due to reduction in hours or an involuntary termination.

Individuals purchasing health insurance through the Marketplace may choose to receive the credit in advance. With this choice, the government would make payments to the health insurance provider for the taxpayer. The difference between the advanced credit and the allowable credit may be claimed or paid when the taxpayer files their current tax return.

Household income means an amount equal to the sum of the following items:

- The taxpayer's Modified Adjusted Gross Income (MAGI).
- The MAGI of all other individuals who are both of the following:
    - Counted in family size.
    - Required to file an income tax return for the year under IRC §1 without regard to the exception for a child whose parents elect to use IRC §1(g)(7).

Otros impuestos

Pagos anticipados del crédito tributario de prima

Si el contribuyente compró un seguro a través del mercado de seguros médicos, puede tener derecho a un crédito tributario de prima anticipado (APTC) para ayudar a pagar la cobertura del seguro. Recibir muy poco o demasiado por adelantado afectará el reembolso o el saldo adeudado del contribuyente. Para evitar el adeudo de un saldo, el contribuyente debe ponerse en contacto con el proveedor de seguros para informar de los cambios en los ingresos o el tamaño de la familia al mercado de seguros lo antes posible.

Si el contribuyente y los miembros de su familia se inscribieron en la cobertura del mercado de seguros, se debe recibir el Formulario 1095-A del mercado de seguros con los meses de cobertura y las cantidades de pagadas de APTC. Si el contribuyente recibió un Formulario 1095-A que muestra el APTC, debe presentar el Formulario 8962, incluso si el contribuyente no está obligado a presentarlo por otros motivos. El crédito tributario de prima del contribuyente se determina por referencia al importe de la prima del segundo plan plata de menor coste ofrecido por un intercambio en la zona de clasificación donde reside el contribuyente.

El crédito tributario de prima se limita al importe de la prima pagada por el plan elegido. El crédito puede pagarse por adelantado, y los pagos van directamente a la compañía de seguros. El contribuyente que tenga derecho a un pago de asistencia por adelantado puede rechazarlo y recibir el importe total del crédito con la declaración del impuesto sobre la renta. El derecho y el importe del crédito en sí mismo se ven afectados por el tamaño de la familia y los ingresos del hogar. Una pareja casada debe presentar una declaración conjunta para solicitar el crédito. Si una pareja casada presenta la declaración por separado, no tiene derecho al crédito. Si los contribuyentes presentan la declaración por separado porque son víctimas de abuso doméstico, entonces consulte la Notificación 2014-23 para conocer los criterios.

Un contribuyente puede obtener un crédito por anticipado y reembolsable para ayudar a subvencionar la compra de un seguro médico. Los ingresos del hogar del contribuyente deben ser de al menos el 100%, pero no más del 400%, del umbral de pobreza federal para una familia del tamaño en cuestión. El contribuyente no debe recibir un seguro médico en virtud de un plan patrocinado por el empleador (incluido COBRA) o de determinados planes gubernamentales como Medicare.

La Ley del Plan de Rescate Americano de 2021 (ARPA) proporciona una reducción temporal de las primas de COBRA para ciertas personas que han perdido la cobertura de atención médica debido a la reducción de horas o una terminación involuntaria.

Las personas que adquieran un seguro médico a través del mercado de seguros pueden optar por recibir el crédito por adelantado. Con esta opción, el gobierno haría los pagos al proveedor de seguro médico por el contribuyente. La diferencia entre el crédito anticipado y el crédito permitido puede reclamarse o pagarse cuando el contribuyente presente su declaración de impuestos actual.

Se entiende por ingresos del hogar un importe igual a la suma de los siguientes elementos:

- ➢ El ingreso bruto ajustado modificado (MAGI) del contribuyente.
- ➢ El MAGI de todos los demás individuos que cumplen con los siguientes dos requisitos:
  - ○ Son contados en el tamaño de la familia.
  - ○ Están obligados a presentar una declaración de impuesto sobre la renta para el año según el IRC §1 sin tener en cuenta la excepción para un hijo cuyos padres eligen utilizar el IRC §1(g)(7).

Other Taxes

Remember, Modified Adjusted Gross Income (MAGI) is adjusted gross income, plus all the following:

- The amount excluded under IRC §911, *Foreign-Earned Income Exclusion*.
- Tax-exempt interest income.
- The excluded portion of Social Security benefits.

Individuals not legally present in the U.S. or incarcerated are excluded as applicable taxpayers. An applicable taxpayer will be eligible for the credit only for months at least one member of the taxpayer's family is any of the following:

- Is enrolled in a qualified health plan through an exchange.
- Is not eligible for coverage through a government program such as Medicaid, Medicare, Children's Health Insurance Program (CHIP), certain benefits for veterans and their families, and health coverage for Peace Corps volunteers (TRICARE).
- Is not able to get affordable coverage through an employer plan that provides minimum value.

For taxpayers who receive advance credits, the actual credit may not equal the amounts of credits paid in advance. The difference may occur when:

- The taxpayer does not apply for the advanced credit or does not apply until after beginning to pay the premium.
- The taxpayer's income is different from the income that was used to compute the advanced credit.
- The number of dependents changed during the year.
- The marital status changed during the year.

Even if one is not otherwise required, a taxpayer must file a tax return if the individual received an advanced credit during the tax year, or if the taxpayer declined the advanced credit to try to receive the refundable credit instead.

Excess Advanced Premium Tax Credit Repayment

The Premium Tax Credit helps pay health insurance premiums that were purchased through the Health Insurance Marketplace. If the advanced payments of this credit were made for coverage for the taxpayer, spouse, or dependents, Form 8962 would be used. If the advanced payments were more than the Premium Tax Credit, the taxpayer has an excess to be repaid, which is reported on Schedule 2, line 46, and added to their tax liability, meaning that paying their taxes will also repay that excess. An additional tax liability could be caused by the taxpayer or spouse having an increase in income and not reporting the change to the Marketplace. If the advanced payments exceed the credit allowed, the income tax liability imposed for the tax year is increased by the difference.

Recuerde que el ingreso bruto ajustado modificado (MAGI) es el ingreso bruto ajustado, más todo lo siguiente:

> El importe excluido en virtud de la §911 del IRC, *Exclusión de los ingresos devengados en el extranjero*.
> Ingresos por intereses exentos de impuestos.
> La parte excluida de los beneficios del Seguro Social.

Quedan excluidos como contribuyentes aplicables los individuos que no se encuentren legalmente en los Estados Unidos o que estén encarcelados. Un contribuyente aplicable solo tendrá derecho al crédito durante los meses en los que al menos un miembro de la familia del contribuyente cumpla con uno de los siguientes supuestos:

> Está inscrito en un plan de salud calificado a través de un intercambio.
> No tiene derecho a la cobertura a través de un programa gubernamental como Medicaid, Medicare, el Programa de Seguro Médico para Niños (CHIP), ciertos beneficios para veteranos y sus familias y la cobertura de salud para los voluntarios del Cuerpo de Paz (TRICARE).
> No puede obtener una cobertura asequible a través de un plan del empleador que ofrezca un valor mínimo.

Para los contribuyentes que reciben créditos anticipados, el crédito real puede no ser igual a los importes de los créditos pagados por adelantado. La diferencia puede producirse cuando:

> El contribuyente no solicita el crédito anticipado o no lo hace sino hasta después de empezar a pagar la prima.
> Los ingresos del contribuyente son diferentes de los que se utilizaron para calcular el crédito anticipado.
> El número de dependientes cambió durante el año.
> El estado civil cambió durante el año.

Aunque no sea necesario por otros motivos, el contribuyente debe presentar una declaración de impuestos si ha recibido un crédito anticipado durante el año fiscal, o si ha rechazado el crédito anticipado para intentar recibir el crédito reembolsable en su lugar.

Reembolso del exceso del crédito tributario de prima anticipado

El crédito tributario de prima ayuda a pagar las primas del seguro médico que se adquirieron a través del mercado de seguros médicos. Si los pagos anticipados de este crédito se hicieron para la cobertura del contribuyente, su cónyuge o sus dependientes, se debería utilizar el Formulario 8962. Si los pagos anticipados fueron más que el crédito tributario de prima, el contribuyente tiene un exceso que debe ser devuelto, el cual se reporta en el Anexo 2, línea 46, y se agrega a su obligación tributaria, lo que significa que al pagar sus impuestos también devolverá ese exceso. Una obligación tributaria adicional podría ser causada por el contribuyente o el cónyuge que tiene un aumento en los ingresos y no reporta el cambio al mercado de seguros. Si los pagos anticipados superan el crédito permitido, la obligación tributaria del impuesto sobre la renta aplicada para el año fiscal se incrementa por la diferencia.

Other Taxes

Shared Policy Allocation

For any month during the year that the taxpayer, spouse, or dependents do not have minimum essential coverage and do not qualify for a coverage exemption, the taxpayer will have to make an individual shared responsibility payment with his tax return. The annual payment amount is either a percentage of taxpayer's household income or a flat dollar amount, whichever is greater, but it is capped at the national average premium for a bronze level health plan available through the Marketplace. Taxpayer will owe 1/12th of the annual payment for each month the taxpayer, spouse, or dependents don't have either coverage or an exemption.

If a taxpayer, spouse, or dependent did not have coverage, and the taxpayer's income was below the tax filing threshold for their filing status (Single, Married Filing Jointly, etc.), the taxpayer could qualify for a coverage exemption and would not be required to make a payment. Taxpayers do not have to file a return solely to claim this exemption. If taxpayers choose to file a tax return, they should not make a payment with their return; instead, they should complete Part II of Form 8965, *Coverage Exemptions for Your Household Claimed on Your Return*, to claim the coverage exemption.

Part 1 Review Questions

To obtain the maximum benefit from this chapter, LTP recommends that you complete each of the following questions, and then compare them to the answers with feedback that immediately follow. Under governing self-study standards, vendors are required to present review questions intermittently throughout each self-study course.

These questions and explanations are not part of the final examination and will not be graded by LTP.

OT1.1
Betty is subject to alternative minimum tax (AMT). Which form is used to calculate her AMT?

   a. Form 6251
   b. Form 4868
   c. Form 8863
   d. Form 8801

OT1.2
A taxpayer may qualify for an exemption to claim the exclusion from the "shared responsibility". Which form would the taxpayer use to report the exclusion?

   a. Form 8611
   b. Form 8965
   c. Form 8828
   d. Form 8834

Asignación de políticas compartidas

Para cualquier mes del año en el que el contribuyente, su cónyuge o sus dependientes no tengan una cobertura esencial mínima y no tengan derecho a una exención de cobertura, el contribuyente tendrá que hacer un pago de responsabilidad individual compartida con su declaración de impuestos. El importe del pago anual es un porcentaje de los ingresos del hogar del contribuyente o una cantidad fija en dólares, lo que sea mayor, pero tiene como límite la prima media nacional de un plan de salud de nivel de bronce disponible a través del mercado de seguros. El contribuyente deberá 1/12 del pago anual por cada mes que el contribuyente, su cónyuge o sus dependientes no tengan cobertura o exención.

Si un contribuyente, su cónyuge o sus dependientes no tuvieron cobertura y sus ingresos estuvieron por debajo del límite de declaración de impuestos correspondiente a su estado civil (soltero, casado con declaración conjunta, etc.), el contribuyente podría acogerse a una exención de cobertura y no tendría que efectuar ningún pago. Los contribuyentes no tienen que presentar una declaración únicamente para solicitar esta exención. Si los contribuyentes deciden presentar una declaración de impuestos, no deben realizar un pago con su declaración; en su lugar, deben rellenar la Parte II del Formulario 8965, *Exenciones de cobertura para su hogar reclamadas en su declaración*, para reclamar la exención de cobertura.

Parte 1 Preguntas de repaso

Para obtener el máximo beneficio de este capítulo, LTP recomienda que complete cada una de las siguientes preguntas, y luego las compare con las respuestas con comentarios que le siguen inmediatamente. Según los estándares reguladores de autoaprendizaje, los proveedores deben presentar preguntas de repaso de forma intermitente a lo largo de cada curso de autoaprendizaje.

Estas preguntas y explicaciones no forman parte del examen final y no serán calificadas por LTP.

OT1.1
Betty está sujeta al impuesto mínimo alternativo (AMT). ¿Cuál formulario se utiliza para calcular su AMT?

    a. Formulario 6251
    b. Formulario 4868
    c. Formulario 8863
    d. Formulario 8801

OT1.2
Un contribuyente puede acogerse a una exención para reclamar la exclusión de la "responsabilidad compartida". ¿Qué formulario debería utilizar el contribuyente para declarar la exclusión?

    a. Formulario 8611
    b. Formulario 8965
    c. Formulario 8828
    d. Formulario 8834

Other Taxes

OT1.3
Which of the following is not true about Form 8962, *Premium Tax Credit*?

a. It's a credit that can help individuals and their families pay for their health insurance.
b. Reported on Schedule 2, line 2, and calculated using Form 8962.
c. It's a credit that provides health insurance for the taxpayer and his/her family.
d. Taxpayer may be able to claim the premium tax credit if an individual and his or her tax family enrolled through the Marketplace for a qualified health plan.

OT1.4
Which of the following is not true about the Advance Premium Tax Credit (APTC)?

a. Helps pay for the insurance coverage.
b. Receiving too little or too much in advance will affect the taxpayer's refund or balance due.
c. To avoid a balance due, report changes in income or family size to the Marketplace as soon as possible.
d. The Advance Premium Tax Credit is considered a refundable credit.

OT1.5
What is the alternative minimum tax (AMT) exemption amount for married filing jointly?

a. $73,600
b. $114,600
c. $99,950
d. $518,400

OT1.6
What is the alternative minimum tax (AMT) exemption amount for married filing separately?

a. $57,300
b. $99,950
c. $73,600
d. $518,400

Part 1 Review Questions Answers

OT1.1
Betty is subject to alternative minimum tax (AMT). Which form is used to calculate her AMT?

a. **Form 6251**
b. Form 4868
c. Form 8863
d. Form 8801

Feedback: Review section *Line 1 Alternative Minimum Tax*.

OT1.3
¿Cuál de las siguientes afirmaciones no es cierta sobre el Formulario 8962, *Crédito tributario de prima*?

   a. Es un crédito que puede ayudar a las personas y a sus familias a pagar su seguro médico
   b. Se declara en el Anexo 2, línea 2, y se calcula utilizando el Formulario 8962.
   c. Es un crédito que proporciona un seguro médico para el contribuyente y su familia.
   d. El contribuyente puede reclamar el crédito tributario de prima si un individuo y su familia fiscal se inscribieron a través del mercado de seguros en un plan de salud calificado.

OT1.4
¿Cuál de las siguientes afirmaciones no es cierta sobre el crédito tributario de prima anticipado (APTC)?

   a. Ayuda a pagar la cobertura del seguro.
   b. Recibir muy poco o demasiado por adelantado afectará el reembolso o el saldo adeudado del contribuyente.
   c. Para evitar un saldo pendiente de pago, debe comunicar al mercado de seguros los cambios en los ingresos o en el tamaño de la familia lo antes posible.
   d. El crédito tributario de prima anticipado se considera un crédito reembolsable.

OT1.5
¿Cuál es el importe de la exención del impuesto mínimo alternativo (AMT) para los casados que presentan una declaración conjunta?

   a. $73,600
   b. $114,600
   c. $99,950
   d. $518,400

OT1.6
¿Cuál es el importe de la exención del impuesto mínimo alternativo (AMT) para los casados que declaran por separado?

   a. $57,300
   b. $99,950
   c. $73,600
   d. $518,400

Parte 1 Respuestas a las preguntas de repaso

OT1.1
Betty está sujeta al impuesto mínimo alternativo (AMT). ¿Cuál formulario se utiliza para calcular su AMT?

   a. **Formulario 6251**
   b. Formulario 4868
   c. Formulario 8863
   d. Formulario 8801

Comentarios: Revise la sección *Línea 1 Impuesto mínimo alternativo*.

Other Taxes

OT1.2
A taxpayer may qualify for an exemption to claim the exclusion from the "shared responsibility". Which form would the taxpayer use to report the exclusion?

a. Form 8611
b. Form 8965
c. Form 8828
d. Form 8834

Feedback: Review section *Shared Policy Allocation.*

OT1.3
Which of the following is not true about Form 8962, *Premium Tax Credit*?

a. It's a credit that can help individuals and their families pay for their health insurance.
b. Reported on Schedule 2, line 2, and calculated using Form 8962.
c. It's a credit that provides health insurance for the taxpayer and his/her family.
d. Taxpayer may be able to claim the premium tax credit if an individual and his or her tax family enrolled through the Marketplace for a qualified health plan.

Feedback: Review section *Line 2, Form 8962: Premium Tax Credit.*

OT1.4
Which of the following is not true about the Advance Premium Tax Credit (APTC)?

a. Helps pay for the insurance coverage.
b. Receiving too little or too much in advance will affect the taxpayer's refund or balance due.
c. To avoid a balance due, report changes in income or family size to the Marketplace as soon as possible.
d. The Advance Premium Tax Credit is considered a refundable credit.

Feedback: Review section *Advance Payments of the Premium Tax Credit.*

OT1.5
What is the alternative minimum tax (AMT) exemption amount for married filing jointly?

a. $73,600
b. $114,600
c. $99,950
d. $518,400

Feedback: Review section *Line 1 Alternative Minimum Tax.*

OT1.2

Un contribuyente puede acogerse a una exención para reclamar la exclusión de la "responsabilidad compartida". ¿Qué formulario debería utilizar el contribuyente para declarar la exclusión?

   a. Formulario 8611
   b. Formulario 8965
   c. Formulario 8828
   d. Formulario 8834

Comentarios: Revise la sección *Asignación de políticas compartidas*

OT1.3

¿Cuál de las siguientes afirmaciones no es cierta sobre el Formulario 8962, *Crédito tributario de prima*?

   a. Es un crédito que puede ayudar a las personas y a sus familias a pagar su seguro médico
   b. Se declara en el Anexo 2, línea 2, y se calcula utilizando el Formulario 8962.
   c. Es un crédito que proporciona un seguro médico para el contribuyente y su familia.
   d. El contribuyente puede reclamar el crédito tributario de prima si un individuo y su familia fiscal se inscribieron a través del mercado de seguros en un plan de salud calificado.

Comentarios: Revise la sección *Línea 2, Formulario 8962: Crédito tributario de prima.*

OT1.4

¿Cuál de las siguientes afirmaciones no es cierta sobre el crédito tributario de prima anticipado (APTC)?

   a. Ayuda a pagar la cobertura del seguro.
   b. Recibir muy poco o demasiado por adelantado afectará el reembolso o el saldo adeudado del contribuyente.
   c. Para evitar un saldo pendiente de pago, debe comunicar al mercado de seguros los cambios en los ingresos o en el tamaño de la familia lo antes posible.
   d. El crédito tributario de prima anticipado se considera un crédito reembolsable.

Comentarios: Revise la sección *Pagos anticipados del crédito tributario de prima.*

OT1.5

¿Cuál es el importe de la exención del impuesto mínimo alternativo (AMT) para los casados que presentan una declaración conjunta?

   a. $73,600
   b. $114,600
   c. $99,950
   d. $518,400

Comentarios: Revise la sección *Línea 1 Impuesto mínimo alternativo.*

Other Taxes

OT1.6

What is the alternative minimum tax (AMT) exemption amount for married filing separately?

    a. $57,300
    b. $99,950
    c. $72,900
    d. $518,400

Feedback: Review section *Line 1 Alternative Minimum Tax.*

Part 2 Taxes for Self-Employment

The self-employed individual pays both the employer and the employee tax. Most taxpayers who receive a W-2 don't pay much attention to their paycheck. This part will discuss what taxes the self-employed individual must pay, as well as how they must pay their Social Security and Medicare tax and the amount that needs to be paid.

Line 4 Self-Employment tax. Attach Schedule SE

This will be covered in "*Federal Business Income*" chapter.

Line 5 Social Security and Medicare Tax on Unreported Tip Income (Form 4137)

Form 4137 is used to calculate the Social Security and Medicare tax on tips not reported to the taxpayer's employer. This concept was covered previously in Chapter 5, "Federal Income". Please refer to that section to review the information. If this form is used and needed, mark box A on this line, attach the form to the return, and report the amount on line 58 in the space provided.

Line 6 Uncollected Social Security and Medicare Tax (Form 8919)

If the taxpayer was an employee but was treated as an independent contractor by the employer, Form 8919, *Uncollected Social Security and Medicare Tax on Wages*, is used to figure and report the taxpayer's share of uncollected Social Security and Medicare taxes due on compensation. Filing this form ensures that the Social Security and Medicare taxes will be credited to the correct Social Security record.

Form 8919 must be filed if all the following apply:

- ➢ The taxpayer performed services for a firm.
- ➢ The firm did not withhold the taxpayer's share of Social Security and Medicare taxes from the employee's pay.
- ➢ The pay from the firm was not for services as an independent contractor.
- ➢ One of the reasons listed below and taken from the Form 8919 under "Reason Codes" applies to the taxpayer.

OT1.6

¿Cuál es el importe de la exención del impuesto mínimo alternativo (AMT) para los casados que declaran por separado?

    a. $57,300
    b. $99,950
    c. $73,600
    d. $518,400

Comentarios: Revise la sección *Línea 1 Impuesto mínimo alternativo*.

Parte 2 Impuestos para el trabajo por cuenta propia

Las personas que trabajan por cuenta propia pagan tanto el impuesto del empleador como el del empleado. La mayoría de los contribuyentes que reciben un W-2 no prestan mucha atención a su cheque de pago. Esta parte discutirá los impuestos que el individuo que trabaja por cuenta propia debe pagar, así como la forma en que debe pagar su impuesto de Seguro Social y Medicare y la cantidad que se debe pagar.

Línea 4 Impuesto sobre el trabajo por cuenta propia. Adjunte el Anexo SE

Esto se tratará en el capítulo *"Ingresos comerciales federales"*.

Línea 5 Impuesto del Seguro Social y Medicare sobre los ingresos por propinas no declarados (Formulario 4137)

El Formulario 4137 se utiliza para calcular el impuesto del Seguro Social y de Medicare sobre las propinas no declaradas al empleador del contribuyente. Este concepto se trató anteriormente en el capítulo 5, "Ingresos federales". Consulte esa sección para revisar la información. Si se utiliza este formulario y se necesita, marque la casilla A en esta línea, adjunte el formulario a la declaración y declare el importe en la línea 58 en el espacio previsto.

Línea 6 Impuestos no cobrados del Seguro Social y Medicare (Formulario 8919)

Si el contribuyente era un empleado, pero fue tratado como un contratista independiente por el empleador, el Formulario 8919, *Impuestos no cobrados del Seguro Social y Medicare sobre los salarios*, se utiliza para calcular y reportar la parte del contribuyente de los impuestos no cobrados del Seguro Social y Medicare que se adeudan al momento de la compensación. La presentación de este formulario garantiza que los impuestos del Seguro Social y de Medicare se acreditarán en el registro correcto del Seguro Social.

El Formulario 8919 debe presentarse si se cumplen todos los requisitos siguientes:

- ➢ El contribuyente prestó servicios para una empresa.
- ➢ La empresa no retuvo la cuota del contribuyente correspondiente a los impuestos del Seguro Social y Medicare del pago del empleado.
- ➢ El pago de la empresa no era por servicios prestados como contratista independiente.
- ➢ Una de las razones que se enumeran a continuación y que se extraen del Formulario 8919 en el apartado "Códigos de Razones" se aplica al contribuyente.

A—The taxpayer filed Form SS-8, *Determination of Worker Status for Purposes of Federal Employment Taxes and Income Tax Withholding* and received a determination letter stating that the taxpayer was an employee of the firm. A taxpayer would file Form SS-8 if their income was reported to them on the 1099-MISC or Form 1099-NEC, but the IRS determined that the income should have been reported to the taxpayer on a W-2.

C—The taxpayer received other correspondence from the IRS that states, "I am an employee."

G—The taxpayer filed Form SS-8 with the IRS and has not received a reply.

H—The taxpayer received Form W-2 and Form 1099-NEC from his or her employer for the tax year 2021, but the amount on Form 1099-NEC should have been included as wages on Form W-2. Do not file Form SS-8 if code *H* was selected on Form 8919.

Line 8 Additional Tax on IRAs and Other Similar Plans and Accounts

The calculated amount from Form 5329 is reported on Line 8 of the Schedule 2. Form 5329 is used to report additional taxes on the following items:

- IRAs
- Other qualified retirement plans
- Modified endowment contracts
- Coverdell ESAs
- QTPs
- Archer MSAs
- HSAs
- ABLE accounts

Form 5329 should be filed if any of the following apply:

- The taxpayer received a distribution from a Roth IRA and either the amount on line 25c, Form 8606, *Nondeductible IRAs*, is more than zero, or the distribution includes a recapture amount that is subject to the 10% additional tax, or the qualified first-time home buyer receives the distribution for the purchase.
- The taxpayer received a distribution subject to tax on early distributions from a qualified retirement plan other than a Roth IRA.
- The taxpayer received a distribution subject to the tax on early distributions from a qualified retirement plan other than a Roth IRA, and the taxpayer meets an exception to the tax, and code 1 (which shows that an early distribution penalty must be assessed) is in box 7 of the 1099-R.
- The taxpayer received a distribution subject to the tax on early distributions from a qualified retirement plan other than a Roth IRA and meets the exception, and code 7 (which shows that the distribution was normal and deserves no penalty) is in box 7 of the 1099-R.
- The taxpayer received taxable distributions from Coverdell ESAs or QTPs.
- The contributions for 2021 to traditional IRAs, Roth IRAs, Coverdell ESAs, Archer MSAs, or HSAs exceed the maximum contribution limit, or the taxpayer had a tax due from an excess on line 15 of 2021 Form 5329.

A—El contribuyente presentó el Formulario SS-8, *Determinación de la condición de trabajador a los efectos de los impuestos federales sobre el empleo y la retención del impuesto sobre la renta* y recibió una carta de determinación en la que se indicaba que el contribuyente era un empleado de la empresa. Un contribuyente presentaría el Formulario SS-8 si recibió el reporte de sus ingresos en el 1099-MISC o en el Formulario 1099-NEC, pero el IRS determinó que los ingresos deberían haber sido reportados al contribuyente en un W-2.

C—El contribuyente recibió otra correspondencia del IRS que dice: "Soy un empleado".

G—El contribuyente presentó el Formulario SS-8 al IRS y no ha recibido respuesta.

H—El contribuyente recibió el Formulario W-2 y el Formulario 1099-NEC de su empleador para el año fiscal 2021, pero el importe del Formulario 1099-NEC debería haberse incluido como salarios en el Formulario W-2. No presente el Formulario SS-8 si se seleccionó el código *H* en el Formulario 8919.

Línea 8 Impuesto adicional a las cuentas IRA y otros planes y cuentas similares

El importe calculado en el Formulario 5329 se reporta en la línea 8 del Anexo 2. El Formulario 5329 se utiliza para declarar los impuestos adicionales sobre las siguientes partidas:

- Cuentas IRA
- Otros planes de jubilación calificados
- Contratos de dotación modificados
- Coverdell ESA
- QTP
- Archer MSA
- HSA
- Cuentas ABLE

El Formulario 5329 debe presentarse si se cumple alguno de los requisitos siguientes:

- El contribuyente recibió una distribución de una cuenta Roth IRA y, o bien el importe en la línea 25c, Formulario 8606, *Cuentas IRA no deducibles*, es superior a cero, o bien la distribución incluye un importe de recuperación que está sujeto al impuesto adicional del 10%, o el comprador de primera vivienda calificado recibe la distribución para la compra.
- El contribuyente recibió una distribución sujeta al impuesto sobre distribuciones anticipadas de un plan de jubilación calificado que no es una cuenta Roth IRA.
- El contribuyente recibió una distribución sujeta al impuesto sobre las distribuciones anticipadas de un plan de jubilación calificado que no es una cuenta Roth IRA, y el contribuyente cumple una excepción al impuesto, y el código 1 (que muestra que se debe aplicar una penalización por distribución anticipada) está en la casilla 7 del 1099-R.
- El contribuyente recibió una distribución sujeta al impuesto sobre distribuciones anticipadas de un plan de jubilación calificado que no es una cuenta Roth IRA y cumple la excepción, y el código 7 (que muestra que la distribución fue normal y no merece ninguna penalización) está en la casilla 7 del 1099-R.
- El contribuyente recibió distribuciones sujetas a impuesto de Coverdell ESA o QTP.
- Los aportes para 2021 a las cuentas IRA tradicionales, Roth IRA, Coverdell ESA, Archer MSA o HSA superan el límite máximo de aportación, o el contribuyente tuvo una deuda tributaria por exceso en la línea 15 del formulario 5329 de 2021.

➤ The taxpayer did not receive the required minimum distribution (RMD) from his or her qualified retirement plan.

The additional tax on an early distribution is included in the taxpayer's gross income and is an additional 10%, although there are some exceptions to the rule. The additional 10% tax on an early withdrawal does not apply to any of the following:

➤ A qualified disaster distribution.
➤ A qualified HSA funding distribution from an IRA.
➤ A distribution from a traditional or SIMPLE IRA that was converted to a Roth IRA.
➤ An in-plan Roth rollover.
➤ A distribution of certain excess IRA contributions.

The following qualified retirement plan rollover guidelines are in effect as of January 1, 2021:

➤ If the qualified retirement plan loan is offset due to termination or severance from employment, the taxpayer has until the due date, including extensions, to both file his or her tax return and to roll over the plan's offset amount.
➤ If the qualified retirement plan has been wrongfully levied by the IRS, the amount returned plus interest may be contributed to the account or to an IRA as long as the plan allows rollovers, but it may not be contributed to an endowment contract, which is beyond the scope of this course. The taxpayer has until the due date to make the contribution; no extensions can be filed.

In many instances, individuals who fail to take a required minimum distribution (RMD) on time do so inadvertently. IRA custodians and trustees are required to provide IRA owners with an RMD statement indicating their need to take an RMD, but circumstances may prevent an IRA owner from doing so in a timely manner. Individuals need to withdraw the proper amount by April 1st of the year after they turn 72, or by December 31st of any subsequent year. Anyone who does not will be subject to a 50% excess accumulation penalty tax on the amount not withdrawn. IRA beneficiaries who fail to take a required death distribution timely are subject to the same penalty amount.

Although IRA owners must be notified, the rules do not, however, require an RMD statement to be provided to beneficiaries; in some cases, a beneficiary may not know that he or she must take an RMD. A beneficiary that fails to timely take an RMD should discuss the completion of IRS Form 5329, *Additional Tax on Qualified Plans (Including IRAs) and Other Tax-Favored Accounts* with his or her tax professional to either pay or ask for a waiver of the 50% excess accumulation penalty tax.

An excess accumulation as it relates to traditional IRA, Simplified Employee Pensions (SEP), Savings Incentive Match Plans for Employees of Small Employers (SIMPLE), and beneficiary Individual Retirement Accounts (IRAs) is defined as an amount remaining in an IRA as a result of an account owner or beneficiary failing to timely satisfy a required minimum distribution (RMD).

> El contribuyente no recibió la distribución mínima requerida (RMD) de su plan de jubilación calificado.

El impuesto adicional sobre una distribución anticipada se incluye en el ingreso bruto del contribuyente y es de un 10% adicional, aunque hay algunas excepciones a la regla. El impuesto adicional del 10% sobre un retiro anticipado no se aplica a ninguno de los siguientes casos:

> Una distribución por desastre calificada.
> Una distribución de fondos de HSA calificada desde una IRA.
> Una distribución de una IRA tradicional o SIMPLE que se convirtió en una IRA Roth.
> Una reinversión Roth dentro del plan.
> Una distribución de ciertos aportes en exceso de la cuenta IRA.

Las siguientes directrices de reinversión de planes de jubilación calificados están en vigor a partir del 1° de enero de 2021:

> Si el préstamo del plan de jubilación calificado se compensa debido a la terminación o el cese del empleo, el contribuyente tiene hasta la fecha de vencimiento, incluidas las prórrogas, tanto para presentar su declaración de impuestos como para reinvertir el importe de la compensación del plan.
> Si el plan de jubilación calificado fue embargado injustamente por el IRS, la cantidad devuelta más los intereses pueden aportarse a la cuenta o a una IRA siempre que el plan permita las reinversiones, pero no puede aportarse a un contrato de dotación, que queda fuera del ámbito de este curso. El contribuyente tiene hasta la fecha de vencimiento para realizar el aporte; no se pueden presentar prórrogas.

En muchos casos, los individuos que no toman una distribución mínima requerida (RMD) a tiempo lo hacen inadvertidamente. Los custodios y fideicomisarios de las cuentas IRA están obligados a proporcionar a los titulares de las mismas una declaración de RMD en la que se indique la necesidad de realizarla, pero las circunstancias pueden impedir que el titular de la cuenta IRA lo haga de manera oportuna. Las personas tienen que retirar la cantidad adecuada antes del 1° de abril del año siguiente a cumplir los 72 años, o antes del 31 de diciembre de cualquier año posterior. Quien no lo haga estará sujeto a una sanción fiscal del 50% del exceso de acumulación sobre el importe no retirado. Los beneficiarios de una cuenta IRA que no tomen a tiempo la distribución obligatoria por fallecimiento están sujetos a la penalización por el mismo importe.

Aunque los titulares de las cuentas IRA deben ser notificados, las normas no exigen que se proporcione una declaración de RMD a los beneficiarios; en algunos casos, un beneficiario puede no saber que debe tomar una RMD. Un beneficiario que no tome oportunamente una RMD debe revisar la cumplimentación del Formulario 5329 del IRS, *Impuesto adicional sobre planes calificados (Incluyendo las cuentas IRA) y otras cuentas con beneficios de impuesto* con su profesional de impuestos para pagar o pedir una exención de la sanción fiscal por el 50% del exceso de acumulación.

Un exceso de acumulación en lo que respecta a las cuentas IRA tradicionales, las Pensiones Simplificadas para Empleados (SEP), los Planes de Ahorro e Incentivos Equivalentes para Empleados de Pequeñas Empresas (SIMPLE) y las Cuentas Individuales de Jubilación (IRA) de los beneficiarios se define como una cantidad que permanece en una IRA como resultado de que el propietario de la cuenta o el beneficiario no satisfaga oportunamente una distribución mínima requerida (RMD).

Other Taxes

Failing to withdraw the RMD by the applicable deadline may result in owing the IRS an additional tax of 50% on the RMD. The taxpayer can request a waiver of the fee from the IRS with reasonable cause by including a letter of explanation with Form 5329 on his or her tax return. The taxpayer should complete lines 52 and 53 of Form 5329 using the form's instructions. Enter "RC" and the requested waiver amount in parentheses on the dotted line next to line 54. Subtract the requested amount from the "shortfall" (the amount of taxes owed before figuring in the waiver's amount) and enter the result on line 54 (the amount will flow to line 55) and pay the tax due on line 55. See Instructions Form 5329.

Line 9 Household Employment Taxes

Taxpayers who employ household workers may be required to pay and withhold employment taxes from their employees. Employment taxes include Social Security tax, Medicare tax, federal unemployment tax, federal income tax withholding, and state employment taxes. To determine if the worker is self-employed, the worker must provide his or her own tools and offer services to the general public in an independent business.

Some examples of household workers include: babysitters, caretakers, cleaning people, domestic workers, drivers, health aides, housekeepers, maids, nannies, private nurses, private chefs, and yard workers. A worker who performs childcare services in their home is generally not the taxpayer's employee. Household workers are not considered to be the taxpayer's employees but are instead considered self-employed if their services are offered to the general public in an independent business.

Example: Melchior has made an agreement with Ezra to care for his lawn. Melchior runs a lawn care business and offers his services to the general public. Melchior provides his own tools and supplies, and he hires and pays his employees. Neither Melchior nor his employees are Ezra's household employees.

Form 1040, Schedule H, *Household Employment Taxes*, must be used to report household employment taxes if the taxpayer pays any of the following wages to the employee:

- Social Security and Medicare wages of $2,100 or more.
- Federal Unemployment Tax Act (FUTA) wages.
- Wages from which federal income taxes were withheld.

If the taxpayer pays more than $2,100 in a calendar year to a household employee, the taxpayer must pay Social Security and Medicare taxes for that employee and withhold (or pay) the employee's portion of those taxes.

The taxpayer, who is the employer, is not required to withhold federal income taxes for household employees unless the employee asks to have withholdings taken out and the employer agrees to withhold. If such an agreement is reached, the employer must have the employee(s) complete Form W-4, *Employee's Withholding Allowance Certificate*. As with the other employment taxes, withheld federal income taxes may be reported on Schedule H. An extension for the personal return does not extend the due date for the payment of these taxes. Schedule H is reported on Form 1040, Schedule 2, line 9. Schedule H can be a standalone form if the taxpayer is not filing a yearly tax return. If a paid tax preparer completed the form for the taxpayer, then he or she would complete the Paid Preparer Use Only section on Schedule H.

Si no se retira la RMD en el plazo correspondiente, se puede generar una deuda a favor del IRS por un impuesto adicional del 50% sobre la RMD. El contribuyente puede solicitar al IRS una exención de la tasa con un motivo razonable, incluyendo una carta de explicación con el Formulario 5329 en su declaración de impuestos. El contribuyente debe rellenar las líneas 52 y 53 del Formulario 5329 siguiendo las instrucciones del formulario. Anote "RC" y el importe de la exención solicitada entre paréntesis en la línea de puntos junto a la línea 54. Reste el importe solicitado del "déficit" (el importe de los impuestos adeudados antes de calcular el importe de la exención) e ingrese el resultado en la línea 54 (el importe pasará a la línea 55) y pague el impuesto adeudado en la línea 55. Consulte las instrucciones del Formulario 5329.

Línea 9 Impuestos sobre el empleo en el hogar

Los contribuyentes que emplean a empleados domésticos pueden estar obligados a pagar y retener impuestos sobre el empleo a sus empleados. Los impuestos sobre el empleo incluyen el impuesto del Seguro Social, el impuesto de Medicare, el impuesto federal para el desempleo, la retención del impuesto federal sobre la renta y los impuestos estatales sobre el empleo. Para determinar si el trabajador lo hace por cuenta propia, debe proporcionar sus propias herramientas y ofrecer servicios al público en general en un negocio independiente.

Algunos ejemplos de empleados domésticos son: niñeras, cuidadores, personal de limpieza, trabajadores domésticos, conductores, auxiliares de salud, amas de casa, criadas, cuidadoras de niños, enfermeras privadas, cocineros privados y trabajadores de jardinería. Un trabajador que presta servicios de cuidado de niños en su casa no suele ser un empleado del contribuyente. Los empleados domésticos no se consideran empleados del contribuyente, sino que se consideran trabajadores por cuenta propia si sus servicios se ofrecen al público en general en un negocio independiente.

Ejemplo: Melchor ha llegado a un acuerdo con Ezra para cuidar de su jardín. Melchor tiene un negocio de cuidado de jardines y ofrece sus servicios al público en general. Melchor proporciona sus propias herramientas y suministros, y contrata y paga a sus empleados. Ni Melchor ni sus empleados son empleados domésticos de Ezra.

El Formulario 1040, Anexo H, *Impuestos sobre el empleo en el hogar*, debe utilizarse para declarar los impuestos sobre el empleo en el hogar si el contribuyente paga alguno de los siguientes salarios al empleado:

- Salarios del Seguro Social y Medicare de $2,100 o más.
- Salarios de la Ley Federal de Impuestos sobre el Desempleo (FUTA).
- Salarios sobre los cuales se retienen los impuestos federales sobre la renta.

Si el contribuyente paga más de $2,100 en un año calendario a un trabajador doméstico, debe pagar los impuestos del Seguro Social y de Medicare de ese empleado y retener (o pagar) la parte de esos impuestos correspondiente al empleado.

El contribuyente, que es el empleador, no está obligado a retener los impuestos federales sobre la renta de los empleados domésticos, a menos que el empleado solicite que se le practiquen retenciones y el empleador acceda a hacerlo. Si se llega a ese acuerdo, el empleador debe hacer que el o los empleados rellenen el Formulario W-4, *Certificado de asignación de retención del empleado*. Al igual que con los demás impuestos laborales, los impuestos federales sobre la renta retenidos pueden declararse en el Anexo H. Una prórroga para la declaración personal no amplía la fecha de vencimiento para el pago de estos impuestos. El Anexo H se declara en el Formulario 1040, Anexo 2, línea 9. El Anexo H puede ser un formulario independiente si el contribuyente no está presentando una declaración de impuestos anualmente. Si un preparador de impuestos remunerado completó el formulario para el contribuyente, entonces él o ella completarían la sección Solo para uso del preparador remunerado en el Anexo H.

Other Taxes

Line 10 First-Time Homebuyer Credit Repayment (Form 5405)

If the taxpayer purchased his or her residence in 2008 and qualified for the first-time homebuyer credit, the taxpayer may have to repay the credit that was received on the 2008 tax return. The credit that was received in 2008 was an interest-free loan to the taxpayer and is to be repaid over a 15-year period. If the taxpayer purchased his or her home prior to April 8, 2008, and did not own another main home for 36 months prior to the date of purchase and received the credit, he or she will have to repay the loan.

If the taxpayer sold or converted the main home prior to repayment of the first-time homebuyer credit, the remaining portion of the loan must be repaid in the year the taxpayer sells or converts the property. This repayment is reported using Form 5405 on Form 1040, Schedule 2, line 10.

Example: In June 2017, Watson claimed the credit for the home he purchased in August 2011. Watson moved out and converted his home to a rental in 2021; Watson will have to repay the remaining portion of the first-time homebuyer credit on his 2021 tax return because he sold it before the end of the 15-year repayment period.

Line 11 Additional Medicare Tax (Form 8959)

The taxpayer may be subject to a 0.9% additional Medicare tax that applies to Medicare wages, railroad retirement act compensation, and self-employment income over the filing status threshold. This tax is an employee tax, not an employer tax. The employer is responsible for withholding the additional tax once the taxpayer's compensation exceeds $200,000 (regardless of filing status) in a calendar year. The taxpayer cannot request their employer to stop the withholding of the additional tax. If the taxpayer has wages as well as self-employment income, the threshold is reduced on the self-employment income, but not below zero.

Filing Status	Threshold Amount
Married Filing Jointly	$250,000
Married Filing Separately	$125,000
Single	$200,000
Head of Household	$200,000
Qualifying Widow(er) with Dependent Child	$200,000

The above threshold amounts are not indexed for inflation.

Example: Kathy, a single filer, has $130,000 in self-employment income and $0 in wages. Kathy is not liable for the Additional Medicare Tax and does not have to file Form 8959.

Example: George and Jean are married and filing a joint return. George has $190,000 in wages and Jean has $150,000 in compensation subject to railroad retirement taxes. Neither George nor Jean has wages or compensation that exceed $200,000 because their employers do not combine the wages and railroad retirement compensation to determine whether they are in excess of the $250,000 threshold for a joint return. George and Jean are not liable for the additional tax.

Línea 10 Reembolso del crédito para compradores de vivienda por primera vez (Formulario 5405)

Si el contribuyente compró su residencia en 2008 y califica para obtener el crédito para compradores de vivienda por primera vez, es posible que tenga que devolver el crédito que recibió en la declaración de impuestos de 2008. El crédito que se recibió en 2008 fue un préstamo sin intereses para el contribuyente y debe devolverse en un periodo de 15 años. Si el contribuyente compró su vivienda antes del 8 de abril de 2008 y no fue propietario de otra vivienda principal durante los 36 meses anteriores a la fecha de compra y recibió el crédito, tendrá que devolver el préstamo.

Si el contribuyente vendió o transformó la vivienda principal antes de reembolsar el crédito para compradores de vivienda por primera vez, la parte restante del préstamo debe reembolsarse en el año en que el contribuyente venda o transforme la propiedad. Este reembolso se declara utilizando el Formulario 5405 en el Formulario 1040, Anexo 2, línea 10.

Ejemplo: En junio de 2017, Watson reclamó el crédito por la vivienda que compró en agosto de 2011. Watson se mudó y transformó su vivienda en un alquiler en 2021; Watson tendrá que devolver la parte restante del crédito para compradores de vivienda por primera vez en su declaración de impuestos de 2021 porque la vendió antes de que finalizara el periodo de devolución de 15 años.

Línea 11 Impuesto adicional de Medicare (Formulario 8959)

El contribuyente puede estar sujeto a un impuesto adicional de Medicare del 0.9% que se aplica a los salarios de Medicare, a la compensación de la ley de jubilación ferroviaria y a los ingresos de los trabajadores por cuenta propia que superen el límite de declaración. Este impuesto es un impuesto del empleado, no del empleador. El empleador es responsable de retener el impuesto adicional una vez que la compensación del contribuyente supera los $200,000 (independientemente del estado civil) en un año calendario. El contribuyente no puede solicitar a su empleador que deje de retener el impuesto adicional. Si el contribuyente tiene tanto salarios como ingresos por cuenta propia, el límite se reduce sobre los ingresos por cuenta propia, pero no por debajo de cero.

Estado civil	Importe del límite
Casado con declaración conjunta	$250,000
Casado con declaración por separado	$125,000
Soltero	$200,000
Cabeza de familia	$200,000
Viudo(a) con hijo dependiente calificado	$200,000

Los importes de los límites anteriores no se indexan por la inflación.

Ejemplo: Kathy, una declarante soltera, tiene $130,000 en ingresos de trabajo por cuenta propia y $0 en salarios. Kathy no está obligada a pagar el impuesto adicional de Medicare y no tiene que presentar el Formulario 8959.

Ejemplo: George y Jean están casados y presentan una declaración conjunta. George tiene $190,000 en salarios y Jean tiene $150,000 en compensaciones sujetas a impuestos por jubilación ferroviaria. Ni George ni Jean tienen salarios o compensaciones que superen los $200,000 porque sus empleadores no combinan los salarios y la compensación por jubilación ferroviaria para determinar si superan el límite de $250,000 para una declaración conjunta. George y Jean no están obligados a pagar el impuesto adicional.

Other Taxes

Example: Carl, a single filer, has $220,000 in self-employment income and $0 in wages. Carl must file Form 8959 as he is liable to pay the additional Medicare Tax on $20,000 of his $220,000 income ($220,000 minus the threshold of $200,000).

Taxes that might be reported on line 11 include the following:

- Additional Medicare tax.
- Net Investment Income tax.
- Additional tax on health savings accounts (HSA) distribution.
- Additional tax on Archer MSA distributions.
- Additional tax on Medicare Advantage MSA distributions.
- Additional tax on an HSA because the taxpayer did not remain eligible for the testing period.
- Recapture of the following credits:
  - Investment Credit.
  - Low Income Housing Credit.
  - Indian Employment Credit.
  - New Markets Credit.
  - Credit for Employer-Provided Childcare Facilities.
  - Alternative Motor Vehicle Credit.
  - Alternative Fuel Vehicle Refueling Property Credit.
  - Qualified Plug-In Electric Drive Motor Vehicle Credit.
- Recapture of a federal mortgage subsidy.
- Section 72(m)(5) excess benefits tax.
- Uncollected Social Security and Medicare or RRTA tax on tips or group-term life insurance.
- Golden parachute payments.
- Tax on the accumulated distribution of trusts.
- Excise tax on insider stock compensation from an expatriated corporation.
- Interest on the tax due on installment income from the sale of certain residential lots and timeshares.
- Interest on the deferred tax on gain from certain installment sales with a sales price over $150,000.
- Additional tax on recapture of a charitable contribution deduction relating to a fractional interest in tangible personal property.
- Look-back interest under section 167(g) or 460(b).
- Additional tax on income received from a nonqualified deferred compensation plan that fails to meet the requirements of IRC §409A.
- Additional tax on compensation received from a nonqualified deferred compensation plan described in IRC §457A, but only if the compensation would have been includable as income in an earlier year if the amount had been determinable before 2014.
- Tax on non-effectively connected income for any part of the year that the taxpayer was a nonresident alien.
- Any interest amount from Form 8261, line 16f, relating to distributions from, and dispositions of, stock of an IRC §1291 fund.
- Any interest amount from Form 8261, line 24, identified as "1294INT".

Otros impuestos

Ejemplo: Carl, un declarante soltero, tiene $220,000 en ingresos de trabajo por cuenta propia y $0 en salarios. Carl debe presentar el Formulario 8959 ya que debe pagar el impuesto adicional de Medicare sobre $20,000 de sus ingresos por $220,000 ($220,000 menos el límite de $200,000).

Los impuestos que podrían declararse en la línea 11 incluyen los siguientes:

- Impuesto adicional de Medicare
- Impuesto sobre el ingreso neto de inversión.
- Impuesto adicional sobre la distribución de las cuentas de ahorro para la salud (HSA).
- Impuesto adicional sobre las distribuciones de Archer MSA.
- Impuesto adicional sobre las distribuciones de Medicare Advantage MSA.
- Impuesto adicional sobre una HSA porque el contribuyente dejó de estar calificado durante el periodo de prueba.
- Recuperación de los siguientes créditos:
    - Crédito de inversión.
    - Crédito para vivienda de bajos ingresos.
    - Crédito por el empleo de indios.
    - Crédito por nuevos mercados.
    - Crédito por guarderías proporcionadas por el empleador.
    - Crédito por vehículos de motor alternativos.
    - Crédito por propiedad de recarga de vehículos de combustible alternativo.
    - Crédito por vehículos eléctricos enchufables calificados.
- Recuperación de un subsidio hipotecario federal.
- Impuesto sobre el exceso de beneficios de la Sección 72(m)(5).
- Impuestos no cobrados del Seguro Social y Medicare o de la RRTA sobre las propinas o los seguros de vida a plazo de grupo.
- Pagos de indemnización por despido.
- Impuesto sobre la distribución acumulada de los fideicomisos.
- Impuesto sobre consumos específicos sobre la remuneración de las acciones de una sociedad anónima expatriada.
- Intereses sobre el impuesto adeudado por los ingresos a plazos procedentes de la venta de determinados lotes residenciales y de la multipropiedad.
- Intereses sobre el impuesto diferido sobre las ganancias de determinadas ventas a plazos con un precio de venta superior a $150,000.
- Impuesto adicional sobre la recuperación de una deducción por contribución benéfica relacionada con un interés fraccionario en bienes muebles tangibles.
- Intereses por actualización de conformidad con la Sección 167(g) o 460(b).
- Impuesto adicional sobre las rentas percibidas de un plan de compensación diferida no calificado que no cumple los requisitos de la §409A del IRC.
- Impuesto adicional sobre la compensación recibida de un plan de compensación diferida no calificado descrito en la §457A del IRC, pero solo si la compensación se podría haber incluido como ingreso en un año anterior si el importe hubiera sido determinable antes de 2014.
- Impuesto sobre los ingresos no vinculados efectivamente para cualquier parte del año en que el contribuyente era un extranjero no residente.
- Cualquier cantidad de intereses del Formulario 8261, línea 16f, relativa a las distribuciones y disposiciones de acciones de un fondo IRC §1291.
- Cualquier cantidad de intereses del Formulario 8261, línea 24, identificada como "1294INT".

Other Taxes

Line 12 Net Investment Income Tax (NIIT)

Reported using Form 8960, NIIT is a 3.8% tax on the lesser of net investment income or the excess of the taxpayer's modified adjusted gross income amount that is over the filing status threshold. NIIT generally includes income and gain from passive activities. For the purposes of the NIIT, a passive activity, as defined by §469 of the Internal Revenue Code, includes rental activity whether the taxpayer materially participated or not. The activity must also be a trade or business as defined under §162 of the Internal Revenue Code and be non-passive before the income can be excluded from NIIT. Individuals who have NIIT and modified adjusted gross income (MAGI) over the following thresholds will owe 3.8%:

Filing Status	Threshold Amount
Married filing jointly	$250,000
Married filing separately	$125,000
Single	$200,000
Head of Household (with qualifying person)	$200,000
Qualifying widow(er) with dependent child	$250,000

Taxpayers should be aware that these threshold amounts are not indexed for inflation. If an individual is exempt from Medicare taxes, he or she may still be subject to NIIT if the taxpayer has NIIT and the modified adjusted gross income is over the applicable thresholds.

Unless these items result from the ordinary course of a trade or business that is neither a passive activity nor a trade or business of trading in financial instruments or commodities, investment income includes: gross income from interest, dividends, capital gains, rental and royalty income, nonqualified annuities, income from businesses involved in the trading of financial instruments or commodities, and income from businesses that are passive activities to the taxpayer. Net investment income tax does not include distributions from a qualified retirement plan, wages, unemployment compensation, operating income from a non-passive business, Social Security, alimony, tax-exempt interest, self-employment income, or Alaska Permanent Fund distributions.

The Alaska Permanent Fund is a dividend that is paid to all qualifying residents of Alaska. The dividend is based upon a five-year average of the Permanent Fund's performance, which is based on the stock market and other factors. The dividend is taxable on the recipients' federal tax returns.

The net investment income tax will not apply to any amount of gain that is excluded from gross income for regular income tax purposes. The pre-existing statutory exclusion in IRC §121 exempts the first $250,000 (or $500,000 in the case of a married couple filing jointly) of gain recognized on the sale of a principal residence from gross income for regular income tax purposes and, thus, from the NIIT. For more information on NIIT, go to www.irs.gov and see the FAQs for the NIIT.

The following gains are examples of items that are taken into consideration when computing NIIT:

Línea 12 Impuesto sobre el ingreso neto de inversión (NIIT)

Declarado mediante el Formulario 8960, el NIIT es un impuesto del 3.8% sobre el menor entre el ingreso neto de inversión o el exceso del importe del ingreso bruto ajustado modificado del contribuyente que supere el límite del estado civil. El NIIT generalmente incluye los ingresos y ganancias de las actividades pasivas. A efectos del NIIT, una actividad pasiva, tal como se define en la §469 del Código de Rentas Internas, incluye la actividad de alquiler, independientemente de que el contribuyente haya participado materialmente o no. Asimismo, la actividad debe ser una actividad comercial o empresarial, tal como se define en la §162 del Código de Rentas Internas, y no debe ser pasiva para que los ingresos puedan excluirse del NIIT. Las personas físicas que tengan NIIT e ingresos brutos ajustados modificados (MAGI) por encima de los siguientes límites deberán pagar el 3.8%:

Estado civil	Importe del límite
Casado con declaración conjunta	$250,000
Casado con declaración por separado	$125,000
Soltero	$200,000
Cabeza de familia (con la persona calificada)	$200,000
Viudo(a) con hijo dependiente calificado	$250,000

Los contribuyentes deben tener en cuenta que los importes de estos límites no se indexan por la inflación. Si una persona está exenta de los impuestos de Medicare, aún puede estar sujeta al NIIT si el contribuyente tiene NIIT y el ingreso bruto ajustado modificado está por encima de los límites aplicables.

A menos que estas partidas sean el resultado del curso ordinario de una actividad comercial o empresarial que no sea una actividad pasiva ni una actividad comercial o empresarial de instrumentos financieros o materias primas, los ingresos de inversión incluyen: los ingresos brutos procedentes de intereses, dividendos, ganancias de capital, ingresos por alquileres y regalías, rentas vitalicias no calificadas, ingresos procedentes de negocios relacionados con el comercio de instrumentos financieros o materias primas, e ingresos procedentes de negocios que son actividades pasivas para el contribuyente. El impuesto sobre el ingreso neto de inversión no incluye las distribuciones de un plan de jubilación calificado, los salarios, las indemnizaciones por desempleo, los ingresos de explotación de un negocio no pasivo, el Seguro Social, las pensiones de alimentos, los intereses exentos de impuestos, los ingresos por cuenta propia o las distribuciones del Fondo Permanente de Alaska.

El Fondo Permanente de Alaska es un dividendo que se paga a todos los residentes de Alaska que cumplen los requisitos. El dividendo se basa en una media de cinco años del rendimiento del Fondo Permanente, que se basa en el mercado de valores y otros factores. El dividendo está sujeto a impuestos en las declaraciones de impuesto federal de los beneficiarios.

El impuesto sobre el ingreso neto de inversión no se aplicará a ningún importe de ganancia que esté excluido del ingreso bruto a efectos del impuesto sobre la renta ordinario. La exclusión legal preexistente en la §121 del IRC exonera los primeros $250,000 (o $500,000 en el caso de un matrimonio que presente una declaración conjunta) de la ganancia reconocida en la venta de una residencia principal del ingreso bruto a efectos del impuesto sobre la renta ordinario y, por tanto, del NIIT. Para obtener más información sobre el NIIT, ingrese en www.irs.gov y consulte las preguntas frecuentes sobre el NIIT.

Las siguientes ganancias son ejemplos de partidas que se tienen en cuenta a la hora de calcular el NIIT:

Other Taxes

- Gains from sale of stocks, bonds, and mutual funds.
- Capital gain distributions from mutual funds.
- Gain from the sale of investment real estate, including the gain on the sale of a second home that is not the taxpayer's primary residence.
- A gain from the sale of interest in partnerships and S corporations (to the extent that the partner or shareholder was a passive owner).

Distributions are considered when determining the modified adjusted gross income threshold. Distributions from a nonqualified retirement plan are included in net investment income. Form 8960 will be filed if the taxpayer has net investment income tax. For more information, refer to IRS Regulation Sections 1.1411-1 through 1.1411-10.

Additional Taxes

The following are other taxes reported on Form 1040, Schedule 2, line 17:

- Form 8611   *Recapture of Low-Income Housing Credit*
- Form 8828   *Recapture of Federal Mortgage Subsidy*
- Form 8853   *Archer MSAs and Long-Term Care Insurance Contracts*
- Form 4255   *Recapture of Investment Credit*
- Form 8889   *Health Savings Account*

Line 18 Total Additional Taxes

Add the amounts of lines 4 through 17z and report the total on line 18. This is the total amount of Additional Taxes. Report this amount on Form 1040, line 23, to add the amount toward the taxpayer's total tax liability.

Line 20 Net Tax Liability Installment

This line reports the amount calculated from Form 965-A. This is beyond the scope of this course. See Instructions Form 965-A for more information.

Kiddie Tax (Form 8615)

Although the Form 8615 is not included on Schedule 2 as an additional tax, it is an additional tax to the parent. If the parent claims their child's unearned income, the child would not file a tax return. Claiming the child's unearned income would change the parents tax liability and could affect the taxpayers adjusted gross income (AGI). The election is made annually. The parent can claim their child's unearned income if the child meets the following conditions:

1. The child had $2,200 or more of unearned income.
2. The child is required to file a tax return.
3. The child either:
    a. Was under age 18 at the end of 2021.
    b. Was age 18 at the end of 2021 and didn't have earned income that was more than half of their support.

- Ganancias por la venta de acciones, bonos y fondos mutuos.
- Distribuciones de ganancias de capital de los fondos mutuos.
- Ganancia por la venta de bienes inmuebles de inversión, incluida la ganancia por la venta de una segunda vivienda que no sea la residencia principal del contribuyente.
- Ganancia por la venta de participaciones en sociedades y sociedades anónimas S (en la medida en que el socio o accionista era un propietario pasivo).

Las distribuciones se tienen en cuenta a la hora de determinar el umbral del ingreso bruto ajustado modificado. Las distribuciones de un plan de jubilación no calificado se incluyen en el ingreso neto de inversión. Se presentará el Formulario 8960 si el contribuyente tiene un impuesto sobre la renta sobre el ingreso neto de inversión. Para más información, consulte las secciones 1.1411-1 a 1.1411-10 del Reglamento del IRS.

Impuestos adicionales

Los siguientes son otros impuestos declarados en el Formulario 1040, Anexo 2, línea 17:

- Formulario 8611   *Recuperación del crédito para la vivienda de bajos ingresos*
- Formulario 8828   *Recuperación del subsidio hipotecario federal*
- Formulario 8853   *Contratos de seguro Archer MSA y cuidados a largo plazo*
- Formulario 4255   *Recuperación del crédito de inversión*
- Formulario 8889   *Cuenta de ahorros para la salud*

Línea 18 Total de impuestos adicionales

Sume los montos de las líneas 4 a 17z e informe el total en la línea 18. Esta es la cantidad total de impuestos adicionales. Informe esta cantidad en la línea 23 del Formulario 1040 para añadirla a la obligación tributaria total del contribuyente.

Línea 20 Cuota neta de la obligación tributaria

Esta línea informa el importe calculado a partir del Formulario 965-A. Esto está fuera del alcance de este curso. Consulte las instrucciones del Formulario 965-A para obtener más información.

Impuesto para niños (Formulario 8615)

Aunque el Formulario 8615 no se incluye en el Anexo 2 como impuesto adicional, sí es un impuesto adicional para el padre. Si el padre reclama los ingresos no devengados de su hijo, el hijo no presentaría una declaración de impuestos. Reclamar los ingresos no devengados del hijo cambiaría la obligación tributaria de los padres y podría afectar el ingreso bruto ajustado (AGI) de los contribuyentes. La elección se realiza anualmente. El padre puede reclamar los ingresos no devengados de su hijo si el hijo cumple las siguientes condiciones:

1. El hijo tuvo $2,200 o más de ingresos no devengados.
2. El hijo está obligado a presentar la declaración de impuestos.
3. El hijo o bien:
   a. Era menor de 18 años al cierre de 2021.
   b. Tenía 18 años al cierre de 2021 y no tuvo ingresos devengados que superaran la mitad de su manutención.

Other Taxes

   c. Was a full-time student at least age 19 and under age 24 at the end of 2021 and did not have earned income that was more than half of their support.
4. At least one of the child's parents was alive at the end of 2021.
5. The child does not need to file a joint return for 2021.

A "child" regarding the kiddie tax rules includes legally adopted children and stepchildren. These rules apply whether the child is or is not a dependent. If neither of the child's parents were living at the end of the year, none of the rules apply.

Support includes all amounts spent to provide the child with food, lodging, clothing, education, medical and dental care, recreation, transportation, and similar necessities. To calculate the child's support, count support provided by parents and their child, and others who support the child. Scholarship received by the child is not considered support for the child if he or she is a full-time student.

The Setting Every Community Up for Retirement Act (SECURE ACT) of 2019 repealed the TCJA changes made for Kiddie Tax. For tax year 2020 and beyond, the law reverts the kiddie tax back to the parent's marginal tax rate. See Publication 919 and IRC Section 1(g).

Part 2 Review Questions

To obtain the maximum benefit from this chapter, LTP recommends that you complete each of the following questions, and then compare them to the answers with feedback that immediately follow. Under governing self-study standards, vendors are required to present review questions intermittently throughout each self-study course.

These questions and explanations are not part of the final examination and will not be graded by LTP.

OT2.1
Cesar pays Rosa $200 weekly to clean his house. Rosa does not live with Cesar, but she does clean other individuals' houses as well. Which of the following scenarios best describes Cesar's tax responsibility?

 a. Cesar is required to withhold employment taxes for Rosa.
 b. Cesar is required to pay withholding taxes for Rosa.
 c. Cesar is not required to withhold employment taxes for Rosa.
 d. Cesar is not required to pay or withhold employment taxes for Rosa.

OT2.2
Which of the following taxpayers would report other taxes on Schedule 2, Line 1?

 a. Yesenia, who earned $75,000 as gross wages.
 b. Paul, who earned $12,000 as gross wages and $75,000 from self-employment.
 c. Jim, who earned $10,000 in interest and $360,000 as gross wages.
 d. Kathy, who only had Social Security benefits.

c. Era un estudiante a tiempo completo de al menos 19 años y menor de 24 años al cierre de 2021 y no tenía ingresos devengados que fueran más de la mitad de su manutención.
4. Al menos uno de los padres del niño estaba vivo al cierre de 2021.
5. El hijo no necesita presentar una declaración conjunta para 2021.

Un "hijo" en lo que respecta a las normas fiscales para hijos incluye a los hijos legalmente adoptados y a los hijastros. Estas normas se aplican tanto si el hijo es o no dependiente. Si ninguno de los padres del hijo vivía al cierre del año, no se aplica ninguna de las reglas.

La manutención incluye todas las cantidades gastadas para proporcionar al hijo comida, alojamiento, ropa, educación, atención médica y dental, recreación, transporte y necesidades similares. Para calcular la manutención del hijo, se cuenta la manutención proporcionada por los padres y su hijo, y otras personas que mantienen al hijo. La beca recibida por el hijo no se considera manutención del hijo si este es estudiante a tiempo completo.

La Ley de mejora de la jubilación de cada comunidad (SECURE ACT) de 2019 derogó los cambios de la TCJA realizados para el impuesto para niños. Para el año fiscal 2020 y en el futuro, la ley revierte el impuesto para niños de nuevo a la tasa impositiva marginal de los padres. Consulte la Publicación 919 y la Sección 1(g) del IRC.

Parte 2 Preguntas de repaso

Para obtener el máximo beneficio de este capítulo, LTP recomienda que complete cada una de las siguientes preguntas, y luego las compare con las respuestas con comentarios que le siguen inmediatamente. Según los estándares reguladores de autoaprendizaje, los proveedores deben presentar preguntas de repaso de forma intermitente a lo largo de cada curso de autoaprendizaje.

Estas preguntas y explicaciones no forman parte del examen final y no serán calificadas por LTP.

OT2.1

César paga a Rosa $200 semanales por limpiar su casa. Rosa no vive con César, pero también limpia las casas de otras personas. ¿Cuál de las siguientes situaciones describe mejor la responsabilidad fiscal de César?

a. César está obligado a retener los impuestos sobre el trabajo de Rosa.
b. César está obligado a pagar las retenciones de impuestos de Rosa.
c. César no está obligado a retener impuestos sobre el trabajo de Rosa.
d. César no está obligado a pagar ni a retener los impuestos sobre el trabajo de Rosa.

OT2.2

¿Cuál de los siguientes contribuyentes declararía otros impuestos en la línea 1 del Anexo 2?

a. Yesenia, que ganó $75,000 como salario bruto.
b. Paul, que ganó $12,000 como salario bruto y $75,000 por el trabajo por cuenta propia.
c. Jim, que ganó $10,000 en intereses y $360,000 como salario bruto.
d. Kathy, que solo tuvo los beneficios del Seguro Social.

Other Taxes

OT2.3
Ezekiel, a single filer, has $220,000 in self-employment income and $0 in wages. Ezekiel must file Form 8959 as he is liable to pay the .9% Additional Medicare Tax. What is the Additional Medicare Tax threshold amount for single taxpayers?

   a. $230,000
   b. $250,000
   c. $200,000
   d. $125,000

OT2.4
Jerimiah, a single filer, has $420,000 in self-employment income and $0 in wages. Jerimiah must file Form 8959 as he is liable to pay the .9% Additional Medicare Tax. What is the Additional Medicare Tax threshold amount for single taxpayers?

   a. $230,000
   b. $250,000
   c. $200,000
   d. $125,000

OT2.5
Esther is 4-years-old and lives with her parents. They would like to claim the income that she earned while being a movie star on the local television station. The earned income was $2,310.45. Which of the following would describe what Esther and her parents need to do?

   a. Esther's parents should not claim her earned income.
   b. Esther would need to file her own tax return as a dependent on another return.
   c. Esther does not need to file since she is under the reporting amount.
   d. Esther cannot be claimed as a dependent on her parents' return.

OT2.6
Stephen would like to include his son Richard's interest and dividend income (including capital gain distributions) on his personal tax return. Which of the following would not allow Stephen to report the income?

   a. Richard is 18-years-old.
   b. Richard's gross income is $7,500.
   c. Richard had income only from interest and dividends.
   d. Richard is 22-years-old and a part-time student.

Part 2 Review Question Answers

OT2.1
Cesar pays Rosa $200 weekly to clean his house. Rosa does not live with Cesar, but she does clean other individuals' houses as well. Which of the following scenarios best describes Cesar's tax responsibility?

   a. Cesar is required to withhold employment taxes for Rosa.
   b. Cesar is required to pay withholding taxes for Rosa.
   c. Cesar is not required to withhold employment taxes for Rosa.
   d. Cesar is not required to pay or withhold employment taxes for Rosa.

Feedback: Review section *Line 7a – Household Employment Taxes.*

OT2.3
Ezekiel, un declarante soltero, tiene $220,000 en ingresos de trabajo por cuenta propia y $0 en salarios. Ezequiel debe presentar el Formulario 8959, ya que está obligado a pagar el 0.9% de impuesto adicional de Medicare. ¿Cuál es el importe del límite del impuesto adicional de Medicare para los contribuyentes solteros?

  a. $230,000
  b. $250,000
  c. $200,000
  d. $125,000

OT2.4
Jerimiah, un declarante soltero, tiene $420,000 en ingresos de trabajo por cuenta propia y $0 en salarios. Jerimiah debe presentar el Formulario 8959, ya que está obligado a pagar el 0.9% de impuesto adicional de Medicare. ¿Cuál es el importe del límite del impuesto adicional de Medicare para los contribuyentes solteros?

  a. $230,000
  b. $250,000
  c. $200,000
  d. $125,000

OT2.5
Esther tiene 4 años y vive con sus padres. Quieren reclamar los ingresos que ella obtuvo cuando fue estrella de cine en la televisión local. El ingreso devengado fue de $2,310.45. ¿Cuál de las siguientes opciones describiría lo que Esther y sus padres deben hacer?

  a. Los padres de Esther no deben reclamar sus ingresos devengados.
  b. Esther tendría que presentar su propia declaración de impuestos como dependiente en otra declaración.
  c. Esther no necesita presentar la declaración ya que está por debajo del importe de declaración.
  d. Esther no puede ser reclamada como dependiente en la declaración de sus padres.

OT2.6
Stephen quiere incluir el ingreso por intereses y dividendos de su hijo Richard (incluidas las distribuciones de ganancias de capital) en su declaración de impuestos personal. ¿Cuál de las siguientes opciones no permitiría a Stephen declarar el ingreso?

  a. Richard tiene 18 años.
  b. El ingreso bruto de Richard es de $7,500.
  c. Richard solo tuvo ingresos por intereses y dividendos.
  d. Richard tiene 22 años y es estudiante a tiempo parcial.

Parte 2 Respuestas a las preguntas de repaso

OT2.1
César paga a Rosa $200 semanales por limpiar su casa. Rosa no vive con César, pero también limpia las casas de otras personas. ¿Cuál de las siguientes situaciones describe mejor la responsabilidad fiscal de César?

  a. César está obligado a retener los impuestos sobre el trabajo de Rosa.
  b. César está obligado a pagar las retenciones de impuestos de Rosa.
  c. César no está obligado a retener impuestos sobre el trabajo de Rosa.
  d. César no está obligado a pagar ni a retener los impuestos sobre el trabajo de Rosa.

Comentarios: Revise la sección *Línea 7a – Impuestos sobre el empleo en el hogar*.

Other Taxes

OT2.2
Which of the following taxpayers would report other taxes on Schedule 2, Line 1?

  a. Yesenia, who earned $75,000 as gross wages.
  b. Paul, who earned $12,000 as gross wages and $75,000 from self-employment.
  c. Jim, who earned $10,000 in interest and $360,000 as gross wages.
  d. Kathy, who only had Social Security benefits.

Feedback: Review section *Line 8: Taxes from Other IRS Forms.*

OT2.3
Ezekiel, a single filer, has $220,000 in self-employment income and $0 in wages. Ezekiel must file Form 8959 as he is liable to pay the .9% Additional Medicare Tax. What is the Additional Medicare Tax threshold amount for single taxpayers?

  a. $230,000
  b. $250,000
  c. $200,000
  d. $125,000

Feedback: Review section *Form 8959: Additional Medicare Tax.*

OT2.4
Jerimiah, a single filer, has $420,000 in self-employment income and $0 in wages. Jerimiah must file Form 8959 as he is liable to pay the .9% Additional Medicare Tax. What is the Additional Medicare Tax threshold amount for single taxpayers?

  a. $230,000
  b. $250,000
  c. $200,000
  d. $125,000

Feedback: Review section *Form 8959: Additional Medicare Tax.*

OT2.5
Esther is 4-years-old and lives with her parents. They would like to claim the income that she earned while being a movie star on the local television station. The earned income was $2,310.45. Which of the following would describe what Esther and her parents need to do?

  a. Esther's parents should not claim her earned income.
  b. Esther would need to file her own tax return as a dependent on another return.
  c. Esther does not need to file since she is under the reporting amount.
  d. Esther cannot be claimed as a dependent on her parents' return.

Feedback: Review section *Kiddie Tax.*

OT2.2
¿Cuál de los siguientes contribuyentes declararía otros impuestos en la línea 1 del Anexo 2?

   a. Yesenia, que ganó $75,000 como salario bruto.
   b. Paul, que ganó $12,000 como salario bruto y $75,000 por el trabajo por cuenta propia.
   c. Jim, que ganó $10,000 en intereses y $360,000 como salario bruto.
   d. Kathy, que solo tuvo los beneficios del Seguro Social.

Comentarios: Revise la sección *Línea 8: Impuestos de otros formularios del IRS*.

OT2.3
Ezekiel, un declarante soltero, tiene $220,000 en ingresos de trabajo por cuenta propia y $0 en salarios. Ezequiel debe presentar el Formulario 8959, ya que está obligado a pagar el 0.9% de impuesto adicional de Medicare. ¿Cuál es el importe del límite del impuesto adicional de Medicare para los contribuyentes solteros?

   a. $230,000
   b. $250,000
   c. $200,000
   d. $125,000

Comentarios: Revise la sección *Formulario 8959: Impuesto adicional de Medicare*.

OT2.4
Jerimiah, un declarante soltero, tiene $420,000 en ingresos de trabajo por cuenta propia y $0 en salarios. Jerimiah debe presentar el Formulario 8959, ya que está obligado a pagar el 0.9% de impuesto adicional de Medicare. ¿Cuál es el importe del límite del impuesto adicional de Medicare para los contribuyentes solteros?

   a. $230,000
   b. $250,000
   c. $200,000
   d. $125,000

Comentarios: Revise la sección *Formulario 8959: Impuesto adicional de Medicare*.

OT2.5
Esther tiene 4 años y vive con sus padres. Quieren reclamar los ingresos que ella obtuvo cuando fue estrella de cine en la televisión local. El ingreso devengado fue de $2,310.45. ¿Cuál de las siguientes opciones describiría lo que Esther y sus padres deben hacer?

   a. Los padres de Esther no deben reclamar sus ingresos devengados.
   b. Esther tendría que presentar su propia declaración de impuestos como dependiente en otra declaración.
   c. Esther no necesita presentar la declaración ya que está por debajo del importe de declaración.
   d. Esther no puede ser reclamada como dependiente en la declaración de sus padres.

Comentarios: Revise la sección *Impuesto para niños*

Other Taxes

OT2.6
Stephen would like to include his son Richard's interest and dividend income (including capital gain distributions) on his personal tax return. Which of the following would not allow Stephen to report the income?

   a. Richard is 18-years-old.
   b. Richard's gross income is $7,500.
   c. Richard had income only from interest and dividends.
   d. Richard is 22-years-old and a part-time student.

Feedback: Review section *Kiddie Tax*.

Takeaways

"Other taxes" consist of different types of taxes. Some of the taxes have forms that are attached to the federal Form 1040, while others are reported on Schedule 2. The IRS has expanded Schedule 2 by detailing certain additional taxes, which have their own line on Schedule 2. For example, on page 2 of Schedule 2, line 17 is for additional tax items such as Health Savings Account, Archer Medical Savings Account, and recapturing deductible credits.

AMT is a separate tax that is added to the income tax. Under tax law, certain deductions could give taxpayers a beneficial treatment for those who qualify for the tax deduction. The purpose of the minimum tax credit is to prevent the double taxation of deferral preference adjustments. AMT is a tax imposed in addition to the regular income tax to recapture the reductions resulting from the use of special tax relief provisions of the tax law. The repayment of the Premium Tax Credit is based on the amount of the premium paid and the taxpayer's income.

TEST YOUR KNOWLEDGE!
Go online to take a practice quiz.

OT2.6

Stephen quiere incluir el ingreso por intereses y dividendos de su hijo Richard (incluidas las distribuciones de ganancias de capital) en su declaración de impuestos personal. ¿Cuál de las siguientes opciones no permitiría a Stephen declarar el ingreso?

   a. Richard tiene 18 años.
   b. El ingreso bruto de Richard es de $7,500.
   c. Richard solo tuvo ingresos por intereses y dividendos.
   d. **Richard tiene 22 años y es estudiante a tiempo parcial.**

Comentarios: Revise la sección *Impuesto para niños*

Aportes

Los "otros impuestos" consisten en diferentes tipos de impuestos. Algunos de los impuestos tienen formularios que se adjuntan al Formulario federal 1040, mientras que otros se declaran en el Anexo 2. El IRS ha ampliado el Anexo 2 detallando ciertos impuestos adicionales, que tienen su propia línea en el Anexo 2. Por ejemplo, en la página 2 del Anexo 2, la línea 17 es para las partidas de impuestos adicionales, como la Cuenta de ahorros para la salud, la Cuenta de ahorros para gastos médicos Archer y la recuperación de créditos deducibles.

El AMT es un impuesto independiente que se añade al impuesto sobre la renta. De acuerdo con las leyes tributarias, ciertas deducciones podrían dar un tratamiento beneficioso a los contribuyentes que reúnan los requisitos para la deducción fiscal. La finalidad del crédito tributario mínimo es evitar la doble tributación de los ajustes de las preferencias diferidas. El AMT es un impuesto que se añade al impuesto sobre la renta ordinario para recuperar las reducciones resultantes de la utilización de las disposiciones especiales de alivio fiscal de la ley tributaria. El reembolso del crédito tributario de prima se basa en el importe de la prima pagada y en los ingresos del contribuyente.

¡PON A PRUEBA TUS CONOCIMIENTOS!
Ve en línea para tomar una prueba de práctica.

Chapter 7 Payments and Tax Credits

Introduction

A nonrefundable tax credit reduces the taxpayer's tax liability to pay. Unlike a deduction, which reduces the amount of income subject to taxation, a credit directly reduces the tax itself. There are two types of credits: nonrefundable, which cannot reduce tax liability below zero, and refundable, which can reduce tax liability below zero, resulting in the need for a refund.

Objectives

At the end of this lesson, the student will:

- Explain how a nonrefundable credit affects the taxpayer's tax liability.
- Name the refundable credits.
- Recognize the Earned Income Credit (EIC) qualifications.
- Identify who qualifies for the additional child tax credit.
- Know the rules for the refundable portion of the American opportunity credit (AOC).
- Recognize when a dependent qualifies for the Other Dependent Credit (ODC).

Resources

Form 1040	Publication 17	Instructions Form 1040
Form 1098-T	Publication 503	Instructions Form 1098-T
Form 1116	Publication 505	Instructions Form 1116
Form 2441	Publication 514	Instructions Form 2441
Form 8396	Publication 524	Instructions Form 8396
Form 8801	Publication 596	Instructions Form 8801
Form 8812	Publication 972	Instructions Form 8812
Form 8863	Publication 4933	Instructions Form 8863
Form 8867	Publication 4935	Instructions Form 8867
Form 8880	Tax Topic 601, 602, 607, 608, 610	Instructions Form 8880
Form 8959	Schedule 3	Instructions Form 8959
Schedule EIC	Instructions Schedule 3	Instructions Schedule EIC
Schedule R		Instructions Schedule R

Capítulo 7 Pagos y créditos tributarios

Introducción

Un crédito fiscal no reembolsable reduce la obligación tributaria del contribuyente a pagar. A diferencia de una deducción, que reduce la cantidad de ingresos sujetos a impuestos, un crédito reduce directamente el impuesto en sí. Existen dos tipos de créditos: no reembolsables, que no pueden reducir la responsabilidad fiscal por debajo de cero; y reembolsables, que pueden reducir la obligación tributaria por debajo de cero, lo que resulta en la necesidad de un reembolso.

Objetivos

Al final de esta lección, el estudiante podrá:

➢ Explicar cómo un crédito no reembolsable afecta la obligación tributaria del contribuyente.
➢ Identificar los créditos reembolsables.
➢ Comprender las calificaciones del crédito por ingresos del trabajo (EIC).
➢ Entender quién califica para el crédito fiscal adicional por hijos.
➢ Conocer las reglas para la parte reembolsable del crédito de oportunidad estadounidense (AOC).
➢ Reconocer cuándo un dependiente califica para el crédito de otro dependiente (ODC).

Fuentes

Formulario 1040	Publicación 17	Instrucciones del Formulario 1040
Formulario 1098-T	Publicación 503	Instrucciones del Formulario 1098-T
Formulario 1116	Publicación 505	Instrucciones del Formulario 1116
Formulario 2441	Publicación 514	Instrucciones del Formulario 2441
Formulario 8396	Publicación 524	Instrucciones del Formulario 8396
Formulario 8801	Publicación 596	Instrucciones del Formulario 8801
Formulario 8812	Publicación 972	Instrucciones del Formulario 8812
Formulario 8863	Publicación 4933	Instrucciones del Formulario 8863
Formulario 8860	Publicación 4935	Instrucciones del Formulario 8867
Formulario 8880	Tema fiscal 601, 602, 607, 608, 610	Instrucciones del Formulario 8880
Formulario 8959	Anexo 3	Instrucciones del Formulario 8959
Anexo EIC	Instrucciones del Anexo 3	Instrucciones del Anexo EIC
Anexo R		Instrucciones del Anexo R

Payments and Tax Credits

Table of Contents / Índice

Introduction	66
Introducción	67
Part 1 Nonrefundable Credits	72
Foreign Tax Credit	72
Parte 1 Créditos no reembolsables	73
Crédito fiscal extranjero	73
Form 2441: Child and Dependent Care	74
Formulario 2441: Cuidado de hijos y dependientes	75
Child of Divorced or Separated Parents	76
Earned Income Test	76
Hijo de padres divorciados o separados	77
Prueba de ingresos del trabajo	77
Work-Related Expense Requirement	78
Joint Return Requirement	78
Rules for Students Spouses Who Are Not Able to Care for Themselves	78
Requisito de gastos relacionados con el trabajo	79
Requisito de declaración conjunta	79
Reglas para los cónyuges que son estudiantes o que no pueden cuidarse a sí mismos	79
Employer Dependent Care Assistance	80
Asistencia del empleador para el cuidado de dependientes	81
Expenses Not for Care	82
Payments to Relatives or Dependents	82
Dependent Care Provider Information	82
Gastos no relacionados con el cuidado	83
Pagos a familiares o dependientes	83
Información del proveedor de cuidado de dependientes	83
Form 8863 Education Credits	84
Lifetime Learning Credit	84
Formulario 8863 Créditos educativos	85
Crédito de aprendizaje de por vida	85
American Opportunity Credit (AOC)	86
Crédito de Oportunidad Estadounidense (AOC)	87
No Double Benefit Allowed	88
Adjustment to Qualified Education Expenses	88
No se permiten beneficios dobles	89
Ajuste a los gastos calificados de educación	89
Scholarships and Fellowships	90
Who Claims the Expenses?	90
Expenses Paid by the Dependent	90
Expenses Paid by the Taxpayer	90
Expenses Paid by Others	90
Becas y subvenciones	91
¿Quién reclama los gastos?	91
Gastos pagados por el dependiente	91
Gastos pagados por el contribuyente	91
Gastos pagados por otros	91
Academic Period	92
Eligible Education	92
Claiming Credits for More than One Eligible Student	92
Periodo académico	93
Educación elegible	93
Reclamo de créditos para más de un estudiante elegible	93
Form 1098-T	94
Formulario 1098-T	95
Tuition Payments Statement	96

Pagos y créditos tributarios

Estado de pagos de matrícula	97
Form 8880 Retirement Savings Contributions Credit	98
Form 5695 Residential Energy Credits	98
4-Wheel Plug-in Electric Vehicle (EV)	98
The Recovery Rebate Credit	98
Formulario 8880 Crédito de contribuciones de ahorro para la jubilación	99
Formulario 5695 Créditos de energía residencial	99
Vehículo eléctrico enchufable (EV) de 4 ruedas	99
El crédito de reembolso de recuperación	99
Part 1 Review Questions	100
Parte 1 Preguntas de repaso	101
Part 1 Review Questions Answers	104
Parte 1 Respuestas a las preguntas de repaso	105

Part 2 Other Nonrefundable Credits 106
Form 8396 Mortgage Interest Credit 106

Parte 2 Otros créditos no reembolsables 107

Formulario 8396 Crédito de interés hipotecario	107
Form 1098-MA	110
Formulario 1098-MA	111
Schedule R: Credit for the Elderly or Disabled	112
Income Limits for Schedule R	112
Anexo R: Crédito para personas mayores o discapacitados	113
Límites de ingresos para el Anexo R	113
How to Calculate the Credit	114
¿Cómo calcular el crédito?	115
Adoption Credit or Exclusion	116
Child Tax Credits	116
Crédito de adopción o exclusión	117
Créditos fiscales por hijos	117
Qualifying Child for Child Tax Credit	118
Qualifying Person for the ODC	118
Improperly Claiming the CTC, ODC, or ACTC	118
Hijo calificado para el crédito fiscal por hijos	119
Persona calificada para el ODC	119
Reclamo incorrecto del CTC, ODC o ACTC	119
Part 2 Review Questions	120
Parte 2 Preguntas de repaso	121
Part 2 Review Questions Answers	122
Parte 2 Respuestas a las preguntas de repaso	123

Part 3 Payments and Refundable Tax Credits 124
Federal Income Tax Withheld 124
Estimated Tax Payments.. 124

Parte 3 Pagos y créditos fiscales no reembolsables 125

Impuesto federal sobre la renta retenido	125
Pagos de impuestos estimados	125
Amount Overpaid	126
Cantidad pagada en exceso	127
Returns with Refunds	128
Direct Deposit	128
Declaraciones con reembolsos	129
Depósito directo	129
Direct Deposit Limits	130
Amount Paid with a Request for Extension	130
Excess Social Security or Railroad Retirement Tax Withheld	130
Límites de depósito directo	131
Monto pagado con una solicitud de prórroga	131
Exceso de retención del impuesto a la seguro social o jubilación ferroviaria	131
Earned Income Credit (EIC)	132

Crédito por ingresos del trabajo (EIC)	133
Community Property	134
Minister's Housing	134
Earned Income Rules	134
Bienes gananciales	135
Vivienda de ministros	135
Prueba de ingresos del trabajo	135
Valid Social Security Number	136
Uniform Definition of a Qualifying Child	136
Número de seguro social válido	137
Definición uniforme de un hijo calificado	137
Foster Child	138
A Qualifying Child of More than One Person	138
Hijo adoptivo	139
Un hijo calificado de más de una persona	139
Tie-Breaker Rules	140
Special Rule for Divorced or Separated Parents	140
The Taxpayer as a Qualifying Child of Another Person	140
EIC for Taxpayers without Qualifying Children	140
Reglas de desempate	141
Regla especial para padres divorciados o separados	141
El contribuyente como hijo calificado de otra persona	141
EIC para contribuyentes sin hijos calificados	141
Schedule EIC Worksheets	142
EIC Disallowed	142
Hojas del cálculo del Anexo EIC	143
EIC no permitido	143
EIC Taxpayer Penalties	144
Claiming a Child in Error	144
Multas de los contribuyentes para el EIC	145
Error al reclamar a un hijo	145
Nontaxable Combat Pay Election for EIC	146
Economic Impact Payments	146
Part 3 Review Questions	146
Elección de pago por combate no tributable para EIC	147
Pagos de impacto económico	147
Parte 3 Preguntas de repaso	147
Part 3 Review Questions Answers	150
Parte 3 Respuestas a las preguntas de repaso	151
Takeaways	152
Aportes	153

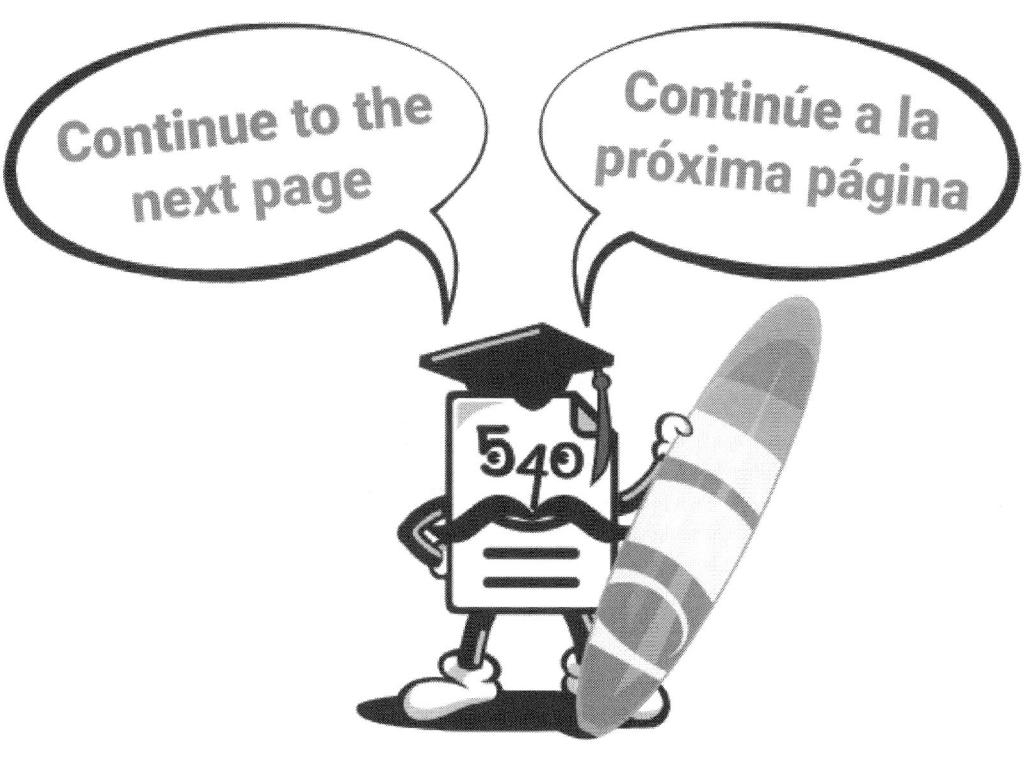
Continue to the next page
Continúe a la próxima página
540

Part 1 Nonrefundable Credits

Nonrefundable credits reduce the taxpayer's income tax. The credits are computed based on the order found on Form 1040, Schedule 3, Part I.

Foreign Tax Credit

The foreign tax credit intends to reduce the double tax burden that could occur to a foreign source of income taxed by the foreign country and the United States. Generally, the credit for foreign taxes paid or accrued to a foreign country or U.S. possession will qualify for the tax credit reported on Form 1040, Schedule 3, line 1. If the taxpayer claims a foreign tax credit using Schedule 3, Form 1116, *Foreign Tax Credit*, it must be attached to the tax return. The other way that the taxpayer could claim the credit is as an itemized deduction on Schedule A under "other taxes."

Do not complete Form 1116 if the taxpayer qualifies for any of the following:

➢ All foreign gross income is from interest and dividends and reported on Form 1099-INT, 1099-DIV, or Schedule K-1.
➢ Total foreign taxes were not more than $300 ($600 if married filing jointly).
➢ All foreign source gross income was "passive category income."

2021 Schedule 3

Parte 1 Créditos no reembolsables

Los créditos no reembolsables reducen el impuesto sobre la renta del contribuyente. Los créditos se calculan con base en el orden que se encuentra en el Formulario 1040, Anexo 3, Parte I.

Crédito fiscal extranjero

La intención del crédito fiscal extranjero es reducir la carga tributaria doble que podría ocurrir cuando una fuente extranjera de ingresos es gravada tanto por el país extranjero como por los Estados Unidos. En general, el crédito por impuestos extranjeros pagados o acumulados en un país extranjero o posesión de los Estados Unidos será elegible para el crédito fiscal, que se declara en el Formulario 1040, Anexo 3, línea 1. Si el contribuyente reclama un crédito fiscal extranjero utilizando el Anexo 3, Formulario 1116, *Crédito fiscal extranjero*, debe adjuntarlo a la declaración de impuestos. La otra forma en que el contribuyente podría reclamar el crédito es como una deducción detallada en el Anexo A en "otros impuestos".

No complete el Formulario 1116 si el contribuyente califica para alguno de los siguientes:

> ➢ Todos los ingresos brutos extranjeros provienen de intereses y dividendos y se declaran en el Formulario 1099-INT, 1099-DIV o el Anexo K-1.
> ➢ El total de impuestos extranjeros no superó los $300 ($600 si es casado que declara conjuntamente).
> ➢ Todos los ingresos brutos de fuente extranjera fueron "ingresos de categoría pasiva".

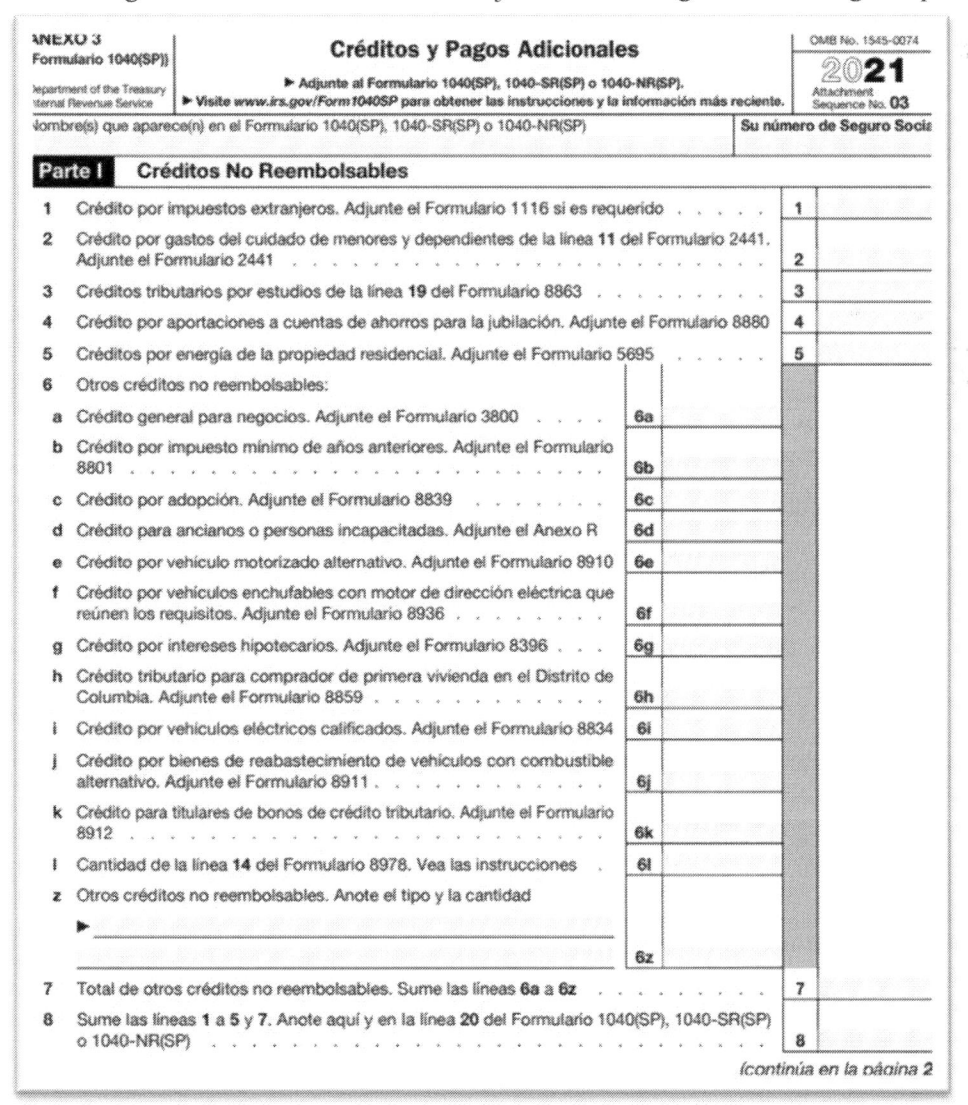

Anexo 3 2021

Form 2441: Child and Dependent Care

Dependent care benefits are payments the employer paid directly to either the taxpayer or the care provider for taking care of the qualifying dependent(s) while the taxpayer worked. Dependent care benefits are pre-taxed contributions made based on the fair market value of care in a daycare facility provided by or sponsored by the employer under a Flexible Spending Arrangement (FSA).

"Care" is the cost of attending a facility to qualifying individual(s) outside the taxpayer's home. It does not include food, lodging, education, clothing, or entertainment. If a dependent care facility provides the care, the center must meet all the applicable state and local regulations. A dependent care facility is a place that offers care for more than six individuals who do not live there and receives a fee, payment, or grant for providing those services for any individual. Include the cost of a day camp, but not the cost of an overnight camp, summer school, or tutoring program.

The taxpayer can take a nonrefundable credit of up to 50% of the qualifying expenses for the care of a qualified dependent when the expenditures are work-related. The percentage of credit goes down as income goes up, with 20% of eligible expenses as the least amount allowed. Expenses are limited to $8,000 for one and $16,000 for two or more qualified dependents. Child and dependent care is reported on Form 2441 and flows to Form 1040, Schedule 3, line 2.

A qualifying person is:

> - A qualifying child under 13 and claimed as a dependent. If a child turns 13 during the tax year, you can still prorate their care for the portion of the year the child was not 13.
> - A disabled spouse who wasn't physically or mentally able to care for him or herself.
> - Any disabled person who wasn't physically or mentally able to care for him or herself and whom the taxpayer can claim as a dependent unless one of the following is true:
>   - The disabled individual had a gross income of $4,400 or more.
>   - The disabled individual filed a joint return.
>   - The disabled individual or spouse, if filing a joint tax return, could be claimed as a dependent on another individual's 2021 tax return.

To be able to claim the child and dependent care expenses, the taxpayer must meet all of the following requirements:

> - The care must be for one or more qualifying persons who are identified on Form 2441.
> - If filing a joint return, the taxpayer (and spouse if filing a joint return) must have earned income during the year.
> - The taxpayer must pay child and dependent care expenses to allow the taxpayer and spouse to file jointly, work, or look for work.
> - The taxpayer must make payments for child and dependent care to someone who cannot be claimed as a dependent on the taxpayer's return.
> - The filing status may be Single, Head of Household, or Qualifying widow(er) with a dependent child. If married, they must file a joint return (unless an exception applies).
> - The taxpayer must fill out Form 2441 to identify the provider's name, TIN, the cost of care, and the address of the location where the care was provided and attach the form to their tax return.

Pagos y créditos tributarios

Formulario 2441: Cuidado de hijos y dependientes

Los beneficios de cuidado de dependientes son pagos que el empleador realizó directamente al contribuyente o al proveedor de cuidado para que cuide de los dependientes calificados mientras el contribuyente trabajó. Los beneficios de cuidado de dependientes son contribuciones antes de impuestos realizadas en función del valor justo de mercado de la atención en un centro de cuidado diurno proporcionado o patrocinado por el empleador bajo un Acuerdo de Gastos Flexibles (FSA).

"Cuidado" es el costo de atender a las personas calificadas fuera del hogar del contribuyente. No incluye comida, alojamiento, educación, ropa o capacitación. Si un centro de cuidado de dependientes brinda el cuidado, el centro debe cumplir con todas las reglamentaciones estatales y locales aplicables. Un centro de cuidado de dependientes es un lugar que brinda atención a más de seis personas que no viven allí y recibe un honorario, pago o subvención para proporcionar esos servicios a cualquier persona. Incluye el costo de un campamento diurno, pero no el costo de un campamento nocturno, escuela de verano o programa de tutoría.

El contribuyente puede tomar un crédito no reembolsable de hasta el 50% de los gastos calificados para el cuidado de un dependiente calificado cuando los gastos están relacionados con el trabajo. El porcentaje de crédito disminuye a medida que aumentan los ingresos, con un 20% de los gastos elegibles como la menor cantidad permitida. Los gastos están limitados a $8,000 para uno y $16,000 para dos o más dependientes calificados. El cuidado de hijos y dependientes se declara en el Formulario 2441 y se transfiere al Formulario 1040, Anexo 3, línea 2.

Una persona calificada es:

- Un hijo menor calificado de 13 años y reclamado como dependiente. Si un hijo cumplió 13 años durante el año fiscal, su cuidado todavía puede prorratearse por la parte del año en que el hijo no tenía 13 años.
- Un cónyuge discapacitado que no podía física o mentalmente cuidar de sí mismo.
- Cualquier persona discapacitada que no era física o mentalmente capaz de cuidarse a sí misma, a quien el contribuyente pueda reclamar como dependiente a menos que se cumpla una de las siguientes condiciones:
    - La persona discapacitada tenía un ingreso bruto de $4,400 o más.
    - La persona discapacitada presentó una declaración conjunta.
    - La persona discapacitada o su cónyuge, si presenta una declaración de impuestos conjunta, podría ser reclamado como dependiente en la declaración de impuestos de 2021 de otra persona.

Para poder reclamar los gastos de cuidado de hijos y dependientes, el contribuyente debe cumplir con todos los siguientes requisitos:

- El cuidado debe ser para una o más personas calificadas que estén identificadas en el Formulario 2441.
- Si presenta una declaración conjunta, el contribuyente (y su cónyuge si presenta una declaración conjunta) deben haber obtenido ingresos durante el año.
- El contribuyente debe pagar los gastos de cuidado de hijos y dependientes para permitir que el contribuyente y su cónyuge, si presentan una declaración conjunta, trabajen o busquen trabajo.
- El contribuyente debe realizar pagos por el cuidado de hijos y dependientes a alguien que no puede ser reclamado como dependiente en la declaración del contribuyente.
- El estado civil puede ser soltero, cabeza de familia o viudo/a elegible con un hijo dependiente. Si están casados, deben presentar una declaración conjunta (a menos que se aplique una excepción).
- El contribuyente debe completar el Formulario 2441 para identificar el nombre del proveedor, TIN, el costo de la atención y la dirección del lugar donde se brindó la atención y adjuntar el formulario a su declaración de impuestos.

> If the taxpayer excludes or deducts dependent care benefits provided by a dependent care benefit plan, the total amount excluded or deducted must be less than the dollar limit for qualifying expenses ($8,000 per child up to $16,000).

Below is the current chart used to calculate the child and dependent care credit. Calculate the credit amount by multiplying the percentage on the right against the credit's monetary limit ($8,000-$16,000) and which percentage, based on the taxpayer(s) combined income. For tax year 2021, the income increase was part of the American Rescue Plan Act. The following is just a snapshot of the percentage chart.

Income	Percentage
$0 – $125,000	50%
$143,000 –145,000	40%
$163,000 – $165,000	30%
$183,000 – $400,000	20%
$418,000 – $420,000	10%
$438,000 – No limit	0%

For example, a taxpayer and his spouse each made $50,000 for a combined income of $100,000, and they paid $8,500 for childcare for one child. Because they paid $8,500 for childcare and only for one child, they will be allowed to use $8,000 of that expense to calculate their credit amount because that is the credit limit no matter how much they paid on childcare. Because their combined income was under $125,000, they will calculate their credit amount using the 50% section from the chart. Therefore, the 50% deduction is calculated as follows: $8,000 × .50 = $4,000. Their credit amount is $4,000.

If all other details were the same, but they had only spent $2,000 on childcare, their credit amount would be 50% of that two thousand, not three. This is because they did not spend enough to reach the credit limit, meaning their credit amount would be $1,000 ($2,000 × .50 = $1,000).

Child of Divorced or Separated Parents

In addition to meeting the qualifying person requirements, additional rules apply in the case of divorced or separated parents. The parent who has physical custody of the child for the more significant portion of the year is the only parent who can claim the credit, regardless of how much support the other parent provides or if the dependency exemption is released.

Earned Income Test

The taxpayer and spouse (if filing jointly) must have earned income to claim the credit. Earned income includes wages, salary, tips, other taxable employee compensation, and net earnings from self-employment. A loss from self-employment reduces income. If the taxpayer has nontaxable combat pay not included in earned income, they may include the income to calculate the child and dependent credit. If both the taxpayer and spouse have nontaxable combat pay, both will have to make the election. A good tax professional should calculate the credit both ways for the taxpayer and see which results in the higher credit amount.

> Si el contribuyente excluye o deduce los beneficios de cuidado de dependientes proporcionados por un plan de beneficios de cuidado de dependientes, el monto total excluido o deducido debe ser menor que el límite en dólares para gastos elegibles ($8,000 por hijo hasta $16,000).

Esta es la tabla actual utilizada para calcular el crédito por cuidado de hijos y dependientes. Calcule el monto del crédito multiplicando el porcentaje de la derecha contra el límite monetario del crédito ($8,000-$16,000) y qué porcentaje, con base en el ingreso combinado de los contribuyentes. Para el año fiscal 2021, el aumento de ingresos fue parte de la Ley del Plan de Rescate Estadounidense. La siguiente imagen es solo una instantánea del gráfico de porcentaje.

Ingreso	Porcentaje
$0 – $125,000	50%
$143,000 – 145,000	40%
$163,000 – $165,000	30%
$183,000 – $400,000	20%
$418,000 – $420,000	10%
$438,000 – sin límite	0%

Por ejemplo, si un contribuyente y su cónyuge ganaron $50,000 para un ingreso combinado de $100,000, y pagaron $8,500 por el cuidado infantil por un hijo. Debido a que pagaron $8,500 por el cuidado infantil y solo por un hijo, se les permitirá usar $8,000 de ese gasto para calcular el monto de su crédito porque ese es el límite de crédito sin importar cuánto pagaron por el cuidado infantil. Debido a que sus ingresos combinados fueron por debajo de los $125,000, calcularán el monto de su crédito utilizando la sección del 50% del cuadro. Por lo tanto, la deducción del 50% se calcula de la siguiente manera: $8,000 ×x .50 = $4.000. El monto de su crédito es de $4.000.

Si todos los demás detalles fueran iguales, pero solo hubieran gastado $2,000 en cuidado de niños, el monto de su crédito sería el 50% de esos dos mil, no tres. Esto se debe a que no gastaron lo suficiente para alcanzar el límite de crédito, lo que significa que el monto de su crédito sería de $1,000 ($2,000 × .50 = $1,000).

Hijo de padres divorciados o separados

Además de cumplir con los requisitos de las personas que califican, se aplican reglas adicionales en el caso de padres divorciados o separados. El padre que tiene la custodia física del hijo durante la mayor parte del año es el único padre que puede reclamar el crédito, independientemente de cuánta manutención proporcione el otro padre o si se libera la exención de dependencia.

Prueba de ingresos del trabajo

El contribuyente y el cónyuge (si presentan una declaración conjunta) deben tener ingresos del trabajo para reclamar el crédito. Los ingresos del trabajo incluyen sueldos, salarios, propinas, otras compensaciones de empleados sujetos a impuestos y ganancias netas del trabajo por cuenta propia. Una pérdida de trabajo por cuenta propia reduce los ingresos. Si el contribuyente tiene un pago por combate no tributable que no está incluido en el ingreso del trabajo, él o ella puede incluir el ingreso para calcular el crédito por hijo y dependiente. Si tanto el contribuyente como el cónyuge tienen un pago por combate no tributable, ambos tendrán que hacer la elección. Un buen profesional de impuestos debe calcular el crédito de ambas maneras para el contribuyente y ver cuál resulta en el monto del crédito más alto.

Payments and Tax Credits

Señor 1040 Says: Remember Child and Dependent Care Expenses are a different credit than the Additional Child Tax Credit.

Work-Related Expense Requirement

Child and dependent care expenses must be work-related to qualify for the credit. You can consider work-related expenses only if the following are true:

- Dependent care allows the taxpayer(s) to work or look for work.
- The expenses are for a qualifying person's care.

Example 1: Darlene works during the day, and her spouse, Craig, works at night and sleeps while Darlene is working. Their five-year-old son, Trevor, goes to daycare so Craig can sleep. Their expenses are work-related because the care allows Craig to sleep to perform his job adequately.

Example 2: Darlene and Craig get a babysitter on Craig's night off, so they can go out to eat and spend some time together. This expense is not work-related because the care is not directly facilitating Darlene or Craig's ability to work or look for work.

Joint Return Requirement

Usually, married couples file a joint return to take the child and dependent care credit. However, if the taxpayer and spouse are legally separated or living apart, they may still take the credit. For a married taxpayer who is separated, all the following must apply to be eligible for the credit:

- The taxpayer must file their own, separate return.
- The taxpayer's home was the qualifying individual's home for more than half the year.
- The taxpayer paid more than half the cost of home upkeep for the year.
- The taxpayer's spouse did not live in their home during the last six months of the year.

Rules for Students Spouses Who Are Not Able to Care for Themselves

A married couple is treated as having earned income for any month that one was a full-time student or attended a school during any five months of the tax year (the months do not have to be consecutive) or is physically or mentally disabled or unable to care for himself. This definition of "school" does not include night school or a correspondence school.

If the taxpayer or spouse was a full-time student for at least five months or was disabled, they are considered to have earned an income of $250 per month (or $500 if more than one qualifying person was cared for during the tax year). This is done to help taxpayers who have little-to-no earned income qualify for the Child and Dependent Care Credit, because credits can only be claimed if the taxpayer or spouse has earned income.

El señor 1040 dice: Recuerde que los gastos de cuidado de hijos y dependientes son un crédito diferente al crédito fiscal adicional por hijos.

Requisito de gastos relacionados con el trabajo

Los gastos de cuidado de hijos y dependientes deben estar relacionados con el trabajo para calificar para el crédito. Puede considerar los gastos relacionados con el trabajo solo si se cumple lo siguiente:

> - El cuidado de dependientes le permite al/los contribuyente(s) trabajar o buscar trabajo.
> - Los gastos son para el cuidado de una persona calificada.

Ejemplo 1: Darlene trabaja durante el día y su esposo, Craig, trabaja de noche y duerme mientras Darlene trabaja. Su hijo de cinco años, Trevor, va a la guardería para que Craig pueda dormir. Sus gastos están relacionados con el trabajo porque la atención le permite a Craig dormir para poder realizar su trabajo adecuadamente.

Ejemplo 2: Darlene y Craig contratan a una niñera en la noche libre de Craig, para que puedan salir a comer y pasar un tiempo juntos. Este gasto no está relacionado con el trabajo porque la atención no facilita directamente la capacidad de Darlene o Craig para trabajar o buscar trabajo.

Requisito de declaración conjunta

Por lo general, las parejas casadas deben presentar una declaración conjunta para tomar el crédito de cuidado de hijos y dependientes. Sin embargo, si el contribuyente y el cónyuge están legalmente separados o viven separados, es posible que aún puedan tomar el crédito. Para un contribuyente casado que está separado, se deben cumplir las siguientes condiciones para ser elegible para el crédito:

> - El contribuyente debe presentar su propia declaración por separado.
> - El hogar del contribuyente fue el hogar del individuo calificado durante más de la mitad del año.
> - El contribuyente pagó más de la mitad del costo del mantenimiento de la vivienda durante el año.
> - El cónyuge del contribuyente no vivió en su hogar durante los últimos 6 meses del año.

Reglas para los cónyuges que son estudiantes o que no pueden cuidarse a sí mismos

Se considera que una pareja casada percibe ingresos del trabajo por cualquier mes que uno fue un estudiante a tiempo completo o asistió a una escuela durante cualquiera de los cinco meses del año fiscal (los meses no tienen que ser consecutivos) o es física o mentalmente discapacitado o incapaz de cuidar de sí mismo. Esta definición de "escuela" no incluye la escuela nocturna o una escuela por correspondencia.

Si el contribuyente o cónyuge era un estudiante a tiempo completo durante al menos cinco meses o estaba discapacitado, se considera que él o ella ha ganado un ingreso de $250 por mes (o $500 si se cuidó a más de una persona calificada durante el año fiscal). Esto se hace para ayudar a los contribuyentes que tienen poco o ningún ingreso del trabajo para que califiquen al Crédito por cuidado de hijos y dependientes ya que los créditos solo se pueden reclamar si el contribuyente o su cónyuge tienen ingresos del trabajo.

Employer Dependent Care Assistance

If the employer provides dependent care benefits excluded from income (such as those received under a cafeteria plan), the taxpayer must subtract that amount from the applicable dollar limit of the Child and Dependent Care Credit. Dependent care benefits include the following:

> ➢ Amounts the employer paid directly to the taxpayer or the taxpayer's provider while the taxpayer worked.
> ➢ The fair market value of care in a daycare facility provided or sponsored by the employer.
> ➢ Pre-tax contributions made under a dependent flexible spending arrangement.

Box 10 reports dependent care benefits on the taxpayer's W-2. If a partner received benefits, they would appear in box 13 on the K-1, Form 1065 with code O.

The amount excluded from income is limited to the smallest of the following:

> ➢ The total amount of dependent care benefits received during the year.
> ➢ The total amount of qualified expenses incurred during the year.
> ➢ The taxpayer's earned income.
> ➢ The spouse's earned income.
> ➢ $5,000 or $2,500 if married filing separately.

For example, if the taxpayer with an earned income of $43,000 qualifies for the child and dependent care credit and pays $3,000, of which the employer reimburses $1,000, the taxpayer's basis for childcare for one child is $2,000, and he or she would have $1,000 in eligible benefits:

Maximum allowed	$3,000
Benefits excluded from income*	−1,000
Reduced limit for figuring credit	$2,000
	× .50
Childcare credit allowed	$1,000

*This amount shows on Form W-2 in box 10, and when it shows, you must complete the second page of Form 2441, even if the taxpayer has no additional eligible benefits.

> *Señor 1040 Says:* Make sure to always check if there is an amount in box 10 of the W-2 for Dependent Care Payments.

If dependent care assistance exceeds the amount paid for dependent care, the excess amount becomes income to the taxpayer and is reported on line 1 of Form 1040. The letters "DCB" (dependent care benefit) should be written on the dotted line in the space before the entry block for line 1.

You can also pay for the care provided in the home with the dependent care benefits. The taxpayer may have to withhold taxes (FICA and FUTA) for the dependent care provider if dependent care is in the taxpayer's home. The taxpayer is not required to withhold taxes if the dependent care provider is self-employed.

Asistencia del empleador para el cuidado de dependientes

Si el empleador proporciona beneficios de cuidado de dependientes que están excluidos de los ingresos (como los recibidos bajo un plan de cafetería), el contribuyente debe restar esa cantidad del límite de dólares aplicable del Crédito de Cuidado de hijos y dependientes. Los beneficios de cuidado de dependientes incluyen lo siguiente:

- Montos que el empleador pagó directamente al contribuyente o al proveedor del contribuyente mientras el contribuyente trabajaba.
- El valor razonable de mercado de la atención en un centro de cuidado diurno proporcionado o auspiciado por el empleador.
- Contribuciones antes de impuestos hechas bajo un acuerdo de gasto flexible dependiente.

La casilla 10 declara los beneficios de cuidado de dependientes en el formulario W-2 del contribuyente. Si un socio recibió beneficios, aparecerán en la casilla 13 en el K-1, Formulario 1065 con el código O.

La cantidad que puede excluirse de los ingresos se limita a la menor de las siguientes:

- La cantidad total de los beneficios de cuidado de dependientes recibidos durante el año.
- El monto total de gastos calificados incurridos durante el año.
- Los ingresos del trabajo del contribuyente.
- Los ingresos del trabajo del cónyuge.
- $5,000 o $2,500 si es casado que declara por separado.

Por ejemplo, si el contribuyente con un ingreso del trabajo de $43,000 califica para el crédito de cuidado de hijos y dependientes y paga $3,000, de los cuales el empleador reembolsa $1,000, la base del contribuyente para el cuidado infantil es de $2,000, y él o ella recibiría $1,000 en beneficios elegibles:

Máximo permitido	$3,000
Beneficios excluidos del ingreso.*	−1,000
Límite reducido para calcular el crédito	$2,000
	× .50
Crédito de cuidado infantil permitido	$1,000

*Esta cantidad se indica en el Formulario W-2 en la casilla 10, y cuando se muestra, debe completar la segunda página del Formulario 2441, incluso si el contribuyente no tiene beneficios elegibles adicionales.

> *El señor 1040 dice:* Asegúrese de ver siempre si hay una cantidad en la casilla 10 del formulario W-2 para Pagos de cuidado de dependientes.

Si la asistencia para la atención de dependientes excede la cantidad pagada por el cuidado de dependientes, la cantidad en exceso se convierte en ingreso para el contribuyente y debe informarse en la línea 1 del Formulario 1040. Las letras "DCB" (Beneficio de Cuidado de Dependientes) deben escribirse en la línea punteada en el espacio antes del bloque de entrada para la línea 1.

También puede pagar el cuidado proporcionado en el hogar con los beneficios de cuidado de dependientes. Es posible que el contribuyente tenga que retener impuestos (FICA y FUTA) para el proveedor de cuidado de dependientes si el cuidado de dependientes se proporciona en la casa del contribuyente. No se requiere que el contribuyente retenga impuestos si el proveedor de cuidado de dependientes es un trabajador autónomo.

Due to the COVID-19 pandemic, the Taxpayer Certainty and Disaster Relief Act of 2020 allows Cafeteria Plans to permit a carryover of unused dependent care benefits funds. See also Notice 2021-15.

Expenses Not for Care

Care expenses do not include the taxpayer's money for food, lodging, clothing, education, or entertainment. Expenses for a child in nursery school, preschool, or similar programs for children below the kindergarten level are considered expenses for care. Expenses to attend kindergarten or higher schooling are not expenses for childcare. In most situations, expenses for before or after-school care are expenses for care; you must do more research for the exceptions to this. Do not use the summer school and tutoring programs as dependent care expenses. The cost of sending the dependent to an overnight camp is not considered work-related; however, the cost of a day camp may be a work-related expense.

Payments to Relatives or Dependents

Payments made to relatives for dependent care, which enable the taxpayer to work when the relative lives in the taxpayer's home, may still apply as a dependent care payment. However, if any of the following apply, the payments cannot be counted as payment for dependent care:

- The dependent is claimed as the taxpayer's dependent (or spouse filing jointly).
- The child was under 19 at the end of the year, even if they were not the taxpayer's dependent.
- If the person was not the taxpayer's spouse during the year.
- If the person providing the care is the other parent of the qualifying person and if the qualifying person is the taxpayer's child, and if the child is under the age of 13.

Dependent Care Provider Information

When completing Form 2441, you will need the following information about the individual or organization that provides care for the taxpayer's qualifying child or dependent:

- The provider's name.
- The provider's address.
- The provider's identification number (EIN or SSN).

If the taxpayer cannot provide all the required information, the credit may not be allowed. The taxpayer can show that they exercised due diligence by getting and keeping the provider's completed Form W-10, *Dependent Care Provider's Identification and Certification*.

The taxpayer may also supply a statement from the employer if the employer's dependent care plan is the provider. The taxpayer might supply a letter or invoice if it shows the required information. If the provider refuses to give the information to the taxpayer, the taxpayer should provide the information they have available, attach a statement explaining the provider's refusal to supply the information, and explain what attempts you made to obtain the information. To ensure the IRS does not disallow the credit, the taxpayer should complete due diligence on the care provider to ensure that all the information is accurate.

Debido a la pandemia de COVID-19, la Ley de Seguridad del Contribuyente y Alivio de Desastres de 2020 permite que los Planes de cafetería permitan una transferencia de los fondos de beneficios de cuidado de dependientes no utilizados. Consulte el Aviso 2021-15.

Gastos no relacionados con el cuidado

Los gastos de cuidado no incluyen el dinero del contribuyente para comida, alojamiento, ropa, educación o entretenimiento. Los gastos de un hijo en guardería, preescolar o programas similares para hijos por debajo del nivel de jardín de infantes se consideran gastos de cuidado. Los gastos para asistir a la educación infantil o superior no son gastos para el cuidado infantil. En la mayoría de las situaciones, los gastos de cuidado antes o después de la escuela son gastos de cuidado; debe investigar más las excepciones a esto. No use la escuela de verano y los programas de tutoría como gastos de cuidado de dependientes. El costo de enviar al dependiente a un campamento nocturno no se considera un gasto relacionado con el trabajo; sin embargo, el costo de un campamento diurno puede ser un gasto relacionado con el trabajo.

Pagos a familiares o dependientes

Los pagos hechos a parientes por el cuidado de dependientes que le permite al contribuyente trabajar cuando el pariente vive en el hogar del contribuyente, aún pueden aplicarse como un pago del cuidado de dependientes. Sin embargo, si se cumple alguna de las siguientes condiciones, los pagos no pueden contabilizarse como un pago por el cuidado de dependientes:

- ➢ El dependiente se reclama como dependiente del contribuyente (o cónyuge que presenta una declaración conjunta).
- ➢ El hijo era menor de 19 años al final del año, incluso si no era dependiente del contribuyente.
- ➢ Si la persona no fue cónyuge del contribuyente durante el año.
- ➢ Si la persona que brinda la atención es el otro padre de la persona que califica y si la persona que califica es el hijo del contribuyente y si el hijo es menor de 13 años.

Información del proveedor de cuidado de dependientes

Al completar el Formulario 2441, necesitará la siguiente información sobre la persona u organización que brinda atención al hijo calificado o dependiente del contribuyente:

- ➢ El nombre del proveedor.
- ➢ La dirección del proveedor.
- ➢ El número de identificación del proveedor (EIN o NSS).

Si el contribuyente no puede proporcionar toda la información requerida, es posible que no se permita el crédito. El contribuyente puede demostrar que él o ella ejerció la diligencia debida al obtener y mantener el Formulario W-10 del proveedor completado, *Identificación y certificación del proveedor de cuidado de dependientes*.

El contribuyente también puede proporcionar una declaración del empleador si el plan de cuidado de dependientes del empleador es el proveedor. El contribuyente puede presentar una carta o factura si muestra la información requerida. Si el proveedor se niega a proporcionar la información al contribuyente, el contribuyente debe proporcionar la información que él o ella tiene disponible, adjuntar una declaración que explique la negativa del proveedor a proporcionar la información, y explicar qué intentos se hicieron para obtenerla. Para asegurarse de que el IRS no rechace el crédito, el contribuyente debe completar la diligencia debida sobre el proveedor de atención para asegurarse de que toda la información sea precisa.

Señor 1040 Says: Encourage the taxpayer to maintain records about their childcare provider and store them along with their tax returns.

Tax Tip: If the dependent care provider cares for the dependent in the taxpayer's home, the provider may be considered a household employee. As a tax professional, you should ask questions about dependent care and document your questions and answers from the taxpayer.

Form 8863 Education Credits

Education credits are available for taxpayers who pay expenses for postsecondary education. To claim the education credit, the student must receive Form 1098-T from the student's school and provide that form to the tax preparer. The two education credits are the American opportunity credit (AOC) and the lifetime learning credit; report them on Form 8863, *Education Credits*. Lifetime learning is a nonrefundable credit, and the American opportunity is a partially refundable credit. You must meet the following requirement to be eligible for either credit:

- Education credits are not available to taxpayers filing MFS.
- Education expenses paid for the taxpayer, the spouse, or the dependents (if another taxpayer can claim the student, the student cannot claim the credit on their tax return. Any expenses the student paid are paid by the taxpayer who claimed the student as a dependent).
- Do not consider meals, lodging, student activities, athletics, transportation, insurance, and personal living expenses as qualified expenses.
- Qualified education expenses generally do not include any noncredit course expenses or any course of instruction or education involving sports, games, or hobbies. However, if the course of instruction is part of the student's degree program, these expenses can qualify.
- Treat prepayments for an academic period that begins during the first three months of the following year as if the academic period begins in the year of the prepayment.
- The taxpayer can claim an education credit for qualified education expenses that were not refunded when the student withdraws.
- If the taxpayer or spouse was a nonresident alien for any part of the year, they could not claim a credit unless they qualify and elect to be a resident alien.
- The amount on Form 1040, line 1, is $90,000 or more ($180,000 or more if MFJ).

Lifetime Learning Credit

The lifetime learning credit is available at any time for the taxpayer, the taxpayer's spouse, or the taxpayer's dependent. The maximum allowed credit is $2,000 or 20% of the first $10,000 of qualified tuition and related expenses paid for all students during the year in which the taxpayer claimed them on the same tax return. Qualified expenses include tuition and fees required for enrollment at an eligible post-secondary program. Expenses incurred to acquire or improve the taxpayer's job skills are eligible expenses.

El señor 1040 dice: Aliente al contribuyente a mantener registros sobre su proveedor de cuidado infantil y almacenarlos junto con sus declaraciones de impuestos.

Consejo tributario: Si el proveedor de cuidado de dependientes cuida al dependiente en la casa del contribuyente, el proveedor puede ser considerado un empleado del hogar. Como profesional de impuestos, debe hacer preguntas sobre el cuidado de dependientes y documentar sus preguntas y respuestas del contribuyente.

Formulario 8863 Créditos educativos

Los créditos educativos están disponibles para los contribuyentes que pagan los gastos de la educación postsecundaria. Para reclamar el crédito educativo, el estudiante debe recibir el Formulario 1098-T de la escuela del estudiante y entregar ese formulario al preparador de impuestos. Los dos créditos educativos son el crédito de oportunidad estadounidense (AOC) y el crédito de aprendizaje de por vida; repórtelos en el Formulario 8863, *Créditos Educativos*. El aprendizaje de por vida es un crédito no reembolsable y la oportunidad estadounidense es un crédito parcialmente reembolsable. Debe cumplir con el siguiente requisito para ser elegible para cualquiera de los créditos:

- Los créditos de educación no están disponibles para los contribuyentes casados que declaran por separado.
- Gastos de educación pagados por el contribuyente, el cónyuge o los dependientes (si otro contribuyente puede reclamar al estudiante, el estudiante no puede reclamar el crédito en su declaración de impuestos. Todos los gastos que pagó el estudiante son pagados por el contribuyente que reclamó al estudiante como dependiente).
- No considere las comidas, el alojamiento, las actividades estudiantiles, los deportes, el transporte, el seguro y los gastos personales de subsistencia como gastos calificados.
- Los gastos de educación calificados generalmente no incluyen ningún gasto de curso sin crédito o cualquier curso de instrucción o educación que involucre deportes, juegos o pasatiempos. Sin embargo, si el curso de instrucción es parte del programa de grado del estudiante, estos gastos pueden calificar.
- Los pagos anticipados por un período académico que comienza durante los primeros tres meses del año siguiente se tratan como si el período académico comenzara en el año del pago anticipado.
- El contribuyente puede reclamar un crédito educativo para gastos de educación calificados que no se reembolsaron cuando el estudiante se retira.
- Si el contribuyente o cónyuge era un extranjero no residente durante cualquier parte del año, el contribuyente no puede reclamar un crédito a menos que califique y elija ser tratado como un extranjero residente.
- La cantidad en el Formulario 1040, línea 1 es de $90,000 o más (o $180,000 o más si es casado y declara conjuntamente).

Crédito de aprendizaje de por vida

El crédito de aprendizaje de por vida está disponible en cualquier momento para el contribuyente, el cónyuge del contribuyente o el dependiente del contribuyente. El crédito máximo permitido es de $2,000 o el 20% de los primeros $10,000 de matrícula calificada y gastos relacionados pagados por todos los estudiantes durante el año en que el contribuyente los reclamó en la misma declaración de impuestos. Los gastos calificados incluyen la matrícula y las cuotas requeridas para la inscripción en un programa de post secundaria elegible. Los gastos incurridos para adquirir o mejorar las habilidades laborales del contribuyente son gastos elegibles.

An expense related to a course that involves sports, games, or hobbies is not a qualified expense unless it is part of the student's degree program. Taxpayers must reduce their qualified expense by any education assistance from the post-secondary program, scholarships, or amounts to compute the lifetime learning credit.

The lifetime learning credit is not based on the student's workload. Expenses for graduate-level courses are eligible. The amount of credit a taxpayer can claim does not increase based on the number of students for whom the taxpayer paid qualified expenses. The student does not have to be enrolled at least half-time in the course of study to be eligible for the credit. The nonrefundable portion of the education credits is reported on Form 8863, line 19, and is carried to Form 1040, Schedule 3, line 3. To qualify for the lifetime learning credit, the taxpayer's modified adjusted gross income (MAGI) should be less than $136,000 for taxpayers filing MFJ or less than $68,000 for all others.

Remember, modified adjusted gross income (MAGI) is adjusted gross income, plus all of the following:

> - The amount excluded under IRC §911, *Foreign-Earned Income Exclusion.*
> - Tax-exempt interest income.
> - The excluded portion of Social Security benefits.

American Opportunity Credit (AOC)

The American opportunity credit (AOC) is a credit of up to $2,500, up to 40% of which may be refundable. Base the credit on 100% of the first $2,000 and 25% of the next $2,000. To qualify for the AOC, the taxpayer's MAGI must be less than $180,000 for taxpayers filing MFJ and $90,000 for all others.

Qualified expenses include tuition and fees for enrollment at an eligible post-secondary program and expenses for books, supplies, and equipment needed for a course of study, whether or not the student purchases the materials from the education institution. The student must carry at least half the normal full-time workload for the course of study the student enrolled in. The student must also be free of federal or state felony offenses consisting of the possession or distribution of a controlled substance. The refundable portion of the education credit is found on Form 8863, line 8, and reported on Form 1040, page 2, line 29.

For example, Donna and Doug are first-year students at an eligible post-secondary program. They must have certain books and other reading materials to use in their mandatory first-year classes. Doug bought his books directly from a friend, and Donna purchased hers at the college bookstore. Although Donna and Doug purchased their books through different avenues, the cost of both purchases is qualifying education expenses since books qualify for the American opportunity credit.

You can claim the American opportunity credit for a student who meets all the following requirements:

> - The student has not completed their first four years of postsecondary education determined by the eligible post-secondary program.
> - The student has not claimed the American opportunity credit or the Hope Scholarship Credit for any prior four tax years.
> - For at least one academic period beginning in 2021, the student did the following:

Un gasto relacionado con un curso que involucre deportes, juegos o pasatiempos no es un gasto calificado a menos que sea parte del programa de estudios del estudiante. Los contribuyentes deben reducir su gasto calificado por cualquier asistencia educativa del programa postsecundario, becas o montos para calcular el crédito de aprendizaje de por vida.

El crédito de aprendizaje de por vida no se basa en la carga de trabajo del estudiante. Los gastos para los cursos de posgrado son elegibles. La cantidad de crédito que un contribuyente puede reclamar no aumenta en función de la cantidad de estudiantes para quienes el contribuyente pagó los gastos calificados. El estudiante no tiene que estar inscrito al menos medio tiempo en el curso de estudio para ser elegible para el crédito. La parte no reembolsable del crédito educativo se informa en el Formulario 8863, línea 19 y se declara en el Formulario 1040, Anexo 3, línea 3. Para calificar para el crédito de aprendizaje de por vida, el ingreso bruto ajustado modificado (MAGI) del contribuyente debe ser menos de $136,000 para los contribuyentes que declaran como MFJ o menos de $68,000 para todos los demás.

Recuerde, el ingreso bruto ajustado modificado (MAGI) es el ingreso bruto ajustado, más todo lo siguiente:

> ➢ La cantidad excluida en virtud del IRC §911, *Exclusión de ingresos devengados en el extranjero*.
> ➢ Ingresos por intereses exentos de impuestos.
> ➢ La porción excluida de los beneficios del seguro social.

Crédito de Oportunidad Estadounidense (AOC)

El Crédito de Oportunidad Estadounidense (AOC) es un crédito de hasta $2,500, de los cuales hasta el 40% puede ser reembolsable. Base el crédito en el 100% de los primeros $2000 y el 25% de los siguientes $2000. Para calificar para el AOC, el MAGI del contribuyente debe ser menos de $180,000 para los contribuyentes casados que declaran conjuntamente o menos de $90,000 para todos los demás.

Los gastos calificados incluyen la matrícula y las tarifas de inscripción en un programa postsecundario elegible y los gastos de libros, suministros y equipos necesarios para un curso de estudio, ya sea que el estudiante compre o no los materiales de la institución educativa. El estudiante debe llevar al menos la mitad de la carga de trabajo normal a tiempo completo para el curso de estudio en el que está matriculado. El estudiante también debe estar libre de delitos graves federales o estatales que consistan en la posesión o distribución de una sustancia controlada. La parte reembolsable del crédito educativo se encuentra en el Formulario 8863, línea 8 y se declara en el Formulario 1040, página 2, línea 29.

Por ejemplo, Donna y Doug son estudiantes de primer año en un programa de post secundaria elegible. Deben tener ciertos libros y otros materiales de lectura para usar en sus clases obligatorias de primer año. Doug compró sus libros directamente de un amigo y Donna compró los suyos en la librería de la universidad. Aunque Donna y Doug compraron sus libros por diferentes medios, el costo de ambas compras son gastos de educación calificados, ya que los libros califican para el crédito de oportunidad estadounidense.

Puede reclamar el crédito de oportunidad estadounidense para un estudiante que cumpla con todos los siguientes requisitos:

> ➢ El estudiante no ha completado sus primeros cuatro años de educación postsecundaria determinados por el programa de postsecundaria elegible.
> ➢ El estudiante no ha reclamado el crédito de oportunidad estadounidense o el crédito de beca Hope durante los cuatro años fiscales anteriores.
> ➢ Durante al menos un período académico que comenzó en 2021, el estudiante hizo lo siguiente:

- Was enrolled in a program that leads to a degree certificate or other credential
- Carried at least one-half of the normal full-time workload for their course of study.
➢ The student does not have any federal or state felony conviction for possessing or distributing a controlled substance.

When the professional interviews the taxpayer to determine if they qualify for the American opportunity credit, be sure to ask the following questions:

➢ Did the student receive Form 1098-T?
➢ Has the Hope Scholarship Credit or American opportunity credit been claimed for this student for four tax years before 2021?
➢ Was the student enrolled at least half-time for at least one academic period that began (or treated as begun) in 2021 at an eligible education institution in a program leading toward a postsecondary degree, certificate, or other recognized postsecondary education credential?
➢ Did the student complete the first four years of postsecondary education before 2021?
➢ Was the student convicted of a felony for possession or distribution of a controlled substance before the end of 2021?

Asking and documenting these questions are part of the tax professional's due diligence.

No Double Benefit Allowed

The taxpayer cannot do any of the following:

➢ Deduct higher education expenses on their income tax return and claim an education credit based on the same expenses.
➢ Claim more than one credit based on the same qualified education expenses.
➢ Claim a credit based on expenses paid with tax-free scholarship, grant, or employer-provided education assistance.
➢ Claim a credit based on the same expenses used to figure the tax-free portion of a distribution from a Coverdell education savings account (ESA) or a qualified tuition program (QTA).
➢ Claim a lifetime learning credit in the same year the tuition and fees deduction was claimed.

Adjustment to Qualified Education Expenses

If taxpayers pay qualified education expenses with certain tax-free funds, they cannot claim a credit for those amounts. Taxpayers must reduce the qualified education expense by the amount of any tax-free education assistance.

Tax-free education assistance includes the following:

➢ The tax-free parts of scholarships and fellowships.
➢ The tax-free portion of Pell grants.
➢ Employer-provided education assistance.
➢ Veterans' education assistance.
➢ Received other nontaxable (tax-free) payments (other than gifts or inheritances) as educational assistance.

- o Fue inscrito en un programa que otorga un certificado de grado u otra credencial.
  - o Llevaba al menos la mitad de la carga de trabajo normal a tiempo completo para su curso de estudio.
- El estudiante no ha sido condenado por un delito federal o estatal por poseer o distribuir una sustancia controlada.

Cuando el profesional, entrevista al contribuyente para determinar si califica para el Crédito de oportunidad estadounidense, asegúrese de hacer las siguientes preguntas:

- ¿Recibió el estudiante el Formulario 1098-T?
- ¿Se ha reclamado el crédito de la beca Hope o el Crédito de Oportunidad Estadounidense para este estudiante durante los cuatro años fiscales anteriores?
- ¿Se inscribió al estudiante por lo menos medio tiempo durante al menos un período académico que comenzó (o se considera que comenzó) en 2021 en una institución educativa elegible en un programa que otorga un título o certificado postsecundario u otra credencial de educación postsecundaria reconocida?
- ¿Completó el estudiante los primeros cuatro años de educación postsecundaria antes de 2021?
- ¿Fue el estudiante condenado por un delito grave por posesión o distribución de una sustancia controlada antes de finales de 2021?

Hacer y documentar estas preguntas es parte de la diligencia debida del profesional de impuestos.

No se permiten beneficios dobles

El contribuyente no puede hacer ninguna de las siguientes acciones:

- Deducir gastos de educación superior en su declaración del impuesto sobre la renta y reclamar un crédito educativo basado en los mismos gastos.
- Reclamar más de un crédito basado en los mismos gastos de educación calificados.
- Reclamar un crédito basado en los gastos pagados con becas, subsidios o asistencia educativa provista por el empleador.
- Reclamar un crédito basado en los mismos gastos utilizados para calcular la porción libre de impuestos de una distribución de una cuenta de ahorro para la educación (ESA) de Coverdell o un programa de matrícula calificado (QTA).
- Reclamar un crédito de aprendizaje de por vida en el mismo año en que se reclamó la deducción de matrícula y cuotas.

Ajuste a los gastos calificados de educación

Si los contribuyentes pagan gastos de educación calificados con ciertos fondos libres de impuestos, no pueden reclamar un crédito por esos montos. Los contribuyentes deben reducir el gasto de educación calificado por el monto de cualquier asistencia educativa libre de impuestos.

La asistencia educativa libre de impuestos incluye lo siguiente:

- Las partes libres de impuestos de subvenciones y becas.
- La parte libre de impuestos de las becas Pell.
- Asistencia educativa provista por el empleador.
- Asistencia educativa a veteranos.
- Cualquier otro pago (que no sea donaciones o herencias) no tributable (libre de impuestos) recibido como asistencia educativa.

Scholarships and Fellowships

A scholarship is generally an amount paid or allowed for the benefit of a student to attend a post-secondary program. The student may be either an undergraduate or a graduate student. A fellowship is paid for the benefit of an individual to aid in the pursuit of study or research. How the student pays for their expenses with the fellowship money determines the taxable portion. A scholarship or fellowship qualifies as tax-free if the following conditions are met:

- The fellowship or scholarship does not exceed qualifying expenses.
- The funds are not designated for other purposes such as room and board and cannot be used for qualified education expenses.
- It does not represent payment for teaching, research, or other services required as a condition for receiving the scholarship.

Señor 1040 Says: When a student receives a scholarship, make sure that it is not taxable to the student. Do research on how the funds were used by the student. If they were not used for qualifying expenses, the funds could be taxable to the student.

Who Claims the Expenses?

If there are qualified education expenses for the taxpayer's dependent for a year, the taxpayer can claim an education credit for the dependent's expenses for the current year. For the taxpayer to claim an education credit for their dependent's expenses, the taxpayer must also claim an exemption. The taxpayer does this by listing the dependent's name and other required information on Form 1040.

Expenses Paid by the Dependent

If the taxpayer claims an exemption on their tax return for an eligible student who is the taxpayer's dependent, treat any expenses paid or deemed paid by the dependent as if the taxpayer paid them. Include these expenses when figuring the amount of the taxpayer's education credit.

Expenses Paid by the Taxpayer

If the taxpayer claimed an exemption for a dependent who is an eligible student, only the taxpayer could include any expenses paid when figuring the amount of the education credit. If neither the taxpayer nor anyone else claims an exemption for the dependent, the dependent can include any expenses paid when figuring the education credit.

Expenses Paid by Others

Someone other than the taxpayer, the taxpayer's spouse, or the taxpayer's dependent (such as a relative or former spouse) may make a payment directly to an eligible post-secondary program to pay for an eligible student's qualified education expenses. In this case, treat the student as receiving the payment from the other person and, in turn, paying the college. The taxpayer paid the expenses if they claimed an exemption on their return for the student.

Becas y subvenciones

Una beca es generalmente una cantidad pagada o permitida en beneficio de un estudiante para asistir a un programa de postsecundaria. El estudiante puede ser un estudiante universitario o un estudiante graduado. Una beca es pagada en beneficio de una persona natural para ayudar en la búsqueda de un estudio o investigación. La forma en que el estudiante paga sus gastos con el dinero de la beca determina la parte sujeta a impuestos. Una beca o subvención califica como libre de impuestos si se cumplen las siguientes condiciones:

- La beca o subvención no excede los gastos calificados.
- Los fondos no están designados para otros fines, como alojamiento y comida, y no pueden utilizarse para gastos de educación calificados.
- No representa el pago por enseñanza, investigación u otros servicios requeridos como condición para recibir la beca.

El señor 1040 dice: Cuando un estudiante recibe una beca, asegúrese de que no sea gravable para el estudiante. Investigue cómo los estudiantes usaron los fondos. Si no se utilizaron para gastos calificados, los fondos podrían estar sujetos a impuestos para el estudiante.

¿Quién reclama los gastos?

Si hay gastos de educación calificados para el dependiente del contribuyente durante un año, el contribuyente puede reclamar un crédito educativo para los gastos del dependiente del año en curso. Para que el contribuyente reclame un crédito educativo por los gastos de su dependiente, el contribuyente debe también reclamar una exención. El contribuyente hace esto indicando el nombre del dependiente y otra información requerida en el Formulario 1040.

Gastos pagados por el dependiente

Si el contribuyente reclama una exención en su declaración de impuestos para un estudiante elegible que es el dependiente del contribuyente, trate los gastos pagados o considerados pagados por el dependiente como si el contribuyente los pagara. Incluya estos gastos al calcular el monto del crédito educativo del contribuyente.

Gastos pagados por el contribuyente

Si el contribuyente reclamó una exención para un dependiente que es un estudiante elegible, solo el contribuyente puede incluir cualquier gasto pagado al calcular el monto del crédito educativo. Si ni el contribuyente ni ninguna otra persona reclama una exención para el dependiente, el dependiente puede incluir cualquier gasto pagado al calcular el crédito educativo.

Gastos pagados por otros

Una persona que no sea el contribuyente, el cónyuge del contribuyente o el dependiente del contribuyente (como un pariente o excónyuge) puede realizar un pago directamente a un programa de postsecundaria elegible para pagar los gastos de educación calificados de un estudiante elegible. En este caso, se considera que el estudiante recibe el pago de la otra persona y, a su vez, paga a la institución. El contribuyente pagó los gastos si en su planilla reclamó una exención por el estudiante.

Example: In 2021, Laura Hardy directly pays an eligible college for her grandson's qualified education expenses. To claim an education credit, her grandson, Thomas, is treated as receiving the money as a gift from his grandmother and, in turn, paying his qualified education expenses himself. Unless someone else claims Thomas's tax return exemption, only Thomas can use the payment to claim an education credit. If anyone, such as Thomas's parents, claims an exemption for Thomas on their tax return, that person may be able to use the expenses to claim an education credit. If anyone else claims an exemption for Thomas, Thomas cannot claim an education credit.

Academic Period

An academic period includes a semester, trimester, quarter, or another period of study determined by the college or university.

Eligible Education

An eligible post-secondary program is any college, university, vocational school, or other postsecondary educational institution eligible to participate in a student aid program administered by the Department of Education. It includes virtually all accredited, public, nonprofit, and proprietary (privately owned profit-making) postsecondary colleges. The education institution should tell the taxpayer if it is an eligible college or university.

Certain colleges and universities outside the United States also participate in the U.S. Department of Education's Federal Student Aid (FSA) programs. You can find a list of these foreign schools on the Department of Education's website at www.fafsa.ed.gov/index.htm. Click "Find my school codes," complete the two items on the first page, click "Next," and then follow the remaining instructions to search for a foreign school.

Be aware that not all eligible education institutions treat certain Coverdell education savings accounts (529 Plans) the same way, nor do they consider the same things when determining if a scholarship or fellowship grant is not taxable. To determine if you can use the Coverdell education savings account for the college, university, vocational school, or another postsecondary education institute, the school in question must participate in a student aid program administered by the U.S. Department of Education. The education institution can be an accredited public, nonprofit, or proprietary postsecondary institution. Beginning in 2018, this includes any private, religious, or public school for kindergarten through 12th grade as determined by state law. To determine if scholarships and fellowship grants are tax-free, the education institution must maintain a regular facility and curriculum and normally have a regularly enrolled body of students where it carries on its educational activities.

Claiming Credits for More than One Eligible Student

The taxpayer can claim only one credit (per student) for each eligible student but can claim different credits for different students. For example, suppose a taxpayer pays qualified education expenses for more than one student in the same year. In that case, the taxpayer can choose to take the American opportunity credit for one student and the lifetime learning credit for the other.

Form 8863, Part III, must be completed for each individual claiming education credits on the tax return before completing Part I and Part II. Form 1098-T must be given to the tax preparer; making sure you receive this form is part of the tax professional's due diligence.

Ejemplo: En 2021, Laura Hardy paga directamente a una universidad elegible los gastos de educación calificados de su nieto. A los efectos de reclamar un crédito educativo, su nieto, Thomas, es tratado como si recibiera el dinero en una donación de su abuela y, a su vez, como si pagara él mismo sus gastos de educación calificados. A menos que alguien más reclame la exención de la declaración de impuesto de Thomas, solo Thomas puede usar el pago para reclamar un crédito educativo. Si alguien, como los padres de Thomas, reclama una exención para Thomas en su declaración de impuestos, esa persona puede usar los gastos para reclamar un crédito educativo. Si alguien más reclama una exención para Thomas, Thomas no puede reclamar un crédito educativo.

Período académico

Un período académico incluye un semestre, trimestre u otro período de estudio determinado por la universidad.

Educación elegible

Un programa de postsecundaria elegible es cualquier universidad, escuela superior, escuela vocacional u otra institución de educación postsecundaria elegible para participar en un programa de ayuda estudiantil administrado por el Departamento de Educación. Incluye prácticamente todas las instituciones postsecundarias, universidades públicas, sin fines de lucro y privadas (con fines de lucro) acreditadas. La institución educativa debe indicarle al contribuyente si es una universidad elegible.

Ciertas universidades fuera de los Estados Unidos también participan en los programas de Ayuda Federal para Estudiantes (FSA) del Departamento de Educación de los Estados Unidos. Puede encontrar una lista de estas escuelas extranjeras en el sitio web del Departamento de Educación en www.fafsa.ed.gov/index.htm Haga clic en "Buscar los códigos de mi escuela", complete los dos elementos en la primera página, haga clic en "Siguiente" y luego siga las instrucciones restantes para buscar una escuela extranjera.

Tenga en cuenta que no todas las instituciones educativas elegibles tratan a ciertas cuentas de ahorro para la educación de Coverdell (planes 529) de la misma manera, ni consideran las mismas cosas al determinar si una beca o subvención no está sujeta a impuestos. Para determinar si la cuenta de ahorros para la educación de Coverdell se puede usar para la universidad, la escuela vocacional u otro instituto de educación postsecundaria, la escuela en cuestión debe participar en un programa de ayuda estudiantil administrado por el Departamento de Educación de los Estados Unidos. La institución educativa puede ser una institución postsecundaria pública acreditada, sin fines de lucro o privada acreditada. Iniciando en 2018, esto incluye cualquier escuela privada, religiosa o pública desde el jardín de infancia hasta el doceavo grado según lo determine la ley estatal. Para determinar si las becas y subvenciones son libres de impuestos, la institución educativa debe mantener una instalación y un plan de estudios regulares y, normalmente, debe tener un cuerpo de estudiantes matriculados regularmente en el que lleve a cabo sus actividades educativas.

Reclamo de créditos para más de un estudiante elegible

El contribuyente puede reclamar solo un crédito (por estudiante), pero puede reclamar diferentes créditos para diferentes estudiantes. Por ejemplo, suponga que un contribuyente paga gastos de educación calificados para más de un estudiante en el mismo año. En ese caso, el contribuyente puede optar por tomar el crédito de oportunidad estadounidense para un estudiante y el crédito de aprendizaje de por vida para el otro.

El Formulario 8863, Parte III, debe completarse para cada persona que reclama créditos educativos en la declaración de impuestos antes de completar la Parte I y la Parte II. El formulario 1098-T debe entregarse al preparador de impuestos; asegurarse de recibir este formulario es parte de la diligencia debida del profesional de impuestos.

Payments and Tax Credits

Form 1098-T

To help figure the education credit reported on Form 8863, the taxpayer should receive Form 1098-T from their school. Generally, an eligible education institution (such as a college or university) must send Form 1098-T (or an acceptable substitute) to each enrolled student by January 31st of each year. An institution may choose to report payments received (box 1) or billed (box 2) for qualified education expenses. Form 1098-T should provide other information from the institution, including adjustments made for prior years, the amount of scholarships, grants, reimbursements, or refunds provided, and whether the taxpayer was enrolled at least half-time or was a graduate student.

The eligible educational institution may ask for a completed Form W-9S, *Request for Student's or Borrower's Taxpayer Identification Number and Certification*, or some similar statement to obtain the student's name, address, and taxpayer identification number.

The lender does not have to file Form 1098-T or furnish a statement for the following:

- Students enrolled in a degree program who take courses with no academic credit.
- Nonresident alien students, unless requested by the student.
- Students whose qualified tuition and related expenses are entirely waived or paid with scholarships.
- Students for whom the eligible education institution do not maintain separate financial accounting and whose qualified tuition and related expenses are covered by a formal billing arrangement between an institution and the student's employer or a governmental entity such as the Department of Veterans Affairs or the Department of Defense.

To calculate qualified tuition and related expenses, eligible education institutions may report either the payments received or billed. They must use the same reporting method for all calendar years unless the IRS grants permission to the education institution to change the reporting method.

All filers of Form 1098-T may truncate the student's identification number on payee statements. When completing the tax return, you must use the institution's EIN. Tax preparers should review their clients' Form 1098-T and keep a copy in each taxpayer's file.

Formulario 1098-T

Para ayudar a calcular el crédito educativo declarado en el Formulario 8863, el contribuyente debe recibir el Formulario 1098-T de su escuela. En general, una institución educativa elegible (como una universidad) debe enviar el formulario 1098-T (o un sustituto aceptable) a cada estudiante inscrito antes del 31 de enero de cada año. Una institución puede optar por informar los pagos recibidos (casilla 1) o los montos facturados (casilla 2) para gastos de educación calificados. El formulario 1098-T debe proporcionar otra información de la institución, incluyendo los ajustes realizados en años anteriores, la cantidad de becas, subvenciones o reembolsos que se proporcionaron, y si el contribuyente se inscribió al menos a medio tiempo o fue estudiante graduado.

La institución educativa elegible puede solicitar un Formulario W-9S completado, *Solicitud de Número de Identificación de Contribuyente y Certificación del Estudiante o Prestatario*, o alguna declaración similar para obtener el nombre, la dirección y el número de identificación del contribuyente del estudiante.

El prestamista no tiene que presentar el Formulario 1098-T o presentar una declaración de lo siguiente:

➢ Estudiantes matriculados en un programa de grado que toman cursos sin crédito académico.
➢ Estudiantes extranjeros no residentes a menos que lo solicite el estudiante.
➢ Los estudiantes cuya matrícula calificada y los gastos relacionados se eximen por completo o se pagan enteramente con becas.
➢ Estudiantes para quienes la institución educativa elegible no mantiene una contabilidad financiera separada y cuya matrícula calificada y gastos relacionados están cubiertos por un acuerdo formal de facturación entre una institución y el empleador del estudiante o una entidad gubernamental como el Departamento de Asuntos de Veteranos o el Departamento de Defensa.

Para calcular la matrícula calificada y los gastos relacionados, las instituciones educativas elegibles pueden optar por declarar los pagos recibidos o los montos que facturaron. Deben utilizar el mismo método de declaración para todos los años calendarios, a menos que el IRS otorgue permiso a la institución educativa para cambiar el método de declaración.

Todos los que presentan el Formulario 1098-T pueden truncar el número de identificación del estudiante en las declaraciones del beneficiario.
Al completar la declaración de impuestos, debe usar el EIN de la institución. Los preparadores de impuestos deben revisar el Formulario 1098-T de sus clientes y guardar una copia en el archivo de cada contribuyente.

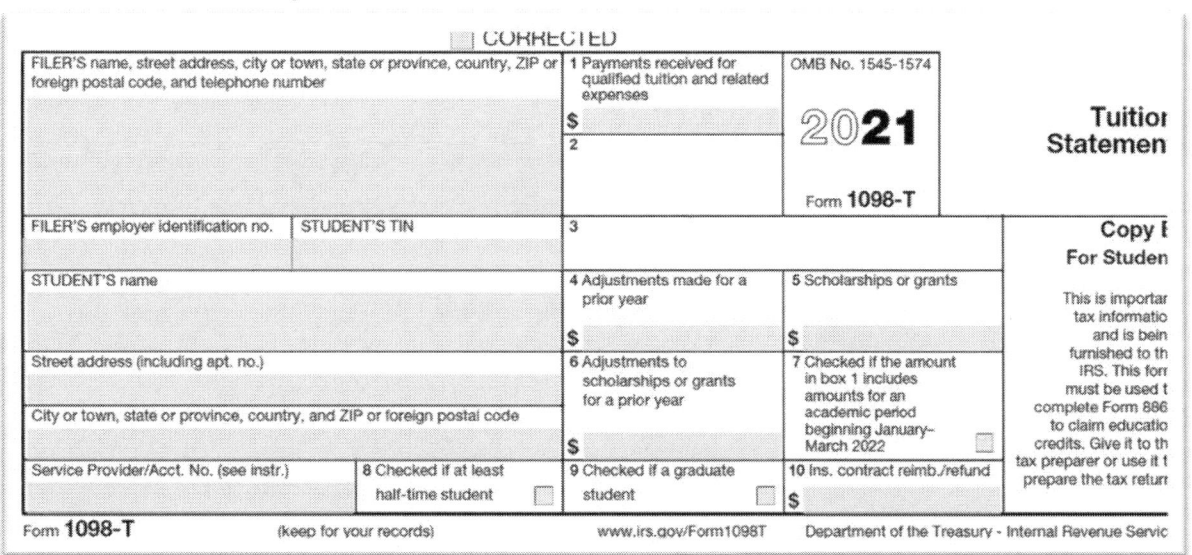

Box 1: The school enters the amount of qualified tuition and related expenses from all sources during the calendar year here. The amount in box 1 is the total amount received by the taxpayer minus any reimbursements or refunds made during the tax year. Do not reduce this amount by scholarships or grants (reported separately in box 5).

Box 2: Reserved for future use.

Box 3: Reserved for future use.

Box 4: Adjustments made for a prior year. Enter reimbursements or refunds of qualified tuition and expenses made in 2021 related to payments received for any prior year after 2002. See Instructions Form 1098-T.

Box 5: This box shows the total amount received for scholarships or grants administered and processed during the calendar year. Remember, if the amount in box 5 is larger than the amount in box 1, do not claim the education credit for the taxpayer.

Box 6: Adjustments to Scholarships or Grants for a prior year. Enter the amount of any reduction reported for any prior year after 2002.

Box 7: If this box is checked, the amount in box 1 or 2 includes amounts the taxpayer paid before the end of the current year for the next year's tuition.

Box 8: A checkmark in this box indicates that the student was at least a half-time student during any academic period that began during the tax year. Although each university determines who and what is considered a "part-time student," the part-time student workload must be equal to or exceed the standards established by the Department of Education under the Higher Education Act.

Box 9: If this box is checked, the taxpayer is a graduate student. A graduate student must be enrolled in a program or programs leading to a graduate-level degree, graduate-level certificate, or another recognized graduate-level educational credential.

Box 10: If the insurer of the qualified tuition and related expenses made reimbursements to the student, enter the amount here.

Some eligible educational institutions combine all fees for an academic period into one amount. Contact the institution if the student does not receive or have access to a statement showing amounts for qualified education expenses and personal expenses. The institution must provide this information to the taxpayer and report the amount paid or billed for qualified education expenses on Form 1098-T.

Tuition Payments Statement

When an eligible education institution provides a reduction in tuition to an employee of the institution or a spouse or dependent child of an employee, the amount of the reduction may or may not be taxable. If taxable, the employee received a payment and, in turn, paid the educational institution on behalf of the student.

Casilla 1: La escuela ingresa la cantidad de matrícula calificada y los gastos relacionados de todas las fuentes durante el año calendario aquí. El monto en la casilla 1 es el monto total recibido por el contribuyente menos cualquier reembolso o reintegro realizado durante el año fiscal. No reduzca esta cantidad por becas o subsidios (que se declaran por separado en la casilla 5).

Casilla 2: Reservado para uso a futuro.

Casilla 3: Reservado para uso a futuro.

Casilla 4: 4 Ajustes hechos para el año anterior Coloque los reembolsos o reintegros de matrícula y gastos calificados realizados en 2021 en relación con los pagos recibidos para cualquier año anterior después de 2002. Consulte las Instrucciones del Formulario 1098-T.

Casilla 5: Esta casilla muestra el monto total recibido por becas o subvenciones que se administraron y procesaron durante el año calendario. Recuerde, si la cantidad en la casilla 5 es mayor que la cantidad en la casilla 1, no reclame el crédito educativo para el contribuyente.

Casilla 6: Ajustes a becas o subvenciones para el año anterior. Ingrese la cantidad de cualquier reducción declarada para cualquier año anterior después de 2002.

Casilla 7: Si esta casilla está marcada, la cantidad en la casilla 1 o 2 incluye las cantidades que el contribuyente pagó antes de que finalice el año en curso para la matrícula del próximo año.

Casilla 8: Si esta casilla se marca, indica que el estudiante fue al menos un estudiante de medio tiempo durante cualquier período académico que comenzó en el transcurso del año fiscal. Aunque cada universidad determina quién y qué se considera un "estudiante de medio tiempo", la carga de trabajo de los estudiantes a medio tiempo debe ser igual o superior a los estándares establecidos por el Departamento de Educación según la Ley de Educación Superior.

Casilla 9: Si esta casilla está marcada, el contribuyente es un estudiante graduado. El estudiante debe estar inscrito en un programa o programas que otorguen un título de nivel de posgrado, un certificado de nivel de posgrado u otra credencial de educación de nivel de posgrado reconocida.

Casilla 10: Si el asegurador de la matrícula calificada y los gastos relacionados hicieron reembolsos al estudiante, la cantidad se colocaría aquí.

Algunas instituciones educativas elegibles combinan todas sus tarifas por un período académico en una sola cantidad. Comuníquese con la institución, si el estudiante no recibe o no tiene acceso a una declaración que muestre las cantidades para los gastos de educación calificados y los gastos personales. La institución debe proporcionar esta información al contribuyente y notificar el monto pagado o facturado por gastos de educación calificados en el Formulario 1098-T.

Estado de pagos de matrícula

Cuando una institución educativa elegible proporciona una reducción en la matrícula a un empleado de la institución o a un cónyuge o hijo dependiente de un empleado, el monto de la reducción puede o no estar sujeto a impuestos. Si está sujeto a impuestos, el empleado recibe un pago y, a su vez, paga a la institución educativa en nombre del estudiante.

Payments and Tax Credits

Form 8880 Retirement Savings Contributions Credit

The Retirement Savings Contributions Credit is based on the first $2,000 contributed to IRAs, 401(k)s, and certain other retirement plans. Use Form 8880, *Credit for Qualified Retirement Savings Contributions*, to calculate the credit. The taxpayer can contribute until the tax return's due date; filing an extension does not change the due date for making these contributions. This credit reduces the taxpayer's income tax dollar-for-dollar and is reported on Form 1040, Schedule 3, line 4. To claim this credit for 2021, the taxpayer's MAGI must be less than $33,000 if Single or MFS, $49,500 if filing Head of household, or $66,000 if married filing jointly or Qualified widow(er) with a dependent. Report this credit on Form 1040, Schedule 3, line 4. If a taxpayer claims the credit, attach Form 8880 to Form 1040.

Form 5695 Residential Energy Credits

If taxpayers made energy-saving improvements to their main home in the United States, they might be able to claim the residential energy efficient property credit and report it on Form 1040, Schedule 3, line 5. The credit and its ability to carry forward any portion are still available from 2017 to 2022. The following residential energy efficient property credits are available for the 2021 tax year if the taxpayer made such improvements to the main home located in the United States:

- Qualified solar electric property credit.
- Qualified solar water heating property credit.
- Qualified small wind energy property credit.
- Qualified geothermal heat pump property credit.
- Qualified biomass fuel property costs.

If the taxpayer is a condominium owner or a tenant-stockholder in a cooperative housing corporation and has paid their proportionate share of the cost, the taxpayer could qualify for the credit. There is a 30% credit for installing qualified solar water-heating property, qualified solar electric property, geothermal heat pumps, and small wind-energy property. The credit applies for property placed in service during 2021, which is 26% for 2021 and 2022.

4-Wheel Plug-in Electric Vehicle (EV)

The taxpayer could receive a credit for purchasing a 4-wheel vehicle with gross weight of less than 14,000 pounds and the battery with at least 4 kilowatt hours and is rechargeable. See IRC Code Section 30D.

The Recovery Rebate Credit

Economic Impact Payments (EIP) are not the same as the Recovery Rebate Credit. Section 2201(a) of the Coronavirus Aid, Relief and Economic Security Act (CARES Act) provided eligible individuals a refundable tax credit of up to $1,200 ($2,400 for eligible individuals filing jointly), plus $500 per qualifying child of the eligible individual. This amount was for EIP 1. The credit phases out at a rate of 5% of the taxpayer's adjusted gross income. The thresholds limits begin for the filing status at:

- single $75,000
- head of household $112,500
- $150,000 for joint returns.

Formulario 8880 Crédito de contribuciones de ahorro para la jubilación

El Crédito de Contribuciones de Ahorro para la Jubilación se basa en los primeros $2,000 aportados a las IRA, 401(k) y otros planes de jubilación. Utilice el Formulario 8880, *Crédito para contribuciones de ahorro para la jubilación calificadas*., para calcular el crédito. El contribuyente puede contribuir hasta la fecha de vencimiento de la declaración de impuestos; presentar una prórroga no cambia la fecha de vencimiento para hacer estas contribuciones. Este crédito reduce el impuesto sobre la renta del contribuyente dólar por dólar y se declara en el Formulario 1040, línea 4. Para reclamar este crédito para 2021, el MAGI del contribuyente debe ser inferior a $33,000 si es soltero o MFS, $49,500 si declara el Cabeza de Familia, o $66,000 si es casado que declara conjuntamente o viudo/a calificado/a con un dependiente. Declare este crédito en el Formulario 1040, Anexo 3, línea 4. Si un contribuyente reclama el crédito, adjunte el Formulario 8880 al Formulario 1040.

Formulario 5695 Créditos de energía residencial

Si los contribuyentes hicieron mejoras de ahorro de energía en su hogar principal en los Estados Unidos, pueden reclamar el crédito de propiedad de eficiencia energética residencial e informarlo en el Formulario 1040, Anexo 3, línea 5. Este crédito y su capacidad para transferir cualquier parte todavía está disponible desde 2017 hasta 2022. Los siguientes créditos de propiedad de eficiencia energética residencial están disponibles para el año fiscal 2021 si el contribuyente realizó dichas mejoras en la vivienda principal ubicada en los Estados Unidos:

- Crédito de propiedad eléctrica solar calificada.
- Crédito de propiedad calificada de calentamiento solar del agua.
- Crédito de propiedad calificada de energía eólica pequeña.
- Crédito de propiedad calificada de bomba de calor geotérmica.
- Costos de la propiedad calificada del combustible de biomasa.

Si el contribuyente es propietario de un condominio o titular-accionista en una sociedad anónima de vivienda cooperativa y ha pagado su parte proporcional del costo, el contribuyente podría calificar para el crédito. Hay un 30% de crédito por la instalación de una propiedad calificada de calentamiento solar de agua, una propiedad calificada de electricidad solar, bombas de calor geotérmicas y una pequeña propiedad de energía eólica. El crédito aplica para inmuebles puestos en servicio durante 2021, que es del 26% para 2021 y 2022.

Vehículo eléctrico enchufable (EV) de 4 ruedas

El contribuyente podría recibir un crédito por comprar un vehículo de 4 ruedas con un peso bruto de menos de 14,000 libras y la batería con al menos 4 kilovatios hora y es recargable. Consulte la Sección 30D del Código IRC.

El crédito de reembolso de recuperación

Los Pagos de Impacto Económico (EIP) no son lo mismo que el Crédito de Reembolso de Recuperación. La Sección 2201 (a) de la Ley de Ayuda, Alivio y Seguridad Económica por Coronavirus (Ley CARES) proporcionó a las personas elegibles un crédito fiscal reembolsable de hasta $ 1,200 ($ 2,400 para las personas elegibles que presentan una declaración conjunta), más $ 500 por hijo calificado de la persona elegible. Esta cantidad fue para EIP 1. El crédito se elimina gradualmente a una tasa del 5% del ingreso bruto ajustado del contribuyente. Los límites de umbrales comienzan para el estado de presentación en:

- sencillo $75,000
- jefe de hogar $112,500
- $150,000 para devoluciones conjuntas.

Ineligible individuals and entities are:

1. Nonresident alien individuals who do not have a Social Security number.
2. Individuals claimed as a dependent on another return.
3. Estate or trust.

EIP payments were based on tax year 2018 or 2019 income. Eligibility requirements for the Recovery Rebate Credit are the same as the Economic Impact Payments; the only difference is that income is based on the taxpayer's 2020 tax return. Some individuals could have received less than the full amount because of the adjusted gross income of the taxpayer. Lower income could allow the taxpayer to be eligible for the Recovery Rebate Credit.

When taxpayers file jointly, both spouses must have a valid SSN to receive the credit for the first EIP. This was changed on the second and third EIP. If at least one of the joint filers had an ITIN, the one with the SSN could qualify for the stimulus payment and dependents with valid SSN.

In December 2020, a law was enacted that a married couple filing a joint return may be eligible for a partial credit when only one spouse has a valid SSN. If taxpayer and spouse did not receive one or both of EIPs because one of the joint filers did not have a valid SSN, the taxpayer should complete the Recovery Rebate Credit worksheet on their 2020 return to determine if they qualify for a portion of the credit. If either the taxpayer or spouse has an SSN that is classified as "Valid for work only with DHS Authorization", they could qualify for a partial credit EIP 2 & 3. This is only acceptable if the individual's authorization is still valid with the Department of Homeland Security.

For individuals who were claimed as a dependent on a 2018 or 2019 return and for 2020 were not a dependent, complete the worksheet and report that they did not receive EIP 1 or 2. They may qualify for the recovery rebate on their 2020 tax return.

Individuals who did not file a tax return in 2018 or 2019, due to a non filing requirement, would file a 2020 tax return and report that they did not receive the stimulus payments.

During 2020 if a taxpayer had a child either by birth or adoption, they could qualify for the Recovery Rebate Credit. Individuals who did not have an SSN on the 2018 or 2019 tax return but receive one before filing the 2020 tax return could now be eligible. Exceptions apply.

Part 1 Review Questions

To obtain the maximum benefit from this chapter, LTP recommends that you complete each of the following questions and then compare them to the answers with feedback that immediately follows. Under governing self-study standards, vendors must present review questions intermittently throughout each self-study course.

These questions and explanations are not part of the final examination and will not be graded by LTP.

Las personas y entidades no elegibles son:

1. Personas extranjeras no residentes que no tienen un número de Seguro Social.
2. Individuos reclamados como dependientes de otra declaración.
3. Patrimonio o fideicomiso.

Los pagos de EIP se basaron en los ingresos del año fiscal 2018 o 2019. Los requisitos de elegibilidad para el Crédito de Reembolso de Recuperación son los mismos que los Pagos de Impacto Económico; la única diferencia es que los ingresos se basan en la declaración de impuestos de 2020 del contribuyente. Algunas personas podrían haber recibido menos del monto total debido al ingreso bruto ajustado del contribuyente. Los ingresos más bajos podrían permitir que el contribuyente sea elegible para el Crédito de Reembolso de Recuperación.

Cuando los contribuyentes presentan una declaración conjunta, ambos cónyuges deben tener un SSN válido para recibir el crédito para el primer EIP. Esto se cambió en el segundo y tercer EIP. Si al menos uno de los declarantes conjuntos tenía un ITIN, el que tenía el SSN podría calificar para el pago de estímulo y los dependientes con SSN válido.

En diciembre de 2020, se promulgó una ley que establece que una pareja casada que presenta una declaración conjunta puede ser elegible para un crédito parcial cuando solo uno de los cónyuges tiene un SSN válido. Si el contribuyente y el cónyuge no recibieron uno o ambos EIP porque uno de los declarantes conjuntos no tenía un SSN válido, el contribuyente debe completar la hoja de trabajo de Crédito de Reembolso de Recuperación en su declaración de 2020 para determinar si califican para una parte del crédito. Si el contribuyente o el cónyuge tienen un SSN que se clasifica como "Válido para trabajar solo con autorización del DHS", podrían calificar para un crédito parcial EIP 2 y 3. Esto solo es aceptable si la autorización del individuo sigue siendo válida con el Departamento de Seguridad Nacional.

Para las personas que fueron reclamadas como dependientes en una declaración de 2018 o 2019 y para 2020 no eran dependientes, complete la hoja de trabajo e informe que no recibieron EIP 1 o 2. Pueden calificar para el reembolso de recuperación en su declaración de impuestos de 2020.

Las personas que no presentaron una declaración de impuestos en 2018 o 2019, debido a un requisito de no presentación, presentarían una declaración de impuestos de 2020 e informarían que no recibieron los pagos de estímulo.

Durante 2020, si un contribuyente tuvo un hijo, ya sea por nacimiento o adopción, podría calificar para el Crédito de Reembolso de Recuperación. Las personas que no tenían un SSN en la declaración de impuestos de 2018 o 2019, pero que reciben uno antes de presentar la declaración de impuestos de 2020, ahora podrían ser elegibles. Se aplican excepciones.

Parte 1 Preguntas de repaso

Para obtener el máximo beneficio de este capítulo, LTP recomienda que complete cada una de las siguientes preguntas y luego las compare con las respuestas y los comentarios que siguen inmediatamente. Según los estándares reguladores de autoaprendizaje, los proveedores deben presentar preguntas de repaso de manera intermitente a lo largo de cada curso de autoaprendizaje.

Estas preguntas y explicaciones no son parte del examen final y no serán calificadas por LTP.

Payments and Tax Credits

TCPP1.1
Jerry has three qualifying children for the federal dependent care expense. What is the maximum amount Jerry can claim?

   a. $3,000
   b. $1,500
   c. $6,000
   d. No limit

TCPP1.2
Tiffany has two children. Hunter, age 12, and Suzy, age 11. At what age will Tiffany be unable to claim the child and dependent care expense?

   a. 12
   b. 13
   c. 14
   d. 18

TCPP1.3
Jenny files married filing separately. How much will she be able to claim for her education credit?

   a. $0
   b. $4,000
   c. $1,500
   d. $3,000

TCPP1.4
Doug and his wife Brittney are full-time students at a qualifying school. For tax purposes, they earned income if they are full-time students for how many months?

   a. 12
   b. 7
   c. 5
   d. 4

TCPP1.5
Which of the following is a nonrefundable tax credit?

   a. Lifetime learning credit
   b. Earned Income Tax Credit
   c. Additional Child Tax Credit
   d. Federal income tax withheld

TCPP1.1
Jerry tiene tres hijos que califican para el gasto federal de cuidado de dependientes. ¿Cuál es la cantidad máxima que Jerry puede reclamar?

   a. $3,000
   b. $1,500
   c. $6,000
   d. Sin límite

TCPP1.2
Tiffany tiene dos hijos. Hunter, de 12 años y Suzy, de 11 años. ¿A qué edad Tiffany no podrá reclamar el gasto de cuidado de hijos y dependientes?

   a. 12
   b. 13
   c. 14
   d. 18

TCPP1.3
Jenny es una persona casada que declara por separado. ¿Cuánto podrá reclamar por su crédito educativo?

   a. $0
   b. $4,000
   c. $1,500
   d. $3,000

TCPP1.4
Doug y su esposa Brittney son estudiantes de tiempo completo en una escuela calificada. A efectos fiscales, ¿se considera que tienen ingresos del trabajo si son estudiantes a tiempo completo durante cuántos meses?

   a. 12
   b. 7
   c. 5
   d. 4

TCPP1.5
¿Cuál de las siguientes opciones es un crédito fiscal no reembolsable?

   a. Crédito de aprendizaje de por vida.
   b. Crédito fiscal por ingresos del trabajo.
   c. Crédito fiscal adicional por hijos.
   d. Impuesto federal sobre la renta retenido.

Payments and Tax Credits

Part 1 Review Questions Answers

TCPP1.1
Jerry has three qualifying children for the federal dependent care expense. What is the maximum amount Jerry can claim?

   a. $3,000
   b. $1,500
   c. $6,000
   d. No limit

Feedback: Review section *Form 2441: Child and Dependent Care*.

TCPP1.2
Tiffany has two children. Hunter, age 12, and Suzy, age 11. At what age will Tiffany be unable to claim the child and dependent care expense?

   a. 12
   b. 13
   c. 14
   d. 18

Feedback: Review section *Form 2441: Child and Dependent Care*.

TCPP1.3
Jenny files married filing separately. How much will she be able to claim for her education credit?

   a. $0
   b. $4,000
   c. $1,500
   d. $3,000

Feedback: Review section *Form 8863: Education Credits*.

TCPP1.4
Doug and his wife Brittney are full-time students at a qualifying school. For tax purposes, they earned income if they are full-time students for how many months?

   a. 12
   b. 7
   c. 5
   d. 4

Feedback: Review section *Form 8863: Education Credits*.

Parte 1 Respuestas a las preguntas de repaso

TCPP1.1
Jerry tiene tres hijos que califican para el gasto federal de cuidado de dependientes. ¿Cuál es la cantidad máxima que Jerry puede reclamar?

   a. $3,000
   b. $1,500
   c. $6,000
   d. Sin límite

Comentarios: Revise la sección *Formulario 2441: Cuidado de hijos y dependientes*

TCPP1.2
Tiffany tiene dos hijos. Hunter, de 12 años y Suzy, de 11 años. ¿A qué edad Tiffany no podrá reclamar el gasto de cuidado de hijos y dependientes?

   a. 12
   b. 13
   c. 14
   d. 18

Comentarios: Revise la sección *Formulario 2441: Cuidado de hijos y dependientes*

TCPP1.3
Jenny es una persona casada que declara por separado. ¿Cuánto podrá reclamar por su crédito educativo?

   a. $0
   b. $4,000
   c. $1,500
   d. $3,000

Comentarios: Revise la sección *Formulario 8863: Créditos educativos*

TCPP1.4
Doug y su esposa Brittney son estudiantes de tiempo completo en una escuela calificada. A efectos fiscales, ¿se considera que tienen ingresos del trabajo si son estudiantes a tiempo completo durante cuántos meses?

   a. 12
   b. 7
   c. 5
   d. 4

Comentarios: Revise la sección *Formulario 8863: Créditos educativos*

TCPP1.5
Which of the following is a nonrefundable tax credit?

    a. Lifetime learning credit
    b. Earned Income Tax Credit
    c. Additional Child Tax Credit
    d. Federal income tax withheld

Feedback: Review section *Part 1: Nonrefundable Credits*.

Part 2 Other Nonrefundable Credits

Form 1040, Schedule 3, Line 6, reports the combined amount of the following credits:

- The general business credit; calculate this credit using Form 3800.
- Credit for prior year minimum tax; calculate this credit using Form 8801.
- Mortgage interest credit; calculate this credit using Form 8396.
- Credit for the elderly or disabled; calculate this credit using Schedule R.
- Adoption credit; calculate this credit using Form 8839.
- Carryforward of the District of Columbia first-time homebuyer credit; calculate this credit using Form 8859.
- Credit to holders of tax credit bonds; calculate this credit using Form 8912.

Research may be needed to report the above credits.

Form 8396 Mortgage Interest Credit

Taxpayers claim the mortgage interest credit if a state, local governmental unit, or agency under a qualified mortgage credit certificate program issues them a Mortgage Credit Certificate (MCC).

If the mortgage is equal to or smaller than the certified indebtedness amount (in other words, the loan) shown on the MCC, multiply the certified credit rate shown on the MCC by all interest paid on the mortgage during the year.

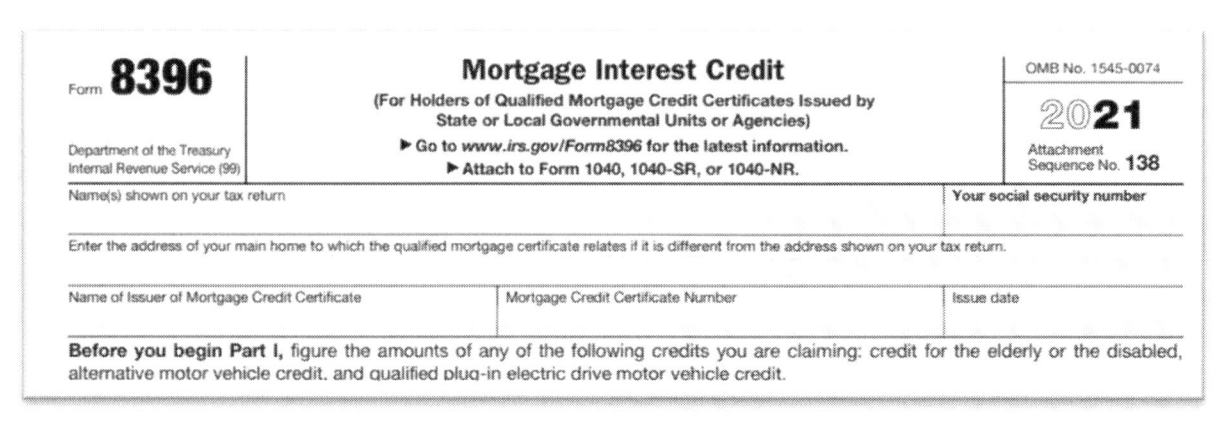

Portion of 2021 Form 8396

TCPP1.5
¿Cuál de las siguientes opciones es un crédito fiscal no reembolsable?

    a. Crédito de aprendizaje de por vida
    b. Crédito fiscal por ingresos del trabajo
    c. Crédito fiscal adicional por hijos
    d. Impuesto federal sobre la renta retenido

Comentarios: Revise la sección *Parte 1: Créditos no reembolsables*

Parte 2 Otros créditos no reembolsables

El Formulario 1040, Anexo 3, Línea 6 informa la cantidad combinada de los siguientes créditos:

- El crédito empresarial general; calcule este crédito utilizando el formulario 3800.
- Crédito por impuesto mínimo del año anterior; calcule este crédito utilizando el Formulario 8801.
- Crédito de interés hipotecario; calcule este crédito utilizando el Formulario 8396.
- Crédito para personas mayores o discapacitados; calcule este crédito utilizando el Anexo R.
- Crédito por adopción; calcule este crédito utilizando el Formulario 8839.
- Transferencia del crédito para compradores de vivienda por primera vez del Distrito de Columbia; calcule este crédito utilizando el Formulario 8859.
- Crédito a los titulares de bonos de crédito fiscal; calcule este crédito utilizando el Formulario 8912.

Puede ser necesario realizar una investigación para informar los créditos anteriores.

Formulario 8396 Crédito de interés hipotecario

Los contribuyentes reclaman el crédito de interés hipotecario si una unidad gubernamental estatal, local o agencia bajo un programa de certificado de crédito hipotecario calificado emite un Certificado de Crédito Hipotecario (MCC).

Si la hipoteca es igual o menor que el monto de endeudamiento certificado (en otras palabras, el préstamo) que se muestra en el MCC, multiplique la tasa de crédito certificado que se muestra en el MCC por todos los intereses pagados en la hipoteca durante el año.

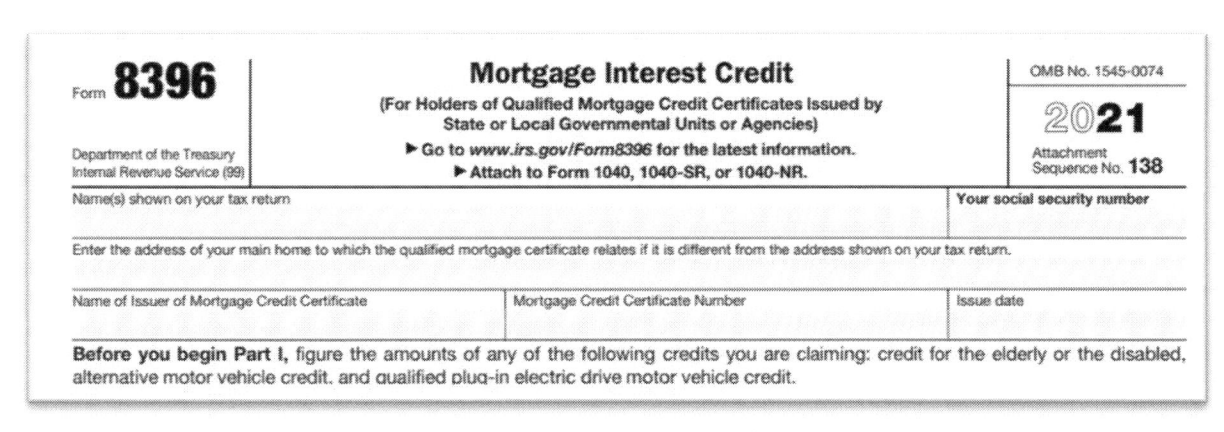

Parte del Formulario 8396 de 2021

Payments and Tax Credits

If the mortgage amount is larger than the certified indebtedness amount shown on the MCC, multiply the certified credit percentage rate shown on the MCC by the interest allocated to the certified indebtedness amount shown on the MCC to calculate the credit.

Señor 1040 Says: Certificates issued by the Federal Housing Administration, Department of Veterans Affairs, and Farmers Home Administration (as well as Homestead Staff Exemption Certificates) do not qualify for the credit.

The home to which the certificate relates must be the taxpayer's primary residence, and the home must be within the jurisdiction of the governmental agency that issued the certificate. The taxpayer could not claim the credit if the interest were paid to a related party. If the taxpayer refinances the mortgage, be aware that the certificates must be reissued to the taxpayer and meet all the following conditions:

- The owner and the property cannot change.
- The new certificate must entirely replace the existing certificate. The holder cannot retain any portion of the outstanding balance of the previous certificate.
- The certified indebtedness on the new certificate cannot exceed the outstanding balance shown on the certificate.
- The credit rate of the new certificate cannot exceed the credit rate of the old certificate.
- The new certificate cannot result in a larger amount on line 3 than would otherwise have been allowable under the previous certificate for any tax year.

The taxpayer may have an unused mortgage credit to carry forward up to the next three tax years or until they use it completely, whichever comes first. They have to use the current year's credit before using any carryforward credits. If using the carryforward credits from more than one year, begin with the carryforward credit from the earliest prior year (i.e., 2020 before 2019, 2019 before 2018). If the certificate credit is more than 20%, do not carry forward amounts over $2,000. To complete Form 8396, *Mortgage Interest Credit*, see the form's instructions.

Figure the 2020 credit and carry any excess forward to 2020 on Form 8396, *Mortgage Interest Credit*, and attach Form 8396 to Form 1040. On Form 8396, be sure to include any credit carried forward from the prior three tax years. Use the current-year credit before prior-year credits are applied. Include the credit in the total amount of other credits reported on Schedule 3, line 6; check box c and write in "Form 8396" to show which nonrefundable credit was included on that line. A tax professional should keep a copy of the MCC in the taxpayer's files, as the IRS may want to see the certificate at a future point in time.

Si el monto de la hipoteca es mayor que el monto de endeudamiento certificado que se muestra en el MCC, multiplique la tasa de porcentaje de crédito certificado que se muestra en el MCC por el interés asignado al monto de endeudamiento certificado que se muestra en el MCC para calcular el crédito.

El señor 1040 dice: Los certificados emitidos por la Administración Federal de Vivienda, el Departamento de Asuntos de Veteranos y la Administración de Hogares de Granjeros (así como los Certificados de Exención del Personal que trabaja en la Vivienda) no califican para el crédito.

La vivienda a la que se refiere el certificado debe ser la residencia principal del contribuyente, y la residencia debe estar dentro de la jurisdicción de la agencia gubernamental que emitió el certificado. El contribuyente no podría reclamar el crédito si el interés se pagó a una parte relacionada. Si el contribuyente refinancia la hipoteca, tenga en cuenta que los certificados deben emitirse al contribuyente y cumplir con todas las siguientes condiciones:

- El propietario y la propiedad no pueden cambiar.
- El nuevo certificado debe reemplazar completamente el certificado existente. El titular no puede retener ninguna parte del saldo pendiente del certificado anterior.
- El endeudamiento certificado en el nuevo certificado no puede exceder el saldo pendiente que se muestra en el certificado.
- La tasa de crédito del nuevo certificado no puede exceder la tasa de crédito del certificado anterior.
- El nuevo certificado no puede resultar en una cantidad mayor en la línea 3 que el monto que de alguna manera hubiera sido permitido bajo el certificado anterior para cualquier año fiscal.

El contribuyente puede tener un crédito hipotecario no utilizado que se puede transferir hasta los próximos 3 años fiscales o hasta que lo utilice completamente, lo que ocurra primero. Deben usar el crédito del año en curso antes de usar cualquier crédito transferible. Si se utilizan créditos transferidos de más de un año, comience con el crédito transferido del año anterior (es decir, 2020 antes de 2019, 2019 antes de 2018, etc.). Si el crédito del certificado es superior al 20%, no se puede transferir una cantidad superior a $2,000. Para completar el Formulario 8396, *Crédito de interés hipotecario,* consulte las instrucciones del formulario.

Calcule el crédito de 2020 y transfiera cualquier excedente al 2020 en el Formulario 8396, *Crédito de interés hipotecario*, y adjunte el formulario 8936 al Formulario 1040. En el Formulario 8396, asegúrese de incluir cualquier crédito que se haya transferido de los tres años fiscales anteriores. Use el crédito del año en curso antes de que se apliquen los créditos del año anterior. Incluya el crédito en la cantidad total de otros créditos declarados en el Anexo 3, línea 6; marque la casilla c y escriba "Formulario 8396" para mostrar qué crédito no reembolsable se incluyó en esa línea. Un profesional de impuestos debe mantener una copia del MCC en los archivos del contribuyente, ya que el IRS puede querer ver el certificado en algún momento futuro.

Payments and Tax Credits

Form 1098, *Mortgage Interest Statement*, is required to include the amount of the outstanding principal, the loan origination date, and the property's address. The owner of an inherited property may not treat the property as having a different basis than was reported by the state for estate tax purposes. IRC §6035 requires estates that file an estate tax return to issue payee statements listing the property's value reported on the estate tax return to all persons inheriting property from the estate. These changes apply to all estate tax returns filed after February 29, 2016. For more information, see Notice 2015-57 and IRC §6035.

If the taxpayer purchased and sold the home within nine years, the homeowner may recapture some credit. In this case, one must file Form 8828, *Recapture of Federal Mortgage Subsidy*; you must do more research on this topic.

Form 1098-MA

If the taxpayer has received mortgage assistance payments allocated from the Housing Finance Agency Innovation Fund for the Hardest Hit Housing Markets (HFA Hardest Hit Fund) or the Emergency Homeowner's Loan Program, report the amount paid by the homeowner and the assistance payments on Form 1098-MA.

Señor 1040 Says: Do not confuse Mortgage Interest Credit with Mortgage Assistance Payments. They are not the same credit.

Portion of 2021 Form 1098-MA

Se requiere que el Formulario 1098, *Declaración de intereses hipotecarios*, incluya el monto del capital pendiente, la fecha de inicio del préstamo y la dirección de la propiedad. El dueño de una propiedad heredada no puede tratar la propiedad como si tuviera una base diferente a la que declaró la sucesión para fines de impuestos a la propiedad. El artículo §6035 del IRC exige que las sucesiones que presenten una declaración patrimonial para emitir declaraciones de beneficiarios que indiquen el valor de los bienes notificados en la declaración patrimonial a todas las personas que heredan bienes de la sucesión. Estos cambios se aplican a todas las declaraciones patrimoniales presentadas después del 29 de febrero de 2016. Para obtener más información, consulte el Aviso 2015-57 y el artículo §6035 del IRC.

Si el contribuyente compró y vendió la vivienda en el transcurso de 9 años, el propietario puede recuperar parte del crédito. En este caso, se debe presentar el Formulario 8828, *Recuperación del subsidio hipotecario federal*; debe investigar más sobre este tema.

Formulario 1098-MA

Si el contribuyente ha recibido pagos de ayuda hipotecaria asignados por el Fondo de Innovación de la Agencia de Financiación de la Vivienda para los Mercados de Vivienda más Impugnados (HFA) o el Programa de Préstamos para Propietarios de Vivienda de Emergencia, declare el monto pagado por el propietario de vivienda y los pagos de asistencia en el Formulario 1098-MA.

El señor 1040 dice: No confunda el Crédito de Interés Hipotecario con los Pagos de Ayuda Hipotecaria. No son el mismo crédito.

Parte del Formulario 1098-MA 2021

Schedule R: Credit for the Elderly or Disabled

The Credit for the Elderly or Disabled is a nonrefundable credit based on the taxpayer's filing status, age, and income. A person is permanently and totally disabled if the taxpayer cannot engage in any substantial gainful activity due to a physical or mental condition or if a qualified physician determined that the condition has lasted or can be expected to last continuously for at least a year or until death. If the taxpayer is under 65, a physician's statement must be attached to the tax return. The statement must certify that the taxpayer was permanently and totally disabled on the date of retirement.

The base amount is reduced by most nontaxable pension and Social Security benefits and by half of the AGI that exceeds the base amount. To claim this credit, the taxpayer must meet the following criteria:

- Be age 65 or older by the end of the tax year.
- Meet the following conditions if under the age of 65 at the end of the tax year:
    - Retired on permanent and total disability: they must have been permanently and totally disabled on or before January 1, 1976, or January 1, 1977, if the taxpayer retired before 1977.
    - Received taxable disability benefits in the current tax year.
    - Have reached the employer's mandatory retirement age (when the employer's retirement program requires an employee to retire) on or before January 1 of the tax year in question.

If the taxpayer is under the age of 65, they must have a physician's statement certifying that they were permanently and totally disabled on the date of retirement. Do not file the statement with the taxpayer's Form 1040; however, the taxpayer must keep it for their records. The instructions for Schedule R include a template statement taxpayers can provide to their physicians to complete and keep for their records. The taxpayer's income cannot exceed the limits listed below to qualify for the credit, so many taxpayers will not be able to take advantage of it.

Señor 1040 Says: Be aware that when preparing a Schedule R to determine a taxpayer's eligibility for the elderly or disabled credit, the Social Security income must be considered as well even though it is not taxable.

Income Limits for Schedule R

If the taxpayer's income exceeds the following limits, the taxpayer cannot claim the credit.

Anexo R: Crédito para personas mayores o discapacitados

El crédito para personas mayores o discapacitadas es un crédito no reembolsable que se basa en el estado, la edad y los ingresos del contribuyente. Una persona está permanente y totalmente discapacitada si el contribuyente no puede realizar ninguna actividad lucrativa sustancial debido a una condición física o mental o si un médico calificado determinó que la condición ha durado o se puede esperar que dure continuamente por lo menos durante un año o hasta la muerte. Si el contribuyente es menor de 65 años, se debe adjuntar una declaración del médico a la declaración de impuestos. La declaración debe certificar que el contribuyente estaba total y permanentemente discapacitado en la fecha de jubilación.

El monto base se reduce en la mayoría de los beneficios de la pensión y el seguro social no sujetos a impuestos y en la mitad del AGI que excede el monto base. Para reclamar este crédito, el contribuyente debe cumplir con los siguientes criterios:

- Tener 65 años o más al final del año fiscal.
- Cumplir con las siguientes condiciones si es menor de 65 años al final del año fiscal:
    - Estar jubilado por discapacidad permanente y total: debe haber estado discapacitado de forma permanente y total el 1 de enero de 1976 o el 1 de enero de 1977 o antes, si el contribuyente se jubiló antes de 1977.
    - Recibió beneficios por discapacidad sujetos a impuestos en el año fiscal actual.
    - Haber alcanzado la edad de jubilación obligatoria del empleador (cuando el programa de jubilación del empleador requiere que un empleado se jubile) el 1 de enero o antes del año fiscal que se presenta.

Si el contribuyente es menor de 65 años, debe tener una declaración del médico que certifique que estaba total y permanentemente discapacitada en la fecha de jubilación. No presente la declaración con el Formulario 1040 del contribuyente; sin embargo, el contribuyente debe conservarlo para sus registros. Las instrucciones para el Anexo R incluyen una plantilla de declaración que los contribuyentes pueden proporcionar a sus médicos para que la completen y la conserven para sus registros. Los ingresos del contribuyente no pueden exceder los límites que se detallan a continuación, por lo que muchos contribuyentes no podrán aprovecharlo.

El señor 1040 dice: Tenga en cuenta que, al preparar un Anexo R para determinar la elegibilidad del contribuyente para el crédito de personas mayores o discapacitadas, el ingreso del seguro social también debe considerarse, aunque no esté sujeto a impuestos.

Límites de ingresos para el Anexo R

Si el ingreso del contribuyente excede los límites que se muestran a continuación, no puede reclamar el crédito.

Payments and Tax Credits

If filing status is:	The taxpayer cannot take the credit if the amount from Form 1040, or Form 1040-SR, line 11, is:	Or the taxpayer received:
Single, Head of Household, or Qualifying widow(er) with dependent child	$17,500 or more	$5,000 or more of nontaxable Social Security or other nontaxable pensions, annuities, or disability income
Married Filing Jointly if only one spouse qualifies for the credit	$20,000 or more	$5,000 or more of nontaxable Social Security or other nontaxable pensions, annuities, or disability income
Married Filing Jointly if both spouses qualify for the credit	$25,000 or more	$7,500 or more of nontaxable Social Security or other nontaxable pensions, annuities, or disability income
Married Filing Separately and the taxpayer did not live with spouse any time during the year	$12,500 or more	$3,750 or more of nontaxable Social Security or other nontaxable pensions, annuities, or disability income

Example 1. Adam retired on disability as a salesperson, and he now works as a daycare provider assistant earning minimum wage. Although he does different work, Adam is a daycare provider assistant on ordinary terms for minimum wage. Thus, he cannot take the credit because he is engaged in a substantial gainful activity.

Example 2. Jess retired on disability and took a job with a former employer on a trial basis. The trial period lasted for some time, during which Jess was paid at a rate equal to minimum wage. Due to Jess's disability, he performed light-duty of a nonproductive, make-work nature. Unless the activity is both substantial and gainful, Jess is not engaged in a substantial, gainful activity. The activity was gainful because Jess's payment was at or above the minimum wage rate. However, the activity was not substantial because the duties were of a nonproductive, make-work nature. More information is needed to determine if Jess can engage in a substantial gainful activity.

How to Calculate the Credit

If the taxpayer checked box 6, the total amount entered on line 11 would be $5,000. If the taxpayer checked boxes 2, 4, or 9, then enter the total amount of disability income received. If the taxpayer checked box 5, enter the total amount of disability income received from the taxpayer and spouse on line 11.

Si el estado civil de declaración es:	El contribuyente no puede tomar el crédito si la cantidad del Formulario 1040 o 1040-SR, línea 11 es:	O el contribuyente recibió:
Soltero, cabeza de familia o viudo/a calificado/a con hijo dependiente	$17,500 o más	$5,000 o más del seguro social no gravable u otras pensiones, anualidades o ingresos por discapacidad no tributables.
Casado que declara conjuntamente si solo un cónyuge califica para el crédito	$20,000 o más	$5,000 o más del seguro social no gravable u otras pensiones, anualidades o ingresos por discapacidad no tributables.
Casado que declara conjuntamente si ambos cónyuges califican para el crédito	$25,000 o más	$7,500 o más del seguro social no gravable u otras pensiones, anualidades o ingresos por discapacidad no tributables.
Casado que declara por separado y el contribuyente no vivió con su cónyuge en ningún momento durante el año	$12,500 o más	$3,750 o más del seguro social no gravable u otras pensiones, anualidades o ingresos por discapacidad no tributables.

Ejemplo 1. Adam se jubiló por discapacidad como vendedor y ahora trabaja como asistente de guardería y gana un salario mínimo. Aunque hace un trabajo diferente, Adam es un asistente de guardería en términos ordinarios por un salario mínimo. Por lo tanto, no puede tomar el crédito porque está involucrado en una actividad lucrativa sustancial.

Ejemplo 2. Jess se jubiló por discapacidad y tomó un trabajo con un antiguo empleador a modo de prueba. El período de prueba duró algún tiempo durante el cual Jess recibió un pago a una tasa igual al salario mínimo. Debido a su discapacidad, Jess solo realizó un trabajo liviano de naturaleza no productiva y funcional. A menos que la actividad sea sustancial y provechosa, Jess no participa en una actividad sustancial y lucrativa. La actividad fue provechosa porque el pago de Jess fue a una tasa igual o superior al salario mínimo. No obstante, la actividad no fue sustancial porque los deberes eran de naturaleza no productiva y funcional. Se necesita más información para determinar si Jess puede participar en una actividad lucrativa sustancial.

¿Cómo calcular el crédito?

Si el contribuyente marcó la casilla 6, el monto total ingresado en la línea 11 sería $5,000. Si el contribuyente marcó las casillas 2, 4 o 9, coloque la cantidad total de ingresos por discapacidad que recibió. Si el contribuyente marcó la casilla 5, coloque la cantidad total del ingreso por discapacidad recibido del contribuyente y su cónyuge en la línea 11.

Adoption Credit or Exclusion

The maximum adoption credit amount a taxpayer can receive from their employer is $14,440. Suppose the taxpayer's modified adjusted gross income (MAGI) is between $216,660 and $256,660; in that case, the credit may be reduced based on income. A taxpayer can use the adoption credit for foreign and domestic adoptions in most circumstances. Some states have determined that if a child has special needs, the taxpayer may receive the maximum amount of the credit unless they claimed some expenses in a prior year. Use Form 8839.

Child Tax Credits

The child tax credit (CTC) is a nonrefundable credit for taxpayers who have a qualifying child. ARPA made major changes to the Child Tax Credit (CTC). For tax year 2021, the credit increased from $2,000 to $3,000 per child between the ages of 6 and 17 at the end of 2021. Children under the age of 6 will receive $3,600 per qualifying child.

The phaseout amounts have been increased to $150,000 for married taxpayers filing a joint return and qualifying widow(ers). Head of household phaseout is $112,500 and $75,000 for all other taxpayers. The taxpayer's tax liability and modified AGI limits the child tax credit. If the child were not issued a valid Social Security number, they would not qualify the taxpayer for either credit. This credit is reported on Form 1040, line 19.

To be a qualifying child for the child tax credit and the additional child tax credit, the child must be a citizen, national, or resident of the United States. The taxpayer completes the substantial presence test (Part I) if the taxpayer has a dependent that has an ITIN and if the taxpayer is claiming the child tax credit for the dependent. If the dependent does not qualify for the child tax credit, the taxpayer cannot include that dependent in the calculation for the credit. However, the dependent may still qualify for the Other Dependent Credit (ODC).

The Additional Child Tax Credit (ACTC) is a refundable credit available for taxpayers with qualifying children. It cannot claim the full child tax credit due to a tax liability limitation. The maximum refund amount per child is $1,400. Due to the TCJA, the earned income threshold has decreased from $3,000 to $2,500. The taxpayer should use Schedule 8812, Parts II-III to calculate the additional child tax credit. Part I of the schedule is independent of Parts II-III. For the child tax credit and the additional child tax credit, TCJA increased the gross income phaseout amount to $400,000 for joint filers and $200,000 for all other filers. This credit is reported on Form 1040, line 28.

ARPA made major changes to the Child Tax Credit (CTC). For tax year 2021, the credit increases from $2,000 to $3,000 per child between the ages of 6 and 17 at the end of 2021. Children under the age of 6 will receive $3,600 per qualifying child. The phaseout amounts have been increased to $150,000 for married taxpayers filing a joint return and qualifying widow(ers). Head of Household phaseout is $112,500 and $75,000 for all other taxpayers.

Crédito de adopción o exclusión

La cantidad máxima de crédito de adopción que un contribuyente puede recibir de su empleador es $14,400. Suponga que el ingreso bruto ajustado modificado (MAGI) del contribuyente está entre $216,660 y $256,660; en ese caso, el crédito puede reducirse en función de los ingresos. El contribuyente puede usar el crédito de adopción para adopciones extranjeras como nacionales en la mayoría de las circunstancias. Algunos estados han determinado que si un niño tiene necesidades especiales, el contribuyente puede recibir el monto máximo del crédito a menos que se hayan reclamado algunos gastos en un año anterior. Use el Formulario 8839.

Créditos fiscales por hijos

El crédito fiscal por hijos (CTC) es un crédito no reembolsable para los contribuyentes que tienen un hijo calificado. ARPA realizó cambios importantes en el Crédito Fiscal por Hijos (CTC). Para el año fiscal 2021, el crédito aumenta de $2,000 a $3,000 por hijo entre las edades de 6 y 17 años a fines de 2021. Los hijos menores de 6 años recibirán $3,600 por hijo calificado.

Los montos de eliminación gradual se han aumentado a $150,000 para contribuyentes casados que declaran conjuntamente y viudos calificados. La eliminación gradual de cabeza de familia es de $112,500 y $75,000 para todos los demás contribuyentes. La obligación tributaria del contribuyente y el AGI modificado limitan el crédito fiscal por hijos. Si al hijo no se le otorgó un número de seguro social válido, no calificará al contribuyente para ninguno de los dos créditos. El crédito se informa en el Formulario 1040, línea 19.

Para ser un hijo calificado a los fines del Crédito fiscal por hijos y el Crédito fiscal adicional por hijos, el hijo debe ser ciudadano, nacional o residente de los Estados Unidos. El contribuyente completa la prueba de presencia sustancial (Parte I) si tiene un dependiente que tiene un ITIN y si el contribuyente está reclamando el crédito fiscal por hijo para el dependiente. Si el dependiente no califica para el crédito fiscal por hijos, el contribuyente no puede incluir a ese dependiente en el cálculo del crédito. Sin embargo, el dependiente aún puede calificar para el Crédito de otro dependiente (ODC).

El Crédito fiscal adicional por hijos (ACTC) es un crédito reembolsable disponible para los contribuyentes que tienen hijos calificados. No pueden reclamar el crédito fiscal por hijos en su totalidad debido a una limitación de obligación tributaria. El monto máximo de reembolso por hijo es $1,400. Debido a la TCJA, el umbral de ingresos del trabajo ha disminuido de $3,000 a $2,500. El contribuyente debe usar el Anexo 8812, Partes II-III para calcular el crédito fiscal adicional por hijos. La parte I del anexo es independiente de las partes II-III. Para el crédito fiscal por hijo y el crédito fiscal adicional por hijos, el TCJA ha aumentado la cantidad de eliminación gradual de ingresos brutos a $400,000 para los contribuyentes conjuntos y $200,000 para todos los demás declarantes. El crédito se informa en el Formulario 1040, línea 28.

ARPA realizó cambios importantes en el Crédito Fiscal por Hijos (CTC). Para el año fiscal 2021, el crédito aumenta de $2,000 a $3,000 por hijo entre las edades de 6 y 17 años a fines de 2021. Los hijos menores de 6 años recibirán $3,600 por hijo calificado. Los montos de eliminación gradual se han aumentado a $150,000 para contribuyentes casados que declaran conjuntamente y viudos calificados. La eliminación gradual de cabeza de familia es de $112,500 y $75,000 para todos los demás contribuyentes.

Advanced payments of this credit could be taken monthly from July through December. The credit could be up to 50% of the taxpayer's child tax credit based on the 2019 or 2020 tax return. The advanced payments are only available for taxpayers living in the United States for at least six months of the year. Claiming the Advanced Child Tax Credit using a U.S. address may affect the taxpayer's Child Tax Credit and make the taxpayer return the advanced payments. If the taxpayer does not qualify for the ACTC, the TCJA thresholds apply. Taxpayers who received the advanced payments will be mailed an IRS Letter 6419 declaring the amount of the advanced payments received. If the taxpayer files a joint return, each spouse would receive a letter claiming half of what was sent. The tax preparer needs both letters to report the accurate amount.

Qualifying Child for Child Tax Credit

For a child to qualify for the child tax credit, they must meet the following conditions:

- The child is the son, daughter, stepchild, eligible foster child, brother, sister, stepbrother, stepsister, half-brother, half-sister, or a descendent of any of these.
- The child was 17 and under for tax year 2021 only.
- The child did not provide over half of their support.
- The child lived with the taxpayer for more than half of 2021.
- The child is claimed as a dependent on the taxpayer's return.
- The child does not file a joint return for the year or only files to claim a refund of withheld income tax or if the dependent paid estimated payments.
- The child was a U.S. citizen, U.S. national, U.S. resident alien, or adopted by a U.S. citizen, U.S. national, or U.S. resident alien.

Qualifying Person for the ODC

An individual qualifies for the Other Dependent Credit (ODC) if they meet the following conditions:

- The taxpayer claims the individual as a dependent on their tax return.
- The dependent is ineligible for the CTC or the ACTC.
- The dependent was a U.S. citizen, U.S. national, U.S. resident alien or adopted by a U.S. citizen, U.S. national, or U.S. resident alien.
- They have a TIN on or before the due date of the 2021 tax return.

Example: Levi is claiming his 10-year-old nephew Fernando, who lives in Mexico and qualifies as Levi's dependent. Because Fernando is not a U.S. citizen, U.S. national, or a U.S. resident alien, Levi cannot use Fernando to claim the Other Dependent Credit (ODC) unless Levi adopts him, and Fernando comes to live with Levi in the United States.

Improperly Claiming the CTC, ODC, or ACTC

If the taxpayer has claimed any of these credits in error, they may be prohibited from claiming these credits for two years. If the error is determined to be fraud, they may be prohibited from claiming the credit for 10 years. The taxpayer may also have to pay penalties and interest. If the tax preparer committed the error and the IRS determines that the error was intentional, the tax preparer will be charged penalties and interest and may be prohibited from preparing returns for as long as the IRS decides it is appropriate.

Pagos y créditos tributarios

Los pagos anticipados de este crédito se podrían haber tomado mensualmente desde julio hasta diciembre. El crédito podría haber sido de hasta el 50% del Crédito fiscal por hijos del contribuyente según la declaración de impuestos de 2019 o 2020. Los pagos anticipados solo están disponibles para los contribuyentes que vivían en los Estados Unidos al menos 6 meses al año. Reclamar el Crédito fiscal por hijos anticipado utilizando una dirección de los EE. UU. puede afectar el Crédito fiscal por hijos del contribuyente y puede hacer que el contribuyente devuelva los pagos anticipados. Si el contribuyente no califica para el ACTC, se aplican los umbrales de TCJA. A los contribuyentes que recibieron los pagos anticipados se les enviará por correo una carta del IRS 6419 declarando el monto de los pagos anticipados recibidos. Si el contribuyente presenta una declaración conjunta, cada cónyuge recibiría una carta reclamando la mitad de lo enviado. El preparador de impuestos necesita ambas cartas para informar la cantidad exacta.

Hijo calificado para el crédito fiscal por hijos

Para que un hijo califique para el crédito fiscal por hijos, debe cumplir las siguientes condiciones:

- ➢ El hijo es hijo, hija, hijastro, hijo de crianza elegible, hermano, hermana, hermanastro, hermanastra, medio hermano, media hermana o un descendiente de cualquiera de estos.
- ➢ El hijo tenía 17 años o menos solo para el año fiscal 2021.
- ➢ El hijo no proporcionó más de la mitad de su propia manutención.
- ➢ El hijo vivió con el contribuyente por más de la mitad de 2021.
- ➢ El hijo es reclamado como dependiente en la declaración del contribuyente.
- ➢ El hijo no presenta una declaración conjunta para el año o solo declara para reclamar un reembolso del impuesto sobre la renta retenido o si el dependiente realizó los pagos estimados.
- ➢ El hijo era ciudadano de los EE. UU., nacional de los EE. UU. o extranjero residente de los EE. UU. o fue adoptado por un ciudadano de los EE. UU., nacional de los EE. UU. o extranjero residente de los EE. UU.

Persona calificada para el ODC

Una persona natural califica para el Otro crédito dependiente (ODC) si se cumplen las siguientes condiciones:

- ➢ El contribuyente reclama a la persona como dependiente en su declaración de impuestos.
- ➢ El dependiente no es elegible para el CTC ni el ACTC.
- ➢ El hijo era ciudadano de los EE. UU., nacional de los EE. UU. o extranjero residente de los EE. UU. o fue adoptado por un ciudadano de los EE. UU., nacional de los EE. UU. o extranjero residente de los EE. UU.
- ➢ Tienen un TIN en la fecha de vencimiento de la declaración de impuestos de 2021.

Ejemplo: Levi está reclamando a su sobrino Fernando, de 10 años, quien vive en México y califica como dependiente de Levi. Debido a que Fernando no es ciudadano de los EE. UU., nacional de los EE. UU. o extranjero residente en los EE. UU., Levi no puede usar a Fernando para reclamar el Crédito de otro dependiente (ODC) a menos que Levi lo adopte, y Fernando venga a vivir con Levi en los Estados Unidos.

Reclamo incorrecto del CTC, ODC o ACTC

Si el contribuyente ha reclamado cualquiera de estos créditos por error, es posible que se le prohíba reclamar estos créditos por 2 años. Si se determina que el error se debe a un fraude, se le puede prohibir reclamar el crédito por 10 años. El contribuyente también puede tener que pagar multas e intereses. Si el preparador de impuestos cometió el error y el IRS determina que el error fue intencional, el preparador recibirá multas e intereses y se le puede prohibir que prepare las declaraciones durante el tiempo que el IRS decida que es apropiado.

Payments and Tax Credits

CTC or ACTC tax returns after 2015 that were denied or reduced for any reason except a clerical or mathematical error will have to file Form 8862 and attach the form to their tax return. Beginning in 2018, the ODC has been added to both the due diligence questionnaire and part III of Form 8862, *Information to Claim Certain Credits After Disallowance*.

Part 2 Review Questions

To obtain the maximum benefit from this chapter, LTP recommends that you complete each of the following questions and then compare them to the answers with feedback that immediately follows. Under governing self-study standards, vendors are required to present review questions intermittently throughout each self-study course.

These questions and explanations are not part of the final examination and will not be graded by LTP.

TCPP2.1
Which of the following is a nonrefundable credit?

a. American opportunity act
b. Mortgage Interest Credit
c. Earned income tax credit
d. Residential energy credit

TCPP2.2
Olivia is single and wants to know if she qualifies for the Credit for the Elderly or Disabled. To qualify for the credit, Olivia's adjusted gross income cannot be more than _____ to qualify.

a. $17,000
b. $17,500
c. $20,000
d. $25,000

TCPP2.3
Which of the following is only for tax year 2021?

a. Child Tax Credit increase
b. Refundable Advanced Child Tax Credit
c. Other Dependent Credit is refundable
d. Child Tax Credit is refundable

TCPP2.4
Russel is a single dad and has three children between the ages of 7 – 17. He also claims a son in Mexico is living in the United States. IRS determined that he filed a fraudulent tax return. Which of the following could happen to Russel?

1. Russel could be prohibited from claiming credits for two years.
2. Russel could be prohibited from claiming credits for ten years.
3. Russel will be charged penalties and interest.
4. Russel could be prohibited from claiming credits for eight years.
5. Russel will have to file Form 8862 for two years.
6. Russel will have to file Form 8862 for ten years.

Las declaraciones de impuestos de CTC o ACTC después de 2015 que fueron denegadas o reducidas por cualquier motivo, excepto por un error administrativo o matemático, deberán presentar el Formulario 8862 y adjuntar el formulario a su declaración de impuestos. A partir de 2018, el ODC se agregó al cuestionario de diligencia debida y a la parte III del Formulario 8862, *Información para reclamar ciertos créditos después de la denegación*.

Parte 2 Preguntas de repaso

Para obtener el máximo beneficio de este capítulo, LTP recomienda que complete cada una de las siguientes preguntas y luego las compare con las respuestas y los comentarios que siguen inmediatamente. Según los estándares reguladores de autoaprendizaje, los proveedores deben presentar preguntas de repaso de manera intermitente a lo largo de cada curso de autoaprendizaje.

Estas preguntas y explicaciones no son parte del examen final y no serán calificadas por LTP.

TCPP2.1
¿Cuál de las siguientes opciones es un crédito no reembolsable?

a. Ley de oportunidad estadounidense
b. Crédito de interés hipotecario
c. Crédito fiscal por ingresos del trabajo
d. Créditos de energía residencial

TCPP2.2
Olivia es soltera y quiere saber si califica para el Crédito para ancianos o discapacitados. Para calificar a este crédito, el ingreso bruto ajustado de Olivia no puede ser más de _____.

a. $17,000
b. $17,500
c. $20,000
d. $25,000

TCPP2.3
¿Cuál de los siguientes es solo para el año fiscal 2021?

a. Aumento del crédito fiscal por hijos
b. Crédito fiscal por hijo anticipado reembolsable
c. Otro crédito dependiente es reembolsable
d. El crédito fiscal por hijos es reembolsable

TCPP2.4
Russel es padre soltero y tiene tres hijos de entre 7 y 17 años. También afirma que un hijo en México está viviendo en los Estados Unidos. El IRS determinó que presentó una declaración de impuestos fraudulenta. ¿Cuál de las siguientes podría pasarle a Russel?

1. A Russel se le podría prohibir reclamar créditos durante dos años.
2. A Russel se le podría prohibir reclamar créditos durante diez años.
3. A Russel se le cobrarán multas e intereses.
4. A Russel se le podría prohibir reclamar créditos durante ocho años.
5. Russel tendrá que presentar el formulario 8862 durante dos años.
6. Russel tendrá que presentar el formulario 8862 durante diez años.

1, 3 & 5
1 – 4
1, 2, 3, 5 & 6
2, 4, & 6

Part 2 Review Questions Answers

TCPP2.1
Which of the following is a nonrefundable credit?

a. American opportunity act
b. Mortgage Interest Credit
c. Earned income tax credit
d. Residential energy credit

Feedback: Review section *Part 2: Other Nonrefundable Credits.*

TCPP2.2
Olivia is single and wants to know if she qualifies for the Credit for the Elderly or Disabled. To qualify for the credit, Olivia's adjusted gross income cannot be more than_____to qualify.

a. $17,000
b. $17,500
c. $20,000
d. $25,000

Feedback: Review section *Schedule R: Credit for the Elderly or Disabled.*

TCPP2.3
Which of the following is only for tax year 2021?

a. Child Tax Credit increase
b. Refundable Advanced Child Tax Credit
c. Other Dependent Credit is refundable
d. Child Tax Credit is refundable

Feedback: Review section *Part 2: Other Nonrefundable Credits.*

TCPP2.4
Russel is a single dad and has three children between the ages of 7 – 17. He also claims a son in Mexico is living in the United States. IRS determined that he filed a fraudulent tax return. Which of the following could happen to Russel?

1. Russel could be prohibited from claiming credits for two years.
2. Russel could be prohibited from claiming credits for ten years.
3. Russel will be charged penalties and interest.
4. Russel could be prohibited from claiming credits for eight years.
5. Russel will have to file Form 8862 for two years.
6. Russel will have to file Form 8862 for ten years.

1, 3 & 5
1 – 4
1, 2, 3, 5 & 6
2, 4, & 6

Parte 2 Respuestas a las preguntas de repaso

TCPP2.1

¿Cuál de las siguientes opciones es un crédito no reembolsable?

   a. Ley de oportunidad estadounidense.
   b. Crédito de interés hipotecario.
   c. Crédito fiscal por ingresos del trabajo.
   d. Créditos de energía residencial.

Comentarios: Revise la sección *Parte 2: Otros créditos no reembolsables*

TCPP2.2

Olivia es soltera y quiere saber si califica para el Crédito para ancianos o discapacitados. Para calificar a este crédito, el ingreso bruto ajustado de Olivia no puede ser más de _____.

   a. $17,000
   b. $17,500
   c. $20,000
   d. $25,000

Comentarios: Revise la sección *Anexo R: Crédito para personas mayores o discapacitados.*

TCPP2.3

¿Cuál de los siguientes es solo para el año fiscal 2021?

   a. Aumento del crédito fiscal por hijos.
   b. Crédito fiscal por hijo anticipado reembolsable.
   c. Otro crédito dependiente es reembolsable.
   d. El crédito fiscal por hijos es reembolsable.

Comentarios: Revise la sección *Parte 2: Otros créditos no reembolsables*

TCPP2.4

Russel es padre soltero y tiene tres hijos de entre 7 y 17 años. También afirma que un hijo en México está viviendo en los Estados Unidos. El IRS determinó que presentó una declaración de impuestos fraudulenta. ¿Cuál de las siguientes podría pasarle a Russel?

1. A Russel se le podría prohibir reclamar créditos durante dos años.
2. A Russel se le podría prohibir reclamar créditos durante diez años.
3. A Russel se le cobrarán multas e intereses.
4. A Russel se le podría prohibir reclamar créditos durante ocho años.
5. Russel tendrá que presentar el formulario 8862 durante dos años.
6. Russel tendrá que presentar el formulario 8862 durante diez años.

Payments and Tax Credits

1, 3, & 5
1 – 4
1, 2, 3, 5 & 6
2, 4, & 6

Feedback: Review section *Part 2: Other Nonrefundable Credits.*

Part 3 Payments and Refundable Tax Credits

In the tax industry, the term "refundable credit" refers to a credit that allows the taxpayer to lower their tax liability dollar-for-dollar to zero and below, resulting in a refund. When the refundable credit exceeds the amount of taxes owed, it could result in a tax refund.

A refundable tax credit is a tax credit that is treated as a payment and can be refunded to the taxpayer by the IRS. Refundable tax credits offset certain taxes that are normally not reduced. Refundable credits can produce a larger federal tax refund than the amount of money a person paid during the year. Refundable tax credits, like payments, are applied toward a person's tax obligation, and any overpayments are refunded back to the individual. Withholding for federal income taxes and estimated taxes are also refundable credits, as these are prepayments toward a person's annual tax liability that can and will be refunded to the taxpayer if they withhold too much.

Federal Income Tax Withheld

Form 1040, page 2, line 25, reports the federal income tax withheld from all income reported by forms such as the W-2, W-2G, 1099-R, 1099-NEC, SSA-1099, and Schedule K. The amount of tax withheld is on Form W-2 in box 2 and on the Form 1099 series in box 4. If the taxpayer had federal tax withheld from Social Security benefits, it is in box 6 of Form SSA-1099. If the taxpayer had additional Medicare tax withheld by their employer, that amount shows on Form 1040, Schedule 2, line 11. Calculate the additional Medicare tax on Form 8959 and attach it to the return.

Estimated Tax Payments

Form 1040, page 2, line 26, reports any estimated tax payments made in the current tax year and any overpayments applied from the prior year's tax return. If a taxpayer and their spouse have divorced during the current tax year and made estimated payments together, enter the former spouse's SSN in the space provided on the front of Form 1040. The taxpayer should attach a statement to Form 1040 explaining that the divorced couple made the payments together; that statement should also contain proof of payments, the name, and SSN of the individual making the payments.

Estimated tax payments are also referred to as quarterlies since the payments are due in four equal payments. If the due dates fall on a Saturday, Sunday, or a legal holiday, estimated payments are due on the next business day. Estimated payments are due on the following dates:

- April 15th
- June 15th
- September 15th
- January 15th (of the following year)

1, 3 & 5
1 – 4
1, 2, 3, 5 & 6
2, 4, & 6

Comentarios: Revise la sección *Parte 2: Otros créditos no reembolsables*

Parte 3 Pagos y créditos fiscales no reembolsables

En la industria tributaria, el término "crédito reembolsable" se refiere a un crédito que le permite al contribuyente reducir su obligación tributaria dólar por dólar a cero y por debajo, lo que resulta en un reembolso. Cuando el crédito reembolsable excede la cantidad de impuestos adeudados, resulta en un reembolso de impuestos.

Un crédito fiscal reembolsable es un crédito fiscal que se trata como un pago y puede ser reembolsado al contribuyente por el IRS. Los créditos fiscales reembolsables compensan ciertos impuestos que normalmente no se reducen. Los créditos reembolsables pueden generar un reembolso de impuestos federales que es mayor que la cantidad de dinero que una persona realmente pagó durante el año. Los créditos fiscales reembolsables, como los pagos, se aplican a la obligación tributaria de una persona, y cualquier pago en exceso es reembolsado a la persona. La retención de impuestos federales sobre la renta y los impuestos estimados también son créditos reembolsables, ya que son pagos anticipados para la obligación tributaria anual de la persona que pueden y serán reembolsados al contribuyente si retienen demasiado.

Impuesto federal sobre la renta retenido

El Formulario 1040, página 2, línea 25 declara el impuesto federal sobre la renta que se ha retenido de todos los ingresos declarados en formularios como el W-2, W-2G, 1099-R, 1099-NEC, SSA-1099 y el Anexo K. El monto del impuesto que se retuvo se puede encontrar en el Formulario W-2 en la casilla 2 y en la serie del Formulario 1099 en la casilla 4. Si el contribuyente tuviera un impuesto federal retenido de los beneficios del seguro social, se mostraría en la casilla 6 del Formulario SSA-1099. Si el contribuyente tuvo un impuesto de Medicare adicional retenido por su empleador, esa cantidad se muestra en el Formulario 1040, Anexo 2, línea 11. Calcule el impuesto adicional de Medicare en el Formulario 8959 y adjúntelo a la declaración.

Pagos de impuestos estimados

El Formulario 1040, página 2, línea 26 informa los pagos de impuesto estimado que se hicieron en el año fiscal actual y cualquier pago en exceso que se aplicó de la declaración de impuestos del año anterior. Si un contribuyente y su cónyuge se han divorciado durante el año fiscal actual y los pagos estimados se hicieron juntos, coloque el NSS del excónyuge en el espacio provisto en el frente del Formulario 1040. El contribuyente debe adjuntar una declaración al Formulario 1040 que explique que la pareja divorciada hizo los pagos juntos; esa declaración también debe contener una prueba de los pagos, el nombre y el NSS de la persona que hizo los pagos.

Los pagos de impuestos estimados también se conocen como trimestrales, ya que se realizan en cuatro pagos iguales. Si las fechas de vencimiento caen un día sábado, domingo o feriado legal, los pagos estimados vencen el siguiente día hábil. Los pagos estimados vencen en las siguientes fechas:

- ➢ El 15 de abril
- ➢ El 15 de junio
- ➢ El 15 de septiembre
- ➢ 15 de enero (del año siguiente).

Payments and Tax Credits

Amount Overpaid

The taxpayer can receive their overpayment as a paper check from the U.S. Treasury Department or through a direct deposit from the U.S. Treasury Department into a checking or savings account. After filing the tax return electronically, the taxpayer can go to www.irs.gov and click "Where's My Refund?" to receive information that is available about their return within 24 hours after its acceptance. If the overpayment amount is different than what the taxpayer was expecting, the taxpayer should receive an explanation from the IRS within two weeks after depositing the refund.

Form 1040, page 2, line 34, states if there was an overpayment of current-year taxes and indicates how the taxpayer would like to receive the overpayment refund. Enter on Line 35a the desired refund amount the taxpayer wants. They can select a portion of that amount as a refund and forward the rest as estimated tax payments for the following tax year. Use line 36 to enter the desired estimated payments. The taxpayer can also elect to carry forward their entire refund amount. If the taxpayer wants to carry out overpayments to the following year, enter the amount they would like to have applied on Form 1040, line 36. Suppose a couple filed MFJ, and a taxpayer's spouse wants the overpayment applied to her account. In that case, the refund amount splits to the taxpayer's account and the spouse's separate account. The taxpayer can include up to three bank accounts on Part I in Form 8888. Use Part II to purchase U.S. Series I Savings Bonds.

Example: Pat made estimated payments for the current tax year of $11,000 and overpaid her quarterlies by $4,500. Pat wants $2,000 refunded, so enter $2,000 on Line 36. Pat would like the remaining $2,500 applied to next year's estimated payments, so enter the $2,500 amount on Line 35a.

If the taxpayer wants to deposit the entire overpayment directly, submit a valid routing number and account number. A routing number is a nine-digit number that indicates which financial institute receives the direct deposit refund. The account number is specific to the taxpayer. The first two digits of the routing number have to be 01 through 12 or 21 through 32. Some financial institutions have a separate routing number for direct deposits. If there is no entry on Form 1040, Page 2, line 35b or line 35d, the taxpayer will receive a paper check.

The routing number on a deposit slip may differ from the routing number on the bottom of a personal check. If the tax preparer is entering the numbers from the bottom of the check, make sure you do not enter the check number when entering the account number. On Form 1040, be sure to indicate whether the account is a checking or savings account. The IRS will allow the taxpayer to have their direct deposit split between multiple accounts, but not all software supports the use of Form 8888 to do so.

Cantidad pagada en exceso

El contribuyente puede recibir su pago en exceso en forma de un cheque del Departamento del Tesoro de los EE. UU. o mediante un depósito directo del Departamento del Tesoro de los EE. UU. en una cuenta corriente o de ahorros. Después de que la declaración se haya presentado electrónicamente, el contribuyente puede visitar la página "www.irs.gov" y hacer clic en "¿Dónde está mi reembolso?" para recibir información disponible que esté disponible sobre su declaración dentro de las 24 horas posteriores a su aceptación. Si el monto del pago en exceso es diferente de lo que esperaba el contribuyente, el contribuyente debería recibir una explicación del IRS dentro de las dos semanas posteriores al depósito del reembolso.

El Formulario 1040, página 2, línea 34 indica si hubo un pago en exceso de los impuestos del año en curso e indica cómo le gustaría al contribuyente recibir el reembolso del pago en exceso. Coloque en la Línea 35a el monto de reembolso deseado que desea el contribuyente. Pueden seleccionar una parte de ese monto como reembolso y enviar el resto como pagos de impuestos estimados para el siguiente año fiscal. Use la línea 36 para ingresar los pagos estimados deseados. El contribuyente también puede optar por trasladar el monto total de su reembolso. Si el contribuyente desea transferir los pagos en exceso al año siguiente, coloque el monto que le gustaría aplicar en el Formulario 1040, línea 36. Suponga que una pareja declaró como MFJ y el cónyuge de un contribuyente quiere que el pago en exceso se aplique a su cuenta. En ese caso, el monto del reembolso se divide en la cuenta del contribuyente y la cuenta separada del cónyuge. El contribuyente puede incluir hasta tres cuentas bancarias en la Parte I del Formulario 8888. Use la Parte II para comprar Bonos de ahorro de la Serie I de los EE. UU.

Ejemplo: Pat realizó pagos estimados para el año fiscal actual de $11,000 y pagó en exceso sus trimestres en $4,500. Pat quiere un reembolso de $2,000, por lo que coloca $2,000 en la línea 36. Pat quisiera que los $2,500 restantes se apliquen a los pagos estimados del próximo año, por lo que coloca $2,500 en la línea 35a.

Si el contribuyente desea depositar directamente el pago en exceso completo, envíe el código de identificación bancaria y número de cuenta válidos. El código de identificación bancaria es un número de nueve dígitos que indica qué institución financiera recibe el reembolso de depósito directo. El número de cuenta es específico para el contribuyente. Los dos primeros dígitos del código de identificación bancaria deben ser del 01 al 12 o del 21 al 32. Algunas instituciones financieras tienen un código de identificación bancaria separado para depósitos directos. Si no hay ningún dato en la línea 35b o línea 35d de la página 2 del Formulario 1040, el contribuyente recibirá un cheque.

El código de identificación bancaria en una boleta de depósito puede ser diferente al código de identificación bancaria en la parte inferior de un cheque personal. Si el preparador de impuestos coloca los números de la parte inferior del cheque, asegúrese de no ingresar el número de cheque al colocar el número de cuenta. En el Formulario 1040, asegúrese de indicar si la cuenta es una cuenta corriente o de ahorro. El IRS permitirá que el contribuyente tenga su depósito directo dividido entre varias cuentas, pero no todos los programas admiten el uso del Formulario 8888 para hacerlo.

Payments and Tax Credits

[Sample check image showing: ROBERT SAMPLE, JOAN SAMPLE, 123 MAIN ST., PORTLAND, ME 04101, check #9999, dated 11/30/2011, Pay to the Order of: Sample Check, $158.00, one hundred and fifty eight 00/100 Dollars, TD Bank – America's Most Convenient Bank®, For: SAMPLE, signed Joan Sample, Routing Number: 123454321, Account Number: 0123454321, 9999]

If any of the following happen, the financial institution rejects the direct deposit, and the IRS sends a paper check to the taxpayer instead:

➢ Any numbers or letters on lines 35b or 35d are crossed out, or some type of correction material (such as correction tape or white-out) has been used.
➢ The taxpayer's financial institution(s) will not allow a joint return to be deposited to an individual account; The U.S. Treasury Department is not responsible if the financial institution rejects the direct deposit.
➢ Three direct deposits have already been made to that account.
➢ The name on the account does not match the name on the tax refund.

Señor 1040 Says: The IRS is not responsible for a lost refund if the account information is entered incorrectly. The taxpayer is responsible for making sure that his or her routing number and account number are accurate, and that the financial institution will accept the direct deposit.

Returns with Refunds

When individual taxpayers have an overpayment on their current-year tax return, they have several options for receiving the overpayment:

➢ They can apply the overpayment to next year's estimated tax return.
➢ They can receive a paper check.
➢ They can receive a direct deposit.
➢ Although not all software supports it, they can divide the refund amount into different bank accounts.

Direct Deposit

Taxpayers may have refunds deposited into their checking or savings accounts. The tax professional must have the taxpayer's account number, routing number, and the financial institution's name to directly deposit the refund. All this information is on a taxpayer's check.

Si se aplica alguna de las siguientes situaciones, la institución financiera rechaza el depósito directo y, en su lugar, el IRS emitirá un cheque impreso al contribuyente:

- Cualquier número o letra en las líneas 35b o 35d que esté tachado o en el que se haya usado algún tipo de material de corrección (como cinta correctora o corrector de color blanco).
- La(s) institución(es) financiera(s) del contribuyente no permitirá(n) que una declaración conjunta se deposite en una cuenta individual. El Departamento del Tesoro de los Estados Unidos no es responsable si la institución financiera rechaza el depósito directo.
- Ya se han realizado tres depósitos directos en esa cuenta.
- El nombre en la cuenta no coincide con el nombre en el reembolso de impuestos.

El señor 1040 dice: El IRS no es responsable de un reembolso perdido si la información de la cuenta se coloca incorrectamente. El contribuyente es responsable de garantizar de que su código de identificación bancaria y su número de cuenta sean correctos y que la institución financiera acepte el depósito directo.

Declaraciones con reembolsos

Cuando los contribuyentes individuales tienen un pago en exceso en su declaración de impuestos del año en curso, tienen varias opciones para recibir el pago en exceso:

- Pueden aplicar el pago en exceso a la declaración de impuestos estimada del próximo año.
- Pueden recibir un cheque impreso.
- Pueden recibir un depósito directo.
- Pueden dividir el monto del reembolso en diferentes cuentas bancarias, aunque no es compatible con todos los programas.

Depósito directo

Los contribuyentes pueden tener reembolsos depositados en sus cuentas corrientes o de ahorro personales. El profesional de impuestos debe tener el número de cuenta, el código de identificación bancaria y el nombre de la institución financiera del contribuyente. Toda esta información se puede encontrar en el cheque de un contribuyente.

Payments and Tax Credits

Form 8888, *Allocation of Refund*, allows the taxpayer to split and deposit refunds into multiple accounts. You can file Form 8888 electronically. A qualified account can be a checking or savings account or other accounts such as a money market account or an IRA. The taxpayer should not try to deposit money into an account not in their name directly. This form is limited to three accounts and can also be used to purchase U.S. Series I Savings Bonds.

Direct Deposit Limits

The IRS has imposed a limit of three direct deposits that can be electronically deposited into a single financial account or loaded on a pre-paid debit card. Any further deposits will be converted to a paper check and mailed to the taxpayer within four weeks. Taxpayers will receive a notification via mailed letter that their account has exceeded the direct deposit limit.

The IRS has imposed this direct deposit limit to prevent criminals from obtaining multiple refunds. The new limitations also protect taxpayers from tax preparers who illegally obtain their tax preparation fees by using Form 8888 to split the refund into multiple accounts. Tax preparers who do this will be subject to a fine.

> *Señor 1040 Says*: The IRS will send refunds under $1 only if requested in writing.

If the taxpayer files a joint return and either the taxpayer or the spouse has an offset of bad debt to pay, the other spouse may be an injured spouse, a term and concept that is beyond the scope of this course. If the IRS took one spouse's refund to pay the other spouse's tax liability, the injured spouse would file Form 8379 to see if they meet the conditions to get their portion of the refund back from the IRS.

Amount Paid with a Request for Extension

If the taxpayer used Form 4868 to file an extension and is making a payment, report the payment amount with the extension on Form 1040, Schedule 3, line 10. Do not include the taxpayer's fees when the individual pays by debit or credit card.

> *Señor 1040 Says:* If the taxpayer itemizes his deductions and paid by credit or debit card, the convenience fees are no longer a deduction on Schedule A.

Excess Social Security or Railroad Retirement Tax Withheld

When a taxpayer has more than one employer, it is possible that the employers withhold too much for Social Security or Railroad Retirement Tax Act (RRTA) benefits. If that is the case, the taxpayer may claim the excess payment on Form 1040, Schedule 3, line 9, as a refundable credit. If, however, one employer withholds too much tax for Social Security or Railroad Retirement Tax Act, the employer makes the adjustment for the employee. Even if the employer does not refund the extra withholding to the employee, the taxpayer cannot adjust their income tax form but must instead file Form 843 to claim the refund.

Pagos y créditos tributarios

El formulario 8888, *Asignación de reembolso*, permite al contribuyente dividir y depositar los reembolsos en varias cuentas. Puede presentar el Formulario 8888 electrónicamente. Una cuenta calificada puede ser una cuenta corriente o de ahorro u otra cuenta, como una cuenta de mercado monetario o una cuenta IRA. El contribuyente no debe tratar de depositar dinero directamente en una cuenta que no esté a su nombre. Este formulario está limitado a tres cuentas y también se puede utilizar para comprar Bonos de ahorro de la Serie I de los Estados Unidos.

Límites de depósito directo

El IRS ha impuesto un límite de tres depósitos directos que pueden depositarse electrónicamente en una sola cuenta financiera o cargarse en una tarjeta de débito prepaga. Cualquier depósito adicional se convertirá en un cheque impreso y se enviará por correo al contribuyente en un plazo de cuatro semanas. Los contribuyentes recibirán una notificación por correo postal de que su cuenta ha excedido el límite del depósito directo.

El IRS ha impuesto este límite de depósito directo para evitar que los delincuentes obtengan múltiples reembolsos. Las nuevas limitaciones también protegen a los contribuyentes de los preparadores de impuestos que obtienen ilegalmente sus honorarios de preparación de impuestos utilizando el Formulario 8888 para dividir el reembolso en múltiples cuentas. Los preparadores de impuestos que hagan esto estarán sujetos a una multa.

> *El señor 1040 dice:* El IRS enviará reembolsos de menos de $1 solo si se solicita por escrito.

Si el contribuyente presentó una declaración conjunta y el contribuyente o el cónyuge tienen una compensación de la deuda incobrable a pagar, el otro cónyuge puede ser un cónyuge perjudicado, un término y concepto que está fuera del alcance de este curso. Si el IRS tomó el reembolso de uno de los cónyuges para pagar la obligación tributaria del otro cónyuge, el cónyuge perjudicado presentaría el Formulario 8379 para ver si cumplen con las condiciones para recuperar su parte del reembolso del IRS.

Monto pagado con una solicitud de prórroga

Si el contribuyente usó el Formulario 4868 para presentar una prórroga y está haciendo un pago, declare el monto del pago con la prórroga en el Formulario 1040, Anexo 3, línea 10. No incluya las tarifas del contribuyente cuando la persona pagó con tarjeta de crédito o débito.

> *El señor 1040 dice:* Si el contribuyente detalla sus deducciones y pagó con tarjeta de crédito o débito, las tarifas de conveniencia ya no pueden ser una deducción en el Anexo A.

Exceso de retención del impuesto a la seguro social o jubilación ferroviaria

Cuando un contribuyente tiene más de un empleador, es posible que los empleadores retengan demasiado para los beneficios del Seguro Social o de la Ley de Impuestos de Jubilación Ferroviaria (RRTA). Si ese es el caso, el contribuyente puede reclamar el pago en exceso en el Formulario 1040, Anexo 3, línea 9 como crédito reembolsable. Sin embargo, si un empleador retiene demasiados impuestos para el Seguro Social o la Ley de Impuestos para la Jubilación Ferroviaria, el empleador hace el ajuste por el empleado. Incluso si el empleador no reembolsa la retención adicional al empleado, el contribuyente no puede realizar el ajuste en su formulario de impuesto sobre la renta, sino que debe presentar el Formulario 843 para reclamar el reembolso.

The taxpayer is entitled to the credit if they had more than one employer and exceeded the following withholding limits for 2021:

> $142,800 in wages subject to Social Security and tier 1 RRTA withholding taxes of $8,853.60 or less.
> $106,200 in wages subject to tier 2 RRTA withholding tax of $5,203.80 or less. This rule applies only to railroad employees. To calculate the over-withholding, see the worksheet for railroad retirement tax withholding in Publication 505, *Tax Withholding and Estimated Tax*.

All wages are subject to Medicare tax withholding.

Earned Income Credit (EIC)

The earned income credit (EIC), also referred to as earned income tax credit (EITC), is a refundable tax credit for low- to moderate-income working individuals and families. When the EIC exceeds the amount of taxes owed, it results in a refundable credit. Report the EIC on Form 1040, page 2, line 27.

Twenty-eight states and the District of Columbia have an EITC program. Most use federal eligibility rules, and their version of the credit parallels major elements of the federal structure. In most states and localities, the credit is refundable (as is federal), although, in a few areas, the EITC is used only to offset taxes owed. For more information, go to www.irs.gov/eitc. The taxpayer must have earned income during the tax year to be eligible for the earned income tax credit. If a married couple is filing a joint return, and only one spouse worked, both would still meet the earned income requirement.

Remember, earned income is income the taxpayer received for working and includes the following types of income:

> Wages, salaries, tips, and other types of taxable employee pay.
> Net earnings from self-employment.
> Gross income received as a statutory employee.
> Union strike benefits.
> Long-term disability benefits received before reaching the minimum retirement age.

Unearned income includes the following:

> Interest and dividends.
> Pensions and annuities.
> Social Security and railroad retirement benefits (including disability benefits).
> Alimony and child support.
> Welfare benefits.
> Workers' compensation benefits.
> Unemployment compensation.
> Income while an inmate.
> Workfare payments (see Publication 596 for a definition).

El contribuyente tiene derecho al crédito si tenía más de un empleador y excedía los siguientes límites de retención para 2021:

- ➤ $142,800 en salarios sujetos a impuestos de retención del Seguro Social y RRTA de nivel 1 de $8,853.60 o menos.
- ➤ $106,200 en salarios sujetos a impuestos de retención del Seguro Social y RRTA de nivel 2 de $5,203.80 o menos. Esta regla aplica solo a los empleados ferroviarios. Para calcular el exceso de retención, consulte la hoja de cálculo para la retención de impuestos de jubilación ferroviaria en la Publicación 505, *Retención de impuestos e impuesto estimado*.

Todos los salarios están sujetos a la retención de impuestos de Medicare.

Crédito por ingresos del trabajo (EIC)

El crédito por ingresos del trabajo (EIC), también conocido como el crédito fiscal por ingresos del trabajo (EITC), es un crédito fiscal que es reembolsable para las personas y familias trabajadoras de ingresos bajos a moderados. Cuando el EIC excede la cantidad de impuestos adeudados, se obtiene un crédito reembolsable. Declare el EIC en el Formulario 1040, página 2, línea 27.

Veintiocho estados y el Distrito de Columbia tienen un programa EITC La mayoría utiliza las reglas federales de elegibilidad, y su versión del crédito es paralela a los elementos principales de la estructura federal. En la mayoría de los estados y localidades, el crédito es reembolsable (al igual que el federal), aunque en algunas áreas, el EITC se usa solo para compensar los impuestos adeudados. Para más información, visite www.irs.gov/eitc. El contribuyente debe tener ingresos del trabajo durante el año fiscal para ser elegible para el crédito por ingresos del trabajo. Si se trata de una pareja casada que declara conjuntamente y solo un cónyuge trabaja, ambos cumplirían con el requisito de ingreso del trabajo.

Recuerde, el ingreso del trabajo es el ingreso que el contribuyente recibió por trabajar e incluye los siguientes tipos de ingresos:

- ➤ Sueldos, salarios, propinas y otros tipos de salarios de empleados sujetos a impuestos.
- ➤ Ingresos netos del trabajo por cuenta propia.
- ➤ Ingresos brutos recibidos como empleado estatutario.
- ➤ Beneficios de huelga sindical.
- ➤ Beneficios por discapacidad a largo plazo recibidos antes de alcanzar la edad mínima de jubilación.

Los ingresos no salariales incluyen lo siguiente:

- ➤ Intereses y dividendos.
- ➤ Pensiones y rentas vitalicias.
- ➤ Beneficios del seguro social y jubilación ferroviaria (incluidos los beneficios por discapacidad).
- ➤ Pensión alimenticia y manutención de los hijos.
- ➤ Prestaciones sociales.
- ➤ Beneficios de indemnización por accidente laboral.
- ➤ Indemnización por desempleo.
- ➤ Ingresos mientras se encuentra recluido.
- ➤ Pagos del programa de trabajo fomentado por el gobierno (para una definición, consulte la publicación 596)

A taxpayer and their spouse, if filing jointly, must have a valid SSN to qualify for the earned income tax credit. If the SSN says, "Not valid for employment," and if the SSN was issued so that the taxpayer or spouse could receive aid from a federally funded program, they do not qualify to receive earned income credit. If the SSN says, "Valid for work only with INS authorization," or "Valid only with DHS authorization," then the SSN is valid, but only if the authorization has not expired.

Community Property

Taxpayers who live in a community property state could qualify for Head of Household if the couple has lived apart for at least the last six months of the year. A taxpayer's earned income for EIC does not include any amount earned by their spouse, even though income belongs to the spouse under the state's community property laws and is not earned income for EIC purposes. The taxpayer, however, must include it with all their earned income on the federal tax return. The same rules apply to taxpayers living in Nevada, Washington, and California who are Registered Domestic Partners (RDP's).

The IRS may ask the taxpayer to provide additional documentation to prove that the qualifying dependents belong to the taxpayer. The IRS might ask for the following documents:

➢ Birth certificate.
➢ School records.
➢ Medical records.

During the initial interview, tax professionals should inform their clients what they might need if the IRS audits their claim for EIC. If a taxpayer receives an audit letter, the letter will include the taxpayer's name, address, telephone number, and the name of the IRS employee responsible for the taxpayer's audit. This process will delay the client's refund. If the taxpayer is found to fraudulently claim the EIC, the taxpayer will be denied the credit for the current tax year and for the next nine years after that.

Minister's Housing

The housing allowance provided to a minister as part of the minister's pay is generally not subject to income tax. Still, net earnings from self-employment include this pay; therefore, it is earned income for EIC.

Earned Income Rules

To qualify for EIC, the taxpayer's adjusted gross income (AGI) must be below a certain amount, and the taxpayer (and spouse if married filing jointly) must meet the following requirements:

➢ Have a valid Social Security number (if filing MFJ, the spouse must also have a valid SSN).
➢ Have earned income from employment or self-employment income.
➢ Not file as Married filing separately (MFS).
➢ File MFJ as a U.S. citizen, as a resident alien all year, or as a nonresident alien married to a U.S. citizen.

Un contribuyente y su cónyuge, si presentan una declaración conjunta, deben tener un NSS válido para calificar para el crédito tributario por ingresos del trabajo. Si el NSS dice "No válido para el empleo", y si el NSS se emitió para que el contribuyente o su cónyuge puedan recibir ayuda de un programa financiado con fondos federales, no califican para recibir crédito por ingresos del trabajo. Si el NSS dice "Válido para trabajar solo con la autorización del INS" o "Válido solo con la autorización del DHS", entonces el NSS es válido, pero solo si la autorización no ha caducado.

Bienes gananciales

Los contribuyentes que viven en un estado de propiedad comunitaria podrían calificar para cabeza de familia si la pareja ha vivido separada durante al menos los últimos seis meses del año. El ingreso del trabajo de un contribuyente para el crédito por ingresos del trabajo no incluye ninguna cantidad de ingresos por trabajo de su cónyuge, aunque el ingreso pertenezca al cónyuge según las leyes de bienes gananciales del estado y no sea ingresos del trabajo para fines del crédito por ingresos del trabajo. El contribuyente, sin embargo, debe incluirlo con todos sus ingresos del trabajo en la declaración de impuestos federales. Las mismas reglas se aplican a los contribuyentes que viven en Nevada, Washington y California que están registrados como Parejas de hecho registradas (RDP).

El IRS puede solicitarle al contribuyente que proporcione documentación adicional para demostrar que los dependientes que califican pertenecen al contribuyente. El IRS podría solicitar los siguientes documentos:

- Certificado de nacimiento.
- Expediente educativo.
- Registros médicos.

Durante la entrevista inicial, los profesionales de impuestos deben informar a sus clientes lo que pueden necesitar si los auditan para reclamar el EIC. Si un contribuyente recibe una carta de auditoría, la carta incluirá el nombre, la dirección, el número de teléfono del contribuyente y el nombre del empleado del IRS responsable de la auditoría del contribuyente. Este proceso demorará el reembolso del cliente. Si se determina que el contribuyente reclama fraudulentamente el EIC, se le negará el crédito al contribuyente en el año fiscal actual y durante los siguientes nueve años posteriores.

Vivienda de ministros

El subsidio de vivienda provisto a un ministro como parte de la paga del ministro generalmente no está sujeto al impuesto sobre la renta. Sin embargo, las ganancias netas del trabajo por cuenta propia incluyen este pago; por lo tanto, se considera como ingreso del trabajo para el EIC.

Prueba de ingresos del trabajo

Para calificar para el EIC, el Ingreso bruto ajustado (AGI) del contribuyente debe estar por debajo de cierta cantidad, y el contribuyente (y su cónyuge, si es casado que declara conjuntamente) deben cumplir los siguientes requisitos:

- Tener un número de seguro social válido (si es casado que declara conjuntamente, el cónyuge también debe tener un NSS válido).
- Tener ingresos del trabajo o ingresos del trabajo por cuenta propia.
- No declarar como casado que declara por separado (MFS).
- Declarar como MFJ como ciudadano de los EE. UU., extranjero residente todo el año o extranjero no residente casado con un ciudadano de los EE. UU.

Payments and Tax Credits

- Not file Form 2555 or Form 2555-EZ.
- Not have investment income over $10,000.
- Have a qualifying child who meets the four dependent tests (age, relationship, residency, and joint return; see "Qualifying Child" below).
    - Be at least age 25 and under age 65 at the end of the year.
    - Live in the United States for more than half the year.
    - Not qualify as a dependent of another person.
- The AGI must be less than:
    - $51,464 ($57,414 MFJ) with three or more qualifying children.
    - $47,915 ($53,865 MFJ) with two qualifying children.
    - $42,158 ($48,108 MFJ) with one qualifying child.
    - $21,430 ($27,380 MFJ) with no qualifying children.

The maximum EIC that a married filing joint taxpayer can receive with three or more qualifying children is $6,728.

Valid Social Security Number

The qualifying child must have a valid Social Security number (SSN) issued by the Social Security Administration (SSA) unless a child died in the same year they were born. Social Security cards with the legend "not valid for employment" are issued to aliens who are not eligible to work in the United States but who need an SSN so they can get a federally funded benefit such as Medicaid. Suppose the immigration status of a taxpayer or spouse has changed to U.S. citizen or permanent resident. In that case, the taxpayer should ask the SSA for a new Social Security card without the legend. If the SSN says, "valid for work only with INS authorization or DHS authorization," this is considered a valid SSN, and the taxpayer may qualify for the credit. Taxpayers with an ITIN do not qualify for EIC.

Uniform Definition of a Qualifying Child

The Working Families Tax Relief Act of 2004, amended in 2008, added the joint return test and standardized the definition of a qualifying child for the five child-related tax benefits. The tax law also defined exceptions and special rules for dependents with a disability, children of divorced parents, and adopted children (always treated as the taxpayer's child), including a child lawfully placed with the taxpayer for adoption.

- ➤ No presentar el Formulario 2555 ni el Formulario 2555-EZ.
- ➤ Tener ahora ingresos por inversiones superiores a $10,000.
- ➤ Tener un hijo calificado que cumpla con las cuatro pruebas dependientes (edad, relación, residencia y declaración conjunta; consulte "Hijo calificado" a continuación).
    - o Tener por lo menos 25 años y menos de 65 años al final del año.
    - o Vivir en los Estados Unidos por más de la mitad del año.
    - o No calificar como dependiente de otra persona.
- ➤ El AGI debe ser menor que:
    - o $51,464 ($57,414 MFJ) con tres o más hijos calificados.
    - o $47,915 ($53,865 MFJ) con dos hijos calificados.
    - o $42,158 ($48,108 MFJ) con un hijo calificado.
    - o $21,430 ($27,380 MFJ) sin hijos calificados.

El EIC máximo que un contribuyente que declara conjuntamente puede recibir tres o más hijos calificados es de $6,728.

Número de seguro social válido

El hijo calificado debe tener un número de Seguro Social (NSS) válido emitido por la Administración del Seguro Social (SSA), a menos que el hijo falleciera el mismo año en que nació. Las tarjetas del Seguro Social con la leyenda "no es válida para el empleo" se emiten a los extranjeros que no son elegibles para trabajar en los Estados Unidos, pero necesitan un NSS para que puedan obtener un beneficio con fondos federales, como Medicaid. Suponga que el estado migratorio de un contribuyente o cónyuge ha cambiado a ciudadano estadounidense o residente permanente. En ese caso, el contribuyente debe solicitar a la SSA una nueva tarjeta del Seguro Social sin la leyenda. Si el NSS dice "válido para trabajar solo con la autorización del INS o DHS", esto se considera un NSS válido y el contribuyente puede calificar para el crédito. Los contribuyentes con un ITIN no califican para el EIC.

Definición uniforme de un hijo calificado

La Ley de Reducción de Impuestos de Familias Trabajadoras de 2004, modificada en 2008, agregó la prueba de declaración conjunta y estandarizó la definición de un hijo calificado para los cinco beneficios fiscales relacionados con los hijos. La ley tributaria también definió excepciones y reglas especiales para dependientes con discapacidad, hijos de padres divorciados e hijos adoptados (que siempre son tratados como hijos del propio contribuyente), incluido un hijo colocado legalmente con el contribuyente para su adopción.

Taxpayers that have missing or kidnapped children that a non-family member abducted may still claim the child. The IRS treats a kidnapped child as living with the taxpayer for more than half of the year if the child lived with the taxpayer for more than half of the part of the year before the date of the kidnapping, even if that length of time does not amount to half of a year. For example, if they kidnap a child on March 1, the parent can still claim the child if they lived with the taxpayer for at least half of the two months (January and February) preceding the date of the kidnapping.

Although there are five tests to claim a dependent, a qualifying child must meet only four of the dependent tests to qualify for the EIC:

- Relationship
- Age
- Residency
- Joint return

To review these tests' rules and guidelines, please refer to "The Filing Status, Dependents, and Deductions" Chapter.

Foster Child

To receive the EIC, a person is the taxpayer's foster child if the child is placed with the taxpayer by a judgment, decree, other order of any court of competent jurisdiction, or by an authorized placement agency such as a state or local government agency, a tax-exempt organization licensed by a state, an Indian tribal government, or an organization authorized by an Indian tribal government to place Indian children.

Example: Allison, who is 12-years-old, was placed in the taxpayer's care two years ago by an authorized agency responsible for placing children in foster homes. Allison is the taxpayer's eligible foster child because she was placed there by an authorized licensed agency.

A Qualifying Child of More than One Person

Sometimes a child meets the rules to be a qualifying child of more than one person. However, only one person can use a qualifying child to claim the EIC. If two eligible taxpayers have the same qualifying child, they can decide who will take all the following related tax benefits:

- The child's exemption.
- The child tax credit.
- Head of Household filing status.
- The credit for child and dependent care expenses.
- The exclusion for dependent care benefits.
- The Earned Income Credit.

Only one taxpayer can claim these benefits, and they must claim either all of them or none of them. Do not divide the benefits between the two competing taxpayers. The tie-breaker rule applies if the taxpayer and the other person(s) cannot agree and if more than one person claims the EIC or other benefits using the same child. However, the tie-breaker rule does not apply if the other person is the taxpayer's spouse and files a joint return.

Los contribuyentes que han perdido a un hijo o cuyos hijos han sido secuestrados por un miembro que no es de la familia todavía pueden reclamar al hijo. El IRS trata a un hijo secuestrado como si viviera con el contribuyente durante más de la mitad del año si el hijo vivió con el contribuyente durante más de la mitad de la parte del año anterior a la fecha en que fue secuestrado, incluso si ese período de tiempo no equivale a la mitad de un año. Por ejemplo, si un hijo fue secuestrado el 1 de marzo, entonces el padre aún puede reclamar al hijo si vivió con el contribuyente por al menos la mitad del período de dos meses (enero y febrero) anterior a la fecha del secuestro.

Si bien existen cinco pruebas para reclamar a un dependiente, un hijo calificado debe cumplir con solo cuatro de las pruebas de dependientes para calificar para el EIC:

- Parentesco
- Edad
- Residencia
- Declaración conjunta

Para revisar las reglas y directrices de estas pruebas, consulte el Capítulo "El estado civil, los dependientes y las deducciones".

Hijo adoptivo

Para obtener el EIC, una persona es el hijo adoptivo del contribuyente si el hijo es colocado con el contribuyente por una sentencia, decreto o alguna otra orden de cualquier tribunal de jurisdicción competente, o por una agencia de colocación autorizada, como un estado o una agencia del gobierno local, una organización exenta de impuestos con licencia de un estado, un gobierno tribal indio o una organización autorizada por un gobierno tribal indio para colocar niños indios.

Ejemplo: Allison, que tiene 12 años de edad, fue puesta al cuidado del contribuyente hace dos años por una agencia autorizada que es responsable de colocar a los niños en hogares de acogida. Allison es el hijo adoptivo elegible del contribuyente porque fue colocada allí por una agencia con licencia autorizada.

Un hijo calificado de más de una persona

A veces, un hijo cumple con las reglas para ser calificado para más de una persona. Sin embargo, solo una persona puede usar un hijo calificado para reclamar el EIC. Si dos contribuyentes elegibles tienen el mismo hijo calificado, pueden decidir quién tomará todos los siguientes beneficios fiscales relacionados:

- La exención del hijo.
- El crédito fiscal por hijos.
- Estado civil de declaración como cabeza de familia.
- El crédito por gastos de cuidado de hijos y dependientes.
- La exclusión para los beneficios de cuidado de dependientes.
- El Crédito por ingresos del trabajo.

Solo un contribuyente puede reclamar estos beneficios, y deben reclamar todos o ninguno de ellos. No divida los beneficios entre los dos contribuyentes que compiten. Si el contribuyente y la(s) otra(s) persona(s) no pueden ponerse de acuerdo y si más de una persona reclama el EIC u otros beneficios mencionados anteriormente con el mismo hijo, se aplica la regla de desempate. Sin embargo, la regla de desempate no se aplica si la otra persona es el cónyuge del contribuyente y presenta una declaración conjunta.

Payments and Tax Credits

If the taxpayer and someone else have the same qualifying child, but the other person cannot claim the EIC because the taxpayer is not eligible or because his or her earned income or AGI was too high, the child is a qualifying child for the taxpayer. Suppose a taxpayer's EIC is denied because the qualifying child is treated as the qualifying child of another person for the current tax year. In that case, they can attempt to claim the EIC if they have another, separate qualifying child. However, the taxpayer cannot take the EIC using the qualifying child that another individual claimed.

Example: Pedro has two children, Nora from his first marriage to Darla and a son named Francisco from his current marriage to Martha. Even if Pedro and Darla agree to let Darla claim the EIC for Nora, Pedro can still claim the EIC for his son Francisco, and Pedro is not prohibited from claiming Francisco simply because he chose to give up his claim to Nora.

Tie-Breaker Rules

The tie-breaker rules covered in Chapter 4 Income also apply to the EIC.

Example: 25-year-old Jeannie and her five-year-old son, Billy, lived with Jeannie's mother, Sarah, all year. Jeannie is unmarried, and her AGI is $8,100. Her only source of income was from a part-time job. Sarah's AGI was $20,000 from her job. Billy's father did not live with Billy or Jeannie. Billy is a qualifying child of both Jeannie and Sarah since he meets the relationship, age, residency, and joint return tests. Jeannie and Sarah must decide who will claim Billy as their dependent. If Jeannie does not claim Billy as a qualifying child for the EIC or Head of household filing status, Jeannie's mother can claim Billy as a qualifying child for each of those tax benefits for which she qualifies. Remember that the dependent test for support does not apply to the EIC.

Special Rule for Divorced or Separated Parents

The special rules covered in Chapter 4 that apply to divorced or separated parents trying to claim an exemption for a dependent do not apply to the EIC. For more information, see Publication 501 and Publication 596.

The Taxpayer as a Qualifying Child of Another Person

To review how to determine if a taxpayer is a qualifying child of another person, refer to Chapter 4. If the taxpayer (or spouse filing a joint return) is a qualifying child of another person, the taxpayer or spouse cannot claim the EIC. This rule is true even if the person for whom the taxpayer or spouse is a qualifying child does not claim the EIC or meet all the rules to claim the EIC. Write "No" beside line 64a (Form 1040) to show that the taxpayer does not qualify.

Example: Max and his daughter, Letty, lived with Max's mother all year. Max is 22-years-old and attended a trade school full time. Max had a part-time job, earned $5,100, and had no other income. Because Max meets the relationship, age, and residency tests, he is a qualifying child of his mother, and she can claim the EIC if she meets all the other requirements. Because the taxpayer is his mother's qualifying child, he cannot claim the EIC for his daughter.

EIC for Taxpayers without Qualifying Children

Taxpayers who do not have qualifying children may also be eligible for the EIC. To be eligible for the EIC, the taxpayer must meet the following conditions:

Si el contribuyente y otra persona tienen el mismo hijo calificado, pero la otra persona no puede reclamar el EIC porque el contribuyente no es elegible o porque su ingreso del trabajo o el AGI era demasiado alto, el hijo es un hijo calificado para el contribuyente. Suponga que se le deniega el crédito por ingresos del trabajo de un contribuyente porque el hijo calificado es tratado como el hijo calificado de otra persona para el año fiscal actual. En ese caso, pueden intentar reclamar el crédito por ingreso del trabajo si tienen otro hijo calificado por separado. Sin embargo, el contribuyente no puede tomar el crédito por ingresos del trabajo usando el hijo calificado que otra persona reclamó.

Ejemplo: Pedro tiene dos hijos: Nora, de su primer matrimonio con Darla y un hijo llamado Francisco, de su matrimonio actual con Martha. Incluso si Pedro y Darla aceptan que Darla reclame el EIC para Nora, Pedro todavía puede reclamar el EIC para su hijo Francisco y Pedro no tiene prohibido reclamar a Francisco simplemente porque eligió renunciar a su reclamo a Nora.

Reglas de desempate

Las reglas de desempate cubiertas en el Capítulo 4 Ingreso también se aplican al EIC.

Ejemplo: Jeannie, de 25 años, y su hijo de cinco años, Billy, vivían con la madre de Jeannie, Sarah, todo el año. Jeannie es soltera, y su AGI es $8,100. Su única fuente de ingresos era un trabajo de medio tiempo. El AGI de Sarah estaba a $20,000 de su trabajo. El padre de Billy no vivía con Billy o Jeannie. Billy es un hijo calificado tanto de Jeannie como de Sarah, ya que cumple con los requisitos de parentesco, edad, residencia y declaración conjunta. Jeannie y Sarah deben decidir quién reclamará a Billy como su dependiente. Si Jeannie no reclama a Billy como hijo calificado para el EIC o el estado civil de cabeza de familia, la madre de Jeannie puede reclamar a Billy como hijo elegible para cada uno de los beneficios fiscales para los cuales califica. Recuerde que la prueba de dependiente para la manutención no se aplica para el EIC.

Regla especial para padres divorciados o separados

Las reglas especiales cubiertas en el Capítulo 4 para los padres divorciados o separados que intentan reclamar una exención para un dependiente no se aplican al EIC. Para obtener más información, consulte la Publicación 501 y la Publicación 596.

El contribuyente como hijo calificado de otra persona

Para ver cómo determinar si un contribuyente es un hijo calificado de otra persona, consulte el Capítulo 4. Si el contribuyente (o su cónyuge presenta una declaración conjunta) es un hijo calificado de otra persona, el contribuyente o cónyuge no puede reclamar el EIC. Esto es cierto incluso si la persona para quien el contribuyente o cónyuge es un hijo calificado no reclama el EIC ni cumple con todas las reglas para reclamar el EIC. Escriba "No" junto a la línea 64a (Formulario 1040) para demostrar que el contribuyente no califica.

Ejemplo: Max y su hija, Letty, vivían con la madre de Max todo el año. Max tiene 22 años y asistió a una escuela de comercio a tiempo completo. Max tenía un trabajo de medio tiempo y ganaba $5,100 y no tenía otros ingresos. Debido a que Max cumple con las pruebas de parentesco, edad y residencia, él es un hijo calificado de su madre y ella puede reclamar el EIC si cumple con todos los demás requisitos. Debido a que el contribuyente es el hijo calificado de su madre, no puede reclamar el EIC para su hija.

EIC para contribuyentes sin hijos calificados

Los contribuyentes que no tienen hijos calificados también pueden ser elegibles para el EIC. A fin de ser elegible para el EIC, el contribuyente debe cumplir con las siguientes condiciones:

Payments and Tax Credits

- The taxpayer must be at least 18-years-old at the end of 2021 (the age requirement changed for tax year 2021. If the taxpayer is filing a joint return; however, it is not required that both the taxpayer and the spouse meet the age requirement).
- The taxpayer must not be dependent on another person.
- The taxpayer must not be the qualifying child of another person.
- The taxpayers must have resided in the United States for more than half of the year.
- Maximum income should be more than $21,430 or $27,380 if married filing jointly.

Schedule EIC Worksheets

Taxpayers eligible for the EIC with qualifying children must complete Schedule EIC. Schedule EIC requires including the child's name, Social Security number, year of birth, the number of months lived in the home located in the United States, and the child's relationship to the taxpayer. Schedule EIC must be attached to the taxpayer's Form 1040. The taxpayer's income must be less than the threshold amounts to qualify for EIC. Worksheets are available to help with the calculations of the EIC, and completing the EIC worksheets is essential to determining the amount of credit a taxpayer may claim on their return. The completed worksheet should be placed in the client's file and not be attached to the federal tax return. The IRS has the EIC worksheets on its website. If the taxpayer files Form 1040 Schedule SE, the taxpayer must complete EIC Worksheet B, found in Instructions Form 1040. Generally, all other taxpayers would figure their earned income by using Worksheet A of the Form 1040 Instructions.

EIC Disallowed

There are circumstances when the IRS does not allow the EIC. Some of the most common reasons for disallowance of the EIC include:

- Claiming a child who does not meet all the qualifying child tests.
- The Social Security numbers are mismatched or incorrect.
  - Example: A couple is married during the current tax year, and they file their tax return under the spouse's married name; however, the wife did not change her name with the Social Security Administration, so her Social Security number is assigned with her maiden name listed, making the information on the return incorrect.
- Filing as Single or Head of Household when the taxpayer is married.
- Over- or underreporting income.

If the taxpayer's EIC has been denied or reduced for any year after 1996 for any reason other than a mathematical error, the taxpayer will have to complete Form 8862, *Information to Claim Earned Income Credit after Disallowance,* and attach it to their tax return. When interviewing the taxpayer, the tax preparer should ask if the taxpayer has ever received a notice from the IRS or filed Form 8862 in any year after 1996. If the taxpayer has received a notice that the EIC was denied or reduced from a previous tax year, the preparer should complete Form 8862 to claim the credit again if the taxpayer is eligible.

The purpose of Form 8862 is to claim the EIC after it has been disallowed or reduced in an earlier year. Form 8862 must be attached to the tax return if all the following apply:

- The EIC was reduced or disallowed for any reason other than a mathematical or clerical error for a year after 1996.
- The taxpayer wants to claim the EIC and meet all the requirements.

- El contribuyente debe tener al menos 18 años al final de 2021 (el requisito de edad cambió para el año fiscal 2021. Si el contribuyente presenta una declaración conjunta; sin embargo, no es necesario que tanto el contribuyente como el cónyuge cumplan con el requisito de edad).
- El contribuyente no debe ser dependiente de otra persona.
- El contribuyente no debe ser el hijo calificado de otra persona.
- El contribuyente debe haber residido en los Estados Unidos durante más de la mitad del año.
- El ingreso debe ser superior a $21,430 o $27,380 si es casado y declara conjuntamente.

Hojas del cálculo del Anexo EIC

Los contribuyentes elegibles para el EIC con hijos calificados deben completar el Anexo EIC. El Anexo EIC requiere la inclusión del nombre del hijo, el número de Seguro Social, el año de nacimiento, la cantidad de meses que vivió en el hogar ubicado en los Estados Unidos y el parentesco del niño con el contribuyente. El Anexo EIC debe adjuntarse al Formulario 1040 del contribuyente. Los ingresos del contribuyente deben ser menores que los montos para calificar para el crédito por ingresos del trabajo. Las hojas de cálculo están disponibles para ayudar con los cálculos del EIC y completar las hojas de cálculo del EIC a fin de determinar la cantidad de crédito que un contribuyente puede reclamar en su declaración. La hoja de cálculo completada debe colocarse en el archivo del cliente y no debe adjuntarse a la declaración de impuestos federales. El IRS tiene las hojas de trabajo EIC en su sitio web. Si el contribuyente presenta el Formulario 1040 Anexo SE, debe completar la hoja de cálculo EIC B, que se encuentra en las Instrucciones del Formulario 1040. En general, todos los demás contribuyentes calcularán sus ingresos obtenidos utilizando la hoja de cálculo A de las Instrucciones del Formulario 1040.

EIC no permitido

Hay circunstancias en las que el IRS no permite el EIC. Algunas de las razones más comunes para el rechazo del EIC son las siguientes:

- Reclamo de un hijo que no cumple con todas las pruebas de hijos calificados.
- Los números del seguro social no coinciden o son incorrectos.
    - Ejemplo: Una pareja está casada durante el año fiscal actual y presentan sus declaraciones de impuestos con el nombre de casada de la cónyuge; sin embargo, la esposa no cambió su nombre con la Administración del Seguro Social, por lo que su número de Seguro Social está asignado con su apellido de soltera, lo que hace que la información en la declaración sea incorrecta.
- Declarar como soltero o cabeza de familia cuando el contribuyente está casado.
- Ingresos declarados por encima o por debajo del monto correspondiente.

Si el EIC del contribuyente ha sido denegado o reducido por cualquier año posterior a 1996 por cualquier motivo que no sea un error matemático, el contribuyente deberá completar el Formulario 8862, *Información para reclamar un crédito por ingresos del trabajo después de la denegación* y adjuntarlo a su declaración de impuestos. Al entrevistar al contribuyente, el preparador de impuestos debe preguntar si el contribuyente ha recibido alguna vez una notificación del IRS o presentaron el Formulario 8862 en algún año posterior a 1996. Si el contribuyente ha recibido una notificación de que el EIC fue denegado o reducido desde un año fiscal anterior, el preparador debe completar el Formulario 8862 para reclamar el crédito nuevamente si el contribuyente es elegible.

El propósito del Formulario 8862 es reclamar el EIC después de que haya sido rechazado o reducido en un año anterior. El formulario 8862 debe adjuntarse a la declaración de impuestos si se aplican todas las condiciones a continuación:

- El EIC se redujo o denegó por cualquier motivo que no sea un error de tipo matemático o administrativo para un año después de 1996.
- El contribuyente quiere reclamar el EIC, y cumple con todos los requisitos.

The taxpayer must attach Schedule EIC and Form 8862 to the return if the taxpayer has any qualifying children. The taxpayer may be asked for additional information before a refund is issued. If the IRS contacts the taxpayer to request additional information, and the taxpayer does not provide the necessary information or documentation, the taxpayer will receive a statutory notice of deficiency from the IRS. The notice explains that an adjustment will be assessed unless the taxpayer files a petition in the tax court within 90 days. If the taxpayer fails to reply to the IRS or file a petition within 90 days, the IRS will deny their petition for the EIC and assess to determine how much tax they might owe.

EIC Taxpayer Penalties

The IRS may penalize the taxpayer if it determines that the taxpayer has been negligent or has disregarded rules or regulations relating to the EIC. The taxpayer may be prohibited from claiming EIC for the next two years if they are found negligent. If the taxpayer has fraudulently claimed the credit, the taxpayer will be prohibited from claiming the credit for the next ten years.

The tax preparer may be assessed penalties for not performing their due diligence.

Example: Brittni claimed the EIC on the 2020 tax return that she filed in February 2021. The IRS determined that she was not entitled to the EIC due to fraud. She received a statutory notice of deficiency in September 2021, telling her the adjustment amount that would be assessed unless she filed a petition in the tax court within 90 days. The IRS determined that Brittni did not file her petition, and she was prohibited from claiming the EIC on her return, for ten years, until 2031. In that year, she will have to complete and attach Form 8862 to her return to claim the credit again.

Claiming a Child in Error

The most common error is to claim a child that is not a qualifying child and does not meet the tests. The knowledge requirement for paid tax preparers states that the preparer must apply a reasonable standard (as defined by Circular 230 and the Form 8867 Instructions) to the information received from the client. If the information provided by the client appears to be incorrect, incomplete, or inconsistent, then the paid preparer must make additional inquiries of the client until they are satisfied that they have gathered the correct and complete information.

Example 1: Cindy tells Jack, her tax preparer, that she is 22-years-old and has two sons, aged 10 and 11. Jack may need to ask Cindy the following questions:

- Are these Cindy's biological children, foster sons, or adopted sons?
- Was Cindy ever married to the children's father?
- Were the children placed in Cindy's home for adoption or as foster children?
- Did the father live with Cindy?
- How long have the children lived with Cindy?
- Does Cindy have any records to prove that the children lived with her, such as school or medical records?

Example 2: Maria tells Andres, her tax preparer, that last year she filed Single and claimed the EIC for her child, but that this year she has two children to claim for EIC. Andres may need to ask Maria the following questions:

El contribuyente debe adjuntar el Anexo EIC y el Formulario 8862 a la declaración si el contribuyente tiene hijos elegibles. Se le puede pedir al contribuyente información adicional antes de emitir un reembolso. Si el IRS se comunica con el contribuyente para solicitar información adicional, y el contribuyente no proporciona toda la información o documentación necesaria, el contribuyente recibirá una notificación legal de deficiencia del IRS. La notificación le indica al contribuyente que se evaluará un ajuste a menos que el contribuyente presente una petición en el tribunal fiscal dentro de los 90 días. Si el contribuyente no responde al IRS o no presenta una petición dentro de los 90 días, el IRS rechazará su petición para el EIC y realizará la evaluación para determinar cuánto impuesto podría adeudar.

Multas de los contribuyentes para el EIC

El IRS puede penalizar al contribuyente si determina que ha sido negligente o no ha respetado las reglas o regulaciones relacionadas con el EIC. Se le puede prohibir al contribuyente reclamar el EIC durante los próximos dos años si se demuestra que fue negligente. Si se determina que el contribuyente ha reclamado fraudulentamente el crédito, se le prohibirá al contribuyente reclamar el crédito por los próximos 10 años.

El preparador de impuestos puede recibir multas por no cumplir con su diligencia debida.

Ejemplo: Brittni reclamó el EIC en la declaración de impuestos de 2020 que presentó en febrero de 2021. El IRS determinó que no tenía derecho al EIC debido a un fraude. Recibió una notificación legal de deficiencia en septiembre de 2021 que le informaba el monto del ajuste que se evaluaría a menos que presentara una petición en el tribunal fiscal dentro de los 90 días. El IRS determinó que Brittni no presentó su petición y se le prohibió reclamar el crédito por ingreso del trabajo en su declaración durante 10 años, hasta 2031. En ese año, deberá completar y adjuntar el Formulario 8862 a su declaración para reclamar el crédito nuevamente.

Error al reclamar a un hijo

El error más común es reclamar a un hijo que no es un hijo calificado y que no cumple con las pruebas. El requisito de conocimiento para los preparadores de impuestos pagados establece que el preparador debe aplicar un estándar razonable (según se define en la Circular 230 y las Instrucciones del Formulario 8867) a la información recibida del cliente. Si la información provista por el cliente parece ser incorrecta, incompleta o inconsistente, entonces el preparador pagado debe hacer consultas adicionales al cliente hasta que esté satisfecho de haber reunido la información correcta y completa.

Ejemplo 1: Cindy le dice a Jack, su preparador de impuestos, que tiene 22 años y dos hijos, de 10 y 11 años. Jack puede necesitar hacerle a Cindy las siguientes preguntas:

- ¿Son estos hijos biológicos, adoptivos o criados por Cindy?
- ¿Se casó Cindy con el padre de los hijos?
- ¿Fueron los hijos puestos al cuidado de Cindy para su adopción o como hijos adoptivos?
- ¿Vivió el padre con Cindy?
- ¿Cuánto tiempo han vivido los hijos con Cindy?
- ¿Tiene Cindy algún registro que demuestre que los hijos vivieron con ella, como el historial escolar o médico?

Ejemplo 2: María le dice a Andrés, su preparador de impuestos, que el año pasado presentó una declaración como soltera y reclamó el EIC para su hijo, pero que este año tiene dos hijos que reclaman el EIC. Es posible que Andrés necesite hacerle a María las siguientes preguntas:

- You claimed one child last year. What changed?
- How many months did the children live with you?
- Do you have any records to prove the children living with you, such as school or medical records?

Nontaxable Combat Pay Election for EIC

Nontaxable combat pay for armed forces members is only considered earned income for the EIC if they elect to include nontaxable combat pay in earned income to increase or decrease the EIC. Figure the credit with and without the nontaxable combat pay before making the election. If the taxpayer makes the election, they must include all nontaxable combat pay as earned income. Examples of nontaxable military pay are combat pay, basic allowance for housing (BAH), and the basic allowance for subsistence (BAS). Combat pay is reported on Form W-2 in box 12 with code Q.

Economic Impact Payments

The American Rescue Plan Act (ARPA) created a third round of economic impact payments (EIPs). The EIP payments are $1,400 per eligible individual ($2,800 for MFJ) and $1,400 per child. THE EIP was phased out for taxpayers with certain income. The phaseout for MFJ started at $150,000 and ended at $160,000. Head of Household taxpayer began at $112,500 and ended at $120,000. Single and married filing separately taxpayers began at $75,000 and ended at $80,000.

Part 3 Review Questions

To obtain the maximum benefit from this chapter, LTP recommends that you complete each of the following questions and then compare them to the answers with feedback that immediately follows. Under governing self-study standards, vendors are required to present review questions intermittently throughout each self-study course.

These questions and explanations are not part of the final examination and will not be graded by LTP.

TCPP3.1

Refundable credits are considered payments toward the taxpayer's liability. Which of the following does not lower the taxpayer's liability?

a. Earned Income Tax Credit
b. Excess CASDI
c. Additional Child Tax Credit
d. American Opportunity Credit

> Usted reclamó un hijo el año pasado. ¿Qué cambió?
> ¿Cuántos meses vivieron sus hijos con usted?
> ¿Tiene algún registro que demuestre que sus hijos vivieron con usted, como los registros escolares o médicos?

Elección de pago por combate no tributable para EIC

El pago no tributable por combate para los miembros de las fuerzas armadas solo se considera ingresos del trabajo para los fines del EIC si eligen incluir el pago por combate no tributable en el ingreso del trabajo para aumentar o disminuir el EIC. Calcule el crédito con y sin el pago de impuestos no tributable antes de realizar la elección. Si el contribuyente realiza la elección, debe incluir todos los pagos por combate no tributable que recibió como ingresos del trabajo. Ejemplos de pago militar no tributable son el pago por combate, la Asignación básica para la vivienda (BAH) y la Asignación básica para subsistencia (BAS). El pago por combate se declara en el Formulario W-2 en la casilla 12 con el código Q.

Pagos de impacto económico

La Ley del Plan de Rescate Americano (ARPA) creó una tercera ronda de pagos de impacto económico (EIP). Los pagos de EIP son de $1,400 por persona elegible ($2,800 para MFJ) y $1,400 por niño. El EIP se eliminó gradualmente para los contribuyentes con ciertos ingresos. La eliminación gradual para MFJ comenzó en $ 150,000 y terminó en $ 160,000. El contribuyente jefe de hogar comenzó en $ 112,500 y terminó en $ 120,000. Los contribuyentes solteros y casados que presentaron por separado comenzaron en $ 75,000 y terminaron en $ 80,000.

Parte 3 Preguntas de repaso

Para obtener el máximo beneficio de este capítulo, LTP recomienda que complete cada una de las siguientes preguntas y luego las compare con las respuestas y los comentarios que siguen inmediatamente. Según los estándares reguladores de autoaprendizaje, los proveedores deben presentar preguntas de repaso de manera intermitente a lo largo de cada curso de autoaprendizaje.

Estas preguntas y explicaciones no son parte del examen final y no serán calificadas por LTP.

TCPP3.1
Los créditos reembolsables se consideran pagos hacia la responsabilidad del contribuyente. ¿Cuál de las siguientes opciones no reduce la responsabilidad del contribuyente?

a. Crédito fiscal por Ingresos del Trabajo.
b. CASDI en exceso.
c. Crédito fiscal adicional por hijos.
d. ¿Crédito de oportunidad estadounidense?

Payments and Tax Credits

TCPP3.2
Estimated payments are due in four equal payments. Which of the following is not a due date for estimated tax payments?

a. April 15th
b. September 15th
c. June 15th
d. December 15th

TCPP3.3
Which of the following is a refundable tax credit?

a. Lifetime learning credit
b. Child tax credit
c. Retirement savings contribution credit
d. Additional child tax credit

TCPP3.4
Which of the following could qualify the taxpayer for EIC?

a. 6-year-old with an ITIN
b. 12-year-old with an SSN and lives in Mexico
c. 30-year-old and partially disabled
d. A 23-year-old full-time student attending a qualifying college

TCPP3.5
Which taxpayer would not qualify for EIC?

a. Dependent with a valid ITIN
b. Cannot file MFS
c. Investment income under $3,400
d. Have earned income

TCPP3.6
Which taxpayer could qualify for EIC?

a. 68-year-old single with an income of $10,395
b. MFJ with two children and an income of $59,292
c. MFJ with three children, an income of $19,589, and qualifying children do not live with the taxpayer
d. HH with one child, age 23, and going to school full-time, with an income of $17,422

TCPP3.2
Los pagos estimados deben realizarse en cuatro pagos iguales. ¿Cuál de las siguientes opciones no es una fecha de vencimiento para los pagos de impuestos estimados?

a. El 15 de abril
b. El 15 de septiembre
c. El 15 de junio
d. El 15 de diciembre

TCPP3.3
¿Cuál de las siguientes opciones es un crédito fiscal no reembolsable?

a. Crédito de aprendizaje de por vida
b. Crédito fiscal por hijos
c. Crédito de contribuciones de ahorro para la jubilación
d. Crédito fiscal adicional por hijos/

TCPP3.4
¿Cuál de los siguientes escenarios calificaría al contribuyente para el EIC?

a. 6 años de edad con un ITIN.
b. 12 años de edad con NSS y vive en México.
c. 30 años de edad y parcialmente discapacitado.
d. Estudiante de 23 años de edad a tiempo completo que asiste a una universidad calificada.

TCPP3.5
¿Qué contribuyente no calificaría para el EIC?

a. Dependiente con un ITIN válido.
b. No puede declarar como MFS.
c. Ingresos por inversiones de menos de $3,400.
d. Tiene ingresos del trabajo.

TCPP3.6
¿Qué contribuyente podría calificar para el EIC?

a. Soltero de 68 años de edad con ingresos de $10,395.
b. MFJ con dos hijos e ingresos de $59,292.
c. MFJ con tres hijos, ingresos de $19,589 e hijos calificados que no viven con el contribuyente.
d. Cabeza de familia con un hijo, de 23 años de edad y que asiste a la escuela a tiempo completo, con ingresos de $17,422.

Part 3 Review Questions Answers

TCPP3.1
Refundable credits are considered payments toward the taxpayer's liability. Which of the following does not lower the taxpayer's liability?

a. Earned Income Tax Credit
b. Excess CASDI
c. Additional Child Tax Credit
d. American Opportunity Credit

Feedback: Review section *Part 3: Refundable Tax Credits and Payments*.

TCPP3.2
Estimated payments are due in four equal payments. Which of the following is not a due date for estimated tax payments?

a. April 15th
b. September 15th
c. June 15th
d. December 15th

Feedback: Review section *Estimated Tax Payments*.

TCPP3.3
Which of the following is a refundable tax credit?

a. Lifetime learning credit
b. Child tax credit
c. Retirement savings contribution credit
d. Additional child tax credit

Feedback: Review section *Child and Dependent Credits*.

TCPP3.4
Which of the following could qualify the taxpayer for EIC?

a. 6-year-old with an ITIN
b. 12-year-old with an SSN and lives in Mexico
c. 30-year-old and partially disabled
d. A 23-year-old full-time student attending a qualifying college

Feedback: Review section *Qualifying Child for Child Tax Credit*.

Parte 3 Respuestas a las preguntas de repaso

TCPP3.1
Los créditos reembolsables se consideran pagos hacia la responsabilidad del contribuyente. ¿Cuál de las siguientes opciones no reduce la responsabilidad del contribuyente?

   a. Crédito fiscal por Ingresos del Trabajo.
   b. CASDI en exceso.
   c. Crédito fiscal adicional por hijos.
   d. ¿Crédito de oportunidad estadounidense?

Comentarios: Revise la sección *Parte 3: Créditos y pagos fiscales reembolsables*

TCPP3.2
Los pagos estimados deben realizarse en cuatro pagos iguales. ¿Cuál de las siguientes opciones no es una fecha de vencimiento para los pagos de impuestos estimados?

   a. El 15 de abril
   b. El 15 de septiembre
   c. El 15 de junio
   d. El 15 de diciembre

Comentarios: Revise la sección *Pagos de impuestos estimados*

TCPP3.3
¿Cuál de las siguientes opciones es un crédito fiscal no reembolsable?

   a. Crédito de aprendizaje de por vida.
   b. Crédito fiscal por hijos.
   c. Crédito de contribuciones de ahorro para la jubilación.
   d. Crédito fiscal adicional por hijos.

Comentarios: Revise la sección *Créditos para hijos y dependientes*

TCPP3.4
¿Cuál de los siguientes escenarios calificaría al contribuyente para el EIC?

   a. 6 años de edad con un ITIN.
   b. 12 años de edad con NSS y vive en México.
   c. 30 años de edad y parcialmente discapacitado.
   d. Estudiante de 23 años de edad a tiempo completo que asiste a una universidad calificada.

Comentarios: Revise la sección *Hijo calificado para el Crédito fiscal por hijos.*

TCPP3.5
Which taxpayer would not qualify for EIC?

   a. **Dependent with a valid ITIN**
   b. Cannot file MFS
   c. Investment income under $3,400
   d. Have earned income

Feedback: Review section *Child and Dependent Credits*.

TCPP3.6
Which taxpayer could qualify for EIC?

   a. 68-year-old single with an income of $10,395
   b. MFJ with two children and an income of $59,292
   c. MFJ with three children, an income of $19,589, and qualifying children do not live with the taxpayer
   d. **HH with one child, age 23, and going to school full-time, with an income of $17,422**

Feedback: Review section *Earned Income Rules*.

Takeaways

A tax credit reduces the amount of tax the taxpayer is liable for. Unlike a deduction, which reduces the amount of income subject to tax, a tax credit directly reduces the taxpayer's liability. A tax credit is a sum deducted from the total amount a taxpayer owes. There are two categories of tax credits: nonrefundable and refundable.

There are a variety of credits and deductions for the taxpayer. This lesson covered a few credits that allow taxpayers to lower their tax liability to zero and below and possibly receive a refund from the credits. A refundable credit is a tax credit treated as a payment and can thus be refunded to the taxpayer by the IRS. Refundable credits can help offset certain types of taxes that normally cannot be reduced and can even produce a federal refund.

TEST YOUR KNOWLEDGE!
Go online to take a practice quiz.

TCPP3.5
¿Qué contribuyente no calificaría para el EIC?

    a. Dependiente con un ITIN válido.
    b. No puede declarar como MFS.
    c. Ingresos por inversiones de menos de $3,400.
    d. Tiene ingresos del trabajo.

Comentarios: Revise la sección *Créditos para hijos y dependientes*

TCPP3.6
¿Qué contribuyente podría calificar para el EIC?

    a. Soltero de 68 años de edad con ingresos de $10,395.
    b. MFJ con dos hijos e ingresos de $59,292.
    c. MFJ con tres hijos, ingresos de $19,589 e hijos calificados que no viven con el contribuyente.
    d. Cabeza de familia con un hijo, de 23 años de edad y que asiste a la escuela a tiempo completo, con ingresos de $17,422.

Comentarios: Revise la sección *Prueba de ingresos del trabajo*

Aportes

Un crédito fiscal reduce la cantidad de impuestos de los que el contribuyente es responsable. A diferencia de una deducción, que reduce qué cantidad de ingresos estará sujeta a impuestos, un crédito fiscal reduce directamente la obligación del contribuyente. Un crédito fiscal es una suma deducida del monto total que un contribuyente adeuda. Existen dos categorías de créditos fiscales: no reembolsables y reembolsables.

Existe una variedad de créditos y deducciones para el contribuyente. Esta lección cubrió algunos créditos que permitirían a los contribuyentes reducir su obligación tributaria a cero y por debajo, y posiblemente recibir un reembolso de los créditos. Un crédito reembolsable es un crédito fiscal que se trata como un pago y, por lo tanto, puede ser reembolsado al contribuyente por el IRS. Los créditos reembolsables se pueden usar para ayudar a compensar ciertos tipos de impuestos que normalmente no se pueden reducir e incluso pueden generar un reembolso federal.

¡PON A PRUEBA TUS CONOCIMIENTOS!
Ve en línea para tomar una prueba de práctica.

Chapter 8 Itemized Deductions

Introduction

When computing taxable income, personal expenses cannot be claimed as itemized deductions; however, tax rules do allow for some deductions that are essential for daily living. These specific expenses are deductible as itemized deductions. A *standard deduction* is a set amount that the taxpayer can claim based on their filing status. *Itemized deductions* are shown on the tax return using Schedule A, *Itemized Deductions*. The taxpayer must decide whether to itemize deductions or use the standard deduction and should choose whichever option is best for their tax situation.

Itemized deductions are beneficial if the total amount is higher than the standard deduction. Some taxpayers must itemize deductions because they do not qualify for the standard deduction. Taxpayers not eligible to use the standard deduction include nonresident aliens and individuals who file a tax return for a period of less than 12 months. When a married couple files individual returns, if one spouse itemizes deductions, the other spouse must also itemize deductions. Even if standard deductions deliver the best option for them. See Publication 501, *Exemptions, Standard Deduction, and Filing Information*.

Objectives

At the end of this lesson, the student will:

> ➢ Explain which deductions are limited to the 7.5% floor.
> ➢ Identify which taxpayer is eligible to use Form 2106 after December 31, 2017, until December 31, 2025.
> ➢ Classify which taxpayer is eligible to use Form 3903 after December 31, 2017, until December 31, 2025.

Resources

Form 1040	Publication 17	Instructions Form 1040
Form 2106	Publication 463	Instructions Form 2106
Form 4684	Publication 502	Instructions Form 4684
Form 4952	Publication 526	Instructions Form 4952
Form 8283	Publication 529	Instructions Form 8283
Schedule A	Publication 530	Instructions for Schedule A
Publication 1771	Publication 936	Tax Topics 501–506, 508–515
Publication 597		

Capítulo 8 Deducciones detalladas

Introducción

A la hora de calcular la renta imponible, los gastos personales no pueden reclamarse como deducciones detalladas; sin embargo, las normas tributarias permiten algunas deducciones que son esenciales para la vida diaria. Estos gastos específicos son deducibles como deducciones detalladas. La *deducción estándar* es una cantidad fija que el contribuyente puede reclamar en función de su estado civil para efectos de la declaración. Las *deducciones detalladas* se muestran en la declaración de impuestos utilizando el Anexo A, *Deducciones detalladas*. El contribuyente debe decidir si detalla las deducciones o utiliza la deducción estándar y debe elegir la opción que mejor se adapte a su situación tributaria.

Las deducciones detalladas son beneficiales si el monto total es superior a la deducción estándar. Algunos contribuyentes deben detallar las deducciones porque no tienen derecho a la deducción estándar. Los contribuyentes que no pueden utilizar la deducción estándar son los extranjeros no residentes y las personas que presentan una declaración de impuestos por un período inferior a 12 meses. Cuando un matrimonio presenta declaraciones individuales, si uno de los cónyuges detalla las deducciones, el otro cónyuge también debe detallarlas. Incluso si las deducciones estándar ofrecen la mejor opción para ellos. Consulte la Publicación 501, *Exenciones, deducción estándar e información de presentación*.

Objetivos

Al final de esta lección, el estudiante podrá:

- ➢ Explicar qué deducciones están limitadas al límite inferior del 7.5%.
- ➢ Identificar qué contribuyente puede utilizar el Formulario 2106 después del 31 de diciembre de 2017 hasta el 31 de diciembre de 2025.
- ➢ Clasificar qué contribuyente puede utilizar el Formulario 3903 después del 31 de diciembre de 2017 hasta el 31 de diciembre de 2025.

Fuentes

Formulario 1040	Publicación 17	Instrucciones del Formulario 1040
Formulario 2106	Publicación 463	Instrucciones del Formulario 2106
Formulario 4684	Publicación 502	Instrucciones del Formulario 4684
Formulario 4952	Publicación 526	Instrucciones del Formulario 4952
Formulario 8283	Publicación 529	Instrucciones del Formulario 8283
Anexo A	Publicación 530	Instrucciones del Anexo A
Publicación 1771	Publicación 936	Temas Fiscales 501– 506, 508 – 515
Publicación 597		

Table of Contents / Índice

Introduction	154
Introducción	155
Part 1 Itemized Deductions	160
TCJA and Itemized Deductions	160
Itemizing While Married Filing Separate	160
Parte 1 Deducciones detalladas	161
La TCJA y las deducciones detalladas	161
Presentar el detalle mientras se está casado y declara por separado	161
Medical and Dental Expenses	162
Gastos médicos y dentales	163
Spouse and Dependent Medical Expenses	164
Gastos médicos del cónyuge y de los dependientes	165
Medical Expense Reimbursement	166
Taxes Paid	166
Reembolso de gastos médicos.	167
Impuestos pagados	167
State and Local General Sales Tax (SALT)	168
General Sales Tax	168
Real Estate Taxes	168
Impuesto general estatal y local sobre las ventas (SALT)	169
Impuesto general sobre las ventas	169
Impuestos sobre bienes inmuebles	169
Personal Property Taxes	170
Other Taxes	170
Nondeductible Taxes and Fees	170
Home Mortgage Interest and Points	170
Impuestos sobre la propiedad personal	171
Otros impuestos	171
Impuestos y tasas no deducibles	171
Intereses y puntos de la hipoteca	171
Grandfathered Debt	172
Deuda protegida	173
Mortgage Insurance Premiums	176
Primas del seguro hipotecario	177
Form 1098: 2021	176
Part 1 Review Questions	176
Formulario 1098: 2021	177
Parte 1 Preguntas de repaso	177
Part 1 Review Questions Answers	178
Parte 1 Respuestas a las preguntas de repaso	179
Part 2 Charity and Casualty and Theft Losses	180
Parte 2 Caridad y pérdidas por hechos fortuitos y robos	181
Gifts to Charity	182
Cash Contributions	182
Regalos a la caridad	183
Contribuciones en efectivo	183
Other Than by Cash or Check	184
Car Expenses	186
Otros medios que no sean efectivo o cheque	185
Gastos de automóvil	187
Canadian, Israeli, and Mexican Charities	186

Taxpayer Must Keep Records 186
Other Itemized Deductions 186
Gambling Losses 188
Organizaciones caritativas canadienses, israelíes y mexicanas 187
El contribuyente debe llevar un registro 187
Otras deducciones detalladas 187
Pérdidas en las apuestas 189
Casualty and Theft Losses 188
Disasters and Casualties 190
Pérdidas por hechos fortuitos y robos 189
Desastres y hechos fortuitos 191
Disaster Relief 190
Tips on Reconstructing Tax Records for a Disaster 190
Other Helpful Agencies 192
Ayuda para desastres 191
Consejos para reconstruir los registros tributarios en caso de desastre 191
Otras agencias útiles 193
Figuring Loss 194
Determining the Decrease in Fair Market Value 194
Calculando la pérdida 195
Determinación de la disminución del valor justo de mercado 195
Casualty and Theft Losses of Income-Producing Property 194
Business Records 194
Investment Interest 196
Pérdidas por hechos fortuitos y robos de bienes que producen ingresos 195
Registros comerciales 195
Interés de la inversión 197
Fines or Penalties 198
Part 2 Review Questions 198
Multas o sanciones 199
Parte 2 Preguntas de repaso 199
Part 2 Review Questions Answers 200
Parte 2 Respuestas a las preguntas de repaso 201
Part 3 Form 2106: Employee Business Expenses and Other Expenses 202
Parte 3 Formulario 2106: Gastos de representación de los empleados y otros gastos 203
Taxing Employee Expenses 204
Tributación de los gastos de los empleados 205
Tax Home 206
Temporary Assignment or Job 206
Meals 206
Travel and Transportation Expenses 206
Domicilio tributario 207
Asignación o trabajo temporal 207
Alimentos 207
Gastos de viaje y transporte 207
Entertainment 208
Business Gifts 208
Entretenimiento 209
Regalos comerciales 209
Business Recordkeeping 210
Reimbursements 210
Other Expenses 210
Tax Preparation Fees 210

Itemized Deductions

 Education 210
 Contabilidad empresarial 211
 Reembolsos 211
 Otros gastos 211
 Honorarios por preparación de impuestos 211
 Educación 211
 Part 3 Review Questions 212
 Part 3 Review Questions Answers 212
 Parte 3 Preguntas de repaso 213
 Parte 3 Respuestas a las preguntas de repaso 213
Takeaways 214
Aportes 215

Deducciones detalladas

Part 1 Itemized Deductions

TCJA and Itemized Deductions

The Tax Cuts and Jobs Act (TCJA) has eliminated the overall limitation of itemized deductions based on the taxpayer's adjusted gross income. This was referred to as the deductions being "phased out" or "limited." The TCJA also changed the limitations that can impact the total itemized deduction amount; for example, the total amount that can be deducted from the state and local income tax on Schedule A, line 5, is now capped at $10,000 ($5,000 for MFS); taxpayers may not be able to include all of their expenses as deductions.

For example, in 2017, George's itemized deductions for his state and local taxes was $17,000. George's financial situation did not change, and he expected to be able to deduct the same amount in 2018. However, even though George would still have qualified for a $17,000 itemized deduction under the old rules, George will only receive a $10,000 deduction on line 5 under the TCJA. His deduction amount is capped. Taxpayers should itemize or consider itemizing if they meet the following criteria:

➢ Taxpayer would get a higher amount of deductions by itemizing.
➢ The taxpayer had large unreimbursed medical or dental expenses that amounted to more than 7.5% of their adjusted gross income.
➢ The taxpayer paid mortgage interest.
➢ The taxpayer paid points to discount the interest rate.
➢ The taxpayer had casualty or theft losses that were declared during a federal disaster.
➢ The taxpayer made contributions to qualified charities and has receipts for recordkeeping.
➢ The total of the taxpayer's itemized deductions is higher than the standard deduction to which the taxpayer is entitled.
➢ The taxpayer paid state and local taxes (may be capped).
➢ The taxpayer paid property taxes (may be capped).

Itemizing While Married Filing Separate

If taxpayers are filing MFS and one spouse itemizes, the other spouse is obligated to itemize, even if the spouse's total deductions may be less than the standard deduction to which he or she would otherwise be entitled. If one spouse later amends the return, the other spouse must also amend his or her return. To formally agree to the amendments, both taxpayers must file a "consent to assessment" for any additional tax that one might owe as a result of the amendment. In the case of a spouse who qualifies to file as Head of household, this rule will not apply. The spouse who qualifies as Head of household is not required to itemize deductions even if the spouse who is required to file MFS decides to itemize their deductions. However, if the spouse filing Head of household decides to itemize deductions, the spouse filing MFS is required to itemize deductions.

Señor 1040 Says: If the taxpayer is MFS and both the spouse and taxpayer elect to deduct sales tax and the spouse elects to use the optional sales tax tables, the taxpayer must use that table to figure the state and local general sales tax deduction (SALT).

Parte 1 Deducciones detalladas

La TCJA y las deducciones detalladas

La Ley de Empleos y Reducción de Impuestos (TCJA) ha eliminado la limitación global de las deducciones detalladas en función de los ingresos brutos ajustados del contribuyente. Se hace referencia a esto al decir que las deducciones se "eliminan" o se "limitan". La TCJA también cambió las limitaciones que pueden afectar el monto total de la deducción detallada; por ejemplo, el monto total que puede deducirse del impuesto a la renta estatal y local en el Anexo A, línea 5, ahora tiene un límite de $10,000 ($5,000 para las personas casadas que declaran por separado); los contribuyentes pueden no ser capaces de incluir todos sus gastos como deducciones.

Por ejemplo, en 2017, las deducciones detalladas de George por sus impuestos estatales y locales fueron de $17,000. La situación económica de George no cambió, y esperaba poder deducir la misma cantidad en 2018. Sin embargo, aunque George todavía habría calificado para una deducción detallada de $17,000 bajo las reglas antiguas, George solo recibirá una deducción de $10,000 en la línea 5 bajo la TCJA. El monto de su deducción está limitado. Los contribuyentes deben detallar o considerar la posibilidad de detallar si cumplen los siguientes criterios:

- El contribuyente obtendría una mayor cantidad de deducciones cuando presente el detalle.
- El contribuyente tenía grandes gastos médicos o dentales no reembolsados que ascendían a más del 7.5% de sus ingresos brutos ajustados.
- El contribuyente pagó los intereses de la hipoteca.
- El contribuyente pagó puntos para descontar la tasa de interés.
- El contribuyente tuvo pérdidas por hechos fortuitos o robo que fueron declaradas durante una catástrofe federal.
- El contribuyente realizó contribuciones a organizaciones caritativas cualificadas y tiene recibos para sus registros.
- El total de las deducciones detalladas del contribuyente es superior a la deducción estándar a la que el contribuyente tiene derecho.
- El contribuyente ha pagado impuestos estatales y locales (pueden tener un límite).
- El contribuyente ha pagado los impuestos sobre la propiedad (puede tener un límite).

Presentar el detalle mientras se está casado y declara por separado

Si los contribuyentes están casados, pero declaran por separado y uno de los cónyuges presenta el detalle, el otro cónyuge está obligado a detallar, incluso si las deducciones totales del cónyuge pueden ser inferiores a la deducción estándar a la que tendría derecho. Si uno de los cónyuges modifica posteriormente la declaración, el otro cónyuge también debe modificar la suya. Para aceptar formalmente las modificaciones, ambos contribuyentes deben presentar un "consentimiento de valoración" por el impuesto adicional que uno de ellos pueda deber como resultado de la modificación. En el caso de un cónyuge que cumpla los requisitos para presentar la declaración como jefe de familia, no se aplicará esta norma. El cónyuge que tiene la condición de jefe de familia no está obligado a detallar las deducciones, aunque el cónyuge que está obligado a presentar su declaración de forma separada decida detallar sus deducciones. No obstante, si el cónyuge que presenta la declaración de jefe de familia decide detallar las deducciones, el cónyuge que presenta la declaración de forma separada está obligado a detallar las deducciones.

El Señor 1040 dice: Si el contribuyente está casado y presentando su declaración de forma separada y tanto el cónyuge como el contribuyente eligen deducir el impuesto sobre las ventas y el cónyuge elige utilizar las tablas opcionales del impuesto sobre las ventas, el contribuyente debe utilizar esa tabla para calcular la deducción del impuesto general sobre las ventas estatal y local (SALT).

Itemized Deductions

Medical and Dental Expenses

Medical care expenses can be deducted if amounts are paid for the diagnosis, cure, treatment, or prevention of a disease or condition affecting any part or function of the body. Procedures such as facelifts, hair transplants, hair removal, and liposuction are generally not deductible. Cosmetic surgery is only deductible if it is to improve a deformity arising from or directly related to a congenital abnormality, a personal injury from an accident or trauma, or a disfiguring disease. Medications are only deductible if prescribed by a doctor. The taxpayer can deduct any medical and dental expenses that exceed 7.5% of the taxpayer's AGI as shown on Form 1040, page 1, line 11. The 7.5% has been made a permanent floor.

Examples of deductible medical expenses include the following:

- Personal protective equipment (PPE)
    - Masks
    - Hand sanitizer
    - Wipes
- Medical insurance premiums
- Medicare
- Dental treatment
- Prescription medicines
- Medical service fees
- Mileage
- Taxi
- Ambulance
- Cost of other needed transportation
- Medical care
- Legal abortions
- Acupuncture
- Seeing eye guide dogs care cost
- Eye exams
- Eyeglasses
- Contact lenses
- Solutions to clean contact lenses
- Eye surgery for nearsightedness
- Hospital fees
- Lab fees
- X-rays
- Psychiatric care
- Hearing aids and batteries
- Other medical aids
- Nursing care
- Artificial limbs & teeth
- Birth control pills
- Chiropractor services
- Inpatient care meals
- Lodging during hospital treatments while away from home for inpatient and outpatient care
- Capital expenses for medical equipment

Gastos médicos y dentales

Los gastos de atención médica pueden deducirse si las cantidades se pagan para el diagnóstico, la cura, el tratamiento o la prevención de una enfermedad o afección que afecte a cualquier parte o función del cuerpo. Los procedimientos como el estiramiento facial, el trasplante de pelo, la depilación y la liposucción no suelen ser deducibles. La cirugía estética solo es deducible si es para mejorar una deformidad derivada o directamente relacionada con una anomalía congénita, una lesión personal por accidente o traumatismo, o una enfermedad desfigurante. Los medicamentos solo son deducibles si son recetados por un médico. El contribuyente puede deducir los gastos médicos y dentales que superen el 7.5% del ingreso bruto ajustado (AGI) del contribuyente, tal como se indica en la línea 11 de la página 1 del Formulario 1040. El 7.5% se ha convertido en un límite inferior permanente.

Algunos ejemplos de gastos médicos deducibles son los siguientes:

- Equipo de protección personal (EPP)
    - Mascarillas
    - Desinfectante de manos
    - Toallitas
- Primas de seguro médico
- Medicare
- Tratamiento dental
- Medicamentos recetados
- Honorarios de servicios médicos
- Millaje
- Taxi
- Ambulancia
- Costo de otros transportes necesarios
- Atención médica
- Abortos legales
- Acupuntura
- Costo del cuidado de los perros guía
- Exámenes oculares
- Anteojos
- Lentes de contacto
- Soluciones para limpiar las lentes de contacto
- Cirugía ocular para la miopía
- Honorarios del hospital
- Tasas de laboratorio
- Rayos X
- Atención psiquiátrica
- Audífonos y baterías
- Otras ayudas médicas
- Cuidados de enfermería
- Miembros y dientes artificiales
- Píldoras anticonceptivas
- Servicios del quiropráctico
- Comidas para pacientes internos
- Alojamiento durante los tratamientos hospitalarios mientras se está fuera de casa para la atención hospitalaria y ambulatoria
- Gastos de capital para equipos médicos

Improvements to the home may be deducted if their main purpose is to provide a medical benefit. The deduction is limited to the difference between the increase in the fair market value of the home and the cost of the improvements.

Examples of nondeductible medical expenses include over-the-counter medications, bottled water, diaper services, expenses for general health items, health club dues (unless related to a specific medical condition), funeral expenses, illegal operations and treatments, weight-loss programs (unless recommended by a doctor for a specific medical condition), and swimming pool dues. However, prescribed therapeutic swimming costs are deductible.

Other nondeductible items are insurance premiums paid for life insurance; loss of earnings, limbs, or sight; guaranteed payments for days the taxpayer is hospitalized for sickness or injury; and the medical insurance coverage portion of the taxpayer's auto insurance. Cafeteria plans are not deductible unless the premiums are included in box 1 of Form W-2.

The medical mileage rate for 2021 is 16 cents per mile. For 2022 it is 18 cents per mile from January to June and 22 cents per mile from July to December.

Spouse and Dependent Medical Expenses

The taxpayer is allowed to claim medical expenses that were paid for their spouse. To claim the expenses, they must have been married at the time the spouse received medical treatment or at the time the expenses were paid. If the taxpayer and spouse do not live in a community property state and file separate returns, each would claim only their paid medical expenses. If the taxpayer and spouse live in a community property state and file separate returns, the medical expenses must be divided equally if they were paid out of community funds.

The taxpayer is allowed to claim medical expenses that were paid for their dependent(s). To claim these expenses, the individual must have been a dependent at the time the medical treatment was completed or when the expenses were paid. An individual would qualify as a dependent if all the following are true:

- The individual was a qualifying child or a qualifying relative.
- The individual was a U.S. citizen or a resident of the United States, Canada, or Mexico.
- The dependent gross income was $4,300 or more.

Medical expenses can be deducted for any individual who is a dependent of the taxpayer, even if the taxpayer cannot claim the exemption for the individual on his or her return.

Example: James, age 66, has an AGI of $35,000; 7.5% of $35,000 is $2,625.00, and James had medical expenses of $2,700; therefore, James would be able to deduct $75.00 for medical expenses. The $75.00 is the difference between his expenses and the 7.5% "floor" needed to deduct medical expenses.

Example: Ryan, age 35, has an AGI of $40,000; 7.5% of $40,000 is $3,000, and Ryan had medical expenses of $2,500; therefore, Ryan will not be able to deduct his medical expenses since they are not over $3,000.

Las mejoras en la vivienda pueden deducirse si su finalidad principal es proporcionar un beneficio médico. La deducción se limita a la diferencia entre el aumento del valor de mercado de la vivienda y el costo de las mejoras.

Algunos ejemplos de gastos médicos no deducibles son los medicamentos de venta libre, el agua embotellada, los pañales, los gastos en artículos de salud en general, las cuotas de los clubes de salud (a menos que estén relacionados con una condición médica específica), los gastos funerarios, las operaciones y tratamientos ilegales, los programas de pérdida de peso (a menos que sean recomendados por un médico para una condición médica específica) y las cuotas de piscinas. Sin embargo, los gastos de natación terapéutica recetada son deducibles.

Otras partidas no deducibles son las primas de seguro pagadas por el seguro de vida; la pérdida de ingresos, de miembros o de la vista; los pagos garantizados por los días que el contribuyente está hospitalizado por enfermedad o lesión; y la parte de la cobertura del seguro médico del seguro de automóvil del contribuyente. Los planes de cafetería no son deducibles a menos que las primas se incluyan en la casilla 1 del Formulario W-2.

La tasa de millaje médico para 2021 es de 16 centavos por milla. Para 2022 es de 18 centavos por milla de enero a junio y 22 centavos por milla de julio a diciembre.

Gastos médicos del cónyuge y de los dependientes

El contribuyente puede reclamar los gastos médicos pagados por su cónyuge. Para reclamar los gastos, deben haber estado casados en el momento en que el cónyuge recibió el tratamiento médico o en el momento en que se pagaron los gastos. Si el contribuyente y su cónyuge no viven en un estado de bienes gananciales y presentan declaraciones por separado, cada uno reclamará únicamente sus gastos médicos pagados. Si el contribuyente y el cónyuge viven en un estado de bienes gananciales y presentan declaraciones por separado, los gastos médicos deben dividirse a partes iguales si se pagaron con fondos gananciales.

El contribuyente puede reclamar los gastos médicos pagados por su(s) dependiente(s). Para poder reclamar estos gastos, la persona debe haber sido dependiente en el momento en que se completó el tratamiento médico o cuando se pagaron los gastos. Una persona puede ser considerada como dependiente si se cumplen todas las condiciones siguientes:

➢ El individuo era un hijo o un pariente que cumplía los requisitos.
➢ El individuo era ciudadano estadounidense o residente en Estados Unidos, Canadá o México.
➢ Los ingresos brutos del dependiente eran de $4,300 o más.

Los gastos médicos pueden deducirse por cualquier persona que sea dependiente del contribuyente, incluso si éste no puede reclamar la exención para dicha persona en su declaración.

Ejemplo: James, de 66 años, tiene un AGI de $35,000; el 7.5% de $35,000 son $2,625.00, y James tuvo unos gastos médicos de $2,700; por tanto, James podría deducir $75.00 por gastos médicos. Los $75 son la diferencia entre sus gastos y el 7.5% "mínimo" necesario para deducir los gastos médicos.

Ejemplo: Ryan, de 35 años, tiene un AGI de $40,000; el 7.5% de $40,000 son $3,000, y Ryan tuvo unos gastos médicos de $2,500; por lo tanto, Ryan no podrá deducir sus gastos médicos ya que no superan los $3,000.

Medical Expense Reimbursement

Taxpayers can deduct only their medical amounts paid during the taxable year. If the taxpayer receives a reimbursement for a medical expense, the taxpayer must reduce their total medical deduction for the year. If taxpayers are reimbursed for more than their medical expenses, they may have to include the excess as income. If the taxpayer paid the entire premium for medical insurance, the taxpayer would not include the excess reimbursement as gross income.

Premiums paid for qualified long-term care insurance contracts can be deducted within limits for long-term care insurance.

Qualified long-term care premiums are limited to the following and are reported on Schedule A for 2021:

Age 40 or under	$450
Age 41–50	$850
Age 51–60	$1,690
Age 61–70	$4,520
Age 71 or over	$5,640

2022 long-term care rates are the same as above.

Fees paid to retirement or nursing homes designed for medical care and/or psychiatric care are deductible. Meals, lodging, and prescriptions are deductible only if the individual is in the home primarily to get medical care. If the main reason the individual is in the home is personal, meals and lodging are not deductible.

Improvements made to the taxpayer's home due to a medical condition may increase the fair market value of the house. Some examples are:

- Construction of entrance or exit ramps
- Widening doorways or hallways
- Lowering cabinets and countertops
- Installing lifts
- Modifying stairways
- Adding handrails or grab bars in the home

If the cost of the improvement is more than the new fair market value, then the difference is a medical expense.

Example: Caroline had a lift installed in her two-story house for medical reasons. The cost of the lift was $12,000. The increase in her fair market value was $10,000. Therefore, she can deduct $2,000 as a medical expense.

Taxes Paid

Certain taxes such as state, local, or foreign taxes, real estate taxes, and personal property taxes can be deducted by the taxpayer. Property taxes can only be deducted by the owner of the property. Real estate taxes are deductible on Schedule A for all property owned by the taxpayer; it is not limited to personal residences like mortgage interest. Deeded time-shares may have a deductible real estate tax as well.

Deducciones detalladas

Reembolso de gastos médicos.

Los contribuyentes solo pueden deducir los montos médicos pagados durante el ejercicio tributario. Si el contribuyente recibe un reembolso por un gasto médico, debe reducir su deducción médica total del año. Si los contribuyentes reciben un reembolso superior a sus gastos médicos, es posible que tengan que incluir el exceso como ingreso. Si el contribuyente pagara la totalidad de la prima del seguro médico, no incluiría el exceso de reembolso como ingreso bruto.

Las primas pagadas por los contratos de seguro de atención de larga duración pueden deducirse dentro de los límites del seguro de atención a largo plazo.

Las primas cualificadas de atención a largo plazo se limitan a lo siguiente y se declaran en el Anexo A para 2021:

40 años o menos	$450
De 41 a 50 años	$850
De 51 a 60 años	$1,690
De 61 a 70 años	$4,520
71 años o más	$5,640

Las tarifas de los cuidados a largo plazo para el 2022 son las mismas que las anteriores.

Son deducibles las cuotas pagadas a las residencias de ancianos o a las casas de reposo destinadas a la atención médica y/o psiquiátrica. Las comidas, el alojamiento y las recetas solo son deducibles si la persona se encuentra en el domicilio principalmente para recibir atención médica. Si la razón principal por la que el individuo está en el hogar es personal, las comidas y el alojamiento no son deducibles.

Las mejoras realizadas en la vivienda del contribuyente debido a una condición médica pueden aumentar el valor justo de mercado de la casa. Algunos ejemplos son:

- Construcción de rampas de entrada o salida
- Ensanchamiento de puertas o pasillos
- Bajada de armarios y encimeras
- Instalación de ascensores
- Modificación de escaleras
- Añadir pasamanos o barras de apoyo en el hogar

Si el costo de la mejora es superior al nuevo valor justo de mercado, la diferencia es un gasto médico.

Ejemplo: Caroline hizo instalar un ascensor en su casa de dos pisos por razones médicas. El costo del ascensor fue de $12,000. El aumento de su valor de mercado fue de $10,000. Por lo tanto, puede deducir $2,000 como gasto médico.

Impuestos pagados

El contribuyente puede deducir determinados impuestos, como los estatales, locales o extranjeros, los impuestos sobre bienes inmuebles y los impuestos sobre la propiedad personal. Los impuestos sobre la propiedad solo pueden ser deducidos por el propietario. Los impuestos sobre bienes inmuebles son deducibles en el Anexo A para todos los bienes que posea el contribuyente; no se limitan a las residencias personales como los intereses hipotecarios.

Itemized Deductions

State and Local General Sales Tax (SALT)

State and local tax amounts withheld from wages are reported on line 5 of Schedule A, and the taxpayer may deduct the amounts of the following state and local taxes to reduce the taxpayer's federal tax liability:

- State and local taxes withheld from wages during the current tax year.
- State estimated tax payments made during the current year.
- State and local taxes paid in the current tax year for a prior tax year.
- Mandatory contributions made to the California, New Jersey, or New York Non-occupational Disability Benefit Fund.
- Mandatory contributions made to the Rhode Island Temporary Disability Fund or Washington State Supplemental Workmen's Compensation Fund.
- Mandatory contributions to the Alaska, California, New Jersey, or Pennsylvania state unemployment funds.
- Mandatory contributions to state family leave programs such as the New Jersey Family Leave Insurance (FLI) program and the California Paid Family Leave program.

Interest and penalties for paying taxes late are never a deduction. For tax returns after December 31, 2017, and before January 1, 2026, the state and local tax (SALT) is capped at $10,000 or $5,000 if the taxpayer is married filing separate.

General Sales Tax

If the taxpayer selects to deduct state and local sales tax, the taxpayer will check box 5a on Schedule A. The taxpayer can deduct either actual expenses or an amount figured using the Optional State Sales Tax Tables. If the Optional State Sales Tax Tables is chosen, taxpayer must check the sales tax tables for their local jurisdictions and follow the calculation instructions found at www.irs.gov/individuals/sales-tax-deduction-calculator. If the filing status is MFS and one spouse elects to use the sales tax, the other spouse must use the sales tax method as well. Actual receipts showing general sales taxes paid should be kept. See Schedule A Instructions.

Señor 1040 Says: The taxpayer can either deduct state and local general sales taxes or state and local income taxes; not both.

Real Estate Taxes

State, local, or foreign real estate taxes paid for real estate owned by the taxpayer are deducted on line 6 of Schedule A, only if the taxes are based on the assessed value of the property. If the taxpayer's real estate taxes are included in the mortgage and paid out of an escrow account, the amount paid by the mortgage company is the deducted amount.

After December 31, 2017, the taxpayer is no longer able to deduct foreign personal or real property taxes. If the taxes are based on the assessed value of the property, state and local real estate taxes paid on real estate owned by the taxpayer are deducted on line 5b of Schedule A. Items such as leasing solar equipment that has been added to the taxpayer's property tax bill is not a real estate tax deduction.

Deducciones detalladas

Las propiedades compartidas escrituradas pueden tener también un impuesto sobre bienes inmuebles deducible.

Impuesto general estatal y local sobre las ventas (SALT)

Los montos de los impuestos estatales y locales retenidos de los salarios se declaran en la línea 5 del Anexo A, y el contribuyente puede deducir los montos de los siguientes impuestos estatales y locales para reducir la obligación tributaria federal del contribuyente:

- Impuestos estatales y locales retenidos de los salarios durante el año tributario en curso.
- Pagos de impuestos estatales estimados realizados durante el año en curso.
- Impuestos estatales y locales pagados en el año tributario actual por un año tributario anterior.
- Contribuciones obligatorias al Fondo de beneficios por incapacidad no profesional de California, Nueva Jersey o Nueva York.
- Contribuciones obligatorias al Fondo de incapacidad temporal de Rhode Island o al Fondo de compensación laboral complementaria del estado de Washington.
- Contribuciones obligatorias a los fondos de desempleo de los estados de Alaska, California, Nueva Jersey o Pensilvania.
- Contribuciones obligatorias a los programas estatales de licencias familiares, como el programa de Seguro de licencia familiar (FLI) de Nueva Jersey y el programa de Licencia familiar remunerada de California.

Los intereses y sanciones por pagar los impuestos con retraso nunca son una deducción. Para las declaraciones de impuestos posteriores al 31 de diciembre de 2017 y antes del 1 de enero de 2026, el impuesto estatal y local (SALT) tiene un límite de $10,000 o $5,000 si el contribuyente está casado y presenta una declaración separada.

Impuesto general sobre las ventas

Si el contribuyente elige deducir el impuesto estatal y local sobre las ventas, marcará la casilla 5a en el Anexo A. El contribuyente puede deducir los gastos reales o una cantidad calculada utilizando las Tablas de impuestos estatales opcionales sobre las ventas. Si se elige la opción de Tablas de impuestos estatales opcionales sobre las ventas, el contribuyente debe comprobar las tablas de impuestos sobre las ventas de sus jurisdicciones locales y seguir las instrucciones de cálculo que se encuentran en www.irs.gov/individuals/sales-tax-deduction-calculator. Si el contribuyente está casado y declara por separado y uno de los cónyuges opta por utilizar el impuesto sobre las ventas, el otro cónyuge debe utilizar también el método del impuesto sobre las ventas. Deben conservarse los recibos reales que muestren los impuestos generales sobre las ventas pagados. Consulte las instrucciones del Anexo A.

El Señor 1040 dice: El contribuyente puede deducir los impuestos generales estatales y locales sobre las ventas o los impuestos sobre la renta estatales y locales; no ambos.

Impuestos sobre bienes inmuebles

Los impuestos sobre bienes inmuebles estatales, locales o extranjeros pagados por bienes inmuebles propiedad del contribuyente se deducen en la línea 6 del Anexo A, solo si los impuestos se basan en el valor de tasación de la propiedad. Si los impuestos inmobiliarios del contribuyente están incluidos en la hipoteca y se pagan con una cuenta de depósito en garantía, el monto pagado por la compañía hipotecaria es el monto deducido.

Después del 31 de diciembre de 2017, el contribuyente ya no puede deducir los impuestos sobre la propiedad personal o bienes inmuebles extranjeros. Si los impuestos se basan en el valor de tasación de la propiedad, los impuestos inmobiliarios estatales y locales pagados por los bienes inmuebles propiedad del contribuyente se deducen en la línea 5b del Anexo A. Los artículos como el arrendamiento de equipos solares que se han añadido a la factura del impuesto sobre la propiedad del contribuyente no son una deducción de impuestos inmobiliarios.

If the monthly mortgage payment includes an amount placed in an escrow account for real estate taxes, the taxpayer may not be able to deduct the total amount placed in escrow. Only deduct the real estate taxes that the third party actually paid to the taxing authority. If the third party does not notify the taxpayer of the amount of real estate tax paid, the taxpayer should contact the third party or the taxing authority to report the correct amount on the return. If the taxpayer bought or sold real estate during the year, the real estate taxes charged to the buyer should be reported on the settlement statement and in box 5 of Form 1099-S.

Personal Property Taxes

Personal property taxes are deducted on line 5c of Schedule A. The taxpayer should deduct state or local tax that is imposed yearly based on the value of the property. After December 31, 2017, the taxpayer must deduct personal property taxes on line 5c of Schedule A. The taxpayer should be careful not to include refunds, rebates, interest, or penalties as taxes paid.

Example: Lourdes pays a yearly registration fee for her car. Part of her fee is based on value, and the other part is based on the weight of the car. Lourdes can only deduct the part of the fee that was based on the value of the car, not the part based on the weight of the car.

Other Taxes

The taxpayer can claim a credit for foreign taxes as a nonrefundable credit on Form 1040, Schedule 3, line 1, or take it as an itemized deduction on Schedule A under "other taxes." The taxpayer may or may not have to complete Form 1116, *Foreign Tax Credits*. After December 31, 2017, the taxpayer must deduct other taxes on line 6 of Schedule A. Other taxes consist of foreign taxes earned from overseas investments and not from real property owned abroad.

Nondeductible Taxes and Fees

Nondeductible miscellaneous taxes and fees:

- Federal income tax and most excise taxes.
- Employment tax, such as Social Security, Medicare, federal unemployment, and railroad retirement taxes.
- Federal estate tax.
- Fines and penalties.
- Gift tax.
- License fees (such as for a marriage or driver's license).
- Certain state and local taxes such as the gasoline tax, car inspections, and other improvements to personal property.

Home Mortgage Interest and Points

Home acquisition debt is a mortgage that a taxpayer took out to buy, build, or substantially improve a qualified home. A qualified loan is a loan used to acquire the taxpayer's primary residence or a second home, and the loan must be secured by the individual property.

Deducciones detalladas

Si la cuota mensual de la hipoteca incluye una cantidad depositada en una cuenta de depósito en garantía para los impuestos sobre los bienes inmuebles, el contribuyente no podrá deducir la cantidad total puesta en depósito. Deduzca únicamente los impuestos sobre bienes inmuebles que el tercero haya pagado realmente a la autoridad tributaria. Si el tercero no notifica al contribuyente el monto del impuesto sobre bienes inmuebles pagado, el contribuyente debe ponerse en contacto con el tercero o con la autoridad tributaria para declarar el monto correcto en la declaración. Si el contribuyente compró o vendió un inmueble durante el año, los impuestos sobre los bienes inmuebles cobrados al comprador deben consignarse en la declaración de liquidación y en la casilla 5 del Formulario 1099-S.

Impuestos sobre la propiedad personal

Los impuestos sobre la propiedad personal se deducen en la línea 5c del Anexo A. El contribuyente debe deducir el impuesto estatal o local que se impone anualmente en función del valor de la propiedad. Después del 31 de diciembre de 2017, el contribuyente debe deducir los impuestos sobre la propiedad personal en la línea 5c del Anexo A. El contribuyente debe tener cuidado de no incluir las devoluciones, reembolsos, intereses o sanciones como impuestos pagados.

Ejemplo: Lourdes paga una cuota anual de registro por su automóvil. Una parte de sus honorarios se basa en el valor, y la otra en el peso del automóvil. Lourdes solo puede deducir la parte de la cuota que se basó en el valor del automóvil, no la parte basada en el peso del automóvil.

Otros impuestos

El contribuyente puede reclamar un crédito por impuestos extranjeros como un crédito no reembolsable en la línea 1, Anexo 3 del Formulario 1040, o tomarlo como una deducción detallada en el Anexo A bajo "otros impuestos". El contribuyente puede o no tener que llenar el Formulario 1116, *Créditos por Impuestos Extranjeros*. Después del 31 de diciembre de 2017, el contribuyente debe deducir otros impuestos en la línea 6 del Anexo A. Los otros impuestos consisten en los impuestos extranjeros obtenidos de las inversiones en el extranjero y no de los bienes inmuebles poseídos en el extranjero.

Impuestos y tasas no deducibles

Impuestos y tasas varias no deducibles:

- ➢ El impuesto federal sobre la renta y la mayoría de los impuestos sobre artículos de uso y consumo.
- ➢ Impuestos sobre el empleo, como el Seguro Social, Medicare, el desempleo federal y los impuestos sobre la jubilación ferroviaria.
- ➢ Impuestos federales sobre bienes inmuebles.
- ➢ Multas y penalizaciones.
- ➢ Impuesto sobre donaciones.
- ➢ Tasas de licencia (como la de matrimonio o la de conducir).
- ➢ Ciertos impuestos estatales y locales, como el impuesto sobre la gasolina, las inspecciones de automóviles y otras mejoras de la propiedad personal.

Intereses y puntos de la hipoteca

La deuda por adquisición de vivienda es una hipoteca que el contribuyente contrajo para comprar, construir o mejorar sustancialmente una vivienda calificada. Un préstamo cualificado es un préstamo utilizado para adquirir la residencia principal del contribuyente o una segunda vivienda, y el préstamo debe estar garantizado por la propiedad individual.

Itemized Deductions

A home mortgage is any loan that is secured for the taxpayer's main home or second home. To make the mortgage interest deductible, the loan must be secured and can be a first or second mortgage, a home improvement loan, or a home equity loan. The deductibility of interest expense is determined based on how the loan proceeds are used, otherwise referred to as interest tracing. For loans acquired before the TCJA went into effect on December 15, 2017, the interest on up to $1 million of debt ($500,000 for Married filing separately) that was used for acquiring, constructing, or substantially improving the residence is deductible.

If the taxpayer has a primary home and a second home, the home acquisition and home equity debt dollar limit apply to the total mortgage on both homes.

For home loans secured after December 15, 2017, the deductible amount is limited to $750,000 ($375,000 for Married filing separately). Taxpayers may use the 2017 threshold amounts if the following are true:

- if the home acquisition debt was taken on prior to December 16, 2017
- if they entered into a written, binding contract on or before December 15, 2017, in order to close on a principal residence before January 1, 2018
- if they purchased the property before April 1, 2018.

If a taxpayer refinances a home acquisition loan that was acquired before the TCJA went into effect, the refinanced loan is subject to the same provisions as the original, pre-TCJA loan, but only up to the amount of the balance of the original loan. Any additional debt not used to buy, build, or substantially improve the home is not a home acquisition debt. For example, Cheryl took out a home equity line of credit for $100,000. She used $10,000 to redo the master bedroom and then used the rest to go on a world cruise. The $10,000 could be used as home acquisition debt, she is unable to use the world cruise as home acquisition debt. That could be considered income to Cheryl. See Publication 936.

Grandfathered Debt

If the taxpayer took out a mortgage on their home before October 14, 1987, or refinanced the loan, it may qualify as grandfathered debt. Grandfathered debt does not limit the amount of interest that can be deducted. All the interest paid on this loan is fully deductible home mortgage interest. However, the grandfathered debt amount could limit the home acquisition debt. For example, Sergio took out a first mortgage of $200,000 to buy a house in 1986. The mortgage was a 7-year balloon note, and the entire balance on the note was due in 1993. Sergio refinanced the debt in 1993 with a new 30-year mortgage. The refinanced debt is treated as grandfathered debt for the entire 30 years of the loan.

The main home is the property where the taxpayer lives the most. The second home is a similar property. The main or second home could be a boat or recreational vehicle, both must provide basic living accommodations, which include a sleeping space, a toilet, and cooking facilities. Mortgage interest and points are reported to the taxpayer on Form 1098 and entered on line 8 of Schedule A.

Una hipoteca sobre la vivienda es cualquier préstamo garantizado para la vivienda principal o la segunda vivienda del contribuyente. Para que los intereses de la hipoteca sean deducibles, el préstamo debe estar garantizado y puede ser una primera o segunda hipoteca, un préstamo para mejorar la vivienda o un préstamo sobre el valor de la vivienda. La deducibilidad de los gastos por intereses se determina en función de cómo se utilizan los ingresos del préstamo, lo que también se conoce como rastreo de intereses. Para los préstamos adquiridos antes de que la TCJA entrara en vigor el 15 de diciembre de 2017, los intereses de hasta $1 millón de deuda ($500,000 para individuos casados que presentan su declaración por separado) que se utilizaron para adquirir, construir o mejorar sustancialmente la residencia son deducibles.

Si el contribuyente tiene una vivienda principal y una segunda vivienda, el límite en dólares de la adquisición de la vivienda y de la deuda sobre el capital de la vivienda se aplica a la hipoteca total de ambas viviendas.

Para los préstamos hipotecarios garantizados después del 15 de diciembre de 2017, la cantidad deducible se limita a $750,000 ($375,000 para los casados que declaran por separado). Los contribuyentes pueden utilizar los montos de los umbrales de 2017 si se cumple lo siguiente:

➢ si la deuda por adquisición de vivienda se contrajo antes del 16 de diciembre de 2017
➢ si celebraron un contrato escrito y vinculante el 15 de diciembre de 2017 o antes de esa fecha, con el fin de cerrar la compra de una vivienda principal antes del 1 de enero de 2018
➢ si compraron la propiedad antes del 1 de abril de 2018.

Si un contribuyente refinancia un préstamo para la adquisición de una vivienda que se adquirió antes de la entrada en vigor de la TCJA, el préstamo refinanciado está sujeto a las mismas disposiciones que el préstamo original, anterior a la TCJA, pero solo hasta el monto del saldo del préstamo original. Cualquier deuda adicional que no se utilice para comprar, construir o mejorar sustancialmente la vivienda no es una deuda de adquisición de vivienda. Por ejemplo, Cheryl contrató una línea de crédito con garantía hipotecaria de $100,000. Utilizó $10,000 para remodelar el dormitorio principal y el resto para irse de crucero por el mundo. Los $10,000 podrían utilizarse como deuda de adquisición de vivienda, pero no puede utilizar el crucero mundial como deuda de adquisición de vivienda. Eso podría considerarse un ingreso para Cheryl. Consulte la Publicación 936.

Deuda protegida

Si el contribuyente suscribió una hipoteca sobre su vivienda antes del 14 de octubre de 1987 o refinanció el préstamo, puede considerarse una deuda protegida. Las deudas protegidas no limitan el monto de los intereses que pueden deducirse. Todos los intereses pagados por este préstamo son intereses hipotecarios totalmente deducibles. Sin embargo, el monto de la deuda protegida podría limitar la deuda por adquisición de vivienda. Por ejemplo, Sergio pidió una primera hipoteca de $200,000 para comprar una casa en 1986. La hipoteca era un préstamo con un pago global para pagar el saldo restante a los 7 años, y el saldo total del pagaré vencía en 1993. Sergio refinanció la deuda en 1993 con una nueva hipoteca a 30 años. La deuda refinanciada se trata como una deuda protegida durante los 30 años del préstamo.

La vivienda principal es la propiedad en la que más vive el contribuyente. La segunda vivienda es una propiedad similar. La vivienda principal o secundaria puede ser una embarcación o un vehículo recreativo, y ambas deben ofrecer las comodidades básicas para vivir, que incluyen un espacio para dormir, un baño e instalaciones para cocinar. Los intereses hipotecarios y los puntos se declaran al contribuyente en el Formulario 1098 y se introducen en la línea 8 del Anexo A.

Itemized Deductions

Form 1098, *Mortgage Interest Statement*, usually includes the paid amounts of mortgage interest, real estate taxes, and points (defined below). Mortgage companies will often "sell" mortgages during the year. If this occurs, the taxpayer could receive a Form 1098 from each mortgage company.

> *Señor 1040 Says*: Remember to ask your clients if they paid more than one mortgage company. If they have more than one Form 1098, ask if this was for a second mortgage or if they bought and sold homes during the year.

Mortgage interest paid to an individual not issued on Form 1098 is reported on line 8b of Schedule A. The recipient's name and Social Security number or employer identification number are required. Failure to provide this information may result in a $50 penalty.

Points, often called loan origination fees, maximum loan charges, loan discounts, or discount points, are prepaid interest. Points that the seller pays for on behalf of the borrower are treated as being paid by the borrower, allowing the borrower, not the seller, to deduct these points as interest.

The full amount of paid points cannot be 100% deducted in the year of purchase or refinance. Points are considered prepaid interest and are generally deducted over the life of the mortgage on an annual basis. The taxpayer can fully deduct points in the year paid if they meet the following tests:

1. The primary home secures the loan.
2. Where the loan was originated a proven business practice is paying loans.
3. Points paid were less than the points that are charged in the area.
4. Cash method of accounting was used.
5. The points were not used to pay such items as appraisal fees, attorney fees, and property taxes.
6. The loan is used to purchase or build the main home.
7. Points were based on a percentage of the principal amount of the mortgage.
8. The funds provided at or before closing, plus any points the seller paid, were at least as much as the points charged.
9. On the buyers closing statement the amount is clearly indicated as points charged for the mortgage. The points may be shown as paid from either the buyer's or seller's funds.

Points paid when borrowing money for a refinance are normally deductible over the life of the loan, to qualify to deduct the point in the year of the refinance, the taxpayer must qualify for the first 6 of the above list. If the taxpayer pays off a mortgage early, the taxpayer can deduct the remaining points in the year the loan was paid off. Points are currently deductible only if paid from the taxpayer's funds. Financed points must be deducted over the life of the loan. If the taxpayer refinances and ends the loan, the remaining points are deducted when the life of the loan ends.

Formulario 1098, *Declaración de intereses hipotecarios*, suele incluir los montos pagados de los intereses hipotecarios, los impuestos sobre bienes inmuebles y los puntos (definidos a continuación). Las compañías hipotecarias suelen "vender" hipotecas durante el año. Si esto ocurre, el contribuyente podría recibir un Formulario 1098 de cada compañía hipotecaria.

El Señor 1040 dice: No olvide preguntarles a sus clientes si le han pagado a más de una compañía hipotecaria. Si tienen más de un Formulario 1098, pregunte si es por una segunda hipoteca o si compraron y vendieron casas durante el año.

Los intereses hipotecarios pagados a una persona física que no se emiten en el Formulario 1098 se declaran en la línea 8b del Anexo A. Se requiere el nombre del beneficiario y el número de Seguro Social o el número de identificación del empleador. El hecho de no proporcionar esta información puede dar lugar a una sanción de $50.

Los puntos, a menudo denominados comisiones de apertura del préstamo, cargos máximos del préstamo, descuentos del préstamo o puntos de descuento, son intereses pagados por adelantado. Los puntos que el vendedor paga en nombre del prestatario se consideran pagados por éste, lo que le permite al prestatario, y no al vendedor, deducirlos como intereses.

El monto total de los puntos pagados no puede deducirse al 100% en el año de la compra o refinanciamiento. Los puntos se consideran un interés prepagado y, por lo general, se deducen a lo largo de la vida de la hipoteca de forma anual. El contribuyente puede deducir totalmente los puntos en el año en que los paga si cumple las siguientes pruebas:

1. La vivienda principal garantiza el préstamo.
2. En el lugar donde se originó el préstamo, una práctica comercial probada es el pago de los préstamos.
3. Los puntos pagados fueron inferiores a los que se cobran en la zona.
4. Se utilizó el método de contabilidad de caja.
5. Los puntos no se utilizaron para pagar conceptos como los honorarios de la tasación, los honorarios de los abogados y los impuestos sobre la propiedad.
6. El préstamo se utiliza para comprar o construir la vivienda principal.
7. Los puntos se basaban en un porcentaje del monto principal de la hipoteca.
8. Los fondos aportados en el momento del cierre o antes, más los puntos que pagó el vendedor, fueron como mínimo iguales a los puntos cobrados.
9. En la declaración de cierre de los compradores, la cantidad se indica claramente como puntos cobrados por la hipoteca. Los puntos pueden aparecer como pagados con los fondos del comprador o del vendedor.

Los puntos pagados al pedir un préstamo para un refinanciamiento son normalmente deducibles a lo largo de la vida del préstamo, para tener derecho a deducir el punto en el año del refinanciamiento, el contribuyente debe tener derecho a los 6 primeros de la lista anterior. Si el contribuyente cancela una hipoteca antes de tiempo, puede deducir los puntos restantes en el año en que se canceló el préstamo. Actualmente, los puntos solo son deducibles si se pagan con fondos del contribuyente. Los puntos financiados deben deducirse a lo largo de la vida del préstamo. Si el contribuyente refinancia y termina el préstamo, los puntos restantes se deducen cuando termina la vida del préstamo.

Itemized Deductions

Mortgage Insurance Premiums

Mortgage Insurance Premiums has been extended through December 31, 2021. Mortgage insurance premiums paid by a taxpayer in connection with acquisition indebtedness on a qualified residence are treated as qualified residence interest and are deductible. Box 4 of Form 1098 will show the amount the taxpayer paid for insurance premiums paid in 2021.

Qualified mortgage insurance is mortgage insurance provided by the Department of Veterans Affairs, the Federal Housing Administration, or the Rural Housing Service. These fees are known as funding fees or a guarantee fee. The taxpayer cannot deduct mortgage insurance premiums if the amount on Form 1040, line 8b, is more than $109,000 ($54,500 if married filing separately). The *Mortgage Insurance Premium Worksheet* should be used to figure the deduction. The worksheet can be found in Instructions Form 1040, Schedule A.

Form 1098: 2021

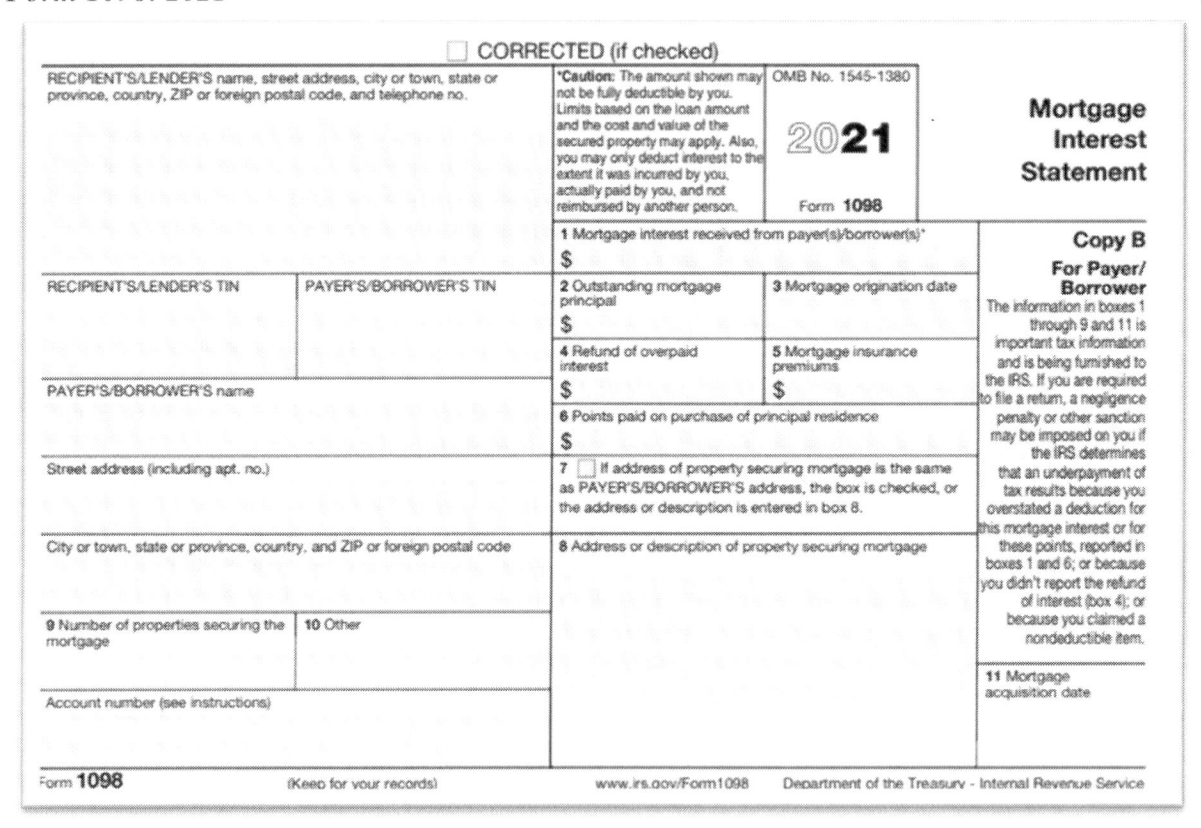

2021 Form 1098

Part 1 Review Questions

To obtain the maximum benefit from this chapter, LTP recommends that you complete each of the following questions, and then compare them to the answers with feedback that immediately follows. Under governing self-study standards, vendors are required to present review questions intermittently throughout each self-study course.

These questions and explanations are not part of the final examination and will not be graded by LTP.

Primas del seguro hipotecario

Las primas de seguro hipotecario se han prorrogado hasta el 31 de diciembre de 2021. Las primas de seguro hipotecario pagadas por un contribuyente en relación con el endeudamiento de adquisición de una residencia cualificada se tratan como intereses de la residencia cualificada y son deducibles. En la casilla 4 del Formulario 1098 aparecerá el monto que el contribuyente ha pagado por las primas de seguro abonadas en 2021.

El seguro hipotecario cualificado es un seguro hipotecario proporcionado por el Departamento de Asuntos de los Veteranos, la Administración Federal de la Vivienda o el Servicio de Vivienda Rural. Estas tasas se conocen como tasas de financiamiento o de garantía. El contribuyente no puede deducir las primas del seguro hipotecario si el monto de la línea 8b del Formulario 1040 es superior a $109,000 ($54,500 si está casado y presenta la declaración por separado). La *hoja de cálculo de la prima del seguro hipotecario* debe utilizarse para calcular la deducción. La hoja de cálculo se encuentra en el Anexo A, instrucciones del Formulario 1040.

Formulario 1098: 2021

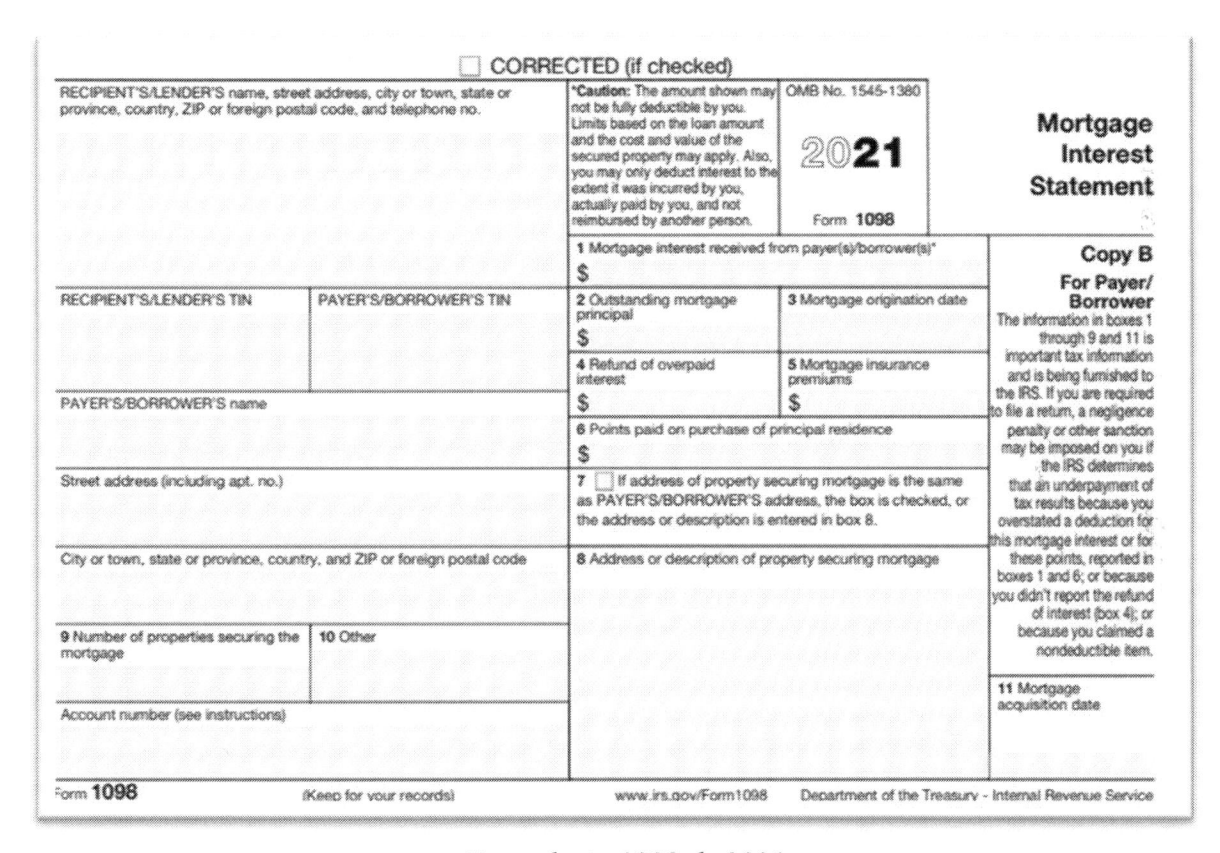

Formulario 1098 de 2021

Parte 1 Preguntas de repaso

Para obtener el máximo beneficio de este curso, LTP recomienda que complete cada una de las preguntas a continuación, y luego las compare con las respuestas de los comentarios que se proporcionan posteriormente. Según los estándares reguladores de autoaprendizaje, los proveedores deben presentar preguntas de repaso de manera intermitente a lo largo de cada curso de autoaprendizaje.

Estas preguntas y explicaciones no son parte del examen final y no serán calificadas por LTP.

Itemized Deductions

IDP1.1
Pam is 65; at which percentage will she begin deducting her federal medical expenses?

 a. More than 10% of her adjusted gross income.
 b. More than 8% of her adjusted gross income.
 c. She cannot claim medical expenses because of her age.
 d. 7.5% of her adjusted gross income.

IDP1.2
Which of the following is not a deductible medical and dental expense?

 a. Artificial limbs
 b. False teeth
 c. Eyeglasses
 d. Maternity clothes

IDP1.3
John and his wife Cynthia are filing MFS. John is itemizing his deductions. Which of the following is true?

 a. Cynthia must file single and take the standard deduction.
 b. Cynthia must file head of household.
 c. Cynthia must itemize her deductions.
 d. Cynthia must itemize only if she has enough deductions.

IDP1.4
Which of the following taxes can be deducted on federal Schedule A, lines 5-7?

 a. Fines and penalties
 b. Real estate taxes
 c. Federal income tax withholding
 d. Tattoo removal

IDP1.5
Catherine's total taxes paid on Schedule A, line 5e, are $14,500. How much will she deduct?

 a. $10,000
 b. $12,500
 c. $12,200
 d. $24,400

Part 1 Review Questions Answers

IDP1.1
Pam is 65; at which percentage will she begin deducting her federal medical expenses?

 a. More than 10% of her adjusted gross income.
 b. More than 8% of her adjusted gross income.
 c. She cannot claim medical expenses because of her age.
 d. 7.5% of her adjusted gross income.

Feedback: Review section *Medical and Dental Expenses*.

IDP1.1
Pam tiene 65 años; ¿a partir de qué porcentaje empezará a deducir sus gastos médicos federales?

   a. Más del 10% de sus ingresos brutos ajustados.
   b. Más del 8% de sus ingresos brutos ajustados.
   c. No puede reclamar gastos médicos debido a su edad.
   d. 7.5% de sus ingresos brutos ajustados.

IDP1.2
¿Cuál de los siguientes no es un gasto médico y dental deducible?

   a. Extremidades artificiales
   b. Dientes falsos
   c. Anteojos
   d. Ropa de maternidad

IDP1.3
John y su esposa Cynthia están presentando su MFS. Juan detalla sus deducciones. ¿Cuál de los siguientes es verdadero?

   a. Cynthia debe presentar una declaración individual y tomar la deducción estándar.
   b. Cynthia debe presentar su declaración como jefa de casa.
   c. Cynthia debe detallar sus deducciones.
   d. Cynthia debe detallar solo si tiene suficientes deducciones.

IDP1.4
¿Cuál de los siguientes impuestos puede ser deducido en las líneas 5-7 del Anexo A federal?

   a. Multas y penalizaciones.
   b. Impuestos sobre bienes inmuebles.
   c. Retención de impuestos federales sobre la renta.
   d. Eliminación de tatuajes.

IDP1.5
El total de impuestos pagados por Catherine en la línea 5e del Anexo A es de $14,500. ¿Cuánto va a deducir?

   a. $10,000
   b. $12,500
   c. $12,200
   d. $24,400

Parte 1 Respuestas a las preguntas de repaso

IDP1.1
Pam tiene 65 años; ¿a partir de qué porcentaje empezará a deducir sus gastos médicos federales?

   a. Más del 10% de sus ingresos brutos ajustados.
   b. Más del 8% de sus ingresos brutos ajustados.
   c. No puede reclamar gastos médicos debido a su edad.
   d. 7.5% de sus ingresos brutos ajustados.

Comentarios: Revise la sección *Gastos médicos y dentales*.

Itemized Deductions

IDP1.2
Which of the following is not a deductible medical and dental expense?

a. Artificial limbs
b. False teeth
c. Eyeglasses
d. Maternity clothes

Feedback: Review section *Medical and Dental Expenses*.

IDP1.3
John and his wife Cynthia are filing MFS. John is itemizing his deductions. Which of the following is true?

a. Cynthia must file single and take the standard deduction.
b. Cynthia must file head of household.
c. Cynthia must itemize her deductions.
d. Cynthia must itemize only if she has enough deductions.

Feedback: Review section *Itemizing While Married Filing Separate*.

IDP1.4
Which of the following taxes can be deducted on federal Schedule A, lines 5-7?

a. Fines and penalties
b. Real estate taxes
c. Federal income tax withholding
d. Tattoo removal

Feedback: Review section *Real Estate Taxes*.

IDP1.5
Catherine's total taxes paid on Schedule A, line 5e, are $14,500. How much will she deduct?

a. $10,000
b. $14,500
c. $12,200
d. $24,400

Feedback: Review section *State and Local General Sales Tax (SALT)*.

Part 2 Charity and Casualty and Theft Losses

There are two ways to donate to a bonified nonprofit: cash and noncash. The taxpayer could receive a tax benefit based on the amount of the contribution and the taxpayer's adjusted gross income. Casualty is when the taxpayer has lost property by destruction that is sudden or unexpected. Theft is when an individual takes another individual's belongings with the intent to deprive the owner.

IDP1.2
¿Cuál de los siguientes no es un gasto médico y dental deducible?

    a. Extremidades artificiales
    b. Dientes falsos
    c. Anteojos
    d. Ropa de maternidad

Comentarios: Revise la sección *Gastos médicos y dentales.*

IDP1.3
John y su esposa Cynthia están casados y presentando sus declaraciones de forma separada. Juan detalla sus deducciones. ¿Cuál de los siguientes es verdadero?

    a. Cynthia debe presentar una declaración individual y tomar la deducción estándar.
    b. Cynthia debe presentar su declaración como jefa de casa.
    c. Cynthia debe detallar sus deducciones.
    d. Cynthia debe detallar solo si tiene suficientes deducciones.

Comentarios: Revise la sección *Presentar el detalle mientras se está casado y declara por separado.*

IDP1.4
¿Cuál de los siguientes impuestos puede ser deducido en las líneas 5-7 del Anexo A federal?

    a. Multas y penalizaciones.
    b. Impuestos sobre bienes inmuebles.
    c. Retención de impuestos federales sobre la renta.
    d. Eliminación de tatuajes.

Comentarios: Revise la sección de *Impuestos sobre bienes inmuebles.*

IDP1.5
El total de impuestos pagados por Catherine en la línea 5e del Anexo A es de $14,500. ¿Cuánto va a deducir?

    a. $10,000
    b. $14,500
    c. $12,200
    d. $24,400

Comentario: Revise la sección del *Impuesto general estatal y local sobre las ventas (SALT).*

Parte 2 Caridad y pérdidas por hechos fortuitos y robos

Hay dos formas de donar a una organización sin ánimo de lucro bonificada: en efectivo y no en efectivo. El contribuyente podría recibir un beneficio tributario basado en el monto de la contribución y la renta bruta ajustada del contribuyente. El hecho fortuito es cuando el contribuyente ha perdido bienes por una destrucción repentina o inesperada. El robo se produce cuando un individuo se apropia de las pertenencias de otro con la intención de privar al propietario.

Itemized Deductions

Gifts to Charity

Contributions made to "qualified domestic organizations" by individuals and corporations are deductible as charitable contributions. Contributions of money or property, such as clothing, to qualified organizations may be deducted. Dues, fees, or bills to clubs, lodges, fraternal orders, civic leagues, political groups, for-profit organizations, or similar groups are not deductible. Gifts of money or property given to an individual are also not deductible, even if they were given for altruistic reasons. Raffle tickets or church bingo games would not be a deductible expense (they may count as gambling expenses). Another nondeductible item are Super Bowl squares by qualified domestic organizations. If the taxpayer received a benefit (for example, a gift of $60) from the donation, the donation amount must be reduced by the value of the benefit.

Cash Contributions

Cash contributions include those paid by cash, checks, electronic funds transfer, debit card, credit card, or payroll deduction. Cash contributions are not deductible regardless of the amount unless the taxpayer keeps one of the following:

- A bank record that shows the name of the qualified organization, the date of the contribution, and the amount of the contribution. Bank records may include:
    - A canceled check.
    - A bank or credit union statement.
    - A credit card statement.
- A receipt or a letter or other written communication from the qualified organization showing the name of the organization, the date of the contribution, and the amount of the contribution.
- The payroll deduction records or a pledge card or other document prepared by the organization. The document from the organization must show the name of the organization.

The tax professional should not overlook charitable contributions made through payroll deductions; they would appear on the taxpayer's last check stub or W-2. Make sure that the payroll deductions are not pretax contributions. Pretax contributions are not deductible. Advise your clients to make donations with checks, not cash. Make sure they get a receipt for all cash donations.

For payroll deduction contributions, one must keep the following:

- A pay stub, Form W-2, or other document furnished by the taxpayer's employer that shows the date and amount of the contribution.
- A pledge card or other document prepared by or for the qualified organization that shows the name of the organization.

The written communication must include the name of the charity, the date of the contribution, and the amount of the contribution. If the contribution was more than $250, the taxpayer should receive a statement from the charitable organization. When figuring the $250 or more, do not combine separate donations. The charitable organization must include the following on the letter or statement:

- The amount of money that was contributed and a description of any property that was donated.

Deducciones detalladas

Regalos a la caridad

Las contribuciones realizadas a "organizaciones nacionales cualificadas" por particulares y empresas son deducibles como contribuciones caritativas. Se pueden deducir las contribuciones de dinero o bienes, como ropa, a organizaciones cualificadas. No son deducibles las cuotas, honorarios o facturas a clubes, logias, órdenes fraternales, ligas cívicas, grupos políticos, organizaciones con fines de lucro o grupos similares. Tampoco son deducibles las donaciones de dinero o bienes hechas a una persona, aunque se hayan hecho por motivos altruistas. Las rifas o los juegos de bingo de la iglesia no serían un gasto deducible (pueden contar como gastos de juego). Otro artículo no deducible son las plazas del Super Bowl de las organizaciones nacionales cualificadas. Si el contribuyente recibió un beneficio (por ejemplo, un regalo de $60) de la donación, el monto de la donación debe reducirse en el valor del beneficio.

Contribuciones en efectivo

Las contribuciones en efectivo incluyen las pagadas en efectivo, cheques, transferencia electrónica de fondos, tarjeta de débito, tarjeta de crédito o deducción de la nómina. Las contribuciones en efectivo no son deducibles, independientemente de su monto, a menos que el contribuyente mantenga una de las siguientes condiciones:

- ➢ Un registro bancario que muestre el nombre de la organización cualificada, la fecha de la contribución y el monto de la misma. Los registros bancarios pueden incluir:
    - o Un cheque cancelado.
    - o Un extracto del banco o de la cooperativa de crédito.
    - o Un extracto de la tarjeta de crédito.
- ➢ Un recibo o una carta u otra comunicación escrita de la organización cualificada que muestre el nombre de la organización, la fecha de la contribución y el monto de la misma.
- ➢ Los registros de deducción de la nómina o una tarjeta de compromiso u otro documento preparado por la organización. El documento de la organización debe mostrar el nombre de la organización.

El profesional tributario no debe pasar por alto las contribuciones caritativas realizadas a través de las deducciones de nómina; aparecerían en el último talón de cheque o W-2 del contribuyente. Asegúrese de que las deducciones de la nómina no sean contribuciones antes de impuestos. Las contribuciones antes de impuestos no son deducibles. Aconseje a sus clientes que hagan donaciones con cheques, no en efectivo. Asegúrese de que reciban un recibo por todas las donaciones en efectivo.

En el caso de las contribuciones por deducción de la nómina, hay que guardar lo siguiente:

- ➢ Un recibo de nómina, el Formulario W-2 u otro documento proporcionado por el empleador del contribuyente que muestre la fecha y el monto de la contribución.
- ➢ Una tarjeta de compromiso u otro documento preparado por o para la organización cualificada que muestre el nombre de la organización.

La comunicación escrita debe incluir el nombre de la organización caritativa, la fecha de la contribución y el monto de la misma. Si la contribución fue superior a $250, el contribuyente debe recibir una declaración de la organización caritativa. Cuando calcule los $250 o más, no combine las donaciones por separado. La organización caritativa debe incluir lo siguiente en la carta o declaración:

- ➢ La cantidad de dinero que se ha contribuido y una descripción de los bienes que se han donado.

Itemized Deductions

> ➢ Whether or not the organization provided goods or services to the taxpayer in return, a description and estimate value of the taxpayer's contribution must be included.

If the taxpayer is unable to use Schedule A and does charitable contributions, they can deduct $300 on line 12b of Form 1040, or $600 for those filing jointly.

If the taxpayer overstates their charitable deductions and that results in understating their tax liability, the taxpayer could be assessed a penalty of 20% of the total deduction amount if more than 10% of the amount is owed. The taxpayer could also have to pay the underpayment of penalty for understating the amount if more than $5,000.

Other Than by Cash or Check

If the taxpayer gives items such as clothing or furniture, the taxpayer will be able to deduct the fair market value (FMV) at the time of the donation. The FMV is what a willing buyer would pay to purchase when both the buyer and seller are aware of the condition of the sale. If the noncash deduction amount is over $500, the taxpayer must fill out Form 8283. If the contribution is a motor vehicle, boat, or airplane, the organization accepting the donation must issue the taxpayer Form 1098-C with the required information for the taxpayer to attach it to Form 8283. If the deduction is over $5,000, for one item, the taxpayer must get an appraisal of the donated property.

When taxpayers donate noncash items, they must keep a list of the items donated as well as obtain and keep the receipt. Donated items are priced according to their resale value, not the price of the item when it was purchased. See Instructions Schedule A.

If noncash charitable contributions are made with a value of more than $500, the taxpayer is required to complete Form 8283, *Noncash Charitable Contributions*, and attach it to the return. Use Section A of Form 8283 to report noncash contributions for which the taxpayer claimed a deduction of $5,000 or less per item (or group of similar items). Also, use Section A to report contributions of publicly-traded securities. Complete Section B, Form 8283, for each deduction over $5,000 claimed for one item or group of similar items. A separate Form 8283 must be submitted for separate contributions over $5,000 to different organizations. The organization that received the property must complete and sign Part IV of Section B.

The IRS may disallow deductions for noncash charitable contributions if they are more than $500 and if Form 8283 is not submitted with the return. See Publication 526 and Schedule A Instructions.

Contributions of Property Placed in Trust

When property has been placed in a trust and the trustees make a charitable deduction from the trust, the deduction is not allowed. If the property was placed in a remainder trust, then the deduction would be allowed. See IRC Code Section170(f)(13).

> Independientemente de que la organización le haya proporcionado bienes o servicios al contribuyente a cambio, debe incluirse una descripción y un valor estimado de la contribución del contribuyente.

Si el contribuyente no puede utilizar el Anexo A y realiza contribuciones caritativas, puede deducir $300 en la línea 12b del Formulario 1040, o $600 para los que declaran conjuntamente.

Si el contribuyente exagera sus deducciones caritativas y eso da lugar a una infravaloración de su cuota tributaria, se le puede imponer una sanción del 20% del monto total de la deducción si se debe más del 10% de la misma. El contribuyente también podría tener que pagar la multa por infravaloración del monto si es superior a $5,000.

Otros medios que no sean efectivo o cheque

Si el contribuyente dona artículos como ropa o muebles, podrá deducir el valor justo de mercado (FMV) en el momento de la donación. El FMV es lo que pagaría un comprador dispuesto a comprar cuando tanto el comprador como el vendedor conocen las condiciones de la venta. Si el monto de la deducción no monetaria es superior a $500, el contribuyente debe llenar el Formulario 8283. Si la contribución es un vehículo motorizado, una embarcación o un avión, la organización que acepta la donación debe emitirle al contribuyente el Formulario 1098-C con la información requerida para que el contribuyente lo adjunte al Formulario 8283. Si la deducción es superior a $5,000, para un artículo, el contribuyente debe obtener una tasación de los bienes donados.

Cuando los contribuyentes donan artículos no monetarios, deben llevar una lista de los artículos donados, así como obtener y conservar el recibo. Los artículos donados se cotizan según su valor de reventa, no según el precio del artículo cuando se compró. Consulte las instrucciones del Anexo A.

Si se realizan contribuciones caritativas que no sean en efectivo por un valor superior a $500, el contribuyente debe llenar el Formulario 8283, *Contribuciones caritativas no en efectivo*, y adjuntarlo a la declaración. Utilice la sección A del Formulario 8283 para declarar las contribuciones que no son en efectivo por las que el contribuyente solicitó una deducción de $5,000 o menos por artículo (o grupo de artículos similares). Asimismo, utilice la sección A para declarar las contribuciones de valores que cotizan en bolsa. Complete la sección B del Formulario 8283 por cada deducción superior a $5,000 solicitada por un artículo o grupo de artículos similares. Se debe presentar un Formulario 8283 por separado para las contribuciones de más de $5,000 a diferentes organizaciones. La organización que ha recibido los bienes debe llenar y firmar la Parte IV de la sección B.

El IRS puede rechazar las deducciones por contribuciones caritativas no monetarias si son superiores a $500 y si no se presenta el Formulario 8283 con la declaración. Consulte la Publicación 526 y las instrucciones para el Anexo A.

Contribuciones de propiedad colocada en fideicomiso

Cuando la propiedad ha sido colocada en un fideicomiso y los fideicomisarios hacen una deducción caritativa del fideicomiso, la deducción no está permitida. Si la propiedad se colocó en un fideicomiso restante, entonces se permitiría la deducción. Consulte la Sección 170(f)(13) del Código IRC.

Car Expenses

If the taxpayer claims expenses directly related to the use of their car when providing services to a qualified organization, the taxpayer must keep reliable written records of expenses. For example, the taxpayer's records might show the name of the organization the taxpayer was serving and the dates the car was used for a charitable purpose. The taxpayer would use the standard mileage rate of 14 cents a mile, records must show the miles driven for the charitable purpose.

Canadian, Israeli, and Mexican Charities

The taxpayer may be able to deduct contributions to certain charitable organizations under the income tax treaty United States has with Mexico, Canada, and Israel. These organizations must meet tests like the ones used to qualify U.S. organizations to receive deductible contributions. The organization would be able to tell the taxpayer if they meet the necessary test. See Publication 526.

Taxpayer Must Keep Records

Records prove the amount of the contributions one makes during the year. The types of records to keep depends on the amount of the contributions and whether they include any of the following:

- Cash contributions.
- Noncash contributions.
- Out-of-pocket expenses when volunteering.

Organizations are usually required to give a written statement if they receive a payment that is more than $75 and is partly a contribution and partly a payment made in exchange for goods or services. The statement should be kept with the taxpayer's records. See Revenue Procedure 2006-50, 2006-47 I.R.B. 944.

Adjustments for Charitable Cash Contributions Nonitemizers has not Been Extended.

The above line charitable contribution has not been extended for 2022 for taxpayers who were unable to itemize their deductions. The charitable amount was $300 for single and $600 for married filing jointly tax return.

Other Itemized Deductions

The following items can be claimed on Schedule A, line 16:

- Gambling losses up to the extent of gambling winnings.
- Casualty and theft losses from income-producing property.
- An ordinary loss attributable to a contingent payment debt instrument or an inflation-indexed debt instrument.
- Amortizable premiums on taxable bonds purchased before October 23, 1986.
- Certain unrecovered investments in a pension.

Gastos de automóvil

Si el contribuyente reclama gastos directamente relacionados con el uso de su automóvil cuando presta servicios a una organización cualificada, el contribuyente debe mantener registros escritos fiables de los gastos. Por ejemplo, los registros del contribuyente podrían mostrar el nombre de la organización a la que el contribuyente prestaba servicio y las fechas en las que el automóvil se utilizó con fines caritativos. El contribuyente utilizaría la tasa estándar de millaje de 14 centavos por milla, los registros deben mostrar las millas conducidas para el propósito caritativo.

Organizaciones caritativas canadienses, israelíes y mexicanas

El contribuyente puede deducir las contribuciones a determinadas organizaciones caritativas en virtud del tratado de impuestos sobre la renta que Estados Unidos tiene con México, Canadá e Israel. Estas organizaciones deben cumplir pruebas como las que se utilizan para calificar a las organizaciones estadounidenses para recibir contribuciones deducibles. La organización podría indicarle al contribuyente si cumple la prueba necesaria. Consulte la Publicación 526.

El contribuyente debe llevar un registro

Los registros prueban el monto de las contribuciones que uno hace durante el año. Los tipos de registros que deben conservarse dependen del monto de las contribuciones y de si incluyen alguno de los siguientes elementos:

- Contribuciones en efectivo.
- Contribuciones que no son en efectivo.
- Gastos de bolsillo en el voluntariado.

Las organizaciones suelen estar obligadas a presentar una declaración por escrito si reciben un pago superior a $75 y que sea en parte una contribución y en parte un pago realizado a cambio de bienes o servicios. La declaración debe conservarse con los registros del contribuyente. Consulte los Procedimientos Administrativos Tributarios 2006-50, 2006-47 I.R.B. 944.

Los ajustes por contribuciones caritativas en efectivo no se han extendido.

La contribución caritativa de la línea anterior no se ha extendido para 2022 para los contribuyentes que no pudieron detallar sus deducciones. El monto caritativo fue de $300 para solteros y $600 para casados que presentan una declaración de impuestos conjunta.

Otras deducciones detalladas

Los siguientes elementos se pueden reclamar en la línea 16 del Anexo A:

- Pérdidas en apuestas hasta el límite de las ganancias en apuestas.
- Pérdidas por hechos fortuitos y robos de bienes productores de ingresos.
- Una pérdida ordinaria atribuible a un instrumento de deuda de pago contingente o a un instrumento de deuda indexado a la inflación.
- Primas amortizables de bonos imponibles adquiridos antes del 23 de octubre de 1986.
- Ciertas inversiones no recuperadas en una pensión.

Itemized Deductions

> ➤ Impairment-related work experience of persons with disabilities.
> ➤ Federal estate tax on income with the respect of a decedent.
> ➤ Deductions for repayment of amounts under a claim of right if over $3,000. See Publication 525.

See Instructions Schedule A.

Gambling Losses

The taxpayer must report the full amount of any gambling winnings for the year. The taxpayer will deduct gambling losses for the year on line 16, Schedule A (Form 1040). The taxpayer may claim gambling losses up to the amount of gambling winnings. Taxpayers cannot reduce gambling winnings by gambling losses and report the difference; they must report the full amount of their winnings as income and claim their losses up to the amount of winnings as an itemized deduction. Therefore, the taxpayer's records should show winnings separately from losses. The taxpayer must keep an accurate diary or similar record of losses and winnings. The diary should contain at least the following information:

> ➤ The date and type of specific wages or wagering activity.
> ➤ The name and address or location of the gambling establishment.
> ➤ The names of other persons present with the taxpayer at the gambling establishment.
> ➤ The amount(s) won or lost.

Casualty and Theft Losses

A casualty is the damage, destruction, or loss of property resulting from an identifiable event that is sudden, unexpected, or unusual. A loss on deposits can occur when a bank, credit union, or other financial institution becomes insolvent or bankrupt. When property is damaged or destroyed as a result of hurricanes, earthquakes, tornadoes, fires, vandalism, car accidents, and similar events, it is called a casualty loss. A casualty loss must be sudden and unexpected, so damages that occur over time do not qualify. Theft is the unlawful taking and removing of money or property with the intent to deprive the owner.

Before January 1, 2018, if theft occurred, the taxpayer completed Form 4684, *Casualty and Theft*, and attach it to the return. The loss calculated on Form 4684 was transferred to line 15 of Schedule A. The IRS allowed taxpayers who used Schedule A to deduct these losses with limited coverage.

A casualty loss amount equals the least of the following:

> ➤ The decrease in the fair market value (FMV) of the property as result of the event (in other words, the difference between the property's fair market value immediately before and after the casualty).
> ➤ The adjusted basis in property before the casualty loss, minus any insurance reimbursement.

After figuring a casualty or theft loss and subtracting any reimbursements, one must figure how much of the loss is deductible. To claim a loss as a deduction, each loss amount must have been greater than $100 or greater than 10% of the amount on Form 1040, line 8b, reduced by $100.

- Experiencia laboral relacionada con la incapacidad de las personas con discapacidad.
- Impuesto federal sobre la renta con respecto a un difunto.
- Deducciones por devolución de montos en virtud de una reclamación de derecho si son superiores a $3,000. Consulte la Publicación 525.

Consulte las instrucciones del Anexo A.

Pérdidas en las apuestas

El contribuyente debe declarar el monto íntegro de las ganancias de apuestas del año. El contribuyente deducirá las pérdidas de apuestas del año en la línea 16 del Anexo A (Formulario 1040). El contribuyente puede reclamar las pérdidas en apuestas hasta el monto de sus ganancias en apuestas. Los contribuyentes no pueden reducir las ganancias de las apuestas por las pérdidas de las mismas y declarar la diferencia; deben declarar el monto total de sus ganancias como ingresos y reclamar sus pérdidas hasta el monto de las ganancias como una deducción detallada. Por lo tanto, los registros del contribuyente deben mostrar las ganancias por separado de las pérdidas. El contribuyente debe llevar un diario preciso o un registro similar de las pérdidas y ganancias. El diario debe contener al menos la siguiente información:

- La fecha y el tipo de apuesta o actividad de apuesta específica.
- El nombre y la dirección o ubicación del establecimiento de apuestas.
- Los nombres de otras personas presentes con el contribuyente en el establecimiento de apuestas.
- La(s) cantidad(es) ganada(s) o perdida(s).

Pérdidas por hechos fortuitos y robos

Un hecho fortuito es el daño, la destrucción o la pérdida de bienes resultante de un evento identificable que es repentino, inesperado o inusual. Una pérdida sobre los depósitos puede producirse cuando un banco, cooperativa de crédito u otra institución financiera se declara insolvente o en quiebra. Cuando los bienes resultan dañados o destruidos como consecuencia de huracanes, terremotos, tornados, incendios, vandalismo, accidentes de tráfico y otros sucesos similares, se habla de un hecho fortuito. Un hecho fortuito debe ser repentino e inesperado, por lo que los daños que se producen a lo largo del tiempo no califican. El robo es la toma y sustracción ilegal de dinero o bienes con la intención de privar al propietario.

Antes del 1 de enero de 2018, si se produjo el robo, el contribuyente completó el formulario 4684, *Hechos fortuitos y robos*, y lo adjuntó a la declaración. La pérdida calculada en el Formulario 4684 se trasladó a la línea 15 del Anexo A. El IRS les permitió a los contribuyentes que utilizaron el Anexo A deducir estas pérdidas con una cobertura limitada.

El monto de la pérdida por hecho fortuito es igual al menor de los siguientes:

- La disminución del valor justo de mercado (FMV) de la propiedad como resultado del evento (en otras palabras, la diferencia entre el valor justo de mercado de la propiedad inmediatamente antes y después del hecho fortuito).
- La base ajustada de los bienes antes de la pérdida por hecho fortuito, menos cualquier reembolso del seguro.

Una vez calculada la pérdida por hecho fortuito o por robo y restado cualquier reembolso, hay que calcular qué parte de la pérdida es deducible. Para reclamar una pérdida como deducción, cada monto de la pérdida debe haber sido superior a $100 o superior al 10% del monto de la línea 8b del Formulario 1040, reducido en $100.

After December 31, 2017, theft losses can no longer be claimed, and casualty losses can only be claimed if they are the result of an event that was officially declared a federal disaster by the President of the United States. Apart from this, casualty losses are still calculated using the same methods explained above. Form 4684, *Casualty and Theft*, must still be attached to the tax return. If the taxpayer has a net qualified disaster loss on Form 4684, line 15, and has not itemized deductions, the taxpayer may qualify for an increased standard deduction.

Disasters and Casualties

If damage from a casualty is to personal, income-producing, or business property, taxpayers may be able to claim a casualty loss deduction on their tax return. Taxpayers must generally deduct a casualty loss in the year it occurred. However, if the property was damaged as a result of a federally declared disaster, taxpayers can choose to deduct that loss on their return for the tax year immediately preceding the year in which the disaster happened. A federally declared disaster is a disaster that took place in an area declared by the President to be eligible for federal assistance. Taxpayers can amend a tax return by filing Form 1040X, *Amended U.S. Individual Income Tax Return*.

Disaster Relief

The following website is where a taxpayer and tax professional can find the list of presidentially declared disaster areas: https://www.irs.gov/newsroom/tax-relief-in-disaster-situations.

Tips on Reconstructing Tax Records for a Disaster

Reconstructing records after a disaster may be essential for tax purposes and for obtaining federal assistance or insurance reimbursement. After a disaster, taxpayers might need certain records to prove their loss. The more accurately a loss is estimated, the more loan and grant money may be available.

Below are tips to help the taxpayer gather the necessary information to reconstruct their records regarding their personal residence and real property. A piece of real estate is not just the land but is also anything built on, growing on, or attached to the land.

- ➢ Take photographs or videos as soon as possible after the disaster. This establishes the extent of the damage.
- ➢ Contact the title company, escrow company, or bank that handled the purchase of the home to get copies of the original documents. Real estate brokers may also be able to help.
- ➢ Use the current property tax statement for land-versus-building ratios if available. If they are not available, owners could get copies from the county assessor's office.
- ➢ The basis or fair market value of the home needs to be established. This can be completed by reviewing comparable sales within the neighborhood or by contacting an appraisal company or visiting a website that provides home valuations.

Después del 31 de diciembre de 2017, ya no se pueden reclamar las pérdidas por robo, y las pérdidas por hechos fortuitos solo se pueden reclamar si son el resultado de un evento que haya sido declarado oficialmente como desastre federal por el presidente de los Estados Unidos. Aparte de esto, las pérdidas por hechos fortuitos se siguen calculando con los mismos métodos explicados anteriormente. El formulario 4684, *Hechos fortuitos y robos*, debe seguir adjuntándose a la declaración de impuestos. Si el contribuyente tiene una pérdida neta calificada por desastre en la línea 15 del Formulario 4684 y no ha detallado las deducciones, el contribuyente puede calificar para una deducción estándar incrementada.

Desastres y hechos fortuitos

Si los daños causados por un hecho fortuito afectan a bienes personales, productores de ingresos o comerciales, los contribuyentes pueden solicitar una deducción por pérdidas por hecho fortuito en su declaración de impuestos. Por lo general, los contribuyentes deben deducir una pérdida por hecho fortuito en el año en que se produjo. Sin embargo, si la propiedad fue dañada como resultado de un desastre declarado por el gobierno federal, los contribuyentes pueden optar por deducir esa pérdida en su declaración del año tributario inmediatamente anterior al año en que ocurrió el desastre. Un desastre declarado por el gobierno federal es un desastre que tuvo lugar en una zona declarada por el presidente como susceptible de recibir ayuda federal. Los contribuyentes pueden enmendar una declaración de impuestos presentando el Formulario 1040X, *Declaración de Impuestos Individuales Enmendada*.

Ayuda para desastres

El siguiente sitio web es donde el contribuyente y el profesional tributario pueden encontrar la lista de las zonas declaradas como desastre por el presidente: https://www.irs.gov/newsroom/tax-relief-in-disaster-situations.

Consejos para reconstruir los registros tributarios en caso de desastre

Reconstruir los registros después de un desastre puede ser esencial a efectos tributarios y para obtener ayudas federales o el reembolso del seguro. Después de un desastre, los contribuyentes pueden necesitar ciertos registros para demostrar su pérdida. Cuanto más precisa sea la estimación de una pérdida, más dinero para préstamos y subvenciones podrá estar disponible.

A continuación, se ofrecen consejos para ayudar al contribuyente a reunir la información necesaria para reconstruir sus registros en relación con su residencia personal y sus bienes inmuebles. Un bien inmueble no es solo el terreno, sino también todo lo que se construye, crece o se adhiere a él.

- Tome fotografías o videos lo antes posible después del desastre. Esto establece el alcance de los daños.
- Comuníquese con la empresa de títulos, la empresa de depósitos en garantía o el banco que gestionó la compra de la vivienda para obtener copias de los documentos originales. Los agentes inmobiliarios también pueden ayudar.
- Utilice la declaración actual del impuesto sobre la propiedad para las relaciones entre el terreno y el edificio, si está disponible. Si no están disponibles, los propietarios pueden obtener copias en la oficina del asesor del condado.
- Es necesario establecer la base o el valor justo de mercado de la vivienda. Esto se puede hacer revisando las ventas comparables dentro del vecindario o comunicándose con una empresa de tasación o visitando un sitio web que ofrezca valoraciones de viviendas.

- ➢ The mortgage company copies of appraisals or other information needed regarding cost or fair market value in the area.
- ➢ Insurance policies list the value of the building, which initiates a base figure for replacement value insurance.
- ➢ If improvements were made to the home, contact the contractors who did the work to see if records are available. Get statements from the contractors that state their work and its cost.
    - o Get written accounts from friends and relatives who saw the house before and after any improvements. See if any of them have photos taken at get-togethers.
    - o If there is a home improvement loan, get paperwork from the institution that issued the loan. The amount of the loan may help establish the cost of the improvements.
- ➢ For inherited property, check court records for probate values. If a trust or estate existed, contact the attorney who handled the estate or trust.
- ➢ If no other records are available, check the county assessor's office for old records that might address the value of the property.

Other Helpful Agencies

There are several agencies that can help determine the fair market value of most cars on the road. The following are available online resources:

- ➢ Kelley Blue Book: www.kbb.com.
- ➢ National Automobile Dealers Association: www.nadaguides.com.
- ➢ Edmunds: www.edmunds.com.

Call the car dealer where the vehicle was purchased and ask for a copy of the contract. If this is not available, give the dealer the details and ask for a comparable price. If the taxpayer is making payments on the car, another source is the lien holder.

It can be difficult to reconstruct records showing the fair market value of some types of personal property. Here are some things to consider when categorization lost items and their values:

- ➢ Look on mobile phones for pictures that were taken in the home that might show the damaged property in the background before the disaster.
- ➢ Check websites that could establish the cost and fair market value of lost items.
- ➢ Support the valuation with photographs, videos, canceled checks, receipts, or other evidence.
- ➢ If items were purchased using a credit or debit card, contact the credit card company or bank for past statements.

If there are no photos or videos of the property, a simple method to help remember what items were lost is to sketch pictures of each room that was impacted:

- ➢ Draw a floor plan showing where each piece of furniture was placed – include drawers, dressers, and shelves.
- ➢ Sketch pictures of the room looking toward any shelves or tables showing their contents.
- ➢ These do not have to be professionally drawn, just functional.
- ➢ Take time to draw shelves with memorabilia on them.
- ➢ Be sure to include garages, attics, closets, basements, and items on walls.

- La compañía hipotecaria copia las tasaciones u otra información necesaria sobre el costo o el valor justo de mercado en la zona.
- Las pólizas de seguro indican el valor del edificio, que inicia una cifra base para el seguro de valor de reposición.
- Si se realizaron mejoras en la vivienda, comuníquese con los contratistas que realizaron las obras para ver si hay registros disponibles. Obtenga declaraciones de los contratistas que indiquen su trabajo y su costo.
  - Consiga testimonios escritos de amigos y familiares que hayan visto la casa antes y después de las mejoras. Revise si alguno de ellos tiene fotos tomadas en las reuniones.
  - Si existe un préstamo para mejoras en la vivienda, obtenga la documentación de la institución que lo emitió. El monto del préstamo puede ayudar a establecer el costo de las mejoras.
- En el caso de los bienes heredados, compruebe el valor de la herencia en los registros judiciales. Si existía un fideicomiso o una herencia, comuníquese con el abogado que se encargó de la herencia o el fideicomiso.
- Si no hay otros registros disponibles, compruebe en la oficina del tasador del condado si hay registros antiguos que puedan referirse al valor de la propiedad.

Otras agencias útiles

Hay varios organismos que pueden ayudar a determinar el valor justo de mercado de la mayoría de los automóviles en circulación. Los siguientes son recursos disponibles en línea:

- Kelley Blue Book: www.kbb.com.
- Asociación Nacional de Concesionarios de Automóviles: www.nadaguides.com.
- Edmunds: www.edmunds.com.

Llame al concesionario donde compró el vehículo y solicite una copia del contrato. Si no está disponible, facilite al concesionario los datos y solicite un precio comparable. Si el contribuyente está pagando el automóvil, otra fuente es el titular del gravamen.

Puede ser difícil reconstruir los registros que muestran el valor justo de mercado de algunos tipos de bienes personales. He aquí algunos aspectos a tener en cuenta a la hora de clasificar los objetos perdidos y sus valores:

- Busque en los teléfonos móviles fotos que se hayan tomado en la casa y que puedan mostrar la propiedad dañada en el fondo antes del desastre.
- Consulte los sitios web que podrían establecer el costo y el valor justo de mercado de los objetos perdidos.
- Apoye la valoración con fotografías, videos, cheques cancelados, recibos u otras pruebas.
- Si los artículos se compraron con una tarjeta de crédito o débito, comuníquese con la compañía de la tarjeta de crédito o el banco para obtener los extractos anteriores.

Si no hay fotos o videos de la propiedad, un método sencillo para ayudar a recordar qué objetos se perdieron es hacer un dibujo de cada habitación que se vio afectada:

- Dibuje un plano que muestre dónde estaba colocado cada mueble: incluya los cajones, los tocadores y las estanterías.
- Haga un dibujo de la habitación mirando hacia las estanterías o mesas mostrando su contenido.
- No es necesario que estén dibujados profesionalmente, solo que sean funcionales.
- Dedique tiempo a dibujar estanterías con recuerdos.
- Asegúrese de incluir garajes, áticos, armarios, sótanos y objetos en las paredes.

Itemized Deductions

Figuring Loss

Taxpayers may have to reconstruct their records to prove a loss and the amount thereof. To compute loss, determine the decrease in FMV of the property resulting from the casualty or disaster or determine the adjusted basis of the property – this is generally the amount that the property is now worth after events have added to or lessened the value of the amount that was originally paid for the property.

Taxpayers may deduct whichever of these two amounts is smaller after subtracting the amount of any reimbursement provided the taxpayer. Certain deduction limits apply. See Publication 547, *Casualties, Disasters and Thefts*, for details on limits and Publication 551, *Basis of Assets*, for basis information.

If the casualty loss deduction causes a taxpayer's deductions for the year to be more than their income for the year, there may be a net operating loss. For more information, see Publication 536, *Net Operating Losses (NOLs) for Individuals, Estates and Trusts*.

Determining the Decrease in Fair Market Value

Fair market value (FMV) is generally the price for which the property could be sold to a buyer. The decrease in FMV used to figure the amount of a casualty loss is the difference between the property's fair market value immediately before and after the casualty. FMV is generally determined through an appraisal.

Casualty and Theft Losses of Income-Producing Property

Taxpayers can no longer claim a business casualty loss of income-producing property as an itemized deduction. If preparing a tax return from before 2018, use the following information to complete Form 4684:

- Loss from other activities from Schedule K-1 (Form 1065-B), box 2.
- Federal estate tax on income with respect to a decedent.
- Amortizable bond premium on bonds acquired before October 23, 1986.
- Deduction for repayment of amounts under a claim of right if over $3,000 (see Publication 525).
- Certain unrecovered investments in a pension.
- Impairment-related work expenses for a disabled person (see Publication 529).

Business Records

- To create a list of lost inventories, get copies of invoices from suppliers. Whenever possible, the invoices should date back at least one calendar year.
- Check for photos on mobile phones, cameras, and videos of buildings, equipment, and inventory.
- Gathering information about income, get copies from the bank statements. The deposits should reflect what the sales were for the given time period.

Calculando la pérdida

Los contribuyentes pueden tener que reconstruir sus registros para demostrar una pérdida y su monto. Para calcular las pérdidas, hay que determinar la disminución del valor de mercado de los bienes resultante del hecho fortuito o desastre, o determinar la base ajustada de los bienes, que suele ser la cantidad que valen ahora después de que los acontecimientos hayan aumentado o disminuido el valor de la cantidad que se pagó originalmente por los bienes.

Los contribuyentes pueden deducir la que sea menor de estas dos cantidades después de restar el monto de cualquier reembolso proporcionado al contribuyente. Se aplican ciertos límites de deducción. Consulte la Publicación 547, *Hechos Fortuitos, Desastres y Robos*, para obtener detalles sobre los límites y la Publicación 551, *Base de Activos*, para obtener información sobre la base.

Si la deducción de pérdidas por hechos fortuitos hace que las deducciones de un contribuyente para el año sean más que sus ingresos para el año, puede haber una pérdida neta de operación. Para obtener más información, consulte la Publicación 536, *Pérdidas Netas de Operaciones (NOLs) para Individuos, Patrimonios y Fideicomisos*.

Determinación de la disminución del valor justo de mercado

El valor justo de mercado (FMV) es, por lo general, el precio por el que la propiedad podría venderse a un comprador. La disminución del FMV utilizada para calcular el monto de una pérdida por hecho fortuito es la diferencia entre el valor de mercado de la propiedad inmediatamente antes y después del hecho fortuito. El valor de mercado se determina generalmente mediante una tasación.

Pérdidas por hechos fortuitos y robos de bienes que producen ingresos

Los contribuyentes ya no pueden reclamar como deducción detallada las pérdidas por hecho fortuito de los bienes que producen ingresos. Si está preparando una declaración de impuestos anterior a 2018, utilice la siguiente información para completar el Formulario 4684:

- Pérdidas de otras actividades de la casilla 2 del Anexo K-1 (Formulario 1065-B).
- Impuesto federal sobre la renta respecto a un difunto.
- Prima amortizable de bonos adquiridos antes del 23 de octubre de 1986.
- Deducción por devolución de cantidades en virtud de una reclamación de derecho si es superior a $3,000 (consulte la publicación 525).
- Ciertas inversiones no recuperadas en una pensión.
- Gastos de trabajo relacionados con la incapacidad para una persona discapacitada (consulte la publicación 529).

Registros comerciales

- Para crear una lista de inventarios perdidos, obtenga copias de las facturas de los proveedores. Siempre que sea posible, las facturas deben remontarse al menos a un año calendario.
- Compruebe si hay fotos en teléfonos móviles, cámaras y videos de edificios, equipos e inventario.
- Reúna información sobre los ingresos, obtenga copias de los extractos bancarios. Los depósitos deben reflejar lo que fueron las ventas durante el período de tiempo determinado.

Itemized Deductions

- o Get copies of last year's federal, state, and local tax returns. This includes sales tax reports, payroll tax returns, and business licenses from the city or county. These should reflect gross sales for a given time period.
- ➤ If there are no photographs or videos available, sketch an outline of the inside and outside of the business location and then start to fill in the details of the sketches. For example, for the inside of the building, record where equipment and inventory were located. For the outside of the building, map out the locations of items such as shrubs, parking, signs, and awnings.
    - o If the business was pre-existing, go back to the broker for a copy of the purchase agreement. This should detail what was acquired.
    - o If the building was newly constructed, contact the contractor or a planning commission for building plans.

Insurance Payments

If a taxpayer receives funds from an insurance contract for daily living expenses due to damage, destruction or denied access to their primary residence; the amounts received are to compensate or reimburse for living expenses for the taxpayer and their household. See IRC Code Section 123.

Investment Interest

Investment income is income that comes from interest payments, dividends, and capital gains collected upon the sale of a security or other assets, and any other profit made through an investment vehicle of any kind. Generally, individuals earn most of their total net income each year through regular employment income.

An investment interest expense is any amount of interest that is paid on loan proceeds used to purchase investments or securities. Investment interest expenses include margin interest used to leverage securities in a brokerage account and interest on a loan used to buy property held for investment.

The deductions for investment expenses could be limited by the at-risk rules and the passive activity loss limits. It does not include any interest related to passive activities or to securities that generate tax-exempt income. Investment expense deduction is limited to investment income. An example of investment income is interest and ordinary dividend income. Property held for investment purposes includes property that produces interest, dividends, annuities, or royalties that were not earned in the ordinary course of a trade or business. Alaska Permanent Fund dividends are not investment income.

Investment interest does not include any qualified home mortgage interest or any interest taken into account in computing income or loss from a passive activity. The deduction for investment interest expense is limited to the amount of net investment income.

- Obtenga copias de las declaraciones de impuestos federales, estatales y locales del año pasado. Esto incluye informes de impuestos sobre las ventas, declaraciones de impuestos sobre las nóminas y licencias comerciales de la ciudad o el condado. Deben reflejar las ventas brutas de un período de tiempo determinado.
- Si no se dispone de fotografías o videos, haga un esquema del interior y el exterior del local y, a continuación, empiece a llenar los detalles de los bocetos. Por ejemplo, para el interior del edificio, registre dónde se encuentran los equipos y el inventario. Para el exterior del edificio, trace la ubicación de elementos como arbustos, estacionamientos, señales y toldos.
  - Si el negocio era preexistente, vuelva a pedirle al agente una copia del contrato de compraventa. En él se debe detallar lo que se ha adquirido.
  - Si el edificio es de nueva construcción, comuníquese con el contratista o con una comisión de urbanismo para obtener los planos del edificio.

Pagos de seguros

Si un contribuyente recibe fondos de un contrato de seguro para gastos de la vida diaria debido a daños, destrucción o denegación de acceso a su residencia principal; las cantidades recibidas son para compensar o reembolsar los gastos de manutención del contribuyente y su hogar. Consulte la Sección 123 del Código IRC.

Interés de la inversión

Los ingresos de inversión son los ingresos que proceden del pago de intereses, dividendos y ganancias de capital percibidas por la venta de un valor u otros activos, así como cualquier otro beneficio obtenido a través de un vehículo de inversión de cualquier tipo. Por lo general, los individuos obtienen la mayor parte de sus ingresos netos totales cada año a través de los ingresos del empleo regular.

Un gasto de intereses de inversión es cualquier cantidad de intereses que se paga sobre los ingresos de préstamos utilizados para comprar inversiones o valores. Los gastos de intereses de inversión incluyen los intereses de margen utilizados para apalancar valores en una cuenta de corretaje y los intereses de un préstamo utilizado para comprar una propiedad destinada a la inversión.

Las deducciones por gastos de inversión podrían verse limitadas por las normas de riesgo y los límites de pérdidas de actividades pasivas. No incluye ningún interés relacionado con actividades pasivas o con valores que generen ingresos exentos de impuestos. La deducción de los gastos de inversión se limita a los ingresos por inversión. Un ejemplo de ingresos de inversión son los intereses y los ingresos por dividendos ordinarios. Los bienes mantenidos con fines de inversión incluyen los que producen intereses, dividendos, rentas o cánones que no se han obtenido en el curso ordinario de una actividad comercial o empresarial. Los dividendos del Fondo Permanente de Alaska no son ingresos de inversión.

Los intereses de inversión no incluyen ningún interés hipotecario cualificado ni ningún interés que se tenga en cuenta para calcular los ingresos o las pérdidas de una actividad pasiva. La deducción de los gastos de intereses de las inversiones está limitada al monto de los ingresos netos de las inversiones.

Itemized Deductions

Example: Sandy had interest income in the amount of $800. She also had ordinary dividend income in the amount of $325. Sandy's investment interest expense for the year was $695. Sandy will be allowed to deduct the full amount of investment interest expense on her Schedule A since her investment income exceeds her investment interest expense.

When claiming investment interest, Form 4952 should be completed and attached to the tax return. Form 4952 does not have to be completed if the following apply:

> ➢ Taxpayer interest expense is not more than the investment income from interest and ordinary dividends minus qualified dividends.
> ➢ The taxpayer has no other deductible investment expenses.
> ➢ The taxpayer had non-disallowed interest expense for the year.

Report Investment interest on Schedule A, line 9. See Publication 550.

Señor 1040 Says: Alaska Permanent Fund dividends, including those reported on Form 8814, are not investment income.

Fines or Penalties

The taxpayer cannot deduct their fines or penalties paid to a governmental unit for violating a law. This includes all fines and penalties paid in an actual settlement or a potential liability. Fines or penalties include parking tickets, tax penalties, and penalties deducted from teachers' paychecks after an illegal strike.

Part 2 Review Questions

To obtain the maximum benefit from this chapter, LTP recommends that you complete each of the following questions, and then compare them to the answers with feedback that immediately follows. Under governing self-study standards, vendors are required to present review questions intermittently throughout each self-study course.

These questions and explanations are not part of the final examination and will not be graded by LTP.

Ejemplo: Sandy tuvo ingresos por intereses por un valor de $800. También tuvo ingresos por dividendos ordinarios por valor de $325. Los gastos de intereses de las inversiones de Sandy durante el año fueron de $695. Sandy podrá deducir la totalidad de los gastos de intereses de inversión en su Anexo A, ya que sus ingresos de inversión superan sus gastos de intereses de inversión.

Cuando se solicitan los intereses de la inversión, se debe llenar el Formulario 4952 y adjuntarlo a la declaración de la renta. No es necesario llenar el Formulario 4952 si se dan las siguientes circunstancias:

> Los gastos por intereses del contribuyente no son superiores a los ingresos por inversiones procedentes de intereses y dividendos ordinarios menos los dividendos cualificados.
> El contribuyente no tiene otros gastos de inversión deducibles.
> El contribuyente tenía un gasto de intereses no rechazado para el año.

Declare los intereses de la inversión en la línea 9 del Anexo A. Consulte la Publicación 550.

El Señor 1040 dice: Los dividendos del Fondo Permanente de Alaska, incluyendo los declarados en el Formulario 8814, no son ingresos de inversión.

Multas o sanciones

El contribuyente no puede deducir sus multas o sanciones pagadas a una unidad gubernamental por violar una ley. Esto incluye todas las multas y sanciones pagadas en un acuerdo real o una responsabilidad potencial. Las multas o sanciones incluyen multas de estacionamiento, sanciones tributarias y sanciones deducidas de las nóminas de los profesores tras una huelga ilegal.

Parte 2 Preguntas de repaso

Para obtener el máximo beneficio de este curso, LTPA recomienda que complete cada una de las preguntas a continuación, y luego las compare con las respuestas de los comentarios que se proporcionan posteriormente. Según los estándares reguladores de autoaprendizaje, los proveedores deben presentar preguntas de repaso de manera intermitente a lo largo de cada curso de autoaprendizaje.

Estas preguntas y explicaciones no son parte del examen final y no serán calificadas por LTP.

Itemized Deductions

IDP2.1
Alberta has the following records of charitable contributions: $1,200 check to her church; $600 payroll after-tax dollars to local charity; and $400 fair market value of household items to a qualifying homeless shelter. How much can she deduct for her cash contributions on Schedule A, Itemized Deductions?

a. $1,200
b. $400
c. $1,800
d. $2,200

IDP2.2
Which of the following is not a type of investment income?

a. Interest earned
b. Dividend distributions
c. Capital gains
d. Interest paid on a loan

IDP2.3
Mark has received several W-2G's totaling $7,000. Mark shows proof of his gambling losses totaling over $22,000. What amount of his gambling loss can Mark deduct?

a. He can deduct $22,000 on his current year tax return.
b. He can deduct $7,000 on his current year tax return.
c. He can deduct $7,000 on his current year tax return and the remaining $5,000 the following year.
d. He does not have to report the gambling winnings or the losses.

IDP2.4
Which form needs to be completed and attached to the tax return when claiming a "Casualty and Theft Loss"?

a. Form 2106
b. Form 8889
c. Form 4684
d. Form 3903

Part 2 Review Questions Answers

IDP2.1
Alberta has the following records of charitable contributions: $1,200 check to her church; $600 payroll after-tax dollars to local charity; and $400 fair market value of household items to a qualifying homeless shelter. How much can she deduct for her cash contributions on Schedule A, Itemized Deductions?

a. $1,200
b. $400
c. $1,800
d. $2,200

Feedback: Review sections *Gifts to Charity, Cash Contributions, and Other Than by Cash or Check.*

IDP2.1

Alberta cuenta con los siguientes registros de donaciones caritativas: cheque de $1,200 a su iglesia; $600 en la nómina después de impuestos a una organización de caridad local; y $400 de valor justo de mercado de mobiliario para un albergue que califica para personas sin hogar. ¿Cuánto puede deducir por sus contribuciones en efectivo en su Anexo A, Deducciones detalladas?

   a. $1,200
   b. $400
   c. $1,800
   d. $2,200

IDP2.2

¿Cuál de los siguientes no es un tipo de ingreso de inversión?

   a. Intereses devengados
   b. Distribución de dividendos
   c. Ganancias de capital
   d. Intereses pagados por un préstamo

IDP2.3

Mark ha recibido varios W-2G, los cuales representan un total de $7,000. Mark muestra pruebas de que sus pérdidas en las apuestas son de más de $22,000. ¿Qué monto de su pérdida en las apuestas puede deducir Mark?

   a. Puede deducir $22,000 en su declaración de impuestos del año actual.
   b. Puede deducir $7,000 en su declaración de impuestos del año actual.
   c. Puede deducir $7,000 en su declaración de impuestos del año actual y los $5,000 restantes el año siguiente.
   d. No es necesario que declare las ganancias o pérdidas.

IDP2.4

¿Qué formulario hay que rellenar y adjuntar a la declaración de la renta cuando se reclama una "Pérdida por accidente y robo"?

   a. Formulario 2106
   b. Formulario 8889
   c. Formulario 4684
   d. Formulario 3903

Parte 2 Respuestas a las preguntas de repaso

IDP2.1

Alberta cuenta con los siguientes registros de donaciones caritativas: cheque de $1,200 a su iglesia; $600 en la nómina después de impuestos a una organización de caridad local; y $400 de valor justo de mercado de mobiliario para un albergue que califica para personas sin hogar. ¿Cuánto puede deducir por sus contribuciones en efectivo en su Anexo A, Deducciones detalladas?

   a. $1,200
   b. $400
   c. $1,800
   d. $2,200

Comentario: Revise las secciones *Donaciones caritativas, Contribuciones en efectivo y medios distintos del efectivo o el cheque.*

Itemized Deductions

IDP2.2
Which of the following is not a type of investment income?

a. Interest earned
b. Dividend distributions
c. Capital gains
d. Interest paid on a loan

Feedback: Review section *Investment Interest.*

IDP2.3
Mark has received several W-2G's totaling $7,000. Mark shows proof of his gambling losses totaling over $22,000. What amount of his gambling loss can Mark deduct?

a. He can deduct $22,000 on his current year tax return.
b. He can deduct $7,000 on his current year tax return.
c. He can deduct $7,000 on his current year tax return and the remaining $5,000 the following year.
d. He does not have to report the winnings or the losses.

Feedback: Review section *Gambling Losses.*

IDP2.4
Which form needs to be completed and attached to the tax return when claiming a "Casualty and Theft Loss"?

a. Form 2106
b. Form 8889
c. Form 4684
d. Form 3903

Feedback: Review section *Casualty and Theft Losses.*

Part 3 Form 2106: Employee Business Expenses and Other Expenses

Prior to January 1, 2018, the following section is no longer reported on the federal return. This section is to help those who prepare returns in the states that did not conform to the Tax Cuts and Jobs Act. The amount is still calculated on the federal Schedule A, to arrive at the state deduction amount.

Form 2106 is still used by Armed Forces reservists, qualified performing artists, fee-basis state or local government officials, and employees who will be claiming impairment-related work expenses such as traveling more than 100 miles from home to perform their services. See Instructions Form 2106.

The suspension of miscellaneous itemized deductions under section 67(a), employees, who do not fit into the above classifications may not use Form 2106. The information in the next section has been provided to assist those preparing taxes in the states that did not conform to section 67(a) and still need to calculate the federal deduction to arrive at the state deduction amount. The following states do not conform:

IDP2.2

¿Cuál de los siguientes no es un tipo de ingreso de inversión?

   a. Intereses devengados
   b. Distribución de dividendos
   c. Ganancias de capital
   d. Intereses pagados por un préstamo

Comentarios: Revise la sección de *Intereses de inversión*.

IDP2.3

Mark ha recibido varios W-2G, los cuales representan un total de $7,000. Mark muestra pruebas de que sus pérdidas en las apuestas son de más de $22,000. ¿Qué monto de su pérdida en las apuestas puede deducir Mark?

   a. Puede deducir $22,000 en su declaración de impuestos del año actual.
   b. Puede deducir $7,000 en su declaración de impuestos del año actual.
   c. Puede deducir $7,000 en su declaración de impuestos del año actual y los $5,000 restantes el año siguiente.
   d. No es necesario que declare las ganancias o pérdidas.

Comentarios: Revise la sección *Pérdidas en apuestas*.

IDP2.4

¿Qué formulario debe llenarse y adjuntarse a la declaración de impuestos al reclamar una "Pérdida por Hechos Fortuitos y Robos"?

   a. Formulario 2106
   b. Formulario 8889
   c. Formulario 4684
   d. Formulario 3903

Comentarios: Revise la sección de *Pérdidas por Hechos Fortuitos y Robos*.

Parte 3 Formulario 2106: Gastos de representación de los empleados y otros gastos

Antes del 1 de enero de 2018, la siguiente sección ya no se declara en la declaración federal. Esta sección es para ayudar a los que preparan las declaraciones en los estados que no se ajustaron a la Ley de Empleos y Reducción de Impuestos. El monto se sigue calculando en el Anexo A federal, para llegar al monto de la deducción estatal.

El Formulario 2106 lo siguen utilizando los reservistas de las Fuerzas Armadas, los artistas intérpretes o ejecutantes cualificados, los funcionarios de la administración estatal o local que perciben honorarios y los empleados que van a reclamar gastos de trabajo relacionados con la incapacidad, como el desplazamiento a más de 100 millas de su domicilio para prestar sus servicios. Consulte las instrucciones para el Formulario 2106.

La suspensión de las deducciones detalladas diversas en virtud de la sección 67(a), los empleados que no encajan en las clasificaciones anteriores no pueden utilizar el formulario 2106. La información de la siguiente sección se ha proporcionado para ayudar a los que preparan los impuestos en los estados que no se ajustaron a la sección 67(a) y todavía necesitan calcular la deducción federal para llegar a la cantidad de la deducción estatal. Los siguientes estados no son conformes:

Itemized Deductions

- Alaska
- Arkansas
- California
- Georgia
- Hawaii
- Iowa
- Minnesota
- Montana
- New York

An employee may deduct unreimbursed expenses that are paid and incurred during the current tax year. The expenses must be incurred for conducting trade or business as an employee, and the expenses must be ordinary and necessary. An expense is considered ordinary if it is common and necessary in the taxpayer's trade or business. Self-employed taxpayers do not use this form to report their business expenses. For example, a nurse may be required to provide malpractice insurance and is often required to wear a uniform. Since the employer does not reimburse these expenses, the nurse may be able to deduct those items on Schedule A as a miscellaneous deduction subject to the 2% AGI limitation.

An employee may deduct the following unreimbursed business expenses on Schedule A as a miscellaneous deduction subject to the 2% AGI limitation:

- Employee's business bad debt.
- Education that is employment related.
- Licenses and regulatory fees.
- Malpractice or professional insurance premiums.
- Occupational taxes.
- Passport for a business trip.
- Subscriptions to professional journals and trade magazines related to the taxpayer's trade or business.
- Travel, transportation, entertainment, gifts, and car expenses related to the taxpayer's trade or business.
- Tools used in a trade or business.
- Memberships for professional associations.
- Uniforms, work clothing, or protective wear, as well as their cleaning and maintenance.

Do not include on Form 2106 any educator expenses that were taken on Form 1040, Schedule 1, line 11.

Taxing Employee Expenses

Tax treatment of employee business expenses depends on whether the expenses are categorized as reimbursed expenses or non-reimbursed expenses. Business expenses incurred by an employee under a reimbursement arrangement with an employer are normally not shown on the tax return. Unreimbursed business expenses are deductible as miscellaneous itemized deductions. The definition of trade or business does not include the performance of services as an employee.

The taxpayer can deduct certain expenses as miscellaneous itemized deductions on Schedule A. The taxpayer can deduct the expenses that exceed 2% of their adjusted gross income. The calculation is determined by subtracting 2% of the AGI from the total amount of qualifying expense.

- Alaska
- Arkansas
- California
- Georgia
- Hawaii
- Iowa
- Minnesota
- Montana
- New York

Un empleado puede deducir los gastos no reembolsados que se pagan y se producen durante el año tributario en curso. Los gastos deben realizarse para llevar a cabo la actividad comercial o empresarial por cuenta ajena, y los gastos deben ser ordinarios y necesarios. Un gasto se considera ordinario si es común y necesario en la actividad comercial o empresarial del contribuyente. Los contribuyentes autónomos no utilizan este formulario para declarar sus gastos empresariales. Por ejemplo, a una enfermera se le puede exigir un seguro de mala praxis y a menudo se le exige que lleve uniforme. Dado que el empleador no reembolsa estos gastos, la enfermera puede deducir esos conceptos en el Anexo A como una deducción variada sujeta a la limitación del 2% del AGI.

Un empleado puede deducir los siguientes gastos empresariales no reembolsados en el Anexo A como una deducción miscelánea sujeta a la limitación del 2% del AGI:

- La deuda comercial incobrable del empleado.
- Educación relacionada con el empleo.
- Licencias y tasas reglamentarias.
- Primas de seguros de mala praxis o profesionales.
- Impuestos profesionales.
- Pasaporte para un viaje de negocios.
- Suscripciones a revistas profesionales y comerciales relacionadas con la actividad del contribuyente.
- Gastos de viaje, transporte, entretenimiento, regalos y automóvil relacionados con la actividad comercial o empresarial del contribuyente.
- Herramientas utilizadas en un oficio o negocio.
- Afiliación a asociaciones profesionales.
- Uniformes, ropa de trabajo o de protección, así como su limpieza y mantenimiento.

No incluya en el Formulario 2106 los gastos de educación que se tomaron en la línea 11, Anexo 1 del Formulario 1040.

Tributación de los gastos de los empleados

El tratamiento tributario de los gastos empresariales de los empleados depende de si los gastos se clasifican como gastos reembolsados o gastos no reembolsados. Los gastos de negocios en los que incurre un empleado en virtud de un acuerdo de reembolso con el empleador no suelen aparecer en la declaración de la renta. Los gastos de empresa no reembolsados son deducibles como deducciones detalladas diversas. La definición de comercio o negocio no incluye la prestación de servicios como empleado.

El contribuyente puede deducir determinados gastos como deducciones detalladas diversas en el Anexo A. El contribuyente puede deducir los gastos que superen el 2% de sus ingresos brutos ajustados. El cálculo se determina restando el 2% del AGI del monto total de los gastos que califican.

Itemized Deductions

Tax Home

The taxpayer's main place of doing business is considered their tax home. If the taxpayer does not have a regular or main place of business due to the nature of work, the taxpayer's tax home may be the place where one regularly lives. To determine one's main place the length of time must be taken into consideration. See Tax Topic # 511.

Temporary Assignment or Job

The taxpayer may regularly work at their tax home and at another location. If the assignment is temporary, the taxpayer's tax home does not change. If the assignment is indefinite, the taxpayer must include in any income amounts received from his or her employer for living expenses, even if they were considered travel expenses. An indefinite assignment is a job that is expected to last a year or more, even if it does not end up lasting that long.

To determine the difference between a temporary and an indefinite assignment, look at when the taxpayer began working. A temporary assignment usually lasts for one year or less, although a temporary assignment could turn into an indefinite assignment, requiring the tax home to change. An indefinite assignment can be a series of short assignments to the same location for a certain amount of time. If the time spent at that location becomes a sufficiently lengthy period of time, then the temporary could turn to indefinite.

If the taxpayer is a federal employee participating in a federal crime investigation or prosecution, the taxpayer is not limited to the one-year rule but must meet other requirements to deduct the expenses.

If the taxpayer returns home from a temporary assignment, the taxpayer is not considered to be away from home. If the taxpayer takes a job that requires a move with the understanding that they will keep the job after the probationary period, the job is considered "indefinite". The expense for lodging and meals is not deductible.

Meals

Deductions can be determined by using the actual meal expense for the standard meal allowance. If there is no reimbursement for meal expenses, then only 50% of the standard meal allowance is deductible, and that 50% is subject to the 2% floor. Employees who travel out of town for extended periods of time may elect to take a per diem rate. The federal per diem rate depends on the location.

A transportation worker is defined as an individual whose work involves moving people or goods by plane, bus, ship, truck, etc. Transportation workers can deduct a special per-day allowance for meals and incidentals if their work requires that they travel away from home to areas with different federal per diem rates. Unlike other traveling employees, a Department of Transportation (DOT) worker is allowed to deduct up to 80% of the meal.

Travel and Transportation Expenses

If the taxpayer travels away from their tax home for business, the expenses could be deducted on Form 2106. Business-related travel expenses must be ordinary and necessary expenses of traveling away from home for the business or job. Expenses cannot be lavish or extravagant. A taxpayer is traveling away from home if:

Deducciones detalladas

Domicilio tributario

Se considera que el domicilio tributario del contribuyente es su lugar principal de trabajo. Si el contribuyente no tiene un lugar de trabajo habitual o principal debido a la naturaleza del trabajo, el domicilio tributario del contribuyente puede ser el lugar donde se vive habitualmente. Para determinar el lugar principal hay que tener en cuenta el tiempo. Consulte el Tema Fiscal No. 511.

Asignación o trabajo temporal

El contribuyente puede trabajar regularmente en su domicilio tributario y en otro lugar. Si la tarea es temporal, el domicilio tributario del contribuyente no cambia. Si la tarea es indefinida, el contribuyente debe incluir en los ingresos las cantidades recibidas de su empleador para gastos de manutención, aunque se consideren gastos de viaje. Una tarea indefinida es un trabajo que se espera que dure un año o más, aunque no acabe durando tanto.

Para determinar la diferencia entre una tarea temporal y una indefinida, hay que fijarse en el momento en que el contribuyente comenzó a trabajar. Una tarea temporal suele durar un año o menos, aunque una tarea temporal podría convertirse en una tarea indefinida, lo que requeriría el cambio de domicilio tributario. Una tarea indefinida puede ser una serie de tareas cortas al mismo lugar durante un tiempo determinado. Si el tiempo de permanencia en ese lugar se convierte en un período de tiempo lo suficientemente largo, entonces la tarea temporal podría convertirse en indefinida.

Si el contribuyente es un empleado federal que participa en la investigación o el enjuiciamiento de un delito federal, el contribuyente no está limitado a la regla de un año, pero debe cumplir otros requisitos para deducir los gastos.

Si el contribuyente regresa a su casa después de una tarea temporal, no se considera que esté fuera de su domicilio. Si el contribuyente acepta un trabajo que requiere que uno se mude con el entendimiento de que mantendrá el trabajo después del período de prueba, el trabajo se considera "indefinido". Los gastos de alojamiento y comida no son deducibles.

Alimentos

Las deducciones pueden determinarse utilizando el gasto real en comidas para la asignación estándar para comidas. Si no se reembolsan los gastos de comida, solo es deducible el 50% de la asignación estándar para comidas, y ese 50% está sujeto al límite mínimo del 2%. Los empleados que se desplazan fuera de la ciudad durante largos períodos de tiempo pueden optar por una tarifa por día. La tarifa federal por día depende de la ubicación.

Un trabajador del transporte se define como una persona cuyo trabajo implica el traslado de personas o mercancías en avión, autobús, barco, camión, etc. Los trabajadores del transporte pueden deducir una asignación especial por día para comidas y gastos imprevistos si su trabajo requiere que se desplacen fuera de su domicilio a zonas con tarifas federales por día que sean diferentes. A diferencia de otros empleados que viajan, un trabajador del Departamento de Transporte (DOT) puede deducir hasta el 80% de la comida.

Gastos de viaje y transporte

Si el contribuyente se desplaza fuera de su domicilio tributario por motivos de trabajo, los gastos podrían deducirse en el Formulario 2106. Los gastos de viaje relacionados con la empresa deben ser los gastos ordinarios y necesarios de los desplazamientos fuera del domicilio para realizar el negocio o el trabajo. Los gastos no pueden ser suntuosos ni extravagantes. Un contribuyente está viajando fuera de su domicilio si:

Itemized Deductions

> ➤ The taxpayer's duties require one to be away from the general area of their tax home for substantially longer than an ordinary day's work.
> ➤ The taxpayer needs sleep or rest to meet the demands of his or her work while away from home.

Travel by airplane, train, or bus is generally deductible. Fares paid for taxis, airport limousines, buses, or other types of transportation used between the airport, bus station or hotel, can be deducted including those used between the hotel and the client visited. Necessary trips are also deductible. Cleaning expenses, business calls, tips, and other necessary expenses related to the trip are also deductible.

Employees who drive their own vehicles are permitted to deduct either the actual expenses or the standard mileage rate for unreimbursed mileage. If the taxpayer is partially reimbursed, only the portion that is unreimbursed is reportable. See Publication 463, *Travel, Entertainment, Gift, and Car Expenses.*

Entertainment

Entertainment expenses must be ordinary and necessary. This includes activities generally considered to provide entertainment, recreation, or amusement to clients, customers, or employees. Expenses for entertainment that are lavish or extravagant are not deductible. An expense is not considered lavish or extravagant if the expense is reasonably based on facts and circumstances related to the business.

Entertainment expense deductions are limited to 50% of the actual expense and are further reduced by the 2% floor. "Entertainment" includes any activity that generally is considered to provide diversion, amusement, or recreation. It does not include club dues and membership fees to country clubs, airline clubs, and hotel clubs. The taxpayer may deduct entertainment expenses only if they are ordinary and necessary. Deducting entertainment expenses must meet either the "directly related" test or the "associated" test.

The "directly related" entertainment test, must meet the following conditions:

> ➤ Expenses must be directly related to business either before, during, or after the entertainment or associated with the active conduct of business.
> ➤ The taxpayer and client engaged in business during the entertainment period.
> ➤ The entertainment was more than a general expectation of getting income or some other specific business benefit in the future.

To meet the "associated" test, the entertainment must be associated with the active conduct of the taxpayer's trade or business and occur directly before or after a substantial business discussion. Daily lunch or entertainment expenses with subordinates or coworkers are not deductible, even if business is discussed.

Business Gifts

Gifts can be given to the client directly or indirectly. The taxpayer can deduct up to $25 per client per year for business gifts. Items do not include those that cost $4 or less, have the taxpayer's name imprinted on them, and are distributed (for example, pens, pencils, cases, etc.). Any item that could be considered a gift or entertainment is considered entertainment. Packaged food and beverage items are treated as gifts.

- ➢ Las funciones del contribuyente exigen estar fuera del área general de su domicilio tributario durante un tiempo sustancialmente mayor que el de una jornada ordinaria de trabajo.
- ➢ El contribuyente necesita dormir o descansar para cumplir con las exigencias de su trabajo mientras está fuera de casa.

Los viajes en avión, tren o autobús suelen ser deducibles. Las tarifas pagadas por los taxis, las limusinas del aeropuerto, los autobuses u otros tipos de transporte utilizados entre el aeropuerto, la estación de autobuses o el hotel, pueden deducirse, incluyendo los utilizados entre el hotel y el cliente visitado. Los viajes necesarios también son deducibles. También son deducibles los gastos de limpieza, las llamadas de negocios, las propinas y otros gastos necesarios relacionados con el viaje.

Los empleados que conducen sus propios vehículos pueden deducir los gastos reales o la tarifa estándar por millaje no reembolsado. Si el contribuyente recibe un reembolso parcial, solo es declarable la parte no reembolsada. Consulte la Publicación 463, *Gastos de Viaje, Entretenimiento, Obsequios y Automóviles.*

Entretenimiento

Los gastos de entretenimiento deben ser ordinarios y necesarios. Esto incluye las actividades que generalmente se consideran de entretenimiento, recreación o diversión para los clientes, consumidores o empleados. Los gastos de entretenimiento que son lujosos o extravagantes no son deducibles. Un gasto no se considera lujoso o extravagante si se basa razonablemente en hechos y circunstancias relacionados con la empresa.

Las deducciones por gastos de entretenimiento están limitadas al 50% del gasto real y se reducen aún más por el límite mínimo del 2%. "Entretenimiento" incluye cualquier actividad que generalmente se considera que proporciona distracción, diversión o recreo. No incluye las cuotas de los clubes y de membresía a los clubes de campo, aerolíneas y hoteles. El contribuyente puede deducir los gastos de entretenimiento solo si son ordinarios y necesarios. La deducción de los gastos de entretenimiento debe cumplir el criterio de "relación directa" o el de "asociación".

La prueba de entretenimiento "directamente relacionado", debe cumplir las siguientes condiciones:

- ➢ Los gastos deben estar directamente relacionados con el negocio, ya sea antes, durante o después del entretenimiento o deben estar asociados con el desarrollo activo de los negocios.
- ➢ El contribuyente y el cliente han hecho negocios durante el período de entretenimiento.
- ➢ El entretenimiento era más que una expectativa general de obtener ingresos o algún otro beneficio comercial específico en el futuro.

Para cumplir el criterio de "asociación", el entretenimiento debe estar relacionado con el desarrollo activo de la actividad comercial o empresarial del contribuyente y producirse directamente antes o después de una discusión comercial importante. Los gastos diarios de comida o entretenimiento con subordinados o compañeros de trabajo no son deducibles, aunque se hable de negocios.

Regalos comerciales

Los regalos pueden darse al cliente directa o indirectamente. El contribuyente puede deducir hasta $25 por cliente y año en concepto de regalos de la empresa. No se incluyen los artículos que cuestan $4 o menos, que llevan impreso el nombre del contribuyente y que se distribuyen (por ejemplo, bolígrafos, lápices, estuches, etc.). Cualquier artículo que pueda considerarse un regalo o un entretenimiento se considera entretenimiento. Los alimentos y bebidas envasados se consideran regalos.

Itemized Deductions

Business Recordkeeping

If audited, taxpayers must prove their deductions to the IRS. It is important to keep all receipts related to the tax return. Records of expenses should include the following:

- Amount paid.
- Time, date, and place.
- The purpose of the business discussion or the nature of the expected business benefit.
- People in attendance.

Reimbursements

Reimbursements paid by an employer's accountable plan are not reported in box 1 of Form W-2. Excess reimbursements paid by a nonaccountable plan are included in the employees' wages in box 1 of the W-2. See Instructions Form 2106.

Other Expenses

The taxpayer can deduct certain other expenses as miscellaneous itemized deductions subject to the 2% of adjusted gross income limit. The following are examples of deductible expenses:

- Expenses to manage, conserve, or maintain property held for producing taxable gross income (such as office space rented to maintain investment property).
- Attorney fees and legal expenses paid to collect taxable income.
- Appraiser fees to determine the value of a donated party.
- Fees paid to determine the value of a casualty loss.

The taxpayer can deduct investment fees, custodial fees, trust administration fees, and other expenses paid for managing investments that produce taxable income.

Tax Preparation Fees

Tax preparation fees are deductible to the taxpayer. If the taxpayer paid the preparation fee by using a debit or credit card and a convenience fee was charged, the taxpayer cannot deduct the convenience fee as a part of the overall cost of preparing the return.

Education

The taxpayer can deduct qualifying education tuition and expenses. The education must be required by the employer or the law to keep one's salary, status, or job or to maintain or improve skills required in the taxpayer's present job in order to be deductible. Education that qualifies the taxpayer for his or her first job in a specific field is not deductible on Schedule A, nor is education that enables the taxpayer to change jobs; however, these may be deductible as a lifetime learning credit.

Deductible expenses include tuition, textbooks, registration fees, supplies, transportation (standard mileage or actual expenses), lab fees, the cost of writing papers or dissertations, student cards, insurance, and degree costs.

Contabilidad empresarial

En caso de auditoría, los contribuyentes deben demostrarle sus deducciones al IRS. Es importante guardar todos los recibos relacionados con la declaración de la renta. Los registros de gastos deben incluir lo siguiente:

- ➢ Monto pagado.
- ➢ Hora, fecha y lugar.
- ➢ El propósito de la discusión comercial o la naturaleza del beneficio comercial esperado.
- ➢ Los asistentes.

Reembolsos

Los reembolsos pagados por el plan contable de un empleador no se declaran en la casilla 1 del Formulario W-2. Los reembolsos en exceso pagados por un plan no contable se incluyen en el salario de los empleados en la casilla 1 del W-2. Consulte las Instrucciones para el Formulario 2106.

Otros gastos

El contribuyente puede deducir algunos gastos diferentes como deducciones detalladas diversas, con el límite del 2% del ingreso bruto ajustado. Los siguientes son ejemplos de gastos deducibles:

- ➢ Los gastos de gestión, conservación o mantenimiento de los bienes que se tienen para producir ingresos brutos imponibles (como el alquiler de oficinas para mantener los bienes de inversión).
- ➢ Los honorarios de los abogados y los gastos legales pagados para el cobro de la renta imponible.
- ➢ Honorarios del tasador para determinar el valor de una parte donada.
- ➢ Honorarios pagados para determinar el valor de una pérdida por hecho fortuito.

El contribuyente puede deducir las comisiones de inversión, las comisiones de custodia, las comisiones de administración del fideicomiso y otros gastos pagados por la gestión de las inversiones que producen ingresos imponibles.

Honorarios por preparación de impuestos

Los gastos de preparación de impuestos son deducibles para el contribuyente. Si el contribuyente pagó la tasa de preparación utilizando una tarjeta de débito o de crédito y se cobró un recargo por dicho servicio, el contribuyente no puede deducir dicho recargo como parte del costo total de la preparación de la declaración de impuestos.

Educación

El contribuyente puede deducir la matrícula y los gastos de educación que cumplan los requisitos. Para que sea deducible, la educación debe ser exigida por el empleador o la ley para mantener el salario, el estatus o el puesto de trabajo o para mantener o mejorar las habilidades requeridas en el trabajo actual del contribuyente. La educación que califica al contribuyente para su primer trabajo en un campo específico no es deducible en el Anexo A, como tampoco lo es la educación que le permite al contribuyente cambiar de trabajo; sin embargo, estos pueden ser deducibles como un crédito perpetuo de aprendizaje.

Los gastos deducibles incluyen la matrícula, los libros de texto, las tasas de inscripción, los suministros, el transporte (millaje estándar o gastos reales), las tasas de laboratorio, el costo de la redacción de trabajos o tesis, las tarjetas de estudiante, los seguros y los costos del título.

Itemized Deductions

Part 3 Review Questions

To obtain the maximum benefit from this chapter, LTP recommends that you complete each of the following questions, and then compare them to the answers with feedback that immediately follows. Under governing self-study standards, vendors are required to present review questions intermittently throughout each self-study course.

These questions and explanations are not part of the final examination and will not be graded by LTP.

IDP3.1
Which form is used to report employee business expenses for years prior to 2018?

a. Form 2441
b. Form 2106
c. Schedule C
d. Form 1040-EZ

IDP3.2
Which of the following states did not conform to TCJA?

a. Alaska, Arkansas, Alabama, and California
b. New York, New Jersey, Montana, and Iowa
c. Hawaii, Arkansas, Montana, and Georgia
d. Minnesota, Georgia, Texas, and Florida

IDP3.3
Which of the following best describes "Tax Home"?

a. Taxpayer does not work regularly at their tax home.
b. Taxpayers' employment was in a different city for 42 weeks.
c. Taxpayer worked regularly at a temporary assignment.
d. Taxpayer is a federal employee investigating crimes.

Part 3 Review Questions Answers

IDP3.1
Which form is used to report employee business expenses for years prior to 2018?

a. Form 2441
b. Form 2106
c. Schedule C
d. Form 1040-EZ

Feedback: Review section *Part 3: Form 2106 Employee Business Expenses.*

Parte 3 Preguntas de repaso

Para obtener el máximo beneficio de este curso, LTPA recomienda que complete cada una de las preguntas a continuación, y luego las compare con las respuestas de los comentarios que se proporcionan posteriormente. Según los estándares reguladores de autoaprendizaje, los proveedores deben presentar preguntas de repaso de manera intermitente a lo largo de cada curso de autoaprendizaje.

Estas preguntas y explicaciones no son parte del examen final y no serán calificadas por LTP

IDP3.1
¿Qué formulario se utiliza para declarar los gastos empresariales de los empleados en los años anteriores a 2018?

   a. Formulario 2441
   b. Formulario 2106
   c. Anexo C
   d. Formulario 1040-EZ

IDP3.2
¿Cuál de los siguientes estados no se ajustaba con la TCJA?

   a. Alaska, Arkansas, Alabama y California
   b. Nueva York, Nueva Jersey Montana, y Iowa
   c. Hawái, Arkansas, Montana y Georgia
   d. Minnesota, Georgia, Texas y Florida

IDP3.3
¿Cuál de las siguientes opciones describe mejor el "domicilio tributario"?

   a. El contribuyente no trabaja regularmente en su domicilio tributario.
   b. El empleo de los contribuyentes fue en una ciudad diferente durante 42 semanas.
   c. El contribuyente trabajaba regularmente en una asignación temporal.
   d. El contribuyente es un empleado federal que investiga delitos.

Parte 3 Respuestas a las preguntas de repaso

IDP3.1
¿Qué formulario se utiliza para declarar los gastos comerciales de los empleados en los años anteriores a 2018?

   a. Formulario 2441
   b. Formulario 2106
   c. Anexo C
   d. Formulario 1040-EZ

Comentarios: Revise la sección de la parte 3: *Formulario 2106, Gastos comerciales de los empleados*

Itemized Deductions

IDP3.2
Which of the following states did not conform to TCJA?

    a. Alaska, Arkansas, Alabama, and California
    b. New York, New Jersey, Montana, and Iowa
    c. Hawaii, Arkansas, Montana, and Georgia
    d. Minnesota, Georgia, Texas, and Florida

Feedback: Review section *Part 3: Form 2106 Employee Business Expenses.*

IDP3.3
Which of the following best describes "Tax Home"?

    a. Taxpayer does not work regularly at their tax home.
    b. Taxpayers' employment was in a different city for 42 weeks.
    c. Taxpayer worked regularly at a temporary assignment.
    d. Taxpayer is a federal employee investigating crimes.

Feedback: Review section *Part 3: Form 2106 Employee Business Expenses.*

Takeaways

The taxpayer must decide to use the itemized deduction or the standard deduction. The standard deduction is a dollar amount that reduces the amount of income on which the taxpayer is taxed. The itemized deduction can be greater than the standard deduction. Some taxpayers must itemize their deductions because they do not qualify to use the standard deduction or because one's spouse chose to itemize their deductions.

TEST YOUR KNOWLEDGE!
Go online to take a practice quiz.

IDP3.2
¿Cuál de los siguientes estados no se ajustaba con la TCJA?

   a. Alaska, Arkansas, Alabama y California
   b. Nueva York, Nueva Jersey, Montana y Iowa
   c. Hawái, Arkansas, Montana y Georgia
   d. Minnesota, Georgia, Texas y Florida

Comentarios: Revise la sección de la parte 3: *Formulario 2106, Gastos comerciales de los empleados.*

IDP3.3
¿Cuál de las siguientes opciones describe mejor el "domicilio tributario"?

   a. El contribuyente no trabaja regularmente en su domicilio tributario.
   b. El empleo de los contribuyentes fue en una ciudad diferente durante 42 semanas.
   c. El contribuyente trabajaba regularmente en una asignación temporal.
   d. El contribuyente es un empleado federal que investiga delitos.

Comentarios: Revise la sección de la parte 3: *Formulario 2106, Gastos comerciales de los empleados.*

Aportes

El contribuyente debe decidir si utiliza la deducción detallada o la deducción estándar. La deducción estándar es un monto en dólares que reduce la cantidad de ingresos sobre los que el contribuyente tributa. La deducción detallada puede ser mayor que la deducción estándar. Algunos contribuyentes deben detallar sus deducciones porque no cumplen los requisitos para utilizar la deducción estándar o porque el cónyuge de uno de ellos eligió detallar sus deducciones.

¡PON A PRUEBA TUS CONOCIMIENTOS!
Ve en línea para tomar una prueba de práctica.

Chapter 9 Schedule C

Introduction

This chapter presents an overview of Schedule C, which includes income and expenses. Business income or loss that is reported on Schedule C is reported on Form 1040, Schedule 1, line 3. Sole proprietorship is not a legal entity; it refers to a person who owns a business and is personally responsible for its debts. Sole proprietorship is a popular business structure due to the simplicity, ease of setup, and nominal start-up costs. Ultimately, a sole proprietor would register the business name with the state and city, obtain local business licenses, and then open for business. A drawback of being a sole proprietor is that the owner is 100% personally liable for the business's income and/or debt.

Also included in this chapter is a bird's eye overview of Schedule E & F. Schedule E reports rental income or loss. Schedule F reports farm income or loss. If the tax professional encounters either of these 2 forms, more research will be needed.

Objectives

At the end of this lesson, the student will:

➢ Identify the differences between accounting periods and accounting methods.
➢ Understand the guidelines between an independent contractor and an employee.
➢ Recognize what determines start-up costs.
➢ Identify how to classify employees.

Resources

Form 1040	Publication 15	Instructions Form 1040
Form 1099-NEC	Publication 15-A	Instructions Form 1099-NEC
Form 3115	Publication 334	Instructions Form 3115
Form 4562	Publication 463	Instructions Form 4562
Form 4797	Publication 535	Instructions Form 4797
Form 8829	Publication 536	Instructions Form 8829
Schedule C	Publication 538	Instructions for Schedule C
Schedule SE	Publication 544	Instructions Schedule SE
	Publication 551	Publication 946
	Publication 560	Publication 527
	Publication 587	

Capítulo 9 Anexo C

Introducción

Este capítulo presenta una descripción general del Anexo C, que incluye ingresos y gastos. El ingreso o la pérdida comercial se informa en la línea 3 del Anexo1 del Formulario 1040. La empresa individual no es una entidad legal; se refiere a una persona que posee un negocio y es personalmente responsable de sus deudas. La empresa individual es una estructura comercial popular debido a la simplicidad, la facilidad de configuración y los costos iniciales nominales. En última instancia, una empresa individual registraría el nombre comercial en el estado y la ciudad, obtendría licencias comerciales locales y luego abriría el negocio. Un inconveniente de ser una empresa individual es que el propietario es 100% responsable personalmente de los ingresos y/o deudas de la empresa.

En este capítulo también se incluye una descripción general de los Anexos E y F. El Anexo E declara los ingresos o pérdidas por alquileres. El Anexo F declara los ingresos o pérdidas agrícolas. Si el profesional de impuestos se encuentra con cualquiera de estos 2 formularios, necesitará más investigación.

Objetivos

Al final de esta lección, el estudiante podrá:

> Identificar la diferencia entre los períodos y métodos contables.
> Comprender los diferentes requisitos para un contratista independiente y un empleado.
> Reconocer qué determina los costos iniciales del negocio.
> Identificar cómo clasificar a los empleados.

Fuentes

Formulario 1040	Publicación 15	Instrucciones del Formulario 1040
Formulario 1099-NEC	Publicación 15-A	Instrucciones del Formulario 1099-NEC
Formulario 3115	Publicación 334	Instrucciones del Formulario 3115
Formulario 4562	Publicación 463	Instrucciones del Formulario 4562
Formulario 4797	Publicación 535	Instrucciones del Formulario 4797
Formulario 8829	Publicación 536	Instrucciones del Formulario 8829
Anexo C	Publicación 538	Instrucciones para el Anexo C
Anexo SE	Publicación 544	Instrucciones para el Anexo SE
	Publicación 551	Publicación 946
	Publicación 560	Publicación 527
	Publicación 587	

Table of Contents / Índice

Introduction	216
Introducción	217
Part 1 Business Entity Types	220
Sole Proprietorship	220
Husband and Wife Qualified Joint Venture (QJV)	220
Parte 1 Tipos de entidades comerciales	221
Empresa individual	221
Empresa Conjunta Calificada para Marido y Mujer (QJV)	221
Single-member Limited Liability Company (LLC)	222
Accounting Periods	222
Calendar Year	222
Fiscal Year	222
Change in Tax Year	222
Compañía de responsabilidad limitada (LLC) de un solo miembro	223
Periodos contables	223
Año calendario	223
Año tributario	223
Cambio en el año tributario	223
Accounting Methods	224
Cash Method	224
Métodos contables	225
Método de dinero en efectivo	225
Accrual Method	226
Combination (Hybrid) Method	226
Independent Contractors	226
Método de devengo	227
Método combinado (híbrido)	227
Contratista independiente	227
Statutory Employees	228
Empleados estatutarios	229
Statutory Nonemployees	230
Identification Numbers	230
Schedule SE: Self-Employment Tax	230
Empleados no estatutarios	231
Números de identificación	231
Anexo SE: Impuesto sobre el trabajo por cuenta propia	231
Schedule C	232
Anexo C	233
Schedule C, Part I, Income	236
Anexo C, Parte I, Ingresos	237
Schedule C, Part II, Expenses	240
Anexo C, Parte II, Gastos	241
Part 1 Review Questions	248
Parte 1 Preguntas de repaso	249
Part 1 Review Questions Answers	250
Parte 1 Respuestas a las preguntas de repaso	251
Part 2 Line 30: Business Use of the Home	254
Form 8829: Office in the Home	254
Parte 2 Línea 30: Uso comercial del hogar	255
Formulario 8829: Oficina en el hogar	255
Administrative or Management Activities	256

Anexo C

    Actividades administrativas o de gestión 257
    Simplified Option for Home Office Deduction 258
    Opción simplificada para la deducción de oficina en el hogar 259
    Regular and Exclusive Use 260
    Principal Place of Business 260
    Uso regular y exclusivo.. 261
    Lugar principal del negocio 261
    Expenses.. 262
    Gastos.. 263
    Schedule C, Part III, Cost of Goods Sold 266
    Anexo C, Parte III, Costo de bienes vendidos 267
    Schedule C, Part V, Other Expenses 268
    Anexo C, Parte V, Otros gastos 269
    Part 2 Review Questions 276
    Parte 2 Preguntas de repaso... 277
    Part 2 Review Questions Answers 278
    Parte 2 Respuestas de las preguntas de repaso 279
Part 3 Qualified Business Income... 280
    Qualified Business Income (QBI)... 280
Parte 3 Ingreso comercial calificado.. 281
    Ingresos comerciales calificados (QBI) 281
    20% Deduction for a Pass-Through Qualified Trade or Business 282
    Deducción del 20% para una actividad o negocio de transferencia calificada 283
    Issues in Calculating the Deduction 284
    Specified Service Trade or Business 284
    Taxpayers with Income Above the Threshold 284
    Problemas para calcular la deducción 285
    Servicio específico de actividad o negocio 285
    Contribuyentes con ingresos superiores al límite.. 285
    QBI and the W-2 286
    QBI and Property 286
    Service Trade Disqualifier 286
    El QBI y el formulario W-2 287
    El QBI y la propiedad 287
    Descalificador del comercio del servicio 287
    Pass-Through Entities 288
    Sec. 199A Overview 288
    Entidades de transferencia... 289
    Descripción general de la sección 199A 289
    Recordkeeping.. 294
    Benefits of Recordkeeping 294
    Mantenimiento de registros 295
    Beneficios del mantenimiento de registros 295
    Part 3 Review Questions 296
    Parte 3 Preguntas de repaso... 297
    Part 3 Review Questions Answers 298
    Parte 3 Respuestas a las preguntas de repaso 299
Takeaways 300
Aportes... 301

Schedule C

Part 1 Business Entity Types

There are many different types of business entities with their own sets of rules, regulations, and guidelines within the U.S. tax laws. The following entity type could apply to Schedule C, E, and/or F.

Sole Proprietorship

A sole proprietor is an individual owner of a business or a self-employed individual. Taxable income is reported on Schedule C and flows to Form 1040, Schedule 1, line 3. A business owner could have to pay self-employment tax reported, which is reported on Schedule SE.

A sole proprietorship reports the income and expenses from the owner's business on Schedule C, *Profit or Loss from a Business*. An individual is self-employed if the following apply:

- Conducts a trade or business as a sole proprietorship.
- Is an independent contractor.
- Is in business for himself or herself in any other way.

Self-employment can include work in addition to regular full-time business activities. It can also include certain part-time work done at home or in addition to a regular job.

Minimum Income Reporting Requirements for Schedule C Filers

If the taxpayer's net earnings from self-employment are $400 or more, the taxpayer is required to file a tax return. If net earnings from self-employment were less than $400, the taxpayer may still have to file a tax return if he or she meets other filing requirements.

Husband and Wife Qualified Joint Venture (QJV)

A husband and wife cannot be sole proprietors of the same business. If they are joint owners, they are partners and should file a partnership return using Form 1065, *US Partnership Return of Income*. They can be partners, but "sole" means one, and for the purposes of a business, the IRS does not recognize spouses as one.

If the taxpayer and spouse each materially participated in the business as the only members of a jointly owned and operated business, and if they file a joint return, they can elect to be taxed as a qualified joint venture (QJV) instead of a partnership. This election does not generally increase the total tax on the joint return, but it does give the self-employment credit for each taxpayer's Social Security earnings.

To make the QJV election, the spouses must divide all their income and expenses between them and file two separate Schedule Cs, Schedule Es, or Schedule Fs. Once the election has been made, it can only be revoked with IRS permission. The election will remain in effect if the spouses file as a qualified joint venture. If the taxpayer and spouse do not qualify in one year, then they will need to resubmit the paperwork to qualify as a qualified joint venture for the next year.

Parte 1 Tipos de entidades comerciales

Hay muchos tipos diferentes de entidades comerciales con sus propios conjuntos de reglas, regulaciones y directrices dentro de las leyes fiscales de los EE. UU. La siguiente entidad podría aplicar al Anexo C, E y/o F.

Empresa individual

Un empresa individual es un propietario individual de una empresa o una persona que trabaja como independiente. El ingreso tributable se informa en el Anexo C y fluye al Formulario 1040, Anexo 1, línea 3. Es posible que el propietario de una empresa también deba pagar el impuesto sobre el trabajo por cuenta propia declarado en el Anexo SE.

Una empresa individual informa los ingresos y gastos del negocio del propietario en el Anexo C, *Pérdidas o ganancias de un negocio*. Una persona es un trabajador por cuenta propia si se aplica cualquiera de las siguientes opciones:

- ➢ Realiza una actividad o negocio como empresa individual.
- ➢ Es un contratista independiente
- ➢ Está en el negocio para sí mismo de otra manera.

El trabajo como independiente puede incluir trabajo además de las actividades comerciales regulares a tiempo completo. También puede incluir cierto trabajo a tiempo parcial realizado en casa o además de un trabajo regular.

Requisitos mínimos de declaración de ingresos para declarantes del Anexo C

Si las ganancias netas del contribuyente del trabajo como independiente son de $400 o más, el contribuyente debe presentar una declaración de impuestos. Si las ganancias netas del trabajo como independiente fueron menos de $400, es posible que el contribuyente aún tenga que presentar una declaración de impuestos si cumple con otros requisitos de declaración.

Empresa Conjunta Calificada para Marido y Mujer (QJV)

Un esposo y una esposa no pueden ser empresa individual del mismo negocio. Si son copropietarios, son socios y deben presentar una declaración de sociedad utilizando el Formulario 1065, *Declaración de ingresos de socios de los EE. UU.* Pueden ser socios, pero "individual" significa uno, y para los propósitos de un negocio, el IRS no reconoce a los cónyuges como uno.

Si el contribuyente y el cónyuge participaron materialmente en el negocio como los únicos miembros de un negocio operado y adquirido conjuntamente y presentan una declaración conjunta, pueden optar por ser gravados como una empresa conjunta calificada (QJV) en lugar de una sociedad. En general, esta elección no aumenta el impuesto total sobre la declaración conjunta, pero otorga el crédito por las ganancias del Seguro Social de cada contribuyente.

Para hacer la elección de QJV, los cónyuges deben dividir todos sus ingresos y gastos entre ellos y presentar dos Anexos C, Anexos Es o Anexos F separados. Una vez que se ha realizado la elección, solo se puede revocar con el permiso del IRS. La elección permanecerá en vigor mientras los cónyuges se presenten como una empresa conjunta calificada. Si el contribuyente y el cónyuge no califican en un año, entonces deberán volver a enviar la documentación para tratar de calificar como una empresa conjunta calificada para el próximo año.

Schedule C

If the spouses own an unincorporated business and if they live in a state, foreign country, or a U.S. possession that has community property laws, the income must be treated as either a sole proprietorship or a partnership. Alaska, Arizona, California, Idaho, Louisiana, Nevada, New Mexico, Texas, Washington, and Wisconsin are the only states with community property laws.

Single-member Limited Liability Company (LLC)

For federal income tax purposes, a single-member LLC is not a separate entity. The single-member LLC would report income directly on the related Schedule as a sole-proprietor. A sole member of a domestic LLC would need to submit Form 8832 to the IRS prior to filing a corporation return if it is electing to treat the LLC as a corporation.

Accounting Periods

An accounting period is the fixed time that covers the company's financial statements. A tax year is an annual accounting period used for keeping records as well as for reporting income and expenses. An accounting period cannot be longer than 12 months, and options include:

- The standard calendar year.
- A fiscal year, which is a 12-month period that can end on the last day of any month except December.

Taxpayers generally choose the calendar-year accounting period for their individual income tax returns. Business owners must choose their accounting period before filing their first business schedule

Calendar Year

A calendar tax year is the 12 consecutive months from January 1st to December 31st. Sole proprietors must adopt the calendar year if any of the following apply:

- The taxpayer does not keep books or records.
- The taxpayer has no annual accounting period.
- The taxpayer's present tax year does not qualify as a fiscal year.
- The taxpayer's use of the calendar tax year is required under the Internal Revenue Code (IRC) or the Income Tax Regulations.

Fiscal Year

A fiscal year is 12 consecutive months ending on the last day of any month except December. A "52 to 53-week tax year" is a fiscal year that varies from 52 to 53 weeks. It does not have to end on the last day of the month. For more information on fiscal years, who might choose them, and why, see Publication 538.

Change in Tax Year

To change the type of tax year used, the taxpayer should file Form 1128, *Application to Adopt, Change, or Retain a Tax Year*. See Instructions Form 1128 for more information.

Si los cónyuges poseen un negocio no incorporado y viven en un estado, país extranjero o una posesión de los EE. UU. que tiene leyes de propiedad comunitaria, los ingresos deben tratarse como propiedad individual o como sociedad. Alaska, Arizona, California, Idaho, Luisiana, Nevada, Nuevo México, Texas, Washington y Wisconsin son los únicos estados con leyes de propiedad comunitaria.

Compañía de responsabilidad limitada (LLC) de un solo miembro

Para los fines del impuesto federal sobre la renta, una LLC de un solo miembro no es una entidad independiente. En general, la LLC de un solo miembro declararía los ingresos agrícolas directamente en el Anexo F como empresa individual. Un único miembro de una LLC doméstica necesitaría presentar el Formulario 8832 al IRS antes de presentar una declaración de la sociedad anónima si elije tratar a la LLC como una sociedad anónima.

Periodos contables

Un período contable es el tiempo fijo que abarca los estados financieros de la compañía. Un año tributario es un período contable anual que se utiliza para llevar registros, así como para declarar ingresos y gastos. Un período contable no puede exceder los 12 meses y las opciones son las siguientes:

- ➢ El año calendario estándar.
- ➢ Un año tributario, que es un período de 12 meses que puede finalizar el último día de cualquier mes excepto diciembre.

Los contribuyentes generalmente usan el período contable del año calendario para sus declaraciones de impuestos sobre la renta individual. Los dueños de negocios deben elegir el período contable antes de declarar su primer Anexo comercial.

Año calendario

Un año tributario calendario son los 12 meses consecutivos desde el 1 de enero hasta el 31 de diciembre. Las empresas individuales deben adoptar el año calendario si aplica alguno de los siguientes:

- ➢ El contribuyente no lleva libros o registros.
- ➢ El contribuyente no tiene período contable anual.
- ➢ El presente año tributario del contribuyente no califica como año tributario.
- ➢ El uso del año tributario por parte del contribuyente se requiere bajo el Código de Impuestos Internos (IRC) o el Reglamento del Impuesto sobre la Renta.

Año tributario

Un año tributario constituye 12 meses consecutivos que terminan el último día de cualquier mes, excepto diciembre. Un "año tributario de 52 a 53 semanas" constituye un año tributario que varía de 52 a 53 semanas. No tiene que terminar el último día del mes. Para obtener más información sobre los años tributarios, quién podría elegirlos y por qué, consulte la Publicación 538.

Cambio en el año tributario

Para cambiar el tipo de año tributario utilizado, el contribuyente debe presentar el Formulario 1128, *Solicitud para adoptar, cambiar o retener un año tributario*. Consulte las instrucciones del formulario 1128 para obtener más información.

Schedule C

Accounting Methods

Accounting methods are sets of rules used to determine when income and expenses are reported on a return. The accounting method chosen for the business must be used throughout the life of the business. If the owner wants to change the accounting method, approval from the IRS must be obtained. The two most common methods are cash and accrual. Businesses that have inventory must use the accrual accounting method.

The following are acceptable accounting methods:

- The cash method.
- The accrual method.
- Special methods of accounting for certain items of income and expenses.
- The combination (hybrid) method, using elements of two or more of the above.

Taxpayers should choose whichever system best reflects their income. If the taxpayer does not choose an accounting method that clearly reflects their income, the IRS may recalculate the income to reflect the correct accounting method, which could involve penalties and interest. Taxpayers must use the same accounting method when figuring their taxable income and keeping their books. However, business owners can use a different accounting method for each business they operate. See Publication 538, *Accounting Periods and Methods*.

Cash Method

If one uses the cash method, all items must be reported as income in the year in which they are actually or constructively received. Income is constructively received when it becomes or is made available to the taxpayer without restrictions, such as through a bank account; the income does not necessarily have to be in the taxpayer's physical possession.

When using the cash method, all expenses are deducted in the year they are paid. This is the method most individual taxpayers use. Exceptions to the rule include prepaid expenses—for example, insurance or tuition. If expenses were paid in advance, they are generally deductible only in the year to which the expense applies.

Example: In the beginning of 2021, Chandler paid his business insurance expenses in advance for 2021, 2022, and 2023. For his 2021 tax return, he will only be able to claim the portion of those expenses that were used for 2021. He will only be able to claim the portion of the expense used for 2022 and 2023 on his tax returns for those respective years.

Cash method is the simplest accounting method, and taxpayers must use this method if they do not keep regular or adequate books.

The following three types of taxpayers are unable to use the cash method:

- C corporations.
- Partnerships that have a C corporation as a partner.
- Tax shelters.

Anexo C

Métodos contables

Los métodos contables son conjuntos de reglas que se utilizan para determinar cuándo se informan los ingresos y los gastos en una declaración. El método contable elegido para el negocio debe ser utilizado a lo largo de la vida del negocio. Si los propietarios desean cambiar el método contable, se necesita la aprobación del IRS. Los dos métodos más comunes son efectivo y devengo. Las empresas que tienen inventario deben usar el método contable de devengo.

A continuación, se describen los métodos contables aceptables:

- El método de efectivo.
- El método de devengo.
- Métodos especiales de contabilidad para ciertos artículos de ingresos y gastos.
- Método de combinación (híbrido), utilizando elementos de dos o más de las opciones anteriores.

Los contribuyentes deben elegir el sistema que mejor refleje sus ingresos. Si el contribuyente no elige un método contable que refleje claramente sus ingresos, el IRS puede volver a calcular los ingresos para reflejar el método contable correcto, que pueda incluir multas e intereses. Los contribuyentes deben utilizar el mismo método contable al calcular sus ingresos gravables y llevar sus libros. Sin embargo, los dueños de negocios pueden usar un método contable diferente para cada negocio que operan. Consulte la Publicación 538, *Métodos y períodos contables*.

Método de dinero en efectivo

Si se utiliza el método de efectivo, todos los elementos deben declararse como ingresos en el año en que se reciben de forma real o implícita. Los ingresos se reciben de manera constructiva cuando se ponen a disposición del contribuyente o se ponen a disposición del contribuyente sin restricciones, como a través de una cuenta bancaria; los ingresos no tienen que estar necesariamente en posesión física del contribuyente.

Cuando se utiliza el método de efectivo, todos los gastos se deducen en el año en que se pagan. Este es el método que usan la mayoría de los contribuyentes individuales. Las excepciones a la regla incluyen gastos pagados por adelantado, por ejemplo, seguro o matrícula. Si los gastos se pagaron por adelantado, generalmente es deducible solo en el año al que se aplica el gasto.

Ejemplo: A principios de 2021, Chandler pagó sus gastos de seguro comercial por adelantado para 2021, 2022 y 2023. Para su declaración de impuestos de 2021, solo podrá reclamar la parte de esos gastos que se utilizó para 2021. Solo podrá reclamar la parte del gasto utilizado para 2022 y 2023 en sus declaraciones de impuestos para esos años respectivos.

El método de efectivo es el método contable más simple y los contribuyentes deben usar este método si no llevan libros regulares o adecuados.

Los siguientes tres tipos de contribuyentes no pueden utilizar el método de efectivo:

- Sociedades anónimas C.
- Sociedades que tienen una sociedad anónima C como socio.
- Paraísos fiscales.

Schedule C

Accrual Method

If the accrual method is used, income is reported when earned, whether it has been actually or constructively received. Similarly, expenses are deducted when acquired rather than when paid. Businesses with inventory are required to use the accrual method to track the business' cost-of-goods-sold. Once this accounting method has been chosen, the taxpayer cannot change to a different accounting method without IRS permission.

If a business owner chooses the accrual method, the amount of gross income would be reported at the earliest of the following events:

- When payment was received.
- When the income is due.
- When the business earned the income.
- When title was passed to the business.

Example: Ruben is a calendar-year taxpayer who uses the accrual method and owns a dance studio. He received payment on October 1, 2021, for a one-year contract for 48 one-hour lessons beginning on October 1, 2021. Ruben gave eight lessons in 2022. Ruben would include one-sixth (8/48) of the payment in his 2022 income and the remaining five-sixths (40/48) would be reported in his 2021 tax year because, under the accrual method, income is reported when it has been earned, not when it has been actually or constructively received.

Combination (Hybrid) Method

The taxpayer can choose any combination of cash, accrual, and special methods of accounting if the combination clearly shows the taxpayer's income and expenses and if the method is used consistently. The combination (or hybrid) method is often used when a company possesses some kind of inventory that is not essential to accounting for income. The combination method cannot be used in the following cases:

- If inventory is necessary to account for income, the accrual method must be used.
- If the cash method for figuring income is used, the cash method must also be used for expenses. It cannot be combined with another method.
- If the taxpayer uses an accrual method for reporting expenses, then the accrual method of income must be used for everything else as well.
- If the taxpayer uses a combination method that includes the cash method, treat that combination method as the cash method.

Independent Contractors

An independent contractor is an individual who is hired by employers on a per-contract basis where the employer only has the right to control or direct the result of the work but cannot dictate what or how the result will be achieved. This classification permits the taxpayer to certain tax benefits and full responsibility for their employment taxes. An independent contractor can itemize all ordinary and necessary business expenses by using the appropriate schedule.

To be considered an independent contractor, the taxpayer should set their own hours and work schedule, be responsible for having their own tools or equipment, and usually work for multiple individuals or companies.

Método de devengo

Si se utiliza el método de devengo, los ingresos se declaran cuando se devengan, ya sea que se hayan recibido real o constructivamente. Del mismo modo, los gastos se deducen cuando se adquieren más que cuando se pagan. Las empresas que tienen un inventario deben utilizar el método de devengo para realizar un seguimiento del costo de los bienes vendidos de la empresa. Una vez que se ha elegido este método contable, el contribuyente no puede cambiar a un método contable diferente sin el permiso del IRS.

Si el propietario de una empresa elige el método de devengo, declarará el monto de los ingresos brutos en el primero de los siguientes eventos:

- Cuando reciba el pago.
- Cuando el ingreso se vence.
- Cuando la empresa obtiene los ingresos.
- Cuando se aprobó el título a la empresa.

Ejemplo: Rubén es un contribuyente de año calendario que usa el método de devengo y es dueño de un estudio de danza. Recibió el pago el 1 de octubre de 2021 por un contrato de un año para 48 lecciones de una hora a partir del 1 de octubre de 2021. Rubén dio ocho lecciones en 2022. Rubén incluiría un sexto (8/48) del pago en sus ingresos de 2022 y los cinco sextos restantes (40/48) se declararán en su año tributario 2021 porque, bajo el método de devengo, los ingresos se informan cuando ha ganado, no cuando se ha recibido real o constructivamente.

Método combinado (híbrido)

El contribuyente puede elegir cualquier combinación de efectivo, devengo y métodos especiales de contabilidad si la combinación muestra claramente los ingresos y gastos del contribuyente y si el método se usa de manera coherente. El método combinado (o híbrido) se utiliza a menudo cuando una empresa posee algún tipo de inventario que no es esencial para contabilizar los ingresos. El método de combinación no se puede utilizar en los siguientes casos:

- Si el inventario es necesario para contabilizar los ingresos, se debe utilizar el método de devengo.
- Si se usa el método de efectivo para calcular los ingresos, también se debe usar el método de efectivo para los gastos. No se puede combinar con otro método.
- Si el contribuyente utiliza un método de devengo para declarar los gastos, entonces también debe utilizar el método de devengo de ingresos para todo lo demás.
- Si el contribuyente usa un método de combinación que incluye el método de efectivo, trate ese método de combinación como el método de efectivo.

Contratista independiente

Un contratista independiente es una persona que es contratada por empleadores por contrato donde el empleador solo tiene derecho a controlar o dirigir el resultado del trabajo, pero no puede dictar qué o cómo se logrará el resultado. Esta clasificación permite al contribuyente obtener ciertos beneficios fiscales y la plena responsabilidad de sus impuestos sobre el empleo. Un contratista independiente puede detallar todos los gastos comerciales ordinarios y necesarios utilizando el Anexo apropiado.

Para que el contribuyente sea considerado un contratista independiente, debe establecer sus propios anexos y cronograma de trabajo, ser responsable de tener sus propias herramientas o equipo y, por lo general, trabajar para varias personas o compañías.

Schedule C

If a taxpayer is an independent contractor, the taxpayer would not fill out Form W-4, *Employee's Withholding Allowance Certificate,* nor will taxes be withheld from the taxpayer's paycheck. The independent contractor is responsible for paying self-employment tax (Social Security and Medicare) and making estimated tax payments to cover both the self-employment tax and their income tax.

Taxpayers are considered employees and not independent contractors if the following apply:

- Must comply with their employer's work instructions.
- Receive training from the employer or the employer's designee.
- Provide services that are integral to the employer's business.
- Provide services that are personally rendered.
- Hire, pay, and supervise workers for the employer.
- Have an ongoing working relationship with the employer.
- Must follow set hours of work.
- Work full time for the employer.
- Work on the employer's premises.
- Work in a sequence set by the employer.
- Submit regular reports to the employer.
- Receive payments of regular amounts at regular intervals.
- Receive payments for business or travel expenses.
- Rely on employer to provide tools and materials.
- Do not have a major investment in resources for providing services.
- Do not make a profit or suffer a loss from services provided.
- Work for one employer at a time.
- Do not offer services to the general public.
- Can be fired by the employer.
- May quit anytime without incurring liability.
- Are statutory employees.

If one qualifies as a statutory employee for income tax purposes, the box titled "Statutory Employee" on Form W-2, *Wage and Tax Statement*, will be checked. Income, as well as both ordinary and necessary business expenses, are reported on Schedule C.

Statutory Employees

A statutory employee is an independent contractor who is nevertheless still treated as an employee due to some statute. This applies to the following occupational groups, all of whom qualify as statutory employees under U.S. law:

- Agent drivers or commissioned drivers limited to those who distribute food, beverages (other than milk products), and laundry or dry-cleaning services for someone else.
- Full-time life insurance salespeople who work for one company.
- A home worker who follows the guidelines of his or her employer using materials furnished by that employer and returning them as designated by the employer.
- Traveling or city salespeople who sell for one principal employer. The goods sold must be merchandise for resale or supplies for use in the buyer's business operation. The customers must be retailers, wholesalers, contractors, or operators of hotels, restaurants, or other businesses dealing with food or lodging.

Anexo C

Si un contribuyente es un contratista independiente, el contribuyente no completará el Formulario W-4, *Certificado de permiso de retención del Empleado*, ni se retendrán los impuestos del cheque de pago del contribuyente. El contratista independiente es responsable de pagar el impuesto sobre el trabajo como independiente (Seguro Social y Medicare) y hacer pagos de impuestos estimados para cubrir tanto el impuesto sobre el trabajo por cuenta propia como su impuesto sobre la renta.

Los contribuyentes se consideran empleados y no contratistas independientes si se aplica lo siguiente:

- Debe cumplir con las instrucciones de trabajo de su empleador.
- Recibe capacitación del empleador o la persona designada por el empleador.
- Brinda servicios que son integrales para el negocio del empleador.
- Proporciona servicios que se prestan personalmente.
- Contrata, paga y supervisa a los trabajadores para el empleador.
- Tiene una relación laboral en curso con el empleador.
- Debe seguir las horas de trabajo establecidas.
- Trabaja a tiempo completo para el empleador.
- Trabaja en las instalaciones del empleador.
- Trabaja en una secuencia establecida por el empleador.
- Presenta informes regulares al empleador.
- Recibe pagos de cantidades regulares a intervalos regulares.
- Reciba pagos por gastos de viaje o de negocios.
- Cuenta con el empleador para el suministro de herramientas y materiales
- No tiene una gran inversión en recursos para brindar servicios.
- No obtiene ganancias ni sufre pérdidas por los servicios prestados.
- Trabaja para un empleador a la vez
- No ofrece servicios al público en general.
- Puede ser despedido por el empleador.
- Puede renunciar en cualquier momento sin incurrir en responsabilidad.
- Es un empleado estatutario.

Si califica como empleado legal para propósitos de impuestos sobre la renta, se marcará la casilla titulada "Empleado estatutario" *en el* Formulario W-2, *Declaración de salarios e impuestos*. Los ingresos, así como los gastos comerciales ordinarios y necesarios, se declaran en el Anexo C.

Empleados estatutarios

Un empleado estatutario es un contratista independiente que, sin embargo, todavía es tratado como un empleado debido a algún estatuto. Esto se aplica a los siguientes grupos ocupacionales, todos los cuales califican como empleados estatutarios según la ley de los EE. UU.:

- Los conductores de agentes o conductores a comisión se limitan a quienes distribuyen alimentos, bebidas (que no sean productos lácteos) y servicios de lavandería o tintorería para otra persona.
- Vendedores de seguros de vida a tiempo completo que trabajan para una empresa.
- Un trabajador a domicilio que sigue las directrices de su empleador utilizando materiales proporcionados por ese empleador y devolviéndolos según lo designado por el empleador.
- Vendedores ambulantes o urbanos que venden para un empleador principal. Los bienes vendidos deben ser mercancía para reventa o suministros para su uso en la operación comercial del comprador. Los clientes deben ser minoristas, mayoristas, contratistas u operadores de hoteles, restaurantes u otras empresas que se ocupan de alimentos o alojamiento.

Schedule C

To make sure the salespeople are employees under the usual common-law rules, individuals must be evaluated separately. If a salesperson does not meet the tests for a common-law employee, then they may be considered a statutory employee. See Publication 15 and Publication 535.

A statutory employee is very limited and must meet specific criteria to meet the definition. Tax preparers should watch for incorrectly marked Forms W-2 and advise people with incorrectly marked forms to have their employers reissue a corrected Form W-2. If the taxpayer does not wish to do this, the tax professional should prepare the return using the information reported on Form W-2.

Statutory Nonemployees

Statutory nonemployees are treated as self-employed for federal tax purposes, including income and employment taxes. The following are considered statutory nonemployees:

- Direct sellers.
- Qualified real estate agents.
- Certain types of caretakers.

Identification Numbers

Generally, the taxpayer can use their SSN or taxpayer identification number (TIN) on the appropriate schedule. However, the taxpayer must have an employer identification number (EIN) if either applies:

- The taxpayer pays wages to one or more employees.
- The taxpayer files pension or excise tax returns.

Taxpayers can obtain an EIN by completing Form SS-4, *Application for Employer Identification Number*. A new EIN must be obtained if either the entity type or the ownership of the business changes. If the business has employees, the employer (or their delegate) must see the SSN to verify the name and number as it appears on the Social Security card. The employer (or their delegate) must have each employee complete Form W-4. See Publication 17 and SS-4 Instructions.

Schedule SE: Self-Employment Tax

Social Security and Medicare taxes become a little more complicated for self-employed taxpayers. Normally, the standard 12.4% tax for Social Security and 2.9% tax for Medicare is split between employees and their employer; an employee pays half this amount, and the employer matches it. Self-employed individuals, however, are simultaneously the employee and the employer and thus must pay the full 15.3% tax for Social Security and Medicare by themselves. This is called the self-employment tax (SE), and self-employed taxpayers must pay it because they do not have Social Security and Medicare taxes withheld from their earnings.

Anexo C

Para garantizar que los vendedores sean empleados en virtud de las reglas habituales del derecho consuetudinario, las personas naturales deben ser evaluadas por separado. Si un vendedor no cumple con las pruebas para un empleado de derecho consuetudinario, puede ser considerado un empleado estatutario. Consulte la Publicación 15 y la Publicación 535.

Un empleado estatutario es muy limitado y debe cumplir con criterios específicos para cumplir con la definición. El preparador de impuestos debe detectar si los Formularios W-2 están marcados incorrectamente y avisar a las personas que tienen formularios marcados incorrectamente para que les indiquen a sus empleadores que vuelvan a emitir un Formulario W-2 corregido. Si el contribuyente no desea hacer esto, el profesional de impuestos debe preparar la declaración usando la información presentada en el Formulario W-2.

Empleados no estatutarios

Generalmente, estas personas son tratadas como trabajadores por cuenta propia para fines de impuestos federales, incluyendo los impuestos sobre la renta y el empleo. Los siguientes se consideran empleados estatutarios:

- Vendedores directos.
- Agentes de bienes raíces calificados
- Ciertos tipos de cuidadores.

Números de identificación

Generalmente, el contribuyente puede usar su NSS o número de identificación del contribuyente (TIN) en el Anexo apropiado. Sin embargo, el contribuyente debe tener un número de identificación del empleador (EIN) si alguna de estas opciones aplica:

- El contribuyente paga salarios a uno o más empleados.
- El contribuyente presenta declaraciones de impuestos sobre pensiones o impuestos especiales.

Los contribuyentes pueden obtener un EIN al completar el Formulario SS-4, *Solicitud para el número de identificación del empleador*. Se debe obtener un nuevo EIN si cambia el tipo de entidad o cambia la propiedad del negocio. Si el negocio tiene empleados, el empleador (o su delegado) debe ver el NSS para verificar el nombre y número tal como aparece en la tarjeta de Seguro Social. El empleador (o su delegado) debe hacer que cada empleado complete el Formulario W-4. Consulte la Publicación 17 y las Instrucciones SS-4.

Anexo SE: Impuesto sobre el trabajo por cuenta propia

Los impuestos al Seguro Social y Medicare se vuelven un poco más complicados para los contribuyentes que trabajan de forma independiente. Normalmente, el impuesto estándar del 12.4% para el Seguro Social y el impuesto del 2.9% para Medicare se divide entre los empleados y su empleador; un empleado paga la mitad de esta cantidad y el empleador la iguala. Sin embargo, los trabajadores por cuenta propia son simultáneamente el empleado y el empleador y, por lo tanto, deben pagar el impuesto completo del 15.3% para el Seguro Social y Medicare por sí mismos. Esto se denomina impuesto sobre el trabajo por cuenta propia (SE), y los contribuyentes que trabajan de forma independiente deben pagarlo porque los impuestos de la Seguro Social y Medicare no se retienen de sus ingresos.

Schedule C

The self-employment tax is not as overwhelming as it might seem, however. For example, the 15.3% self-employment tax is figured from 92.35% of the taxpayer's net profit; it is not figured from their gross income or even from their total net profit, just 92.35% of it. Taxpayers who have net profit of $400 do not need to pay self-employment tax. If net earnings are more than $400, self-employment tax needs to be paid. Self-employed taxpayers are allowed to deduct half of the self-employment tax as an adjustment to income on Form 1040, Schedule 1, line 15.

Reported on Form 1040, Schedule 2, line 4, the SE tax applies to everyone who has self-employment income with net earnings of $400 or more. Self-employment income consists of income from self-employed business activities that are reported on Schedule C, E, and F, as well as income received by clergy and employees of churches and religious organizations. There are three ways to figure net earnings from self-employment:

- The regular method.
- The nonfarm optional method.
- The farm optional method.

The regular method must be used unless the taxpayer qualifies to use either one or both optional methods. To calculate net earnings (sometimes referred to as "actual earnings") using the regular method, multiply the self-employment earnings by 92.35% (.9235).

Taxpayers who make estimated tax payments to cover the self-employment tax they expect to owe. The due dates of estimated tax payments are:

- April 15th.
- June 15th.
- September 15th.
- January 15th of the upcoming calendar year.

If any of these dates fall on a holiday or weekend, the payment is due the next business day.

Schedule C

Schedule C, *Profit or Loss from Business*, is used for the sole proprietor or the sole owner of an LLC to report the business income and expenses for the current tax year. If the business owner owns multiple businesses, then a separate Schedule C must be filed for each business.

Completing Schedule C

Schedule C is a very detailed form that categorizes the income and expense of the business. The first portion requires basic information about the business and its type.

Line A: Enter the business or professional activity that provided the principal source of income reported on line 1 of the Schedule C. If the taxpayer owned more than one business, each business must complete a separate Schedule C or appropriate form. If the general field or activity is wholesale or retail trade or services connected with production services, state the type of customer or client. For example, "wholesale of hardware to retailers," or "appraisal of real estate for lending institutions."

Sin embargo, el impuesto al trabajo por cuenta propia no es tan abrumador como podría parecer. Por ejemplo, el impuesto al trabajo por cuenta propia del 15.3% se calcula a partir del 92.35% de la ganancia neta del contribuyente; no se calcula a partir de sus ingresos brutos o incluso de su beneficio neto total, solo el 92.35% del mismo. Los contribuyentes que tienen una ganancia neta de $400 no necesitan pagar impuestos sobre el trabajo por cuenta propia. Si las ganancias netas son mayores de $400, no es necesario pagar impuesto sobre el trabajo por cuenta propia. Finalmente, el contribuyente que es trabajador por cuenta propia puede deducir la mitad del impuesto sobre el trabajo por cuenta propia como un ajuste a los ingresos en la línea 15 del Formulario 1040, Anexo 1.

Declarado en el Formulario 1040, Anexo 2, línea 4, el impuesto SE se aplica a todas las personas que tienen ingresos de trabajo como por cuenta propia con ganancias netas de $400 o más. Los ingresos del trabajo por cuenta propia constan de ingresos de actividades comerciales como trabajador por cuenta propia que se declaran en el Anexo C, E y F, así como ingresos recibidos por el clero y los empleados de iglesias y organizaciones religiosas. Hay tres formas de calcular los ingresos netos del trabajo por cuenta propia:

- ➢ El método regular.
- ➢ El método opcional no agrícola.
- ➢ El método opcional agrícola.

El método regular debe usarse a menos que el contribuyente califique para usar uno o ambos métodos opcionales. Para calcular las ganancias netas (ocasionalmente referidas como "ganancias reales") usando el método regular, multiplique las ganancias del trabajo por cuenta propia por 92.35% (.9235).

Los contribuyentes deben hacer pagos de impuestos estimados para cubrir el impuesto sobre el trabajo por cuenta propia que esperan adeudar. Las fechas de vencimiento de los pagos de impuestos estimados son:

- ➢ El 15 de abril
- ➢ El 15 de junio
- ➢ El 15 de septiembre
- ➢ El 15 de enero del próximo año calendario.

Si alguna de estas fechas coincide con un feriado o fin de semana, el pago vence el siguiente día hábil.

Anexo C

El Anexo C, *Ganancias o pérdidas de la empresa*, se usa para la empresa individual o único propietario de una LLC para declarar los ingresos y gastos de su empresa durante un año tributario. Si el propietario del negocio es el dueño de varios negocios, entonces se debe presentar un Anexo C para cada negocio.

Completar el Anexo C

El Anexo C es un formulario muy detallado que categoriza los ingresos y gastos del negocio. La primera parte requiere información básica sobre el negocio y su tipo.

Línea A: Ingrese el negocio o actividad profesional que proporcionó la principal fuente de ingresos declarada en la línea 1 del Anexo C. Si el contribuyente era dueño de más de un negocio, cada negocio debe completar un Anexo C por separado o el formulario apropiado. Si el campo o actividad general es un comercio mayorista o minorista o servicios relacionados con los servicios de producción, debe indicar el tipo de cliente o el cliente. Por ejemplo, "venta al por mayor de hardware a minoristas" o "tasación de bienes raíces para hacer préstamos a instituciones".

Schedule C

Portion of 2021 Schedule C

Line B: Enter the six-digit code found in the instructions for Schedule C to designate the type of business. If the taxpayer's company-type is not listed, find a similar principal business or professional activity code. No matter how unsure you are about which code to use, try not to use business code 999999, *Unknown Business*; businesses with this code are significantly more likely to be audited by the IRS due to the lack of information provided by using that code.

Line C: Enter the business name.

Line D: Enter the employer ID number (EIN). The taxpayer would have obtained this number by filling out and submitting Form SS-4 online to the IRS. If there is no EIN, enter the taxpayer's SSN at the top of the page where indicated. Remember: as a sole proprietorship, the company only needs an EIN in the following cases:

- The company has a qualified retirement plan.
- The company is required to file an employment, an excise, or an alcohol, tobacco, or firearms return.
- At least part of the company involves paying gambling winnings.

Line E: Business address. Enter the physical address of the business, not a P.O. Box number. If the business has a suite or room number, make sure that it is entered as well. If the business was conducted from the taxpayer's home, and if it is the same address used on Form 1040, page 1, do not complete this line.

Line F: Select which accounting method was used by the business during the tax year.

Line G: Material Participation

"Material participation" is when an owner of a passive activity takes part in the business's operations even though they typically wouldn't. A business is a passive activity if the owner does not regularly participate in the day-to-day operations of the business. Rental activity is the most common type of passive activity, but it is far from the only kind. If the business experienced a passive activity loss, the loss may be limited by reducing the percentage of the business's income that can be taxed, but only if the taxpayer can show that they materially participated in the business.

Parte del Anexo C de 2021

Línea B: Ingrese el código de seis dígitos que se encuentra en las instrucciones del Anexo C para designar el tipo de negocio. Si el tipo de empresa del contribuyente no figura en la lista, busque un código de actividad comercial o profesional principal similar. No importa qué tan inseguro esté sobre qué código usar, intente no usar el código comercial 999999, *Negocio desconocido*; Las empresas con este código tienen muchas más probabilidades de ser auditadas por el IRS debido a la falta de información proporcionada al usar ese código.

Línea C: Ingrese el nombre comercial.

Línea D: Ingrese el número de identificación del empleador (EIN). El contribuyente habría obtenido este número al completar y enviar el Formulario SS-4 en línea al IRS. Si no hay EIN, escriba el NSS del contribuyente en la parte superior de la página donde se indica. Recuerde: como empresa individual, la empresa solo necesita un EIN en los siguientes casos:

- La empresa cuenta con un plan de jubilación calificado.
- La empresa está obligada a presentar una declaración de empleo, un impuesto especial o una devolución de alcohol, tabaco o armas de fuego.
- Al menos una parte de la empresa implica el pago de ganancias de juego.

Línea E: Dirección comercial. Ingrese la dirección física de la empresa, no un numero de apartado postal. Si la empresa tiene un número de habitación o suite, asegúrese de ingresarlo también. Si el negocio se llevó a cabo desde el hogar del contribuyente y si es la misma dirección que se usó en el Formulario 1040, página 1, no complete esta línea.

Línea F: Seleccione qué método contable utilizó la empresa durante el año tributario.

Línea G: Participación material

La "participación material" es cuando un propietario de una actividad pasiva participa en las operaciones de la empresa, aunque normalmente no lo haría. Una empresa es una actividad pasiva si el propietario no participa regularmente en las operaciones diarias de la empresa. La actividad de alquiler es el tipo más común de actividad pasiva, pero está lejos de ser el único. Si la empresa experimentó una pérdida de actividad pasiva, la pérdida puede limitarse reduciendo el porcentaje de los ingresos de la empresa que se pueden gravar, pero solo si el contribuyente puede demostrar que participó materialmente en la empresa.

Schedule C

To be able to limit losses by claiming "material participation", the taxpayer must meet any of the seven material participation tests from the requirements listed below. These generally cover any work done in connection with an activity in which one owned an interest at the time the work was completed. However, work is considered participation if it is work that the owner would not customarily do in the same type of activity, and if one of the main reasons for doing the work was to avoid the disallowance of losses or credits from the activity under the passive activity rules.

If the taxpayer meets any of these tests, check "Yes" on line G; otherwise, check "No." For the purposes of the passive activity rules, any of the following requirements must be met to be considered to have materially participated:

1. The taxpayer substantially participated in the activity on a regular and continuous basis for more than 500 hours during the tax year.
2. The taxpayer substantially participated in the activity of all individuals, even including those who do not own an interest in the activity.
3. The taxpayer participated during the tax year as much as any other person in the company.
4. Taxpayer participated for more than 100 hours during the tax year but did not materially participate.
5. The taxpayer materially participated in the activity for any 5 of the prior 10 tax years.
6. The taxpayer is in a personal service activity in which the taxpayer materially participated for any three prior tax years. A personal service activity is an activity that involves performing personal services in the fields of health, law, engineering, architecture, accounting, consulting, or any other trade or business in which capital is not a material income-producing factor.
7. Taxpayer meets the test if any person other than the taxpayer did the following:
    a) Received compensation for performing management services in connection with the activity.
    b) Spent more hours during the tax year doing other activities than he or she spent performing management services in connection with the activity, regardless of whether the person was compensated for the service.

Line H: If the business was started or acquired in the current tax year, check the box.

Line I: If the taxpayer made any payments that would require the taxpayer to file Form(s) 1099, check yes; otherwise, check no.

Schedule C, Part I, Income

Gross Income Receipts

Self-employment income is income earned from the performance of personal services that cannot be classified as wages because an employer-employee relationship does not exist between the payer and the payee because they are the same person. Self-employment tax is imposed on any U.S. citizen or resident alien who has self-employment income. If one is self-employed in a business that provides services (where products are not a factor), the gross income goes on line 7 of Schedule C and includes amounts reported on Form 1099-MISC, Form 1099-K, and Form 1099-NEC.

Anexo C

Para poder limitar pérdidas alegando "participación material", el contribuyente debe cumplir con cualquiera de las siete pruebas de participación material que forman los requisitos que se describen a continuación. Estos generalmente cubren cualquier trabajo realizado en relación con una actividad en la que uno tenía un interés en el momento en que se completó el trabajo. Sin embargo, se considera trabajo como participación si es un trabajo que el propietario no haría habitualmente en el mismo tipo de actividad y si una de las principales razones para realizar el trabajo fue evitar la denegación de pérdidas o créditos de la actividad bajo las normas de actividad pasiva.

Si el contribuyente cumple con alguna de estas pruebas, marque "Sí" en la línea G; de lo contrario, marque "No." Para efectos de las reglas de actividad pasiva, se debe cumplir alguno de los siguientes requisitos para que se considere que ha participado materialmente:

1. El contribuyente participó sustancialmente en la actividad de manera regular y continua por más de 500 horas durante el año tributario.
2. El contribuyente participó sustancialmente en la actividad de todas las personas, incluso aquellos que no poseen un interés en la actividad.
3. El contribuyente participó durante el año tributario tanto como cualquier otra persona de la empresa.
4. El contribuyente participó por más de 100 horas durante el año tributario, pero no participó materialmente.
5. El contribuyente participó materialmente en la actividad durante 5 de los 10 años tributarios anteriores.
6. El contribuyente se encuentra en una actividad de servicio personal en la que el contribuyente participó materialmente durante tres años tributarios anteriores. Una actividad de servicio personal es aquella que implica realizar servicios personales en los campos de la salud, derecho, ingeniería, arquitectura, contabilidad, consultoría o cualquier otro oficio o negocio en el que el capital no sea un factor que produzca ingresos materiales.
7. El contribuyente cumple con la prueba si cualquier persona que no sea el contribuyente hizo lo siguiente:
   a) Recibió compensación por realizar servicios de gestión relacionados con la actividad.
   b) Pasó más horas durante el año tributario realizando otras actividades de las que pasó realizando servicios de gestión en relación con la actividad, independientemente de si la persona fue compensada por el servicio.

Línea H: Si el negocio se inició o adquirió en el año tributario actual, marque la casilla.

Línea I: Si el contribuyente hizo algún pago que requiera que el contribuyente presente el(los) Formulario(s) 1099, marque sí; de lo contrario, marque no.

Anexo C, Parte I, Ingresos

Recibos de ingresos brutos

Los ingresos del trabajo por cuenta propia son los ingresos obtenidos por la prestación de servicios personales que no pueden clasificarse como salarios porque no existe una relación empleador-empleado entre el pagador y el beneficiario porque son la misma persona. Se aplica un impuesto sobre el trabajo por cuenta propia a cualquier ciudadano estadounidense o extranjero residente que tenga ingresos por trabajo por cuenta propia. Si es un trabajador por cuenta propia en un negocio que brinda servicios (donde los productos no son un factor), el ingreso bruto va en la línea 7 del Anexo C e incluye las cantidades informadas en el Formulario 1099-MISC, el Formulario 1099-K y el Formulario 1099-NEC.

Schedule C

Different Kinds of Income

The taxpayer must report on their tax return all income received in business unless it is excluded by law. In most circumstances, income will be in the form of cash, checks, and credit card charges. Bartering is another form of income, and its fair market value must be included as income.

Example: Ernest operates a plumbing business and uses the cash method of accounting. Jim owns a computer store and contacts Ernest to discuss fixing the clogged pipes in his store in exchange for a laptop for Ernest's business. This is business-to-business bartering. If Ernest accepts the deal, he must report the fair market value of the laptop as income because it was the "income" he received in exchange for his service.

Miscellaneous Income

If one is self-employed in a business involving manufacturing, merchandising, or mining, the gross income on line 7 of Schedule C is the total sales from that business, minus the cost of goods sold, and plus any income from investments and incidental or outside operations or sources. If the taxpayer is involved in more than one business, a separate Schedule C is filed for each business (for example, newspaper delivery and computer consulting). Other income commonly includes bank interest, rebates, and reimbursements from government food programs for a daycare provider.

Portion of 2021 Schedule C

Line 1: Enter the gross receipts for the year from the trade or business. Include all amounts received, even if the income was not reported on Form(s) 1099.

Line 2: Enter returns and allowances for the year from the trade or business. Even though this amount will be subtracted later, make sure it is entered here as a positive number. A sales return is a refund given to the taxpayer's customers who returned defective, damaged, or unwanted products.

Line 6: Report all amounts from finance reserve income, scrap sales, bad debts recovered, interest (on notes and accounts receivable), state gasoline or fuel tax refunds received in 2021. Prizes and awards related to the trade or business and other miscellaneous business income are also reported on line 6.

Anexo C

Diferentes tipos de ingresos

El contribuyente debe informar en su declaración de impuestos todos los ingresos recibidos en el negocio a menos que esté excluido de acuerdo a la ley. En la mayoría de los casos, los ingresos serán en efectivo, cheques y cargos de tarjeta de crédito. El trueque es otra forma de ingresos y su valor justo de mercado debe incluirse como ingresos.

Ejemplo: Ernest opera un negocio de plomería y utiliza el método contable en efectivo. Jim es dueño de una tienda de informática y se pone en contacto con Ernest para discutir la reparación de las tuberías obstruidas en su tienda a cambio de una computadora portátil para el negocio de Ernest. Este es el trueque de empresa a empresa. Si Ernest acepta el trato, debe declarar el valor justo de mercado de la computadora portátil como ingreso porque fue el "ingreso" que recibió a cambio de su servicio.

Ingresos varios

Si es un trabajador por cuenta propia en un negocio que involucra manufactura, comercialización o minería, el ingreso bruto en la línea 7 del Anexo C es el total de ventas de ese negocio, menos el costo de los bienes vendidos, y más cualquier ingreso de inversiones e incidentales u operaciones o fuentes externas. Si el contribuyente está involucrado en más de un negocio, se presenta un Anexo C separado para cada negocio (por ejemplo, entrega de periódicos y consultoría informática). Otros ingresos comúnmente incluyen intereses bancarios, reembolsos y reembolsos de programas de alimentos del gobierno para un proveedor de guardería.

Parte del Anexo C de 2021

Línea 1: Ingrese los ingresos brutos del año de la actividad o negocio. Incluya todas las cantidades recibidas, incluso si los ingresos no se declararon en el Formulario 1099.

Línea 2: Ingrese las devoluciones y bonificaciones para el año de la actividad o negocio. Aunque esta cantidad se restará más adelante, asegúrese de ingresarla aquí como un número positivo. Una devolución de ventas es un reembolso otorgado a los clientes del contribuyente que devolvieron productos defectuosos, dañados o no deseados.

Línea 6: Declare todos los montos de ingresos de reservas financieras, ventas de chatarra, deudas incobrables recuperadas, intereses (en pagarés y cuentas por cobrar), reembolsos de impuestos estatales sobre gasolina o combustible recibidos en 2021. Los premios y reconocimientos relacionados con la actividad o negocio y otros ingresos comerciales diversos también se informan en la línea 6.

Schedule C

Schedule C, Part II, Expenses

To be a deductible business expense, the tangible or nontangible item must be either ordinary or necessary. An ordinary expense is an expense that is common, standard, and accepted in the taxpayer's industry. A necessary expense is one that is helpful and appropriate for the taxpayer's trade or business. An expense does not have to be indispensable to be considered necessary. The taxpayer needs to keep records of their expenses no matter how minimal the payment is. Documentation is the key if the taxpayer is ever audited for proof of expenses.

Portion of 2021 Schedule C

The following examples are expenses that can be deducted:

Line 8: Advertising. Advertising is communicating with the general public to promote a product or service that the business provides. All advertising expenses can generally be deducted if the expense is related to the business. Advertising for purposes of influencing legislation is not deductible as this is considered lobbying, which is beyond the scope of this course.

Line 9: Car and Truck Expenses. Expenses used for business can be deducted as a business expense. Vehicle expenses include gasoline, oil, repairs, license tags, insurance, and depreciation. For 2021, the mileage rate for claiming expenses was 56 cents per mile and for 2022 the rate will be 58.5 cents per mile from January to June and 62.5 cents per mile from July - December. The standard mileage rate for each mile of business use can be used for the taxpayer's owned or leased vehicle. The standard mileage rate cannot be used if five or more cars or light trucks are used at the same time.

The taxpayer may choose between using the actual expenses incurred by using the vehicle or using the standard mileage rate. Report the expense amount on Schedule C, Part II, line 9. The taxpayer should include the following in his or her daily business mileage log:

- Beginning mileage.
- Ending mileage.
- Commuting mileage.

Anexo C, Parte II, Gastos

Para ser un gasto comercial deducible, el elemento tangible o intangible debe ser ordinario o necesario. Un gasto ordinario es un gasto común, estándar y aceptado en la industria del contribuyente. Un gasto necesario es aquel que es útil y apropiado para la actividad o negocio del contribuyente. Un gasto no tiene que ser indispensable para ser considerado necesario. El contribuyente debe mantener registros de sus gastos sin importar lo mínimo que pueda ser el pago. La documentación es la clave si el contribuyente alguna vez es auditado por comprobantes de gastos.

Parte del Anexo C de 2021

Los siguientes ejemplos son gastos que se pueden deducir:

Línea 8: Publicidad. La publicidad se comunica con el público en general para promocionar un producto o servicio que ofrece la empresa. Por lo general, todos los gastos de publicidad pueden deducirse si el gasto está relacionado con el negocio. La publicidad con el propósito de influir en la legislación no es deducible, ya que se considera cabildeo, que está más allá del alcance de este curso.

Línea 9: Gastos de automóvil y camión. Los gastos utilizados para negocios se pueden deducir como gastos comerciales. Los gastos del vehículo incluyen gasolina, aceite, reparaciones, placas de matrícula, seguros y depreciación. Para 2021, la tarifa por distancia en millas para reclamar gastos fue de 56 centavos por milla y para 2022, la tarifa será 58.5 céntimos por milla de enero a junio y 62.5 centavos por milla de julio a diciembre. Es posible usar la tasa estándar por distancia en millas para cada milla de uso comercial del vehículo adquirido o alquilado por el contribuyente. La tasa estándar por milla no se puede aplicar si se usan cinco o más autos o camionetas al mismo tiempo.

El contribuyente puede elegir entre usar los gastos reales incurridos al usar el vehículo o usar la tarifa estándar por distancia en millas. Declare el monto del gasto en el Anexo C, Parte II, línea 9. El contribuyente debe incluir lo siguiente en su registro diario de distancia en millas comercial:

- ➢ Distancia en millas inicial.
- ➢ Distancia en millas final.
- ➢ Distancia en millas de desplazamiento.

Schedule C

Business meals for 2021 are 100% deductible only if the properly-applied rules from Revenue Procedure 2019-48 are used. The rule is for expenses incurred after December 31, 2020, and before January 1, 2022, the food and/or beverages must be provided by a restaurant. A restaurant means a business that prepares and sells food and beverages to retail customers for immediate consumption, regardless of whether the food or beverages are consumed on the restaurant's premises. A restaurant does not include a business that primarily sell prepackaged food or beverages not for immediate consumption, such as:

- A grocery store
- Specialty food store
- Beer, wine, or liquor store
- Drugstore
- Convivence store
- Newsstand
- A vending machine or kiosk

See Notice 2021-25.

When determining the 100% meal deduction, the following applies:

- Business meals that don't qualify for the 100% deduction, such as those that were purchased from a grocery store, may still qualify for the 50% deduction.
- The 100% meals deduction applies to amounts paid or incurred after December 31, 2020, and before January 1, 2023.

Remember, ordinary business-related meals are 50% deductible if business travel is either overnight or long enough to require the taxpayer to stop for sleep or rest to properly perform his or her duties. The taxpayer should note the destination and the reason for travel on a daily business mileage document.

Line 10: Commissions and Fees. A commission is a service charge for providing advice on an investment purchase for the taxpayer. The commission must be ordinary and necessary for the type of business the taxpayer claims. Expenses paid for services rendered by a nonemployee could be considered commissions or fees. If more than $600 is paid to one individual, Form 1099-NEC and/or 1099-MISC must be filed, and a copy of the form should be issued to the independent contractor by January 31st of the following year. A copy of the form must be sent to the taxpayer who rendered the work; a copy must also be sent to the IRS along with Form 1096, which is beyond the scope of this course. See Instructions Form 1099(s).

Line 11: Contract Labor. Contract labor includes payments to individuals that are not employees, such as independent contractors. Report the payment amounts on this line.

Line 12: Depletion. Depletion is only deducted when a taxpayer has an economic interest in mineral property such as oil, gas, and standing timber reported on this line.

Line 13: Depreciation. Depreciation is the annual deduction that is allowed or allowable on all qualified business property reported on this line. If the taxpayer has timber depletion, they will use Form T. See Publication 535.

Anexo C

Las comidas de negocios para 2021 son 100% deducibles solo si se aplican correctamente las reglas del Procedimiento de ingresos 2019-48. La regla es que para los gastos incurridos después del 31 de diciembre de 2020 y antes del 1 de enero de 2022, los alimentos y/o bebidas deben ser proporcionados por un restaurante. Un restaurante significa un negocio que prepara y vende alimentos y bebidas a clientes minoristas para consumo inmediato, independientemente de si los alimentos o bebidas se consumen en las instalaciones del restaurante. Un restaurante no incluye un negocio que vende principalmente alimentos o bebidas preenvasados que no son para consumo inmediato, como:

- Una tienda de comestibles
- Tienda de alimentos de especialidad
- Tienda de cerveza, vino o licor
- Farmacia
- Tienda de conveniencia
- Puesto de periódicos
- Una máquina expendedora o quiosco

Consulte el Aviso 2021-25.

Al determinar la deducción del 100% de la comida, se aplica lo siguiente:

- Las comidas de negocios que no califican para la deducción del 100%, como las que se compraron en una tienda de comestibles, aún pueden calificar para la deducción del 50%.
- La deducción del 100% de las comidas se aplica a los montos pagados o incurridos después del 31 de diciembre de 2020 y antes del 1 de enero de 2023.

Recuerde, las comidas ordinarias relacionadas con los negocios son deducibles en un 50% si el viaje de negocios es de una noche a la mañana o lo suficientemente largo como para requerir que el contribuyente se detenga a dormir o descansar para desempeñar adecuadamente sus funciones. El contribuyente debe anotar el destino y el motivo del viaje en un documento de distancia en millas comercial diario.

Línea 10: Comisiones y tarifas. Una comisión es un cargo por servicio por brindar asesoramiento sobre una compra de inversión para el contribuyente. La comisión debe ser ordinaria y necesaria para el tipo de negocio que reclama el contribuyente. Los gastos pagados por los servicios prestados por una persona que no sea empleado podrían considerarse comisiones u honorarios. Si se paga más de $600 a una persona, se debe presentar el Formulario 1099-NEC y/o Formulario 1099-MISC, y se debe enviar una copia del formulario al contratista independiente antes del 31 de enero del año siguiente. Se debe enviar copia del formulario al contribuyente que realizó el trabajo; También se debe enviar una copia al IRS junto con el Formulario 1096, que está fuera del alcance de este curso. Consulte las instrucciones del formulario 1099(s).

Línea 11: Contrato laboral. El trabajo por contrato incluye pagos a personas que no son empleados, como contratistas independientes. Informe los montos de pago en esta línea.

Línea 12: Agotamiento. El agotamiento solo se deduce cuando un contribuyente tiene un interés económico en propiedades minerales como petróleo, gas y madera en pie informada en esta línea.

Línea 13: Depreciación. La depreciación es la deducción anual que está permitida o autorizada en todas las propiedades comerciales calificadas informadas en esta línea. Si el contribuyente tiene agotamiento de la madera, utilizará el Formulario T. Consulte la Publicación 535.

Schedule C

Line 14: Employee Benefit Programs. Employee benefit programs are an expense for the business owner and include retirement plans, disability insurance, life insurance, education assistance, and vacation and holiday pay. Expenses for employees such as accident plans, health plans, dependent-care expenses, and group life insurance plans can be deducted on this line.

Line 15: Insurance. The following business insurance premiums may be deducted on this line:

- Liability insurance.
- Malpractice insurance.
- Casualty insurance, such as fire or theft.
- Workers' compensation insurance.
- Disability insurance that covers the business's overhead expenses if the sole proprietor becomes unable to work.
- Bond insurance.
- Insurance to cover inventory and merchandise.
- Credit insurance.
- Business interruption insurance.

One who is self-employed may qualify to deduct up to 100% of the medical insurance premiums paid for themselves and qualifying family members. To take the deduction, the insurance plan must be established under the business, and the business must make a profit. See Publication 535.

Line 16: Interest. The following are examples of deductible interest reported on this line:

- The portion of mortgage interest related to the business.
- If auto is used in business, business percentage of the auto loan interest.
- Interest capitalization.
- Interest on business purchases.

See Publication 535.

Line 17: Legal and professional fees. The following are examples of deductible legal and professional expenses on this line:

- Bookkeeping and accounting fees.
- Tax preparation fees for business tax preparation.
- Business-related attorney's fees.

See Publication 334 and 535.

Line 18: Office Expense. Office expenses that are not included in office-in-home expenses are deducted here. The following are examples of deductible expenses on this line:

- Postage
- Office supplies

Line 19: Pension and profit-sharing plans. Deduct the contribution portion of an employee's pension or profit-sharing plan that is paid as a benefit to the employee using this line. See Publication 560.

Anexo C

Línea 14: Programas de beneficios para empleados. Los programas de beneficios para empleados son un gasto para el propietario del negocio e incluyen planes de jubilación, seguro por discapacidad, seguro de vida, asistencia educativa y pago por vacaciones y días festivos. Los gastos para los empleados, como planes de accidentes, planes de salud, gastos de cuidado de dependientes y planes de seguro de vida grupal, se pueden deducir en esta línea.

Línea 15: Seguro. Las siguientes primas de seguros comerciales se pueden deducir en esta línea:

- Seguro de responsabilidad.
- Seguro de mala praxis.
- Seguro de accidentes, como incendio o robo.
- Seguro de compensación de trabajadores.
- Seguro de discapacidad que cubre los gastos generales de la empresa si la empresa individual no puede trabajar.
- Seguro de caución.
- Seguro para cubrir inventario y mercadería.
- Seguro de crédito.
- Seguro de interrupción de negocios

Un contribuyente que trabaja por cuenta propia puede calificar para deducir hasta el 100% de las primas de seguro médico pagadas para sí mismo y para sus parientes calificados. Para tomar la deducción, el plan de seguro debe establecerse bajo el negocio y el negocio debe obtener ganancias. Consulte la Publicación 535.

Línea 16: Intereses. Los siguientes son ejemplos de intereses deducibles informados en esta línea:

- La parte del interés hipotecario relacionada con el negocio.
- Si el automóvil se usa en el negocio, porcentaje comercial del interés del préstamo del automóvil.
- Capitalización de intereses.
- Intereses sobre compras comerciales.

Consulte la Publicación 535.

Línea 17: Honorarios legales y profesionales. Los siguientes son ejemplos de gastos legales y profesionales deducibles en esta línea:

- Gastos de teneduría de libros y contabilidad.
- Tarifas de preparación de impuestos para la preparación de impuestos comerciales.
- Honorarios de abogados relacionados con la empresa.

Consulte la Publicación 334 y 535.

Línea 18: Gastos de oficina. Los gastos de oficina que no están incluidos en los gastos de oficina en el hogar se deducen aquí. Los siguientes son ejemplos de gastos deducibles en esta línea:

- Gastos de envío
- Material de oficina

Línea 19: Planes de pensiones y participación en beneficios. Deduzca la parte de contribución de la pensión de un empleado o plan de participación en las ganancias que se paga como beneficio al empleado que usa esta línea. Consulte la Publicación 560.

Schedule C

Line 20: Rent or lease. Schedule C, Part II, line 20a, is used for the lease of vehicles, machinery, and equipment rentals. Part II, line 20b, is used for leasing other rental property, such as rent for an office, building, or warehouse. See Publication 560.

Line 21: Repairs and maintenance. Repairs and maintenance of equipment, offices, buildings, or structures are deductible expenses and should include the cost of labor and supplies on this line.

Line 22: Supplies. Ordinary and necessary expenses that are not included in inventory should be deducted on this line.

Line 23: Taxes and licenses. The following are examples of deductible expenses on this line:

- License and regulatory fees for the trade or business.
- Real estate and personal property taxes on business assets.
- State and local sales taxes imposed for the selling of goods or services.
- Social Security and Medicare taxes paid to match employee wages.
- Paid federal unemployment tax.
- Federal highway use tax.
- Contributions to a state unemployment insurance fund or to a disability benefit fund if the contributions are considered taxes under state law.

Do not deduct the following:

- Federal income tax, including the self-employment tax.
- Estate and gift taxes.
- Taxes used to pay for improvements, such as paving and sewers.
- Taxes on the taxpayer's primary residence.
- State and local sales taxes on property purchased for use in the business.
- State and local sales taxes imposed on the buyer that were required to be collected and paid to state and local governments.
- Other taxes and licenses fees not related to the business.

See Publication 535.

Line 24a: Travel. The following are examples of ordinary and necessary business travel expenses that can be deducted on this line:

- Business airfare.
- Hotels for business trips.
- Taxi fares and tips while on business.

Example: Gladys lives in Seattle, Washington, and is a paid tax practitioner. She went to the Latino Tax Fest to learn the latest tax law and updates. The Fest was held on Tuesday, Wednesday, and Thursday. Gladys flew from Seattle to Las Vegas, Nevada, on Sunday and then flew home on Friday. Her ordinary and necessary expenses are the above costs that were incurred during the days of the convention, not the costs that were incurred on Sunday, Monday, and Friday. Her meals and hotel room on Sunday, Monday, and Friday are not a business expense.

See Publication 463.

Line 24b: Meals. Include expenses for meals while traveling away from home on this line.

Línea 20: Alquiler o arrendamiento. El Anexo C, Parte II, línea 20a se utiliza para el arrendamiento de vehículos, maquinaria y equipos. La Parte II, línea 20b, se utiliza para el arrendamiento de otra propiedad de alquiler, como el alquiler de una oficina, edificio o almacén. Consulte la Publicación 560.

Línea 21: Reparaciones y mantenimiento. Las reparaciones y el mantenimiento de equipos, oficinas, edificios o estructuras son gastos deducibles y deben incluir el costo de mano de obra y suministros en esta línea.

Línea 22: Suministros. Los gastos ordinarios y necesarios que no estén incluidos en el inventario deben deducirse en esta línea.

Línea 23: Impuestos y licencias. Los siguientes son ejemplos de gastos deducibles en esta línea:

- Licencias y tarifas regulatorias para la actividad o negocio.
- Impuestos sobre bienes muebles e inmuebles sobre activos comerciales.
- Impuestos a las ventas estatales y locales impuestos por la venta de bienes o servicios.
- Impuestos del Seguro Social y Medicare pagados para igualar los salarios de los empleados.
- Impuesto federal de desempleo pagado.
- Impuesto federal sobre el uso de carreteras.
- Contribuciones a un fondo de seguro de desempleo estatal o a un fondo de beneficios por discapacidad si las contribuciones se consideran impuestos según la ley estatal.

No deduzca lo siguiente:

- Impuesto sobre la renta federal, incluido el impuesto sobre el trabajo por cuenta propia.
- Impuestos sobre sucesiones y donaciones.
- Los impuestos se utilizan para pagar mejoras, como pavimentos y alcantarillado.
- Impuestos sobre la residencia principal del contribuyente.
- Impuestos sobre las ventas estatales y locales sobre la propiedad comprada para su uso en el negocio.
- Impuestos a las ventas estatales y locales impuestos al comprador que debían ser cobrados y pagados a los gobiernos estatales y locales.
- Otros impuestos y tarifas de licencias no relacionados con el negocio.

Consulte la Publicación 535.

Línea 24a: Viajes. Los siguientes son ejemplos de gastos de viajes de negocios ordinarios y necesarios que se pueden deducir en esta línea:

- Pasajes aéreos de negocios.
- Hoteles para viajes de negocios.
- Tarifas de taxi y propinas mientras viaja por negocios.

Ejemplo: Gladys vive en Seattle, Washington, y es una especialista de impuestos pagada. Fue a Latino Tax Fest para conocer las últimas leyes y actualizaciones tributarias. Este evento se llevó a cabo el martes, miércoles y jueves. Gladys voló de Seattle a Las Vegas, Nevada, el domingo y luego voló a casa el viernes. Sus gastos ordinarios y necesarios son los costos anteriores que se incurrieron durante los días de la convención, no los costos que se incurrieron el domingo, lunes y viernes. Sus comidas y habitación de hotel los domingos, lunes y viernes no son un gasto comercial.

Consulte la Publicación 463.

Línea 24b: Comidas. Incluya los gastos de comidas mientras viaja fuera de casa en esta línea.

Schedule C

Line 25: Utilities. Utility expenses include water, gas, electric, and telephone costs. Business telephone expenses do not include the base rate for any personal phone lines into the taxpayer's house, even if they are used for the business. If the taxpayer has additional costs related to the business use of the phone, such as long-distance calls, the taxpayer can deduct those expenses on this line. If the taxpayer has a dedicated second phone line for business, all expenses may be deducted regarding the second phone line via this line.

Line 26: Wages. The gross amount paid in wages (minus employment credits) to employees is deducted from the business' gross income. If the self-employed taxpayer paid themselves out of the profits of the business, those "wages" are not deductible as an expense on line 26. This is considered a *draw* and is not a deductible expense.

Line 27: Other Expenses. Other expenses are deducted in Part V of Schedule C, and the total amount of any deductions in Part V is reported here. Other expenses include any expense that is not described elsewhere and is both ordinary and necessary in the operation of the taxpayer's business.

Part 1 Review Questions

To obtain the maximum benefit from this chapter, LTP recommends that you complete each of the following questions, and then compare them to the answers with feedback that immediately follows. Under governing self-study standards, vendors are required to present review questions intermittently throughout each self-study course.

These questions and explanations are not part of the final examination and will not be graded by LTP.

BIP1.1
Which of the following best describes a self-employed taxpayer?

a. An in-home caregiver who is paid by the family.
b. An individual who owns their own corporate company.
c. An individual who owns their own company.
d. An individual who is the general partner of a partnership.

BIP1.2
Which business entity may be required to pay self-employment tax?

a. Partnership
b. Corporation
c. Schedule C filer
d. Qualified Joint Ventures

BIP1.3
Which accounting period ends in December?

a. Calendar
b. Fiscal
c. Both
d. None

Línea 25: Servicios públicos: Los gastos de servicios públicos incluyen los costos de agua, gas, electricidad y teléfono. Los gastos telefónicos comerciales no incluyen la tarifa base para las líneas telefónicas personales en la casa del contribuyente, incluso si se utilizan para el negocio. Si el contribuyente tiene costos adicionales relacionados con el uso comercial del teléfono, como llamadas de larga distancia, el contribuyente puede deducir esos gastos en esta línea. Si el contribuyente tiene una segunda línea telefónica dedicada para negocios, todos los gastos se pueden deducir con respecto a la segunda línea telefónica a través de esta línea.

Línea 26: Salarios. La cantidad bruta pagada en salarios (menos los créditos laborales) a los empleados se deduce de los ingresos brutos de la empresa. Si el contribuyente autónomo se pagó de las ganancias del negocio, esos "salarios" no son deducibles como gasto en la línea 26. Esto se considera un *empate* y no es un gasto deducible para esta línea.

Línea 27: Otros gastos. Otros gastos se deducen en la Parte V del Anexo C, y el monto total de las deducciones en la Parte V se informa aquí. Otros gastos incluyen cualquier gasto que no se describa en otra parte y que sea tanto ordinario como necesario en la operación del negocio del contribuyente.

Parte 1 Preguntas de repaso

Para obtener el máximo beneficio de este curso, LTP recomienda que complete cada una de las preguntas a continuación, y luego las compare con las respuestas de los comentarios que se proporcionan posteriormente. Según los estándares reguladores de autoaprendizaje, los proveedores deben presentar preguntas de repaso de manera intermitente a lo largo de cada curso de autoaprendizaje.

Estas preguntas y explicaciones no son parte del examen final y no serán calificadas por LTP.

BIP1.1
¿Cuál de las siguientes opciones describe mejor a un contribuyente que es trabajador por cuenta propia?

 a. Un cuidador en el hogar quien recibe un pago de la familia.
 b. Una persona que posee su propia empresa corporativa.
 c. Una persona que es dueña de su propia empresa.
 d. Una persona que es el socio general de una sociedad.

BIP1.2
¿Qué entidad comercial puede estar obligada a pagar impuestos sobre el trabajo por cuenta propia?

 a. Sociedad colectiva
 b. Sociedad anónima
 c. Una persona que presenta el Anexo C
 d. Empresas conjuntas calificadas

BIP1.3
¿Qué período contable termina en diciembre?

 a. Calendario
 b. Tributario
 c. Ambos
 d. Ninguno

Schedule C

BIP1.4
Which of the following would require a self-employed individual to obtain an Employer Identification Number (EIN)?

   a. Pays wages to his employees.
   b. Files Schedule C.
   c. Files Form 1099-MISC.
   d. Pays independent contractors.

BIP1.5
Which of the following is not considered a legal and professional fee?

   a. Bookkeeping
   b. Accounting fees
   c. Tax preparation fees
   d. Home mortgage interest

BIP1.6
Which of the following is considered a legal and professional fee?

   a. Business-related attorney's fees
   b. Postage
   c. Office supplies
   d. Taxes and licenses

BIP1.7
Which of the following is not an accounting method?

   a. Cash method
   b. Accrual method
   c. Combination method
   d. First in, first out

Part 1 Review Questions Answers

BIP1.1
Which of the following best describes a self-employed taxpayer?

   a. An in-home caregiver who is paid by the family.
   b. An individual who owns their own corporate company.
   c. An individual who owns their own company.
   d. An individual who is the general partner of a partnership.

Feedback: Review section *Sole Proprietorship*.

BIP1.4
¿Cuál de las siguientes opciones requeriría que un trabajador por cuenta propia obtenga un Número de Identificación del Empleador (EIN)?

   a. Paga salarios a sus empleados.
   b. Presenta el Anexo C.
   c. Presenta el formulario 1099-MISC.
   d. Paga a contratistas independientes.

BIP1.5
¿Cuál de las siguientes opciones no se considera un honorario legal y profesional?

   a. Mantenimiento de registros
   b. Honorarios contables
   c. Tarifas de preparación de impuestos
   d. Intereses hipotecarios

BIP1.6
¿Cuál de las siguientes opciones se considera un honorario legal y profesional?

   a. Honorarios de abogados relacionados con el negocio
   b. Gastos de envío
   c. Material de oficina
   d. Impuestos y licencias

BIP1.7
¿Cuál de las siguientes opciones no es un método contable?

   a. Método de efectivo
   b. Método de devengo
   c. Método de combinación
   d. Primero en entrar primero en salir

Parte 1 Respuestas a las preguntas de repaso

BIP1.1
¿Cuál de las siguientes opciones describe mejor a un contribuyente que es trabajador por cuenta propia?

   a. Un cuidador en el hogar quien recibe un pago de la familia.
   b. Una persona que posee su propia empresa corporativa.
   c. Una persona que es dueña de su propia empresa.
   d. Una persona que es el socio general de una sociedad.

Comentarios Revise la sección *Empresa individual*

Schedule C

BIP1.2
Which business entity may be required to pay self-employment tax?

   a. Partnership
   b. Corporation
   c. Schedule C filer
   d. Qualified Joint Ventures

Feedback: Review section *Schedule SE: Self-Employment Tax.*

BIP1.3
Which accounting period ends in December?

   a. Calendar
   b. Fiscal
   c. Both
   d. None

Feedback: Review section *Accounting Periods.*

BIP1.4
Which of the following would require a self-employed individual to obtain an Employer Identification Number (EIN)?

   a. Pays wages to his employees.
   b. Files Schedule C.
   c. Files Form 1099-MISC.
   d. Pays independent contractors.

Feedback: Review section *Identification Numbers.*

BIP1.5
Which of the following is not considered a legal and professional fee?

   a. Bookkeeping
   b. Accounting fees
   c. Tax preparation fees
   d. Home mortgage interest

Feedback: Review section *Line 17: Legal and Professional Fees.*

BIP1.6
Which of the following is considered a legal and professional fee?

   a. Business-related attorney's fees
   b. Postage
   c. Office supplies
   d. Taxes and licenses

Feedback: Review section *Line 17: Legal and Professional Fees.*

BIP1.2
¿Qué entidad comercial puede estar obligada a pagar impuestos sobre el trabajo por cuenta propia?

   a. Sociedad
   b. Sociedad anónima
   c. Una persona que presenta el Anexo C
   d. Empresas conjuntas calificadas

Comentarios Revise la sección *Anexo SE: Impuesto sobre el trabajo por cuenta propia*

BIP1.3
¿Qué período contable termina en diciembre?

   a. Calendario
   b. Tributario
   c. Ambos
   d. Ninguno

Comentarios Revise la sección *Períodos contables.*

BIP1.4
¿Cuál de las siguientes opciones requeriría que un trabajador por cuenta propia obtenga un Número de Identificación del Empleador (EIN)?

   a. Paga salarios a sus empleados.
   b. Presenta el Anexo C.
   c. Presenta el formulario 1099-MISC.
   d. Paga a contratistas independientes.

Comentarios Revise la sección *Números de identificación.*

BIP1.5
¿Cuál de las siguientes opciones no se considera un honorario legal y profesional?

   a. Mantenimiento de registros
   b. Honorarios contables
   c. Tarifas de preparación de impuestos
   d. Intereses hipotecarios

Comentarios Revise la sección *Línea 17: Honorarios legales y profesionales.*

BIP1.6
¿Cuál de las siguientes opciones se considera un honorario legal y profesional?

   a. Honorarios de abogados relacionados con el negocio
   b. Gastos de envío
   c. Material de oficina
   d. Impuestos y licencias

Comentarios Revise la sección *Línea 17: Honorarios legales y profesionales.*

Schedule C

BIP1.7
Which of the following is not an accounting method?

a. Cash method
b. Accrual method
c. Combination method
d. First in, first out

Feedback: Review section *Accounting Methods*.

Part 2 Line 30: Business Use of the Home

Report the total amount of expenses from business use of the home on Line 30 of the Schedule C. This amount is typically determined by completing Form 8829, unless the taxpayer elects to use the simplified method.

Portion of 2021 Schedule C

Form 8829: Office in the Home

Self-employed taxpayers may be able to use Form 8829, *Expenses for Business Use of Your Home*, to claim deductions for certain expenses for business use of their home. To qualify for these deductions, the taxpayer must show that they used a space (such as an office) in the home exclusively and regularly for business. The amount of deduction a taxpayer can receive is based on what percent of the house's total square footage is being used for the business.

Example: Monica has an office she uses exclusively to manage and run her catering business. To receive a deduction for her home business expenses, Monica would divide the square footage of her office by the total square footage of her home to find the percentage of expense she can deduct. If her office is 130-square-feet and her home is 1,000-square-feet, then the percentage of her expenses she can deduct would be 13%.

Daycare providers would use Form 8829 to report expenses based on the number of hours spent caring for children or disabled dependents. The time also includes time spent cleaning the house before and after children arrive or leave as well as time spent preparing activities for the children.

BIP1.7
¿Cuál de las siguientes opciones no es un método contable?

   a. Método de efectivo
   b. Método de devengo
   c. Método de combinación
   d. **Primero en entrar primero en salir**

Comentarios Revise la sección *Métodos Contables*.

Parte 2 Línea 30: Uso comercial del hogar

Declare la cantidad total de gastos del uso comercial del hogar en la línea 30 del Anexo C. Esta cantidad se determina normalmente completando el Formulario 8829, a menos que el contribuyente opte por utilizar el método simplificado.

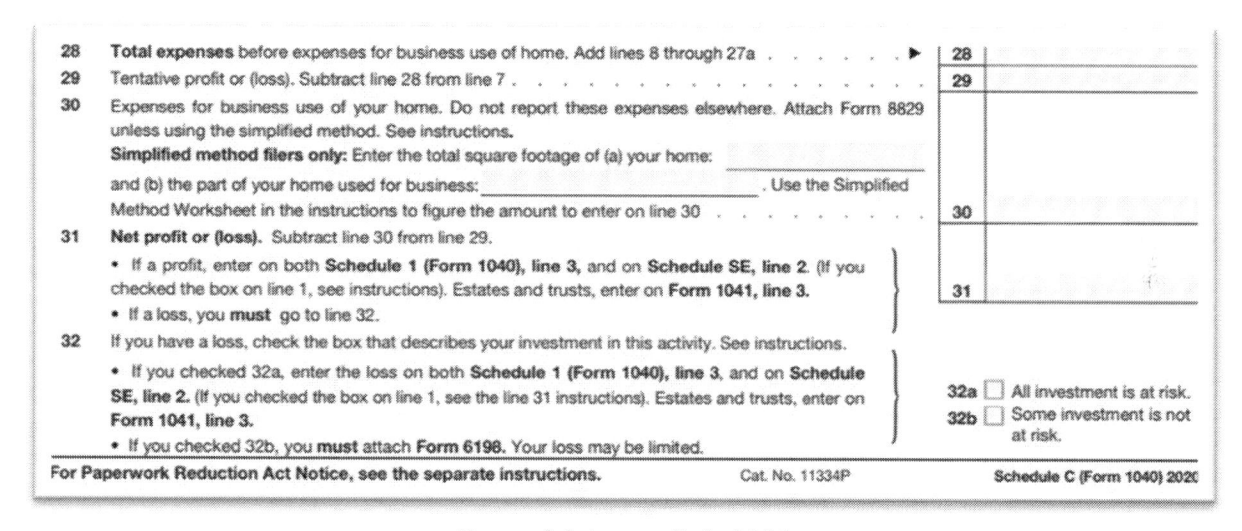

Parte del Anexo C de 2021

Formulario 8829: Oficina en el hogar

Los contribuyentes que trabajan por cuenta propia pueden usar el Formulario 8829, *Gastos por el uso comercial de su hogar*, para reclamar deducciones por ciertos gastos del uso comercial de su hogar. A fin de calificar para estas deducciones, el contribuyente debe demostrar que usó un espacio (como una oficina) en el hogar exclusiva y regularmente para negocios. La cantidad de deducción que un contribuyente puede recibir se basa en qué porcentaje del total de pies cuadrados del hogar se utiliza para el negocio.

Ejemplo: Mónica tiene una oficina que utiliza exclusivamente para administrar y dirigir su negocio de catering. Para recibir una deducción por los gastos comerciales de su hogar, Mónica dividiría los pies cuadrados de su oficina por el total de pies cuadrados de su casa para encontrar el porcentaje de gastos que puede deducir. Si su oficina es de 130 pies cuadrados y su hogar es de 1,000 pies cuadrados, entonces el porcentaje de sus gastos que puede deducir sería del 13%.

Los proveedores de cuidado diurno usarían el Formulario 8829 para declarar los gastos según la cantidad de horas dedicadas a la atención de niños o dependientes discapacitados. El tiempo también incluye el tiempo dedicado a limpiar la casa antes y después de que los niños lleguen o se vayan, así como el tiempo dedicado a preparar las actividades para los niños.

Schedule C

Portion of 2021 Schedule 8829

If childcare providers do not use their entire home for childcare, they will use a combination of hours and square feet to determine business use. The home portion does not have to meet the exclusive-use test if the use is for an in-home daycare facility.

Business expenses that apply to a part of the taxpayer's home may be a deductible business expense if the part of the home was exclusively used on a regular basis in all of the following ways:

- As the principal place of business for any of the taxpayer's trade or business.
- As a place of business used by patients, clients, or customers to meet or deal during the normal course of trade or business.
- In connection with the trade or business if the office is a separate structure that is not attached to the taxpayer's home.

Some exceptions to the "space rule used on a regular basis" are certain daycare facilities and storage spaces used for inventory or product samples. The tax professional must determine whether the office in the home qualifies as the taxpayer's principal place of business.

To qualify the office in the home as the primary place of business, the following requirements must be met:

- The taxpayer uses the home exclusively and regularly for administrative or management activities of the taxpayer's trade or business.
- The taxpayer has no other fixed location where the taxpayer conducts substantial administrative or management activities of his or her trade or business.

Administrative or Management Activities

There are many activities that can be considered administrative or managerial in nature. Some of the most common include the following:

- Billing customers, clients, or patients.
- Keeping books and records.
- Ordering supplies.
- Setting up appointments.

Anexo C

Parte del Anexo 8829 de 2021

Si los proveedores de cuidado infantil no usan todo su hogar para el cuidado infantil, usarán una combinación de horas y pies cuadrados para determinar el uso comercial. La parte del hogar no tiene que cumplir con la prueba de uso exclusivo si el uso es para una guardería en el hogar.

Los gastos comerciales que se aplican a una parte de la vivienda del contribuyente pueden ser un gasto comercial deducible si la parte de la vivienda se utilizó exclusivamente de forma regular de todas las siguientes maneras:

> Como el lugar principal de negocios para cualquier actividad o negocio del contribuyente.
> Como un lugar de negocios utilizado por los pacientes o clientes para reunirse o negociar durante el curso normal de comercio o negocio.
> En relación con la actividad o negocio, si la oficina es una estructura separada que no está adjunta a la casa del contribuyente.

Algunas excepciones a la "regla de espacio utilizada regularmente" son ciertas instalaciones de guardería y espacios de almacenamiento utilizados para el inventario o muestras de productos. El profesional de impuestos debe determinar si la oficina en el hogar califica como el lugar principal de negocios del contribuyente.

Para que la oficina en el hogar califique como el lugar principal de negocios, se deben cumplir los siguientes requisitos:

> El contribuyente utiliza el hogar exclusiva y regularmente para actividades administrativas o de gestión de la actividad o negocio del contribuyente.
> El contribuyente no tiene otra ubicación fija donde el contribuyente realice actividades administrativas o de gestión sustanciales de su actividad o negocio.

Actividades administrativas o de gestión

Existen muchas actividades que pueden ser consideradas de naturaleza administrativa o gerencial. Algunos de los más comunes incluyen los siguientes:

> Facturación a clientes o pacientes.
> Mantener libros y registros.
> Solicitud suministros.
> Organizar citas.

Schedule C

> ➢ Writing reports or forwarding orders.

If the following activities are performed at another location, the taxpayer would be disqualified from being able to claim the home office deduction:

- ➢ The taxpayer conducts administrative or management activities at other locations other than the home.
- ➢ The taxpayer conducts administrative or management activities at places that are not fixed locations of his or her business, such as in a car or a hotel room.
- ➢ The taxpayer occasionally conducts administrative or management activities at an outside location not at his or her home.
- ➢ The taxpayer conducts substantial non-administrative or non-management business activities at a fixed location outside of the home.
- ➢ The taxpayer has suitable space to conduct administrative or management activities outside of his or her home but chooses to work at home for these activities.

Example: Fernando is a self-employed plumber. Most of Fernando's time is spent installing and repairing plumbing at customers' homes and offices. He has a small office in his home that he uses exclusively and regularly for the administrative or management activities of his business, such as calling customers, ordering supplies, and keeping his books. Fernando writes up estimates and records of work completed at his customers' premises but does not conduct any substantial administrative or management activities at any fixed location other than his home office. Fernando does not do his own billing. He uses a local bookkeeping service to bill his customers.

Because it is the only fixed location where he does his administrative and managerial activities, Fernando's home office qualifies as his principal place of business for deducting expenses for its use. The fact that a bookkeeper does his billing is not important, as it does not change or impact where Fernando does his business administrative and managerial activities.

Simplified Option for Home Office Deduction

Taxpayers may use a simplified option to figure the home office business deduction. Revenue Procedure 2013-13 provides an optional safe harbor method that taxpayers may use, which is an alternative to the calculation, allocation, and substantiation of actual expenses for purposes of satisfying the Internal Revenue Code section 280A. These rules do not change the home office criteria for claiming business use but instead simplify the ruling for recordkeeping and calculation.

The major highlights of the simplified option are as follows:

- ➢ Standard deduction of $5-per-square-foot of home used for business with a maximum 300-square-feet.
- ➢ Allowable home-related itemized deductions claimed in full on Schedule A.
- ➢ No home depreciation deduction or later recapture of depreciation for the years the simplified option is used.

When selecting a method, the taxpayer must choose to use either the simplified method or the regular method for any taxable year and can make that choice by using their selected method on their tax return. However, once the method has been chosen for the year, it cannot be changed. If the methods are used in different tax years, the correct depreciation table must be used. Year-by-year determination is acceptable.

> Redacción de informes o reenvío de pedidos.

Si las siguientes actividades se realizan en otro lugar, el contribuyente quedaría descalificado para poder reclamar la deducción de la oficina en el hogar:

> El contribuyente realiza actividades administrativas o de gestión en lugares que no sean el hogar.
> El contribuyente realiza actividades administrativas o de gestión en lugares que no son ubicaciones fijas de su negocio, como en un automóvil o una habitación de hotel.
> El contribuyente ocasionalmente lleva a cabo actividades administrativas o de gestión en un lugar externo que no se encuentra en su casa.
> El contribuyente realiza importantes actividades comerciales no administrativas o no gerenciales en un lugar fijo fuera del hogar.
> El contribuyente tiene un espacio adecuado para llevar a cabo actividades administrativas o de gestión fuera de su hogar, pero opta por trabajar en el hogar para estas actividades.

Ejemplo: Fernando es un plomero que trabaja por cuenta propia. Fernando pasa la mayor parte del tiempo en la instalación y reparación de tuberías en los hogares y oficinas de los clientes. Tiene una pequeña oficina en su hogar que utiliza de forma exclusiva y regular para las actividades administrativas o de gestión de su negocio, como llamar a los clientes, pedir suministros y mantener sus libros. Fernando escribe las estimaciones y los registros del trabajo realizado en las instalaciones de sus clientes, pero no realiza ninguna actividad administrativa o de gestión sustancial en ningún lugar fijo que no sea su oficina en el hogar. Fernando no hace su propia facturación. Utiliza un servicio de contabilidad local para facturar a sus clientes.

Debido a que es la única ubicación fija donde realiza sus actividades administrativas y de gestión, la oficina central de Fernando califica como su principal lugar de negocios para deducir los gastos por su uso. El hecho de que un contador haga su facturación no es importante, ya que no cambia ni afecta el lugar donde Fernando realiza las actividades administrativas y de gestión de su negocio.

Opción simplificada para la deducción de oficina en el hogar

Los contribuyentes pueden usar una opción simplificada para calcular la deducción del negocio de oficina en el hogar. El Procedimiento Administrativo Tributario 2013-13 proporciona un método de puerto seguro opcional que los contribuyentes pueden usar, que es una alternativa al cálculo, la asignación y la justificación de los gastos reales a los fines de cumplir con la sección 280A del Código de Impuestos Internos. Estas reglas no cambian los criterios de la oficina en el hogar para reclamar el uso comercial, sino que simplifican la resolución para el mantenimiento y cálculo de registros.

Los principales aspectos destacados de la opción simplificada son los siguientes:

> Deducción estándar de $5 por pie cuadrado de una casa utilizada para negocios con un máximo de 300 pies cuadrados.
> Deducciones detalladas permitidas relacionadas con el hogar que se declaran en su totalidad en el Anexo A.
> Sin deducción por depreciación de vivienda o recuperación posterior de depreciación para los años en que se usa la opción simplificada

Al seleccionar un método, el contribuyente debe elegir utilizar el método simplificado o el método regular para cualquier año tributario y puede hacer esa elección utilizando el método seleccionado en su declaración de impuestos. Sin embargo, una vez que el método ha sido elegido para el año, no se puede cambiar. Si los métodos se utilizan en diferentes años tributarios, se debe usar la tabla de depreciación correcta. La determinación año por año es aceptable.

Schedule C

The deduction under the safe harbor method cannot create a net loss; it is limited to the business' gross income reduced by deductions unrelated to the home office deduction. Any excess is disallowed and cannot be carried over or back, unlike the carryover of unallowed expenses that is available to offset income from that activity in the succeeding year when using the actual expense method.

Regardless of the method that is used to claim the home office, the space must be regularly and exclusively used as the taxpayer's principal place of business. If the taxpayer used the simplified method for tax year 2021, and they chose not to use it for 2022, taxpayer may have an unallowed expense from a prior year carryover to the current year. See Instructions Form 8829.

Regular and Exclusive Use

The portion of the home that is used must be used exclusively for conducting business.

Example: Nadine teaches piano lessons in her home. She has a piano in her spare bedroom and a grand piano in her living room. She uses the piano in her spare bedroom to teach her students and the grand piano for the students' recitals. Nadine does not use the spare bedroom for anything else except teaching students and storing music books related to her students. Her spare bedroom is used exclusively and regularly for business, but her grand piano is not; it is only used for recitals for her students. Therefore, she would only be able to claim the spare bedroom as a deduction and not the living room.

Like everything with tax law there are exceptions to the rule; the taxpayer does not have to meet the exclusive use test if either of the following applies:

- If the taxpayer uses part of their home for storage of inventory or sample product(s), he or she may deduct business use of the home expense if the following conditions are met:
    - The taxpayer sells products at wholesale or retail as his or her trade or business.
    - The taxpayer keeps inventory in his or her home for the trade or business.
    - His or her home is the only fixed location for the trade or business.
    - The storage space is used on a regular basis.
    - The space used can be identifiable as a separate suitable space for storage.
- The taxpayer uses part of the home as a daycare facility.

Principal Place of Business

If the taxpayer conducts business outside of the home and uses his or her home substantially and regularly to conduct business, he or she may qualify for a home office deduction. The taxpayer can also deduct expenses for a separate freestanding structure such as a studio or a barn, but the regular and exclusive use test must apply. To determine if the place used is the primary place of business, the following factors must be considered:

- The relative importance of the activities performed at each location where the taxpayer conducts his or her business.
- The amount of time spent at each location where the taxpayer conducts business.

La deducción bajo el método de puerto seguro no puede crear una pérdida neta; se limita a los ingresos brutos del negocio reducidos por deducciones no relacionadas con la deducción de la oficina en el hogar. Cualquier exceso se rechaza y no puede ser transferido o devuelto, a diferencia del traspaso de gastos no permitidos que está disponible para compensar los ingresos de esa actividad en el año siguiente cuando se usa el método de gasto real.

Independientemente del método que se utilice para reclamar la oficina en el hogar, el espacio debe ser utilizado de forma regular y exclusiva como el lugar principal de negocios del contribuyente. Si el contribuyente utilizó el método simplificado para el año tributario 2021, y optó por no usarlo para 2022, es posible que tenga un gasto no permitido de una transferencia del año anterior al año en curso. Consulte las Instrucciones del Formulario 8829.

Uso regular y exclusivo.

La parte del hogar que se utiliza debe ser empleada exclusivamente para realizar negocios.

Ejemplo: Nadine enseña clases de piano en su casa. Ella tiene un piano en su habitación de huéspedes y un piano de cola en su sala de estar. Ella usa el piano en su habitación de huéspedes para enseñar a sus alumnos y el piano de cola para los recitales de los alumnos. Nadine no usa la habitación de huéspedes para nada más, excepto para enseñar a los estudiantes y guardar libros de música relacionados con sus estudiantes. Su habitación de huéspedes se usa exclusiva y regularmente para negocios, pero no su piano de cola; solo se utiliza para recitales para sus alumnos. Por lo tanto, ella solo podría reclamar la habitación de huéspedes como una deducción y no la sala de estar.

Como todo en la ley tributaria, existen excepciones a la regla. El contribuyente no tiene que cumplir con la prueba de uso exclusivo si se cumple alguna de las siguientes condiciones:

➢ Si el contribuyente usa parte de su hogar para almacenar el inventario o los productos de muestra, puede deducir el uso comercial del gasto del hogar si se cumplen las siguientes condiciones:
  o El contribuyente vende productos al por mayor o al por menor como su actividad o negocio.
  o El contribuyente mantiene el inventario en su hogar para la actividad o negocio.
  o Su hogar es el único lugar fijo para la actividad o negocio.
  o El espacio de almacenamiento se utiliza de forma regular.
  o El espacio utilizado puede identificarse como un espacio separado adecuado para el almacenamiento.
➢ El contribuyente utiliza parte del hogar como una guardería.

Lugar principal del negocio

Si el contribuyente realiza negocios fuera del hogar y usa su hogar sustancial y regularmente para realizar negocios, es posible que califique para una deducción por oficina en el hogar. El contribuyente también puede deducir los gastos de una estructura independiente separada, como un estudio o un granero, pero se debe aplicar la prueba de uso regular y exclusivo.

Para determinar si el lugar utilizado es el lugar principal de negocios, se deben considerar los siguientes factores:

➢ La importancia relativa de las actividades realizadas en cada lugar donde el contribuyente realiza su negocio.
➢ La cantidad de tiempo que pasa en cada lugar donde el contribuyente realiza negocios.

Schedule C

Portion of 2021 Form 8829

In Publication 587, *Business Use of Your Home*, the IRS provides a simplified method to determine the expenses related to using your home for business.

Expenses

There are three types of expenses included in the operation of a home when considering an office in the home:

- Direct expenses incurred only for the business part of the home such as painting and repairs in the area used for business. These expenses are fully deductible.
- Indirect expenses for running the home such as insurance, utilities, and general repairs (e.g., roof, HVAC, etc.). These expenses are deducted based on the percentage of business use of the home.
- Unrelated expenses only for parts of the home not used for businesses such as lawn care and painting a room not used for business. These expenses are not deductible.

Direct expenses include the following:

- Business portion of casualty losses.
- Insurance: indirect insurance covers the entire home while direct insurance covers the business; rider insurance policies (which are beyond the scope of this course) can be a direct expense.
- Business rent.
- Business repairs for the home.

Parte del Formulario 8829 2021

En la Publicación 587, *Uso comercial de su hogar*, el IRS proporciona un método simplificado para determinar los gastos relacionados con el uso de su hogar para los negocios.

Gastos

Hay tres tipos de gastos incluidos en las operaciones de un hogar al considerar una oficina en el hogar:

- ➢ Gastos directos incurridos solo para la parte comercial del hogar, como pintura y reparaciones en el área utilizada para el negocio. Estos gastos son totalmente deducibles.
- ➢ Gastos indirectos para el funcionamiento de la casa, como seguros, servicios públicos y reparaciones generales (por ejemplo, techo, HVAC, etc.). Estos gastos se deducen en función del porcentaje de uso comercial de la vivienda.
- ➢ Gastos no relacionados solo para partes del hogar que no se usan para negocios, como el cuidado del césped y pintar una habitación que no se usa para negocios. Estos gastos no son deducibles.

Los gastos directos incluyen lo siguiente:

- ➢ Parte comercial de las pérdidas fortuitas.
- ➢ Seguro: el seguro indirecto cubre toda la casa mientras que el seguro directo cubre el negocio; las pólizas de seguro de endoso (que están fuera del alcance de este curso) pueden ser un gasto directo.
- ➢ Alquiler comercial.
- ➢ Reparaciones comerciales para el hogar.

Schedule C

- ➢ Business portion of real estate taxes.
- ➢ Business portion of home mortgage interest.

Samples of indirect expenses include:

- ➢ *Security system:* The cost to maintain and monitor the system is considered an indirect cost. However, the taxpayer may depreciate the percentage of the system that relates to his business.
- ➢ *Utilities and services:* Including electricity, gas, trash removal, and cleaning services.
- ➢ *Telephone:* The basic local service charge, including taxes for the first line into the home, is a nondeductible personal expense. Long distance phone calls and the cost of a secondary home phone line used exclusively for business are both deductible expenses.
- ➢ *Depreciation:* If the taxpayer owns the home, he or she may deduct depreciation. For more information, see Publication 587. Before calculating the depreciation deduction, the following information is needed:
  - o The month and year the taxpayer began using the home for business.
  - o The adjusted basis and fair market value of the home at the time the taxpayer began using it for business; the cost of the home plus any improvements, minus casualty losses or depreciation deducted in earlier years; land is never considered part of the adjusted basis.
  - o The cost of improvements before and after the taxpayer began using the home for business.
  - o The percentage of the home used for business.

The following are expenses that cannot be deducted:

- ➢ Bribes and kickbacks.
- ➢ Charitable contributions.
- ➢ Demolition expenses or losses.
- ➢ Dues paid to business, social, athletic, luncheon, sporting, airline, and hotel clubs.
- ➢ Lobbying expenses.
- ➢ Penalties and fines paid to a governmental agency for breaking the law.
- ➢ Personal, living, and family expenses.
- ➢ Political contributions.
- ➢ Repairs that add value to the home or increase the property life.

Business Auto Expenses

Taxpayers can deduct ordinary and necessary transportation expenses if they incur them while procuring income. If taxpayers use a personal vehicle for maintaining business activities, the deduction of the expenses is either by actual expenses or the standard mileage rate. For 2021 the business mileage rate is 56 cents per mile. For tax year 2022, the rate is 58.5 cents per mile from January to June and 62.5 cents per mile from July - December.

The taxpayer can deduct the ordinary and necessary expenses of traveling away from home if the primary purpose of the trip was business related. The taxpayer must properly allocate expenses between rental and nonrental activities. Information needed to record auto expenses accurately:

Anexo C

- Parte comercial de impuestos inmobiliarios.
- Parte comercial de los intereses de la hipoteca de la vivienda.

Las muestras de gastos indirectos incluyen:

- *Sistema de seguridad:* El costo de mantener y monitorear el sistema se considera un costo indirecto. Sin embargo, el contribuyente puede depreciar el porcentaje del sistema que se relaciona con su negocio.
- *Servicios públicos y otros servicios:* Incluidos servicios de electricidad, gas, recolección de basura y limpieza.
- *Teléfono:* El cargo por servicio local básico, incluidos los impuestos para la primera línea en el hogar, es un gasto personal no deducible. Las llamadas telefónicas de larga distancia y el costo de una línea telefónica residencial secundaria utilizada exclusivamente para negocios son gastos deducibles.
- *Depreciación:* Si el contribuyente es propietario de la vivienda, puede deducir la depreciación. Para obtener más información, consulte la Publicación 587. Antes de calcular la deducción por depreciación, se necesita la siguiente información:
    - El mes y año en que el contribuyente comenzó a usar la casa para hacer negocios.
    - La base ajustada y el valor justo de mercado de la casa en el momento en que el contribuyente comenzó a usarla para sus negocios; el costo de la vivienda más las mejoras, menos las pérdidas fortuitas o la depreciación deducida en años anteriores; el terreno nunca se considera parte de la base ajustada.
    - El costo de las mejoras antes y después de que el contribuyente comenzara a usar el hogar para sus negocios.
    - El porcentaje de la vivienda que se utiliza para el negocio.

Los siguientes son gastos que no se pueden deducir:

- Sobornos y comisiones ilegales.
- Contribuciones caritativas.
- Gastos o pérdidas de demolición.
- Cuotas pagadas a clubes de negocios, sociales, deportivos, de almuerzos, deportivos, de aerolíneas y hoteles.
- Gastos de cabildeo.
- Sanciones y multas pagadas a una agencia gubernamental por infringir la ley.
- Gastos personales, de manutención y familiares.
- Contribuciones políticas.
- Reparaciones que agregan valor a la vivienda o aumentan la vida útil de la propiedad.

Gastos de auto para empresas

Los contribuyentes pueden deducir los gastos de transporte ordinarios y necesarios si incurren en ellos al obtener ingresos. Si los contribuyentes utilizan un vehículo personal para mantener las actividades comerciales, la deducción de los gastos es por los gastos reales o la tasa de millaje estándar. Para 2021, la tasa de millaje comercial es de 56 centavos por milla. Para el año fiscal 2022, la tasa es de 58.5 centavos por milla de enero a junio y 62.5 centavos por milla de julio a diciembre.

El contribuyente puede deducir los gastos ordinarios y necesarios de viajar fuera de casa si el propósito principal del viaje estaba relacionado con el negocio. El contribuyente debe asignar adecuadamente los gastos entre las actividades de alquiler y no alquilables. Información necesaria para registrar los gastos de automóvil con precisión:

Schedule C

- ➢ Beginning mileage
- ➢ Ending mileage
- ➢ Commuting mileage
- ➢ Business mileage (notes about the destination and reason for travel should be made)

Schedule C, Part III, Cost of Goods Sold

The cost of goods sold is used when a business has inventory or produces a product. Inventory must be calculated at the beginning and end of the year.

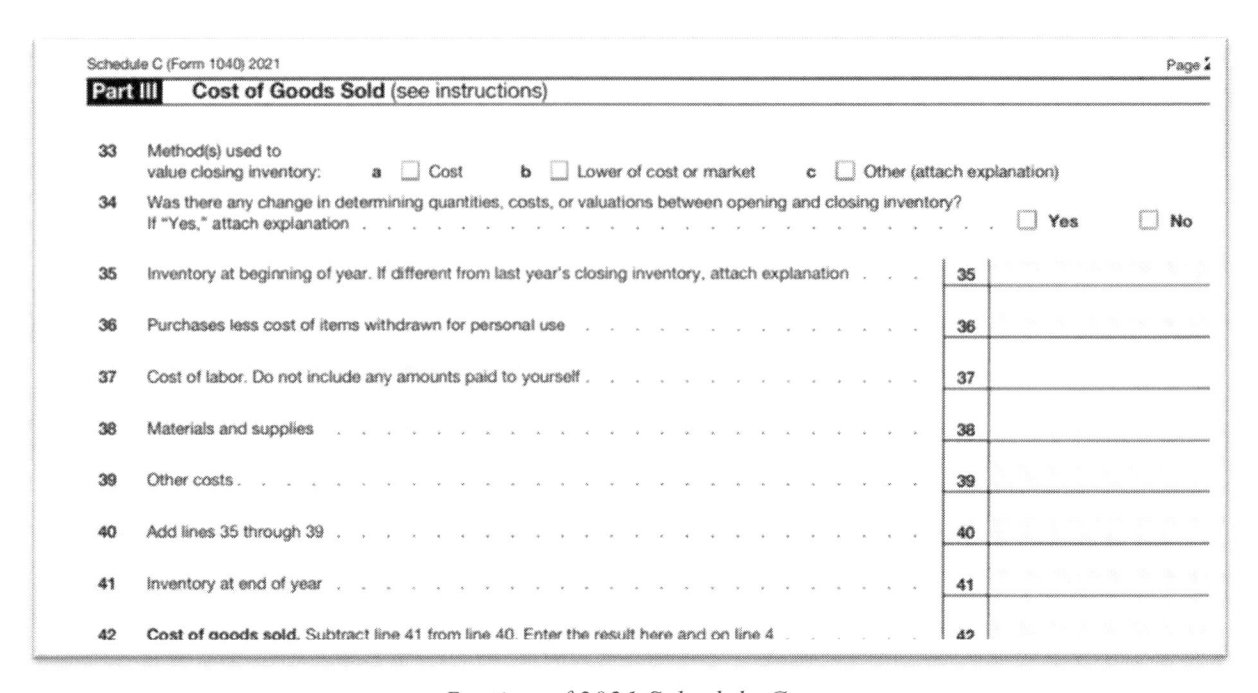

Portion of 2021 Schedule C

The following items are used to calculate a business's cost of goods sold:

Line 35: Beginning inventory. This should be the same as last year's closing inventory, unless the business was started in the current tax year.

Line 36: Purchases. The amount of reported purchases on this line is the completed products or raw materials used for manufacturing, merchandising, or mining plus the cost of shipping minus the cost of items for personal use.

Line 37: Cost of labor. The cost of labor used in the actual production of the goods. The cost of labor is not wages, which are reported on Schedule C, Part II, line 26, *Wages*. The cost of labor is mainly used in manufacturing or mining, since the labor can be properly charged to the cost of goods sold. A manufacturing business can properly allocate indirect and direct labor to the expense of the cost of goods. A direct expense would be the labor to fabricate raw material into a saleable product.

Line 38: Materials and Supplies. Materials used in the actual production or processing of the goods such as hardware and chemicals are charged to the cost of goods sold.

- ➢ Kilometraje inicial
- ➢ Kilometraje final
- ➢ Kilometraje de desplazamiento
- ➢ Kilometraje de negocios (se deben hacer notas sobre el destino y el motivo del viaje)

Anexo C, Parte III, Costo de bienes vendidos

El costo de los bienes vendidos se utiliza cuando una empresa tiene inventario o produce un producto. El inventario debe calcularse al principio y al final del año.

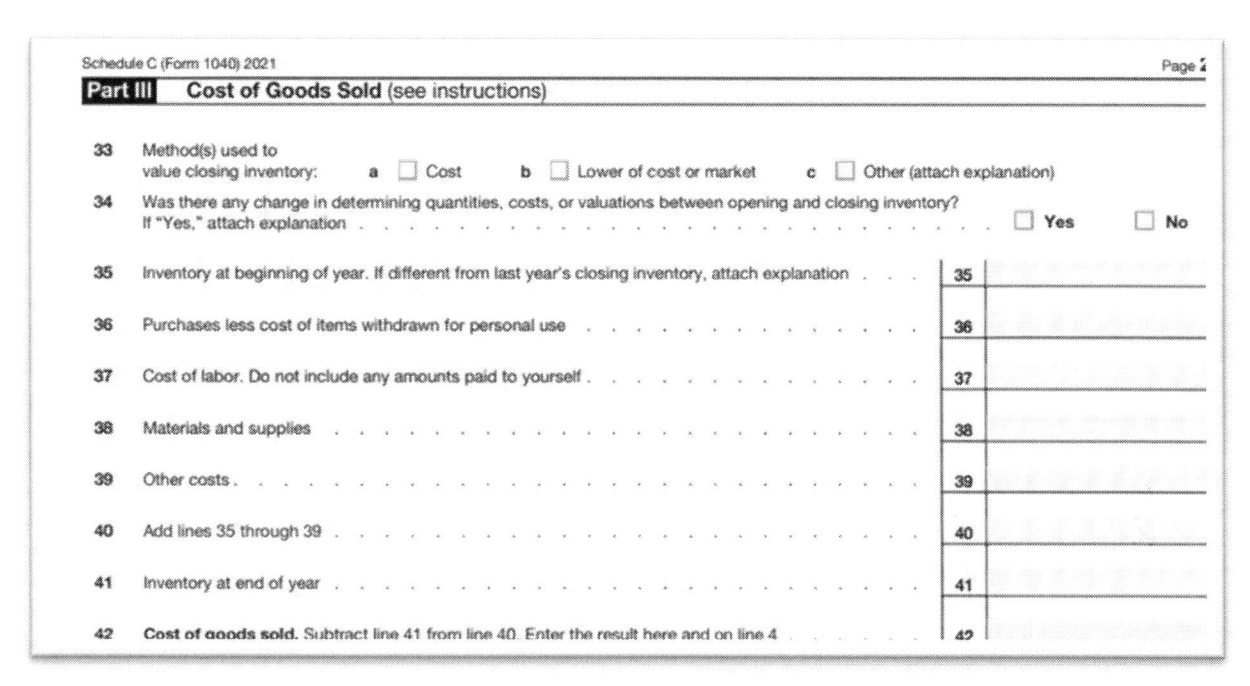

Parte del Anexo C de 2021

Los siguientes elementos se utilizan para calcular el costo de los bienes vendidos de una empresa:

Línea 35: Inventario inicial. Debe ser igual al inventario de cierre del año pasado, a menos que la empresa haya iniciado en el año tributario actual.

Línea 36: Compras. El monto de las compras declaradas en esta línea son los productos terminados o las materias primas utilizadas para la fabricación, comercialización o minería más el costo de envío menos el costo de los artículos para uso personal.

Línea 37: Costo de mano de obra. El costo de la mano de obra utilizada en la producción real de los bienes. El costo de la mano de obra no son salarios, que se informan en el Anexo C, Parte II, línea 26, Salarios. El costo de la mano de obra se utiliza principalmente en la fabricación o la minería, ya que la mano de obra se puede cargar adecuadamente al costo de los bienes vendidos. Una empresa manufacturera puede asignar adecuadamente la mano de obra directa e indirecta a expensas del costo de los bienes. Un gasto directo sería la mano de obra para fabricar la materia prima en un producto vendible.

Línea 38: Materiales y suministros. Los materiales utilizados en la producción o el procesamiento real de los bienes, como hardware y productos químicos, se cargan al costo de los bienes vendidos.

Schedule C

Line 39: Other Costs. A proportion of overhead expenses related to creating a product. Containers and freight used for raw materials are examples of other costs.

Line 41: Ending Inventory. The counted inventory at the end of the tax year is used as the beginning inventory for the following year's return.

Inventory is an itemized list of goods, with valuations, held for sale or consumption in a manufacturing or merchandising business. Inventory should include all finished or partly finished goods and only those raw materials and supplies that have been acquired for sale or that will physically become a part of merchandise intended for sale. How companies valuate inventory varies from business to business. See Publication 334 for more information.

Schedule C, Part IV, Information on Your Vehicle

Portion of 2021 Schedule C

The taxpayer would enter the information of the vehicle in Part IV to be able to claim the related expenses. Commuting is generally considered travel between home and work. Part IV is used to calculate the standard mileage rate for the taxpayer's vehicle. If more than one vehicle was used, attach a statement containing the same information included in Schedule C, Part IV. The following circumstances may not meet the commuting rules:

- The taxpayer has at least one regular location away from home, and the travel is to a temporary work location in the same trade or business. See Pub 463.
- The travel is to a temporary work location outside the location where he or she lives and normally works.
- The home is the principal place of business, and the travel is to another work location in the same trade or business, regardless of whether the location is regular or temporary and regardless of the distance. See IRC Section 280A(c)(1)(A).

For more information on recordkeeping rules for vehicles, see Publication 463.

Schedule C, Part V, Other Expenses

Other expenses are deducted in Part V, Schedule C. Other expenses include any expense that is not included elsewhere and is both ordinary and necessary in the operation of the taxpayer's business. Once all other expenses have been reported, figure the total amount, and report it on line 48 and line 27a.

Anexo C

Línea 39: Otros costos. Una proporción de los gastos generales relacionados con la creación de un producto. Los contenedores y el flete utilizados para las materias primas son ejemplos de otros costos.

Línea 41: Inventario final. El inventario contado al final del año tributario se utiliza como inventario inicial para la declaración del año siguiente.

El inventario es una lista detallada de bienes, con valoraciones, registrados para la venta o el consumo en un negocio de fabricación o comercialización. El inventario debe incluir todos los productos terminados o parcialmente terminados y solo aquellas materias primas y suministros que se han adquirido para la venta o que se convertirán físicamente en parte de la mercancía destinada a la venta. La forma en que las empresas valoran el inventario varía de una empresa a otra. Consulte la Publicación 334 para obtener más información.

Anexo C, Parte IV, Información sobre su vehículo

Parte del Anexo C de 2021

El contribuyente ingresaría la información de su vehículo en la Parte IV para poder reclamar los gastos relacionados. Los desplazamientos diarios se consideran generalmente un viaje entre el hogar y el trabajo. La Parte IV se utiliza para calcular la tarifa estándar por distancia en millas para el vehículo del contribuyente. Si se utilizó más de un vehículo, adjunte una declaración que contenga la misma información incluida en el Anexo C, Parte IV. Las siguientes circunstancias pueden no cumplir con las reglas de viaje:

➢ El contribuyente tiene al menos un lugar regular fuera del hogar y el viaje es a un lugar de trabajo temporal en la misma actividad o negocio. Consulte la Publicación 463.
➢ El viaje es a un lugar de trabajo temporal fuera del lugar donde vive y trabaja normalmente.
➢ El hogar es el lugar principal de negocios y el viaje es a otro lugar de trabajo en la misma actividad o negocio, sin importar si el lugar es regular o temporal e independientemente de la distancia. Consulte la sección 280A(c)(1)(A) del IRC.

Para obtener más información sobre las reglas de mantenimiento de registros para vehículos, consulte la Publicación 463.

Anexo C, Parte V, Otros gastos

Otros gastos se deducen en la Parte V, Anexo C. Otros gastos incluyen cualquier gasto que no esté incluido en otra parte y que sea tanto ordinario como necesario en la operación del negocio del contribuyente. Una vez que se hayan informado todos los demás gastos, calcule la cantidad total e infórmela en la línea 48 y la línea 27a.

Schedule C

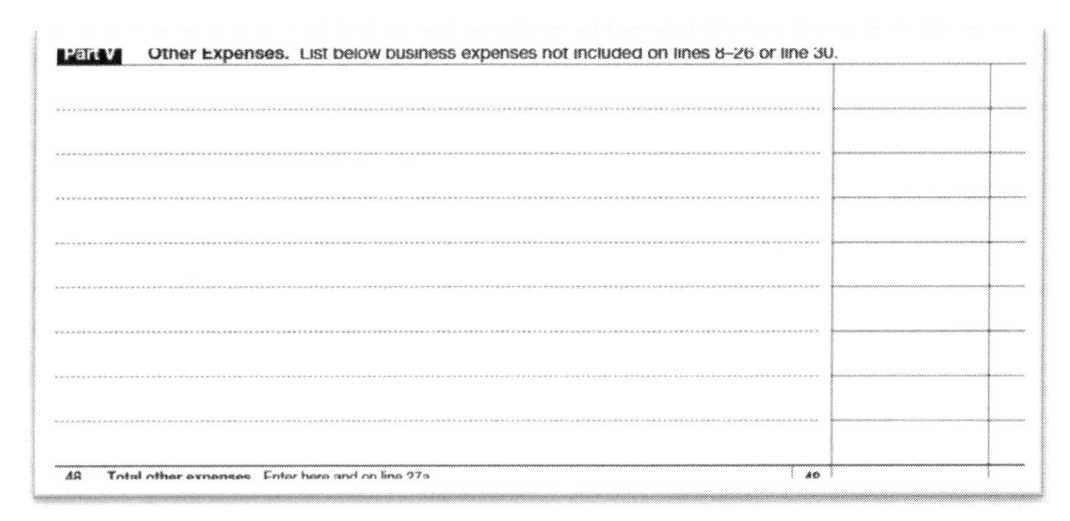

Portion of 2021 Schedule C

Any ordinary and necessary business expense that was not deducted elsewhere on Schedule C would be reported in this section. List the type and amount of each expense separately in the spaces provided. If more space is needed, use another sheet of paper. Other expenses can include the following:

- Amortization that began in 2021; Form 4562 will need to be attached.
- Bad business debt that was previously reported as income. If the bad debt is paid off after writing the amount off as a deduction or expense, the business must include the reduction amount that they had received as income on their next return.
- At-risk loss deduction.
- Business start-up costs.
- Costs of making commercial buildings energy efficient.
- Deductions for removing barriers to individuals with disabilities and the elderly.
- Excess farm loss.
- Film and television production expenses.
- Forestation and reforestation costs.

Do not include the following as other expenses:

- Charitable contributions.
- Cost of business equipment or furniture.
- Replacements or permanent improvements to property.
- Personal, living, and family expenses.
- Fines or penalties paid to a government for violating any law.

Bad Debts from Sales or Services

The business owner accrues bad debt when he or she is unable to collect money they are owed by customers. The only kind of debt that can be reported on the tax return is bad business debt. Bad debt that is unrelated to business is not a reportable entry. Bad debt is loss that was either of the following:

- Created or acquired in the taxpayer's trade or business.
- Closely connected to the taxpayer's trade or business when the debt became partly or 100% valueless.

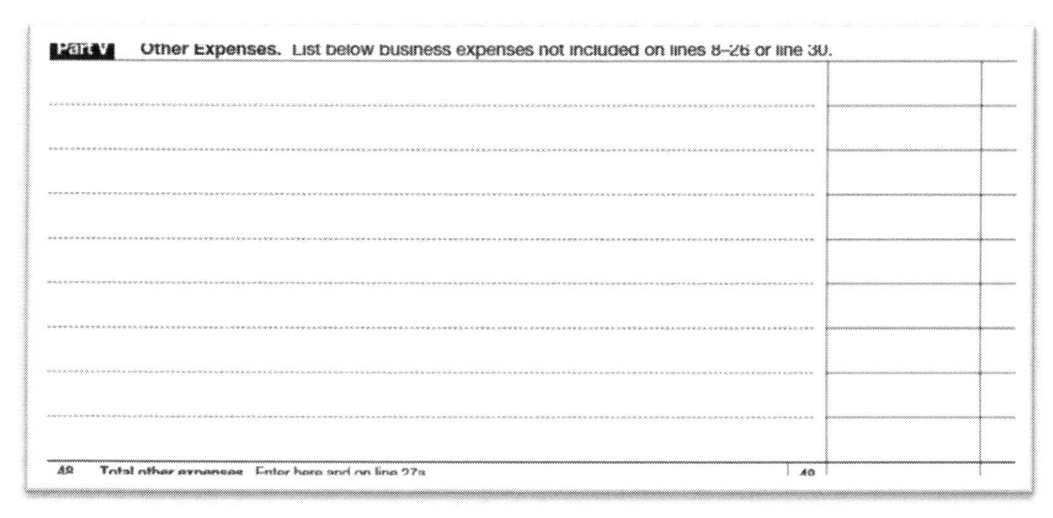

Parte del Anexo C de 2021

Cualquier gasto comercial ordinario y necesario que no se haya deducido en otra parte del Anexo C se declarará en esta sección. Describa el tipo y monto de cada gasto por separado en los espacios provistos. Si necesita más espacio, use otra hoja de papel. Otros gastos pueden incluir lo siguiente:

> - Amortización que comenzó en 2021; deberá adjuntar el formulario 4562.
> - Deudas comerciales incobrables que se declararon anteriormente como ingresos. Si la deuda incobrable se paga después de colocar la cantidad como una deducción o gasto, la empresa debe incluir la cantidad de reducción que recibió como ingreso en su próxima declaración.
> - Deducción de pérdidas por riesgo.
> - Costos iniciales del negocio.
> - Costo de hacer edificios comerciales energéticamente eficientes.
> - Deducciones por eliminar barreras a personas mayores y personas con discapacidad.
> - Exceso de pérdida en la finca.
> - Gastos de producción cinematográfica y de televisión.
> - Costos de forestación y reforestación.

No incluya lo siguiente como otros gastos:

> - Contribuciones caritativas.
> - Costo de equipos o mobiliario del negocio.
> - Reemplazos o mejoras permanentes a la propiedad.
> - Gastos personales, de manutención y familiares.
> - Multas o sanciones pagadas a un gobierno por violar cualquier ley.

Deudas incobrables por ventas o servicios.

El propietario de la empresa acumula deudas incobrables cuando no puede cobrar el dinero que le deben los clientes. El único tipo de deuda que puede declararse en la declaración de impuestos es la deuda comercial incobrable. Las deudas incobrables que no están relacionadas con el negocio no son una entrada declarable. La deuda incobrable es una pérdida que fue cualquiera de las siguientes:

> - Creada o adquirida en la actividad o negocio del contribuyente.
> - Estrechamente conectada con la actividad o negocio del contribuyente cuando la deuda dejó de tener valor parcial o 100%.

Schedule C

Debts are deductible only when they become totally worthless. When using the cash method of accounting, bad debts cannot be deducted unless the amount was previously included as income. Bad business debts are usually the result of credit card sales to customers.

Start-Up Costs

Start-up costs are the expenses incurred before a business begins due to starting or purchasing a business. Taxpayers can elect to deduct up to $5,000 of start-up costs and up to $5,000 of organizational expenditures that were paid or incurred during the tax year in which the trade or business began. Start-up or organizational expenditures that are not deductible in the year in which the trade or business began must be capitalized and amortized over the course of the 15 years following the business or trade's beginning. See Pub 535.

The following are examples of start-up costs:

- Survey of market.
- Advertisements for the opening of the business.
- Training wages.
- Travel and other expenses incurred to secure distributors, suppliers, etc.
- Consulting fees and professional fees connected with starting a business.
- Legal fees.
- Net operating loss (NOL).

A net operating loss is incurred when business expenses and expenditures exceed business income. Sometimes the loss is great enough to offset income from other tax years. For more information, see Publication 536, *Net Operating Losses (NOLs) for Individuals, Estates and Trusts*.

Work Opportunity Tax Credit (WOTC)

An employee may claim the work opportunity credit for wages paid to workers form targeted hard-to employ groups. See IRC Code section for a description of targeted groups. The credit is calculated on Form 5884 and reduces the taxpayer's deduction for wages and salaries. The work opportunity credit is a business credit, and the credit can be claimed against both regular and alternative minimum tax liabilities.

The credit is normally 40% of the first $6,000 of qualified wages during the first year of employment, then reduced to 25% of the first $6,000 if the employee works less than 400 hours. The employee needs to work at least 120 hours for the employer to qualify. See IRC code section 51.

Las deudas son deducibles solo cuando se deprecian totalmente. Cuando se utiliza el método contable en efectivo, las deudas incobrables no se pueden deducir a menos que la cantidad se haya incluido previamente como ingreso. Las deudas comerciales incobrables suelen ser el resultado de ventas con tarjetas de crédito a clientes.

Gastos iniciales

Los costos iniciales son los gastos incurridos antes de que el negocio inicie debido a la puesta en marcha o compra de un negocio. Los contribuyentes pueden optar por deducir hasta $5,000 de los costos iniciales del negocio y hasta $5,000 de los gastos organizativos que se pagaron o incurrieron durante el año tributario en el que comenzó la actividad comercial. Los gastos de puesta en marcha u organizativos que no son deducibles en el año en que se inició la actividad comercial o el negocio deben capitalizarse y amortizarse en el transcurso de los 15 años siguientes al inicio de la actividad comercial o negocio. Consulte la Publicación 535.

Los siguientes son ejemplos de costos iniciales del negocio:

- Encuesta de mercado.
- Anuncios para la apertura del negocio.
- Salarios de capacitación.
- Viajes y otros gastos incurridos para asegurar distribuidores, proveedores, etc.
- Honorarios de consultoría y honorarios profesionales relacionados con el inicio de un negocio.
- Honorarios legales.
- Pérdida operativa neta (NOL).

Se incurre en una pérdida operativa neta cuando los gastos comerciales y los gastos exceden los ingresos comerciales. A veces, la pérdida es lo suficientemente grande como para compensar los ingresos de otros años tributarios. Para obtener más información, consulte la Publicación 536, *Pérdidas Operativas Netas (NOL) para Individuos, Patrimonios y Fideicomisos*.

Crédito Tributario por Oportunidad de Trabajo (WOTC)

Un empleado puede reclamar el crédito de oportunidad de trabajo por los salarios pagados a los trabajadores de grupos específicos difíciles de emplear. Consulte la sección Código IRC para obtener una descripción de los grupos objetivo. El crédito se calcula en el Formulario 5884 y reduce la deducción del contribuyente por sueldos y salarios. El crédito de oportunidad de trabajo es un crédito comercial, y el crédito se puede reclamar contra obligaciones tributarias mínimas regulares y alternativas.

El crédito es normalmente el 40% de los primeros $ 6,000 de salarios calificados durante el primer año de empleo, luego se reduce al 25% de los primeros $ 6,000 si el empleado trabaja menos de 400 horas. El empleado debe trabajar al menos 120 horas para que el empleador califique. Consulte la sección 51 del código IRC.

Schedule C

Research Credit

A sole proprietor, partnership, or corporation who does not have publicly traded stock could claim the research credit. Any unused credit will be carryforward and deducted in the next year. To be able to claim this credit the research must relate to new or improved function, performance, reliability, or quality of a function purpose for the company. Capitalized expenses are reduced by the amount of the research credit that exceeds the amount of the allowable as a deduction for the expenses. Expenditures paid or incurred in tax year 2021, the amount is capitalized and eligible for amortization over five years is reduced by the excess (if any) of the research credit for the tax year.

The Recovery Rebate Credit

Economic Impact Payments (EIP) are not the same as the Recovery Rebate Credit. Section 2201(a) of the Coronavirus Aid, Relief and Economic Security Act (CARES Act) provided eligible individuals a refundable tax credit of up to $1,200 ($2,400 for eligible individuals filing jointly), plus $500 per qualifying child of the eligible individual. This amount was for EIP 1. The credit phases out at a rate of 5% of the taxpayer's adjusted gross income. The thresholds limits begin for the filing status at:

- single $75,000
- head of household $112,500
- $150,000 for joint returns.

Ineligible individuals and entities are:

4. Nonresident alien individuals who do not have a Social Security number.
5. Individuals claimed as a dependent on another return.
6. Estate or trust.

EIP payments were based on tax year 2018 or 2019 income. Eligibility requirements for the Recovery Rebate Credit are the same as the Economic Impact Payments; the only difference is that income is based on the taxpayer's 2020 tax return. Some individuals could have received less than the full amount because of the adjusted gross income of the taxpayer. Lower income could allow the taxpayer to be eligible for the Recover Rebate Credit.

When taxpayers file jointly, both spouses must have a valid SSN to receive the credit for the first EIP. This was changed on the second and third EIP. If at least one of the joint filers had an ITIN, the one with the SSN could qualify for the stimulus payment and dependents with valid SSN.

In December 2020, a law was enacted that a married couple filing a joint return may be eligible for a partial credit when only one spouse has a valid SSN. If taxpayer and spouse did not receive one or both of EIPs because one of the joint filers did not have a valid SSN, the taxpayer should complete the Recovery Rebate Credit worksheet on their 2020 return to determine if they qualify for a portion of the credit. If either the taxpayer or spouse has an SSN that is classified as "Valid for work only with DHS Authorization", they could qualify for a partial credit EIP 2 & 3. This is only acceptable if the individual's authorization is still valid with the Department of Homeland Security.

Anexo C

Crédito de investigación

Un propietario único, sociedad o corporación que no tiene acciones que cotizan en bolsa podría reclamar el crédito de investigación. Cualquier crédito no utilizado se transferirá y se deducirá en el próximo año. Para poder reclamar este crédito, la investigación debe estar relacionada con una función nueva o mejorada, rendimiento, confiabilidad o calidad de un propósito de función para la empresa. Los gastos capitalizados se reducen por el monto del crédito de investigación que excede el monto del permitido como deducción por los gastos. Los gastos pagados o incurridos en el año fiscal 2021, el monto se capitaliza y es elegible para la amortización durante cinco años se reduce por el exceso (si lo hubiera) del crédito de investigación para el año fiscal.

El crédito de reembolso de recuperación

Los Pagos de Impacto Económico (EIP) no son lo mismo que el Crédito de Reembolso de Recuperación. La Sección 2201 (a) de la Ley de Ayuda, Alivio y Seguridad Económica por Coronavirus (Ley CARES) proporcionó a las personas elegibles un crédito fiscal reembolsable de hasta $ 1,200 ($ 2,400 para las personas elegibles que presentan una declaración conjunta), más $ 500 por hijo calificado de la persona elegible. Esta cantidad fue para EIP 1. El crédito se elimina gradualmente a una tasa del 5% del ingreso bruto ajustado del contribuyente. Los límites de umbrales comienzan para el estado de presentación en:

- sencillo $75,000
- jefe de hogar $112,500
- $150,000 para devoluciones conjuntas.

Las personas y entidades no elegibles son:

- Personas extranjeras no residentes que no tienen un número de Seguro Social.
- Individuos reclamados como dependientes de otra declaración.
- Patrimonio o fideicomiso.

Los pagos de EIP se basaron en los ingresos del año fiscal 2018 o 2019. Los requisitos de elegibilidad para el Crédito de Reembolso de Recuperación son los mismos que los Pagos de Impacto Económico; la única diferencia es que los ingresos se basan en la declaración de impuestos de 2020 del contribuyente. Algunas personas podrían haber recibido menos del monto total debido al ingreso bruto ajustado del contribuyente. Los ingresos más bajos podrían permitir que el contribuyente sea elegible para el Crédito de Reembolso de Recuperación.

Cuando los contribuyentes presentan una declaración conjunta, ambos cónyuges deben tener un SSN válido para recibir el crédito para el primer EIP. Esto se cambió en el segundo y tercer EIP. Si al menos uno de los declarantes conjuntos tenía un ITIN, el que tenía el SSN podría calificar para el pago de estímulo y los dependientes con SSN válido.

En diciembre de 2020, se promulgó una ley que establece que una pareja casada que presenta una declaración conjunta puede ser elegible para un crédito parcial cuando solo uno de los cónyuges tiene un SSN válido. Si el contribuyente y el cónyuge no recibieron uno o ambos EIP porque uno de los declarantes conjuntos no tenía un SSN válido, el contribuyente debe completar la hoja de trabajo de Crédito de Reembolso de Recuperación en su declaración de 2020 para determinar si califican para una parte del crédito. Si el contribuyente o el cónyuge tienen un SSN que se clasifica como "Válido para trabajar solo con autorización del DHS", podrían calificar para un crédito parcial EIP 2 y 3. Esto solo es aceptable si la autorización del individuo sigue siendo válida con el Departamento de Seguridad Nacional.

Schedule C

For individuals who were claimed as a dependent on a 2018 or 2019 return and for 2020 were not a dependent, complete the worksheet and report that they did not receive EIP 1 or 2. They may qualify for the recover rebate on their 2020 tax return.

Individuals who did not file a tax return in 2018 or 2019, due to a none filing requirement, would file a 2020 tax return and report that they did not receive the stimulus payments.

During 2020 if a taxpayer had a child either by birth or adoption, could qualify for the Recovery Rebate Credit. Individuals who did not have an SSN on the 2018 or 2019 tax return but receive one before filing the 2020 tax return could now be eligible. Exceptions apply.

Part 2 Review Questions

To obtain the maximum benefit from this chapter, LTP recommends that you complete each of the following questions, and then compare them to the answers with feedback that immediately follow. Under governing self-study standards, vendors are required to present review questions intermittently throughout each self-study course.

These questions and explanations are not part of the final examination and will not be graded by LTP.

BIP2.1
Which federal form is used with Schedule C to report home office expenses?

a. Form 2106
b. Form 8829
c. Form 4562
d. Form 8889

BIP2.2
Which of the following is not a major highlight of the new federal simplified option method?

a. Standard deduction of $15-per-square-foot of home used for business, with a maximum of 300-square-feet.
b. Allowable home-related itemized deductions claimed in full on Schedule A.
c. No home depreciation deduction or later recapture of depreciation for the years the simplified option is used.
d. Standard deduction of $5-per-square-foot of home used for business, with a maximum of 300-square-feet.

BIP2.3
Which of the following is not used to calculate cost of goods?

a. Beginning and ending inventory
b. Vehicle mileage
c. Cost of labor
d. Materials

Anexo C

Para las personas que fueron reclamadas como dependientes en una declaración de 2018 o 2019 y para 2020 no eran dependientes, complete la hoja de trabajo e informe que no recibieron EIP 1 o 2. Pueden calificar para el reembolso de recuperación en su declaración de impuestos de 2020.

Las personas que no presentaron una declaración de impuestos en 2018 o 2019, debido a un requisito de no presentación, presentarían una declaración de impuestos de 2020 e informarían que no recibieron los pagos de estímulo.

Durante 2020, si un contribuyente tuvo un hijo, ya sea por nacimiento o adopción, podría calificar para el Crédito de Reembolso de Recuperación. Las personas que no tenían un SSN en la declaración de impuestos de 2018 o 2019, pero que reciben uno antes de presentar la declaración de impuestos de 2020, ahora podrían ser elegibles. Se aplican excepciones.

Parte 2 Preguntas de repaso

Para obtener el máximo beneficio de este curso, LTPA recomienda que complete cada una de las preguntas a continuación, y luego las compare con las respuestas de los comentarios que se proporcionan posteriormente. Según los estándares reguladores de autoaprendizaje, los proveedores deben presentar preguntas de repaso de manera intermitente a lo largo de cada curso de autoaprendizaje.

Estas preguntas y explicaciones no son parte del examen final y no serán calificadas por LTP.

BIP2.1
¿Cuál de los siguientes formularios federales se usa con el Anexo C para declarar el gasto de oficina en el hogar?

   a. Formulario 2106
   b. Formulario 8829
   c. Formulario 4562
   d. Formulario 8889

BIP2.2
¿Cuál de las siguientes opciones no es un acontecimiento importante del nuevo método federal de opción simplificada?

   a. Deducción estándar de $15 por pie cuadrado de una casa utilizada para negocios con un máximo de 300 pies cuadrados.
   b. Deducciones detalladas permitidas relacionadas con el hogar que se declaran en su totalidad en el Anexo A.
   c. Sin deducción por depreciación de vivienda o recuperación posterior de depreciación para los años en que se usa la opción simplificada.
   d. Deducción estándar de $5 por pie cuadrado del hogar utilizado para negocios, con un máximo de 300 pies cuadrados.

BIP2.3
¿Cuál de los siguientes no es un factor para calcular el costo de los bienes?

   a. Inventario inicial y final
   b. Distancia en millas del vehículo
   c. Costo de mano de obra
   d. Materiales

BIP2.4
Which of the following is not used to calculate cost of goods?

a. Cost of labor
b. Materials and supplies
c. Ending inventory only
d. Bad debts

BIP2.5
Which of the following is a simplified option for the home office deduction?

a. Standard deduction of $5-per-square-foot with a maximum of 300-square-feet
b. Claiming a home deprecation deduction on Form 8829
c. All home-related itemized deductions are claimed on the Schedule C
d. Setting up business appointments

BIP2.6
Which of the following is not a simplified option for the home office deduction?

a. Standard deduction of $5-per-square-foot with a maximum of 300-square-feet
b. Cannot claim a home deprecation deduction
c. All home-related itemized deductions are claimed on the Schedule A
d. Billing customers, clients, or patients

Part 2 Review Questions Answers

BIP2.1
Which federal form is used with Schedule C to report home office expenses?

a. Form 2106
b. Form 8829
c. Form 4562
d. Form 8889

Feedback: Review section *Form 8829: Office in the Home.*

BIP2.2
Which of the following is not a major highlight of the new federal simplified option method?

a. Standard deduction of $15-per-square-foot of home used for business, with a maximum of 300-square-feet.
b. Allowable home-related itemized deductions claimed in full on Schedule A.
c. No home depreciation deduction or later recapture of depreciation for the years the simplified option is used.
d. Standard deduction of $5-per-square-foot of home used for business, with a maximum of 300-square-feet.

Feedback: Review section *Simplified Option for Home Office Deduction.*

BIP2.4
¿Cuál de los siguientes no es un factor para calcular el costo de los bienes?

   a. Costo de mano de obra
   b. Materiales y suministros
   c. Inventario final solamente
   d. Deudas incobrables

BIP2.5
¿Cuál de las siguientes es una opción simplificada para la disposición de deducción por oficina en el hogar?

   a. Deducción estándar de $5 por pie cuadrado con un máximo de 300 pies cuadrados.
   b. Reclamar una deducción por depreciación de la vivienda en el Formulario 8829.
   c. Todas las deducciones detalladas relacionadas con el hogar se reclaman en el Anexo C.
   d. Organizar citas comerciales.

BIP2.6
¿Cuál de las siguientes es una opción simplificada para la deducción por oficina en el hogar?

   a. Deducción estándar de $5 por pie cuadrado con un máximo de 300 pies cuadrados/
   b. No se puede reclamar una deducción por depreciación de la vivienda.
   c. Todas las deducciones detalladas relacionadas con el hogar se reclaman en el Anexo A.
   d. Facturación a clientes o pacientes.

Parte 2 Respuestas de las preguntas de repaso

BIP2.1
¿Cuál de los siguientes formularios federales se usa con el Anexo C para declarar el gasto de oficina en el hogar?

   a. Formulario 2106
   b. Formulario 8829
   c. Formulario 4562
   d. Formulario 8889

Comentarios Revise la sección *Formulario 8829: Oficina en el hogar*

BIP2.2
¿Cuál de las siguientes opciones no es un acontecimiento importante del nuevo método federal de opción simplificada?

   a. Deducción estándar de $15 por pie cuadrado de una casa utilizada para negocios con un máximo de 300 pies cuadrados.
   b. Deducciones detalladas permitidas relacionadas con el hogar que se declaran en su totalidad en el Anexo A.
   c. Sin deducción por depreciación de vivienda o recuperación posterior de depreciación para los años en que se usa la opción simplificada.
   d. Deducción estándar de $5 por pie cuadrado del hogar utilizado para negocios, con un máximo de 300 pies cuadrados.

Comentarios Revise la sección *Opción simplificada para la deducción de oficina en el hogar*.

Schedule C

BIP2.3

Which of the following is not used to calculate cost of goods?

a. Beginning and ending inventory
b. Vehicle mileage
c. Cost of labor
d. Materials

Feedback: Review section *Schedule C, Part III, Cost of Goods Sold.*

BIP2.4

Which of the following is not used to calculate cost of goods?

a. Cost of labor
b. Materials and supplies
c. Ending inventory only
d. Bad debts

Feedback: Review section *Schedule C, Part III, Cost of Goods Sold.*

BIP2.5

Which of the following is a simplified option for the home office deduction?

a. Standard deduction of $5-per-square-foot with a maximum of 300-square-feet.
b. Claiming a home deprecation deduction on Form 8829.
c. All home-related itemized deductions are claimed on the Schedule C.
d. Setting up business appointments.

Feedback: Review section *Simplified Option for Home Office Deduction.*

BIP2.6

Which of the following is not a simplified option for the home office deduction?

a. Standard deduction of $5-per-square-foot with a maximum of 300-square-feet.
b. Cannot claim a home deprecation deduction.
c. All home-related itemized deductions are claimed on the Schedule A.
d. Billing customers, clients, or patients.

Feedback: Review section *Simplified Option for Home Office Deduction.*

Part 3 Qualified Business Income

Qualified Business Income (QBI)

Qualified business income deduction (QBI) is a tax deduction that allows eligible self-employed and small-business owners to deduct up to 20% of their qualified business income on the tax return. Taxpayers' total taxable income for 2021 must be under $164,900 for single filers or $329,800 for joint filers to qualify.

BIP2.3
¿Cuál de los siguientes no es un factor para calcular el costo de los bienes?

   a. Inventario inicial y final
   b. Distancia en millas del vehículo
   c. Costo de mano de obra
   d. Materiales

Comentarios *Revise la sección Anexo C, Parte III, Costo de bienes vendidos*

BIP2.4
¿Cuál de los siguientes no es un factor para calcular el costo de los bienes?

   a. Costo de mano de obra
   b. Materiales y suministros
   c. Inventario final solamente
   d. Deudas incobrables

Comentarios *Revise la sección Anexo C, Parte III, Costo de bienes vendidos*

BIP2.5
¿Cuál de las siguientes es una opción simplificada para la disposición de deducción por oficina en el hogar?

   a. Deducción estándar de $5 por pie cuadrado con un máximo de 300 pies cuadrados.
   b. Reclamar una deducción por depreciación de la vivienda en el Formulario 8829.
   c. Todas las deducciones detalladas relacionadas con el hogar se reclaman en el Anexo C.
   d. Organizar citas comerciales.

Comentarios Revise la sección *Opción simplificada para la deducción de oficina en el hogar.*

BIP2.6
¿Cuál de las siguientes es una opción simplificada para la deducción por oficina en el hogar?

   a. Deducción estándar de $5 por pie cuadrado con un máximo de 300 pies cuadrados
   b. No se puede reclamar una deducción por depreciación de la vivienda
   c. Todas las deducciones detalladas relacionadas con el hogar se reclaman en el Anexo A.
   d. Facturación a clientes o pacientes.

Comentarios Revise la sección *Opción simplificada para la deducción de oficina en el hogar.*

Parte 3 Ingreso comercial calificado

Ingresos comerciales calificados (QBI)

La deducción de ingresos comerciales calificados (QBI) es una deducción de impuestos que permite a los trabajadores independientes y propietarios de pequeñas empresas elegibles deducir hasta el 20% de sus ingresos comerciales calificados en la declaración de impuestos. El ingreso gravable total de los contribuyentes para 2021 debe ser inferior a $164,900 para contribuyentes individuales o $329,800 para contribuyentes conjuntos para calificar.

Schedule C

Qualified Business Income (QBI) is the net amount of income, gain, deduction, and loss with respect to any qualified business of the taxpayer. Qualified items of income, gain deduction, and loss include items that are effectively connected with the conduct of a U.S. trade or business and are included in determining the business's taxable income for the tax year.

The Section 199A Qualified Business Income Deduction, enacted as part of the Tax Cuts and Jobs Act in 2017, was meant to provide a tax benefit to smaller flow-through businesses in response to the large decrease in the C corporation tax rate from 35% to 21%.

The initial step in calculating the Sec. 199A deduction begins with determining the QBI, which is determined separately for each of the taxpayer's qualified businesses. Certain investment items are excepted from QBI, including short-term and long-term capital gains and losses, dividends, and interest income not properly allocable to a trade or business. QBI also does not include reasonable compensation payments to a taxpayer for services rendered to a qualified business, guaranteed payments to a partner for services rendered to a business, and, to the extent provided in regulations, a Sec. 707(a) payment to a partner for services rendered to the business (Sec. 199A(c)).

20% Deduction for a Pass-Through Qualified Trade or Business

The combined QBI amount serves as a placeholder: it is the amount of the Section 199A deduction before considering a final overall limitation. Under this overall limitation, a taxpayer's QBI deduction is limited to 20% of the taxpayer's taxable income in excess of any net capital gain. The combined QBI amount is the sum of the deductible QBI amounts for each of the taxpayer's qualified businesses. The deductible QBI amount of a qualified business is generally 20% of its QBI, but the deductible QBI amount may be limited when the business is a specified service trade or business or by a wage and capital limitation. See Sec. 199A(b).

The calculation of a taxpayer's Sec. 199A deduction depends on whether the taxpayer's taxable income is below a lower taxable income threshold ($164,900, or $329,800 if filing a joint return). When computing taxable income for this purpose, the Sec. 199A deduction is ignored.

If a taxpayer has income below the lower threshold, calculating the Sec. 199A deduction is straightforward. The taxpayer first calculates the deductible QBI amount for each qualified business and combines the deductible QBI amounts to determine the combined QBI amount. If the taxpayer has only one qualified business, the combined QBI amount is the deductible QBI amount for that business. The taxpayer then applies the overall taxable income limitation to the combined QBI. Thus, the taxpayer's Sec. 199A deduction is equal to the lesser of the combined QBI amount or the overall limitation (20% × taxpayer's taxable income in excess of any net capital gain).

El Ingreso comercial calificado (QBI) es la cantidad neta de partidas de ingresos, ganancias, deducciones y pérdidas con respecto a cualquier negocio calificado del contribuyente. Las partidas calificadas de ingresos, la deducción de ganancias y la pérdida incluye las partidas que están efectivamente relacionadas con la realización de una actividad comercial o de negocios de los EE. UU. y se incluyen para determinar el ingreso tributable de la empresa para el año tributario.

La Deducción de Ingresos Comerciales Calificados de la Sección 199A, promulgada como parte de la Ley de Empleos y Reducción de Impuestos en 2017, estaba destinada a proporcionar un beneficio fiscal a las empresas de flujo continuo más pequeñas en respuesta a la gran disminución en la tasa impositiva de las sociedades anónimas C del 35% al 21%.

El paso inicial para calcular la deducción de la Sec. La deducción 199A comienza con la determinación del QBI, que se determina por separado para cada uno de los negocios calificados del contribuyente. Ciertas partidas de inversión están exentas del QBI, incluyendo las ganancias y pérdidas de capital a corto y largo plazo, los dividendos y los ingresos por intereses que no se pueden asignar adecuadamente a una actividad o negocio. El QBI tampoco incluye pagos de compensación razonables a un contribuyente por servicios prestados a una empresa calificada, pagos garantizados a un socio por servicios prestados a una empresa y, en la medida en que lo estipulan las regulaciones, un pago de Sec. 707(a) a un socio por los servicios prestados a la empresa (Sec. 199A(c)).

Deducción del 20% para una actividad o negocio de transferencia calificada

La cantidad combinada de QBI sirve como marcador de posición: es la cantidad de la deducción de la Sección 199A antes de considerar una limitación general final. Bajo esta limitación general, la deducción del QBI de un contribuyente se limita al 20% del ingreso gravable del contribuyente en exceso de cualquier ganancia neta de capital. El monto combinado del QBI es la suma de los montos deducibles de QBI para cada uno de los negocios calificados del contribuyente. El monto deducible de QBI de una empresa calificada es generalmente el 20% de su QBI, pero el monto deducible de QBI puede estar limitado cuando el negocio es una actividad, negocio o servicio específico o por una limitación de salario o capital. Consulte la sección 199A(b)).

El cálculo de la deducción de la Sec. 199A del contribuyente depende de si el ingreso tributable del contribuyente está por debajo del límite de ingreso gravable más bajo ($164,900 o $329,800 si se declara conjuntamente). Al calcular los ingresos gravables para este fin, se ignora la deducción de la Sec. 199A.

Si un contribuyente tiene ingresos por debajo del límite inferior, es sencillo calcular la deducción de la Sec. 199A. El contribuyente primero calcula el monto deducible del QBI para cada negocio calificado y suma los montos deducibles del QBI para determinar el monto combinado del QBI. Si el contribuyente solo tiene un negocio calificado, el monto combinado del QBI es el monto deducible del QBI para ese negocio. El contribuyente luego aplica la limitación del ingreso gravable general al QBI combinado. Así, la deducción de la Sec. 199A del contribuyente es igual al menor del monto combinado del QBI o la limitación general (20% x el ingreso gravable del contribuyente en exceso de cualquier ganancia neta de capital).

Issues in Calculating the Deduction

If the taxpayer has taxable income above the higher threshold amount, two issues arise in the calculation of the Sec. 199A deduction. First, a business of the taxpayer will not be treated as a qualified business, and the income of the business of the taxpayer will not be included in QBI if the business meets the definition of a specified service trade or business (see below). Thus, the Sec. 199A deduction will be denied in full for the business. Second, if a business is a qualified business (i.e., it is not a specified service trade or business), the deductible QBI amount for the business is subject to a W-2 wage and capital limitation. Taxpayers with taxable income that is over the phaseout amount are unable to use Sec. 199A deduction for the business income that is a specified service trade or business.

Specified Service Trade or Business

A specified service trade or business is defined in Sec. 199A(d)(2) as "any trade or business which is described in section 1202(e)(3)(A) (applied without regard to the words 'engineering, architecture,') ... or which involves the performance of services that consist of investing and investment management, trading, or dealing in securities (as defined in section 475(c)(2)), partnership interests, or commodities (as defined in section 475(e)(2))."

Sec. 1202(e)(3)(A) defines a "qualified trade or business" as:

> "…any trade or business involving the performance of services in the fields of health, law, engineering, architecture, accounting, actuarial science, performing arts, consulting, athletics, financial services, brokerage services, or any trade or business where the principal asset of such trade or business is the reputation or skill of 1 or more of its employees or owners."

Thus, service trades or businesses (e.g., engineering, architecture, manufacturing, etc.) that are not specified service trades or businesses are eligible for the deduction regardless of the taxpayer's taxable income, but businesses providing specified services (e.g., law, accounting, consulting, investment management, etc.) of taxpayers who have taxable income above the higher taxable income threshold limit are excluded from the deduction.

Taxpayers with Income Above the Threshold

If a taxpayer has taxable income above the higher taxable income threshold and owns a business that is not a specified service trade or business, the QBI deductible amount for the business is subject to a limitation based on W-2 wages or capital (capital here is measured as the unadjusted basis of certain business assets) (Sec. 199A(b)(2)(B)). The deductible QBI amount for the business is equal to the *lesser* of 20% of the business's QBI or the *greater* of 50% of the W-2 wages for the business or 25% of the W-2 wages plus 2.5% of the business's unadjusted basis in all qualified property. Thus, two alternative limitations under Sec. 199A(b)(2) may limit the deductible QBI amount for each business that is included in a taxpayer's combined QBI amount (a pure 50% wage test or a combined 25% wage and capital test).

Problemas para calcular la deducción

Si el contribuyente tiene un ingreso gravable por encima del monto límite más alto, surgen dos problemas en el cálculo de la deducción de la Sec. 199A. Primero, una empresa del contribuyente no se tratará como una empresa calificada, y los ingresos de negocio del contribuyente no se incluirán en el QBI si la empresa cumple con la definición de una actividad o negocio de servicios especificados (consulte a continuación). Por lo tanto, la Sec. 199A será denegada en su totalidad para el negocio. En segundo lugar, si una empresa es una empresa calificada (es decir, no es una actividad o negocio de servicios especificados), el monto deducible del QBI para la empresa está sujeto a un salario W-2 y a una limitación de capital. Los contribuyentes con ingresos imponibles que superen el monto de eliminación gradual no pueden usar la deducción de la Sección 199A por el ingreso comercial que es una actividad o negocio de servicio específico.

Servicio específico de actividad o negocio

Una actividad o negocio de servicio especificado se define en la Sec. 199A(d)(2) como "cualquier actividad o negocio que se describe en la sección 1202(e)(3)(A) (se aplica sin tener en cuenta las palabras "ingeniería, arquitectura")... o que involucra el desempeño de servicios que consisten en inversiones y gestión de inversiones, negociación o transacciones de valores (como se define en la sección 475(c)(2)), intereses de sociedades o productos básicos (como se define en la sección 475(e)(2))".

La Sec. 1202(e)(3)(A) define una "actividad o negocio calificado" como:

> "...cualquier actividad o negocio que involucra el desempeño de servicios en los campos de salud, derecho, ingeniería, arquitectura, contabilidad, ciencias actuariales, artes escénicas, consultoría, atletismo, servicios financieros, servicios de corretaje o cualquier actividad o negocio donde el activo principal sea la reputación o habilidad de uno o más de sus empleados".

Por lo tanto, las actividades o negocios de servicios (por ejemplo, ingeniería, arquitectura, fabricación, etc.) que no son actividades o negocios de servicios especificados son elegibles para la deducción independientemente del ingreso gravable del contribuyente, pero las empresas que brindan servicios específicos (por ejemplo, derecho, contabilidad, consultoría, gestión de inversiones, etc.) a los contribuyentes que tienen ingresos gravables por encima del límite de ingresos gravables más altos se excluyen de la deducción.

Contribuyentes con ingresos superiores al límite

Si un contribuyente tiene un ingreso gravable por encima del límite de ingreso gravable más alto y es propietario de un negocio que no es una actividad o negocio de servicio especificado, el monto deducible del QBI para el negocio está sujeto a una limitación basada en los salarios o el capital W-2 (el capital aquí es calculado como la base no ajustada de ciertos activos comerciales) (Sec. 199A(b)(2)(B)). El monto deducible del QBI para el negocio es igual al *menor* del 20% del QBI de la empresa o el mayor del 50% de los salarios de W-2 para el negocio o el 25% de los salarios W-2 más el 2.5% de la base no ajustada del negocio en todas las propiedades calificadas. Por lo tanto, dos limitaciones alternativas bajo la Sec. 199A(b)(2) puede limitar el monto deducible del QBI para cada negocio que se incluye en el monto combinado del QBI de un contribuyente (una prueba de salario puro del 50% o una prueba combinada de salario y capital del 25%).

Schedule C

QBI and the W-2

W-2 wages are total wages subject to wage withholding, elective deferrals, and deferred compensation paid during the tax year that are attributable to QBI (Sec. 199A(b)(4)). However, amounts not properly included in a return filed with the Social Security Administration on or before the 60th day after the due date (including extensions) for that return are not included (Sec. 199A(b)(4)(C)). A partner's allocable share of W-2 wages is required to be determined in the same manner as the partner's share of wage expenses.

QBI and Property

The basis of qualifying property is calculated as the unadjusted basis immediately after acquisition of that property. Qualifying property is tangible property or depreciable property that was held by and available for use in the business at the close of the tax year, or was used in the production of QBI at any time during the year and the "depreciable period" has not ended before the close of the tax year (Sec. 199A(b)(6)).

The depreciable period starts on the date the property is first placed in service and ends the last day of the last full year of the applicable recovery period under Sec. 168 (disregarding Sec. 168(g)) or 10 years after the beginning date, whichever is later. This rule allows "qualified property" to include property that has exhausted its modified accelerated cost recovery system (MACRS) depreciation period if it is still in its first 10 years of service. The statute directs Treasury to provide anti-abuse rules to prevent the manipulation of the depreciable period of qualified property through related-party transactions and for determining the unadjusted basis immediately after the acquisition of qualified property in like-kind exchanges and involuntary conversions.

Service Trade Disqualifier

A taxpayer potentially loses all or part of the Sec. 199A deduction if taxable income rises too high and the income is from a specified service business. The income phaseout amounts are as follows (adjusted for inflation in 2021):

- Single $164,900 - $214,900 partial phase out of Sec. 199A
                    $214,901+ complete phase out of Sec. 199A
- MFJ $329,800 - $429,800 partial phase out of Sec. 199A
                    $429,801+ complete phase out of Sec. 199A

A taxpayer potentially loses all or part of the Sec. 199A deduction if taxable income rises too high and the income is from a specified service business, which includes "fields of health, law, accounting, actuarial science, performing arts, consulting, athletics, financial services, brokerage services, or any trade or business where the principal asset of the business is the reputation or skill of one or more of its employees or owners."

Taxpayer earnings under the threshold amount could qualify for the Sec. 199A deduction even if the income is from a specified service business.

- Single   < $164,900
- MFJ   < $329,800

El QBI y el formulario W-2

Los salarios W-2 son salarios totales sujetos a retención de salarios, aplazamientos electivos y compensaciones diferidas pagadas durante el año tributario que son atribuibles al QBI (Sec. 199A(b)(4)). Sin embargo, no se incluyen los montos que no se incluyeron correctamente en una declaración presentada ante la Administración del Seguro Social en el día 60 o después de la fecha de vencimiento (incluidas las prórrogas) para esa declaración (Sec. 199A(b)(4)(C)). La parte asignable de un socio de los salarios W-2 se debe determinar de la misma manera que la parte del socio en los gastos salariales.

El QBI y la propiedad

La base de la propiedad calificada se calcula como la base no ajustada inmediatamente después de la adquisición de esa propiedad. Propiedad calificada es una propiedad tangible o propiedad depreciable que se mantuvo y estuvo disponible para su uso en el negocio al cierre del año tributario, o que se usó en la producción de QBI en cualquier momento durante el año y para la cual el "período depreciable" ha no terminó antes del cierre del año tributario (Sec. 199A(b)(6)).

El período de depreciación comienza en la fecha en que la propiedad se puso por primera vez en servicio y finaliza el último día del último año completo del período de recuperación aplicable bajo la Sec. 168 (sin tener en cuenta la Sec. 168(g)) o 10 años después de la fecha de inicio, la que sea posterior. Esta regla permite que la "propiedad calificada" incluya propiedades que hayan agotado su período de depreciación del Sistema de Recuperación Acelerada de Costos Modificado (MACRS) si aún se encuentra en sus primeros 10 años de servicio. El estatuto ordena al Tesoro proporcionar reglas contra el abuso para evitar la manipulación del período depreciable de la propiedad calificada a través de transacciones con partes relacionadas, y para determinar la base no ajustada inmediatamente después de la adquisición de la propiedad calificada en intercambios similares y conversiones involuntarias.

Descalificador del comercio del servicio

Un contribuyente potencialmente pierde todo o parte de la deducción de la Sec. 199A, si el ingreso gravable aumenta demasiado y si el ingreso proviene de un negocio de servicio especificado. Los montos de eliminación progresiva de ingresos son los siguientes (ajustados por inflación en 2021):

- ➢ Soltero $164,900 - $214,900 eliminación parcial de la Sec. 199A
                  $214,901+ eliminación completa de la Sec. 199A
- ➢ MFJ $329,800 - $429,800 eliminación parcial de la Sec. 199A
                  $429,801+ eliminación completa de la Sec. 199A

Un contribuyente potencialmente pierde todo o parte de la deducción de la Sec. 199A, si los ingresos gravables aumentan demasiado y los ingresos provienen de un negocio de servicios específico, que incluye "campos de salud, derecho, ingeniería, contabilidad, ciencias actuariales, artes escénicas, consultoría, atletismo, servicios financieros, servicios de corretaje o cualquier actividad o negocio donde el activo principal sea la reputación o habilidad de uno o más de sus empleados o propietarios".

Las ganancias de los contribuyentes por debajo del monto límite podrían calificar para la deducción de la Sec. 199A, incluso si los ingresos provienen de un negocio de servicios específicos.

- ➢ Soltero   < $164,900
- ➢ MFJ   < $329,800

Schedule C

Taxpayer earnings over the threshold amount qualify for a lesser amount or for none of the Sec. 199A deduction.

- Single $214,901+
- MFJ $429,801+

The terminology "within the United States" means taxpayers only receive the 20% deduction on business income earned exclusive in the U.S. and on rental income from property located inside the U.S. The taxpayer only counts W-2 wages for businesses or real estate located within the U.S. If depreciable property figures into the formula, the property must be located inside the U.S. Therefore, if an entrepreneur has qualified business income from within and outside the U.S., separate the two before calculating Sec. 199A deduction.

Pass-Through Entities

The pass-through deduction is available regardless of which deduction method is chosen itemized or standard deduction. The deduction cannot exceed 20% of the excess of a taxpayer's taxable income over net capital gain. If QBI is less than zero, it is treated as a loss from a qualified business in the following year.

For pass-through entities other than sole proprietorships, the deduction cannot exceed whichever of the following is greater:

- 50% of the W-2 wages with respect to the qualified trade or business ("W-2 wage limit").
- The sum of 25% of the W-2 wages paid with respect to the qualified trade or business *plus* 2.5% of the unadjusted basis of all "qualified property" immediately after acquisition.

Qualified property is any tangible, depreciable property that is held by and available for use in a qualified trade or business.

For a partnership or S corporation, each partner or shareholder is treated as having W-2 wages for the tax year in an amount equal to his or her allocable share of the W-2 wages of the entity for the tax year. A partner's or shareholder's allocable share of W-2 wages is determined in the same way as the partner's or shareholder's allocable share of wage expenses. For an S corporation, an allocable share is the shareholder's pro rata share of an item. However, the W-2 wage limit begins phasing out in the case of a taxpayer with taxable income exceeding $329,800 for married individuals filing jointly ($164,900 for other individuals). The application of the W-2 wage limit is phased in for individuals with taxable income exceeding these thresholds over the next $100,000 of taxable income for married individuals filing jointly (or $50,000 for other individuals).

Sec. 199A Overview

To get the savings, a business owner may want to make operational, legal, and accounting changes early in the year.

Las ganancias de los contribuyentes por encima del monto límite califican para una cantidad menor o ninguna de la deducción de la Sec. 199A.

- Soltero $214,901+
- MFJ $429,801+

La terminología "dentro de los Estados Unidos" significa que los contribuyentes solo reciben la deducción del 20% sobre los ingresos comerciales devengados exclusivamente en los EE. UU. y sobre los ingresos por alquileres de las propiedades ubicadas dentro de los EE. UU. El contribuyente solo puede contar los salarios W-2 para esas empresas o bienes raíces ubicados dentro de los EE. UU. Si la propiedad depreciable figura en la fórmula, esa propiedad debe ubicarse dentro de los EE. UU. Por lo tanto, si un empresario tiene ingresos comerciales calificados dentro y fuera de los EE. UU., separe los dos antes de calcular la deducción de la Sec. 199A.

Entidades de transferencia

La deducción de transferencia está disponible sin importar si detalla las deducciones o si toma la deducción estándar. La deducción no puede exceder el 20% del exceso de su ingreso imponible sobre la ganancia neta de capital. Si el QBI es menor que cero, se trata como una pérdida de un negocio calificado en el año siguiente.

Para las entidades de transferencia distintas de las empresas individuales, la deducción no puede exceder la mayor de las siguientes:

- 50% de los salarios W-2 con respecto a la actividad o negocio calificado ("límite salarial W-2").
- La suma del 25% de los salarios W-2 pagados con respecto a la actividad o negocio calificado más el 2.5% de la base no ajustada de todas las "propiedades calificadas" inmediatamente después de la adquisición.

Propiedad calificada es una propiedad tangible y depreciable que se mantiene y está disponible para su uso en la actividad o negocio calificado.

Para una sociedad o sociedad anónima S, cada socio o accionista se considera que tiene salarios W-2 para el año tributario en una cantidad igual a su parte asignable de los salarios W-2 de la entidad para el año tributario. La parte asignable de un socio o accionista de los salarios W-2 se determina de la misma manera que la parte asignable del socio o accionista de los gastos salariales. Para una sociedad anónima S, una participación asignable es la participación proporcional del accionista de un elemento. Sin embargo, el límite salarial W-2 comienza a disminuir gradualmente en el caso de un contribuyente con ingresos gravables que excedan los $329,800 para personas casadas declarando conjuntamente ($164,900 para otras personas). La aplicación del límite salarial W-2 se elimina gradualmente para las personas con ingresos gravables que excedan estos límites: por encima de los próximos $100,000 de ingresos gravables para casadas declarando conjuntamente ($50,000 para otras personas).

Descripción general de la sección 199A

Para obtener los ahorros, el propietario de un negocio puede querer hacer cambios operativos, legales y contables a principios de año.

Schedule C

The three major concepts with the Sec. 199A deduction are as follows:

- ➢ It benefits the following "pass-through entities":
  - o Sole proprietorships.
  - o Partnerships.
  - o S corporations.
  - o Real estate investment trusts (REITs).
  - o Qualified cooperatives.
- ➢ It shelters taxable income that would otherwise be taxed as ordinary income subject to the highest individual tax rates.
- ➢ The bigger the benefit, the more complex the rules.

Reporting and Taxability of Form 1099-K, Payment Card, and Third-Party Network Transactions

Third-party settlement organizations charge a fee for being the facilitator of the transaction. The reporting requirements are for $600 or more, whereas in 2021 it was $20,000 before getting a 1099-K.

Effective January 1, 2022, third-party payment providers must begin reporting to the IRS business transactions totaling $600 or more, (ARPA section 9674(a); IRC section 6050W(e)). This new provision is meant to apply transactions for goods and services only, but an individual taxpayer may receive a 1099-K for a nontaxable personal transaction. How do the new reporting guidelines determine what is business and personal?

When an individual sets up their third-party network transaction app such as PayPal, Zelle, Venmo, etc., they choose either a personal or a business account. When a payment is made to a personal profile, the payor could tag that transaction as payment for goods and services, which would be determined to be a business transaction, and yet it could be a personal payment for goods and services.

Paycheck Protection Program (PPP) Loans and Forgiveness

The program provided cash-flow assistance through 100 percent federally guaranteed loans to employers who maintain their payroll during COVID-19. If employers maintain their payroll, the loans would be forgiven, which would help workers remain employed, as well as help affected small businesses and our economy snap-back quicker after the crisis. Small businesses and other eligible entities were able to apply if they were harmed by COVID-19 between February 15, 2020, and June 30, 2020.

Eligible loan recipients can have all or a portion of their PPP loans forgiven if the loan proceeds are used for specific purposes. This includes both first and second draws PPP loans. Borrowers can apply for forgiveness any time up to the maturity date of the loan. However, if borrowers do not apply for forgiveness within 10 months after the last day of the covered period, then PPP loan payments are no longer deferred, and borrowers must begin making loan payments to their PPP lender.

Los tres conceptos principales con la deducción de la sec. 199A son las siguientes:

> - Beneficia a las siguientes "entidades de transferencia":
>   - Empresas individuales.
>   - Sociedades.
>   - Sociedades anónimas S.
>   - Fideicomisos de inversión inmobiliaria (REITs).
>   - Sociedades anónimas calificadas.
> - Alberga el ingreso gravable que de algún otro modo se gravaría como ingreso ordinario sujeto a las tasas impositivas individuales más altas.
> - Cuanto mayor es el beneficio, más complejas son las reglas.

Informes e impuestos del Formulario 1099-K, tarjetas de pago y transacciones de red de terceros

Las organizaciones de liquidación de terceros cobran una tarifa por ser el facilitador de la transacción. Los requisitos de presentación de informes son de $ 600 o más, mientras que en 2021 fue de $ 20,000 antes de obtener un 1099-K.

A partir del 1 de enero de 2022, los proveedores de pagos externos deben comenzar a informar al IRS las transacciones comerciales por un total de $ 600 o más, (ARPA sección 9674 (a); IRC sección 6050W(e)). Esta nueva disposición está destinada a aplicar transacciones solo para bienes y servicios, pero un contribuyente individual puede recibir un 1099-K por una transacción personal no imponible. ¿Cómo determinan las nuevas pautas de informes qué es comercial y personal?

Cuando una persona configura su aplicación de transacción de red de terceros, como PayPal, Zelle, Venmo, etc., elige una cuenta personal o una cuenta comercial. Cuando se realiza un pago a un perfil personal, el pagador podría etiquetar esa transacción como pago por bienes y servicios, que se determinaría que es una transacción comercial y, sin embargo, podría ser un pago personal por bienes y servicios.

Préstamos y condonación del Programa de Protección de Cheques de Pago (PPP)

El programa proporcionó asistencia de flujo de efectivo a través de préstamos 100 por ciento garantizados por el gobierno federal a los empleadores que mantienen su nómina durante COVID-19. Si los empleadores mantienen su nómina, los préstamos serían perdonados, lo que ayudaría a los trabajadores a permanecer empleados, así como a ayudar a las pequeñas empresas afectadas y a nuestra economía a recuperarse más rápido después de la crisis. Las pequeñas empresas y otras entidades elegibles pudieron solicitar si se vieron perjudicadas por COVID-19 entre el 15 de febrero de 2020 y el 30 de junio de 2020.

Los beneficiarios de préstamos elegibles pueden tener la totalidad o una parte de sus préstamos PPP perdonados si los ingresos del préstamo se utilizan para fines específicos. Esto incluye tanto los préstamos PPP del primer como del segundo sorteo. Los prestatarios pueden solicitar la condonación en cualquier momento hasta la fecha de vencimiento del préstamo. Sin embargo, si los prestatarios no solicitan la condonación dentro de los 10 meses posteriores al último día del período cubierto, entonces los pagos del préstamo PPP ya no se aplazan, y los prestatarios deben comenzar a realizar los pagos del préstamo a su prestamista PPP.

Schedule C

After the CARES Act was passed in March 2020, the IRS stated that taxpayers could not deduct expenses paid with forgiven PPP funds. The Additional Coronavirus Response and Relief Act (ACRRA), passed as part of the Consolidated Appropriations Act of 2021 (CAA) reversed IRS Notice 2020-32 and allowed businesses to deduct expenses paid with forgiven PPP loans.

Economic Injury Disaster Loan Grants (EIDL)

The American Rescue Plan Act (ARPA) authorized an additional $15 billion for targeted EIDL grants. The EIDL grants were an additional grant of up to $5,000 to business with not more than 500 employees that suffered a reduction in gross receipts of greater than 50%.

These grants are excluded from gross income on the federal return, and no deduction may be denied, no tax attribute reduced, and no basis increase denied by reason of such exclusion. This means that for grant income excluded on a partnership or S corporation return, the amount excluded is treated as tax-exempt income for purposes of IRC sections 705 and 1366.

Employee Retention Credit

An employer may qualify for a refundable employment tax equal to 50% of qualified wages. The eligible employer who pays employees after March 21, 2020, and before January 1, 2021. The credit is 50% of the employees' wages up to $10,000 per employee. In order to receive the refunded money, the employer will need to file Form 7200, *Advance of Employer Credits Due to COVID-19.* This credit has expired. For more information see Instructions Form 7200.

Restaurant Revitalization Fund Grands

ARAP created the Small Business Administration (SBA) Restaurant Revitalization Fund grant program. The ARPA funded the grant program with $25 billion, and applications opened on May 3, 2021. Within days of the opening of the program, grant applications had already applied for most of the allocated amount for the program.

The Restaurant Revitalization Fund grants are excludable from gross income on the federal return, and no deduction may be denied, no tax attribute reduced, and no basis increase denied. This is the same treatment as the PPP loan.

Después de que se aprobó la Ley CARES en marzo de 2020, el IRS declaró que los contribuyentes no podían deducir los gastos pagados con fondos PPP perdonados. La Ley Adicional de Respuesta y Alivio del Coronavirus (ACRRA), aprobada como parte de la Ley de Asignaciones Consolidadas de 2021 (CAA), revirtió el Aviso del IRS 2020-32 y permitió a las empresas deducir los gastos pagados con préstamos PPP perdonados.

Subvenciones de préstamos por desastre por lesiones económicas (EIDL)

La Ley del Plan de Rescate Americano (ARPA) autorizó $ 15 mil millones adicionales para subvenciones ESPECÍFICAS de EIDL. Las subvenciones de EIDL fueron una subvención adicional de hasta $ 5,000 para empresas con no más de 500 empleados que sufrieron una reducción en los ingresos brutos de más del 50%.

Estas subvenciones están excluidas del ingreso bruto en la declaración federal, y no se puede negar ninguna deducción, no se reduce ningún atributo fiscal y no se niega ningún aumento de base debido a dicha exclusión. Esto significa que para los ingresos de subvención excluidos en una declaración de sociedad o corporación S, la cantidad excluida se trata como ingreso exento de impuestos a los efectos de las secciones 705 y 1366 del IRC.

Crédito de retención de empleados

Un empleador puede calificar para un impuesto de empleo reembolsable igual al 50% de los salarios calificados. El empleador elegible que paga a los empleados después del 21 de marzo de 2020 y antes del 1 de enero de 2021. El crédito es del 50% de los salarios de los empleados hasta $ 10,000 por empleado. Para recibir el dinero reembolsado, el empleador deberá presentar el Formulario 7200, *Anticipo de créditos del empleador debido a COVID-19.* Este crédito ha caducado. Para obtener más información, consulte instrucciones del Formulario 7200.

Fondo de Revitalización Restaurante

ARAP creó el programa de subvenciones del Fondo de Revitalización de Restaurantes de la Administración de Pequeñas Empresas (SBA). La ARPA financió el programa de subvenciones con $ 25 mil millones, y las solicitudes se abrieron el 3 de mayo de 2021. A los pocos días de la apertura del programa, las solicitudes de subvención ya habían solicitado la mayor parte de la cantidad asignada para el programa.

Las subvenciones del Fondo de Revitalización de Restaurantes son excluibles del ingreso bruto en la declaración federal, y no se puede negar ninguna deducción, no se puede reducir ningún atributo fiscal y no se puede negar ningún aumento de base. Este es el mismo tratamiento que el préstamo PPP.

Schedule C

Recordkeeping

This section will cover basic recordkeeping for all business returns. A tax professional should emphasize to their clients the importance of recordkeeping and to keep business and personal accounts separate. If a taxpayer has a loss on their business return, remind the taxpayer of the hobby rules. The taxpayer does not want to lose expense deductions due to poor recordkeeping; this is where the tax professional should spend time with their clients to educate them on how to track income and expenses. A good recordkeeping system includes a summary of all business transactions. These transactions in books are called journals and ledgers and can be kept electronically or as hard copies (paper). If paper records are kept, they must be locked up. The electronic records must be backed up in case of a computer crash and should be password protected.

Benefits of Recordkeeping

Everyone in business must keep appropriate and accurate records. Recordkeeping will help the taxpayer:

- Monitor the progress of their business.
- Prepare an accurate financial statement.
- Classify receipts.
- Track deductible business expenses.
- Prepare the tax return.
- Support reported income and expenses on the tax return.

Records show the taxpayer if the business is improving, which items sell the best, and insights to increase the success of the business. Records are needed to prepare accurate financial statements, which include profit and loss, balance sheets, and any other financial statements. Taxpayers should identify receipts at the time of purchase. It is easier to get into the habit of tracking receipts when received rather than dealing with them when preparing the tax return. A tax professional should teach clients how to identify and track receipts.

Kinds of Records to Keep

The taxpayer should choose the recordkeeping system that is best for their business. The system should match the accounting method of the taxpayer's tax year. The recordkeeping system should include a summary for all the taxpayer's business transactions. For example, recordkeeping should show gross income as well as deductions and credits for the business. Supporting documentation for consistent transactions, such as purchases, sales, and payroll, should be maintained. It is important to retain documentation that supports the entries in the journal, ledgers, and the tax return. Records for travel, transportation, and gift expenses fall under specific recordkeeping rules. For more information see Publication 463. There are also specific employment tax records the employer must keep. For a complete list, see Publication 51 (Circular A).

Anexo C

Mantenimiento de registros

Esta sección cubrirá el mantenimiento de registros básicos para todas las declaraciones comerciales. Un profesional de impuestos debe enfatizar al cliente la importancia de mantener registros y mantener las cuentas comerciales separadas de las cuentas personales. Si un contribuyente tiene una pérdida en su declaración comercial, recuerde al contribuyente las reglas del pasatiempo. El contribuyente no quiere perder las deducciones de gastos debido a un registro deficiente; aquí es donde el profesional de impuestos debe pasar tiempo con sus clientes para educarlos sobre cómo realizar un seguimiento de los ingresos y gastos. Un buen sistema de mantenimiento de registros incluye un resumen de todas las transacciones comerciales. Estas transacciones en libros se denominan diarios y libros de contabilidad y pueden conservarse electrónicamente o como copias impresas (papel). Si se mantienen registros en papel, deben estar bajo llave. Los registros electrónicos deben tener una copia de seguridad en caso de una falla de la computadora y deben estar protegidos con contraseña.

Beneficios del mantenimiento de registros

Todos en el negocio deben mantener registros apropiados y precisos. El mantenimiento de registros ayudará al contribuyente a:

- Supervisar el progreso del negocio.
- Preparar un estado financiero preciso.
- Clasificar recibos.
- Realizar un seguimiento de los gastos comerciales deducibles.
- Preparar la declaración de impuestos.
- Respaldar los ingresos y gastos reportados en la declaración de impuestos.

Los registros le muestran al contribuyente si el negocio está mejorando, qué artículos se venden mejor e información para aumentar el éxito del negocio. Los registros son necesarios para preparar los estados financieros precisos, que incluyen ganancias y pérdidas, balances contables y cualquier otro estado financiero.

Los contribuyentes deben identificar los recibos al momento de la compra. Es más fácil adoptar el hábito de hacer seguimiento de los recibos cuando se reciben en lugar de tener que lidiar con ellos cuando se prepara la declaración de impuestos. Un profesional de impuestos debe enseñar a los clientes cómo identificar y hacer seguimiento de los recibos.

Tipos de mantenimiento de registros

El contribuyente debe elegir el sistema de mantenimiento de registros que sea mejor para su negocio. El sistema debe coincidir con el método contable del año tributario del contribuyente. El sistema de mantenimiento de registros debe incluir un resumen de todas las transacciones comerciales del contribuyente. Por ejemplo, el mantenimiento de registros debe mostrar los ingresos brutos, así como deducciones y créditos para el negocio. Se debe mantener la documentación de respaldo para transacciones consistentes, tales como compras, ventas y nómina. Es importante conservar la documentación que respalda los registros en el diario, los libros mayores y la declaración de impuestos. Los registros de gastos de viaje, transporte y donaciones están sujetos a reglas específicas de mantenimiento de registros. Para obtener más información, consulte la Publicación 463. Existen registros específicos de impuestos sobre el empleo que el empleador debe conservar. Para obtener una lista completa, consulte la Publicación 51 (Circular A).

Schedule C

Assets used in business can be property, such as machinery and equipment used to conduct business. Records of the asset are used to figure depreciation and the gain or loss when the asset is sold. Records should show the following information:

- When and how the business asset was acquired.
- The purchase price of the business asset.
- The cost of any business improvements.
- Section 179 deduction.
- Business deductions taken for depreciation.
- Business deductions taken for casualty losses, such as losses resulting from fires, storms, or natural disasters.
- How the business asset was used.
- When and how the business asset was disposed.
- The selling price of the asset or the business.
- The expense of the business asset.

The following are examples of records that might show the information from the above list:

- Purchase and sales business invoices.
- Business purchase of real estate closing statements (HUD-1).
- Canceled business checks.
- A business' bank statements.

Maintaining Records

Tax records should be kept as needed for the administration of any provision of the Internal Revenue Code. Business records should be kept that support an item of income or deduction appearing on the return until the period of limitations is finished. Generally, that time frame is a 3-year period, although certain records must be kept longer than 3 years.

Employment records must be kept for at least 4 years after the date the tax becomes due or is paid. Records that pertain to assets such as property should be kept as long as the taxpayer owns the business asset. Other creditors, such as an insurance company, may require the business records to be kept longer than the IRS.

Part 3 Review Questions

To obtain the maximum benefit from this chapter, LTP recommends that you complete each of the following questions, and then compare them to the answers with feedback that immediately follow. Under governing self-study standards, vendors are required to present review questions intermittently throughout each self-study course.

These questions and explanations are not part of the final examination and will not be graded by LTP.

Los activos utilizados en los negocios pueden ser propiedades tales como maquinaria y equipos para llevar a cabo los negocios. Los registros de activos se utilizan para calcular la depreciación y la ganancia o pérdida cuando se vende el activo. Los registros deben mostrar la siguiente información:

- ¿Cuándo y cómo se adquirió el activo comercial?
- El precio de compra del activo comercial.
- El costo de cualquier mejora comercial.
- Deducción de la sección 179.
- Deducciones comerciales realizadas por depreciación.
- Deducciones comerciales tomadas por pérdidas fortuitas tales como pérdidas resultantes de incendios, tormentas o desastres naturales.
- ¿Cómo se utilizó el activo comercial?
- ¿Cuándo y cómo se dispuso el activo comercial?
- El precio de venta del activo o del negocio.
- El gasto del activo comercial.

Los siguientes son ejemplos de registros que pueden mostrar la información de la lista anterior:

- Facturas comerciales de compras y ventas.
- Compra comerciales de estados de cierre de bienes inmuebles (HUD-1).
- Cheques comerciales cancelados.
- Estados de cuenta bancarios.

Mantenimiento de registros

Los registros de impuestos deben mantenerse durante el tiempo que sea necesario para la administración de cualquier disposición del Código de Impuestos Internos. Deben mantenerse registros comerciales que respalden un artículo de ingreso o deducción que aparezca en la declaración hasta que el período de limitaciones haya finalizado. En general, ese período de tiempo es de 3 años, aunque ciertos registros deben mantenerse por más de 3 años.

Los registros de empleo deben mantenerse durante al menos 4 años después de la fecha en que el impuesto vence o se paga. Los registros que pertenecen a los activos, como la propiedad, se deben conservar siempre que el contribuyente posea el activo comercial. Otros acreedores, como la compañía de seguros, pueden desear que los registros se mantengan incluso por más tiempo que el Servicio de Impuestos Internos.

Parte 3 Preguntas de repaso

Para obtener el máximo beneficio de este curso, LTPA recomienda que complete cada una de las preguntas a continuación, y luego las compare con las respuestas de los comentarios que se proporcionan posteriormente. Según los estándares reguladores de autoaprendizaje, los proveedores deben presentar preguntas de repaso de manera intermitente a lo largo de cada curso de autoaprendizaje.

Estas preguntas y explicaciones no son parte del examen final y no serán calificadas por LTP.

Schedule C

BIP3.1
Jade started a new business in 2021. Which of the following is not considered to be self-employment income?

 a. Income from Schedule E
 b. Income from Schedule F
 c. Income from Schedule C
 d. Income from wages

BIP3.2
Which of the following chooses the recordkeeping system?

 a. Taxpayer
 b. Internal Revenue Service
 c. Franchise Tax Board
 d. Taxpayer's banker

BIP3.3
Which of the following best describes how long to keep records?

 a. Employment records need to be kept for at least 6 years.
 b. Business records should be kept if an item of income or deduction appear on the tax return.
 c. Business records that pertain to property should be kept for at least 10 years.
 d. Computer software that was purchased for the business does not need to be kept.

Part 3 Review Questions Answers

BIP3.1
Jade started a new business in 2021. Which of the following is not considered to be self-employment income?

 a. Income from Schedule E
 b. Income from Schedule F
 c. Income from Schedule C
 d. Income from wages

Feedback: Review section *Schedule C, Part I, Income.*

BIP3.2
Which of the following chooses the recordkeeping system?

 a. Taxpayer
 b. Internal Revenue Service
 c. Franchise Tax Board
 d. Taxpayer's banker

Feedback: Review section *Kinds of Record to Keep.*

BIP3.1
Jade inició un nuevo negocio en 2021. ¿Cuál de las siguientes opciones no se considera un ingreso como trabajador por cuenta propia?

   a. Ingresos del Anexo C
   b. Ingresos del Anexo F
   c. Ingresos del Anexo C
   d. Ingresos de salarios

BIP3.2
¿Cuál de las siguientes opciones elige el sistema de mantenimiento de registros?

   a. Contribuyente
   b. Servicio de Impuestos Internos
   c. Consejo Fiscal de la Franquicia
   d. Banquero del contribuyente

BIP3.3
¿Cuál de las siguientes opciones describe mejor cuánto tiempo se deben mantener registros?

   a. Los registros de empleo deben conservarse durante al menos 6 años.
   b. Se deben mantener registros comerciales si un elemento de ingresos o deducción aparece en la declaración de impuestos.
   c. Los registros comerciales que pertenecen a la propiedad deben conservarse durante al menos 10 años.
   d. No es necesario conservar el software de computador que se compró para el negocio.

Parte 3 Respuestas a las preguntas de repaso

BIP3.1
Jade inició un nuevo negocio en 2021. ¿Cuál de las siguientes opciones no se considera un ingreso como trabajador por cuenta propia?

   a. Ingresos del Anexo C
   b. Ingresos del Anexo F
   c. Ingresos del Anexo C
   d. Ingresos de salarios

Comentarios Revise la sección *Anexo C, Parte I, Ingresos*

BIP3.2
¿Cuál de las siguientes opciones elige el sistema de mantenimiento de registros?

   a. Contribuyente
   b. Servicio de Impuestos Internos
   c. Consejo Fiscal de la Franquicia
   d. Banquero del contribuyente

Comentarios Revise la sección *Tipos de mantenimiento de registros*

Schedule C

BIP3.3
Which of the following best describes how long to keep records?

a. Employment records need to be kept for at least 6 years.
b. Business records should be kept if an item of income or deduction appear on the tax return.
c. Business records that pertain to property should be kept for at least 10 years.
d. Computer software that was purchased for the business does not need to be kept.

Feedback: Review section *How long to Keep Records.*

Takeaways

Business income is derived from a multitude of sources using Schedules C, E, and F. How business income is calculated and which deductions and expenses are reported can vary based on the type of business, the method of accounting used, and many other factors. It is essential that the tax professional be familiar with the concepts when preparing business returns.

There are four common tax errors for business taxpayers:

1. Not paying enough estimated tax.
2. Depositing employment taxes.
3. Filing tax returns and payroll returns late.
4. Not separating business and personal expenses.

See Publication 15, 505, 535, and Circular E for more information.

TEST YOUR KNOWLEDGE!
Go online to take a practice quiz.

BIP3.3
¿Cuál de las siguientes opciones describe mejor cuánto tiempo se deben mantener registros?

   a. Los registros de empleo deben conservarse durante al menos 6 años.
   b. Se deben mantener registros comerciales si un elemento de ingresos o deducción aparece en la declaración de impuestos.
   c. Los registros comerciales que pertenecen a la propiedad deben conservarse durante al menos 10 años.
   d. No es necesario conservar el software de computador que se compró para el negocio.

Comentarios Revise la sección *¿Por cuánto tiempo debe mantener los registros?*

Aportes

Los ingresos comerciales se derivan de una multitud de fuentes utilizando los Anexos C, E y F. La forma en que se calculan los ingresos comerciales y las deducciones y gastos que se informan puede variar enormemente según el tipo de negocio, el método contable utilizado y muchos otros factores. Es imprescindible que el profesional de impuestos esté familiarizado con los conceptos al preparar declaraciones comerciales.

Hay cuatro errores tributarios comunes para los contribuyentes comerciales:

   1. No pagar suficiente impuesto estimado.
   2. Depósito de impuestos sobre el empleo.
   3. Presentar las declaraciones de impuestos y declaraciones de nómina con retraso.
   4. No separar los gastos comerciales y personales.

Consulte la Publicación 15, 505, 535 y la Circular E para obtener más información.

¡PON A PRUEBA TUS CONOCIMIENTOS!
Ve en línea para tomar una prueba de práctica.

Chapter 10 Schedule E

Introduction

Rental income is any payment received for the use or occupation of real estate or personal property. The payment that is received is taxable to the taxpayer and is generally reported on Schedule E. Each Schedule E can report three properties. If the taxpayer has more than three properties, additional Schedule E's would be used. Schedule E is not used to report personal income and expenses. The taxpayer should not use Schedule E to report renting personal property, that is not a business. To report other income, use Schedule 1, lines 8 – 24b.

Objectives

At the end of this lesson, the student will:

> ➢ Know the types of income reported on Schedule E.
> ➢ Realize the difference between repairs and improvements.
> ➢ Recognize where to find the rental property depreciation chart.

Resources

Form 1040	Publication 17	Instructions Form 1040
Form 4562	Publication 527	Instructions Form 4562
Form 4797	Publication 534	Instructions Form 4797
Form 6198	Publication 544	Instructions Form 6198
Form 8582	Publication 925	Instructions Form 8582
Schedule E	Publication 946	Instructions for Schedule E
		Tax Topics 414, 415, 425, 704

Capítulo 10 Anexo E

Introducción

El ingreso por alquiler es cualquier pago recibido por el uso u ocupación de bienes raíces o bienes muebles. El pago que se recibe está sujeto a impuestos al contribuyente y generalmente se declara en el Anexo E. Cada Anexo E puede declarar tres propiedades. Si el contribuyente tiene más de tres propiedades, se utilizarán Anexos E adicionales. El Anexo E no se utiliza para declarar ingresos y gastos personales. El contribuyente no debe utilizar el Anexo E para declarar ingresos de bienes muebles, que no sea un negocio. Para declarar otros ingresos, use el Anexo 1, líneas 8 – 24b.

Objetivos

Al final de esta lección, el estudiante:

> ➢ Conocerá los tipos de ingresos declarados en el Anexo E.
> ➢ Comprenderá la diferencia entre las reparaciones y mejoras.
> ➢ Reconocerá dónde encontrar la tabla de depreciación de la propiedad de alquiler.

Fuentes

Formulario 1040	Publicación 17	Instrucciones del Formulario 1040
Formulario 4562	Publicación 527	Instrucciones del Formulario 4562
Formulario 4797	Publicación 534	Instrucciones del Formulario 4797
Formulario 6198	Publicación 544	Instrucciones del Formulario 6198
Formulario 8582	Publicación 925	Instrucciones del Formulario 8582
Anexo E	Publicación 946	Instrucciones para el Anexo E
		Temas fiscales 414, 415, 425, 704

Table of Contents / Índice

Introduction	302
Introducción	303
Part 1 Rental Income	307
Reporting Rental Income	308
Types of Rental Income	308
Advance Rent	308
Canceling a Lease	308
Expenses Paid by Tenant	308
Parte 1 Ingreso de alquiler	309
Declaración de ingresos por alquiler	309
Tipos de ingresos por alquiler	309
Alquiler anticipado	309
Cancelación de un contrato de arrendamiento	309
Gastos pagados por el arrendatario	309
Property or Services (instead of rent)	310
Security Deposits	310
Rental Property Also Used as Home	310
Fair Rental Value of Portion of Building Used as a Home	310
Part Interest	312
Lease with Option to Buy	312
Propiedad o servicios (en lugar de alquiler)	311
Depósito de garantía	311
Propiedad de alquiler también utilizada como hogar	311
Valor justo de alquiler de la parte de la propiedad utilizada como vivienda	311
Interés parcial	313
Arrendamiento con opción a compra	313
Husband and Wife Qualified Joint Venture (QJV)	312
Community Income Exception	314
Empresa Conjunta Calificada para Marido y Mujer (QJV)	313
Excepción de ingresos de la sociedad conyugal	315
Types of Property	314
Types of Expenses	316
Tipos de propiedad	315
Tipos de gastos	317
Expenses That Cannot be Claimed	322
Gastos que no se pueden reclamar	323
Claiming Deductions When Renting Out the House or Part of the Home	322
Other Expenses	324
Depreciation	324
Insurance Premiums Prepaid	324
Interest	324
Expenses Paid to Obtain a Mortgage	324
Reclamación de deducciones al alquilar la casa o parte de la casa	323
Otros gastos	325
Depreciación	325
Primas de seguro prepagas	325
Interés	325
Gastos pagados para obtener una hipoteca	325
Legal and Other Professional Fees	324
Local Benefit Taxes	324
Transportation and Travel Expenses	324
Pre-rental Expenses	326
Rental of Equipment	326
Honorarios legales y otros honorarios profesionales	325
Impuestos de beneficios locales	325

Anexo E

Gastos de transporte y viajes	325
Gastos de prealquiler	327
Alquiler de equipos	327
Uncollected Rent	326
Vacant Rental Property	326
Points	326
Repairs and Improvements	328
Repairs	328
Improvements	328
Alquiler no cobrado	327
Propiedad de alquiler desocupada	327
Puntos	327
Reparaciones y mejoras	329
Reparaciones	329
Mejoras	329
Recordkeeping	328
Not Rented for Profit	330
Rental of Vacation Homes and Other Dwelling Units	330
Mantenimiento de registros	329
No alquilado con fines de lucro	331
Alquiler de casas de vacaciones y otras unidades de vivienda	331
Dividing Expenses for Vacation Homes and Other Dwelling Units	330
Fair Rental Price	332
Use as Main Home Before or After Renting	332
División de gastos de casas de vacaciones y otras unidades de vivienda	331
Precio justo de alquiler	333
Uso como vivienda principal antes o después de alquilar	333
Property Changed to Rental Use	334
Dividing Expenses for Property Changed to Rental Use	334
Depreciation	334
Propiedad cambiada para uso de alquiler	335
Dividir los gastos de la propiedad cambiada para uso de alquiler	335
Depreciación	335
Passive Activity Limits	336
At-Risk Rules	336
Passive Activity Limits	336
Real Estate Professional	336
Límites de actividad pasiva	337
Reglas de riesgo	337
Límites de actividad pasiva	337
Profesional inmobiliario	337
Limited Partnership Interests	338
Active Participation	338
Rental Property Sales	338
Participación de la sociedad limitada	339
Participación activa	339
Venta de propiedades de alquiler	339
Property That Can Be Depreciated	340
Property Owned	340
Propiedad que puede depreciarse	341
Titularidad de la propiedad	341
Property Having a Determinable Useful Life	342
Property Lasting More than One Year	342
Property used in Business or Income-Producing Activity	342
Propiedad con una vida útil determinable	343
Propiedad que dura más de un año	343
Propiedad utilizada en actividades comerciales o generadoras de ingresos	343
Property That Cannot Be Depreciated	344

Schedule E

    Excepted Property 344
    The Beginning and Ending of Depreciation 344
    Placed in Service 344
    Royalties 344
    Propiedad que no se puede depreciar 345
    Propiedad exceptuada 345
    El comienzo y el final de la depreciación 345
    Puesta en servicio 345
    Regalías 345
    Partnership or S Corporation Income 346
    Ingresos de sociedad o sociedad anónima S 347
    Office in Home 348
    Part I Review Questions 348
    Oficina en el hogar 349
    Parte 1 Preguntas de repaso 349
    Part 1 Review Questions Answers 350
    Parte 1 Respuestas a las preguntas de repaso 351
Takeaways 352
Aportes 353

Anexo E

Schedule E

Part 1 Rental Income

Reporting Rental Income

If the taxpayer rents buildings, rooms, or apartments and provides heat and electric, trash collection, etc., the taxpayer should report the income and expenses in Part I of Schedule E. Do not use Schedule E to report a not-for-profit activity.

If the taxpayer provided significant services primarily for the tenant's convenience, such as regular cleaning, changing linens, or maid service, the taxpayer reports the rental income and expenses on Schedule C (Form 1040), *Profit or Loss from Business*, or Schedule C-EZ, *Net Profit from Business.* Significant services do not include the furnishing of heat and light, cleaning of public areas, trash collection, etc. If the taxpayer provides significant services, the taxpayer may have to pay self-employment tax on the income.

Types of Rental Income

Cash or the fair market value of property received for the use of real estate or personal property is taxable rental income. Individuals who operate on the "cash basis" report their rental income as income when it is constructively received and deduct expenses as they are paid. In addition to normal rent, many other things may be considered rent.

Advance Rent

Advance rent is any amount collected by the taxpayer before the time it is due. This income is reported in the year the taxpayer receives it, regardless of the accounting method and when the income was due.

Example: On March 18, 2021, Matthew signed a 10-year lease to rent Martha's property. During 2021, Martha received $9,600 for the first year's rent and $9,600 as rent for the last year of the lease. Martha must include $19,200 as rental income in 2021 ($9,600 + $9,600 = $19,200).

Canceling a Lease

If the tenant paid the landlord to terminate the lease, the amount received is considered rent. The amount paid from the tenant is included in the year received, regardless of the accounting method.

Expenses Paid by Tenant

If the occupant pays any of the owner's expenses, the payments are rental income. The taxpayer must include them as income and can deduct the rental expenses if they are deductible.

Parte 1 Ingreso de alquiler

Declaración de ingresos por alquiler

Si el contribuyente alquila edificios, habitaciones o apartamentos y proporciona calefacción y electricidad, recolección de basura, etc., el contribuyente debe declarar los ingresos y gastos en la Parte I del Anexo E. No use el Anexo E para declarar una actividad sin fines de lucro.

Si el contribuyente brindó servicios significativos principalmente para la comodidad del inquilino, como limpieza regular, cambio de ropa de cama o servicio de mucama, el contribuyente declara los ingresos y gastos de alquiler en el Anexo C (Formulario 1040), *Ganancia o pérdida del negocio*, o Anexo C- EZ, *Utilidad neta del negocio*. Los servicios significativos no incluyen el suministro de calor y luz, limpieza de áreas públicas, recolección de basura, etc. Si el contribuyente brinda servicios significativos, es posible que el contribuyente tenga que pagar el impuesto sobre el trabajo por cuenta propia sobre los ingresos.

Tipos de ingresos por alquiler

El efectivo o el valor justo de mercado de la propiedad recibida por el uso de bienes inmuebles o bienes personales es un ingreso de alquiler sujeto a impuestos. Las personas que operan "con base en efectivo" declaran sus ingresos por alquiler cuando reciben el efectivo de manera constructiva y deducen los gastos a medida que se pagan. Además del alquiler normal, muchas otras cosas pueden considerarse alquiler.

Alquiler anticipado

El alquiler anticipado es cualquier monto recibido por el contribuyente antes del período que cubre. Estos ingresos se declaran en el año en que los recibe el contribuyente, independientemente del método contable y del momento en que se exigieron los ingresos.

Ejemplo: El 18 de marzo de 2021, Matthew firmó un contrato de arrendamiento por 10 años para alquilar la propiedad de Martha. Durante 2021, Martha recibió $9,600 por el alquiler del primer año y $9,600 por el alquiler del último año del contrato. Martha debe incluir $19,200 como ingresos por alquiler en 2021 ($9,600 + $9,600 = $19,200).

Cancelación de un contrato de arrendamiento

Si el arrendatario pagó al arrendador para rescindir el contrato de arrendamiento, la cantidad recibida se considera alquiler. El monto pagado por el arrendatario se incluye en los ingresos del año recibido, independientemente del método contable utilizado.

Gastos pagados por el arrendatario

Si el ocupante paga alguno de los gastos del propietario, los pagos son ingresos por alquiler. El contribuyente debe incluirlos como ingresos y puede deducir los gastos de alquiler si son deducibles.

Schedule E

Example: Anet pays the water and sewage bill for Fernando's rental property and deducts the amount from her rent payment. Under her terms of the lease, Anet is not required to pay those bills. Fernando would deduct the amount Anet paid for the water and sewage bill as a utility expense and include the amount as rental income.

Property or Services (instead of rent)

If the taxpayer receives property or services as rent instead of money, the fair market value of the property or service is included as rent income.

Example: Lynn enjoys painting and she is Leonard's tenant. Lynn offers to paint the rental property in lieu of paying two months' rent. Leonard accepts the offer. Leonard will include in his rental income the amount that Lynn would have paid for two months' rent. Leonard can deduct the same amount that was included as rent as a rental expense.

Security Deposits

Do not include a security deposit as income when received if the owner returns it at the end of the lease. If the owner keeps part or all of the security deposit during any year because the tenant did not perform under the terms of the lease, the owner must include the amount in income for that year.
If a security deposit is to be used as the final rent payment, it is advance rent. The taxpayer would include it in income in the year received.

Rental Property Also Used as Home

If the taxpayer rented property that is also used as his or her home and it is rented for fewer than 15 days during the tax year, do not include the rent received as income. Rental expenses may not be deducted.

Fair Rental Value of Portion of Building Used as a Home

Fair rental value for property is an amount that a person who is not related to the owner would be willing to pay for rental use. If any part of the building or structure is occupied by the taxpayer for personal use, the gross rental income includes the fair rental value of the part occupied for personal use. See Publication 946, *Residential Rental Property*.

Room Rental

If a taxpayer rents out rooms of their primary residence, tax rules apply as if the individual was renting the entire property. Expenses that arise from the rental activity is ordinary and necessary and able to deduct. All income is taxable. The taxpayer needs to prorate expenses based on the room's square footage. To get the percentage take the entire square footage of the home and divide by the room's square footage. For example, Jenny's home is 1,800 square feet, and the room she rents out is 180 square feet. The percentage she would use to deduct expenses is 10%.

Ejemplo: Anet paga la factura de agua y alcantarillado de la propiedad de alquiler de Fernando y descuenta el monto de su pago de alquiler. Según los términos del contrato de arrendamiento, Anet no está obligada a pagar esas facturas. Fernando deduciría el monto que Anet pagó por la factura de agua y alcantarillado como gasto de servicios públicos e incluiría el monto como ingreso por alquiler.

Propiedad o servicios (en lugar de alquiler)

Si el contribuyente recibe bienes o servicios como alquiler en lugar de dinero, el valor justo de mercado de los bienes o servicios se incluye como ingreso por alquiler.

Ejemplo: Lynn disfruta pintar y es la inquilina de Leonard. Lynn se ofrece a pintar la propiedad de alquiler en lugar de pagar dos meses de alquiler. Leonardo acepta la oferta. Leonard incluirá en sus ingresos por alquiler la cantidad que Lynn habría pagado por dos meses de alquiler. Leonard puede deducir la misma cantidad que se incluyó como alquiler como gasto de alquiler.

Depósito de garantía

No incluya un depósito de garantía como ingresos cuando lo reciba si el propietario planea devolverlo al final del contrato de arrendamiento. Si el contribuyente se queda con parte o la totalidad del depósito de garantía durante cualquier año porque el arrendatario no cumple con los términos del contrato de arrendamiento, el contribuyente debe incluir la cantidad retenida como ingreso para ese año.
Si se va a utilizar un depósito de garantía como pago final del alquiler, se trata de un alquiler anticipado. El contribuyente lo incluiría en los ingresos del año que lo reciba.

Propiedad de alquiler también utilizada como hogar

Si el contribuyente alquiló una propiedad que también se usa como su hogar, y se alquila por menos de 15 días durante el año fiscal, no incluya el alquiler recibido como ingresos. No se pueden deducir los gastos de alquiler.

Valor justo de alquiler de la parte de la propiedad utilizada como vivienda

El valor justo de alquiler de la propiedad es una cantidad que una persona que no está relacionada con el propietario estaría dispuesta a pagar por el uso de alquiler. Si el contribuyente ocupa cualquier parte del edificio o estructura para uso personal, el ingreso bruto por alquiler incluye el valor justo de alquiler de la parte ocupada para uso personal. Consulte la Publicación 946, *Propiedad de alquiler residencial.*

Alquiler de habitaciones

Si un contribuyente alquila habitaciones de su residencia principal, se aplican las reglas fiscales como si el individuo estuviera alquilando toda la propiedad. Los gastos que surjan de la actividad de alquiler son ordinarios y necesarios y se pueden deducir. Todos los ingresos están sujetos a impuestos. El contribuyente debe prorratear los gastos en función de los pies cuadrados de la habitación. Para obtener el porcentaje, tome todos los pies cuadrados de la casa y divídalos por los pies cuadrados de la habitación. Por ejemplo, la casa de Jenny tiene 1,800 pies cuadrados, y la habitación que alquila es de 180 pies cuadrados. El porcentaje que utilizaría para deducir gastos es del 10%. 180/1.800=10%.

Schedule E

180/1,800=10%.

Part Interest

If the taxpayer is a partial owner in a rental property, the taxpayer must report their percentage of the rental income from the property.

Lease with Option to Buy

If the rental agreement offers the tenant the right to purchase the property, the payments received under the agreement are considered rental income. If the tenant exercises the right to purchase the property, the payments received for the period after the date of sale are considered part of the selling price.

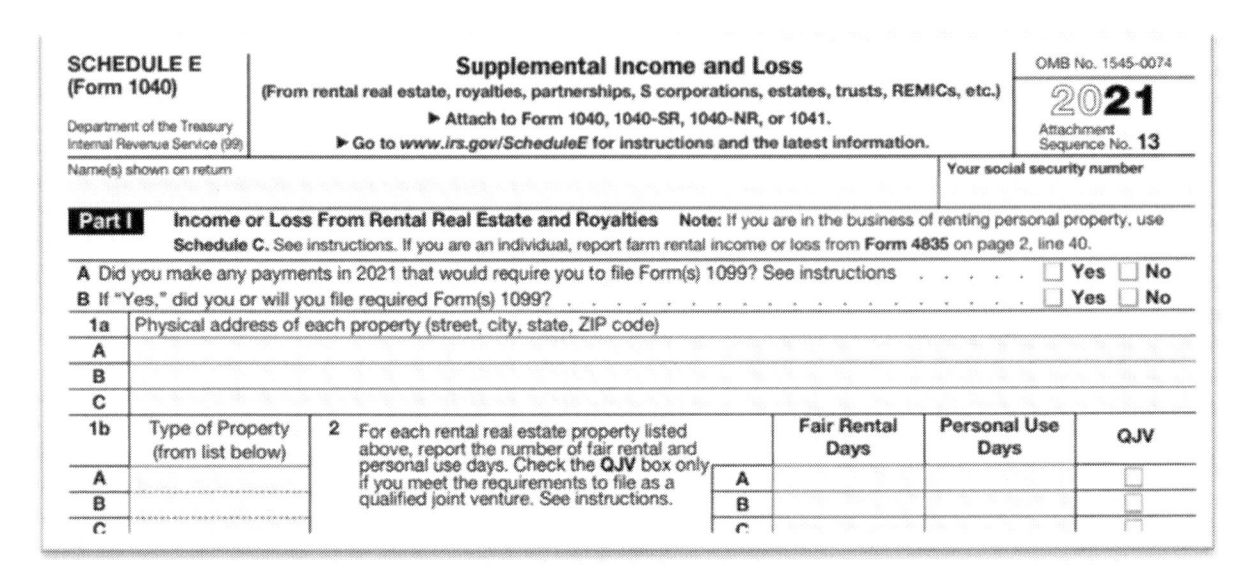

Portion of 2021 Schedule E

Husband and Wife Qualified Joint Venture (QJV)

A husband and wife cannot be sole proprietors of the same business. If they are joint owners, they are partners and should file a partnership return on Form 1065, *U.S. Return of Partnership Income.* They can be partners, but "sole" means one. For purposes of a business, the IRS does not recognize spouses as one.

If the taxpayer and spouse each materially participated in the business as the only members of a jointly owned and operated business and file a joint return, they can elect to be taxed as a qualified joint venture instead of a partnership. Generally, this election does not increase the total tax on the joint return, but it gives the credit for each taxpayer's social security earnings. If Form 1065 was filed for a prior year, the partnership terminates the year immediately preceding the year the joint venture election takes effect.

To make the election, the taxpayers must divide all income and expenses and file two separate Schedule E. Once the election is made, it can only be revoked with IRS permission. The election remains in effect for as long the spouses file as a qualified joint venture. If the taxpayer and spouse do not qualify in one year, then the next year they will need to redo the paperwork to become a qualified joint venture.

Interés parcial

Si el contribuyente es propietario parcial de una bien de alquiler, el contribuyente debe declarar su porcentaje de los ingresos por alquiler de la propiedad.

Arrendamiento con opción a compra

Si el contrato de alquiler ofrece al arrendatario el derecho a comprar la propiedad, los pagos recibidos en virtud del contrato se consideran ingresos de alquiler. Si el arrendatario ejerce el derecho a comprar la propiedad, los pagos recibidos por el período posterior a la fecha de venta se consideran parte del precio de venta.

Parte del Anexo E de 2021

Empresa Conjunta Calificada para Marido y Mujer (QJV)

Un esposo y una esposa no pueden ser empresa individual del mismo negocio. Si son copropietarios, son socios y deben presentar una declaración de sociedad en el Formulario 1065, *Declaración de ingresos de sociedad de los EE. UU.* Pueden ser socios, pero "único" significa uno. Para propósitos de un negocio, el IRS no reconoce a los cónyuges como uno solo.

Si el contribuyente y el cónyuge participaron materialmente en el negocio como los únicos miembros de un negocio operado y adquirido conjuntamente y presentan una declaración conjunta, pueden optar por ser gravados como una empresa conjunta calificada en lugar de una sociedad. En general, esta elección no aumenta el impuesto total sobre la declaración conjunta, pero otorga el crédito por las ganancias del seguro social de cada contribuyente. Si el Formulario 1065 se presentó para un año anterior, la sociedad finaliza el año inmediatamente anterior al año en que entra en vigencia la elección de empresa conjunta.

Para hacer la elección, los contribuyentes deben dividir todos los ingresos y gastos y presentar dos Anexos E por separado. Una vez hecha la elección, solo se puede revocar con el permiso del IRS. La elección permanece vigente durante el tiempo en que los cónyuges declaran como una empresa conjunta calificada. Si el contribuyente y el cónyuge no califican en un año, el próximo año deberán volver a hacer el papeleo para convertirse en una empresa conjunta calificada.

Schedule E

Community Income Exception

If the spouses own an unincorporated business and they live in a state, foreign country, or a U.S. possession that has community property laws, the income and deductions are reported as follows:

1. If only one spouse participates in the business, all of the income from that business is self-employment earnings of the spouse who carried the business.
2. If both spouses participate, the income and the deductions are allocated to the spouses based on their distributive shares.
3. If either or both spouses are partners in a partnership, see Publication 541.
4. If the taxpayer and spouse elected to treat the business as a qualifying joint venture, both taxpayer and spouse must file separate Schedule C or C-EZ and a separate Schedule SE.

Community property law states are Arizona, California, Idaho, Louisiana, Nevada, New Mexico, Texas, Washington, and Wisconsin.

Types of Property

Type of Property:		
1 Single Family Residence	3 Vacation/Short-Term Rental	5 Land	7 Self-Rental
2 Multi-Family Residence	4 Commercial	6 Royalties	8 Other (describe)

Portion of 2021 Schedule E

Like determining a filing status, rental property(s) need to be classified as well. Single family residence means any building situated on one lot with a single dwelling, and sharing no common wall, foundation, or other interconnection. Types of single-family residences are mobile homes, homes, and mansions. Use code 1 for these structures.

Multi-family residence is a classification of housing where multiple separate housing units for residential inhabitants are contained within one building. This includes duplex, tri-plex, condos, and/or apartments. Use code 2 for these structures.

Commercial buildings include offices, hotels, malls, retail stores, etc. Use code 4 for these structures.

Land is never depreciated, but property may need to report income for renting out the land. Use code 5 for this use. Items considered rent income include renting the land to a farmer to grow crops; this would not be reported on Schedule F, but Schedule E. Basis for land is the price determined by the county as land value. It is also found on the property statement.

Royalties is income derived from the use of the owner's property. A royalty payment must relate to the use of a valuable right. A valuable right could be items such as precious minerals (gold, silver, etc.) and crude oil.

Self-rental is when the owner of the property rents the business to their business. This is regarded as materially participates, therefore any net income for the property is deemed to be nonpassive.

Anexo E

Excepción de ingresos de la sociedad conyugal

Si los cónyuges son dueños de un negocio no constituido y viven en un estado, país extranjero o una dependencia de los EE. UU. con leyes de bienes gananciales, los ingresos y las deducciones se notifican de la siguiente manera:

1. Si solo un cónyuge participa en el negocio, todos los ingresos de ese negocio son ganancias del trabajo por cuenta propia del cónyuge que llevó el negocio.
2. Si ambos cónyuges participan, el ingreso y las deducciones se asignan a los cónyuges en función de sus participaciones distributivas.
3. Si uno o ambos cónyuges son socios en una sociedad, consulte la Publicación 541.
4. Si el contribuyente y el cónyuge optaron por tratar el negocio como una empresa conjunta calificada, tanto el contribuyente como el cónyuge deben presentar el Anexo C o C-EZ por separado y un Anexo SE por separado.

Los estados de la ley de bienes gananciales son Arizona, California, Idaho, Luisiana, Nevada, Nuevo México, Texas, Washington y Wisconsin.

Tipos de propiedad

```
Type of Property:
1 Single Family Residence    3 Vacation/Short-Term Rental   5 Land        7 Self-Rental
2 Multi-Family Residence     4 Commercial                    6 Royalties   8 Other (describe)
```

Parte del Anexo E de 2021

Al igual que determinar un estado civil, las propiedades de alquiler también deben clasificarse. Residencia unifamiliar significa cualquier edificio situado en un lote con una sola vivienda y que no comparte paredes, cimientos u otra interconexión común. Los tipos de residencias unifamiliares son casas móviles, casas y mansiones. Utilice el código 1 para estas estructuras.

La residencia multifamiliar es una clasificación de vivienda donde múltiples unidades de vivienda separadas para habitantes residenciales están contenidas dentro de un edificio. Esto incluye dúplex, tríplex, condominios y/o apartamentos. Utilice el código 2 para estas estructuras.

Los edificios comerciales incluyen oficinas, hoteles, centros comerciales, tiendas minoristas, etc. Utilice el código 4 para estas estructuras.

La tierra nunca se deprecia, pero es posible que la propiedad deba declarar ingresos por alquilar la tierra. Utilice el código 5 para este uso. Los artículos que se consideran ingresos por alquiler incluyen alquilar la tierra a un agricultor para que cultive; esto no se declararía en el Anexo F, sino en el Anexo E. La base del terreno es el precio determinado por el condado como valor del terreno. También se encuentra en la declaración de propiedad.

Las regalías son ingresos derivados del uso de la propiedad del propietario. Un pago de regalías debe relacionarse con el uso de un derecho valioso. Un derecho valioso podrían ser artículos tales como minerales preciosos (oro, plata, etc.) y petróleo crudo.

El autoalquiler es cuando el propietario del bien alquila el negocio a su propio negocio. Esto se considera como una participación material, por lo tanto, cualquier ingreso neto de la propiedad se considera no pasivo.

Schedule E

Types of Expenses

	Expenses:	
5	Advertising	5
6	Auto and travel (see instructions)	6
7	Cleaning and maintenance	7
8	Commissions	8
9	Insurance	9
10	Legal and other professional fees	10
11	Management fees	11
12	Mortgage interest paid to banks, etc. (see instructions)	12
13	Other interest	13
14	Repairs	14
15	Supplies	15
16	Taxes	16
17	Utilities	17
18	Depreciation expense or depletion	18
19	Other (list) ▶	19
20	Total expenses. Add lines 5 through 19	20

Portion of 2021 Schedule E

Deductible rental expenses are expenditures that are incurred in renting the property. The taxpayer would deduct all ordinary and necessary expenses such as:

Advertising – line 5

Generally, advertising is considered an ad in a local paper, online, or other means of advertising to cause a potential renter to inquire about the property. The price paid is the amount entered on this line.

Auto and Travel – line 6

Taxpayer can deduct ordinary and necessary auto and travel expenses related to the rental activity. The taxpayer should keep track of the miles to and from the rental. Generally, the mileage that is ordinary and necessary is collecting rent, working on the rental, etc. The standard mileage rate is used for the current tax year. Taxpayer can claim the mileage only if they:

1. Owned the vehicle and used the standard mileage rate for the first year placed in service.
2. Leased the vehicle and are using the standard mileage rate for the entire lease period.

Señor 1040 Says: The taxpayer cannot deduct car rental or lease payments, depreciation, or the actual auto expense if the standard mileage rate is used.

Anexo E

Tipos de gastos

Expenses:		
5	Advertising	5
6	Auto and travel (see instructions)	6
7	Cleaning and maintenance	7
8	Commissions	8
9	Insurance	9
10	Legal and other professional fees	10
11	Management fees	11
12	Mortgage interest paid to banks, etc. (see instructions)	12
13	Other interest	13
14	Repairs	14
15	Supplies	15
16	Taxes	16
17	Utilities	17
18	Depreciation expense or depletion	18
19	Other (list) ▶	19
20	Total expenses. Add lines 5 through 19	20

Parte del Anexo E de 2021

Los gastos de alquiler deducibles son los gastos en los que se incurre al alquilar la propiedad. El contribuyente deduciría todos los gastos ordinarios y necesarios tales como:

Publicidad – línea 5

En general, la publicidad se considera un anuncio en un periódico local, en línea u otros medios de publicidad para hacer que un arrendatario potencial pregunte sobre la propiedad. El precio pagado es la cantidad anotada en esta línea.

Auto y viajes – línea 6

El contribuyente puede deducir los gastos ordinarios y necesarios de automóviles y viajes relacionados con la actividad de alquiler. El contribuyente debe realizar un seguimiento de las millas hacia y desde el alquiler. Generalmente, la distancia en millas que es ordinaria y necesaria es aquella que se emplea para cobrar el alquiler, trabajar en el alquiler, etc. La tarifa de distancia en millas estándar se utiliza para el año fiscal actual. El contribuyente puede reclamar la distancia en millas solo si:

1. Era dueño del vehículo y usó la tarifa estándar por milla durante el primer año puesto en servicio.
2. Alquiló el vehículo y está utilizando la tarifa estándar por milla durante todo el período de arrendamiento.

El Señor 1040 dice: El contribuyente no puede deducir los pagos de alquiler o arrendamiento de automóviles, la depreciación o el gasto real del automóvil si se utiliza la tasa de distancia en millas estándar.

Schedule E

Cleaning and Maintenance – line 7

The day-to-day maintenance of the property is an allowed expense provided it is only for common areas and day-to-day cleanliness. These expenses are also limited to the days that are allowable rental days and not personal use days.

Commissions – line 8

Fees or commission paid to agents who collect the rent, maintain the rental, or find tenants could be reported on line 8.

Insurance – line 9

Insurance for the rental property and the rider policy if the taxpayer has one.

Legal and Other Professional Fees – line 10

You can't claim legal fees charged as part of buying or selling the property. The only exception is if the taxpayer is in the business of renting properties, and the total legal expenses for the current tax income year are $10,000 or less.

The taxpayer can claim fees paid to an accountant for managing their accounts and the tax return preparation and tax advice. Fees involved for setting up the rental property are not a deduction.

Management Fees – line 11

Property management services are reported on line 11 and may lower the taxpayer's liability. The taxpayer may claim the entire cost of the services, but must keep all invoices or statements the property management company issues as evidence of the deduction's eligibility.

Part of property management is to maintain the paperwork between the tenant and the landlord. This can come in handy during tax season, especially for landlords who are not particularly organized or good at bookkeeping. When the management company prepares the paperwork for the tax preparer, it can deliver a more accurate tax return.

Mortgage Interest Paid to Banks – line 12

The taxpayer can claim the interest charged on money borrowed to buy the rental property, but not the entire mortgage payment.

If the taxpayer borrowed money against the rental and did not use it for the rental, the interest is not a deduction on Schedule E.

Other Interest – line 13

If the taxpayer paid interest on the rental income to an individual and did not receive Form 1098, enter the amount on line 13 and not on line 12. Attach to the return a statement that shows the name and address of the person who received the income. On the dotted line next to line 13 enter "See attached."

Limpieza y mantenimiento – línea 7

El mantenimiento diario de la propiedad es un gasto permitido siempre que sea solo para áreas comunes y limpieza diaria. Estos gastos también se limitan a los días que son días de alquiler permitidos y no días de uso personal.

Comisiones – línea 8

Los honorarios o comisiones pagados a los agentes que cobran el alquiler mantienen el alquiler o encuentran inquilinos se pueden declarar en la línea 8.

Seguro – línea 9

Seguro para la propiedad de alquiler y la póliza adicional si el contribuyente tiene uno.

Honorarios legales y otros honorarios profesionales – línea 10

No puede reclamar los honorarios legales cobrados como parte de la compra o venta de la propiedad. La única excepción es si el contribuyente está en el negocio de alquiler de propiedades, y los gastos legales totales para el año fiscal en curso son $10,000 o menos.

El contribuyente puede reclamar los honorarios pagados a un contador por el anexo de sus cuentas y la preparación de declaraciones de impuestos y asesoramiento fiscal. Los honorarios involucrados para establecer la propiedad de alquiler no son una deducción.

Comisiones de administración – línea 11

Los servicios de administración de propiedades se declaran en la línea 11 y pueden reducir la responsabilidad del contribuyente. El contribuyente podrá reclamar la totalidad del costo de los servicios, pero deberá conservar todas las facturas o estados de cuenta que expida la empresa administradora de inmuebles como evidencia de la elegibilidad de la deducción.

Parte de la administración de la propiedad es mantener el papeleo entre el inquilino y el propietario. Esto puede ser útil durante la temporada de impuestos, especialmente para los propietarios que no son particularmente organizados o buenos para la contabilidad. Cuando la empresa administradora prepara la documentación para el preparador de impuestos, puede entregar una declaración de impuestos más precisa.

Intereses hipotecarios pagados a los bancos – línea 12

El contribuyente puede reclamar los intereses cobrados sobre el dinero prestado para comprar la propiedad de alquiler, pero no el pago total de la hipoteca.

Si el contribuyente tomó prestado dinero para el alquiler y no lo utilizó para el alquiler, el interés no es una deducción en el Anexo E.

Otros intereses – línea 13

Si el contribuyente pagó intereses sobre el ingreso de alquiler a una persona natural y no recibió el Formulario 1098, anote la cantidad en la línea 13 y no en la línea 12. Adjunte a la declaración una declaración que muestre el nombre y la dirección de la persona que recibió el ingreso. En la línea de puntos junto a la línea 13, anote "Consulte el adjunto".

Schedule E

Repairs – line 14

The taxpayer can claim costs for repairs to the property or general maintenance. However, if the taxpayer is doing the work themselves, only claim the materials and not the time it took to repair the property. If the work is more of an improvement than a repair, then the taxpayer cannot claim the cost as an expense. The distinction between repairs and improvements can be tricky. If the taxpayer is unsure whether work done on the property is a repair or maintenance, then the tax professional would need to ask questions to help the taxpayer determine the difference.

Supplies – line 15

"Materials and supplies" are tangible property used or consumed in the business operations that fall within any of the following categories:

- Tangible items that cost less than $200.
- Personal property with an economic useful life of 12 months or less.
- Spare parts that have been acquired to maintain or repair a unit of tangible property.

The cost of such items may be deducted in the year the item is used or consumed. To use this deduction, the taxpayer should keep records of when items are used or consumed for the rental property.

Cleaning and repair supplies are fully deductible, and some materials are as well. Supplies used in maintenance or to complete repairs are reported under supplies and not added to line 14. Materials on the other hand are generally not "used up" and sometimes become a part of the property. Materials used for improvements are usually depreciated, but materials used for repairs are considered supplies and can be deducted.

For example, the taxpayer changed the roof on their rental property. Nails and tar would be considered repair supplies, while roof shingles would be considered as repair materials. The supplies get deducted, and the materials are added to the basis and depreciated separately over 27.5 years.

If the roof replacement was a repair and not an improvement (replacing a leaky roof), the roof shingles would be considered repair supplies, and would be deducted in the year the expenses were incurred.

Taxes – line 16

This line reports the property tax paid on the property. Like the primary home, one cannot claim the bonds or other add-on taxes that are not related to the property.

Utilities – line 17

Utilities that can be claimed are what the taxpayer pays, such as water, electricity, etc. If the renter is the one paying these expenses, it is not a landlord deduction.

Depreciation – line 18

Depreciation is the annual deduction one must take to recover the cost or other basis of business or investment property having a useful life. Depreciation starts when the taxpayer puts the property into service.

Reparaciones – línea 14

El contribuyente puede reclamar los gastos de reparación del inmueble o mantenimiento general. Sin embargo, si el contribuyente está haciendo el trabajo por sí mismo, solo reclamará los materiales y no el tiempo que tomó reparar el inmueble. Si el trabajo es más una mejora que una reparación, entonces el contribuyente no puede reclamar el costo como gasto. La distinción entre reparaciones y mejoras puede ser engañosa. Si el contribuyente no está seguro de si el trabajo realizado en la propiedad es una reparación o mantenimiento, entonces el profesional de impuestos deberá hacer preguntas para ayudar al contribuyente a determinar la diferencia.

Suministros – línea 15

"Materiales y suministros" son bienes tangibles utilizados o consumidos en las operaciones comerciales que se encuentran dentro de cualquiera de las siguientes categorías:

- Artículos tangibles que cuestan menos de $200.
- Bienes muebles con una vida útil económica de 12 meses o menos.
- Repuestos que han sido adquiridos para mantener o reparar una unidad de propiedad tangible.

El costo de dichos artículos puede deducirse en el año en que se usa o consume el artículo. Para usar esta deducción, el contribuyente debe mantener registros de cuándo se usan o consumen los artículos para la propiedad de alquiler.

Los suministros de limpieza y reparación son totalmente deducibles, al igual que algunos materiales. Los suministros utilizados en el mantenimiento o para completar las reparaciones se declaran como suministros y no se agregan a la línea 14.
Los materiales, por otro lado, generalmente no se "agotan" y, a veces, se convierten en parte de la propiedad. Los materiales utilizados para mejoras generalmente se deprecian, pero los materiales utilizados para reparaciones se consideran suministros y pueden deducirse.

Por ejemplo, el contribuyente cambió el techo de su propiedad de alquiler. Los clavos y el alquitrán se considerarían suministros de reparación, mientras que las tejas del techo se considerarían materiales de reparación. Los suministros se deducen y los materiales se agregan a la base y se deprecian por separado durante 27.5 años.

Si el reemplazo del techo fue una reparación y no una mejora (reemplazo de un techo con goteras), las tejas del techo se considerarían suministros de reparación y se deducirían en el año en que se incurrió en los gastos.

Impuestos – línea 16

Esta línea declara el impuesto predial pagado sobre la propiedad. Al igual que la vivienda principal, no se pueden reclamar los bonos u otros impuestos adicionales que no estén relacionados con la propiedad.

Servicios públicos – línea 17

Los servicios públicos que se pueden reclamar son los que paga el contribuyente, como agua, luz, etc. Si el arrendatario es quien paga estos gastos, no es una deducción del arrendador.

Depreciación – línea 18

La depreciación es la deducción anual que se debe tomar para recuperar el costo u otra base del negocio o propiedad de inversión que tenga una vida útil. La depreciación comienza cuando el contribuyente pone en servicio el inmueble.

Schedule E

Other Expenses – line 19

What is claimed on this line is any ordinary and necessary expenses not included in lines 5 - 18.

Expenses That Cannot be Claimed

The taxpayer cannot claim deductions for capital expenses, private expenses, or expenses that do not relate to the rental. Capital expenses are the costs of buying a capital asset or increasing its value, for example the cost of buying the property and making improvements. Private expenses are things purchased for their own benefit, rather than to generate rental income.

Rental income expenses that are unable to be used on the taxpayer's personal income tax return:

- Purchase price of a rental property.
- Capital portion of mortgage repayments.
- Interest on money borrowed for any purpose other than financing a rental property.
- The costs of making additions or improvements to the property.
- The costs of repairing or replacing damaged property, if the work increases the property's value.
- Real estate agent fees (commissions) charged as part of buying or selling the property.

Claiming Deductions When Renting Out the House or Part of the Home

The general rule is to claim expenses related to the rental activity only. One cannot claim private living costs or capital expenses. Private living costs include the taxpayer's day-to-day costs, such as food, electricity, or gas. Capital expenses include buying furniture for the rented room or the cost of improving that portion of the property. The taxpayer can claim depreciation on capital expenses. Expenses the taxpayer may be able to claim include electricity, gas, telephone and internet, insurance, or rates that are related to the rental portion. If the taxpayer is living in the house, these expenses will need to be apportioned.

Renting Out the House - Apportionment

If the taxpayer rents out the house on an occasional basis, the taxpayer can claim the percentage of expenses for the time the house is rented. This may apply where the taxpayer rents out the house or property while away for a short period of time. The percentage of expenses claimed must match the amount of time in the tax year the house was rented out.

Renting Out a Room - Apportionment

If the taxpayer is renting out part of the home, the taxpayer can only claim expenses that relate to that part of the property. The taxpayer can only claim expenses for the time the room was rented out and occupied. Expenses could be claimed as a percentage based on the total area of the home and the rented room area.

Otros gastos – línea 19

Lo que se reclama en esta línea es cualquier gasto ordinario y necesario no incluido en las líneas 5 - 18

Gastos que no se pueden reclamar

El contribuyente no puede reclamar deducciones por gastos de capital, gastos particulares o gastos que no tengan relación con el alquiler. Los gastos de capital son los costos de comprar un activo de capital o aumentar su valor, por ejemplo, el costo de comprar la propiedad y realizar mejoras. Los gastos privados son cosas que se compran para su propio beneficio, en lugar de generar ingresos por alquiler.

Gastos por rentas de alquileres que no puedan ser objeto de la declaración del IRPF del contribuyente:

- Precio de compra de una propiedad de alquiler.
- Parte del capital de los pagos de la hipoteca.
- Intereses sobre el dinero prestado para cualquier propósito que no sea el financiamiento de una propiedad de alquiler.
- Los costos de hacer adiciones o mejoras a la propiedad.
- Los costos de reparación o reposición de la propiedad dañada, si el trabajo aumenta el valor de la propiedad.
- Honorarios (comisiones) de agentes inmobiliarios cobrados como parte de la compra o venta de la propiedad.

Reclamación de deducciones al alquilar la casa o parte de la casa

La regla general es reclamar los gastos relacionados con la actividad de alquiler únicamente. No puede reclamar costos de vida privados o gastos de capital. Los costos de vida privados incluyen los costos diarios del contribuyente, como alimentos, electricidad o gas. Los gastos de capital incluyen la compra de muebles para la habitación alquilada o el costo de mejorar esa parte de la propiedad. El contribuyente puede reclamar la depreciación de los gastos de capital. Los gastos que el contribuyente puede reclamar incluyen electricidad, gas, teléfono e internet, seguros o tarifas que están relacionadas con la parte del alquiler. Si el contribuyente vive en la casa, estos gastos deberán ser prorrateados.

Alquiler de la casa - Prorrateo

Si el contribuyente alquila la casa de manera ocasional, puede reclamar el porcentaje de gastos por el tiempo que se alquila la casa. Esto puede aplicarse cuando el contribuyente alquila la casa o la propiedad mientras está fuera por un período corto de tiempo. El porcentaje de gastos reclamados debe coincidir con la cantidad de tiempo en el año fiscal en que se alquiló la casa.

Alquiler de una habitación - Prorrateo

Si el contribuyente está alquilando parte de la casa, el contribuyente solo puede reclamar los gastos relacionados con esa parte de la propiedad. El contribuyente solo puede reclamar gastos por el tiempo que estuvo alquilada y ocupada la habitación. Los gastos pueden reclamarse como un porcentaje basado en el área total de la casa y el área de la habitación alquilada.

Other Expenses

Depreciation

Depreciation is a capital expense. Depreciation begins when the property has been placed in service.

Insurance Premiums Prepaid

If the owner prepays an insurance premium for more than one year in advance, the payment will be applied for the year it was used.

Example: Gary paid $1,200 for his insurance on April 15, 2021, for 2021 and 2022. Gary will apply $600 for insurance in 2021 and $600 for insurance in 2022. He cannot take the entire amount in 2021.

Interest

Mortgage interest paid on the rental building could be deducted in the year paid. If the taxpayer owns a partial interest in a rental property, part of the rental expenses for that property can be deducted based on the taxpayer's percentage interest.

Expenses Paid to Obtain a Mortgage

Expenses that include mortgage commissions, abstract fees, and recording fees are capital expenses and are added to the basis of the property.

Legal and Other Professional Fees

These fees include legal and other professional fees such as tax preparation and expenses paid to resolve a tax underpayment related to rental activities. Federal taxes and penalties are not deductible.

Local Benefit Taxes

A deduction cannot be taken for charges of local benefits that increase the value of the rental property. Examples of such charges are putting in streets, sidewalks, or water and sewer systems. These charges are capital expenditures that cannot be depreciated. The charges may be added to the basis of the property. Local benefit taxes may be deducted if they are for maintaining, repairing, or paying interest charges for the benefits.

Transportation and Travel Expenses

Taxpayers can deduct ordinary and necessary local transportation expenses if they incur them while collecting rental income or to manage, conserve, or maintain the rental property. If taxpayers use a personal vehicle for maintaining rental activities, the deduction of the expenses is either by actual expenses or the standard mileage rate. For 2021 the business mileage rate is 56 cents per mile. For tax year 2022, the rate is 58.5 cents per mile from January to June and 62.5 cents per mile from July - December.

Anexo E

Otros gastos

Depreciación

La depreciación es un gasto de capital. La depreciación comienza cuando la propiedad se ha puesto en servicio.

Primas de seguro prepagas

Si el propietario paga una prima de seguro por más de un año por adelantado, el pago se aplicará para el año en que se usó.

Ejemplo: Gary pagó $1200 por su seguro el 15 de abril de 2021, para 2021 y 2022. Gary solicitará $600 para el seguro en 2021 y $600 para el seguro en 2022. No puede tomar la totalidad del monto en 2021.

Interés

Los intereses hipotecarios pagados sobre el edificio de alquiler podrían deducirse en el año pagado. Si el contribuyente posee un interés parcial en una propiedad de alquiler, se puede deducir parte de los gastos de alquiler de esa propiedad en función del porcentaje de interés del contribuyente.

Gastos pagados para obtener una hipoteca

Los gastos que incluyen comisiones hipotecarias, tarifas de extractos y tarifas de registro son gastos de capital y se agregan a la base de la propiedad.

Honorarios legales y otros honorarios profesionales

Estos honorarios incluyen honorarios legales y otros honorarios profesionales, como la preparación de impuestos y los gastos pagados para resolver un pago insuficiente de impuestos relacionado con las actividades de alquiler. Los impuestos federales y las multas no son deducibles.

Impuestos de beneficios locales

No se puede deducir por cargos de beneficios locales que aumenten el valor de la propiedad de alquiler. Ejemplos de tales cargos son la instalación de calles, aceras o sistemas de agua y alcantarillado. Estos cargos son gastos de capital que no se pueden depreciar. Los cargos pueden agregarse a la base de la propiedad. Los impuestos sobre beneficios locales pueden deducirse si son para mantenimiento, reparación o pago de intereses por los beneficios.

Gastos de transporte y viajes

Los contribuyentes pueden deducir los gastos de transporte local ordinarios y necesarios si los incurren al cobrar rentas de alquiler o para administrar, conservar o mantener la propiedad de alquiler. Si los contribuyentes utilizan un vehículo personal para el mantenimiento de las actividades de alquiler, la deducción de los gastos es por gastos reales o por la tarifa estándar por distancia en millas. Para 2021, la tarifa comercial por milla es de 56 centavos por milla. Para el año fiscal 2022, la tasa es de 58.5 centavos por milla de enero a junio y 62.5 centavos por milla de julio a diciembre.

Schedule E

The taxpayer can deduct the ordinary and necessary expenses of traveling away from home if the primary purpose of the trip was to collect rental income or to manage, conserve, or maintain rental property activities. Information needed to record auto expenses accurately:

- Beginning mileage
- Ending mileage
- Commuting mileage
- Business mileage (notes about the destination and reason for travel should be made)
- Separate records for each rental property

If the taxpayer rents only part of the property, the expenses must be allocated between the part rented and the part that is not rented.

Pre-rental Expenses

The taxpayer can deduct ordinary and necessary expenses for managing, conserving, or maintaining rental property from the time it is made available for rent.

Rental of Equipment

The taxpayer could deduct the rent paid for equipment that is used for rental purposes. Nevertheless, if the lease contract is a purchase contract, the taxpayer cannot deduct these payments.

Uncollected Rent

If the taxpayer uses the cash-basis, the taxpayer cannot deduct uncollected rent since the cash-basis taxpayer was never included in income. If the taxpayer is an accrual-basis taxpayer, the taxpayer must report the income when it is earned. If the taxpayer is unable to collect the rent, one may be able to deduct it as a bad-debt business expense.

Vacant Rental Property

If the taxpayer holds property for rental purposes, the taxpayer may be able to deduct ordinary and necessary expenses for managing, conserving, or maintaining rental property from the time it became available for rent. Loss of rental income is not deductible.

Points

Points are used to describe certain charges paid or treated as paid by a borrower to obtain a home mortgage. Points are not added to the basis of the property.

El contribuyente puede deducir los gastos ordinarios y necesarios de viajar fuera de casa si el propósito principal del viaje fue cobrar rentas de alquiler o administrar, conservar o mantener la propiedad de alquiler. El contribuyente debe distribuir adecuadamente los gastos entre actividades de alquiler y no actividades de alquiler. Información necesaria para registrar los gastos de automóvil con precisión:

- Kilometraje inicial
- Kilometraje final
- Distancia en millas de viaje
- Distancia en millas comercial (se deben hacer notas sobre el destino y el motivo del viaje)
- Registros separados para cada propiedad de alquiler

Si el contribuyente alquila solo una parte de la propiedad, los gastos deben distribuirse entre la parte alquilada y la parte no alquilada.

Gastos de prealquiler

El contribuyente puede deducir los gastos ordinarios y necesarios para administrar, conservar o mantener la propiedad arrendada desde el momento en que se pone a disposición para alquilarla.

Alquiler de equipos

El contribuyente podrá deducir el alquiler pagado por equipos que se utilicen con fines de alquiler. No obstante, si el contrato de arrendamiento es un contrato de compraventa, el contribuyente no puede deducir estos pagos.

Alquiler no cobrado

Si el contribuyente utiliza la base de caja, el contribuyente no puede deducir el alquiler no cobrado, ya que el contribuyente de base nunca fue incluido en los ingresos. Si el contribuyente es un contribuyente de base devengada, debe declarar los ingresos cuando se obtienen. Si el contribuyente no puede cobrar el alquiler, es posible que pueda deducirlo como un gasto comercial por deudas incobrables.

Propiedad de alquiler desocupada

Si el contribuyente posee una propiedad para fines de alquiler, puede deducir los gastos ordinarios y necesarios para administrar, conservar o mantener la propiedad de alquiler desde el momento en que estuvo disponible para alquiler. La pérdida de ingresos por alquiler no es deducible.

Puntos

Los puntos se utilizan para describir ciertos cargos pagados o tratados como pagados por un prestatario para obtener una hipoteca de vivienda. No se suman puntos a la base de la propiedad.

Repairs and Improvements

Repairs

Maintains the good condition of the rental property. Repairs do not add to the value of the property or substantially prolong its life. The following are examples of repairs:

- Repainting the property inside and out.
- Fixing gutters or floors.
- Fixing leaks.
- Plastering a hole in a wall.
- Replacing broken windows.

If repairs are made during an extensive remodeling of the property, the whole job is an improvement. Improvements add value to the property and prolong the property's useful life. Improvements to property must be capitalized. The capitalized costs can generally be depreciated as if the improvements were separate property.

Example: Janice purchased an old Victorian house. The house needed many repairs, such as re-plastering, repainting, replacing broken windows, replacing roof tiles, and fixing leaks. After taking several months to complete the repairs, Janice was finally able to place the property on the market for rent. The remodeling of the property is considered an improvement, not a repair.

Improvements

Any expense that is paid to improve the property must be capitalized. An improvement adds value or prolongs the property life, restores the property, and/or adapts the property to a new or different use. Examples include:

Betterment includes expenses for fixing a pre-existing defect or condition or for enlarging or expanding the property.

Restoration includes expenses for replacing a substantial structural part of the property, repairing damage to the property, or rebuilding the property to a like-new condition.

Adaptation includes expenses for altering the property to a use that is not consistent with the intended ordinary use of the property.

Recordkeeping

Keeping records is a way to show proof of any deduction that has been claimed on the tax return. Generally, one should keep the records for at least three years from the date of filing the tax return and claiming the deduction.

The taxpayer must keep records regarding travel and transportation expenses. The record-keeping requirements for travel and transportation expenses are the same as the requirements discussed in earlier chapters.

Reparaciones y mejoras

Reparaciones

Mantienen el buen estado de la propiedad de alquiler. Las reparaciones no aumentan el valor de la propiedad ni prolongan sustancialmente su vida. Los siguientes son ejemplos de reparaciones:

- Repintado de la propiedad por dentro y por fuera.
- Reparación de canalones o suelos.
- Reparación de fugas.
- Enyesado de un agujero en una pared.
- Reemplazo de ventanas rotas.

Si se realizan reparaciones durante una remodelación extensa de la propiedad, todo el trabajo es una mejora. Las mejoras agregan valor a la propiedad y prolongan la vida útil de la propiedad. Las mejoras a la propiedad deben capitalizarse. Los costos capitalizados generalmente se pueden depreciar como si las mejoras fueran bienes propios.

Ejemplo: Janice compró una antigua casa victoriana. La casa necesitaba muchas reparaciones, como volver a enyesar, pintar, reemplazar ventanas rotas, reemplazar tejas y reparar goteras. Después de tomar varios meses para completar las reparaciones, Janice finalmente pudo colocar la propiedad en el mercado para alquilarla. La remodelación del inmueble se considera una mejora, no una reparación.

Mejoras

Cualquier gasto que se pague para mejorar la propiedad debe ser capitalizado. Una mejora agrega valor o prolonga la vida de la propiedad, restaura la propiedad y/o adapta la propiedad a un uso nuevo o diferente. Ejemplos incluyen:

La mejora incluye los gastos para reparar un defecto o condición preexistente o para agrandar o expandir la propiedad.

La restauración incluye los gastos para reemplazar una parte estructural sustancial de la propiedad, reparar daños a la propiedad o reconstruir la propiedad a una condición como nueva.

La adaptación incluye los gastos por alterar la propiedad a un uso que no es consistente con el uso ordinario previsto de la propiedad.

Mantenimiento de registros

Llevar registros es una forma de mostrar prueba de cualquier deducción que se haya reclamado en la declaración de impuestos. En general, se deben conservar los registros durante al menos tres años a partir de la fecha de presentación de la declaración de impuestos y reclamo de la deducción.

El contribuyente debe llevar registros sobre los gastos de viaje y transporte. Los requisitos de mantenimiento de registros para los gastos de viaje y transporte son los mismos que los requisitos discutidos en capítulos anteriores.

Schedule E

The taxpayer must also keep records regarding expenses and days of rental use. Records should be kept if the taxpayer or a member of the family used the rental property for personal purposes. The taxpayer should keep records of days he or she personally spent on repairing or maintaining the property.

Not Rented for Profit

If the property is not rented with the intent of making a profit, the expenses can be deducted only up to the amount of income. In this situation, the income is reported on Schedule 1, lines 8 – 24b. The mortgage interest, real estate taxes, and casualty losses are deducted on the appropriate lines of Schedule A. Other expenses are deducted on Schedule A, line 22, and are subject to the 2% floor. If the taxpayer rents the home fewer than 15 days a year, the taxpayer does not have to report any of the rental income and cannot deduct any of the expenses.

Rental of Vacation Homes and Other Dwelling Units

If the taxpayer uses a dwelling as both a home and a rental unit, expenses must be divided between personal use and rental use. The taxpayer uses a dwelling as a home if he or she uses it for personal use more than the greater of:

➢ 14 days
➢ 10% of the total days it is rented to others at a fair rental price

Personal use consists of any day the unit is used by:

➢ The taxpayer or other person who has an interest in it unless rented to another owner as the main home under a shared equity financing agreement.
➢ A family member or member of any other family who has an interest in it unless the family member uses the dwelling as his or her main home and pays fair rental price.
➢ Anyone under an arrangement that lets the taxpayer use some other dwelling unit even if that person pays a fair rental price.
➢ Anyone who uses the dwelling at less than a fair rental price.

Days spent substantially working full time to repair or maintain the property do not count as personal days. If any part of a building or structure is occupied by the taxpayer for personal use, its gross rental income includes the fair rental value of the part occupied for personal use.

Dividing Expenses for Vacation Homes and Other Dwelling Units

If a unit is used for both rental and personal use, the expenses must be divided between the two. Any day that the unit is rented at the fair market value and used for both rental and personal use, the expenses are considered business use. Any day that the unit is available for rent but not actually rented is not a day of rental use.

El contribuyente también debe llevar registros sobre los gastos y días de uso del alquiler. Se deben mantener registros si el contribuyente o un miembro de la familia usó la propiedad de alquiler para fines personales. El contribuyente debe mantener registros de los días que él o ella personalmente dedicó a reparar o mantener la propiedad.

No alquilado con fines de lucro

Si el inmueble no se alquila con fines de lucro, los gastos solo podrán deducirse hasta el monto de los ingresos. En esta situación, el ingreso se declara en el Anexo 1, líneas 8 – 24b. Los intereses hipotecarios, los impuestos inmobiliarios y las pérdidas por hechos fortuitos se deducen en las líneas correspondientes del Anexo A. Otros gastos se deducen en el Anexo A, línea 22, y están sujetos al límite mínimo del 2%. Si el contribuyente alquila la vivienda menos de 15 días al año, no tiene que declarar ninguno de los ingresos por alquiler y no puede deducir ninguno de los gastos.

Alquiler de casas de vacaciones y otras unidades de vivienda

Si el contribuyente utiliza una vivienda como hogar y unidad de alquiler, los gastos deben dividirse entre uso personal y uso de alquiler. El contribuyente usa una vivienda como hogar si la usa para uso personal más que el mayor de:

- 14 días
- 10% del total de días que se alquila a otros a un precio de alquiler justo

El uso personal consiste en cualquier día en que la unidad sea utilizada por:

- El contribuyente u otra persona que tenga un interés en ella a menos que esté alquilada a otro propietario como vivienda principal en virtud de un acuerdo de financiación de capital compartido.
- Un miembro de la familia o miembro de cualquier otra familia que tenga un interés en ella, a menos que el miembro de la familia use la vivienda como su hogar principal y pague un precio de alquiler justo.
- Cualquier persona bajo un arreglo que le permite al contribuyente usar alguna otra unidad de vivienda, incluso si esa persona paga un precio de alquiler justo.
- Cualquiera que use la vivienda a menos de un precio de alquiler justo.

Los días dedicados sustancialmente a trabajar a tiempo completo para reparar o mantener la propiedad no cuentan cómo días personales. Si alguna parte de un edificio o estructura es ocupada por el contribuyente para uso personal, su ingreso bruto por alquiler incluye el valor justo de alquiler de la parte ocupada para uso personal.

División de gastos de casas de vacaciones y otras unidades de vivienda

Si una unidad se utiliza tanto para alquiler como para uso personal, los gastos deben dividirse entre los dos. Cualquier día que la unidad se alquile al valor justo de mercado y se use tanto para alquiler como para uso personal, los gastos se consideran uso comercial. Cualquier día en que la unidad esté disponible para alquiler, pero no esté realmente alquilada no es un día de uso de alquiler.

Schedule E

Example: A ski lodge is available for rent from November 1 through March 31 (a total of 151 days, using 28 days for February). The taxpayer's family uses it for 14 days in October. No one rents it the first week of November or at any time in March. The person who rented it the first week in December was called home on an emergency and let the taxpayer's daughter use it for two days. The remainder of the year the lodge is closed and not used by anyone.

>Rental Days: 151 – 38 = 113

The lodge was available for 38 days in which it was not rented. Days used by taxpayer and/or the taxpayer's family on which fair rental price was received count as rental days. The use by the taxpayer's daughter in December is recorded as rental days.

>Total Use: 113 + 14 = 127

Personal Use: Percentage on rental is 113/127 = 89%. The deductible portion of any expenses is 89%. If the taxpayer does not have a profit from the rental, deductible expenses are limited.

Fair Rental Price

A fair rental price for property is an amount that a person who is not related to the taxpayer would be willing to pay. The rent charged is not a fair rental price if it is substantially less than rent charged for other similar properties. Ask the following questions when comparing one property to another:

- Is it used for the same purpose?
- Is it approximately the same size?
- Is it in approximately the same condition?
- Does it have similar furnishings?
- Is it in a similar location?

If any one of the answers are no, the properties are not similar.

Use as Main Home Before or After Renting

Do not count personal days when the property was used as a main home or after renting or offering it for rent in either of the following:

1. The taxpayer rented or tried to rent the property for 12 or more consecutive months.
2. The taxpayer rented or tried to rent the property for a period of less than 12 consecutive months, and the period ended because the property was sold or exchanged.

This special rule does not apply when dividing expenses between rental and personal use.

Anexo E

Ejemplo: Un albergue de esquí está disponible para alquilar desde el 1 de noviembre hasta el 31 de marzo (un total de 151 días, usando 28 días para febrero). La familia del contribuyente lo utiliza durante 14 días en octubre. Nadie lo alquila la primera semana de noviembre ni en ningún momento de marzo. La persona que lo alquiló la primera semana de diciembre fue llamado a casa por una emergencia y dejó que la hija del contribuyente lo usara durante dos días. El resto del año el albergue está cerrado y nadie lo utiliza.

Días de alquiler: 151 – 38 = 113

El albergue estuvo disponible durante 38 días en los que no se alquiló. Los días utilizados por el contribuyente y/o la familia del contribuyente en los que se recibió el precio de alquiler justo cuentan cómo días de alquiler. El uso de la hija del contribuyente en diciembre se registra como días de alquiler.

Uso total: 113 + 14 = 127

Uso personal: El porcentaje sobre el alquiler es 113/127 = 89%. La porción deducible de cualquier gasto es del 89%. Si el contribuyente no obtiene una ganancia del alquiler, los gastos deducibles son limitados.

Precio justo de alquiler

Un precio justo de alquiler de una propiedad es una cantidad que una persona que no está relacionada con el contribuyente estaría dispuesta a pagar. El alquiler cobrado no es un precio de alquiler justo si es sustancialmente menor que el alquiler cobrado por otras propiedades similares. Haga las siguientes preguntas cuando compare una propiedad con otra:

- ¿Se utiliza para el mismo propósito?
- ¿Es aproximadamente del mismo tamaño?
- ¿Esté en aproximadamente el mismo estado?
- ¿Tiene muebles similares?
- ¿Está en un lugar similar?

Si alguna de las respuestas es negativa, las propiedades no son similares.

Uso como vivienda principal antes o después de alquilar

No cuente los días personales cuando la propiedad se usó como vivienda principal o después de alquilarla u ofrecerla en alquiler en cualquiera de los siguientes:

1. El contribuyente arrendó o intentó arrendar el inmueble por 12 o más meses consecutivos.
2. El contribuyente arrendó o intentó arrendar el inmueble por un período inferior a 12 meses consecutivos, y el período terminó por haber vendido o permutado el inmueble.

Esta regla especial no se aplica cuando se dividen los gastos entre alquiler y uso personal.

Property Changed to Rental Use

If the taxpayer converts their home or other property (or a part of it) to rental use at any time other than at the beginning of the year, the taxpayer must divide the yearly expenses (such as depreciation, taxes, and insurance) between rental use and personal use. The taxpayer can deduct as rental expenses only the portion of the expenses that was for the part of the year the property was used or held for rental purposes. The taxpayer cannot deduct insurance or depreciation for the part of the year the property was held for personal use. The taxpayer can deduct home mortgage interest and real estate taxes as an itemized deduction on Schedule A for the part of the year the property was used for personal purposes.

Dividing Expenses for Property Changed to Rental Use

If an expense is for both personal and rental use, the expense must be divided between personal and rental use. Any reasonable method can be used to divide the expense. For example, it may be reasonable to divide the cost of some items, such as water, based on the number of people using them. However, the two most common methods for dividing expenses are:

1. Dividing an expense based on the number of rooms in the home
2. Dividing an expense based on the square footage of the home

Depreciation

Depreciation is the annual deduction for recovery of the purchase price of the fixed-asset expenditure. Property used for business should be depreciated. The amount of depreciation taken each year is determined by the basis of the property, the recovery period for that property, and the depreciation method. The recovery period for residential rental property under MACRS is 27.5 years and is used for property placed in service after 1986.

Depreciation for rental property (in the year placed in service) is reported on Form 4562, *Depreciation and Amortization*, and flows to Schedule E.

Depreciation that was not taken in one year cannot be taken in a following year, but an amended return (Form 1040X) can be filed for the year in which it was not taken (if no more than three years prior). If depreciable property is sold, its basis for determining gain or loss will be reduced by depreciation "allowed or allowable," even if not deducted. Land is never depreciated.

Section 179 deductions cannot be used to depreciate rental property. The rental property can be depreciated if all of the following requirements are met:

- ➢ The taxpayer owns the property.
- ➢ The taxpayer uses the property as an income-producing activity.
- ➢ The property has a determinable useful life.
- ➢ The property is expected to last more than one year.

Propiedad cambiada para uso de alquiler

Si el contribuyente convierte su casa u otra propiedad (o una parte de ella) para uso de alquiler en cualquier momento que no sea al comienzo del año, el contribuyente debe dividir los gastos anuales (como depreciación, impuestos y seguro) entre alquiler uso y uso personal. El contribuyente puede deducir como gastos de alquiler solo la parte de los gastos que fue durante la parte del año en que la propiedad se usó o se mantuvo para fines de alquiler. El contribuyente no puede deducir el seguro o la depreciación por la parte del año en que tuvo la propiedad para uso personal. El contribuyente puede deducir los intereses de la hipoteca de la vivienda y los impuestos sobre bienes inmuebles como una deducción detallada en el Anexo A para la parte del año en que la propiedad se utilizó para fines personales.

Dividir los gastos de la propiedad cambiada para uso de alquiler

Si un gasto es tanto para uso personal como para alquiler, el gasto debe dividirse entre uso personal y alquiler. Se puede utilizar cualquier método razonable para dividir el gasto. Por ejemplo, puede ser razonable dividir el costo de algunos artículos, como el agua, según la cantidad de personas que los usan. Sin embargo, los dos métodos más comunes para dividir los gastos son:

1. Dividir un gasto en función del número de habitaciones de la casa
2. Dividir un gasto en función de los pies cuadrados de la casa

Depreciación

La depreciación es la deducción anual para la recuperación del precio de compra del gasto en activos fijos. La propiedad utilizada para el negocio debe ser depreciada. El monto de la depreciación tomada cada año se determina según la base de la propiedad, el período de recuperación de esa propiedad y el método de depreciación. El período de recuperación para propiedades residenciales de alquiler según MACRS es de 27.5 años y se utiliza para propiedades puestas en servicio después de 1986.

La depreciación de la propiedad de alquiler (en el año en que se puso en servicio) se declara en el Formulario 4562, Depreciación y Amortización, y fluye al Anexo E.

La depreciación que no se tomó en un año no se puede tomar en el año siguiente, pero se puede presentar una declaración enmendada (Formulario 1040X) para el año en que no se tomó (si no más de tres años antes). Si se vende propiedad depreciable, su base para determinar la ganancia o pérdida se reducirá por la depreciación "permitida o permisible", incluso si no se deduce. La tierra nunca se deprecia.

Las deducciones de la Sección 179 no se pueden utilizar para depreciar la propiedad de alquiler. La propiedad de alquiler puede depreciarse si se cumplen todos los requisitos siguientes:

- ➢ El contribuyente es dueño de la propiedad.
- ➢ El contribuyente utiliza la propiedad como una actividad generadora de ingresos.
- ➢ El inmueble tiene una vida útil determinable.
- ➢ Se espera que la propiedad dure más de un año.

Schedule E

Passive Activity Limits

Passive activity is an activity in which the taxpayer did not materially participate during the tax year. The two types of passive activity:

1. Trade or business not materially participated in
2. Rental activities even if the taxpayer participated in

Material participation is the involvement in the activity of the business on a regular, continuous, and substantial basis. The taxpayer can claim a passive loss only against active income. Any excess passive activity loss can be carried forward to future years until used, or until it can be deducted in the year when the taxpayer disposes of the activity in a taxable transaction.

At-Risk Rules

The at-risk rules place a limit on the amount that can be deducted as a loss from rental real estate activity. Losses from holding real property (other than mineral property) placed in service before 1987 are not subject to the at-risk rules.

Generally, any loss from an activity subject to the at-risk rules is allowed only to the extent of the total amount at risk in the activity at the end of the tax year. The taxpayer is considered at-risk in an activity to the extent that cash and the adjusted basis of other property contributed to the activity and certain amounts borrowed for use in the activity.

The taxpayer may need to complete Form 6198 to figure their loss if:

- The taxpayer has a loss from the activity that is a trade or business or for production of income
- The taxpayer is not at-risk in this activity.

Passive Activity Limits

Rental real estate activities are passive activities; exceptions may apply for certain real estate professionals. Rental activity is when the taxpayer receives income mainly for the use of tangible property, rather than for services. Deductions or losses from passive activities are limited. Taxpayers cannot offset their income with passive activity income; passive activity income can only offset passive activity loss. The excess loss or credit is carried forward to the next tax year.

Real Estate Professional

Generally, rental activities are passive activities even if the taxpayer materially participates. However, the activity may not be passive if all of these are true:

- The taxpayer is a real estate professional
- During the year the individual materially participated in the rental activities
- Participates more than 750 hours in performing personal services in the trade or business
- Spends half of the time performing personal services in real property

Anexo E

Límites de actividad pasiva

La actividad pasiva es una actividad en la que el contribuyente no participó materialmente durante el año fiscal. Los dos tipos de actividad pasiva:

1. Actividad o negocio en el que no se participó materialmente
2. Actividades de alquiler, aunque el contribuyente haya participado

La participación material es la participación en la actividad del negocio de manera regular, continua y sustancial. El contribuyente puede reclamar una pérdida pasiva solo contra los ingresos activos. Cualquier exceso de pérdida de actividad pasiva puede trasladarse a años futuros hasta que se utilice, o hasta que pueda deducirse en el año en que el contribuyente enajene la actividad en una transacción imponible.

Reglas de riesgo

Las reglas de riesgo ponen un límite a la cantidad que se puede deducir como pérdida de la actividad inmobiliaria de alquiler. Las pérdidas por tenencia de bienes inmuebles (que no sean minerales) puestos en servicio antes de 1987 no están sujetas a las reglas de riesgo.

En general, cualquier pérdida de una actividad sujeta a las reglas de riesgo se permite solo en la medida del monto total en riesgo en la actividad al final del año fiscal. El contribuyente se considera en riesgo en una actividad en la medida en que el efectivo y la base ajustada de otros bienes contribuyeron a la actividad y ciertos montos prestados para su uso en la actividad.

El contribuyente puede necesitar completar el Formulario 6198 para calcular su pérdida si:

- ➢ El contribuyente tiene una pérdida de la actividad que es una actividad o negocio o para la producción de ingresos
- ➢ El contribuyente no corre riesgo en esta actividad.

Límites de actividad pasiva

Las actividades inmobiliarias de alquiler son actividades pasivas; se pueden aplicar excepciones para ciertos profesionales de bienes raíces. La actividad de alquiler es cuando el contribuyente recibe ingresos principalmente por el uso de bienes tangibles, y no por servicios. Las deducciones o pérdidas por actividades pasivas son limitadas. Los contribuyentes no pueden compensar sus ingresos con ingresos de actividades pasivas; los ingresos de actividad pasiva solo pueden compensar la pérdida de actividad pasiva. El exceso de pérdida o crédito se transfiere al siguiente año fiscal.

Profesional inmobiliario

Generalmente, las actividades de alquiler son actividades pasivas incluso si el contribuyente participa materialmente. Sin embargo, la actividad puede no ser pasiva si todo lo siguiente es cierto:

- ➢ El contribuyente es un profesional inmobiliario
- ➢ Durante el año la persona natural participó materialmente en las actividades de alquiler
- ➢ Participa más de 750 horas en la prestación de servicios personales en la actividad o negocio
- ➢ Pasa la mitad del tiempo realizando servicios personales en bienes inmuebles

Schedule E

Qualified activities include developing, redeveloping, constructing, reconstructing, acquiring, converting, operating, managing, leasing, or selling real property. A taxpayer materially participates in an activity if for the tax year the taxpayer was involved in its operation on a regular, continuous, and substantial basis during the year. If the taxpayer meets these requirements, the rental business is not a passive activity. If the taxpayer has multiple properties, each one is treated separately unless the taxpayer chooses to treat them as one activity. Personal services that were performed as an employee cannot be counted. If the taxpayer files a joint return, the hours cannot be added together to fulfill the requirements.

Limited Partnership Interests

If the taxpayer held property in a limited partnership as a limited partner, the taxpayer does not materially participate in rental real estate. Failure to meet the minimum-hours threshold may result in the passive activity amount being limited. Proper recordkeeping is the key to making sure that if the taxpayer is ever audited, the taxpayer does not lose their passive activity loss (PAL).

Active Participation

If a taxpayer owned at least 10% of the rental property and made management decisions in a significant and bona fide sense, he or she is considered to have active participation. Management decisions include approving new tenants, deciding on rental terms, approving expenditures, and similar decisions. In most cases, all rental real estate activities are passive activities. For this purpose, a rental activity is an activity from which income is received mainly for the use of tangible property rather than for services.

Example: Christian is single and had the following income and losses during the tax year:

Salary	$56,954
Lottery winnings	$10,000
Rental loss	($3,450)

The rental loss resulted from a residential rental house that Christian owned. Christian made all the management decisions including collecting rent, making repairs, or hiring someone to complete the repairs, and approving the current tenant. Christian actively participated in the rental property management; therefore, he can use the entire loss of $3,450 to offset his other income.

Rental Property Sales

When rental property or other business assets are sold, the gain or loss must be reported on Form 4797, *Sales of Business Property*. If the property sold includes land, both the land and the property must be reported on Form 4797. Each property is reported separately in the appropriate part of Form 4797. The different sections of Form 4797 are as follows:

Part I: Used to report sales of the section 1231 portion of a real estate transaction. This includes land and all long-term property sold at a loss. A transaction reported here are not required to report in Part III.

Part II: Used to report sales of business property that are not reported in Part I or Part III.

Las actividades calificadas incluyen el desarrollo, redesarrollo, construcción, reconstrucción, adquisición, conversión, operación, administración, arrendamiento o venta de bienes inmuebles. Un contribuyente participa materialmente en una actividad si para el año fiscal el contribuyente estuvo involucrado en su operación de manera regular, continua y sustancial durante el año. Si el contribuyente cumple con estos requisitos, el negocio de alquiler no es una actividad pasiva. Si el contribuyente tiene varias propiedades, cada una se trata por separado a menos que el contribuyente opte por tratarlas como una sola actividad. Los servicios personales que se realizaron como empleado no se pueden contar. Si el contribuyente presenta una declaración conjunta, no se pueden sumar las horas para cumplir con los requisitos.

Participación de la sociedad limitada

Si el contribuyente poseía una participación en una sociedad limitada como socio limitado, el contribuyente no participa materialmente en el alquiler de bienes raíces. El incumplimiento del límite mínimo de horas puede resultar en la limitación de la cantidad de actividad pasiva. El mantenimiento de registros adecuado es la clave para asegurarse de que, si el contribuyente alguna vez es auditado, no pierde su pérdida de actividad pasiva (PAL).

Participación activa

Si un contribuyente poseía al menos el 10% de la propiedad de alquiler y tomaba decisiones de administración en un sentido significativo y de buena fe, se considera que tiene una participación activa. Las decisiones de administración incluyen la aprobación de nuevos arrendatarios, la decisión sobre los términos del alquiler, la aprobación de gastos y decisiones similares. En la mayoría de los casos, todas las actividades inmobiliarias de alquiler son actividades pasivas. A estos efectos, una actividad de alquiler es una actividad de la que se reciben ingresos principalmente por el uso de bienes tangibles y no por servicios.

Ejemplo: Christian es soltero y tuvo los siguientes ingresos y pérdidas durante el año fiscal:

Salario	$56,954
Ganancias de lotería	$10,000
Pérdida de alquiler	($3,450)

La pérdida de alquiler resultó de una casa de alquiler residencial que era propiedad de Christian. Christian tomó todas las decisiones administrativas, incluido el cobro del alquiler, la realización de reparaciones o la contratación de alguien para completar las reparaciones y la aprobación del arrendatario actual. Christian participó activamente en la administración de la propiedad de alquiler; por lo tanto, puede usar la pérdida total de $3,450 para compensar sus otros ingresos.

Venta de propiedades de alquiler

Cuando se venden propiedades de alquiler u otros activos comerciales, la ganancia o pérdida debe declararse en el Formulario 4797, Ventas de propiedades comerciales. Si la propiedad vendida incluye terreno, tanto el terreno como la propiedad deben declararse en el Formulario 4797. Cada propiedad se declara por separado en la parte correspondiente del Formulario 4797. Las diferentes secciones del Formulario 4797 son las siguientes:

Parte I: Se utiliza para declarar las ventas de la parte de la sección 1231 de una transacción de bienes inmuebles. Esto incluye terrenos y todas las propiedades a largo plazo vendidas con pérdidas. Una transacción declarada aquí no está obligada a declararse en la Parte III.

Parte II: Se usa para declarar las ventas de propiedad comercial que no se declaran en la Parte I o la Parte III.

Schedule E

Part III: Used to calculate the recapture of depreciation and certain other items that must be reported as ordinary income on the disposition of property. The property includes sections 1245, 1250, 1252, 1254, and 1255 property sales. This includes most long-term property that was depreciated and sold at a gain.

Depreciation should be calculated (and deducted on the appropriate form) for the period prior to the sale. If the taxpayer sells or exchanges property used partly for business or rental purposes and partly for personal purposes, the taxpayer must figure the gain or loss on the sale or exchange as though two separate pieces of property were sold. The taxpayer must divide the selling price, selling expenses, and the basis of the property between the business or rental part and the personal part. The taxpayer must subtract depreciation that was taken or could have taken from the basis of the business or rental part. Gain or loss on the business or rental part of the property may be a capital gain or loss or an ordinary gain or loss. Any gain on the personal part of the property is a capital gain. The taxpayer cannot deduct a loss on the personal part.

Depreciation is the annual deduction that allows taxpayers to recover the cost or other basis of their business or investment property over a certain number of years. Depreciation begins when a taxpayer places property in service for use in a trade or business or to produce income. The property ceases to be depreciable when the taxpayer has fully recovered the property's cost or other basis or when the property has been retired from service, whichever comes first.

Property That Can Be Depreciated

Most types of tangible property can be depreciated. Examples of tangible property are:

- Buildings
- Vehicles
- Machinery
- Furniture
- Equipment
- Storage facilities

Land is tangible property and can never be depreciated. Some intangible items that can be depreciated are:

- Copyrights
- Patents
- Computer software if life value is more than one year.

Property that needs to be depreciated must meet the following requirements:

- Must be the taxpayer's own property.
- Must be used in the taxpayer's business or income-producing activity.
- Property must have a determinable useful life.
- The property is expected to last more than one year.

Property Owned

To claim depreciation, one must be the owner of the property, even if the property has debt. Leased property can be claimed only if ownership in the property includes the following:

Parte III: Se utiliza para calcular la recuperación de la depreciación y otros elementos que deben declararse como ingresos ordinarios en la disposición de la propiedad. La propiedad incluye las secciones 1245, 1250, 1252, 1254 y 1255 ventas de propiedades. Esto incluye la mayoría de las propiedades a largo plazo que fueron depreciadas y vendidas con ganancias.

La depreciación debe calcularse (y deducirse en el formulario apropiado) para el período anterior a la venta. Si el contribuyente vende o canjea bienes utilizados en parte para fines comerciales o de alquiler y en parte para fines personales, el contribuyente debe calcular la ganancia o pérdida de la venta o canje como si se hubieran vendido dos bienes por separado. El contribuyente debe dividir el precio de venta, los gastos de venta y la base de la propiedad entre la parte comercial o de alquiler y la parte personal. El contribuyente deberá restar la depreciación que haya tomado o haya podido tomar de la base de la parte del negocio o arrendamiento. La ganancia o pérdida en la parte comercial o de alquiler de la propiedad puede ser una ganancia o pérdida de capital o una ganancia o pérdida ordinaria. Cualquier ganancia sobre la parte personal de la propiedad es una ganancia de capital. El contribuyente no puede deducir una pérdida en la parte personal.

La depreciación es la deducción anual que permite a los contribuyentes recuperar el costo u otra base de su negocio o propiedad de inversión durante un cierto número de años. La depreciación comienza cuando un contribuyente pone la propiedad en servicio para su uso en una actividad o negocio o para producir ingresos. La propiedad deja de ser depreciable cuando el contribuyente ha recuperado completamente el costo de la propiedad u otra base o cuando esta ha sido retirada del servicio, lo que ocurra primero.

Propiedad que puede depreciarse

La mayoría de los tipos de propiedad tangible pueden depreciarse. Ejemplos de propiedad tangible son:

- Edificios
- Vehículos
- Maquinaria
- Mobiliario
- Equipo
- Instalaciones de almacenamiento

La tierra es una propiedad tangible y nunca puede ser depreciada. Algunos elementos intangibles que se pueden depreciar son:

- Derechos de autor
- Patentes
- Software de computadora si el valor de vida es más de un año.

La propiedad que necesita ser depreciada debe cumplir con los siguientes requisitos:

- Debe ser propiedad del contribuyente.
- Debe ser utilizada en el negocio o actividad generadora de ingresos del contribuyente.
- La propiedad debe tener una vida útil determinable.
- Se espera que la propiedad dure más de un año.

Titularidad de la propiedad

Para reclamar la depreciación, el contribuyente debe ser el dueño de la propiedad, incluso si la propiedad tiene deudas. La propiedad arrendada puede reclamarse solo si la titularidad de la propiedad incluye lo siguiente:

- The legal title to the property.
- The legal obligation to pay for the property.
- The responsibility to pay maintenance and operating expenses.
- The duty to pay any taxes on the property.
- The risk of loss if the property is destroyed, condemned, or diminished in value through obsolescence or exhaustion.

Example: Amanda made a down payment on a rental property and assumed Terrance's mortgage. Amanda owns the property and can depreciate it.

If the property is held as a business or investment property as a life tenant, the taxpayer may depreciate the property.

Property Having a Determinable Useful Life

Property must have a determinable useful life to be depreciated. It must be something that wears out, decays, is used up, becomes obsolete, or loses its value from natural causes.

Property Lasting More than One Year

To depreciate property, the useful life must be one year or more.

Example: Ms. Lady maintains a library for her tax business. She purchases yearly technical journals to use in her tax business. The library would be depreciated, but the technical journals do not have a useful life of more than one year. The technical journals can be taken as a yearly business expense.

Property used in Business or Income-Producing Activity

To claim depreciation on property one must use it in their business or an income-producing activity. If the taxpayer uses the property to produce an investment use, then the income is taxable. One cannot depreciate property that one uses solely for personal activities.

If the property has a multiple use business and personal purpose, the portion that is used as business may be depreciated. For example, the taxpayer cannot deduct deprecation on a car used only for commuting to and from work or used for personal shopping trips and family vacations. Records must be kept showing business and personal use of the property.

Inventory cannot be depreciated. Inventory is any property that is held primarily for sale to customers in the ordinary course of business. If the owner is in the rent-to-own business, certain property held in that business may be considered as depreciable instead of inventory. See Publication 946.

Containers for the products one sells are part of inventory and is not depreciable. Containers used to ship products can be depreciated if the life expectancy is more than one year and meet the following requirements:

1. Qualify as property used in business
2. Title to the containers does not pass to the buyer

- El título legal de la propiedad.
- La obligación legal de pagar la propiedad.
- La responsabilidad de pagar los gastos de mantenimiento y operación.
- El deber de pagar los impuestos sobre la propiedad.
- El riesgo de pérdida si la propiedad es destruida, condenada o disminuida de valor por obsolescencia o agotamiento.

Ejemplo: Amanda hizo el pago inicial de una propiedad de alquiler y asumió la hipoteca de Terrance. Amanda es dueña de la propiedad y puede depreciarla.

Si la propiedad se mantiene como negocio o propiedad de inversión como arrendatario vitalicio, el contribuyente puede depreciar la propiedad.

Propiedad con una vida útil determinable

La propiedad debe tener una vida útil determinable para ser depreciada. Debe ser algo que se desgaste, deteriore, agote, se vuelva obsoleto o pierda su valor por causas naturales.

Propiedad que dura más de un año

Para depreciar la propiedad, la vida útil debe ser de un año o más.

Ejemplo: La Sra. Lady mantiene una biblioteca para su negocio de impuestos. Compra revistas técnicas anuales para usar en su negocio de impuestos. La biblioteca estaría depreciada, pero las revistas técnicas no tienen una vida útil mayor a un año. Las revistas técnicas se pueden tomar como un gasto comercial anual.

Propiedad utilizada en actividades comerciales o generadoras de ingresos

Para reclamar la depreciación de una propiedad, el contribuyente debe usarla en su negocio o actividad generadora de ingresos. Si el contribuyente usa la propiedad para producir un uso de inversión, entonces el ingreso está sujeto a impuestos. No se puede depreciar la propiedad que se utiliza únicamente para actividades personales.

Si la propiedad tiene un propósito comercial y personal de uso múltiple, la parte que se usa como negocio puede depreciarse. Por ejemplo, el contribuyente no puede deducir la depreciación de un automóvil usado solo para ir y venir del trabajo o para viajes de compras personales y vacaciones familiares. Se deben mantener registros que muestren el uso comercial y personal de la propiedad.

El inventario no se puede depreciar. El inventario es cualquier propiedad que se mantiene principalmente para la venta a los clientes en el curso normal del negocio. Si el propietario está en el negocio de alquiler con opción a compra, ciertos bienes que se mantienen en ese negocio pueden considerarse depreciables en lugar de inventario. Consulte la Publicación 946.

Los envases de los productos que se venden forman parte del inventario y no son depreciables. Los contenedores utilizados para enviar productos pueden depreciarse si la expectativa de vida es mayor a un año y cumplen con los siguientes requisitos:

1. Calificar como propiedad utilizada en el negocio
2. El título de propiedad de los contenedores no pasa al comprador

Schedule E

Property That Cannot Be Depreciated

Land does not wear out; therefore, it cannot be depreciated. The cost of land generally includes clearing, grading, planting, and landscaping. Although land is never depreciated, certain improvements to the land can be depreciated, such as landscaping.

Excepted Property

The following property cannot be depreciated even if the requirements are met:

1. Property placed in service and disposed of in the same year.
2. Equipment used to build capital improvements.
3. Section 197 intangibles that must be amortized.
4. Certain term interests.

The Beginning and Ending of Depreciation

Depreciation begins when the property is placed in service for use in a trade or business or to produce income. Depreciation ends when the cost (or other basis) has been fully recovered or when it has been retired from service, whichever comes first.

Placed in Service

Property is placed in service when it is ready and available for a specific use for a business activity, an income-producing activity, a tax-exempt activity, or a personal activity. Even if the property is not being used, it is still placed in service when it is ready and available for its specific use.

Example 1: Joel purchased a machine in December of last year for his business. The machine was delivered but not installed. Joel had the machine installed and ready for use in February of the current tax year. The machine would be placed in service in February of the current year.

If the property has been converted from personal to business use, the "placed in service" date is the date it was converted to business use or to an income-producing activity. In other words, depreciation begins when the property has been placed in service.

Example 2: Nicolas purchased a home as his primary residence in 2016, and in 2021 he converted it to a rental property. He placed the home in service in 2021; therefore, Nicolas would start depreciation when it was placed in service as an income-producing property.

Royalties

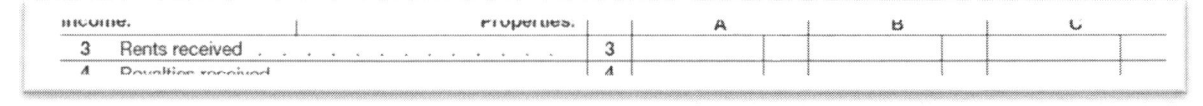

Portion of Schedule E

Royalty income is reported on Schedule E as ordinary income. The following are examples of royalty income:

Propiedad que no se puede depreciar

La tierra no se desgasta; por lo tanto, no se puede depreciar. El costo de la tierra generalmente incluye limpieza, nivelación, plantación y jardinería. Aunque la tierra nunca se deprecia, ciertas mejoras a la tierra pueden depreciarse, como la jardinería.

Propiedad exceptuada

La siguiente propiedad no puede ser depreciada, aunque se cumplan los requisitos:

1. Bienes puestos en servicio y enajenados en el mismo año.
2. Equipo utilizado para construir mejoras de capital.
3. Intangibles de la sección 197 que deben amortizarse.
4. Ciertos intereses a término.

El comienzo y el final de la depreciación

La depreciación comienza cuando la propiedad se pone en servicio para su uso en la actividad o negocio para generar ingresos. La depreciación finaliza cuando el costo (u otra base) se ha recuperado por completo o cuando se ha retirado del servicio, lo que ocurra primero.

Puesta en servicio

La propiedad se pone en servicio cuando está lista y disponible para un uso específico para una actividad comercial, una actividad generadora de ingresos, una actividad exenta de impuestos o una actividad personal. Incluso si la propiedad no se está utilizando, todavía se pone en servicio cuando está lista y disponible para su uso específico.

Ejemplo 1: Joel compró una máquina en diciembre del año pasado para su negocio La máquina fue entregada pero no instalada. Joel tenía la máquina instalada y lista para usar en febrero del año tributario en curso. La máquina se pondría en servicio en febrero del año en curso.

Si la propiedad se ha convertido de uso personal a comercial, la fecha de "puesta en servicio" es la fecha en que se convirtió en uso comercial o en una actividad generadora de ingresos. En otras palabras, la depreciación comienza cuando la propiedad se ha puesto en servicio.

Ejemplo 2: Nicolás compró una casa como su residencia principal en 2016 y en 2021 la convirtió en una propiedad de alquiler. Puso la casa en servicio en 2021; por lo tanto, Nicolás iniciaría la depreciación cuando se pusiera en servicio como propiedad generadora de ingresos.

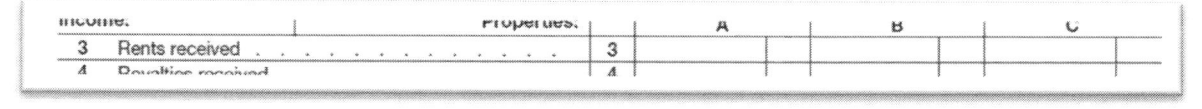

Regalías

Parte del Anexo E

Los ingresos por regalías se declaran en el Anexo E como ingresos ordinarios. Los siguientes son ejemplos de ingresos por regalías:

Schedule E

- Copyrights on literary, musical, or artistic works.
- Patents on inventions.
- Gas, oil, and mineral properties.
- Depletion, if the taxpayer is the owner of an economic interest in mineral deposits or oil and gas wells.
- Coal and iron ore.

Like rental income, expenses reduce this income. If the taxpayer was self-employed as a writer, inventor, artist, etc., income and expenses should be reported on Schedule C.

If the taxpayer is in business as a self-employed writer, artist, or musician, or if they hold an operating oil, gas, or mineral interest, the income and expenses would be reported on Schedule C. Royalties from copyrights and patents, oil and gas, and mineral properties are taxable as ordinary income and are reported on page 1 of Schedule E.

Taxable rental income and taxable income from royalties is reported on Schedule E and reported on Form 1040, line 17. However, income from renting hotel rooms or other retail property where the renter provides significant additional services is not reported on Schedule E; it is reported as business income on Schedule C.

Partnership or S Corporation Income

Portion of Schedule E

Income a taxpayer receives from a partnership or an S corporation is taxable. Neither the partnership nor the S corporation pays taxes. The taxes are "passed through" to the partners or shareholders, who report the income, as well as some of the expenses, on their individual tax returns. This income is reported on Schedule E, page 2.

Taxpayers should receive a Schedule K-1 from the partnership or S corporation, which will show the income and expenses the taxpayers would report on their individual returns.

Part II on page 2 of Form 1040, Schedule E is used to report partnership and shareholders of a subchapter S corporation income from the Schedule K-1. If the taxpayer actively participates in their partnership's business, it is nonpassive income or nonpassive loss. Partnership income is reported to each partner on Schedule K-1.

- Derechos de autor sobre obras literarias, musicales o artísticas.
- Patentes de invención.
- Gas, petróleo y propiedades minerales.
- Agotamiento, si el contribuyente es titular de un interés económico en yacimientos minerales o pozos de petróleo y gas.
- Carbón y mineral de hierro.

Al igual que los ingresos por alquileres, los gastos reducen estos ingresos. Si el contribuyente era un trabajador por cuenta propia como escritor, inventor, artista, etc., los ingresos y gastos deberán declararse en el Anexo C.

Si el contribuyente está en el negocio como escritor, artista o músico por cuenta propia, o si tiene un interés operativo en petróleo, gas o minerales, los ingresos y gastos se declararán en el Anexo C. Las regalías por derechos de autor y patentes, petróleo y las propiedades de gas y minerales están sujetas a impuestos como ingresos ordinarios y se declaran en la página 1 del Anexo E.

Los ingresos gravables por alquiler y los ingresos gravables por regalías se declaran en el Anexo E y se declaran en la línea 17 del Formulario 1040. Sin embargo, los ingresos por el alquiler de habitaciones de hotel u otra propiedad comercial donde el arrendatario proporciona servicios adicionales significativos no se declaran en el Anexo E, sino que se declaran como ingreso comercial en el Anexo C.

Ingresos de sociedad o sociedad anónima S

Pate del Anexo E

Los ingresos que un contribuyente recibe de una sociedad o una sociedad anónima S están sujetos a impuestos. Ni la sociedad ni la sociedad anónima S pagan impuestos. Los impuestos se "pasan" a los socios o accionistas, quienes declaran los ingresos, así como algunos de los gastos, en sus declaraciones de impuestos individuales. Este ingreso se declara en el Anexo E, página 2.

Los contribuyentes deben recibir un Anexo K-1 de la sociedad o sociedad anónima S, que mostrará los ingresos y gastos que los contribuyentes declararían en sus declaraciones individuales.

La Parte II en la página 2 del Formulario 1040, el Anexo E se usa para declarar los ingresos de sociedades y accionistas de una sociedad anónima del subcapítulo S del Anexo K-1. Si el contribuyente participa activamente en el negocio de su sociedad, es ingreso no pasivo o pérdida no pasiva. Los ingresos de la sociedad se declaran a cada socio en el Anexo K-1.

Schedule E

Office in Home

If the taxpayers use an area of their home as an office to manage or maintain records for their rental property, they are allowed to deduct expenses for an office in the home. Schedule E filers should complete the "office in the home" worksheet used by employees to calculate their home office expenses. The taxpayer should deduct the home office expenses on Schedule E under the "Other" heading.

Part I Review Questions

To obtain the maximum benefit from this chapter, LTP recommends that you complete each of the following questions, and then compare them to the answers with feedback that immediately follows. Under governing self-study standards, vendors are required to present review questions intermittently throughout each self-study course.

These questions and explanations are not part of the final examination and will not be graded by LTP.

SE1.1
Marlene paid $4,000 for real estate taxes on her rental property located at 1850 Happy Street, Jersey City, New Jersey. She paid $6,850 of real estate taxes on her primary residence. Marlene has household employees for whom she paid social security taxes of $1,300 and state income tax of $2,500. What amount of real estate tax will Marlene deduct on her Schedule E?

a. $14,650
b. $6,850
c. $4,000
d. $1,300

SE1.2
Candy paid her landlord $3,000 to cancel her lease. What amount is included in her landlord's income for the year?

a. $1,500
b. $2,000
c. $3,000
d. $0

SE1.3
Property _____ to be depreciable when the taxpayer has fully recovered the property's cost or other basis.

a. ceases
b. contains
c. commences
d. completes

Oficina en el hogar

Si los contribuyentes utilizan un área de su hogar como oficina para administrar o mantener registros de su propiedad de alquiler, se les permite deducir los gastos de una oficina en el hogar. Los contribuyentes del Anexo E deben completar la hoja de trabajo de "oficina en el hogar" utilizada por los empleados para calcular sus gastos de oficina en el hogar. El contribuyente deberá deducir los gastos de oficina en el hogar en el Anexo E bajo el rubro "Otros".

Parte 1 Preguntas de repaso

Para obtener el máximo beneficio de este curso, LTP recomienda que complete cada una de las preguntas a continuación, y luego las compare con las respuestas de los comentarios que se proporcionan posteriormente. Según los estándares reguladores de autoaprendizaje, los proveedores deben presentar preguntas de repaso de manera intermitente a lo largo de cada curso de autoaprendizaje.

Estas preguntas y explicaciones no son parte del examen final y no serán calificadas por LTP.

SE1.1
Marlene pagó $4,000 por impuestos sobre bienes raíces en su propiedad de alquiler ubicada en 1850 Happy Street, Jersey City, Nueva Jersey. Pagó $6,850 en impuestos sobre bienes raíces en su residencia principal. Marlene tiene empleados domésticos por los que pagó impuestos del seguro social de $1,300 y el impuesto estatal sobre la renta de $2,500. ¿Qué cantidad de impuesto sobre bienes raíces deducirá Marlene en su Anexo E?

   a. $14,650
   b. $6,850
   c. $4,000
   d. $1,300

SE1.2
Candy le pagó al propietario $3,000 para cancelar su contrato de arrendamiento. ¿Qué cantidad se incluye en los ingresos anuales de su arrendador?

   a. $1,500
   b. $2,000
   c. $3,000
   d. $0

SE1.3
La propiedad _____ de ser depreciable cuando el contribuyente ha recuperado completamente el costo de la propiedad u otra base.

   a. deja
   b. contiene
   c. comienza
   d. completa

Schedule E

SE1.4
Royalty income is reported on which of the following as ordinary income?

 a. Schedule E, page 1
 b. Schedule E, page 2
 c. Royalty income is not reportable
 d. Form 1040, line 21

SE1.5
Depreciation is a(n) _____ allowance for the wear and tear of the property.

 a. annual
 b. monthly
 c. quarterly
 d. taxpayer's choice

Feedback:

Part 1 Review Questions Answers

SE1.1
Marlene paid $4,000 for real estate taxes on her rental property located at 1850 Happy Street, Jersey City, New Jersey. She paid $6,850 of real estate taxes on her primary residence. Marlene has household employees for whom she paid social security taxes of $1,300 and state income tax of $2,500. What amount of real estate tax will Marlene deduct on her Schedule E?

 a. $14,650
 b. $6,850
 c. $4,000
 d. $1,300

Feedback: *Please read Part 1.*

SE1.2
Candy paid her landlord $3,000 to cancel her lease. What amount is included in her landlord's income for the year?

 a. $1,500
 b. $2,000
 c. $3,000
 d. $0

Feedback: *Please read Part 1.*

SE1.3
Property _____ to be depreciable when the taxpayer has fully recovered the property's cost or other basis.

 a. ceases
 b. contains
 c. commences
 d. completes

Feedback: *Please read Part 1.*

SE1.4
¿En cuál de los siguientes se declaran los ingresos por regalías como ingresos ordinarios?

   a. Anexo E, Página 1
   b. Anexo E, Página 2
   c. Los ingresos por regalías no son declarables
   d. Formulario 1040, línea 21

SE1.5
La depreciación es una asignación_____ por el uso y desgaste de cierta propiedad.

   a. anual
   b. mensual
   c. trimestral
   d. elección del contribuyente

Parte 1 Respuestas a las preguntas de repaso

SE1.1
Marlene pagó $4,000 por impuestos sobre bienes raíces en su propiedad de alquiler ubicada en 1850 Happy Street, Jersey City, Nueva Jersey. Pagó $6,850 en impuestos sobre bienes raíces en su residencia principal. Marlene tiene empleados domésticos por los que pagó impuestos del seguro social de $1,300 y el impuesto estatal sobre la renta de $2,500. ¿Qué cantidad de impuesto sobre bienes raíces deducirá Marlene en su Anexo E?

   a. $14,650
   b. $6,850
   c. $4,000
   d. $1,300

Comentarios: *Por favor, lea la Parte 1.*

SE1.2
Candy le pagó al propietario $3,000 para cancelar su contrato de arrendamiento. ¿Qué cantidad se incluye en los ingresos anuales de su arrendador?

   a. $1,500
   b. $2,000
   c. $3,000
   d. $0

Comentarios: *Por favor, lea la Parte 1.*

SE1.3
La propiedad _____ de ser depreciable cuando el contribuyente ha recuperado completamente el costo de la propiedad u otra base.

   a. deja
   b. contiene
   c. comienza
   d. completa

Comentarios: *Por favor, lea la Parte 1.*

Schedule E

SE1.4
Royalty income is reported on which of the following as ordinary income?

   a. **Schedule E, page 1**
   b. Schedule E, page 2
   c. Royalty income is not reportable
   d. Form 1040, line 21

Feedback: *Please read Part 1.*

SE1.5
Depreciation is a(n) _____ allowance for the wear and tear of the property.

   a. **annual**
   b. monthly
   c. quarterly
   d. taxpayer's choice

Feedback: *Please read Part 1.*

Takeaways

There are two types of residential activities: rental-for-profit activity and not-for-profit rental activity. This chapter discussed the types of income reported on Schedule E and the different property types. Special rules limit the amount of rental expense deductions that may be taken by an individual taxpayer on a residence that is rented out for part of a year and used for personal use during other parts of the year. Because of passive activity rules, income is required to be classified as active, passive, or non-passive. Active income is attributable to the direct efforts of the taxpayer such as salary, commissions, wages, etc.

TEST YOUR KNOWLEDGE!
Go online to take a practice quiz.

SE1.4
¿En cuál de los siguientes se declaran los ingresos por regalías como ingresos ordinarios?

   a. **Anexo E, Página 1**
   b. Anexo E, Página 2
   c. Los ingresos por regalías no son declarables
   d. Formulario 1040, línea 21

Comentarios: *Por favor, lea la Parte 1.*

SE1.5
La depreciación es una asignación _____ por el uso y desgaste de cierta propiedad.

   a. **anual**
   b. mensual
   c. trimestral
   d. elección del contribuyente

Comentarios: *Por favor, lea la Parte 1.*

Aportes

Hay dos tipos de actividades residenciales: la actividad de alquiler con fines de lucro y la actividad de alquiler sin fines de lucro. Este capítulo analizó los tipos de ingresos declarados en el Anexo E y los diferentes tipos de propiedad. Las reglas especiales limitan la cantidad de deducciones por gastos de alquiler que puede tomar un contribuyente individual sobre una residencia que se alquila durante parte de un año y que se emplea para uso personal durante otras partes del año. Debido a las reglas de actividad pasiva, los ingresos deben ser clasificados como activos, pasivos o no pasivos. Los ingresos activos son atribuibles a las gestiones directas del contribuyente tales como salario, comisiones, salarios, etc.

¡PON A PRUEBA TUS CONOCIMIENTOS!
Ve en línea para tomar una prueba de práctica.

Schedule F

Chapter 11: Schedule F

Introduction

Income received from the operation of a farm or from rental income from a farm is taxable. Farmers determine their taxable income from farming and related activities by using Schedule F. Profit or loss from farm income is first reported on Schedule F and then "flows" to Form 1040, Schedule 1, line 6. A farm could qualify to be a qualified joint venture (discussed in the Schedule C chapter).

Objectives

At the end of this lesson, the student will:

> ➢ Understand basic farm income.
> ➢ Know when a taxpayer should file Schedule F.

Resources

Form 1040	Publication 17	Instructions Form 1040
Form 4797	Publication 51 (Circular A)	Instructions Form 4797
Form 4835	Publication 225	Instructions Form 4835
Form 8990	Publication 334	Instructions Form 8990
Schedule F	Publication 463	Instructions Schedule F
	Publication 536	
	Publication 538	

Capítulo 11: Anexo F

Introducción

Los ingresos recibidos de la operación de una finca o de los ingresos por alquiler de una finca están sujetos a impuestos. Los agricultores determinan sus ingresos gravables de la agricultura y actividades relacionadas utilizando el Anexo F. Las ganancias o pérdidas de los ingresos agrícolas se declaran por primera vez en el Anexo F y luego se "transfieren" al Formulario 1040, Anexo 1, línea 6. Una finca podría calificar como una empresa conjunta calificada (discutido en el capítulo del Anexo C).

Objetivos

Al final de esta lección, el estudiante podrá:

➢ Entender los ingresos agrícolas básicos.
➢ Saber cuándo un contribuyente debe presentar el Anexo F.

Fuentes

Formulario 1040	Publicación 17	Instrucciones del Formulario 1040
Formulario 4797	Publicación 51 (Circular A)	Instrucciones del Formulario 4797
Formulario 4835	Publicación 225	Instrucciones del Formulario 4835
Formulario 8990	Publicación 334	Instrucciones del Formulario 8990
Anexo F	Publicación 463	Instrucciones del Anexo F
	Publicación 536	
	Publicación 538	

Table of Contents / Índice

Introduction	354
Introducción	355
Part 1 Schedule F	358
Where to Report Sales of Farm Products	358
Parte 1 Anexo F	359
¿Dónde declarar las ventas de productos agrícolas?	359
Completing Schedule F	360
Completar el Anexo F	361
Schedule F Profit or Loss Farming	362
Part I: Farm Income Cash Method	362
Sales Caused by Weather-Related Conditions	362
Anexo F Ganancia o pérdida agrícola	363
Parte I: Método en efectivo de ingresos agrícolas	363
Ventas debido a condiciones meteorológicas	363
Rents (Including Crop Share)	364
Income Averaging for Farmers	364
Renta (Incluyendo la parte de la cosecha)	365
Promedio de ingresos para agricultores	365
Elected Farm Income (EFI)	366
Line 1, Sale of purchased livestock and other resale items	366
Items Purchased for Resale	366
Line 3, Cooperative Distributions	366
Ingreso Agrícola Elegido (EFI)	367
Línea 1, Ventas de ganado y otros artículos de reventa	367
Artículos adquiridos para reventa	367
Línea 3, Distribuciones de cooperativas	367
Line 4, Agriculture Payments	368
Line 5, CCC (Commodity Credit Corporation Loans)	368
Línea 4, pagos agrícolas	369
Línea 5, CCC (Préstamos de la sociedad anónima de crédito para productos básicos)	369
Line 8, Other Types of Income	370
Canceled Debt	370
Línea 8, Otros tipos de ingresos	371
Deuda cancelada	371
Schedule F Part II Farm Expense Cash and Accrual Method	372
Anexo F, Parte II: Método de efectivo y devengo para gastos agrícolas	373
Line 10, Car and Truck Expenses	374
Line 14, Depreciation	374
Line 17, Fertilizers and Lime	374
Line 19, Gasoline, Fuel and Oil	374
Line 20, Insurance	374
Línea 10, Gastos de automóvil y camión	375
Línea 14, Depreciación	375
Línea 17, Abonos y cal	375
Línea 19, Gasolina, Combustible y Aceite	375
Línea 20, Seguro	375
Line 21, Interest	376
Line 22, Labor Hired	376
Line 25, Repairs and Maintenance	376
Line 29, Taxes	376
Línea 21, Intereses	377
Línea 22, Contratación laboral	377
Línea 25, Reparaciones y mantenimiento	377
Línea 29, Impuestos	377
Line 32, Other Expenses	378
Travel Expenses	378

Línea 32, Otros gastos	379
Gastos de viaje	379
Marketing Quota Penalties	380
Capital Expenses	380
Business Use of Home	380
Business Start-Up and Organizational Costs	380
Multas por cuotas de comercialización	381
Gastos de capital	381
Uso comercial del hogar	381
Inicio de negocios y costos organizacionales	381
Crop Production Expenses	382
Timber	382
Christmas Tree Cultivation	382
Breeding Fees	382
Other Nondeductible Expenses	382
Losses from Operating a Farm	382
Gastos de producción de cultivos	383
Madera	383
Cultivo de árboles de navidad	383
Gastos de crianza	383
Otros gastos no deducibles	383
Pérdidas por operar una finca	383
Not-for-Profit Farming	384
Farmers and Fisherman Estimated Payments	384
Part 1 Review Questions	384
Agricultura sin fines de lucro	385
Pagos estimados de agricultores y pescadores	385
Parte 1 Preguntas de repaso	385
Part 1 Review Questions Answers	386
Parte 1 Respuestas a las preguntas de repaso	387
Takeaways	388
Aportes	389

Schedule F

Part 1 Schedule F

Livestock income from breeding, draft, sport, or dairy purposes such as beef, pork, dogs, or cats are reportable on Schedule F.

Taxpayers are in the business of farming if they cultivate, operate, or manage a farm for profit, either as an owner or tenant. A farm can include livestock, dairy, poultry, fish, fruit, and truck farms. It can also include plantations, ranches, ranges, and orchards. See Publication 225.
A farmer must keep records to prepare an accurate tax return. Tax records are not the only type of records needed for a farming business. The taxpayer should keep records that measure the farm's financial performance.

Income reported on Schedule F does not include gains or losses from sales or other farm assets dispositions such as:

- Land
- Depreciable farm equipment
- Buildings and structures
- Livestock held for draft, breeding, sport, or dairy purposes

Taxpayers are in the business of farming if they cultivate, operate, or manage a farm for profit, either as an owner or tenant. A farm can include livestock, dairy, poultry, fish, fruit, and truck farms. It can also include plantations, ranches, ranges, and orchards. See Publication 225.

A farmer must keep records to prepare an accurate tax return. Tax records are not the only type of records needed for a farming business. The taxpayer should keep records that measure the farm's financial performance.

Where to Report Sales of Farm Products

When livestock, produce, grains, or other products raised on the taxpayer's farm are for sale or bought for resale, the entire amount received is income and reported on Schedule F.

When farm products are bought for resale, the profit or loss is the difference between the selling price and the basis in the product. The year that the payment was received is the year that the income is reported.

Item Sold	Schedule F	Form 4797
Farm products raised for sale	X	
Farm products bought for resale	X	
Farm products not held primarily for sale, such as livestock held for draft, breeding, sport, or dairy purposes (bought or raised)		X

Example: In 2020, Avery purchased 20 feeder calves for $6,000 with the intent to resell them. Avery sold them in 2021 for $11,000. The $11,000 sale is reported as sales, and the $6,000 purchase price is reported as basis, resulting in $5,000 reported as profit on the 2022 tax return.

Parte 1 Anexo F

Los ingresos del ganado de cría, tiro, deporte o fines lácteos, como carne de res, cerdo, perros o gatos se declaran en el Anexo F.

Los contribuyentes están en el negocio de la agricultura si cultivan, operan o administran una finca con fines de lucro, ya sea como propietario o inquilino. Una finca puede incluir fincas de ganado, productos lácteos, aves, peces, frutas y camiones. También puede incluir plantaciones, ranchos, prados y huertos. Consulte la Publicación 225.

Un agricultor debe mantener registros para preparar una declaración de impuestos precisa. Los registros de impuestos no son el único tipo de registros necesarios para un negocio agrícola. El contribuyente debe mantener registros que midan el desempeño financiero de la finca.

Los ingresos declarados en el Anexo F no incluyen ganancias o pérdidas por ventas u otras disposiciones de los siguientes activos agrícolas:

> Terreno
> Equipo de finca depreciable
> Edificios y estructuras
> Ganado criado para fines de tiro, cría, deportes o productos lácteos

Los contribuyentes están en el negocio de la agricultura si cultivan, operan o administran una finca con fines de lucro, ya sea como propietario o inquilino. Una finca puede incluir fincas de ganado, productos lácteos, aves, peces, frutas y camiones. También puede incluir plantaciones, ranchos, prados y huertos. Consulte la Publicación 225.

Un agricultor debe mantener registros para preparar una declaración de impuestos precisa. Los registros de impuestos no son el único tipo de registros necesarios para un negocio agrícola. El contribuyente debe mantener registros que midan el desempeño financiero de la finca.

¿Dónde declarar las ventas de productos agrícolas?

Cuando el ganado, los productos agrícolas, los cereales u otros productos que se crían o cultivan en la finca del contribuyente están en venta o son adquiridos para su reventa, la cantidad total recibida representa los ingresos y se declaran en el Anexo F.

Cuando los productos agrícolas se adquieren para reventa, la ganancia o pérdida es la diferencia entre el precio de venta y la base en el producto. El año en que se recibió el pago es el año en que se declara el ingreso.

Artículo vendido	Anexo F	Formulario 4797
Productos agrícolas cultivados para la venta	X	
Productos agrícolas adquiridos para reventa	X	
Productos agrícolas que no se mantienen principalmente para la venta, como el ganado para fines de calado, cría, deportes o productos lácteos (adquirido o criado)		X

Ejemplo: En 2020, Avery compró 20 terneros alimentadores por $6,000 con la intención de revenderlos. Avery los vendió en 2021 por $11,000. La venta de $11,000 se declara como ventas, y el precio de compra de $6,000 se declara como base, lo que resulta en $5,000 notificados como ganancia en la declaración de impuestos del 2022 (Anexo F).

Schedule F

$11,000	Sales price (reported on Schedule F, line 1a)
-$ 6,000	Purchase price (basis, reported on Schedule F, line 1b)
$5,000	Profit (reported on Schedule F, line 1c)

Livestock held for draft, breeding, sport, or dairy purposes may result in ordinary capital gain or loss when sold depending upon the circumstances and needs to be reported on Form 4797. Animals that are not held for primary sale are considered business assets of the farm.

Completing Schedule F

Portion of 2021 Schedule F

As with any return, interviewing the taxpayer before entering the information is necessary. The SSN or the EIN must be entered in the appropriate area. Line B is the principal agricultural activity codes. Like a Schedule C, Schedule F has specific codes. Select the code that best describes the taxpayer's majority source of income. For example, Alberto owns a dairy farm. He receives income from milk production and selling male calves. Alberto receives most of the income from the dairy cattle and milk production. The code is used to determine where the farmer makes most of the income. Principal Agricultural Activity Codes are located on Schedule F, Part IV.

Line C Accounting Method: The two accounting methods are Cash and Accrual. "Other" and/or Hybrid is not an option for farm income. Check the appropriate box. Using the cash accounting method, the taxpayer would complete Parts I and II. Income is reported in the year in which it was actually or constructively received. If payment on an expenditure such as prepaid expense creates an intangible asset that has a useful life that extends beyond 12 months of the end of the taxable year, that expense may not be deductible. See Publication 225.

If the accrual method is used, Parts II, III, and Part I, line 9 must be completed. Income is reported in the year it was earned, and expenses are deducted in the year they are incurred, even though they were paid in a prior year. Taxpayers who use the accrual method will use the cash basis for deducting business expense owed to a related cash-basis taxpayer. See Publication 538.

Certain farming collectives are unable to use the cash method of accounting.

A farming syndicate may be a partnership, LLC, S corporation, or any other enterprise other than a C corporation if:

> The interests in the business have at any time been offered for sale in a way that would require registration with any federal or state agency.

$11,000	Precio de venta (declarado en el Anexo F, línea 1a)
–$ 6,000	Precio de compra (base, declarado en el Anexo F, línea 1b)
$5,000	Ganancia (declarada en el Anexo F, línea 1c)

La ganadería retenida para fines de calado, cría, deportes o lácteos puede resultar en ganancia o pérdida ordinaria de capital cuando se vende según las circunstancias y debe declararse en el Formulario 4797. Los animales que no se mantienen para la venta primaria se consideran activos comerciales de la finca.

Completar el Anexo F

Parte del Anexo F de 2021

Al igual que con cualquier declaración, debe entrevistar al contribuyente antes de que termine de ingresar la información. El NSS o el NEI debe colocarse en el área apropiada. La línea B son los códigos de actividad agrícola principal. Al igual que un Anexo C, el Anexo F tiene códigos específicos. Seleccione el código que mejor describa la fuente de ingresos de la mayoría de los contribuyentes. Por ejemplo, Alberto posee una finca lechera. Él recibe ingresos de la producción de leche y vende terneros machos. Alberto recibe la mayor parte de sus ingresos del ganado lechero y la producción de leche. El código se utiliza para determinar dónde obtiene el agricultor la mayor parte de sus ingresos. Los Códigos de Actividad Agrícola Principal se encuentran en el Anexo F, Sección IV.

Línea C, Método contable: Los dos métodos contables son efectivo y devengo. "Otro" y/o Híbrido no es una opción para los ingresos agrícolas. Marque la casilla apropiada. Si elige el método contable de efectivo, complete las Partes I y II. Los ingresos se declaran en el año en que se recibieron de forma efectiva o constructiva. Sin embargo, si el pago de un gasto, como el gasto prepagado, crea un activo intangible con una vida útil que se extiende más allá de 12 meses del final del año tributable, ese gasto puede no ser deducible. Consulte la Publicación 225.

Si se utiliza el método de devengo, debe completar las Partes II, III y la Parte I, línea 9. En general, los ingresos se declaran en el año en que se obtuvieron y los gastos se deducen en el año en que se incurren, aunque se pagaron en un año anterior. Los contribuyentes que utilizan el método de devengo utilizarán la base de efectivo para deducir los gastos comerciales adeudados a un contribuyente de base de efectivo relacionado. Consulte la Publicación 538.

Algunos colectivos agrícolas no pueden usar el método contable en efectivo.

Un sindicato agrícola puede ser una sociedad, una LLC, una sociedad anónima S o cualquier otra empresa que no sea una sociedad anónima C si:

Los intereses en el negocio se han ofrecido en cualquier momento para la venta de una manera que requeriría registrarse con cualquier agencia federal o estatal.

Schedule F

> More than 35% of the losses during any tax year are allocable to limited partners or limited entrepreneurs. A limited partner is one who can lose only the amount invested or required to be invested in the partnership. A limited entrepreneur is a person who does not take any active part in managing the business.

Line E is a yes or no question. Line E asks if the taxpayer materially participated in the activity. The taxpayer must meet the seven tests to qualify for material participation. To qualify for farming material participation, the taxpayer must own an interest at the time work is performed in connection with the activity.

Line F asks if any payments made in the current tax year requires Form 1099 to be filed. See General Instructions for Certain Information Returns if more information is needed. If the taxpayer paid more than $600 in rents, services, and prizes, then Form 1099-MISC would be filed.

Schedule F Profit or Loss Farming

Like Schedule C & E, farm income has specific line items for income and expenses that are industry-related. This section is designed for the tax preparer to become aware of types of farm income. For more information, see Instructions Schedule F.

Part I: Farm Income Cash Method

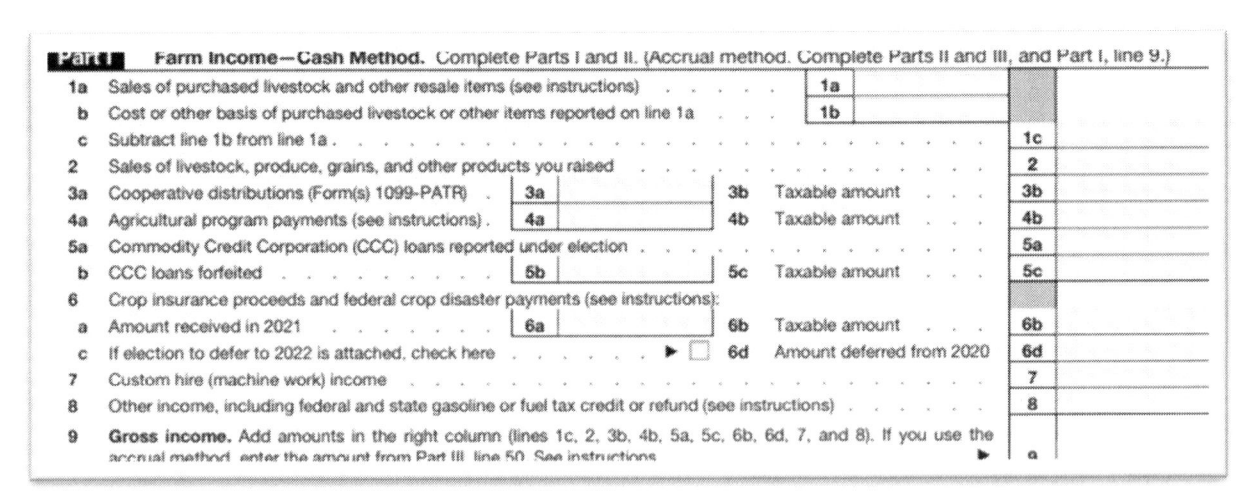

Portion of 2021 Schedule F

Sales Caused by Weather-Related Conditions

If the farmer sells or exchanges more livestock, including poultry, than normal due to a drought, flood, or other weather-related conditions, the farmer may qualify to postpone the reporting until the following year. All the conditions must be met:

> The principal trade or business is farming
> The accounting method is the cash method
> The taxpayers must be able to show that under their usual business practices, they would not have sold or exchanged the additional animals in that year except for the weather-related conditions

> Más del 35% de las pérdidas durante cualquier año tributario son asignables a socios limitados o empresarios limitados. Un socio limitado es aquel que puede perder solo la cantidad invertida o requerida para invertir en la sociedad. Un empresario limitado es una persona que no toma parte activa en la administración del negocio.

La línea E es una pregunta de sí o no. La Línea E pregunta si el contribuyente participó materialmente en la actividad. El contribuyente debe cumplir con las siete pruebas para calificar para la participación material. Para calificar para la participación material agrícola, el contribuyente debe poseer un interés en el momento en que realiza el trabajo relacionado con la actividad.

La Línea F pregunta si cualquiera de los pagos realizados en el año tributario actual requiere que se presente el Formulario 1099. Si necesita más información, consulte las Instrucciones generales para declaraciones de cierta información. En general, si el contribuyente pagó más de $600 en alquileres, servicios y premios, entonces se debe presentar el Formulario 1099-MISC.

Anexo F Ganancia o pérdida agrícola

Al igual que el Anexo C y E, los ingresos agrícolas tienen partidas específicas para ingresos y gastos relacionados con la industria. Esta sección está diseñada para que el preparador de impuestos conozca los tipos de ingresos agrícolas. Para obtener más información, consulte las instrucciones del Anexo F.

Parte I: Método en efectivo de ingresos agrícolas

Parte del Anexo F de 2021

Ventas debido a condiciones meteorológicas

Si el agricultor vende o intercambia ganado, incluyendo aves de corral, más de lo normal debido a una sequía, una inundación u otras condiciones relacionadas con el clima, el agricultor puede calificar para posponer la declaración hasta el año siguiente. Se deben cumplir todas las siguientes condiciones:

> La actividad o negocio principal es la agricultura
> El método contable es el método de efectivo
> Los contribuyentes deben ser capaces de demostrar que bajo sus prácticas comerciales habituales no habrían vendido o intercambiado los animales adicionales en ese año, excepto por las condiciones climáticas.

Schedule F

> ➤ The weather-related condition caused an area to be designated as eligible for assistance by the federal government

If sales or exchanges were made before the area became eligible for federal assistance due to weather-related conditions, the taxpayer could qualify if the weather-related condition caused the area to be designated. To qualify for the disaster, the president of the United States must declare the area as a disaster.

Señor 1040 Says: A weather-related sale or exchange of livestock (other than poultry) held for draft breeding or dairy purposes may be an involuntary conversion. See Publication 225.

Example: Bernie is a calendar-year taxpayer, and he normally sells 100 head of beef cattle a year. As a result of the disaster, Bernie sold 250 head during 2020. Bernie realized $70,200 from the sale. On August 9, 2020, as a result of the drought, the affected area was declared a disaster area eligible for federal assistance. Bernie can postpone a portion ($42,120) of the income until 2021. ($70,200 ÷ 250 = $280.80 × 150 = $42,120).

Rents (Including Crop Share)

Rent received for farmland is rental income and not reported on Schedule F. However, if the farmer materially participates in the farming operations on the land, the rent received is farm income.

If the taxpayer pastures someone else's livestock and takes care of them for a fee, the income is from the farming business. That income must be reported as "other" income on Schedule F. If the pasture is strictly rented out without providing services, the income is to be reported on Schedule E as rental income.

Rent received in the form of crop shares is income in the year the shares were converted to money or the equivalent. The accounting method used—cash or accrual—does not matter. Whether the material participation in operating the farm is crop sharing or livestock, the rental income is included in self-employment income.

Crop-sharing lease arrangements that involve a loss may be subject to the limits under the passive-loss rules.

Income Averaging for Farmers

Taxpayers can use income averaging to figure their tax for any year in which they were engaged in a farming business as an individual, a partner in a partnership, or a shareholder in an S corporation. Services performed as an employee are disregarded in determining whether an individual is engaged in a farming business. However, a shareholder of an S corporation engaged in a farming business may treat compensation received from the corporation that is attributable to the farming business as farm income. Corporations, partnerships, S corporations, estates, and trusts cannot use income averaging.

➢ La condición meteorológica hizo que un área sea designada como elegible para recibir asistencia del gobierno federal.

Si se realizaron ventas o canjes antes de que el área fuera elegible para recibir asistencia federal debido a condiciones relacionadas con el clima, el contribuyente calificaría si la condición relacionada con el clima ocasionó que se designara el área. Para calificar para el desastre, el presidente de los Estados Unidos debe declarar el área como un desastre.

> *El Señor 1040 dice:* Una venta o intercambio de ganado (que no sea de aves de corral) relacionado con el clima y que se lleva a cabo con fines de cría de calado o de productos lácteos puede ser una conversión involuntaria. Consulte la Publicación 225.

Ejemplo: Bernie es un contribuyente del año calendario, y normalmente vende 100 cabezas de vacuno de engorde al año. Como resultado de un desastre, Bernie vendió 250 cabezas durante 2020. Bernie obtuvo $70,200 de la venta. El 9 de agosto de 2020, como resultado de la sequía, el área afectada fue declarada zona de desastre elegible para recibir asistencia federal. Bernie puede posponer una porción ($42,120) de los ingresos hasta 2021. ($70,200 ÷ 250 = $280,80 × 150 = $42,120).

Renta (Incluyendo la parte de la cosecha)

La renta recibida de tierras de cultivo es un ingreso de alquiler y no se declara en el Anexo F. Sin embargo, si el agricultor participa materialmente en las operaciones agrícolas en la tierra, la renta recibida es el ingreso agrícola.

Si el contribuyente pasta el ganado de otra persona y se ocupa de ellos por una tarifa, el ingreso proviene del negocio agrícola. Ese ingreso debe declararse como "otro" ingreso en el Anexo F. Si el pasto se alquila estrictamente sin proporcionar servicios, el ingreso debe declararse en el Anexo E como ingreso por alquiler.

La renta recibida en forma de acciones de cultivo es el ingreso en el año en que las acciones se convirtieron en dinero o en el equivalente. El método contable utilizado, efectivo o devengo, es indiferente. Ya sea que la participación material en la operación de la finca sea el intercambio de cultivos o el ganado, los ingresos por alquiler se incluyen en los ingresos del trabajador por cuenta propia.

Los acuerdos de arrendamiento para compartir cultivos que involucren cualquier pérdida pueden estar sujetos a los límites bajo las reglas de pérdida pasiva.

Promedio de ingresos para agricultores

Los contribuyentes pueden usar el promedio de ingresos a fin de calcular su impuesto para cualquier año en el que participaron en un negocio agrícola como persona natural, socio de una sociedad o accionista de una sociedad anónima S. Los servicios realizados como empleados no se toman en cuenta para determinar si una persona natural está involucrada en un negocio agrícola. Sin embargo, un accionista de una sociedad anónima S dedicada a un negocio agrícola puede tratar la remuneración recibida de la sociedad anónima que es atribuible al negocio agrícola como un ingreso agrícola. Las sociedades anónimas, sociedades, sociedades anónimas S, propiedades y fideicomisos no pueden usar el promedio de ingresos.

Schedule F

Elected Farm Income (EFI)

EFI is the amount of income from the farming business that is elected to be taxed at base-year rates. EFI can be designated as any type of income attributable to the farming business. However, EFI cannot be more than the taxable income, and EFI from a net capital gain attributable to the farming business cannot be more than the total net income. If the taxpayer is using income averaging, that is figured on Schedule J. See Publication 225.

Line 1, Sale of purchased livestock and other resale items

Income from farming reported on Schedule F includes amounts taxpayers receive from cultivating, operating, or managing a farm for gain or profit, either as an owner or tenant. Income is included but not limited to:

➢ Income from operating a nursery specializing in growing ornamental plants.
➢ Income from the sale of crop shares if the taxpayer materially participated in producing the crop.
➢ Operating a stock, dairy, poultry, fish, fruit, or truck farm and income from operating a plantation, ranch, range, orchard, or grove.

Both the actual cash received and the fair market value of goods or income constructively received are reported on lines 1 through 8. If the taxpayer ran the farm and received rents based on crop share or farm production, that income is reported as rents. If the taxpayer sold livestock due to drought, flood, or other weather-related conditions, the taxpayer could elect to report the income from the sale in the year after the year of sale.

For example, Caleb uses the cash method and sold three Holstein heifers due to weather-related circumstances in 2021. Caleb chose to report the income in the year after the sale, which would be 2022. For Caleb to make the election, all the following must apply:

1. Caleb's main business is farming.
2. Caleb can show he sold the livestock due to a weather-related event.
3. Caleb's farm area qualified for federal aid.

Items Purchased for Resale

If the cash method is used, deduct the ordinarily deducted cost of the livestock and other items purchased for resale only in the year of sale. Deduct this cost, including freight charges for transporting the livestock to the farm, on Part I of Schedule F.

Example: The cash method of accounting is used, and in 2021 Sandy purchased 50 steers that she will sell in 2022. She cannot deduct the cost of the steers on her 2021 return. She will deduct the cost in Part I of her 2022 Schedule F.

Line 3, Cooperative Distributions

Distributions from a farm cooperative are reported on Form 1099-PATR on line 3a. Distributions include:

➢ Patronage dividends

Ingreso Agrícola Elegido (EFI)

El EFI es la cantidad de ingresos del negocio agrícola que se elige para gravar a las tasas del año base. El EFI se puede designar como cualquier tipo de ingreso atribuible al negocio agrícola. Sin embargo, el EFI no puede ser más que el ingreso gravable, y el EFI de una ganancia neta de capital atribuible al negocio agrícola no puede ser más que el ingreso neto total. Si el contribuyente está usando un promedio de ingresos, eso se calcula en el Anexo J. Consulte la Publicación 225.

Línea 1, Ventas de ganado y otros artículos de reventa

Los ingresos agrícolas declarados en el Anexo F incluyen los montos que los contribuyentes reciben de cultivar, operar o administrar una finca para obtener ingresos o ganancias, ya sea como propietario o inquilino. El ingreso está incluido, pero no limitado a:

- Ingresos por operar un vivero especializado en el cultivo de plantas ornamentales.
- Ingresos por la venta de acciones de cultivo si el contribuyente participó materialmente en la producción del cultivo.
- Operar una finca de ganado, leche, aves de corral, pescado, fruta o camión e ingresos por operar una plantación, rancho, pastizales, huerto o bosque.

Tanto el efectivo real recibido como el valor justo de mercado de los bienes o ingresos recibidos de manera constructiva se declaran en las líneas 1 a 8. Si el contribuyente administró la finca y recibió rentas basadas en la participación de cultivo o producción agrícola, ese ingreso se declara como rentas. Si el contribuyente vendió ganado debido a sequía, inundación u otras condiciones relacionadas con el clima, puede optar por declarar los ingresos de la venta en el año posterior al año de venta.

Por ejemplo, Caleb usa el método de efectivo y vendió tres novillas Holstein debido a circunstancias relacionadas con el clima en 2021. Caleb eligió declarar los ingresos en el año posterior a la venta que sería 2022. Para que Caleb haga la elección, deben aplicar todas las siguientes:

1. El negocio principal de Caleb es la agricultura;
2. Caleb puede demostrar que vendió el ganado debido a un evento relacionado con el clima;
3. El área de la finca de Caleb calificó para ayuda federal.

Artículos adquiridos para reventa

Si se utiliza el método de efectivo, deduzca el costo normalmente deducido del ganado y otros artículos comprados para reventa solo en el año de la venta. Deduzca este costo, incluyendo los gastos de transporte para movilizar el ganado a la finca, en la Parte I del Anexo F.

Ejemplo: Se utiliza el método contable de efectivo y en 2021 Sandy compró 50 novillos que venderá en 2022. Ella no puede deducir el costo de los novillos en su declaración de 2021. Deducirá el costo en la Parte I de su Anexo F. 2022

Línea 3, Distribuciones de cooperativas

Las distribuciones de una cooperativa agrícola se declaran en el Formulario 1099-PATR en la línea 3a. Las distribuciones incluyen:

- Dividendos de patrocinio

- Nonpatronage distributions
- Per-unit retain allocations
- Redemptions of nonqualified written notices of allocation
- Per-unit retain certificates

Line 4, Agriculture Payments

Government payments received on Form 1099-G or Form CCC-1099-G are reported on line 4a. Any of the following sources are reported:

- Price loss coverage payments.
- Agriculture risk coverage payments.
- Coronavirus Food Assistance Program Payments.
- Market Facilitation Program Payments.
- Market gain from the repayment of a secured Commodity Credit Corporation (CCC) loan for less than the original loan amount.
- Diversion payments.
- Cost-share payments.
- Payments in the form of materials (such as fertilizer or lime) or services (such as grading or building dams).

The taxpayer reports crop insurance proceeds in the year received. Federal crop disaster payments are treated as proceeds for crop insurance proceeds. If 2021 was the year of the crop damage, the taxpayer can elect to include certain proceeds in their 2022 income. To make this election check the box on 6c.

Crop insurance proceeds received in a prior year and elected to be treated in the current year's income, would be reported on line 6d. All other income that does not have a designated line on which to report is reported on line 8. Types of income could include, but are not limited to:

- Illegal federal irrigation subsidies
- Bartering income
- Income from Form 1099-C
- State gasoline or fuel tax refunds received in current tax year

See Schedule F Instructions for a complete list.

Line 5, CCC (Commodity Credit Corporation Loans)

Loans are generally not reported as income. However, if the production was pledged in part to secure a CCC loan, then treat the loan as if it were a sale of the crop and report the loan proceeds as income in the year received. Approval is not needed from the IRS to adopt this method of reporting CCC loans. Once the CCC loan is reported as income for the year received, all CCC loans in that year and subsequent years are reported the same way.

If pledged crops are forfeited to the CCC in full payment of the loan, then the individual may receive a Form 1099-A, *Acquisition or Abandonment of Secured Property*. In box 6 of Form 1099-A, one would see "CCC," and the amount of the outstanding loan would also be indicated on the form. See Publication 225.

- Distribuciones sin patrocinio
- Retención de asignaciones por unidad
- Reembolsos de avisos de asignación no calificados
- Certificados de retención por unidad

Línea 4, pagos agrícolas

Los pagos del gobierno recibidos en el Formulario 1099-G o el Formulario CCC-1099-G se declaran en la línea 4a. Cualquiera de las siguientes fuentes se declara:

- Pagos de cobertura de diferencia de precio
- Pagos de cobertura de riesgo agrícola
- Pagos del programa de asistencia alimentaria por coronavirus.
- Pagos del programa de facilitación del mercado.
- Ganancia del mercado por el reembolso de un préstamo asegurado de la Sociedad Anónima de Crédito (CCC) por un monto menor al monto original del préstamo
- Pagos de derivación
- Pagos de costo compartido
- Pagos en forma de materiales (como fertilizantes o cal) o servicios (como nivelación o construcción de presas).

El contribuyente declara los ingresos del seguro de cosechas en el año recibido. Los pagos federales por desastre de cultivos se tratan como ganancias para el seguro de cosechas. Si 2021 fue el año en que los cultivos sufrieron daños, el contribuyente puede elegir incluir ciertas ganancias en sus ingresos de 2022. Para realizar esta elección, marque la casilla en 6c.

Las ganancias del seguro de cosechas recibidas en el año anterior y elegidas para ser tratadas en la renta del presente año deberían ser declaradas en la línea 6d. Todos los demás ingresos que no tienen una línea designada para su declaración se indican en la línea 8. Los tipos de ingresos podrían incluir, pero no limitarse a:

- Subsidios federales de riego ilegales
- Ingreso por trueque
- Ingresos del formulario 1099-C
- Reembolsos estatales de gasolina o impuestos de combustible recibidos en el año tributario actual

Consulte las instrucciones del Anexo F para obtener una lista completa.

Línea 5, CCC (Préstamos de la sociedad anónima de crédito para productos básicos)

Por lo general, los préstamos no se declaran como ingresos. Sin embargo, si la producción se comprometió en parte para garantizar un préstamo de la CCC, trate el préstamo como si fuera una venta de la cosecha y declare el producto del préstamo como ingreso en el año recibido. No se necesita la aprobación del IRS para adoptar este método de declaración de préstamos CCC. Una vez que el préstamo de la CCC se informa como ingreso del año recibido, todos los préstamos de la CCC en ese año y los años subsiguientes se informan de la misma manera.

Si las cosechas prometidas se pierden ante la CCC como pago total del préstamo, entonces la persona puede recibir un Formulario 1099-A, Adquisición o abandono de propiedad garantizada. En el cuadro 6 del Formulario 1099-A, se vería "CCC" y el monto del préstamo pendiente también se indicaría en el formulario. Consulte la Publicación 225.

Schedule F

Line 8, Other Types of Income

- Bartering income.
- Income from canceled debt.
- State gasoline or fuel tax refunds received.
- Income from line 2 that includes Biofuel Producer Credit (Form 6478).
- Income from line 8 that includes Biodiesel and Renewable Diesel Fuels Credit (Form 8864).
- 2020 Schedule 3 credit for federal tax paid on fuels.
- Recapture of excess depreciation on listed property including Section 179 expense deduction.
- Inclusion amount on leased property when the business drops 50% or less.
- Any recapture of a deduction or credit for clean-fuel vehicle.
- Any income from breeding fees.
- Gain or a loss on commodity sales.
- Any credit amount from qualified sick and family leave wages.

Canceled Debt

If a debt is canceled or forgiven other than as a gift or bequest to the taxpayer, the individual must include the canceled amount in gross income for tax purposes. Discharge of qualified farm indebtedness is one of the exceptions to the general rule. It is excluded from taxable income; report the canceled amount on Schedule F, line 10, if the canceled debt was incurred in the farming business. If the debt is a nonbusiness debt, report the canceled amount as "other income" on Form 1040, line 21.

The taxpayer can elect to defer income from a discharge of business indebtedness that occurred after 2008 and before 2011. If the election is made, generally the deferred income is included in gross income ratably over a five-year period beginning in 2014 (for calendar-year taxpayers), and the exclusions listed below do not apply.

1. The cancellation takes place in a bankruptcy case under Title 11 of the U.S. Code.
2. The cancellation takes place due to insolvency.
3. The canceled debt is qualified farm debt.
4. The canceled debt is a qualified real property business debt in the case of a taxpayer other than a C corporation (see Publication 334 for more details).
5. The canceled debt is a qualified principal residence discharged after 2006 and before 2014.

See Publication 4492-B for more information.

Exclusions do not apply in any of the following situations:

- If a canceled debt is excluded from income because it takes place in a bankruptcy case, the exclusion in situations 2, 3, 4, and 5 above do not apply.
- If a canceled debt is excluded from income because it takes place when the taxpayer is insolvent, the exclusion in situations 3 and 4 above do not apply to the extent of insolvency.
- If a canceled debt is excluded from income because it is the taxpayer's qualified principal residence indebtedness, the exclusion in situation 2 above does not apply unless the taxpayer elects to apply situation 2 instead of the exclusion for qualified principal residence indebtedness.

Línea 8, Otros tipos de ingresos

- Ingreso por trueque.
- Ingresos por deuda cancelada.
- Reembolsos de impuestos estatales sobre gasolina o combustible recibidos.
- Ingresos de la línea 2 que incluye el Crédito productor de biocombustibles (Formulario 6478).
- Ingresos de la línea 8 que incluye el Crédito de biodiésel y combustibles diéseles renovables (Formulario 8864).
- Crédito del Anexo 3 de 2020 por el impuesto federal pagado sobre los combustibles.
- Recuperación de la depreciación de exceso en la propiedad incluida en la lista, incluida la deducción de gastos de la Sección 179.
- Monto de inclusión en la propiedad arrendada cuando el negocio cae un 50% o menos.
- Cualquier recuperación de una deducción o crédito por vehículo de combustible limpio.
- Cualquier ingreso de las tarifas de cría.
- Ganancia o pérdida en las ventas de materias primas.
- Cualquier monto de crédito de los salarios calificados de licencia por enfermedad y familiar.

Deuda cancelada

Si la deuda se cancela o se condona de otra manera que no sea como una donación o legado al contribuyente, la persona natural debe incluir el monto cancelado en el ingreso bruto a efectos impositivos. La condonación del endeudamiento agrícola calificado es una de las excepciones a la regla general. Está excluido de los ingresos gravables; informe el monto cancelado en el Anexo F, línea 10, si la deuda cancelada se incurrió en el negocio agrícola. Si la deuda es no comercial, notifique la cantidad cancelada como "otros ingresos" en el Formulario 1040, línea 21.

El contribuyente puede optar por diferir los ingresos de una libración de endeudamiento comercial que ocurrió después de 2008 y antes de 2011. Si se realiza la elección, el ingreso diferido se incluye generalmente en el ingreso bruto proporcionalmente durante un período de cinco años que comienza en 2014 (para los contribuyentes del año calendario), y las exclusiones enumeradas a continuación no se aplican.

1. La cancelación se realiza en caso de bancarrota bajo el Título 11 del Código de los EE. UU.
2. La cancelación se realiza debido a la insolvencia.
3. La deuda cancelada es una deuda agrícola calificada.
4. La deuda cancelada es una deuda comercial de propiedad inmobiliaria calificada en el caso de un contribuyente que no sea una sociedad anónima C (consulte la Publicación 334 para más detalles).
5. La deuda cancelada es una residencia principal calificada que se dio de baja después de 2006 y antes de 2014.

Consulte la Publicación 4492-B para más información.

Las exclusiones no se aplican en ninguna de las siguientes situaciones:

- Si una deuda cancelada se excluye de los ingresos porque se aplica en un caso de bancarrota, entonces no se aplica la exclusión en las situaciones 2, 3, 4 y 5 anteriores;
- Si una deuda cancelada se excluye de los ingresos porque se aplica cuando el contribuyente es insolvente, entonces, la exclusión en las situaciones 3 y 4 anteriores no se aplica al grado de insolvencia;
- Si una deuda cancelada se excluye del ingreso porque es la deuda de residencia principal calificada del contribuyente, la exclusión en la situación 2 anterior no se aplica a menos que el contribuyente opte por aplicar la situación 2 en lugar de la exclusión por endeudamiento de residencia principal calificada.

Schedule F

For more information about canceled debt, see Publication 225 and 982.

Income from the farming business is the sum of any farm income or gain minus any farm expenses or losses allowed as deductions in figuring taxable income. However, it does not include gain or loss from the sale or other disposition of land or from the sale of development rights, grazing rights, or other similar rights.

Schedule F Part II Farm Expense Cash and Accrual Method

Part II of the Schedule F lists some common farm expenses that are typically deductible. Current costs are expenses that do not have to be capitalized or included in inventory costs. The deduction for the cost of livestock feed and certain other supplies may be limited. If the taxpayer has an operating loss, the taxpayer may not be able to deduct the loss.

Certain expenses paid throughout the year may be part personal and part business. Some shared expenses could include expenses for gasoline, oil, fuel, water, rent, electricity, telephone, automobile upkeep, repairs, insurance, interest, and taxes. Shared expenses need to be allocated correctly between personal and business. The personal portion is not deductible; the business portion would be deducted on Schedule F.

Ordinary and necessary costs of operating a farm for profit are deductible business expenses. Current costs are expenses that do not have to be capitalized or included in inventory costs. However, the deduction for the cost of livestock feed and certain other supplies may be limited. If the taxpayer has an operating loss, the taxpayer may not be able to deduct this loss. The following are not deductible:

- Personal or living expenses.
- Expenses used to raise a family.
- Animal expenses used by the taxpayer to raise the animal.
- Repaid expenses.
- Inventory losses.
- Personal losses.

Portion of 2021 Schedule F

Para obtener más información acerca de la deuda cancelada, consulte la Publicación 225 y 982.

Los ingresos del negocio agrícola son la suma de cualquier ingreso o ganancia de la finca menos cualquier gasto o pérdida de la finca permitida como deducciones al calcular los ingresos gravables. Sin embargo, no incluye ganancias o pérdidas por la venta u otra disposición de la tierra o por la venta de derechos de desarrollo, derechos de pastoreo u otros derechos similares.

Anexo F, Parte II: Método de efectivo y devengo para gastos agrícolas

La Parte II del Anexo F describe algunos gastos agrícolas comunes que generalmente son deducibles. Los costos actuales son gastos que no tienen que ser capitalizados o incluidos en los costos de inventario. La deducción por el costo de la alimentación del ganado y ciertos otros suministros puede ser limitada. Si el contribuyente tiene una pérdida operativa, es posible no pueda deducir esta pérdida.

Algunos gastos pagados durante todo el año pueden ser en parte personales y en parte comerciales. Algunos gastos compartidos pueden incluir gastos de gasolina, aceite, combustible, agua, alquiler, electricidad, teléfono, mantenimiento del automóvil, reparaciones, seguros, intereses e impuestos. Los gastos compartidos deben asignarse correctamente entre el personal y el negocio. La parte personal no es deducible; la parte comercial se deducirá en el Anexo F.

Los costos ordinarios y necesarios para operar una finca con fines de lucro son gastos comerciales deducibles. Los costos actuales son gastos que no tienen que ser capitalizados o incluidos en los costos de inventario. Sin embargo, la deducción por el costo de la alimentación del ganado y ciertos otros suministros puede ser limitada. Si el contribuyente tiene una pérdida operativa, es posible no pueda deducir esta pérdida. Los siguientes no se deducen:

- ➢ Gastos personales o de vida.
- ➢ Gastos utilizados para criar una familia.
- ➢ Gastos de animales utilizados por el contribuyente para criar al animal.
- ➢ Gastos pagados por anticipado.
- ➢ Pérdidas de inventario.
- ➢ Pérdidas personales.

Parte del Anexo F de 2021

Schedule F

Prepaid farm supplies are amounts paid during the tax year for the following items:

> ➢ Feed, seed, fertilizer, and similar farm supplies not used or consumed during the year. Do not include amounts paid for farm supplies that would have been consumed if not for a fire, storm, flood, other casualty, disease, or drought.
> ➢ Poultry (including egg-laying hens and baby chicks) bought for use (or for both use and resale) in the farm business. Include only the amount that would be deductible in the following year if the taxpayer had capitalized the cost and deducted it ratably over the lesser of 12 months or the useful life of the poultry.
> ➢ Poultry bought for resale and not resold during the year.

Line 10, Car and Truck Expenses

Only expenses that are used for business can be deducted as a business expense. Items include gasoline, oil, repairs, license tags, insurance, and depreciation. For 2021, the mileage rate for claiming expenses was 56 cents per mile and for 2022 the rate will be 58.5 cents per mile from January to June and 62.5 cents per mile from July - December. The standard mileage rate for each mile of business use can be used for the taxpayer's owned or leased vehicle. The standard mileage rate cannot be used if five or more cars or light trucks are used at the same time.

Line 14, Depreciation

When property is acquired to be used in the farm business and expected to last more than one year, do not deduct the entire cost in the year. The cost is recovered over more than one year and deducted each year on Schedule F as depreciation or amortization. For more information, research depreciation and amortization.

Line 17, Fertilizers and Lime

In the year paid or incurred, the cost of fertilizer, lime, and other materials applied to farmland to enrich, neutralize, or condition the land can be an expense. The cost to apply the material is also an expense. Remember, if items are prepaid, more research will be needed.

Line 19, Gasoline, Fuel and Oil

Some expenses paid during the tax year are part personal and part business. These can include expenses for gasoline, fuel and oil, water, utilities, automobile upkeep, repairs, insurance, and taxes. The taxpayer cannot mix business and personal portions to be reported. The business portion is deductible on the tax return.

Line 20, Insurance

Ordinary and necessary cost of insurance for the farm business is a business expense. Premiums can include payment for the following types of insurance:

> ➢ Fire, storm, crop, theft, liability, and other insurance on farm business assets
> ➢ Health and accident insurance on farm employees

Los suministros prepagados de la finca son montos pagados durante el año fiscal para los siguientes artículos:

- Alimento, semillas, fertilizantes y suministros agrícolas similares no utilizados o consumidos durante el año. No incluya las cantidades pagadas por los suministros de la finca que se habrían consumido si no fuera por un incendio, tormenta, inundación, otro siniestro, sequía, enfermedad.
- Las aves de corral (incluyendo gallinas ponedoras de huevos y pollitos) compradas para su uso (o para su uso y reventa) en el negocio agrícola. Incluya solo el monto que sería deducible en el año siguiente si el contribuyente hubiera capitalizado el costo y lo dedujo proporcionalmente durante el menor de 12 meses o la vida útil de las aves de corral.
- Aves de corral compradas para reventa y no revendidas durante el año.

Línea 10, Gastos de automóvil y camión

Solo los gastos que se utilizan para los negocios se pueden deducir como un gasto comercial. Los artículos incluyen gasolina, aceite, reparaciones, etiquetas de licencia, seguro y depreciación. Para 2021, la tasa de millaje para reclamar gastos fue de 56 centavos por milla y para 2022 la tarifa será de 58.5 centavos por milla de enero a junio y 62.5 centavos por milla de julio a diciembre. Es posible usar la tasa estándar por distancia en millas para cada milla de uso comercial del vehículo adquirido o alquilado por el contribuyente. La tasa estándar por milla no se puede aplicar si se usan cinco o más autos o camionetas al mismo tiempo.

Línea 14, Depreciación

Cuando se adquiere una propiedad para ser utilizada en el negocio agrícola y se espera que dure más de un año, no deduzca el costo total en el año. El costo se recupera durante más de un año y se deduce cada año en el Anexo F como depreciación o amortización. Para más información, indague más sobre depreciación y amortización.

Línea 17, Abonos y cal

En el año pagado o incurrido, el costo del abono, la cal y otros materiales aplicados a las tierras agrícolas para enriquecer, neutralizar o acondicionar la tierra puede representar un gasto. El costo de aplicar el material también es un gasto. Recuerde, si los artículos son prepagos, necesitará indagar más.

Línea 19, Gasolina, Combustible y Aceite

Algunos gastos pagados durante el año fiscal son en parte personales y en parte comerciales. Estos pueden incluir gastos de gasolina, combustible y aceite, agua, servicios públicos, mantenimiento de automóviles, reparaciones, seguros e impuestos. El contribuyente no puede mezclar porciones comerciales y personales para ser reportadas. La parte comercial es deducible en la declaración de impuestos.

Línea 20, Seguro

El costo ordinario y necesario del seguro para el negocio agrícola es un gasto comercial. Las primas pueden incluir el pago de los siguientes tipos de seguro:

- Incendio, tormenta, cultivo, robo, responsabilidad civil y otros seguros en activos de negocios agrícolas
- Seguro médico y contra accidentes para empleados agrícolas

- ➢ Workers' compensation insurance set by state law that covers claims for job-related bodily injuries or diseases suffered by employees on the farm, regardless of fault
- ➢ Business interruption insurance
- ➢ State unemployment insurance on farm employees (deductible as taxes if they are considered taxes under state law)

Self-employed health insurance can be deducted as well as medical, dental, and qualified long-term care insurance coverage for the taxpayer, the spouse, and dependents when figuring adjusted gross income.

Line 21, Interest

Interest paid on farm mortgages and other obligations incurred in the farm business can be deductible. If the cash method of accounting is used, deduct interest paid during the tax year. Interest paid with other funds received from the original lender through another loan, advance, or other arraignment similar to a loan cannot be deducted until payments are made on the new loan. Under the cash method, if interest is prepaid before it is due, the deduction is taken in the tax year in which the interest is due.

Line 22, Labor Hired

Reasonable wages paid for regular farm labor, piecework, contract labor, and other forms of labor hired to perform the farming operations can be paid in cash or in noncash items such as inventory, capital assets, or assets used in business. The cost of boarding farm labor is a deductible labor cost. Other deductible costs incurred for farm labor could include health insurance, workers' compensation insurance, and other benefits.

Line 25, Repairs and Maintenance

Most expenses for repair and maintenance are deductible. However, repairs or an overhaul to depreciable property that increases the asset's value or adapts it to a different use is a capital expense.

Line 29, Taxes

Real estate and property taxes on farm business assets such as farm equipment, animals, farmland, and farm buildings can be deducted in the year paid. The taxes on the part of the farm used for personal use are not a deductible expense on the business; those expenses may be deductible on Schedule A.

State and local general sales tax on non-depreciable farm business items are deductible as part of the cost of those items. Include state and local general sales tax imposed on the purchase of the assets for use in the farm business as part of the cost that is depreciable.

Individuals cannot deduct state and federal income taxes as farm business expenses. Individuals can deduct state and local income taxes only as an itemized deduction on Schedule A. Federal income tax is not a deduction. One-half of the self-employment tax is figured as an adjustment to income on Form 1040.

- Seguro de indemnización de trabajadores establecido por la ley estatal que cubre reclamos por lesiones corporales relacionadas con el trabajo o enfermedades sufridas por los empleados en la finca, independientemente de quién sea culpable.
- Seguro de interrupción de negocios
- Seguro de desempleo estatal para empleados agrícolas (deducible como impuestos si se consideran impuestos según la ley estatal)

El seguro de salud para trabajador por cuenta propia se puede deducir, así como la cobertura médica, odontológico y de seguro de cuidado a largo plazo calificado para el contribuyente, el cónyuge y los dependientes cuando se calcula el ingreso bruto ajustado.

Línea 21, Intereses

Los intereses pagados en las hipotecas de la finca y otras obligaciones incurridas en el negocio de la finca pueden ser deducibles. Si se utiliza el método contable de efectivo, deduzca los intereses pagados durante el año fiscal. Los intereses pagados con otros fondos recibidos del prestamista original a través de otro préstamo, anticipo u otro acuerdo similar a un préstamo no pueden deducirse hasta que se realicen los pagos del nuevo préstamo. Según el método de efectivo, si los intereses se prepagan antes de su vencimiento, la deducción se toma en el año fiscal en el que vence el interés.

Línea 22, Contratación laboral

Los salarios razonables pagados por el trabajo agrícola regular, el trabajo a destajo, el trabajo por contrato y otras formas de trabajo contratado para realizar las operaciones agrícolas se pueden pagar en efectivo o en artículos no en efectivo como inventario, bienes de capital o activos utilizados en los negocios. El costo de procura de mano de obra agrícola es un costo de mano de obra deducible. Otros costos deducibles incurridos para el trabajo agrícola podrían incluir seguro de salud, seguro de indemnización por accidente laboral y otros beneficios.

Línea 25, Reparaciones y mantenimiento

La mayoría de los gastos de reparación y mantenimiento son deducibles. Sin embargo, las reparaciones o una revisión de la propiedad depreciable que aumenta el valor del activo o lo adapta a un uso diferente es un gasto de capital.

Línea 29, Impuestos

Los impuestos inmobiliarios y sobre la propiedad de los activos de la empresa agrícola, como equipos agrícolas, animales, tierras de cultivo y edificios agrícolas, se pueden deducir en el año pagado. Los impuestos sobre la finca que se utilizan para uso personal no son un gasto deducible en el negocio; esos gastos pueden ser deducibles en el Anexo A.

El impuesto estatal y local general sobre las ventas en los artículos comerciales agrícolas no depreciables es deducible como parte del costo de esos artículos. Incluya los impuestos estatales y locales generales a las ventas para la compra de los activos utilizados en el negocio agrícola como parte del costo que es depreciable.

Las personas no pueden deducir los impuestos estatales y federales sobre la renta como gastos comerciales de la finca. Las personas pueden deducir los impuestos estatales y locales sobre la renta solo como una deducción detallada en el Anexo A. El impuesto federal sobre la renta no es una deducción. La mitad del impuesto sobre el trabajo independiente se calcula como un ajuste a los ingresos en el Formulario 1040.

Schedule F

Line 32, Other Expenses

Travel Expenses

Ordinary and necessary expenses can be deducted if they are incurred while traveling away from home for farm business. Lavish and extravagant expenses cannot be deducted. For tax purposes, the farm business's location is considered the location of the farm and the taxpayer is traveling away from the farm if:

- Duties require the taxpayer to be absent from the farm for substantially longer than an ordinary workday
- Sleep and rest are required to meet the demands of work while away from home

Following are some examples of deductible travel expenses:

- Air, rail, bus, and car transportation
- Meals and lodging
- Dry cleaning and laundry
- Telephone and fax
- Transportation between hotel and temporary work or business meeting location
- Tips for any expenses

Remember, ordinary business-related meals are 50 percent deductible if business travel is overnight or long enough to require the taxpayer to stop for sleep or rest to properly perform his or her duties.

The following list is not a complete list but includes some expenses that may be deducted as farm expense on Part II of Schedule F. These expenses must be for business purposes and paid in the year used (if using the cash method) or incurred (if using the accrual method).

- Accounting fees
- Advertising
- Business travel and meals
- Commissions
- Consultant fees
- Crop-scouting expenses
- Dues to cooperatives
- Educational expenses (to maintain and improve farming skills)
- Farm-related attorney fees
- Farm magazines
- Ginning
- Insect sprays and dusts
- Litter and bedding
- Livestock fees
- Marketing fees
- Milk assessment
- Record-keeping expenses
- Service charges

Línea 32, Otros gastos

Gastos de viaje

Los gastos ordinarios y necesarios pueden deducirse si se incurren mientras se viaja fuera del hogar por negocios agrícolas. Los gastos suntuosos y extravagantes no se pueden deducir. Para propósitos de impuestos, la ubicación del negocio agrícola se considera la ubicación de la finca y el contribuyente está viajando fuera de la finca si:

> Los deberes requieren que el contribuyente esté ausente de la finca por mucho más tiempo que un día normal de trabajo.
> Los deberes requieren que el contribuyente esté ausente de la finca por mucho más tiempo que un día normal de trabajo.

Los siguientes son algunos ejemplos de gastos de viaje deducibles:

> Transporte aéreo, ferroviario, en autobús y en automóvil
> Comidas y alojamiento
> Tintorería y lavandería
> Teléfono y fax
> Transporte entre el hotel y el lugar de trabajo temporal o reunión de negocios.
> Propinas para cualquier gasto

Recuerde, las comidas ordinarias relacionadas con los negocios son deducibles en un 50% si el viaje de negocios es de una noche o lo suficientemente largo como para requerir que el contribuyente se detenga a dormir o descansar para desempeñar adecuadamente sus funciones.

La siguiente lista no es una descripción completa, pero incluye algunos gastos que pueden deducirse como gasto agrícola en la Parte II del Anexo F. Estos gastos deben ser para fines comerciales y pagados en el año utilizado (si se usa el método de efectivo) o incurrido (si se usa el método de devengo).

> Honorarios de contabilidad
> Publicidad
> Viajes de comidas de negocios
> Comisiones
> Honorarios de consultor
> Gastos de poda y exploración
> Cuotas a cooperativas
> Gastos educativos (para mantener y mejorar las habilidades agrícolas)
> Honorarios de abogados relacionados con la finca
> Revistas agrícolas
> Desmontado
> Aerosoles y polvos para insectos
> Camas y yacijas
> Gastos del ganado
> Gastos de comercialización
> Evaluación de leche
> Gastos de mantenimiento de registros
> Cargos por servicio

Schedule F

- Small tools expected to last one year or less
- Stamps and stationery
- Subscriptions to professional, technical, and trade journals that deal with farming

Marketing Quota Penalties

Marketing quota penalties can be deducted as an "other expense" on Schedule F. These penalties are paid for marketing crops in excess of farm marketing quota. If the penalty is not paid but the purchaser of the crop deducts it from the payment, include the payment in gross income. Do not take a separate deduction for the penalty.

Capital Expenses

A capital expense is a payment or a debt incurred for the acquisition, improvement, or restoration of an asset that is expected to last more than one year. Include the expense in the basis of the asset. Uniform capitalization rules also require the asset to be capitalized or included in certain inventory expenses.

Business Use of Home

Business use of the home can be deducted if part of the home is exclusively and regularly used as:

- The principal place of business for any trade or business
- A place to meet or deal with patients, clients, or customers in the normal course of the trade or business
- In connection with a trade or business, if using a separate structure that is not attached to the home

An office in the home will qualify as the principal place of business for deducting expense for its use if both of the following requirements are met:

- The taxpayer uses it exclusively and regularly for the administrative or management activities of the trade or business.
- The taxpayer has no other fixed location where one conducts substantial administrative or management activities of the trade or business.

The IRS has provided a simplified method to determine the expense use for your home, which has been discussed in chapter 6. For more information, see Publication 587.

Business Start-Up and Organizational Costs

The taxpayer can elect to deduct up to $5,000 of business start-up costs and $5,000 of organizational costs paid or incurred after October 22, 2004. The $5,000 deduction is reduced by the amount of the total start-up or organizational costs exceeding $50,000. Any remaining costs must be amortized.

Anexo F

- Pequeñas herramientas que se espera que duren un año o menos
- Sellos y papelería
- Suscripciones a revistas profesionales, técnicas y comerciales relacionadas con la agricultura

Multas por cuotas de comercialización

Las multas por cuotas de comercialización se pueden deducir como "otro gasto" en el Anexo F. Estas multas se pagan por comercializar cultivos en exceso de la cuota de comercialización agrícola. Si la multa no se paga, pero el comprador del cultivo la deduce del pago, incluya el pago en el ingreso bruto. No tome una deducción independiente por la multa.

Gastos de capital

Un gasto de capital es un pago o una deuda contraída para la adquisición, mejora o restauración de un activo que se espera que dure más de un año. Incluya el gasto en la base del activo. Las reglas uniformes de capitalización también requieren que el activo se capitalice o se incluya en ciertos gastos de inventario.

Uso comercial del hogar

El uso comercial del hogar puede deducirse si parte de la vivienda se utiliza exclusiva y regularmente como:

- El lugar principal de negocios para cualquier actividad o negocio.
- Un lugar para reunirse o tratar con pacientes o clientes en el curso normal de la actividad o negocio.
- En relación con la actividad o el negocio, si usa una estructura separada que no está adjunta a la casa del contribuyente.

Una oficina en el hogar calificará como el lugar principal de negocios para deducir los gastos por su uso si se cumplen los dos requisitos siguientes:

- El contribuyente la utiliza exclusiva y habitualmente para las actividades administrativas o de gestión de la actividad o el negocio.
- El contribuyente no tiene otra ubicación fija donde realice actividades administrativas o de gestión sustanciales de su actividad o negocio.

El IRS ha proporcionado un método simplificado para determinar el uso de gastos para su hogar, que se analizó en el capítulo 6. Para obtener más información, consulte la Publicación 587.

Inicio de negocios y costos organizacionales

El contribuyente puede elegir deducir hasta $5,000 de costos de inicio de negocios y $5,000 de costos organizacionales pagados o incurridos después del 22 de octubre de 2004. La deducción de $5,000 se reduce por el monto de los costos totales de inicio u organización que superen los $50,000. Cualquier costo restante debe ser amortizado.

Schedule F

Crop Production Expenses

The uniform capitalization rules require the taxpayer to capitalize expense incurred in producing plants. However, for certain taxpayers who are required to use the accrual method of accounting, the capitalization rules do not apply to plants with a pre-productive period of two years or less.

See Publication 225.

Timber

Capitalize the cost of acquiring timber; do not include the cost of the land. Generally, one must capitalize the direct costs incurred in reforestation; however, one can elect to deduct some forestation and reforestation costs.

Christmas Tree Cultivation

If the taxpayer is in the business of planting and cultivating Christmas trees to sell when they are more than 6 years old, capitalize expense incurred for planting and stump culture and add them to the basis of the standing trees. The taxpayer would recover these expenses as part of the adjusted basis when the trees are sold as standing trees, or as a depletion allowance when the trees are cut.

Breeding Fees

If the accrual method is used, breeding fees need to be capitalized and allocated to the cost of the basis of the calf, foal, etc. Breeding fees can be an expense on Schedule F.

Other Nondeductible Expenses

Personal expenses and certain other items on the tax return cannot be deducted even if they are farm related. The taxpayer cannot deduct certain personal and living expenses, including rent and insurance premiums paid on property used as the taxpayer's primary residence. The cost of maintaining personal vehicles or other items used for personal use or the cost of purchasing or raising produce or livestock consumed by the taxpayer and his or her family is not deductible.

Losses from Operating a Farm

If the farm expenses are more than the farm income, the taxpayer has a loss from the operation of the farm. The amount of the loss one can deduct when figuring the taxable income may be limited. To figure the deductible loss, the following limits must be applied:

➢ The at-risk limits
➢ The passive activity limits

If the deductible loss after applying the limits is more than the income for the year, there may be a net operating loss. See Publication 536 for more information. This is beyond the scope of this course.

Anexo F

Gastos de producción de cultivos

Las reglas uniformes de capitalización requieren que el contribuyente capitalice los gastos incurridos en la producción de plantas. Sin embargo, para ciertos contribuyentes que están obligados a utilizar el método contable de devengo, las reglas de capitalización no se aplican a las plantas con un período reproductivo de dos años o menos.

Consulte la Publicación 225.

Madera

Capitalice el costo de adquisición de madera; no incluya el costo de la tierra. Generalmente, se debe capitalizar los costos directos incurridos en la reforestación; sin embargo, puede elegir deducir algunos costos de forestación y reforestación.

Cultivo de árboles de navidad

Si el contribuyente está en el negocio de plantar y cultivar árboles de Navidad para vender cuando tienen más de 6 años, capitalice los gastos incurridos para siembra y cultura de tocón y agréguelos a la base de los árboles vivos. El contribuyente recuperaría estos gastos como parte de la base ajustada cuando los árboles se vendan como árboles vivos, o como un subsidio de agotamiento cuando se cortan los árboles.

Gastos de crianza

Si se utiliza el método de devengo, los gastos de crianza deben capitalizarse y asignarse al costo de la base del ternero, potro, etc. Los gastos de crianza pueden ser un gasto en el Anexo F.

Otros gastos no deducibles

Los gastos personales y ciertos otros artículos en la declaración de impuestos no se pueden deducir, incluso si están relacionados con la finca. El contribuyente no puede deducir ciertos gastos personales y de manutención, incluyendo las primas de alquiler y seguro pagados en la propiedad utilizada como residencia principal del contribuyente. El costo de mantener vehículos personales u otros artículos para uso personal o el costo de comprar productos o criar ganado consumido por el contribuyente y su familia no es deducible.

Pérdidas por operar una finca

Si los gastos de la finca son más que los ingresos de la misma, el contribuyente tiene una pérdida por la operación de la finca. El monto de la pérdida que puede deducir al calcular los ingresos imponibles puede ser limitado. Para calcular la pérdida deducible, se deben aplicar los siguientes límites:

➢ Límites de riesgo
➢ Límites de actividad pasiva

Si la pérdida deducible después de aplicar los límites es más que el ingreso del año, puede haber una pérdida operativa neta. Para más información, consulte la Publicación 536. Este contenido está fuera del alcance de este curso.

Schedule F

Not-for-Profit Farming

If the taxpayer operates a farm for profit, all ordinary and necessary expenses of carrying on the business of farming can be deducted on Schedule F. If the farming activity or other activity the taxpayer is engaged in or invests in is not-for-profit, the income from the activity is reported on Form 1040, line 21, and the expenses are deducted on Schedule A. Losses from not-for-profit farming can be limited.

Farmers and Fisherman Estimated Payments

If the taxpayer is a California resident and they are either a farmer or fisherman, there is a special provision for them. If 2/3 of the gross income for 2020 and 2021 was from farming or fishing, the entire estimated tax for 2021 was due on January 18, 2022. If the 2/3 rule still applies for 2021 and 2022, the entire estimated payment would be due on January 16, 2023.

Part 1 Review Questions

To obtain the maximum benefit from this chapter, LTP recommends that you complete each of the following questions, and then compare them to the answers with feedback that immediately follows. Under governing self-study standards, vendors are required to present review questions intermittently throughout each self-study course.

These questions and explanations are not part of the final examination and will not be graded by LTP.

SF1.1
Which of the following farm assets could produce a gain or a loss for the taxpayer?

a. Land
b. Depreciable farm equipment
c. Buildings and structures
d. Livestock

SF1.2
When farm products are sold, they are reported on_____.

a. Schedule F
b. Form 4797
c. Form 8949
d. Form 1040

SF1.3
Sales from dog breeding is reported on____.

a. Schedule A
b. Schedule C
c. Schedule E
d. Schedule F

Anexo F

Agricultura sin fines de lucro

Si el contribuyente opera una finca con fines de lucro, todos los gastos ordinarios y necesarios para llevar a cabo el negocio de la agricultura se pueden deducir en el Anexo F. Si la actividad agrícola u otra actividad que el contribuyente realiza o invierte es sin fines de lucro, los ingresos de la actividad se declaran en el Formulario 1040, línea 21, y los gastos se deducen en el Anexo A. Las pérdidas de la agricultura sin fines de lucro pueden ser limitadas.

Pagos estimados de agricultores y pescadores

Si el contribuyente es un residente de California y es un agricultor o un pescador, existe una disposición especial para ellos. Si 2/3 del ingreso bruto para 2020 y 2021 provino de la agricultura o la pesca, el impuesto estimado total para 2021 vence el 18 de enero de 2022. Si la regla de 2/3 todavía se aplica para 2021 y 2022, el pago estimado total sería el 16 de enero de 2023.

Parte 1 Preguntas de repaso

Para obtener el máximo beneficio de este curso, LTP recomienda que complete cada una de las preguntas a continuación, y luego las compare con las respuestas de los comentarios que se proporcionan posteriormente. Según los estándares reguladores de autoaprendizaje, los proveedores deben presentar preguntas de repaso de manera intermitente a lo largo de cada curso de autoaprendizaje.

Estas preguntas y explicaciones no son parte del examen final y no serán calificadas por LTP.

SF1.1
¿Cuál de los siguientes activos agrícolas podría producir una ganancia o una pérdida para el contribuyente?

   a. Terreno
   b. Equipo de finca depreciable
   c. Edificios y estructuras
   d. Ganado

SF1.2
Cuando se venden productos agrícolas, se declaran en el _____.

   a. Anexo F
   b. Formulario 4797
   c. Formulario 8949
   d. Formulario 1040

SF1.3
Las ventas de cría de perros se declaran en el ____.

   a. Anexo A
   b. Anexo C
   c. Anexo E
   d. Anexo F

Schedule F

SF1.4
EFI stands for _____.

   a. Electronic filing income
   b. Electronic farm income
   c. Elected farm income
   d. Elected filing income

Part 1 Review Questions Answers

SF1.1
Which of the following farm assets could produce a gain or a loss for the taxpayer?

   a. Land
   b. Depreciable farm equipment
   c. Buildings and structures
   d. Livestock

Feedback: Review section *Schedule F, Farm Income.*

SF1.2
When farm products are sold, they are reported on_____.

   a. Schedule F
   b. Form 4797
   c. Form 8949
   d. Form 1040

Feedback: Review section *Schedule F, Farm Income.*

SF1.3
Sales from dog breeding is reported on____.

   a. Schedule A
   b. Schedule C
   c. Schedule E
   d. Schedule F

Feedback: Review section *Schedule F, Farm Income.*

SF1.4
EFI stands for _____.

   a. Electronic filing income
   b. Electronic farm income
   c. Elected farm income
   d. Elected filing income

Feedback: Review section *Farm Income Cash Method*

SF1.4
EFI se define como _____.

- a. Declaración electrónica
- b. Ingreso agrícola electrónico
- c. Ingreso agrícola elegido
- d. Declaración electrónica elegida

Parte 1 Respuestas a las preguntas de repaso

SF1.1
¿Cuál de los siguientes activos agrícolas podría producir una ganancia o una pérdida para el contribuyente?

- a. Terreno
- b. Equipo de finca depreciable
- c. Edificios y estructuras
- **d. Ganado**

Comentarios: Revise la sección *Anexo F, Ingresos agrícolas*

SF1.2
Cuando se venden productos agrícolas, se declaran en el _____.

- **a. Anexo F**
- b. Formulario 4797
- c. Formulario 8949
- d. Formulario 1040

Comentarios: Revise la sección *Anexo F, Ingresos agrícolas*

SF1.3
Las ventas de cría de perros se declaran en el _____.

- a. Anexo A
- b. Anexo C
- c. Anexo E
- **d. Anexo F**

Comentarios: Revise la sección *Anexo F, Ingresos agrícolas.*

SF1.4
EFI se define como _____.

- a. Declaración electrónica
- b. Ingresos agrícolas electrónica
- **c. Ingreso agrícola elegido**
- d. Declaración electrónica elegida

Comentarios: Revise la sección *Método en efectivo de ingresos agrícolas*

Takeaways

Taxpayers are in the business of farming if they cultivate, operate, or manage a farm for profit, either as an owner or tenant. A farm includes livestock, dairy, poultry, fish, fruit, and truck farms. The farm can also include plantations, ranches, ranges, and orchards.

TEST YOUR KNOWLEDGE!
Go online to take a practice quiz.

Aportes

Los contribuyentes están en el negocio de la agricultura si cultivan, operan o administran una finca con fines de lucro, ya sea como propietario o inquilino. Una finca incluye fincas de ganado, productos lácteos, aves, peces, frutas y camiones. Las fincas también pueden incluir plantaciones, ranchos, prados y huertos.

¡PON A PRUEBA TUS CONOCIMIENTOS!
Ve en línea para tomar una prueba de práctica.

Chapter 12 Depreciation

Introduction

Depreciation is an annual deduction that allows taxpayers to recover the cost or other basis of their business or investment property over a specified number of years. Depreciation is an allowance for the wear and tear, decline, or uselessness of a property and begins when a taxpayer places property in service for use in a trade or business. The property ceases to be depreciable when the taxpayer has fully recovered the property's cost or other basis or when the property has been retired from service, whichever comes first. Depreciation is reported on Form 4562.

Objectives

At the end of this lesson, the student will:

- Describe when property cannot be depreciated.
- Recognize when depreciation begins and ends.
- Identify which method of depreciation to use for the property.

Resources

Form 1040	Publication 544	Instructions Form 1040
Form 4562	Publication 551	Instructions Form 4562
Form 3115	Publication 946	Instructions Form 3115

Capítulo 12 Depreciación

Introducción

La depreciación es una deducción anual que permite a los contribuyentes recuperar el costo u otra base de su propiedad comercial o de inversión durante un cierto número de años. La depreciación es una reserva por el desgaste, deterioro o inutilidad de una propiedad y comienza cuando un contribuyente pone una propiedad en servicio para su uso en una actividad o negocio. La propiedad deja de ser depreciable cuando el contribuyente ha recuperado completamente el costo de la propiedad u otra base o cuando esta ha sido retirada del servicio, lo que ocurra primero. La depreciación se declara en el Formulario 4562.

Objetivos

Al final de esta lección, el estudiante podrá:

- ➢ Describir cuándo la propiedad no puede ser depreciada.
- ➢ Reconocer cuándo comienza y termina la depreciación.
- ➢ Identificar qué método de depreciación usar para la propiedad.

Fuentes

Formulario 1040	Publicación 544	Instrucciones del formulario 1040
Formulario 4562	Publicación 551	Instrucciones del formulario 4562
Formulario 3115	Publicación 946	Instrucciones del formulario 3115

Table of Contents / Índice

Introduction 390
Introducción 391
   Part 1 Defining Depreciation and Depreciation Methods 394
   Depreciation 394
   Section 179 394
   Bonus Depreciation 394
   Parte 1 Definición de depreciación y métodos de depreciación 395
   Depreciación 395
   Sección 179 395
   Depreciación de bonos 395
   The Beginning and End of Depreciation 396
   Property That Can Be Depreciated 396
   El comienzo y el final de la depreciación 397
   Propiedad que puede depreciarse 397
   Property Owned 398
   Property Having a Determinable Useful Life 398
   Property Lasting More than One Year 398
   Property Used in Business or an Income-Producing Activity 398
   Titularidad de la propiedad 399
   Propiedad con una vida útil determinable 399
   Propiedad que dura más de un año 399
   Propiedad utilizada en negocios o actividad generadora de ingresos 399
   Property That Cannot Be Depreciated 400
   Property Acquired by Like-kind Exchanges 402
   Propiedad que no se puede depreciar 401
   Bienes adquiridos por permutas en especie 403
   De minimis Safe Harbor Election 402
   Depreciation Methods 402
   Modified Accelerated Cost Recovery System (MACRS) 402
   Elección de puerto seguro de minimis 403
   Métodos de depreciación 403
   Sistema Modificado de Recuperación Acelerada de Costos (MACRS) 403
   Straight Line Method 406
   Part 1 Review Questions 408
   Método de la línea recta 407
   Parte 1 Preguntas de repaso 409
   Part 1 Review Questions Answers 410
   Parte 1 Respuestas a las preguntas de repaso 411
Part 2 Depreciation Basis and Depreciation under MACRS 410
   Basis of Depreciable Property 410
   Cost Basis 410
   Other Basis 412
   Adjusted Basis 412
Parte 2 Base de depreciación y depreciación en virtud del MACRS 411
   Base de la propiedad depreciable 411
   Base de costo 411
   Otra base 413
   Base ajustada 413
   Figuring Depreciation Under MACRS 412
   GDS Property Classifications 414
   Calcular la depreciación mediante el MACRS 413

Clasificaciones de propiedades GDS 415
Which Convention Applies? 416
¿Qué convención se aplica? 417
Changing Accounting Methods 418
Cambio de métodos contables 419
Idle Property 420
Cost or Other Basis Fully Recovered 420
Retired from Service 420
Understanding the Table of Class Lives and Recovery Periods 420
Propiedad inactiva 421
Costo u otra base totalmente recuperada 421
Retiro del servicio 421
Comprensión de la tabla de vidas de clase y períodos de recuperación 421
Part 2 Review Questions 422
Parte 2 Preguntas de repaso 423
Part 2 Review Questions Answers 424
Parte 2 Respuestas a las preguntas de repaso 425
Takeaways 426
Aportes 427

Depreciation

Part 1 Defining Depreciation and Depreciation Methods

Depreciation is an annual allowance for the wear and tear of certain property that includes the process of allocating the cost of a tangible asset to expense over its estimated useful life. To be depreciable, tangible property must have a limited life. Tangible property can be divided into two categories: real property and personal property. Real property is land, land improvements, buildings, and building improvements. Land does not have a limited life; therefore, it does not qualify for depreciation. Personal property is usually business machinery and equipment, office furniture, and fixtures. The term "personal property" should not be confused with property owned by an individual for personal use.

Depreciation

Depreciation is a way of accounting for the costs associated with durable goods used in a business, for investment, or for a hobby. The recovery period is determined by the IRS and the taxpayer deducts the cost of the item over the property class life. Only the percentage of the cost corresponding to the percentage of use attributable to deductible purposes can be depreciated; costs attributed to personal use can never be depreciated. Depreciation starts when the asset is placed into service and ends when the property is disposed or worn out.

Basis is a way of determining the cost of an investment in property and is decided by how it was acquired. If the property was purchased, the purchase price is the basis. Any improvements made to the property are then added to that basis. The purchase price plus improvements constitutes the adjusted basis. Other items that add to the basis are the expenses of acquiring the property (commissions, sales tax, and freight charges). There are also items that reduce the basis, which include depreciation, nontaxable distributions, and postponed gain on home sales. This is also referred to as "cost basis".

Section 179

Section 179 is an internal revenue code that allows the taxpayer an immediate deduction on certain business assets. Business owners can take the purchase price of business equipment in the year of purchase and depreciate the asset 100%. Federal law allows an expense election up to $1,050,000 of the cost of certain business property. Section 179 property cost phase out begins at $2,620,000 for tax year 2021. For tax year 2022 the limits are $1,080,000 with a total purchase of $2,700,000.

Taxpayer can choose to take a portion of Section 179 instead of the entire amount of the asset. For example, Solomon purchased a tractor for his farming business. The tractor cost $45,000, and Solomon decided to use 50% of the cost as Section 179. The remaining $22,500 would be used as a yearly depreciation deduction.

Bonus Depreciation

Bonus depreciation was designed to stimulate investment in business property that is not land or buildings. IRC section 168(k) is the code that provides the explanation of the accelerated depreciation. The IRS sometimes refers to bonus depreciation as a "special depreciation allowance". For tax year 2021, the allowable depreciation is 100% of qualified business property. The immediate deduction is eligible for property that has been placed in service between September 27, 2017 and January 1, 2023. Here is the phase out after January 1, 2023:2023:

Parte 1 Definición de depreciación y métodos de depreciación

La depreciación es una asignación anual para el desgaste de cierta propiedad que incluye el proceso de asignar el costo de un activo tangible a los gastos durante su vida útil estimada. Para ser depreciable, la propiedad tangible debe tener una vida limitada. Los bienes tangibles se pueden dividir en dos categorías: bienes inmuebles y bienes muebles. Los bienes inmuebles son terrenos, mejoras de terrenos, edificios y mejoras de edificios. La tierra no tiene una vida limitada; por lo tanto, no califica para depreciación. La propiedad personal suele ser maquinaria y equipo comercial, mobiliario de oficina y accesorios. El término "propiedad personal" no debe confundirse con la propiedad de un individuo para uso personal.

Depreciación

La depreciación es una forma de contabilizar los costos asociados con los bienes duraderos utilizados en un negocio, para inversiones o para un pasatiempo. El período de recuperación lo determina el IRS y el contribuyente deduce el costo del artículo durante la vida de la clase de propiedad. Solo se puede depreciar el porcentaje del costo correspondiente al porcentaje de uso atribuible a efectos deducibles; los costos atribuidos al uso personal nunca pueden depreciarse. La depreciación comienza cuando el activo se pone en servicio y finaliza cuando se enajena o desgasta la propiedad.

La base es una forma de determinar el costo de una inversión en una propiedad y se decide por cómo se adquirió. Si la propiedad fue comprada, el precio de compra es la base. Las mejoras realizadas a la propiedad se suman a esa base. El precio de compra más las mejoras constituye la base ajustada. Otros elementos que se suman a la base son los gastos de adquisición de la propiedad (comisiones, impuestos sobre las ventas y fletes). También hay rubros que reducen la base, que incluyen depreciación, distribuciones no tributables y ganancia aplazada en la venta de viviendas. Esto también se conoce como base de costos.

Sección 179

La Sección 179 es un código de impuestos internos que le permite al contribuyente una deducción inmediata sobre ciertos activos comerciales. Los dueños de negocios pueden tomar el precio de compra del equipo comercial en el año de compra y depreciar el activo al 100%. La ley federal permite una elección de gastos de hasta $1,050,000 del costo de cierta propiedad comercial. La eliminación gradual del costo de la propiedad de la sección 179 federal comienza en $2,620,000 para el año tributario 2021. Para el año tributario 2022 los límites son $1,080,000 con una compra total de $2,700,000.

El contribuyente puede optar por tomar una parte de la Sección 179 en lugar de la cantidad total del activo. Por ejemplo, Solomon compró un tractor para su negocio agrícola. El tractor costó $45,000 y Solomon decidió usar el 50% del costo como Sección 179. Los $22,500 restantes se usarían como una deducción de depreciación anual.

Depreciación de bonos

La depreciación adicional se diseñó para estimular la inversión en propiedades comerciales que no son terrenos ni edificios. La sección 168(k) del IRC es el código que proporciona la explicación de la depreciación acelerada. El IRS a veces se refiere a la depreciación adicional como una "asignación especial de depreciación". Para el año tributario 2021, la depreciación permitida es del 100% de la propiedad comercial calificada. La deducción inmediata es elegible para la propiedad que se ha puesto en servicio entre el 27 de septiembre de 2017 y el 1 de enero de 2023. Aquí está la eliminación gradual después del 1 de enero de 2023:

Depreciation

80%
2024: 60%
2025: 40%
2026: 20%

Property that qualifies for bonus depreciation must have a useful life of 20 years or less. The property must also be new for the taxpayer. If the taxpayer leased the equipment, prior to purchase, the property is disqualified for bonus depreciation.

The Beginning and End of Depreciation

Depreciation begins when the property is placed in service for use in the trade or business or for the production of income. Depreciation ends when the cost and added basis, if any, have been fully recovered or when the property is retired from service, whichever comes first.

Property is placed in service when it is ready and available for a specific use for a business activity, an income-producing activity, a tax-exempt activity, or a personal activity. Even if the property is not being used, it is still placed in service when it is ready, available, and capable of performing its specific use.

When a taxpayer places an improvement or addition in service after the original asset was placed in service, the improvements or addition is a separate asset. For example, Gabriela placed her rental in service and then made some major improvements. The improvements were more than the purchase price of the rental. The improvements will be a separate line item to be depreciated and could have a different class life. See §1.263(a)-3T(e)(3) or (e)(5) for more information.

Example 1: Joel purchased a copy machine in December of last year for his printing business. The machine was delivered in January but not installed. Joel had the machine installed and ready for use in February of the current tax year. The machine would be considered to be placed in service in February of the current year, and not December or January, because it wasn't until it was installed in February that the machine became ready to be placed in service.

If the property has been converted from personal to business use, the "placed in service" date is the date it was converted to business use or to an income-producing activity. In other words, depreciation begins when the property has been placed in service.

Example 2: Nicolas purchased a home as his primary residence in 2010, and on February 10, 2019, he converted it to a rental property. Therefore, depreciation begins the day it was placed into service as an income-producing property.

Property That Can Be Depreciated

Most types of tangible property can be depreciated. Examples of tangible property are:

- Buildings
- Vehicles
- Machinery
- Furniture
- Equipment
- Storage facilities

2023: 80%
2024: 60%
2025: 40%
2026: 20%

La propiedad que califica para la depreciación adicional debe tener una vida útil de 20 años o menos. La propiedad también debe ser nueva para el contribuyente. Si el contribuyente arrendó el equipo, antes de la compra, la propiedad queda inhabilitada para la bonificación por depreciación.

El comienzo y el final de la depreciación

La depreciación comienza cuando la propiedad se pone en servicio para su uso en la actividad o negocio o para la producción de ingresos. La depreciación termina cuando el costo y la base adicional, si alguna, se han recuperado por completo o cuando la propiedad se retira del servicio, lo que ocurra primero.

La propiedad se pone en servicio cuando está lista y disponible para un uso específico para una actividad comercial, una actividad generadora de ingresos, una actividad exenta de impuestos o una actividad personal. Incluso si la propiedad no se está utilizando, todavía se pone en servicio cuando está lista, disponible y capaz de realizar su uso específico.

Cuando un contribuyente pone en servicio una mejora o adición después de que el activo original se puso en servicio, la mejora o adición es un activo separado. Por ejemplo, Gabriela puso en servicio su alquiler y luego hizo algunas mejoras importantes. Las mejoras fueron más que el precio de compra del alquiler. Las mejoras serán un elemento de línea separado que se depreciará y podría tener una vida útil diferente. Consulte §1.263(a)-3T(e)(3) o (e)(5) para obtener más información.

Ejemplo 1: Joel compró una máquina copiadora en diciembre del año pasado para su negocio de fotocopiadoras. La máquina se entregó en enero, pero no se instaló. Joel tenía la máquina instalada y lista para usar en febrero del año tributario en curso. Se consideraría que la máquina se puso en servicio en febrero del año en curso y no en diciembre o enero, porque no fue hasta que se instaló en febrero que la máquina estuvo lista para usar y, por lo tanto, se puso en servicio.

Si la propiedad se ha convertido de uso personal a comercial, la fecha de "puesta en servicio" es la fecha en que se convirtió en uso comercial o en una actividad generadora de ingresos. En otras palabras, la depreciación comienza cuando la propiedad se ha puesto en servicio.

Ejemplo 2: Nicolas compró una casa como su residencia principal en 2010, y el 10 de febrero de 2019 la convirtió en una propiedad de alquiler. Por lo tanto, la depreciación comienza el día en que se puso en servicio como propiedad generadora de ingresos.

Propiedad que puede depreciarse

La mayoría de los tipos de propiedad tangible pueden depreciarse. Ejemplos de propiedad tangible son:

- Edificios
- Vehículos
- Maquinaria
- Mobiliario
- Equipo
- Instalaciones de almacenamiento

Depreciation

Some intangible items that can be depreciated include:

- Copyrights
- Patents
- Computer software (if the software life value is more than one year)

Property that can be depreciated must meet the following requirements:

- Must be the taxpayer's own property.
- Must be used in the taxpayer's business or income-producing activity.
- Property must have a determinable useful life.
- The property is expected to last more than one year.

Property Owned

To claim depreciation, one must be the owner of the property, even if the property has debt. Leased property can be claimed only if ownership of the property includes the following:

- The legal title to the property.
- The legal obligation to pay for the property.
- The responsibility to pay maintenance and operating expenses.
- The duty to pay any taxes on the property.
- The risk of loss if the property is destroyed, condemned, or diminished in value through obsolescence or exhaustion.

Example: Amanda made a down payment on a rental property and took over Tom's mortgage payments. Amanda owns the property and can depreciate it.

If the property is held as a business or as an investment property as a life tenant, the taxpayer may depreciate the property.

Property Having a Determinable Useful Life

Property must have a determinable useful life to be depreciated. It must be something that wears out, decays, gets used up, becomes obsolete, or loses its value from natural causes.

Property Lasting More than One Year

To be able to depreciate property, the useful life should extend significantly beyond the year the property was placed in service.

Example: Ms. Wilson maintains a library for her tax business and purchases yearly technical journals for its use. The library would be depreciated because the technical journals do not have a useful life of more than one year before the information contained will become outdated. The technical journals can be taken as a yearly business expense.

Property Used in Business or an Income-Producing Activity

To claim depreciation on property, the income-producing activity must be used in business. If the taxpayer uses the property to produce an investment use, then the income is taxable. Personal property cannot be depreciated.

Algunos elementos intangibles que pueden depreciarse incluyen:

- Derechos de autor
- Patentes
- Software informático (si el valor de la vida útil del software es superior a un año)

La propiedad que se puede depreciar debe cumplir con los siguientes requisitos:

- Debe ser propiedad del contribuyente.
- Debe utilizarse en el negocio o en la actividad generadora de ingresos del contribuyente.
- La propiedad debe tener una vida útil determinable.
- Se espera que la propiedad dure más de un año.

Titularidad de la propiedad

Para reclamar la depreciación, el contribuyente debe ser el dueño de la propiedad, incluso si la propiedad tiene deudas. La propiedad arrendada puede reclamarse solo si la titularidad de la propiedad incluye lo siguiente:

- El título legal de la propiedad.
- La obligación legal de pagar la propiedad.
- La responsabilidad de pagar los gastos de mantenimiento y operación.
- El deber de pagar los impuestos sobre la propiedad.
- El riesgo de pérdida si la propiedad es destruida, condenada o disminuida de valor por obsolescencia o agotamiento.

Ejemplo: Amanda hizo el pago inicial de una propiedad de alquiler y se hizo cargo de los pagos de la hipoteca de Tom. Amanda es dueña de la propiedad y puede depreciarla.

Si la propiedad se mantiene como un negocio o como una propiedad de inversión como inquilino vitalicio, el contribuyente puede depreciar la propiedad.

Propiedad con una vida útil determinable

La propiedad debe tener una vida útil determinable para ser depreciada. Debe ser algo que se desgasta, se deteriora, se agota, se vuelve obsoleto o pierde su valor por causas naturales.

Propiedad que dura más de un año

Para poder depreciar la propiedad, la vida útil debe extenderse significativamente más allá del año en que la propiedad se puso en servicio.

Ejemplo: La Sra. Wilson mantiene una biblioteca para su negocio de impuestos y compra revistas técnicas anuales para su uso La biblioteca se depreciaría porque las revistas técnicas no tienen una vida útil de más de un año antes de que la información contenida quede desactualizada. Las revistas técnicas se pueden tomar como un gasto comercial anual.

Propiedad utilizada en negocios o actividad generadora de ingresos

Para reclamar la depreciación de la propiedad, la actividad generadora de ingresos debe utilizarse en el negocio. Si el contribuyente usa la propiedad para producir un uso de inversión, entonces el ingreso está sujeto a impuestos. La propiedad personal no puede ser depreciada.

Depreciation

If the property is used for business and personal use, the portion used as business may be depreciated. For instance, you cannot deduct depreciation on a car used only for commuting to and from work or for personal shopping trips and family vacations. You must keep records showing business and personal use of the property.

Containers used for the products one sells are considered inventory and cannot be depreciated. Containers used to ship products can be depreciated if they have a life expectancy of more than one year and meet the following requirements:

- Qualify as property used in business.
- Title to the containers does not pass to the buyer.

To determine if the above requirements are met, the following things need to be considered:

- Does the sales contract, sales invoice, or some other type of order acknowledgement indicate whether the taxpayer has retained the title of the containers?
- Does the invoice treat the containers as a separate item?
- Do the taxpayer's records indicate the basis of the containers?

Luxury Auto Depreciation Limits

For luxury passenger vehicles used 100% for business and placed in service between December 31, 2017, and December 31, 2026, allows a 100% first-year bonus depreciation for qualifying new and used property. If taxpayer does not take the first-year bonus depreciation the following is the yearly deduction amount:

$18,000 first year
$16,000 second year
$9,600 third year
$5,760 each taxable year thereafter

If taxpayer does take the first-year bonus depreciation, the following is the yearly deduction amount:

$10,000 first year
$16,000 second year
$9,600 for third year
$5,760 for each taxable year in the recovery period

The maximum section 179 for a luxury car placed in service after December 31, 2021, is $26,000.

Property That Cannot Be Depreciated

Land does not wear out; therefore, it cannot be depreciated. The cost of land generally includes clearing, grading, planting, and landscaping. Although land is never depreciated, certain improvements to the land can be depreciated, such as landscaping and improvements to a building.

Si la propiedad se utiliza para uso comercial y personal, la parte utilizada como negocio puede depreciarse. Por ejemplo, no puede deducir la depreciación de un automóvil que se usa solo para ir y volver del trabajo o para viajes de compras personales y vacaciones familiares. Debe mantener registros que muestren el uso comercial y personal de la propiedad.

Los contenedores utilizados para los productos que se venden son considerados en el inventario y no se pueden depreciar. Los contenedores utilizados para enviar productos pueden depreciarse si tienen una esperanza de vida superior a un año y cumplen los siguientes requisitos:

- Calificar como propiedad utilizada en negocios.
- La titularidad de los contenedores no pasa al comprador.

Para determinar si se cumplen los requisitos anteriores, se deben considerar las siguientes cosas:

- ¿Indica el contrato de venta, la factura de venta o algún otro tipo de confirmación de pedido si el contribuyente ha retenido la titularidad de los contenedores?
- ¿La factura trata a los contenedores como un artículo separado?
- ¿Indican los registros del contribuyente la base de los contenedores?

Límites de depreciación de automóviles de lujo

Para los vehículos de pasajeros de lujo utilizados al 100% para negocios y puestos en servicio entre el 31 de diciembre de 2017 y el 31 de diciembre de 2026, permite una depreciación de bonificación del 100% del primer año para propiedades nuevas y usadas que califiquen. Si el contribuyente no toma la depreciación del bono del primer año, el siguiente es el monto de la deducción anual:

$18,000 primer año
$16,000 segundo año
$9,600 tercer año
$5,760 cada año gravable a partir de entonces

Si el contribuyente toma la depreciación del bono del primer año, el siguiente es el monto de la deducción anual:

$10,000 primer año
$16,000 segundo año
$9,600 por tercer año
$5,760 por cada año gravable en el período de recuperación

La sección máxima 179 para un automóvil de lujo puesto en servicio después del 31 de diciembre de 2021 es de $ 26,000.

Propiedad que no se puede depreciar

La tierra no se desgasta; por lo tanto, no se puede depreciar. El costo de la tierra generalmente incluye limpieza, nivelación, plantación y jardinería. Aunque la tierra nunca se deprecia, ciertas mejoras a la tierra pueden depreciarse, como la jardinería y las mejoras a un edificio.

Depreciation

The following exceptions are property that cannot be depreciated even if the requirements are met:

- Property placed in service and disposed of in the same year.
- Equipment used to build capital improvements.
- Section 197 intangibles that must be amortized.
- Certain term interests.

Inventory is not depreciated. Inventory is any property that is held primarily for sale to customers in the ordinary course of business. If the taxpayer is in the rent-to-own business, certain property held for business may be considered as depreciable instead of inventory. See Publication 946.

Property Acquired by Like-kind Exchanges

Like-kind property is property of the same nature, character, or class. Quality or grade does not matter. For example, real property that is improved with a residential rental house is like-kind to vacant land. Most common like-kind exchanges are real property, or better known as a 1031 exchange.

A 1031 exchange gets its name from Section 1031 of the U.S. Internal Revenue Code, which allows you to postpone paying capital gains taxes when you sell an investment property and reinvest the proceeds from the sale within certain time limits in a property or properties of like kind and equal or greater value.

De minimis Safe Harbor Election

The taxpayer can elect to deduct small dollar amounts for expenditures for acquiring or manufacturing of property that generally needs to be capitalized under the general rules. The amount spent needs to be ordinary and necessary expenses to carry on the trade or business for the taxpayer. Costs include materials, supplies, repairs, and maintenance usually under $2,500. See IRC Section 1.263.

Depreciation Methods

Modified Accelerated Cost Recovery System (MACRS)

The Modified Accelerated Cost Recovery System (MACRS) is the current depreciation method used in the United States to calculate depreciable assets. MACRS should be used to depreciate property. MACRS is not used in the following circumstances:

- Property placed in service before 1987.
- Property owned or used in 1986.
- Intangible property.
- Films, video tapes, and recordings.
- Certain corporate or partnership property that was acquired in a nontaxable transfer.
- Property that has been elected to be excluded from MACRS.

Las siguientes excepciones son propiedades que no se pueden depreciar incluso si se cumplen los requisitos:

- Inmueble puesto en servicio y enajenado en el mismo año.
- Equipo utilizado para construir mejoras de capital.
- Intangibles de la sección 197 que deben amortizarse.
- Ciertos intereses a término.

El inventario no se deprecia. El inventario es cualquier propiedad que se mantiene principalmente para la venta a los clientes en el curso regular del negocio. Si el contribuyente está en el negocio de alquiler con opción a compra, cierta propiedad mantenida para el negocio puede considerarse depreciable en lugar de inventario. Consulte la Publicación 946.

Bienes adquiridos por permutas en especie

Los bienes del mismo tipo son bienes de la misma naturaleza, carácter o clase. La calidad o el grado no importa. Por ejemplo, los bienes inmuebles que se mejoran con una casa de alquiler residencial son similares a los terrenos baldíos. Las permutas del mismo tipo más comunes son bienes inmuebles, o más conocidos como permuta 1031.

Una permuta 1031 recibe su nombre de la Sección 1031 del Código de Impuestos Internos de los EE. UU., que le permite posponer el pago de impuestos sobre ganancias de capital cuando vende una propiedad de inversión y reinvierte las ganancias de la venta dentro de ciertos límites de tiempo en una propiedad o propiedades de tipo similar y de igual o mayor valor.

Elección de puerto seguro de minimis

El contribuyente puede optar por deducir pequeñas cantidades en dólares para gastos de adquisición o fabricación de propiedades que generalmente deben capitalizarse según las reglas generales. La cantidad gastada debe ser gastos ordinarios y necesarios para llevar a cabo el oficio o negocio del contribuyente. Los costos incluyen materiales, suministros, reparaciones y mantenimiento, generalmente por debajo de los $2,500. Consulte la sección 1.263 del IRC.

Métodos de depreciación

Sistema Modificado de Recuperación Acelerada de Costos (MACRS)

El Sistema Modificado de Recuperación Acelerada de Costos (MACRS) es el método de depreciación actual utilizado en los Estados Unidos para calcular los activos depreciables. El MACRS debe usarse para depreciar la propiedad. MACRS no se utiliza en las siguientes circunstancias:

- Propiedad puesta en servicio antes de 1987.
- Propiedad adquirida o utilizada en 1986.
- Propiedad intangible.
- Películas, cintas de video y grabaciones.
- Ciertos bienes corporativos o de sociedades que se adquirieron en una transferencia libre de impuestos.
- Propiedad que ha sido elegida para ser excluida del MACRS.

Property Placed in Service Before 1987

If property was placed in service before 1987 (unless the taxpayer elected to use MACRS after July 31, 1986) it must use ACRS or Straight Line. See Publication 534.

MACRS is generally used to depreciate property that was acquired for personal use before 1987 but placed in service after 1986. Improvements made to the property placed in service before 1986 is depreciated as a separate entry using MACRS depreciation.

Certain property that was acquired and placed in service after 1986 may not be able to use MACRS. In any of the following personal property situations MACRS cannot be used:

- The taxpayer or someone related to the taxpayer owned or used the property in 1986.
- The taxpayer acquired the property from a person who owned it in 1986; and, as a part of the transaction, the user of the property did not change.
- The taxpayer leased the property to a person (or someone related to them) who owned or used the property in 1986.
- The taxpayer acquired the property in a transaction in which the following took place:
  - The user of the property did not change.
  - The property was not a MACRS property in the hands of the person from whom the taxpayer acquired it due to one of the reasons above.

When a taxpayer cannot depreciate Section 1250 property using MACRS in any of the following situations:

- The taxpayer or someone related to the taxpayer owned the property in 1986.
- The taxpayer leased the property to a person who owned the property or to someone related to that person in 1986.
- The taxpayer acquired the property in a like-kind exchange, involuntary conversion, or repossession of property that was owned by the taxpayer or someone related to the taxpayer in 1986.

MACRS only applies to the part of basis in the acquired property that represents cash paid or unlike property exchanged. It does not apply to the carried-over part of the basis.

Exceptions to the above include the following:

- Residential rental property or nonresidential real property.
- Any property if, in the first tax year that it is placed in service, the deduction under Accelerated Cost Recovery System (ACRS) is more than the deduction under MACRS using the half year convention. See Publication 534.

The following are related persons who cannot depreciate Section 1250 property:

- An individual and a member of their family, including only a spouse, child, parent, brother, sister, half-brother, half-sister, ancestor, and lineal descendant.

Propiedad puesta en servicio antes de 1987

Si la propiedad se puso en servicio antes de 1987 (a menos que el contribuyente eligiera usar el MACRS después del 31 de julio de 1986), debe usar ACRS o Línea recta. Consulte la Publicación 534.

Generalmente, el MACRS suele depreciar la propiedad que se adquirió para uso personal antes de 1987 pero que se puso en servicio después de 1986. Las mejoras realizadas a la propiedad puesta en servicio antes de 1986 se deprecian como una entrada separada utilizando la depreciación MACRS.

Es posible que ciertas propiedades que fueron adquiridas y puestas en servicio después de 1986 no puedan utilizar el MACRS. El MACRS no se puede utilizar para propiedad personal en ninguna de las siguientes situaciones:

- El contribuyente o alguien relacionado con el contribuyente poseía o usaba la propiedad en 1986.
- El contribuyente adquirió la propiedad de una persona que la poseía en 1986; y, como parte de la transacción, no cambió el usuario de la propiedad.
- El contribuyente arrendó la propiedad a una persona (o alguien relacionado con esa persona) que poseía o usaba la propiedad en 1986.
- El contribuyente adquirió la propiedad en una transacción en la que ocurrió lo siguiente:
  - No cambió el usuario de la propiedad.
  - La propiedad no era propiedad del MACRS en manos de la persona de quien el contribuyente la adquirió debido a una de las razones anteriores.

No se puede depreciar la propiedad de la Sección 1250 utilizando el MACRS en ninguna de las siguientes situaciones:

- El contribuyente o alguien relacionado con el contribuyente era dueño de la propiedad en 1986.
- El contribuyente arrendó la propiedad a una persona que era dueña de la propiedad o a alguien relacionado con esa persona en 1986.
- El contribuyente adquirió la propiedad en un intercambio similar, conversión involuntaria o recuperación de la propiedad que pertenecía al contribuyente o alguien relacionado con el contribuyente en 1986.

El MACRS solo se aplica a la parte de la base en la propiedad adquirida que representa el efectivo pagado o diferente propiedad intercambiada. No se aplica a la parte transferida de la base.

Las excepciones a las reglas anteriores incluyen lo siguiente:

- Propiedad de alquiler residencial o bienes inmuebles no residenciales.
- Cualquier propiedad si, en el primer año tributario que se pone en servicio, la deducción bajo el Sistema Acelerado de Recuperación de Costos (ACRS) es mayor que la deducción bajo el MACRS usando la convención de medio año. Consulte la Publicación 534.

Los siguientes son ejemplos de personas relacionadas que no pueden depreciar usando la propiedad de la Sección 1250:

- Una persona y un miembro de su familia, incluyendo solo un cónyuge, hijo, padre, hermano, hermana, medio hermano, media hermana, ascendiente y descendiente lineal.

Depreciation

- A corporation or an individual who directly or indirectly owns more than 10% of the value of the outstanding stock of that corporation.
- Two corporations that are members of the same controlled group.
- A trust fiduciary and a corporation if more than 10% of the value of the outstanding stock is directly or indirectly owned by or for the trust or grantor of the trust.
- The grantor and fiduciary; and the fiduciary and beneficiary of any trust.
- The fiduciaries of two different trusts and the fiduciaries and beneficiaries of two different trusts if the same person is the grantor of both trusts.
- A tax-exempt educational or charitable organization and any person (or a member of that person's family) who directly or indirectly controls the organization.
- Two S corporations, an S corporation and a regular corporation, if the same individual owns more than 10% of the value of the outstanding stock of each corporation.
- A corporation and a partnership if the same persons own both of the following:
  - More than 10% of the value of the outstanding stock of the corporation.
  - More than 10% of the interest gained from the capital or profits of the partnership.
- The executor and beneficiary of any estate.
- Two partnerships, if the same person directly or indirectly owns more than 10% of the capital or profits of each.
- The related person and a person who is engaged in trades or businesses under common control. See IRC section 52(a) and 52(b).

The buyer should determine the nature of a relationship before the property is acquired.

Intangible Property

Intangible property is anything of value that can be owned that has no corresponding physical object (e.g., a patent, copyright, or partnership interests). These are generally depreciated using the straight-line method. The taxpayer may choose to depreciate intangible property by using the income forecast method, which is not covered in this course. See Publication 946.

Straight Line Method

The straight line method of depreciation allows the taxpayer to deduct the same amount each year over the useful life of the property. To determine the deduction, first determine the adjusted basis, salvage value, and estimated useful life of the property. Subtract the salvage value, if any, from the adjusted basis. The balance is the depreciation that can be taken for the property. Divide the balance by the number of years in the useful life. This is the yearly depreciation deduction. To use the straight line method, prorate the depreciation deduction by dividing the value proportionally based on a unit of time or number of months in use.

Example: Francisco purchased a patent in August for $5,100 that is defined in Section 197. Francisco will depreciate the patent using the straight line method. The useful life for a patent is 17 years with no salvage value. Francisco would divide the $5,100 basis by 17 years to get the yearly depreciation of $300. In the first year of business, Francisco only used the patent for 9 months so he would have to multiply the $300 x 9/12 to get his deduction of $225 for the first year. Over the next full year, Francisco would claim the $300 depreciation deduction.

- Una sociedad anónima o una persona que directa o indirectamente posee más del 10% del valor de las acciones en circulación de esa sociedad anónima.
- Dos sociedades anónimas que son miembros del mismo grupo controlado.
- Un fondo fiduciario y una sociedad anónima si más del 10% del valor de las acciones en circulación es propiedad directa o indirecta de o para el fideicomiso o el otorgante del fideicomiso.
- El otorgante y fiduciario, y el fiduciario y beneficiario de cualquier fideicomiso.
- Los fiduciarios de dos fideicomisos diferentes y los fiduciarios y beneficiarios de dos fideicomisos diferentes si la misma persona es el otorgante de ambos fideicomisos.
- Una organización educativa o caritativa exenta de impuestos y cualquier persona (o un miembro de la familia de esa persona) que controle directa o indirectamente la organización.
- Dos sociedades anónimas S, una sociedad anónima S y una sociedad anónima regular, si la misma persona posee más del 10% del valor de las acciones en circulación de cada sociedad anónima.
- Una sociedad anónima y una sociedad si las mismas personas poseen ambos de los siguientes:
  - Más del 10% del valor de las acciones en circulación de la sociedad anónima.
  - Más del 10% del interés obtenido del capital o beneficios de la sociedad.
- El albacea y beneficiario de cualquier patrimonio.
- Dos sociedades, si la misma persona posee directa o indirectamente más del 10% del capital o ganancias de cada una.
- La persona relacionada y una persona que se dedica a actividades o negocios bajo control común. Consulte la sección 52(a) y 52(b) del IRC.

El comprador debe determinar el carácter de una relación en el momento en que se adquiere la propiedad.

Propiedad intangible

La propiedad intangible es cualquier cosa de valor que se pueda poseer y que no tenga un objeto físico correspondiente (por ejemplo, una patente, derechos de autor o intereses de asociación). Estas son depreciadas utilizando el método de línea recta. El contribuyente puede optar por depreciar la propiedad intangible utilizando el método de previsión de ingresos, el cual no está cubierto en este curso. Consulte la Publicación 946.

Método de la línea recta

El método de depreciación de línea recta permite al contribuyente deducir la misma cantidad cada año durante la vida útil de la propiedad. Para determinar la deducción, primero determine la base ajustada, el valor residual y la vida útil estimada de la propiedad. Reste el valor residual, si lo hay, de la base ajustada. El saldo es la depreciación que se puede tomar por la propiedad. Divida el saldo por el número de años de vida útil. Esta es la deducción anual por depreciación. Para utilizar el método de línea recta, prorratee la deducción por depreciación dividiendo el valor proporcionalmente según una unidad de tiempo o el número de meses en uso.

Ejemplo: Francisco compró una patente en agosto por $5,100 que se define en la sección 197. Francisco depreciará la patente utilizando el método de línea recta. La vida útil de una patente es de 17 años sin valor residual. Francisco dividiría la base de $5,100 entre 17 años para obtener la depreciación anual de $300. En el primer año de actividad, Francisco solo usó la patente durante 9 meses, por lo que tendría que multiplicar los $300 x 9/12 para obtener su deducción de $225 para el primer año. Durante el próximo año completo, Francisco reclamaría la deducción por depreciación de $300.

Depreciation

Computer software is generally a Section 197 tangible and cannot be depreciated if the taxpayer acquired it in connection with the acquisition of assets constituting a business. However, when it meets the following tests, computer software that is not a Section 197 intangible can be depreciated even if it's acquired in a business acquisition:

- It is readily available for purchase by the general public.
- It is subject to a nonexclusive license.
- It has not been substantially modified.

If the software meets the above test, it may also qualify for Section 179. If computer software can be depreciated, use the straight line method over a useful life of 36 months.

Part 1 Review Questions

To obtain the maximum benefit from this chapter, LTP recommends that you complete each of the following questions, and then compare them to the answers with feedback that immediately follow. Under governing self-study standards, vendors are required to present review questions intermittently throughout each self-study course.

These questions and explanations are not part of the final examination and will not be graded by LTP.

DP1.1
Which of the following is the current tax depreciation system in the United States?

a. MACRS
b. ACRS
c. Half-year convention (HY)
d. Mid-month convention (MM)

DP1.2
Depreciation is a(n)____ allowance for the wear and tear of certain property.

a. recovery period
b. annual
c. monthly
d. quarterly

DP1.3
Which of the following is not tangible property?

a. Buildings
b. Machinery
c. Furniture
d. Cell phones

El software de computadora es generalmente un tangible de la sección 197 y no puede depreciarse si el contribuyente lo adquirió en relación con la adquisición de activos que constituyen un negocio. Sin embargo, cuando cumple con las siguientes pruebas, el software de computadora que no es un intangible de la sección 197 puede depreciarse incluso si se adquiere en una adquisición comercial:

- Está disponible para su compra por el público en general.
- Está sujeto a una licencia no exclusiva.
- No se ha modificado sustancialmente.

Si el software cumple con la prueba anterior, también puede calificar para la sección 179. Si el software de computadora puede depreciarse, utilice el método de línea recta durante una vida útil de 36 meses.

Parte 1 Preguntas de repaso

Para obtener el máximo beneficio de este curso, LTPA recomienda que complete cada una de las preguntas a continuación, y luego las compare con las respuestas de los comentarios que se proporcionan posteriormente. Según los estándares reguladores de autoaprendizaje, los proveedores deben presentar preguntas de repaso de manera intermitente a lo largo de cada curso de autoaprendizaje.

Estas preguntas y explicaciones no son parte del examen final y no serán calificadas por LTP.

DP1.1
¿Cuál de las siguientes opciones es el sistema de depreciación fiscal actual en los Estados Unidos?

   a. MACRS
   b. ACRS
   c. Convención de medio año (HY)
   d. Convención de mitad de mes (MM)

DP1.2
La depreciación es una asignación ____ por el uso y desgaste de cierta propiedad.

   a. período de recuperación
   b. anual
   c. mensual
   d. trimestral

DP1.3
¿Cuál de las siguientes opciones no es propiedad tangible?

   a. Edificios
   b. Maquinaria
   c. Mobiliario
   d. Celulares

Depreciation

Part 1 Review Questions Answers

DP1.1
Which of the following is the current tax depreciation system in the United States?

   a. **MACRS**
   b. ACRS
   c. Half-year convention (HY)
   d. Mid-month convention (MM)

Feedback: Review section *Modified Accelerated Cost Recovery System (MACRS)*.

DP1.2
Depreciation is a(n)____ allowance for the wear and tear of certain property.

   a. recovery period
   b. **annual**
   c. monthly
   d. quarterly

Feedback: Review section *Depreciation*.

DP1.3
Which of the following is not tangible property?

   a. Buildings
   b. Machinery
   c. Furniture
   d. **Cell phones**

Feedback: Review section *Property That Can Be Depreciated*.

Part 2 Depreciation Basis and Depreciation under MACRS

To the beginner tax professional depreciation and basis can be overwhelming, but when one understands the basics, then depreciation and basis are easy to determine.

Basis of Depreciable Property

To calculate the depreciation deduction, you must know the basis of the property. To determine the basis of the property, you must know the cost of the property.

Cost Basis

The basis of property that has been purchased is the cost plus the amounts paid for certain items. The cost includes the amount paid in cash, debt obligations, other property, or services. Some items that might be added to basis are:

Parte 1 Respuestas a las preguntas de repaso

DP1.1

¿Cuál de las siguientes opciones es el sistema de depreciación fiscal actual en los Estados Unidos?

- **a. MACRS**
- b. ACRS
- c. Convención de medio año (HY)
- d. Convención de mitad de mes (MM)

Comentarios: Revise la sección *Sistema Modificado de Recuperación Acelerada de Costos (MACRS)*

DP1.2

La depreciación es una asignación ____ por el uso y desgaste de cierta propiedad.

- a. período de recuperación
- **b. anual**
- c. mensual
- d. trimestral

Comentarios: Revise la sección *Depreciación.*

DP1.3

¿Cuál de las siguientes opciones no es propiedad tangible?

- a. Edificios
- b. Maquinaria
- c. Mobiliario
- **d. Celulares**

Comentarios: Revise la sección *Propiedad que puede depreciarse*

Parte 2 Base de depreciación y depreciación en virtud del MACRS

Para el profesional de impuestos principiante, la depreciación y la base pueden ser abrumadores, pero cuando uno comprende los conceptos básicos, entonces la depreciación y la base son fáciles de determinar.

Base de la propiedad depreciable

Para calcular la deducción por depreciación, debe conocer la base de la propiedad. Para determinar la base de la propiedad, debe conocer el costo de la propiedad.

Base de costo

La base de la propiedad que se ha comprado es el costo, más los montos pagados para ciertos artículos. El costo incluye el monto pagado en efectivo, obligaciones de deuda, otros bienes o servicios. Algunos artículos que podrían agregarse a las bases son:

- Sales tax
- Freight charges
- Installation fees
- Testing fees
- Settlement costs
- Legal and recording fees
- Abstract fees
- Survey charges
- Owner's title insurance
- Amounts the seller owes that the buyer agrees to pay, such as back taxes, interest, recording or mortgage fees, charges for improvements or repairs, and sales commissions.

Other Basis

Other basis refers to the way the owner of the property received the property. Was the property acquired by a like-kind exchange, as payment for services performed, as a gift, inheritance, or some other way? See Publication 551.

Adjusted Basis

Certain adjustments, whether an increase or a decrease, may have to be made to determine the adjusted basis in property. These events occur between the time that the property was acquired and placed into service. The events could include any of the following:

- Installing utility lines
- Paying legal fees
- Setting zoning issues
- Receiving rebates
- Incurring a casualty or theft loss

Reduce the basis of property by the depreciation allowed or allowable, whichever is greater. "Depreciation allowed" is depreciation that the taxpayer was entitled to and has already deducted as a tax benefit. "Depreciation allowable" is depreciation that the taxpayer was entitled to but did not yet deduct. See Publication 551.

Figuring Depreciation Under MACRS

The Modified Accelerated Cost Recovery System (MACRS) is used to recover the basis of most business and investment property placed in service after 1986. MACRS consists of two depreciation systems: the General Depreciation System (GDS) and the Alternative Depreciation System (ADS). These two systems provide different methods and recovery periods to figure deductions. Generally, the method used is GDS unless the law requires the ADS method to be used, or the taxpayer has elected to use ADS.

If the taxpayer is required to use ADS to depreciate the property, no special depreciation allowance can be claimed on the property. Although the property may qualify for GDS, the taxpayer can elect to use ADS. The election must cover all property in the same property class that was placed in service during the year.

- ➢ Impuesto a las ventas
- ➢ Gastos de flete
- ➢ Cargos de instalación
- ➢ Gastos de prueba
- ➢ Costos de liquidación
- ➢ Honorarios legales y de registro
- ➢ Tarifas abstractas
- ➢ Cargos por encuesta
- ➢ Seguro de título del propietario
- ➢ Cantidades que el vendedor adeuda y que el comprador acepta pagar, como impuestos atrasados, intereses, cuotas de registro o hipotecarias, cargos por mejoras o reparaciones y comisiones de ventas.

Otra base

Otra base se refiere a la forma en que el dueño de la propiedad recibió la propiedad. ¿Se adquirió la propiedad mediante un intercambio similar, como pago por servicios prestados, como regalo, herencia o de alguna otra manera? Consulte la Publicación 551.

Base ajustada

Es posible que deban realizarse ciertos ajustes, ya sea un aumento o una disminución, para determinar la base ajustada en la propiedad. Estos eventos ocurren entre el momento en que la propiedad fue adquirida y se puso en servicio. Los eventos pueden incluir cualquiera de los siguientes:

- ➢ Instalación de líneas de servicios públicos
- ➢ Pago de honorarios legales
- ➢ Definición de Problemas de zonificación
- ➢ Recepción de Reembolsos
- ➢ Incurrir en una pérdida fortuita o por robo

Reducción de la base de la propiedad por la depreciación permitida o permisible, la que sea mayor. La "depreciación permitida" es la depreciación a la que el contribuyente tenía derecho y que ya ha deducido como beneficio fiscal. La "depreciación permisible" es la depreciación a la que el contribuyente tenía derecho pero que aún no ha deducido. Consulte la Publicación 551.

Calcular la depreciación mediante el MACRS

El Sistema Modificado de Recuperación Acelerada de Costos (MACRS) se utiliza para recuperar la base de la mayoría de las propiedades comerciales y de inversión puestas en servicio después de 1986. El MACRS consta de dos métodos de depreciación: el Sistema de Depreciación General (GDS) y el Sistema de Depreciación Alternativo (ADS). Estos dos sistemas proporcionan diferentes métodos y períodos de recuperación para calcular las deducciones. Generalmente, el método usado es el GDS a menos que la ley requiera que se use el método ADS, o el contribuyente haya elegido usar ADS.

Si el contribuyente debe utilizar el ADS para depreciar la propiedad, no se puede reclamar ningún subsidio de depreciación especial sobre la propiedad. Aunque la propiedad puede calificar para el GDS, el contribuyente puede optar por utilizar el ADS. La elección debe cubrir toda la propiedad de la misma clase de propiedad que se puso en servicio durante el año.

Depreciation

GDS Property Classifications

There are nine property classifications under GDS. The classifications are divided by the length of the depreciation period and by the type of property being depreciated. Most of the classifications have the same recovery period as the title of the year. See Publication 946.

Classification One, 3-year property:

- Tractor units for over-the-road use.
- Racehorses that were over 2-years-old when placed in service.
- Any other horses that were over 12-years-old when placed in service.

Classification Two, 5-year property:

- Automobiles, taxis, buses, and trucks.
- Office machinery such as calculators, copiers, and computers.
- Dairy cattle and breeding cattle.

Classification Three, 7-year property:

- Office furniture and fixtures such as desks, chairs, and a safe.
- Railroad tracks.
- Any property that does not have a class life and has not been designated by law as being in any other class.

Classification Four, 10-year property:

- Any tree or vine bearing fruit or nuts.
- Any single-purpose agricultural or horticultural structure.
- Vessels, barges, tugs, and similar water transportation equipment.

Classification Five, 15-year property:

- Certain improvements made directly to land or added to land, such as shrubbery, fences, roads, sidewalks, and bridges.
- Any municipal wastewater treatment plant.
- The initial clearing and grading for land improvements for gas utilities.

Classification Six, 20-year property:

- Farm buildings, other than single-purpose agricultural or horticultural structures.
- Initial clearing and grading land improvements for electric utility transmission and distribution plants.

Classification Seven, 25-year property:

- Property that is an integral part of the gathering, treatment, or commercial distribution of water, all other property regarding water would be 20-year property.
- Municipal sewers other than property placed in service under a binding contract in effect at all times since June 9, 1996.

Clasificaciones de propiedades GDS

Existen nueve clasificaciones de propiedad bajo el GDS. Las clasificaciones se dividen por la duración del período de depreciación y por el tipo de propiedad que se deprecia. La mayoría de las clasificaciones tienen el mismo período de recuperación que el título del año. Consulte la Publicación 946.

Clasificación uno, propiedad de 3 años:

- Unidades tractoras para uso en carretera.
- Caballos de carreras que tenían más de 2 años en el momento de la puesta en servicio.
- Cualquier otro caballo que tuviera más de 12 años en el momento de la puesta en servicio.

Clasificación dos, propiedad de 5 años:

- Automóviles, taxis, autobuses y camiones.
- Maquinaria de oficina como calculadoras, fotocopiadoras y computadoras.
- Ganado lechero y ganado de cría.

Clasificación tres, propiedad de 7 años:

- Mobiliario y accesorios de oficina como escritorios, sillas y caja fuerte.
- Vías del tren.
- Cualquier propiedad que no tenga una vida de clase y que no haya sido designada por ley como no perteneciente a ninguna otra clase.

Clasificación cuatro, propiedad de 10 años:

- Cualquier árbol o vid que dé frutos o nueces.
- Cualquier estructura agrícola u hortícola de propósito único.
- Embarcaciones, barcazas, remolcadores y equipos similares de transporte acuático.

Clasificación cinco, propiedad de 15 años:

- Ciertas mejoras hechas directamente a la tierra o agregadas a la tierra, como arbustos, cercas, caminos, aceras y puentes.
- Cualquier planta municipal de tratamiento de aguas residuales.
- La limpieza y clasificación inicial para mejoras de la tierra para los servicios públicos de gas.

Clasificación seis, propiedad de 20 años:

- Edificios agrícolas, que no sean estructuras agrícolas u hortícolas de uso único.
- Mejoras iniciales de limpieza y nivelación de terrenos para plantas de transmisión y distribución de servicios eléctricos.

Clasificación siete, propiedad de 25 años:

- Propiedad que es una parte integral de la recolección, tratamiento o distribución comercial de agua, todas las demás propiedades relacionadas con el agua serían propiedad de 20 años.
- Alcantarillados municipales distintos de los bienes puestos en servicio bajo un contrato vinculante vigente en todo momento desde el 9 de junio de 1996.

Classification Eight, Residential rental property:

Rental property includes any building or structure such as rental income, which includes dwelling units and mobile homes. A dwelling unit is considered to be an apartment or house that is used to provide living accommodations in a building or structure. Motels, hotels, and other similar establishments that use more than 50% of the rooms for transients are not included; for these, the property class-life is 27.5 years.

Classification Nine, Nonresidential real property:

This is Section 1250 property, such as an office building, store, or warehouse that is not a residential rental property or a property with a class life of less than 27.5 years.

There are always exceptions to the rules. If this is the case, one must do research related to the particular situation. Any other GDS recovery periods that are not listed above can be found in Appendix B of Publication 946.

Which Convention Applies?

A convention method is established under MACRS to determine the portion of the year to depreciate property both in the year the property was placed in service and in the year of disposition. The convention used determines the number of months for which one can claim depreciation. The three methods are: Mid-month, Mid-quarter, and Half-year. Mid-month convention is used for nonresidential real property, residential real property, and any railroad grading or tunnel bore. Under this convention, one-half month of depreciation is allowed for the month the property was placed in service or disposed of.

Example: Josue uses the calendar year accounting method and placed nonresidential real property in service in August. The property is in service for 4 months (September, October, November, and December). Josue's numerator is 4.5 (4 months plus 0.5). Josue would multiply the depreciation for a full year by 4.5/12, or 0.375.

If the taxpayer does not use the asset solely for business, then the asset must be multiplied by the business percentage for the year, and then multiply the result by the fraction found in the MACRS depreciation tables.

Example: In February 2021, Jennifer purchased office furniture for $2,600. She used the office furniture for her business only 50% of the time. Furniture is a 7-year property. The depreciation percentage is taken from Table A-2 found in Publication 946. Since Jennifer purchased the furniture in the first quarter of the year, she would use the mid-quarter convention placed in service in the first quarter. The amount Jennifer could depreciate her first year would be the cost of the furniture ($2,600) times the percentage of its use for business (50%) times the percentage provided from the depreciation table (25%), which amounts to $325.00.

The Mid-quarter convention is used if the Mid-month convention does not apply, and the total depreciable basis of MACRS property placed in service is in the last 3 months of the tax year.

Clasificación ocho, propiedad de alquiler residencial:

La propiedad de alquiler incluye cualquier edificio o estructura, como los ingresos por alquiler, que incluye unidades de vivienda y casas móviles. Una unidad de vivienda se considera un apartamento o una casa que se utiliza para proporcionar alojamiento en un edificio o estructura. No se incluyen moteles, hoteles y otros establecimientos similares que utilicen más del 50% de las habitaciones para clientes transitorios; para estos, la vida útil de la propiedad es de 27.5 años.

Clasificación nueve, bienes inmuebles no residenciales:

Esta es una propiedad de la Sección 1250, como un edificio de oficinas, una tienda o un almacén que no es una propiedad de alquiler residencial o una propiedad con una vida útil de menos de 27.5 años.

Siempre hay excepciones a las reglas. Si este es el caso, se debe realizar una investigación relacionada con la situación particular. Cualquier otro período de recuperación del GDS que no se enumere anteriormente se puede encontrar en el Apéndice B de la Publicación 946.

¿Qué convención se aplica?

Se establece un método de convención bajo el MACRS a fin de determinar la porción del año para depreciar la propiedad tanto en el año en que la propiedad se puso en servicio como en el año de disposición. La convención utilizada determina el número de meses durante los cuales se puede reclamar la depreciación. Los tres métodos son: Medio mes, medio trimestre y medio año. La convención de mitad de mes se utiliza para bienes inmuebles no residenciales, bienes inmuebles residenciales y cualquier nivelación de ferrocarril o perforación de túneles. Según esta convención, se permite medio mes de depreciación por el mes en que la propiedad se puso en servicio o se eliminó.

Ejemplo: Josué utiliza el método contable del año natural y puso en servicio bienes inmuebles no residenciales en agosto. La propiedad está en servicio durante 4 meses (septiembre, octubre, noviembre y diciembre). El numerador de Josué es 4.5 (4 meses más 0.5). Josué multiplicaría la depreciación de un año completo por 4.5/12, o 0.375.

Si el contribuyente no utiliza el activo únicamente para el negocio, entonces se debe multiplicar el activo por el porcentaje de negocio del año y luego multiplicar el resultado por la fracción que se encuentra en las tablas de depreciación MACRS.

Ejemplo: En febrero de 2021, Jennifer compró mobiliario de oficina por un monto de $2,600. Usó los muebles de oficina para su negocio solo el 50% del tiempo. El mobiliario es una propiedad de 7 años. El porcentaje de depreciación se toma de la Tabla A-2 que se encuentra en la Publicación 946. Dado que Jennifer compró el mobiliario en el primer trimestre del año, usaría la convención de mitad de trimestre puesta en servicio en el primer trimestre. La cantidad que Jennifer podría depreciar en su primer año sería el costo del mobiliario ($2,600) multiplicado por el porcentaje de su uso comercial (50%) multiplicado por el porcentaje proporcionado en la tabla de depreciación (25%), que asciende a $325,00.

La convención de mitad de trimestre se usa si la convención de mitad de mes no se aplica y la base depreciable total de la propiedad MACRS puesta en servicio se encuentra en los últimos 3 meses del año tributario.

If the Mid-quarter convention is used for a particular year, each item of depreciable personal property placed in service during that year must be depreciated using the Mid-quarter convention for its entire recovery period.

Nonresidential real property, residential rental property, railroad grading or tunnel bore property placed in service and disposed of in the same year, and property that is being depreciated under a method other than MACRS are all excluded from using the Mid-quarter convention. Under this convention, treat all property placed in service or disposed during any quarter of the tax year as placed in service. This means that 1½ months of depreciation is allowed for the quarter the property is placed in service or disposed.

The Half-year convention is used if neither the Mid-quarter nor the Mid-month convention applies. Under this convention, treat all property placed in service or disposed of during a tax year as placed in service or disposed of at the midpoint of the year. This means that one-half year of depreciation is allowed for the year the property is placed in service or disposed.

When the taxpayer elects to use the half-year convention, a half-year of depreciation is allowed in the first year their property is placed in service, regardless of when the property is placed in service during the tax year. For each of the remaining years of the recovery period, the taxpayer can claim a full year of depreciation. If the property is held for the entire recovery period, a half-year of depreciation is claimed for the year following the end of the recovery period. If the property is disposed before the recovery period ends, a half-year of depreciation is allowable for the year of disposition.

Changing Accounting Methods

To change the accounting method used for depreciation, the taxpayer needs to file Form 3115, *Application for Change in Accounting Method,* to be approved by the IRS.

The following are examples of a change in the method of accounting used for depreciation:

- ➢ A change from an impermissible method of determining depreciation for property if it was used in two or more consecutively filed tax returns.
- ➢ A change in the treatment of an asset from non-depreciable to depreciable, or vice versa.
- ➢ A change in the depreciation method, period of recovery, or convention of a depreciable asset.
- ➢ A change from not claiming to claiming the special depreciation allowance if the election was made to not claim the special allowance.
- ➢ A change from claiming a 50% special depreciation allowance to claiming a 100% special depreciation allowance for qualified property acquired and placed in service after September 27, 2017, if the election was not made under IRC section 168(k)(10) to claim the 50% special allowable depreciation.

Si se usa la convención de mitad de trimestre para un año en particular, cada artículo de propiedad personal depreciable que se ponga en servicio durante ese año debe depreciarse usando la convención de mitad de trimestre durante todo el período de recuperación.

Las propiedades inmobiliarias no residenciales, las propiedades residenciales de alquiler, las propiedades de nivelación de ferrocarriles o las perforaciones de túneles que se pongan en servicio y se dispongan en el mismo año, y las propiedades que se deprecian con un método diferente al MACRS están excluidas del uso de la convención de mitad de trimestre. En virtud de esta convención, todas las propiedades puestas en servicio o dispuestas durante cualquier trimestre del año tributario se consideran puestas en servicio. Esto significa que se permite un mes y medio de depreciación por el trimestre en que la propiedad se pone en servicio o se dispone de la misma.

La convención de medio año se utiliza si no se aplica la convención de mitad de trimestre ni de mitad de mes. En virtud de esta convención, trate todas las propiedades puestas en servicio o dispuestas durante un año tributario como puestas en servicio o dispuestas a la mitad del año. Esto significa que se permite medio año de depreciación por el año en que la propiedad se pone en servicio o se pone a disposición.

Cuando el contribuyente elige usar la convención de medio año, se permite un medio año de depreciación en el primer año en que su propiedad se pone en servicio, independientemente de cuándo se ponga en servicio la propiedad durante el año tributario. Para cada uno de los años restantes del período de recuperación, el contribuyente puede reclamar un año completo de depreciación. Si la propiedad se mantiene durante todo el período de recuperación, se reclama medio año de depreciación para el año siguiente al final del período de recuperación. Si la propiedad se enajena antes del final del período de recuperación, se permite medio año de depreciación para el año de disposición.

Cambio de métodos contables

Para cambiar el método contable utilizado para la depreciación, el contribuyente debe presentar el Formulario 3115, *Solicitud de cambio de método de contabilidad* para ser aprobado por el IRS.

Los siguientes son ejemplos de un cambio en el método contable utilizado para la depreciación:

- ➤ Un cambio de un método inadmisible para determinar la depreciación de la propiedad si se utilizó en dos o más declaraciones de impuestos presentadas consecutivamente.
- ➤ Un cambio en el tratamiento de un activo de no depreciable a depreciable, o viceversa.
- ➤ Un cambio en el método de depreciación, período de recuperación o convención de un activo depreciable.
- ➤ Un cambio de no reclamar a reclamar el subsidio por depreciación especial si se tomó la decisión de no reclamar el subsidio especial.
- ➤ Un cambio de reclamar una asignación de depreciación especial del 50% a reclamar una asignación de depreciación especial del 100% para la propiedad calificada adquirida y puesta en servicio después del 27 de septiembre de 2017 si la elección no se hizo bajo la sección 168(k)(10) del IRC para reclamar la depreciación especial permitida del 50%.

Depreciation

Changes in depreciation that are not a change in method of accounting are as follows:

- ➤ An adjustment in the useful life of a depreciable asset for which depreciation is determined under Section 167.
- ➤ A change in use of an asset in the hands of the same taxpayer.
- ➤ Making a late depreciation election or revoking a timely valid depreciation election, including the election not to deduct the special depreciation allowance.
- ➤ Any change in date of when a depreciable asset was placed in service.

If the taxpayer does not qualify to use the automatic procedure by filing Form 3115, then he or she must use the advance consent request procedures. See Instructions Form 3115.

Idle Property

Depreciation can still be claimed on property that is placed in service, even if a property is temporarily idle and not being used. For instance, if Emilio owns a printing press but has not used it for six months of the current tax year because he has not had any jobs that require the machine, then he can continue claiming depreciation on his printing press.

Cost or Other Basis Fully Recovered

Stop depreciating property when the property has fully recovered its cost or other basis.

Retired from Service

When the property has been retired from service, depreciation stops. Property is retired from service when it has been permanently withdrawn from use in trade or business; in production of income; or if the property has been sold or exchanged, converted to personal use, abandoned, transferred to a supply, or destroyed. Disposition of an asset includes the sale, exchange, retirement, physical abandonment, or destruction of an asset.

Understanding the Table of Class Lives and Recovery Periods

There are two sections in the *Table of Class Lives and Recovery Periods* for depreciation. Table B-1 is *Specific Depreciable Assets Used in All Business Activities, Except as Noted*; this table lists the assets used in all business activities. Some items included could be office furniture; information systems such as computers; and secondary equipment, like printers or computer screens.

Table B-2 is used for all other activities, such as those involving agriculture, horse racing, farm buildings, and single purpose agricultural or horticultural structures.

Los cambios en la depreciación que no son un cambio en el método contable son los siguientes:

- Un ajuste en la vida útil de un activo depreciable cuya depreciación se determina según la sección 167.
- Un cambio de uso de un activo en manos del mismo contribuyente.
- Hacer una elección de depreciación tardía o revocar una elección de depreciación válida oportuna, incluida la elección de no deducir la asignación de depreciación especial.
- Cualquier cambio en la fecha de puesta en servicio de un activo depreciable.

Si el contribuyente no califica para usar el procedimiento automático al presentar el Formulario 3115, entonces debe usar los procedimientos de solicitud de consentimiento por adelantado. Consulte las Instrucciones del Formulario 3115.

Propiedad inactiva

La depreciación aún se puede reclamar sobre la propiedad que se pone en servicio, incluso si una propiedad está temporalmente inactiva y no se está utilizando. Por ejemplo, si Emilio es dueño de una imprenta, pero no la ha usado durante seis meses del año tributario actual porque no ha tenido ningún trabajo que requiera la máquina, entonces puede seguir reclamando la depreciación de su imprenta.

Costo u otra base totalmente recuperada

No siga depreciando la propiedad cuando haya recuperado completamente su costo u otra base.

Retiro del servicio

Cuando la propiedad se retira del servicio, la depreciación se detiene. La propiedad se retira del servicio cuando se ha retirado permanentemente del uso en la actividad o negocio; en la producción de ingresos; o en el caso de que la propiedad haya sido vendida o canjeada, convertida para uso personal, abandonada, transferida a una cuenta de suministros o desechos, o destruida. La disposición incluye la venta, permuta, retiro, abandono físico o destrucción de un activo.

Comprensión de la tabla de vidas de clase y períodos de recuperación

Hay dos secciones en la *Tabla de vidas de clase y períodos de recuperación* para la depreciación. La Tabla B-1 es *Activos depreciables específicos utilizados en todas las actividades comerciales, salvo mención*; esta tabla describe los activos utilizados en todas las actividades comerciales. Algunas partidas incluidas pueden ser mobiliario de oficina, sistemas de información como computadoras y equipos secundarios de los mismos como impresoras o pantallas de computadora.

La Tabla B-2 se utiliza para todas las demás actividades, como aquellos que involucran la agricultura, carreras de caballos, edificios y estructuras agrícolas u hortícolas de un solo propósito.

Depreciation

Use the tables in numerical order. Look on Table B-1 first; if you do not find the asset you are looking for, then check Table B-2. Once the asset has been located, use the recovery period shown in the table. However, if the activity is specifically listed in Table B-2 under the type of activity in which it is used, then use the recovery period for that activity in that table.

Each table gives the asset class, the class life, and the recovery period in years. Understanding these tables is paramount for the beginning tax professional. You do not have to memorize the tables – just know where to find the information and how to use it correctly.

If the property is not listed in either table, check the end of Table B-2 to find *Certain Property for Which Recovery Periods Assigned*. Generally, the property has a recovery period of 7 years GDS or 12 years ADS.

Example: Peter Martinez owns a retail clothing store. During the year, he purchased a desk and cash register for business use. Peter finds "office furniture" in Table B-1, under asset class 00.11. Cash register is not listed in Table B-1. Peter then looks in Table B-2 and finds the activity "retail store" under asset class 57.0, *Distributive Trades and Services*, which includes assets used in wholesale and retail trade. The asset class does not specifically list office furniture or a cash register. Peter uses asset class 00.11 for the desk. The desk has a 10-year class life and a 7-year recovery period for GDS. Peter elects to use ADS; the recovery period is 10 years. For the cash register, Peter uses asset class 57.0 because a cash register is not listed in Table B-1, but it is an asset used in the retail business. The cash register has a 9-year class life and a 5-year recovery period for GDS. If Peter elects to use the ADS method, the recovery period is 9 years.

Part 2 Review Questions

To obtain the maximum benefit from this chapter, LTP recommends that you complete each of the following questions, and then compare them to the answers with feedback that immediately follow. Under governing self-study standards, vendors are required to present review questions intermittently throughout each self-study course.

These questions and explanations are not part of the final examination and will not be graded by LTP.

DP2.1
To determine the basis of property, which of the following should be added to the cost?

1. Sales tax
2. Testing fees
3. Survey charges
4. Settlement costs

   a. 1 and 2
   b. 2, 3, and 4
   c. 3 and 4
   d. 1, 2, 3, and 4

Utilice las tablas en orden numérico. Primero mire la Tabla B-1; si no encuentra el activo que busca, consulte la Tabla B-2. Una vez que se ha localizado el activo, utilice el período de recuperación que se muestra en la tabla. Sin embargo, si la actividad se describe específicamente en la Tabla B-2 bajo el tipo de actividad en la que se utiliza, utilice el período de recuperación para esa actividad en esa tabla.

Cada tabla muestra la clase de activo, la vida de la clase y el período de recuperación en años. Comprender estas tablas es fundamental para el profesional de impuestos principiante. No tiene que memorizar las tablas, solo sepa dónde encontrar la información y cómo usarla correctamente.

Si la propiedad no aparece en ninguna de las tablas, consulte el final de la Tabla B-2 para encontrar *ciertas propiedades para las que se asignaron períodos de recuperación.* Generalmente, la propiedad tiene un período de recuperación de 7 años GDS o 12 años ADS.

Ejemplo: Peter Martínez es dueño de una tienda de ropa al por menor. Durante el año, compró un escritorio y una caja registradora para uso comercial. Peter encuentra "mobiliario de oficina" en la Tabla B-1, bajo la clase de activo 00.11. La caja registradora no figura en la Tabla B-1. Peter luego mira en la Tabla B-2 y encuentra la actividad "tienda minorista" en la clase de activo 57.0, *Distribución comercial y de servicios*, que incluye los activos utilizados en el comercio mayorista y minorista. La clase de activo no incluye específicamente muebles de oficina o cajas registradoras. Peter usa la clase de activo 00.11 para el escritorio. El escritorio tiene una vida útil de 10 años y un período de recuperación de 7 años para GDS. Peter elige usar ADS; el período de recuperación es de 10 años. Para la caja registradora, Peter usa la clase de activo 57.0 porque una caja registradora no está incluida en la Tabla B-1, pero es un activo usado en el negocio minorista. La caja registradora tiene una vida útil de 9 años y un período de recuperación de 5 años para GDS. Si Peter elige utilizar el método ADS, el período de recuperación es de 9 años.

Parte 2 Preguntas de repaso

Para obtener el máximo beneficio de este curso, LTPA recomienda que complete cada una de las preguntas a continuación, y luego las compare con las respuestas de los comentarios que se proporcionan posteriormente. Según los estándares reguladores de autoaprendizaje, los proveedores deben presentar preguntas de repaso de manera intermitente a lo largo de cada curso de autoaprendizaje.

Estas preguntas y explicaciones no son parte del examen final y no serán calificadas por LTP.

DP2.1
Para determinar la base de la propiedad, ¿cuál de las siguientes opciones debe agregarse al costo?

1. Impuesto a las ventas
2. Gastos de prueba
3. Cargos por encuesta
4. Costos de liquidación

a. 1 y 2
b. 2, 3, y 4
c. 3 y 4
d. 1, 2, 3, y 4

Depreciation

DP2.2
The General Depreciation System (GDS) has _____ property classifications.

   a. 5
   b. 7
   c. 9
   d. 12

DP2.3
Andres would like to change his accounting method. Which form would he submit to receive the IRS approval?

   a. Form 8829
   b. Form 3115
   c. Form 8867
   d. Form 8849

Part 2 Review Questions Answers

DP2.1
To determine the basis of property, which of the following should be added to the cost?

   1. Sales tax
   2. Testing fees
   3. Survey charges
   4. Settlement costs

   a. 1 and 2
   b. 2, 3, and 4
   c. 3 and 4
   d. 1, 2, 3, and 4

Feedback: Review section *Basis of Depreciable Property.*

DP2.2
The General Depreciation System (GDS) has _____ property classifications.

   a. 5
   b. 7
   c. 9
   d. 12

Feedback: Review section *GDS Property Classifications.*

DP2.2
El Sistema General de Depreciación (GDS) tiene _____ clasificaciones de propiedad.

    a. 5
    b. 7
    c. 9
    d. 12

DP2.3
A Andrés le gustaría cambiar su método contable. ¿Qué formulario enviaría para recibir la aprobación del IRS?

    a. Formulario 8829
    b. Formulario 3115
    c. Formulario 8867
    d. Formulario 8849

Parte 2 Respuestas a las preguntas de repaso

DP2.1
Para determinar la base de la propiedad, ¿cuál de las siguientes opciones debe agregarse al costo?

    1. Impuesto a las ventas
    2. Gastos de prueba
    3. Cargos por encuesta
    4. Costos de liquidación

    a. 1 y 2
    b. 2, 3, y 4
    c. 3 y 4
    d. 1, 2, 3, y 4

Comentarios: Revise la sección *Base de la propiedad depreciable*

DP2.2
El Sistema General de Depreciación (GDS) tiene _____ clasificaciones de propiedad.

    a. 5
    b. 7
    c. 9
    d. 12

Comentarios: Revise la sección *Clasificaciones de propiedades GDS*

Depreciation

DP2.3

Andres would like to change his accounting method. Which form would he submit to receive the IRS approval?

   a. Form 8829
   b. Form 3115
   c. Form 8867
   d. Form 8849

Feedback: Review section *Changing Accounting Methods*.

Takeaways

Although depreciation may seem overwhelming, this subject must be understood to prepare accurate business tax returns. Depreciation is used to benefit the taxpayer; the IRS has defined the convention and class type and has figured the percentage amount. All the tax professional needs to do is find the correct class type and percentage amount to calculate the correct depreciation amount for the taxpayer. A tax professional should not rely on software to do the calculation but understand depreciation to make sure the software is calculating the depreciation correctly.

TEST YOUR KNOWLEDGE!
Go online to take a practice quiz.

DP2.3

A Andrés le gustaría cambiar su método contable. ¿Qué formulario enviaría para recibir la aprobación del IRS?

a. Formulario 8829
b. Formulario 3115
c. Formulario 8867
d. Formulario 8849

Comentarios: Revise la sección *Cambio de métodos contables*

Aportes

Aunque la depreciación puede parecer abrumadora, este tema debe entenderse para preparar declaraciones de impuestos comerciales precisas. La depreciación se utiliza para beneficiar al contribuyente; el IRS ha definido el tipo de convención y clase y ha calculado la cantidad porcentual. Todo lo que el profesional de impuestos debe hacer es encontrar el tipo de clase y el porcentaje correctos para calcular el monto de depreciación apropiado para el contribuyente. Un profesional de impuestos no debe depender del software para hacer el cálculo, pero comprende la depreciación para asegurarse de que el software esté calculando la depreciación correctamente.

¡PON A PRUEBA TUS CONOCIMIENTOS!
Ve en línea para tomar una prueba de práctica.

Chapter 13 Capital Gains and Losses

Introduction

Almost everything a taxpayer owns and uses for personal, or investment purposes is a capital asset. When a capital asset is sold, the difference between the basis in the asset and the amount the item is sold for is either a capital gain or a capital loss. A capital gain is the profit that results from selling an investment (stocks, bonds, or real estate) for a higher price than it was purchased. Capital gains may refer to investment income that arises in relation to real assets (such as property), financial assets (such as shares of stocks or bonds), and intangible assets (such as goodwill). A capital loss arises if the proceeds from the sale of a capital asset are less than the purchase price. The taxpayer can deduct up to a $3,000 loss ($1,500 if filing MFS). The capital loss that exceeds the limit amount may be taken in future years.

Objectives

At the end of this lesson, the student will:

- Explain the holding periods for different types of property.
- Understand the difference between short-term and long-term capital gains.
- Identify capital assets.
- Determine basis before selling an asset.
- Establish when the primary residence is excluded from capital gain.

Resources

Form 1040	Publication 17	Instructions Form 1040
Form 1099-B	Publication 523	Instructions Form 1099-B
Form 4797	Publication 544	Instructions Form 4797
Form 6252	Publication 551	Instructions Form 6252
Form 8949	Tax Topic 409, 703	Instructions Form 8949
Schedule D		Instructions for Schedule D

Capítulo 13 Ganancias y pérdidas de capital

Introducción

Casi todo lo que un contribuyente posee y utiliza con fines personales o de inversión es un activo de capital. Cuando se vende un activo de capital, la diferencia entre la base en el activo y la cantidad por la que se vende el artículo es una ganancia de capital o una pérdida de capital. Una ganancia de capital es la ganancia que resulta de vender una inversión (acciones, bonos o bienes raíces) por un precio más alto del que se compró. Las ganancias de capital pueden referirse a los ingresos por inversiones que surgen en relación con activos reales (como propiedades), activos financieros (como acciones o bonos) y activos intangibles (como el fondo de comercio). Una pérdida de capital surge si el producto de la venta de un activo de capital es menor que el precio de compra. El contribuyente puede deducir una pérdida de hasta $3,000 ($1,500 si declara como MFS). La pérdida de capital que exceda el monto límite puede tomarse en años futuros.

Objetivos

Al final de esta lección, el estudiante podrá:

- Explicar los periodos de tenencia para diferentes tipos de propiedad.
- Comprender la diferencia entre las ganancias de capital a corto y largo plazo.
- Identificar los activos de capital.
- Determinar la base antes de vender un activo.
- Establecer cuándo la residencia principal está excluida de la ganancia de capital.

Fuentes

Formulario 1040	Publicación 17	Formulario de instrucciones 1040
Formulario 1099-B	Publicación 523	Formulario de instrucciones 1099-B
Formulario 4797	Publicación 544	Formulario de Instrucciones 4797
Formulario 6252	Publicación 551	Formulario de instrucciones 6252
Formulario 8949	Tema tributario 409, 703	Formulario de instrucciones 8949
Anexo D		Instrucciones para el Anexo D

Table of Contents / Índice

Introduction	428
Introducción	429
Part 1 Capital Assets	432
Parte 1 Activos de capital	433
Basis of Property	434
Holding Period	434
Base de propiedad	435
Periodo de tenencia	435
Capital Gains Distributions	436
Adjusted Basis	436
Increases to Basis	436
Decreases to Basis	436
Determining Capital Gains and Losses	436
Distribuciones de ganancias de capital	437
Base ajustada	437
Aumento de la base	437
Disminución de la base	437
Determinación de ganancias y pérdidas de capital	437
Sale of Stocks and Mutual Funds	438
Venta de acciones y fondos mutuos	439
Sale of Personal Residence	440
Exclusion	440
Partial Exclusion	440
Venta de residencia personal	441
Exclusión	441
Exclusión parcial	441
Calculating the Sales Price	444
Widowed Taxpayers	444
Incapacitated Taxpayers	444
Divorced Taxpayers	444
Installment Sales	444
Cálculo del precio de venta	445
Contribuyentes viudos	445
Contribuyentes discapacitados	445
Contribuyentes divorciados	445
Ventas a plazos	445
Inherited Property	446
Gift of Property	446
Propiedad heredada	447
Donación de propiedad	447
Form 8949: Reporting Capital Gains and Losses	448
Codes for Form 8949	448
Formulario 8949: Declaración de ganancias y pérdidas de capital	449
Códigos para el formulario 8949	449
Capital Assets Held for Personal Use	452
Activos de capital mantenidos para uso personal	453
Virtual Currency	454
Part 1 Review Questions	454
Moneda virtual	455
Parte 1 Preguntas de repaso	455
Part 1 Review Questions Answers	456

Parte 1 Respuestas a las preguntas de repaso 457
Takeaways 458
Aportes 459

Capital Gains and Losses

Part 1 Capital Assets

Capital assets are items held for personal use, pleasure, or investment purposes. Some examples of capital assets are:

- Stocks or bonds held in a personal account.
- A house owned and used by the taxpayer and family.
- Household furnishings.
- A car used for pleasure and/or work.
- Coin or stamp collections.
- Gems and jewelry.
- Gold, silver, or other metal types.
- Timber grown on taxpayer personal property or investment property.

A capital asset can be any property held by the taxpayer; however, the following would be considered noncapital assets:

- Property held mainly for sale to customers or property that will physically become a part of merchandise for sale to customers (e.g., inventory).
- Depreciable property used in trade or business, even if 100% depreciated.
- Real property used in trade or business.
- Accounts or notes receivable acquired in the ordinary course of a trade or business for services rendered, or the sale of stock in trade or other property included in inventory.
- A copyright, a literary, musical, or artistic composition, a letter or memorandum, or a similar property that is as follows:
    - Created by personal efforts.
    - Prepared or produced for the taxpayer in the case of a letter, memorandum, or similar property.
    - Received from an individual who created the property or for whom the property was prepared under circumstances entitling the taxpayer to the basis of the person who created the property, or for whom it was prepared or produced.
- U.S. government publications received from the government for free or for less than the normal sales price.
- Any financial instruments for commodities derivative held by a commodities derivatives dealer.
- Hedge fund transactions, but only if the transaction is clearly identified as a hedging transaction before the close of the day on which it was acquired or originated.
- Supplies of a type regularly used or consumed in the ordinary course of trade or business.
- Property deducted under the de minimis safe harbor for tangible property.

Parte 1 Activos de capital

Los activos de capital son artículos que se mantienen para uso personal, placer o con fines de inversión. Algunos ejemplos de activos de capital son los siguientes:

- Acciones o bonos mantenidos en una cuenta personal.
- Una casa que pertenece y es usada por el contribuyente y su familia.
- Mobiliario del hogar.
- Un automóvil utilizado por placer y/o para el trabajo.
- Colecciones de monedas o sellos.
- Gemas y joyas.
- Oro, plata o cualquier otro tipo de metal.
- Madera cultivada en propiedad personal o propiedad de inversión del contribuyente.

Un activo de capital puede ser cualquier propiedad en poder del contribuyente; sin embargo, los siguientes se considerarían activos no de capital:

- Propiedad mantenida principalmente para la venta a clientes o propiedad que se convertirá físicamente en parte de la mercancía para la venta a los clientes (por ejemplo, inventario).
- Propiedad depreciable utilizada en la actividad o negocio, incluso si se depreció al 100%.
- Bienes inmuebles utilizados en la actividad o negocio.
- Cuentas o documentos por cobrar adquiridos en el curso ordinario de una actividad o negocio por servicios prestados, o la venta de acciones comerciales u otra propiedad incluida en el inventario.
- Un derecho de autor, una composición literaria, musical o artística, una carta o memorando, o una propiedad similar que cumpla con lo siguiente:
    - Haya sido creado por propósitos personales.
    - Haya sido preparado o producido para el contribuyente en el caso de carta, memorando o propiedad similar.
    - Recibido de una persona que creó la propiedad o para quien la propiedad fue preparada bajo circunstancias que dan derecho al contribuyente a la base de la persona que creó la propiedad, o para quien fue preparada o producida.
- Publicaciones del gobierno de los EE. UU. recibidas del gobierno de forma gratuita o por menos del precio de venta normal.
- Cualquier instrumento financiero para derivados de materias primas en poder de un distribuidor de derivados de materias primas.
- Transacciones de fondos de cobertura, pero solo si la transacción está claramente identificada como una transacción de cobertura antes del cierre del día en que se adquirió u originó.
- Suministros de un tipo utilizado o consumido regularmente en el curso normal de la actividad o negocio.
- Bienes deducidos bajo el puerto seguro de minimis para bienes tangibles.

Capital Gains and Losses

The rate at which the gain on the sale of a capital asset will be taxed depends on the type of capital asset, the holding period, and the taxpayer's tax bracket. If the taxpayer has a capital loss, the loss will be netted against any realized gain. If the taxpayer has a net loss in excess of $3,000, he or she will be able to deduct up to $3,000 of the loss against the taxpayer's ordinary income in the year of the sale. The unused capital loss would then be carried forward to subsequent years and used to help offset net capital gains or ordinary income up to $3,000 a year until the loss is depleted. If the taxpayer is filing as Married filing separately, the limit is $1,500.

Basis of Property

Basis is a way of determining the cost of an investment in property and is decided by how it was acquired. If the property was purchased, the purchase price is the basis. Any improvements made to the property are then added to that basis. The purchase price plus improvements constitutes the adjusted basis. Other items that add to the basis are the expenses of acquiring the property (commissions, sales tax, and freight charges). There are also items that reduce the basis, which include depreciation, nontaxable distributions, and postponed gain on home sales. This is also referred to as cost basis.

Basis is the amount of the investment in the asset for tax purposes. To calculate the gain or loss, basis is needed on the sale or disposition of the asset. Recordkeeping must be accurate to adjust the basis of the property when it is sold.

If a single transaction includes multiple properties, the total cost must be allocated among the separate properties according to the fair market value established by each property's basis. As a result of the allocation, the basis that each property takes is the original unadjusted basis for tax purposes. This rule applies in determining basis for depreciation purposes or a gain or loss, on a transaction.

Holding Period

The holding period (the length of time an individual "held" or owned a property) determines whether the capital gain or loss is short-term or long-term. To determine the holding period, start counting on the day after the date the taxpayer acquired the property. Holding periods end on the day the taxpayer sold the property. Short-term property is property held for one year (365 days) or less. Long-term property is property held for more than one year. For example, if the taxpayer purchased property on September 20, 2020, and sold it on September 20, 2021, the taxpayer would have a short-term capital gain or loss. However, if the taxpayer waited one more day and sold the property on September 21, 2021, the transaction would be a long-term capital gain or loss. It is important to correctly determine the holding period because the maximum tax rate is based on the holding period. To calculate the total net gain or loss, combine the net short-term gains or losses with the net long-term gains or losses.

La tasa a la que se gravará la ganancia en la venta de un activo de capital depende del tipo de activo de capital, el período de tenencia y la categoría impositiva del contribuyente. Si el contribuyente tiene una pérdida de capital, la pérdida se compensará con cualquier ganancia realizada. Si el contribuyente tiene una pérdida neta de más de $3,000, podrá deducir hasta $3,000 de la pérdida contra el ingreso ordinario del contribuyente en el año de la venta. La pérdida de capital no utilizada se trasladaría a los años siguientes y se utilizaría para ayudar a compensar las ganancias netas de capital o los ingresos ordinarios hasta $3,000 al año hasta que se agote la pérdida. Si el contribuyente presenta la declaración como casado y presenta una declaración por separado, el límite es de $1,500.

Base de propiedad

La base es una forma de determinar el costo de una inversión en una propiedad y se decide por cómo se adquirió. Si la propiedad fue comprada, el precio de compra es la base. Las mejoras realizadas a la propiedad se suman a esa base. El precio de compra más las mejoras constituye la base ajustada. Otros elementos que se suman a la base son los gastos de adquisición de la propiedad (comisiones, impuestos sobre las ventas y fletes). También hay rubros que reducen la base, que incluyen depreciación, distribuciones no tributables y ganancia aplazada en la venta de viviendas. Esto también se conoce como base de costos.

La base es el monto de la inversión en el activo a efectos fiscales. Para calcular la ganancia o pérdida, se necesita una base en la venta o disposición del activo. El mantenimiento de registros debe ser preciso para ajustar la base de la propiedad cuando se vende.

Si una sola transacción incluye varias propiedades, el costo total debe asignarse entre las propiedades separadas de acuerdo con el valor justo de mercado establecido por la base de cada propiedad. Como resultado de la asignación, la base que toma cada propiedad es la base original no ajustada a efectos fiscales. Esta regla se aplica para determinar la base para fines de depreciación o ganancia o pérdida en una transacción.

Periodo de tenencia

El período de tenencia (el período de tiempo en que una persona "tiene" o es propietaria de un bien) determina si la ganancia o pérdida de capital es a corto o largo plazo. Para determinar el período de tenencia, comience a contar en la fecha posterior al día en que el contribuyente adquirió la propiedad. Los períodos de tenencia terminan el día en que el contribuyente vendió la propiedad. Los bienes a corto plazo son bienes retenidas por un año (365 días) o menos. Los bienes a largo plazo son bienes retenidos por más de un año. Por ejemplo, si el contribuyente compró un bien el 20 de septiembre de 2020 y lo vendió el 20 de septiembre de 2021, el contribuyente tendría una ganancia o pérdida de capital a corto plazo. Sin embargo, si el contribuyente esperó un día más y vendió el bien el 21 de septiembre de 2021, la transacción sería una ganancia o pérdida de capital a largo plazo. Es importante determinar correctamente el período de tenencia porque la tasa impositiva máxima se basa en el período de tenencia. Para calcular la ganancia o pérdida neta total, sume las ganancias o pérdidas netas a corto plazo con las ganancias o pérdidas netas a largo plazo.

Capital Gains Distributions

Capital gains distributions are paid to the taxpayer by brokerage firms, mutual funds, and investment trusts. The capital gains distributions from mutual funds are long-term capital gains regardless of how long the taxpayer owned the stock. Distributions of net-realized short-term capital gains are reported on Form 1099-DIV as ordinary dividends.

Adjusted Basis

To arrive at the adjusted basis, the taxpayer must make allowable adjustments to the basis of the property. The taxpayer would figure the gain or loss on a sale, exchange, or other disposition of property, or would figure the allowable depreciation, depletion, or amortization. The result is the property's adjusted basis.

Increases to Basis

To increase the property basis, the improvements must have a useful life of more than 1 year. Examples of capital improvements that would increase the property basis are an addition to the primary home, replacing the entire roof, and paving the driveway. Each one of these items may have a different class life for depreciation. Each would have to be depreciated by the rules for their property. Each depreciation class should have a separate set of recordkeeping.

Decreases to Basis

There are certain items that will cause the property to decrease its basis. Those items include certain vehicle credits, IRC section 179 deductions, residential energy credits, casualty and theft losses, and insurance reimbursement. See Publication 551.

Determining Capital Gains and Losses

Capital gains or losses are either short-term or long-term. If the property was disposed of and it was inherited, the basis is generally the fair market value of the property at the date of the owner's death. Nonbusiness bad debt is treated as a short-term capital loss.

Distribuciones de ganancias de capital

Las distribuciones de ganancias de capital se pagan al contribuyente por medio de firmas de corretaje, fondos mutuos y fideicomisos de inversión. Las distribuciones de ganancias de capital de los fondos mutuos son ganancias de capital a largo plazo, independientemente del tiempo que el contribuyente haya poseído las acciones. Las distribuciones de las ganancias de capital a corto plazo realizadas netas se declaran en el Formulario 1099-DIV como dividendos ordinarios.

Base ajustada

Para llegar a la base ajustada, el contribuyente debe hacer los ajustes permitidos a la base de la propiedad. El contribuyente calcularía la ganancia o pérdida en una venta, permuta u otra disposición de propiedad, o calcularía la depreciación, el agotamiento o la amortización permitidas. El resultado es la base ajustada de la propiedad.

Aumento de la base

Para aumentar la base de la propiedad, las mejoras deben tener una vida útil de más de 1 año. Ejemplos de mejoras de capital que aumentarían la base de la propiedad son una adición a la casa principal, reemplazar todo el techo y pavimentar el paso de entrada. Cada uno de estos elementos puede tener una vida de clase diferente para la depreciación. Cada uno tendría que ser depreciado por las reglas de su propiedad. Cada clase de depreciación debe tener un conjunto separado de mantenimiento de registros.

Disminución de la base

Hay ciertos elementos que harán que la propiedad disminuya su base. Esos elementos incluyen ciertos créditos de vehículos, deducciones de la sección 179 del IRC, créditos de energía residencial, pérdidas por hechos fortuitos y robos y reembolso del seguro. Consulte la Publicación 551.

Determinación de ganancias y pérdidas de capital

Las ganancias o pérdidas de capital son a corto o largo plazo. Si el bien se enajenó y se heredó, la base es generalmente el valor justo de mercado del bien en la fecha de la muerte del propietario. Una deuda incobrable no empresarial se trata como una pérdida de capital a corto plazo.

Capital Gains and Losses

Form 1099-DIV

The reported amount is found on Form 1099-DIV, box 2a, and entered on Schedule D, line 13, no matter how long the investment was held. The amount in box 2b is reported on line 11 of the *Unrecaptured Section 1250 Gain Worksheet*. The amount in 2c is reported on *Exclusion of Gain on Qualified Small Business Stock* (QSB). The amount in 2d is reported on line 4 of the *28% Rate Gain Worksheet*.

If the taxpayer earns dividends from an account that is held by a commercial company even though the account is held in the taxpayer's name, the commercial account will distribute Form 1099-DIV to the taxpayer in the amount of their capital gains distributions. This transaction is reported on Schedule D, line 13.

Sale of Stocks and Mutual Funds

The taxpayer should receive Form 1099-B, which reports the total proceeds from the sale of stock or mutual funds. The proceeds are reported on Form 8949.

To determine the capital gain on stocks or mutual funds, the taxpayer must know the cost basis. The cost basis is the purchase price plus any costs related to its purchase and/or to any paid commissions. The cost basis is subtracted from the selling price to determine the capital gains. This information, along with the purchase date and sales date, is included on Form 8949. The trade date—not the settlement date—is used to determine whether the transaction is long-term or short-term

Ganancias y pérdidas de capital

Formulario 1099-DIV

La cantidad que se declara en el Formulario 1099-DIV, casilla 2a, se ingresa en el Anexo D, línea 13, independientemente del tiempo en que se retuvo el bien. La cantidad en la casilla 2b se informa en la línea 11 de la *Hoja de trabajo de ganancia de la Sección 1250 no recuperada*. La cantidad en 2c se informa en *Exclusión de ganancia sobre acciones de pequeñas empresas calificadas (QSB)*. La cantidad en 2d se informa en la línea 4 de la *Hoja de trabajo de ganancia de tasa del 28%*.

Si el contribuyente gana dividendos de una cuenta que es llevada por una empresa comercial, aunque la cuenta esté a nombre del contribuyente, la cuenta comercial distribuirá el Formulario 1099-DIV al contribuyente por el monto de sus distribuciones de ganancias de capital. Esta transacción se informa en el Anexo D, línea 13.

Venta de acciones y fondos mutuos

El contribuyente recibiría el Formulario 1099-B con sus ingresos totales de la venta de acciones o fondos mutuos. Las ganancias se informan en el Formulario 8949.

Para determinar la ganancia de capital sobre acciones o fondos mutuos, el contribuyente debe conocer la base del costo. La base del costo es el precio de compra más los costos relacionados con su compra y/o las comisiones pagadas. La base del costo se resta del precio de venta para determinar las ganancias de capital. Toda esta información, junto con la fecha de compra y la fecha de venta, se incluye en el Formulario 8949. La fecha de negociación, no la fecha de liquidación se utiliza para determinar si la transacción es a corto o largo plazo.

The cost basis of a mutual fund is the cash investment amount plus any reinvested dividends and capital gains minus any returns of capital that were received. If it is less than the entire value of the funds sold, then one must figure the cost basis of the shares sold. To use the average cost per share, the taxpayer must have acquired the shares at various times and various prices and must have left the shares on deposit in an account that is handled by a custodian or agent who acquires or redeems those shares.

Sale of Personal Residence

The Taxpayer Relief Act of 1997 repealed IRC section 1034, *Deferral of Gain on Sale of Residence*, and amended section 121, *The Once-in-a-Lifetime Exclusion of Gain*. Previously, IRC section 1034 allowed taxpayers to defer the gain on the sale of a principal residence if a replacement residence was purchased within two years and if the replacement residence's price was equal to or exceeded the adjusted selling price of the former residence. Now, however, the current law under IRC section 121 is considerably more generous. The sale of the primary residence is reported on the taxpayer's tax return only if there is a taxable gain or if the property was used for business.

To qualify for the exclusion, the taxpayer must meet the following "ownership and use" tests during the last five-year period ending on the date of the sale:

- Owned the home for at least two years (the ownership test).
- Lived in the home as the main home for at least two years (the use test).

A taxpayer can meet the ownership and use test during different two-year periods if they meet both tests during the five years before the date of the sale.

Exclusion

If all the following are true, a taxpayer can exclude the entire gain of the sale of their main home up to $250,000 or up to $500,000 if Married Filing Jointly or as a Qualifying widow(er):

- The taxpayer is married and filing a joint return for the year.
- Either the taxpayer or the spouse meets the ownership test.
- Both the taxpayer and the spouse meet the use test.

If the taxpayer's divorce decree allows the taxpayer's former spouse to live in the home the taxpayer owns, the taxpayer is considered to have also lived there for the purposes of claiming the exclusion. The exclusion is limited to one sale every two years on sales after May 6, 1997.

Partial Exclusion

The amount of gain a taxpayer can exclude must be prorated if the sale of a home is due to a job relocation, health reasons, or other unforeseen circumstances of the homeowner (or the homeowner's spouse if they file a joint return), and if any the following are also true:

La base de costos de un fondo mutuo es la inversión en efectivo más los dividendos reinvertidos y las ganancias de capital menos cualquier retorno del capital recibido. Si es menor que el valor total de los fondos vendidos entonces debe calcular la base del costo de las acciones vendidas. Para utilizar el costo promedio por acción, el contribuyente debe haber adquirido las acciones en distintos momentos y precios y debe haber dejado las acciones en depósito en una cuenta que es manejada por un custodio o agente que adquiere o rescata esas acciones.

Venta de residencia personal

La Ley de Alivio del Contribuyente de 1997 derogó la sección 1034 del IRC, *Aplazamiento de la ganancia en la venta de residencia*, y enmendó la sección 121, *Exclusión de ganancia única en la vida*. Anteriormente, la sección 1034 del IRC permitía a los contribuyentes diferir la ganancia en la venta de una residencia principal si se compraba una residencia de reemplazo dentro de dos años y si el precio de la residencia de reemplazo era igual o superior al precio de venta ajustado de la residencia anterior. Ahora, sin embargo, la ley actual bajo la sección 121 del IRC es considerablemente más generosa. La venta de la residencia principal se informa en la declaración de impuestos del contribuyente solo si hay una ganancia imponible o si la propiedad se utilizó para negocios.

Para calificar para la exclusión, el contribuyente debe cumplir con las siguientes pruebas de "propiedad y uso" durante el último período de cinco años que finaliza en la fecha de la venta:

- Fue propietario de la casa durante al menos dos años (la prueba de propiedad).
- Vivió en la casa como vivienda principal durante al menos dos años (prueba de uso).

Un contribuyente puede cumplir con la prueba de propiedad y uso durante diferentes períodos de dos años si cumple con ambas pruebas durante los cinco años anteriores a la fecha de la venta.

Exclusión

Si todo lo siguiente es cierto, un contribuyente puede excluir la ganancia total de la venta de su vivienda principal hasta $250,000 o hasta $500,000 si es casado declarando conjuntamente o como viudo(a) calificado(a):

- El contribuyente está casado y presenta una declaración conjunta para el año.
- Tanto el contribuyente como el cónyuge cumplen con la prueba de propiedad.
- Tanto el contribuyente como el cónyuge cumplen con la prueba de uso.

Si el decreto de divorcio del contribuyente permite que el excónyuge del contribuyente viva en la casa que posee el contribuyente, se considera que el contribuyente también vivió allí a los efectos de reclamar la exclusión. La exclusión se limita a una venta cada dos años sobre las ventas posteriores al 6 de mayo de 1997.

Exclusión parcial

La cantidad de ganancia que un contribuyente puede excluir debe prorratearse si la venta de una casa se debe a una reubicación del trabajo, razones de salud u otras circunstancias imprevistas del propietario (o del cónyuge del propietario si presentan una declaración conjunta), y si las hubiera, también debe aplicar lo siguiente:

Capital Gains and Losses

- ➤ The taxpayer did not meet the ownership and use test.
- ➤ The taxpayer is excluding gain on the sale of another home after May 6, 1997.
- ➤ The homeowner (or the homeowner's spouse if they file a joint return) sells more than one home in a two-year period.
- ➤ The taxpayer owned a home on August 5, 2020, sold it before August 5, 2021, and did not meet the ownership or use tests.
- ➤ The taxpayer used part of the home for business or rental purposes.
- ➤ The sale or other disposition of one's home includes disposition by sale, exchange, involuntary conversion (condemnation), foreclosure, or other dispositions. If the home was abandoned, foreclosed, or repossessed, the taxpayer should receive Form 1099-A, *Acquisition or Abandonment of Secured Property*, from the lender who acquired the property. This form should be used to calculate whether there is a gain or loss on the property.

Sales of residences other than the taxpayer's main residence are treated differently than sales of primary residences for tax purposes. If the taxpayer sells a residence that is not their principal residence, a capital gain or loss would be reported on Form 8949 and then on Form 797. While a loss on a main residence is not deductible, a loss on a residential rental house may be deductible.

Because the exclusion only pertains to residences, if the taxpayer used part of their home for business or rental purposes, some of the gain may not qualify for the exclusion. Any gain due to depreciation claimed after May 6, 1997, cannot be excluded.

Example: Bill Burns had taken depreciation in prior years for an office in the home before changing it back to a bedroom and using it for personal purposes for two out of the five years prior to the sale. In this instance, Mr. Burns can exclude all the gain from the sale of the house, except for gain from depreciation after May 6, 1997.

If the taxpayer cannot exclude all of the gain, you would treat the sale as two transactions: one business and one personal.

Example: On February 1, 2018, Amy bought a house. She moved in on that date and lived in it until May 31, 2019, when she moved out of the house and put it up for rent. The house was rented from June 1, 2019 to March 31, 2020. Amy moved back into the house on April 1, 2020, and lived there until she sold it on January 31, 2021. During the five-year period ending on the date of the sale (February 1, 2018 to January 31, 2021), Amy owned and lived in the house for more than two years.

Five-Year Period	**Used as Home**		**Used as Rental**
2/1/18 – 5/31/19	16 months		
6/1/19 – 3/31/20			10 months
4/1/20 – 1/31/21	22 months		
	38 months		10 months

- ➢ El contribuyente no cumplió con la prueba de propiedad y uso.
- ➢ El contribuyente excluye la ganancia por la venta de otra casa después del 6 de mayo de 1997.
- ➢ El propietario (o el cónyuge del propietario si presenta una declaración conjunta) vende más de una casa en un período de dos años.
- ➢ El contribuyente era propietario de una casa el 5 de agosto de 2020, la vendió antes del 5 de agosto de 2021 y no cumplió con las pruebas de propiedad o uso.
- ➢ El contribuyente utilizó parte de la vivienda para fines comerciales o de alquiler.
- ➢ La venta u otra disposición de la casa de uno incluye la disposición por venta, permuta, conversión involuntaria (expropiación), ejecución hipotecaria u otras disposiciones. Si la vivienda fue abandonada, ejecutada o recuperada, el contribuyente debe recibir el Formulario 1099-A, *Adquisición o abandono de la propiedad garantizada*, del prestamista que adquirió la propiedad. Este formulario debe utilizarse para calcular si hay una ganancia o pérdida en la propiedad.

Las ventas de residencias distintas de la residencia principal del contribuyente se tratan de manera diferente a las ventas de residencias principales a efectos fiscales. Si el contribuyente vende una residencia que no es su residencia principal, se declararía una ganancia o pérdida de capital en el Formulario 8949 y luego en el Formulario 797. Si bien una pérdida en una residencia principal no es deducible, una pérdida en una casa de alquiler residencial puede ser deducible.

Debido a que la exclusión solo se aplica a las residencias, si el contribuyente utilizó parte de su casa para fines comerciales o de alquiler, es posible que parte de la ganancia no califique para la exclusión. No se puede excluir cualquier ganancia por depreciación reclamada después del 6 de mayo de 1997.

Ejemplo: Bill Burns había tomado la depreciación en años anteriores de una oficina en el hogar antes de cambiarla de nuevo a un dormitorio y usarla para fines personales durante dos de los cinco años anteriores a la venta. En este caso, el Sr. Burns podría excluir todas las ganancias de la venta de la casa, excepto las ganancias por depreciación después del 6 de mayo de 1997.

Si el contribuyente no puede excluir toda la ganancia, trataría la venta como dos transacciones: una comercial y otra personal.

Ejemplo: El 1 de febrero de 2018, Amy compró una casa. Se mudó en esa fecha y vivió en ella hasta el 31 de mayo de 2019, cuando se mudó de la casa y la puso en alquiler. La casa fue alquilada desde el 1 de junio de 2019 al 31 de marzo de 2020. Amy regresó a la casa el 1 de abril de 2020 y vivió allí hasta que la vendió el 31 de enero de 2021. Durante el período de cinco años que finaliza en la fecha de la venta (1 de febrero de 2018 al 31 de enero de 2021), Amy fue propietaria de la casa y vivió en ella durante más de dos años.

Período de cinco años	**Usado como hogar**	**Usado como alquiler**
1/2/18 – 31/5/19	16 meses	
1/6/19 – 31/3/20		10 meses
1/4/20 – 31/1/21	22 meses	
	38 meses	10 meses

Because she lived in the home for more than two years, Amy can exclude gain up to $250,000. However, as mentioned above, she cannot exclude the part of the gain equal to the depreciation she claimed for renting the house after May 6, 1997.

Calculating the Sales Price

Anytime the taxpayer sells a home, land, stock, or other security, he or she will receive either Form 1099-S, *Proceeds from Real Estate Transactions*, or Form 1099-B, *Proceeds from Broker and Barter Exchange Transactions.*

Forms 1099-S and 1099-B are "reporting documents" that provide the gross proceeds or sales price. If the taxpayer sold one stock several times, Form 1099-B might only report the gross proceeds together. The taxpayer can divide the gross proceeds by the total number of shares sold to arrive at an average price per share. The taxpayer can then multiply the price per share by the number of shares sold on each occasion to arrive at the sales price.

Widowed Taxpayers

The Mortgage Forgiveness Debt Relief Act of 2007 allows a surviving spouse to exclude up to $500,000 of the gain from the sale of a principal residence owned jointly. The sale needs to occur within two years from the death of the spouse. Exceptions apply.

Incapacitated Taxpayers

Taxpayers who own a residence are still considered to reside in that residence even if they become physically or mentally incapable of self-care and are placed in a care facility licensed by a state or governmental subdivision such as a nursing home. However, the taxpayer must have owned and used the residence as a principal residence for a period of at least one year during the five years preceding the sale to qualify for IRC section 121 exclusion.

Divorced Taxpayers

If the taxpayer is divorced, and the primary residence is transferred to the taxpayer, the time during which the taxpayer's former spouse owned the residence is added to the taxpayer's period of ownership. A taxpayer who owns a residence is considered to have used it as a principal residence while the taxpayer's spouse or former spouse is granted use of the residence under the terms of the divorce or separation instrument.

Installment Sales

An installment sale is a sale of property in which the taxpayer receives a payment after one year of the sale. An installment sale is an arrangement where some or the entire selling price is paid in a later year. Owners who sell homes and finance the purchase themselves often do so as an installment sale. This is beneficial because the taxpayer does not have to pay taxes on the entire gain in the year of sale. It can also benefit the taxpayer by keeping the gain from pushing them into a higher tax bracket. For taxpayers looking for a steady stream of income over a period of time, the installment sale can provide this income.

Debido a que vivió en la casa durante más de dos años, Amy puede excluir ganancias de hasta $250,000. Sin embargo, como se mencionó anteriormente, no puede excluir la parte de la ganancia equivalente a la depreciación que reclamó por alquilar la casa después del 6 de mayo de 1997.

Cálculo del precio de venta

En cualquier momento en que el contribuyente vende una casa, terreno, acciones u otro tipo de valor, él o ella recibirá el Formulario 1099-S, *Ingresos de transacciones de bienes raíces*, o el Formulario 1099-B, *Ingresos de transacciones de intercambio de corredores y de trueque*.

Los formularios 1099-S y 1099-B son "documentos de declaración" que proporcionan los ingresos brutos o el precio de venta. Si el contribuyente vendió una acción varias veces, el Formulario 1099-B solo podría declarar los ingresos brutos juntos. El contribuyente puede dividir los ingresos brutos entre el número total de acciones vendidas para llegar a un precio promedio por acción. El contribuyente puede entonces multiplicar el precio por acción por el número de acciones vendidas en cada ocasión para llegar al precio de venta.

Contribuyentes viudos

La Ley de Alivio de Deuda del Perdón Hipotecario de 2007 permite que un cónyuge sobreviviente excluya de sus ingresos brutos hasta $500,000 de la ganancia de la venta de una residencia principal de propiedad conjunta. La venta debe ocurrir dentro de los dos años posteriores a la muerte del cónyuge. Se aplican excepciones.

Contribuyentes discapacitados

Se considera que los contribuyentes que poseen una residencia viven en esa residencia incluso si se vuelven física o mentalmente incapaces de cuidarse a sí mismos y se les coloca en un centro de atención con licencia de un estado o subdivisión política, como un centro de cuidados. Sin embargo, el contribuyente debe haber sido propietario y haber utilizado la residencia como residencia principal durante un período de al menos un año durante los cinco años anteriores a la venta para calificar para la exclusión de la sección 121 del IRC.

Contribuyentes divorciados

Si el contribuyente está divorciado y la residencia principal se transfiere al contribuyente, el tiempo durante el cual el excónyuge del contribuyente fue propietario de la residencia se agrega al período de propiedad del contribuyente. Se considera que un contribuyente que posee una residencia la ha utilizado como residencia principal, mientras que al cónyuge o excónyuge del contribuyente se le concede el uso de la residencia según los términos del instrumento de divorcio o separación.

Ventas a plazos

Una venta a plazos es una venta de propiedad en la que el contribuyente recibe un pago después del año de la venta. Una venta a plazos es un acuerdo en el que se paga una parte o la totalidad del precio de venta en un año posterior. Los propietarios que venden viviendas y financian la compra ellos mismos a menudo lo hacen como una venta a plazos. Esto es beneficioso porque el contribuyente no tiene que pagar impuestos sobre la ganancia total en el año de la venta. También puede beneficiar al contribuyente al evitar que la ganancia lo empuje a una categoría impositiva más alta. Para los contribuyentes que buscan un flujo constante de ingresos durante un período de tiempo, la venta a plazos puede proporcionar estos ingresos.

Capital Gains and Losses

The gain from an installment sale is usually reported in the year it is received. However, the taxpayer can elect to report all of the gain in the year of sale, which can be beneficial if the taxpayer had other capital losses to offset the gain. The income from the sale is reported on Form 6252, *Installment Sale Income.* Interest income is reported on Schedule B as it is received. The gain is reported on Form 4797 if it is a business gain. Personal gain is reported on Form 8949.

If a taxpayer has a loss, it cannot be reported as an installment sale. Personal losses are not deductible. If it is a business loss, the entire loss will be reported on Form 4797 in the year of the sale. The interest earned is still reported on Schedule B.

Inherited Property

The basis of inherited property is the property's fair market value (FMV) at the date of death or at an alternate valuation date if chosen by the executor of the estate. The election to use the alternate valuation date is irrevocable. The alternate date is generally six months after the decedent's death or some earlier date of sale or distribution. Alternate valuation can be elected only if the property use decreased both the value of the gross estate and the combined estate and a generation-skipping transfer of tax liability. The holding period is always considered long-term regardless of how long the taxpayer actually owned the property because it includes the holding period of the deceased.

Gift of Property

To determine the basis of property received as a gift, it is necessary to know the donor's adjusted basis of the gift when given to the taxpayer, the fair market value at the time it was given to the taxpayer, and the amount of gift tax that was paid. The taxpayer's basis for figuring gain at the time of the sale or for figuring the disposition of the asset at the time of the sale is the donor's adjusted basis, plus or minus any changes during the period the taxpayer held the property. The taxpayer's basis for figuring loss is the fair market value when received, plus or minus any required adjustments to the basis made during the period the taxpayer held the asset.

The amount of paid gift tax to be included in the basis of the asset depends on the date the gift was received.

Example: The taxpayer received an acre of land as a gift. At the time the gift was given, the land had a fair market value of $8,000. The donor had purchased the land for $10,000, making the property's adjusted basis. After the taxpayer received the property, no events occurred to increase or decrease the basis. If the taxpayer later sells the property for $12,000, he will have a $2,000 gain. The taxpayer must use the donor's adjusted basis ($10,000) at the time of the gift as the basis to figure gain. If he sells the property for $7,000, he will have a $1,000 loss because he must use the fair market value ($8,000) at the time of the gift to figure loss. If the sales price is between $8,000 and $10,000, he will have neither a gain nor a loss.

La ganancia de una venta a plazos generalmente se informa en el año en que se recibe. Sin embargo, el contribuyente puede optar por declarar toda la ganancia en el año de la venta, lo que puede ser beneficioso si el contribuyente tuvo otras pérdidas de capital para compensar la ganancia. Los ingresos de la venta se informan en el Formulario 6252, Ingresos por venta a plazos. Los ingresos por intereses se informan en el Anexo B a medida que se reciben. La ganancia se informa en el Formulario 4797 si es una ganancia comercial. La ganancia personal se informa en el Formulario 8949.

Si un contribuyente tiene una pérdida, no se puede declarar como una venta a plazos. Las pérdidas personales no son deducibles. Si se trata de una pérdida comercial, la pérdida total se declarará en el Formulario 4797 en el año de la venta. Los intereses devengados aún se declararán en el Anexo B.

Propiedad heredada

La base de los bienes heredados es el valor razonable de mercado (FMV) del bien en la fecha de fallecimiento o la fecha de valoración alternativa si es elegido por el albacea de la sucesión. La elección para utilizar la fecha de valoración alternativa es irrevocable. La fecha alternativa es generalmente seis meses después del fallecimiento del difunto o una fecha anterior de venta o distribución. La valoración alternativa puede ser elegida solo si el uso de la propiedad disminuyó tanto el valor del patrimonio bruto como la obligación combinada del patrimonio y el impuesto por transferencia transgeneracional. El período de tenencia siempre se considera a largo plazo, independientemente del tiempo que el contribuyente realmente posea la propiedad, ya que incluye el período de tenencia del difunto.

Donación de propiedad

Para determinar la base de los bienes recibidos como donación, es necesario conocer la base ajustada del donante cuando se entregó al contribuyente, el valor razonable de mercado en el momento en que se entregó al contribuyente y el monto del impuesto sobre donaciones pagado. La base del contribuyente para calcular la ganancia al momento de la venta o disposición del activo es la base ajustada del donante, más o menos cualquier cambio durante el período en que el contribuyente mantuvo la propiedad. La base del contribuyente para calcular la pérdida es el valor razonable de mercado cuando se recibe, más o menos cualquier ajuste requerido a la base durante el período en que el contribuyente mantuvo el activo.

El monto del impuesto sobre donaciones pagado que se incluirá en la base del activo depende de la fecha en que se recibió la donación.

Ejemplo: El contribuyente recibió un acre de tierra como donación. En el momento en que se entregó la donación, la tierra tenía un valor justo de mercado de $8,000. El donante había comprado la tierra por $10,000, creando la base ajustada de la propiedad. Después de que el contribuyente recibió la propiedad, no ocurrió ningún evento que aumente o disminuya la base. Si el contribuyente luego vende la propiedad por $12,000, tendrá una ganancia de $2,000. El contribuyente debe usar la base ajustada del donante ($10,000) en el momento de la donación como base para calcular la ganancia. Si vende la propiedad por $7,000, tendrá una pérdida de $1,000 porque debe usar el valor justo de mercado ($8,000) en el momento de la donación para calcular la pérdida. Si el precio de venta está entre $8,000 y $10,000, no tendrá ni ganancias ni pérdidas.

Capital Gains and Losses

Form 8949: Reporting Capital Gains and Losses

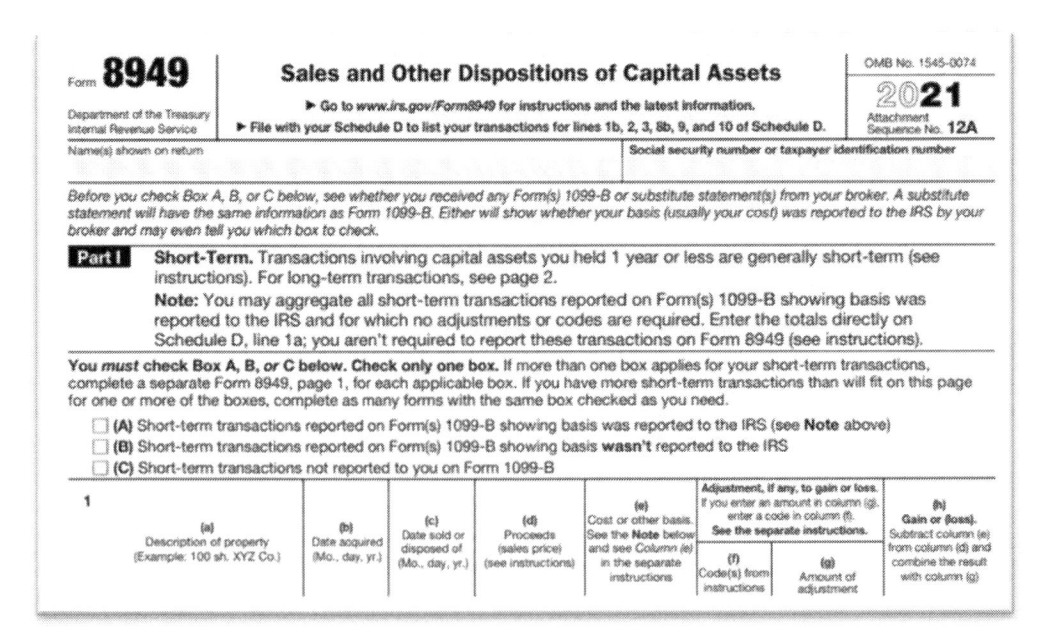

Portion of 2021 Form 8949

Form 8949 is used to report the sales and exchanges of capital assets. It also allows the taxpayer and the IRS to reconcile what has been reported to the IRS on Forms 1099-B or 1099-S.

Individual taxpayers report the following information on Form 8949:

- The sale or exchange of a capital asset.
- Gains from involuntary conversions.
- Nonbusiness bad debts.
- Worthless stocks or bonds.

When using Form 8949, the taxpayer separates the short-term and long-term capital gains and losses. If the disposed property was inherited, it is treated as a long-term asset. Remember, when figuring the holding period, the calculation starts one day after the property has been received. Short-term losses and gains are reported on Form 8949, Part I. Long-term losses and gains are reported in Form 8949, Part II.

Example: Rachel purchased 300 shares of Imperial Soap for $1,000. She sold the stock this year for $1,200. Rachel realized a gain of $200, not the $1,200 in proceeds she received from the sale. Only the $200 is included in gross income since the $1,000 is Rachel's return of capital.

Codes for Form 8949

Below are the definitions that tell the IRS if the sale was a short-term or long-term. The codes also determine if the asset basis was reported to the IRS or not. The taxpayer received either Form 1099-B or a substitute statement with the codes. These codes are used for Box A-F on Form 8949.

A   Short-term basis reported to the IRS.

B   Short-term basis not reported to the IRS.

Formulario 8949: Declaración de ganancias y pérdidas de capital

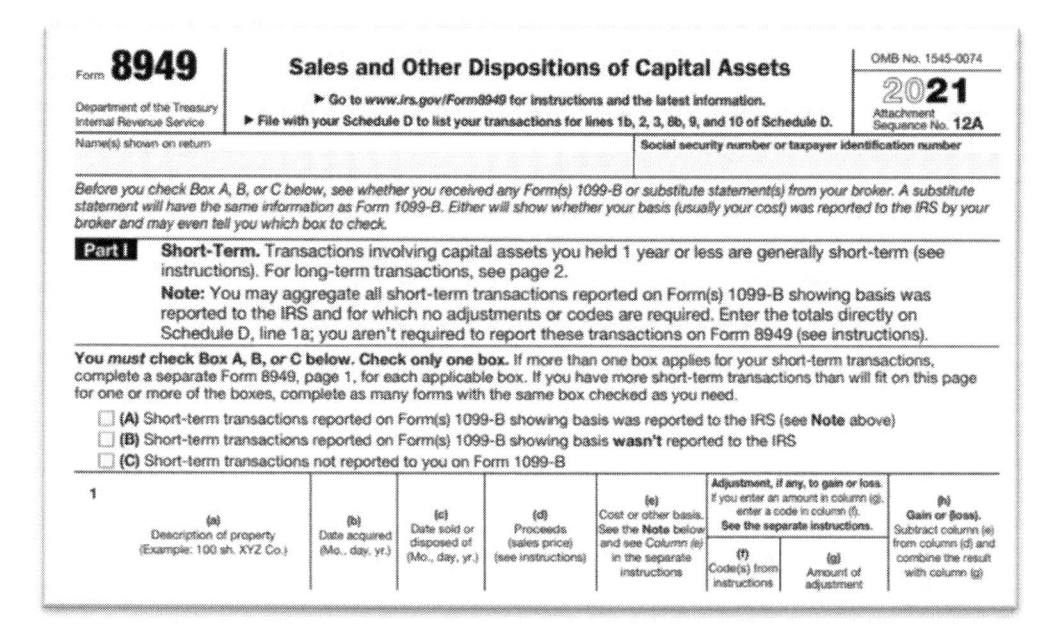

Parte del Formulario 8949 de 2021

El formulario 8949 se utiliza para declarar las ventas y permutas de activos de capital. También le permite al contribuyente y al IRS conciliar lo que se ha declarado al IRS en los Formularios 1099-B o 1099-S.

Los contribuyentes individuales declaran la siguiente información en el Formulario 8949:

- La venta o permuta de un activo de capital.
- Las ganancias de conversiones involuntarias.
- Las deudas incobrables no comerciales.
- Acciones o bonos sin valor.

Cuando utiliza el Formulario 8949, el contribuyente separa sus ganancias y pérdidas de capital a corto y largo plazo. Si el bien enajenado se heredó, se trata como un activo a largo plazo. Recuerde, al calcular el período de tenencia, el cálculo comienza un día después de que se haya recibido el bien. Las pérdidas y ganancias a corto plazo se declaran en el Formulario 8949, Parte I. Las pérdidas y ganancias a largo plazo se declaran en el Formulario 8949, Parte II.

Ejemplo: Rachel compró 300 acciones de Imperial Soap por $1,000. Vendió las acciones este año por $1,200. Rachel calculó una ganancia de $200, no los $1,200 en el monto que recibió de la venta. Solo los $200 están incluidos en el ingreso bruto, ya que los $1,000 es el retorno de capital de Rachel.

Códigos para el formulario 8949

A continuación, se encuentran las definiciones que le indican al IRS si la venta fue a corto o largo plazo. Los códigos también determinan si la base de activos se informó al IRS o no. El contribuyente recibió el Formulario 1099-B o una declaración sustituta con los códigos. Estos códigos se utilizan para las casillas A-F del formulario 8949.

A   Base a corto plazo informada al IRS.

B   Base a corto plazo no informada al IRS.

Capital Gains and Losses

C   Short-term basis not reported on Form 1099-B.

D   Long-term basis reported to the IRS.

E   Long-term basis not reported to the IRS.

F   Long-term transaction not reported on Form 1099-B.

The following codes are used for Form 8949, Columns F and G, that are reported on Form 1099-B or a substitute statement

B   Basis on Form 1099-B is incorrect.

C   The taxpayer disposed of collectibles.

D   Form 1099-B showed an accrued market discount.

E   The taxpayer received Form 1099-B, 1099-S, or some substitute statement for a transaction, and there are selling expenses or option premiums that are not reflected on the form or statement by an adjustment to either the proceeds or basis shown.

H   The taxpayer sold or exchanged their primary residence for a gain that wasn't reported on Form 8949, Part II.

L   The taxpayer has a nondeductible loss other than a loss indicated by code *W* that was not reported.

M   Select this code to tell the IRS that the taxpayer reported multiple transactions on a single row.

N   The taxpayer received Forms 1099-B as a nominee instead of the actual owner of the property.

O   The taxpayer has an adjustment not designated by the other codes.

Q   Select this code to tell the IRS that the taxpayer sold or exchanged qualified small business stock and excluded part of the gain.

R   Select this code to tell the IRS that the taxpayer is electing to postpone all or part of the gain under the rules explained in the Schedule D instructions for rollover of gain.

S   The taxpayer had a loss from the sale, exchange, or worthlessness of small business stock, and the total loss is more than the maximum amount that can be treated as an ordinary loss. See IRC section 1244 for more information.

C	Base a corto plazo no informada en el Formulario 1099-B.
D	Base a largo plazo informada al IRS.
E	Base a largo plazo no informada al IRS.
F	Base a largo plazo no informada en el Formulario 1099-B.

Los siguientes códigos se utilizan para el Formulario 8949, Columnas F y G, que se informan en el Formulario 1099-B o una declaración sustituta

B	La base del Formulario 1099-B es incorrecta.
C	El contribuyente dispuso de cuentas cobrables.
D	El formulario 1099-B mostró un descuento de mercado acumulado.
E	El contribuyente recibió el Formulario 1099-B, 1099-S, o algún estado de cuenta sustituto para una transacción, y hay gastos de venta o primas de opción que no se reflejan en el formulario o estado de cuenta mediante un ajuste a los ingresos o la base mostrada.
H	El contribuyente vendió o canjeó su residencia principal por una ganancia que no se informó en el Formulario 8949, Parte II.
L	El contribuyente tiene una pérdida no deducible que no sea una pérdida indicada por el código W que no fue informada.
M	Seleccione este código para indicarle al IRS que el contribuyente informó múltiples transacciones en una sola fila.
N	El contribuyente recibió los Formularios 1099-B como nominado en lugar del propietario real de la propiedad.
O	El contribuyente tiene un ajuste no designado por los otros códigos.
Q	Seleccione este código para indicarle al IRS que el contribuyente vendió o canjeó acciones de pequeñas empresas calificadas y excluyó parte de la ganancia.
R	Seleccione este código para indicarle al IRS que el contribuyente está optando por posponer todo o parte de la ganancia según las reglas explicadas en las instrucciones del Anexo D para la transferencia de ganancias.
S	El contribuyente tuvo una pérdida por la venta, permuta o inutilidad de las acciones de la pequeña empresa, y la pérdida total es mayor que la cantidad máxima que puede tratarse como una pérdida ordinaria. Consulte la sección 1244 del IRC para obtener más información.

T	The taxpayer received Form 1099-B or some substitute statement and the type of gain or loss (short-term or long-term) in box 2 is incorrect.
W	Select this code to tell the IRS that the taxpayer has a nondeductible loss from a wash sale.
X	The taxpayer can exclude all or part of the capital gain under the "DC Zone and Community Assets Exclusion".
Y	Reporting a gain from a QOF investment that was deferred in a prior year.
Z	*Qualified Opportunity Zone (QO) Fund Eligible Gain Deferral.* Until December 31, 2026, if the taxpayer has an eligible gain, he or she may make a deferral on part or all of the gain that would normally be included as income.

If none of the statements in column F apply, leave columns F and G blank. If more than one code is entered in column F on the same row, enter the net adjustments in column G. For example, if one adjustment is $5,000 and another is $1,000, enter $4,000 ($5,000 – $1,000). Enter all the codes that apply in alphabetical order; do not use commas to separate the codes. For example, write "BOQ", not "B.O.Q." or "B, O, Q".

Capital Assets Held for Personal Use

When a taxpayer sells their primary residence, it could be a reportable transaction. Factors that could trigger the transaction is:

1. Sales amount
2. Filing status
3. Depreciated a portion of the house

If the taxpayer and spouse sold their primary residence and the gain was over $500,000 ($250,000 all other filing status) the amount is reported on Schedule D. If the gain is less than $500,000 ($250,000 all other filing status) it may not be taxable. See IRC section 121.

If the taxpayer converted the depreciable property to personal use, all or part of the gain on the sale or exchange would be recaptured as ordinary income. Recaptured means the gain realized by the sale of capital property that is depreciable and must be reported. A loss from the sale or exchange of personal use asset is not deductible.

Example: Sally sold her main home in 2020 for $320,000 and received Form 1099-S showing the $320,000 gross proceeds. The selling expense was $20,000 and her home basis was $100,000. Sally would be able to exclude the entire $200,000 gain from her income.

$ 320,000	Sales price
– $ 100,000	Basis
– $ 20,000	Selling expenses
$ 200,000	**Capital gain (excluded from income)**

T	El contribuyente recibió el Formulario 1099-B o alguna declaración sustituta y el tipo de ganancia o pérdida (corto y largo plazo) en la casilla 2 era incorrecta.
W	Seleccione este código para informar al IRS que el contribuyente tiene una pérdida no deducible de una venta de lavado.
X	El contribuyente puede excluir todo o parte de la ganancia de capital bajo la "Exclusión de Activos Comunitarios y Zona DC".
Y	Declarar una ganancia de una inversión QOF que fue diferida en un año anterior.
Z	*Aplazamiento de ganancia elegible del fondo de zona de oportunidad calificada (QO). Hasta el 31 de diciembre de 2026, si el contribuyente tiene una ganancia elegible, puede diferir parte o la totalidad de la ganancia que normalmente se incluiría como ingreso.*

Si no se aplica ninguna de las afirmaciones de la columna F, deje las columnas F y G en blanco. Si se ingresa más de un código en la columna F en la misma fila, ingrese los ajustes netos en la columna G. Por ejemplo, si un ajuste es $5,000 y otro es $1,000, ingrese $4,000 ($5,000 - $1,000). Ingrese todos los códigos que apliquen en orden alfabético; no use comas para separar los códigos. Por ejemplo, escriba "BOQ", no "B.O.Q." o "B, O, Q".

Activos de capital mantenidos para uso personal

Cuando un contribuyente vende su residencia principal, podría ser una transacción declarable. Los factores que podrían desencadenar la transacción son:

1. Monto de ventas
2. Estado civil de declaración
3. Depreciación de una parte de la casa

Si el contribuyente y el cónyuge vendieron su residencia principal y la ganancia superó los $500,000 ($250,000 en todos los demás estados civiles), la cantidad se informa en el Anexo D. Si la ganancia es inferior a $500,000 ($250,000 en todos los demás estados civiles), es posible que no esté sujeta a impuestos. Consulte la sección 121 del IRC.

Si el contribuyente convirtió la propiedad depreciable en uso personal, la totalidad o parte de la ganancia en la venta o permuta de la propiedad puede recuperarse como ingreso ordinario. Recapturado significa la ganancia realizada por la venta de bienes de capital que son depreciables y deben ser informados. La pérdida por la venta o permuta de un activo de capital mantenido para uso personal no es deducible.

Ejemplo: Sally vendió su casa principal en 2020 por $320,000 y recibió el Formulario 1099-S que muestra los ingresos brutos de $320,000. El gasto de venta fue de $20,000 y la base de su casa fue de $100,000. Sally podría excluir la ganancia total de $200,000 de sus ingresos.

$ 320,000	Precio de venta
– $ 100,000	Base
– $ 20,000	Gastos de venta
$ 200,000	**Ganancia de capital (excluido de los ingresos)**

Capital Gains and Losses

Virtual Currency

The IRS defines "virtual currency" as a digital representation of value that functions as a medium of exchange, a unit of account and a store of value other than a representation of the United States dollar or a foreign currency. Convertible virtual currency is virtual currency (VC) that has an equivalent value in real currency, or that acts as a substitute for real currency. Cryptocurrency, is generally referred to as coins or tokens, is a type of virtual currency that utilizes cryptography to secure transactions that are digitally recorded on a distributed ledger, such as a blockchain. A taxpayer has gross income when he receives the cryptocurrency (i.e., recorded on the distributed ledger) and has dominion and control over it.

Virtual currency received as payment for goods or services is considered income equal to the fair market value (FMV) on the date received. Payment by virtual currency is included as income, the FMV is determined by the United States dollar (USD). Employers paying VC as compensation for services constitute wages for employment tax purposes and is subject to Federal tax withholding. VC Payments are subject to the same information reporting as other payments (e.g., Forms W-2, 1099, 1042 – Misc., etc.). See Notice 2014-21, 2014-16, and IRB 938.

Payments made by VC are subject to back-up withholding rules to the same extent as other payments. A taxpayer who successfully "mines" virtual currency has gross income equal to the fair market value of the virtual currency as of the date of receipt.

Form 1040 has a question that is to be asked of all taxpayers: "did you receive, sell, exchange, or otherwise dispose of any financial interest in any virtual currency?".

At any time during 2021, did you receive, sell, exchange, or otherwise dispose of any financial interest in any virtual currency?	☐ Yes ☐ No

Portion of 2021 Form 1040

As the professional do not assume the answer is no; ask the taxpayer and mark the appropriate box, based on their answer.

Not reporting the sale or exchange of virtual currencies could resort in a tax consequence. See Publication 544.

Part 1 Review Questions

To obtain the maximum benefit from this chapter, LTP recommends that you complete each of the following questions, and then compare them to the answers with feedback that immediately follow. Under governing self-study standards, vendors are required to present review questions intermittently throughout each self-study course.

These questions and explanations are not part of the final examination and will not be graded by LTP.

Moneda virtual

El IRS define la "moneda virtual" como "una representación digital de valor que funciona como un medio de permuta, una unidad de cuenta y un depósito de valor que no es una representación del dólar estadounidense o una moneda extranjera". La moneda virtual convertible es una moneda virtual (MV) que tiene un valor equivalente en moneda real o que actúa como un sustituto de la moneda real. La criptomoneda, generalmente conocida como monedas o tokens, es un tipo de moneda virtual que utiliza criptografía para asegurar transacciones que se registran digitalmente en un libro mayor distribuido, como una cadena de bloques. Un contribuyente tiene ingresos brutos cuando recibe la criptomoneda (es decir, registrada en el libro mayor distribuido) y tiene dominio y control sobre ella.

La moneda virtual recibida como pago por bienes o servicios se considera un ingreso equivalente al valor justo de mercado (FMV) en la fecha en que se recibe. Se incluye como ingreso el pago por moneda virtual, el FMV está determinado por el dólar estadounidense (USD). Los empleadores que pagan MV como remuneración por servicios constituyen salarios a efectos del impuesto sobre la nómina y están sujetos a la retención de impuestos federales. Los pagos de MV están sujetos a las mismas declaraciones de información que otros pagos (por ejemplo, formularios W-2, 1099, 1042 - Varios, etc.). Consulte el Aviso 2014-21, 2014-16 y IRB 938.

Los pagos realizados por MV están sujetos a reglas de retención de respaldo en la misma medida que otros pagos. Un contribuyente que "extrae" moneda virtual con éxito tiene un ingreso bruto igual al valor justo de mercado de la moneda virtual en la fecha de recepción.

El formulario 1040 tiene una pregunta que se le debe hacer a todos los contribuyentes: "¿recibió, vendió, intercambió o enajenó algún interés financiero en alguna moneda virtual?".

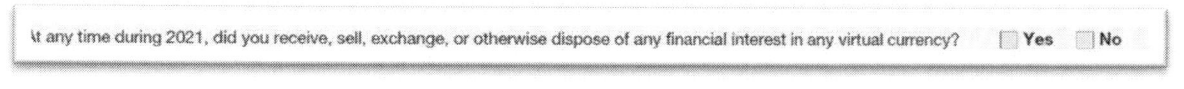

Parte del Formulario 1040 de 2021

Como profesional, no asuma que la respuesta es no; pregunte al contribuyente y marque la casilla correspondiente, según su respuesta.

No declarar la venta o el intercambio de monedas virtuales podría tener una consecuencia fiscal. Consulte la Publicación 544.

Parte 1 Preguntas de repaso

Para obtener el máximo beneficio de este curso, LTPA recomienda que complete cada una de las preguntas a continuación, y luego las compare con las respuestas de los comentarios que se proporcionan posteriormente. Según los estándares reguladores de autoaprendizaje, los proveedores deben presentar preguntas de repaso de manera intermitente a lo largo de cada curso de autoaprendizaje.

Estas preguntas y explicaciones no son parte del examen final y no serán calificadas por LTP.

Capital Gains and Losses

CGLP1.1
Which scenario could make a taxpayer pay a capital gains tax on their primary residence?

   a. The taxpayer lived in the main house for two of the last five years.
   b. The taxpayer's gain on his primary residence is less than $250,000.
   c. The taxpayer and his or her spouse have lived in the house for two of the last five years.
   d. The taxpayer sold the house in 18 months because they found a house they liked more.

CGLP1.2
Which of the following best describes basis?

   a. Basis is the amount of investment in the asset for tax purposes.
   b. Basis includes inventory.
   c. Basis includes land.
   d. Basis is a capital asset.

CGLP1.3
Is virtual currency subject to back-up withholding?

   a. True
   b. False

CGLP1.4
James was paid in virtual currency by his employer. How does he report the income?

   a. James does not have to claim virtual currency as income.
   b. James needs to report the payment as the fair market value on the date received.

Part 1 Review Questions Answers

CGLP1.1
Which scenario could make a taxpayer pay a capital gains tax on their primary residence?

   a. The taxpayer lived in the main house for two of the last five years.
   b. The taxpayer's gain on his primary residence is less than $250,000.
   c. The taxpayer and his or her spouse have lived in the house for two of the last five years.
   d. The taxpayer sold the house in 18 months because they found a house they liked more.

Feedback: Review section *Sale of Personal Residence.*

CGLP1.2
Which of the following best describes basis?

   a. Basis is the amount of investment in the asset for tax purposes.
   b. Basis includes inventory.
   c. Basis includes land.
   d. Basis is a capital asset.

Feedback: Review section *Basis of Property.*

CGLP1.1
¿Qué escenario podría hacer que un contribuyente pague un impuesto sobre las ganancias de capital en su residencia principal?

   a. El contribuyente vivió en la casa principal durante dos de los últimos cinco años.
   b. La ganancia del contribuyente en su residencia principal es menos de $250,000.
   c. El contribuyente y su cónyuge han vivido en la casa dos de los últimos cinco años.
   d. El contribuyente vendió la casa en 18 meses porque encontró una casa que le gustó más.

CGLP1.2
¿Cuál de las siguientes opciones describe mejor la base?

   a. La base es el monto de la inversión en el activo para efectos fiscales.
   b. La base incluye el inventario.
   c. La base incluye la tierra.
   d. La base es un activo de capital.

CGLP1.3
¿Está la moneda virtual sujeta a retención adicional?

   a. Verdadero
   b. Falso

CGLP1.4
James recibió un pago de parte de su empleador en moneda virtual. ¿Cómo declara los ingresos?

   a. James no tiene que reclamar la moneda virtual como ingreso.
   b. James debe declarar el pago como el valor justo de mercado en la fecha de recepción.

Parte 1 Respuestas a las preguntas de repaso

CGLP1.1
¿Qué escenario podría hacer que un contribuyente pague un impuesto sobre las ganancias de capital en su residencia principal?

   a. El contribuyente vivió en la casa principal durante dos de los últimos cinco años.
   b. La ganancia del contribuyente en su residencia principal es menos de $250,000.
   c. El contribuyente y su cónyuge han vivido en la casa durante dos de los últimos cinco años.
   d. El contribuyente vendió la casa en 18 meses por otra casa que le gustó más.

Comentarios Revise la sección *Venta de residencia personal*

CGLP1.2
¿Cuál de las siguientes opciones describe mejor la base?

   a. La base es el monto de la inversión en el activo para efectos fiscales.
   b. La base incluye el inventario.
   c. La base incluye la tierra.
   d. La base es un activo de capital.

Comentarios Revise la sección *Base de propiedad*

CGLP1.3
Is virtual currency subject to back-up withholding?

a. **True**
b. False

Feedback: Review section *Virtual Currency*.

CGLP1.4
James was paid in virtual currency by his employer. How does he report the income?

a. James does not have to claim virtual currency as income.
b. **James needs to report the payment as the fair market value on the date received.**

Feedback: Review section *Virtual Currency*.

Takeaways

The original basis for property is its cost, except as otherwise provided by law. The cost is the amount paid for such property in cash or other property. The basis includes acquisition costs such as commissions, legal fees, recording fees, and sales taxes, as well as installation and delivery costs. The cost of property includes not only the amount of money or other property paid, but also the amount of paid mortgage or liability costs in connection with the purchase. It makes no difference whether the taxpayer assumes the liability by taking over the payments or merely purchases the property at the asking price. When the property is disposed, any remaining amount of mortgage or liability of which the seller is relieved is treated as part of the amount realized. Real estate taxes are included as part of the property's basis if the buyer assumes the seller's obligation to pay them.

Capital gains and losses are classified as long-term or short-term. If the asset has been held for more than one year before the asset was disposed, it is considered to be a long-term capital gain or loss. If the asset is held for less than one year, it is considered a short-term capital gain or loss.

TEST YOUR KNOWLEDGE!
Go online to take a practice quiz.

CGLP1.3
¿Está la moneda virtual sujeta a retención adicional?

   a. **Verdadero**
   b. Falso

Comentarios Revise la sección *Moneda virtual*.

CGLP1.4
James recibió un pago de parte de su empleador en moneda virtual. ¿Cómo declara los ingresos?

   a. James no tiene que reclamar la moneda virtual como ingreso.
   b. **James debe declarar el pago como el valor justo de mercado en la fecha de recepción.**

Comentarios Revise la sección *Moneda virtual*.

Aportes

La base original de la propiedad es su costo, salvo que la ley disponga lo contrario. El costo es el monto pagado por dicha propiedad en efectivo u otra propiedad. La base incluye costos de adquisición como comisiones, honorarios legales, tarifas de registro e impuestos sobre las ventas, así como costos de instalación y entrega. El costo de la propiedad incluye no solo la cantidad de dinero u otra propiedad pagada, sino también la cantidad de la hipoteca pagada o los costos de responsabilidad en relación con la compra. No importa si el contribuyente asume la responsabilidad asumiendo los pagos o simplemente compra la propiedad al precio de venta. Cuando se dispone de la propiedad, cualquier monto restante de la hipoteca o responsabilidad de la cual el vendedor esté exento se trata como parte del monto realizado. Los impuestos sobre bienes raíces se incluyen como parte de la base de la propiedad si el comprador asume la obligación del vendedor de pagarlos.

Las ganancias y pérdidas de capital se clasifican en largo o corto plazo. Si el activo se ha mantenido durante más de un año antes de su enajenación, se considera una ganancia o pérdida de capital a largo plazo. Si el activo se mantiene durante menos de un año, se considera una ganancia o pérdida de capital a corto plazo.

¡PON A PRUEBA TUS CONOCIMIENTOS!
Ve en línea para tomar una prueba de práctica.

Chapter 14 Electronic Filing

Introduction

Electronic filing (also referred to as e-file and e-filing) is the process of submitting tax returns over the internet via approved tax software. The e-file system has made tax preparation significantly easier, and the IRS notifies software users within 24-48 hours if the tax return was accepted or rejected. E-filing is not available year-round but begins in January and ends in October; the IRS determines when e-filing begins and ends each year, and states follow the IRS dates. An electronic return originator (ERO) is the individual who originates the electronic submission of the tax return. To file a return electronically, the individual needs to be an Authorized IRS e-file Provider.

Objectives

At the end of this lesson, the student will be able to do the following:

- ➢ Understand the different e-filing options.
- ➢ Know which form(s) to use when the taxpayer opts-out of e-filing.
- ➢ Identify which forms are unable to be e-filed.

Resources

Form 8453	Publication 17	Instructions Form 8453
Form 8878	Publication 1345	Instructions Form 8878
Form 8878-A	Publication 3112	Instructions Form 8878-A
Form 8879		Instructions Form 8879
Form 9325		Instructions Form 9325

Capítulo 14 Declaración electrónica

Introducción

La declaración electrónica (también conocida como E-File y E-filing) es el proceso para presentar las declaraciones de impuestos a través de Internet mediante un software de impuestos aprobado. El sistema de declaración electrónica ha facilitado considerablemente la declaración de impuestos y el IRS notifica a los usuarios de software dentro de las 24 a 48 horas si la declaración de impuestos fue aceptada o rechazada. La declaración electrónica no está disponible durante todo el año, sino que comienza en algún momento en enero y finaliza en octubre; el IRS determina cuándo comienza y termina exactamente la declaración electrónica cada año, y los estados siguen las fechas que establezca el IRS. Un originador electrónico de declaraciones (ERO) es la persona que origina la declaración electrónica de la declaración de impuestos. Para presentar una declaración electrónicamente, la persona debe ser un proveedor autorizado de declaración electrónica del IRS.

Objetivos

Al final de esta lección, el estudiante podrá hacer lo siguiente:

- ➢ Comprender las diferentes opciones de declaración electrónica.
- ➢ Saber qué formulario(s) usar si el contribuyente desea optar por no presentar la declaración electrónica.
- ➢ Indicar qué formularios no pueden ser presentados electrónicamente.

Fuentes

Formulario 8453	Publicación 17	Instrucciones del Formulario 8453
Formulario 8878	Publicación 1345	Instrucciones del Formulario 8878
Formulario 8878-A	Publicación 3112	Instrucciones del Formulario 8878-A
Formulario 8879		Instrucciones del Formulario 8879
Formulario 9325		Instrucciones del Formulario 9325

Table of Contents / Índice

Introduction	460
Introducción	461
Part 1: Electronic Return Originator (ERO)	464
Obtaining, Handling, and Processing Return Information from Taxpayers	464
e-File Providers	464
Parte 1: Originador Electrónico de Declaraciones (ERO)	465
Obtención, manejo y procesamiento de la información de declaración de los contribuyentes	465
Proveedores de declaraciones electrónicas	465
Becoming an e-File Provider	466
Who are Principals and Responsible Officials?	466
Convertirse en un proveedor de declaración electrónica	467
¿Quiénes son los directores y funcionarios responsables?	467
Step One: Creating an IRS e-Services Account	468
Step Two: Submitting the Application	468
Primer paso: Crear una cuenta de servicios electrónicos del IRS	469
Segundo paso: Presentar la solicitud	469
Step Three: Passing the Suitability Check	470
Denial to Participate in IRS e-File	470
Acceptance to Participate in IRS e-File	470
e-File Provider Penalties	470
Tercer paso: Pasar el control de idoneidad	471
Denegación a la participación en la presentación electrónica del IRS	471
Aceptar la participación en la presentación electrónica del IRS	471
Multas al proveedor de declaración electrónica	471
Verifying Taxpayer Identification Numbers (TINs)	474
Nonstandard Document Awareness	474
Safeguarding Taxpayer Information	474
Verificar los números de identificación del contribuyente (NIF)	475
Conocer los documentos no estándar	475
Salvaguardar la información del contribuyente	475
Client Protection	476
Protección del cliente	477
The Gramm-Leach-Bliley Act	478
Reporting Security Incidents	478
Part 1 Review Questions	478
La Ley Gramm-Leach-Bliley	479
Notificación de incidentes de seguridad	479
Parte 1 Preguntas de repaso	479
Part 1 Review Questions Answers	482
Parte 1 Respuestas a las preguntas de repaso	483
Part 2: Transmitting Returns	484
Filing the Completed Return	484
Parte 2: Transmisión de declaraciones	485
Presentación de la declaración completada	485
Submission of Paper Documents	486
Providing Information to the Taxpayer	486
Envío de documentos impresos	487
Proporcionar información al contribuyente	487
Processing Return Information from Taxpayers	488
What the Taxpayer Should Receive	488

Declaración electrónica

File Accurate Tax Return to Receive Timely Refund 488
Resubmitting Rejected Tax Returns 488
Procesar información de declaración de los contribuyentes 489
Lo que el contribuyente debe recibir..489
Preparar y presentar declaraciones de impuestos precisas. 489
Reenvío de declaraciones de impuestos rechazadas 489
Electronic Postmark 490
Acknowledgment of Transmitted Returns 490
Balance Due Returns...490
Matasellos electrónico...491
Acuse de recibo de declaraciones 491
Declaraciones con saldo adeudado...491
Pay by Check 492
Electronic Funds Withdrawal..492
Credit or Debit Card Payments 492
Pagar con cheque...493
Retiro electrónico de fondos 493
Pagos con tarjeta de crédito o débito 493
Electronic Federal Tax Payment System (EFTPS) 494
Returns Not Eligible for IRS e-File 494
Refund Delays..494
Sistema Electrónico de Pago de Impuestos Federales (EFTPS). 495
Declaraciones no elegibles para la presentación electrónica del IRS 495
Retrasos de reembolso...495
Refund Offsets 496
Where's My Refund? 496
Bank Products 496
Compensaciones de reembolso 497
¿Dónde está mi reembolso? 497
Productos bancarios 497
E-File Guidelines for Fraud and Abuse 498
Double Check the Taxpayer's Address...498
Avoiding Refund Delays..498
Directrices de la presentación electrónica para el fraude y el abuso........................499
Verificar la dirección del contribuyente...499
Evitar retrasos en el reembolso 499
Signing an Electronic Tax Return 500
Electronic Signature Methods 500
IRS e-File Signature Authorization...500
Firma de una declaración electrónica de impuestos...501
Métodos de firma electrónica...501
Autorización de firma de presentación electrónica del IRS......................................501
Guidance for Electronic Signatures 502
IRS e-File Security and Privacy Standards 502
Orientación para firmas electrónicas...503
Normas de seguridad y privacidad de declaración electrónica del IRS 503
Part 2 Review Questions 504
Parte 2 Preguntas de repaso...505
Part 2 Review Questions Answers 506
Parte 2 Respuestas a las preguntas de repaso 507
Takeaways 508
Aportes...509

Part 1: Electronic Return Originator (ERO)

An electronic return originator (ERO) is an authorized IRS e-file provider that originates submissions of returns he or she either prepares or collects from taxpayers who want to e-file their returns. An ERO originates the electronic submission of a return after the taxpayer authorizes the e-filing of the tax return. The ERO must have either prepared the return or collected it from a taxpayer. An ERO originates the electronic submission by one of the following methods:

- Electronically sending the return to a transmitter that will transmit the return to the IRS.
- Directly transmitting the return to the IRS.
- Providing the return to an intermediate service provider to transmit it to the IRS.

Obtaining, Handling, and Processing Return Information from Taxpayers

If the return was prepared by a paid preparer, the ERO must always identify the paid preparer in the proper field of the electronic record and include the paid preparer's following information:

- Name
- Address
- EIN (if a member of a firm)
- PTIN

An ERO who chooses to originate returns that have not been prepared by the firm becomes the tax preparer when, entering the data, the ERO discovers errors that require substantive changes and makes the changes. A non-substantive change is a correction limited to a transposition error, a misplaced entry, a spelling error, or an arithmetic correction. The IRS considers all other changes substantive, and the ERO becomes the tax preparer if corrections are made.

e-File Providers

An authorized IRS e-file provider is a business or organization authorized by the IRS to participate in their e-file program. A Provider may be an Electronic Return Originator (ERO), an Intermediate Service Provider, a Transmitter, a Software Developer, a Reporting Agent, or an Affordable Care Act (ACA) Provider. These different roles are not mutually exclusive, and one person or entity can have more than one. For example, a Provider may be an ERO while also being a Transmitter or a tax return preparer. Even though the activities and responsibilities for IRS e-file and return preparation are distinct and different from each other, one person can possess both titles, duties, and responsibilities at the same time.

A Transmitter is the person, entity, or software that literally sends the return data electronically directly to the IRS. A Provider is one who has been authorized by the IRS to file tax returns electronically, typically through a third-party transmitter such as a tax software provider; filing a return is not the same thing as sending it.

Parte 1: Originador Electrónico de Declaraciones (ERO)

Un originador de declaraciones electrónicas (ERO) es un proveedor autorizado de declaraciones electrónicas del IRS que origina la presentación de las declaraciones que él o ella prepara o recopila de los contribuyentes que desean presentar sus declaraciones electrónicamente. Un ERO origina la declaración electrónica después de que el contribuyente autoriza la presentación electrónica de la declaración de impuestos. El ERO debe haber preparado la declaración o haberla recopilado de un contribuyente. Un ERO origina la declaración electrónica mediante uno de los siguientes métodos:

- Envía electrónicamente la declaración a un transmisor que transmitirá la declaración al IRS.
- Transmite directamente la declaración al IRS.
- Proporciona la declaración a un proveedor de servicios intermedio para que la transmita al IRS.

Obtención, manejo y procesamiento de la información de declaración de los contribuyentes

Si la declaración fue preparada por un preparador pagado, el ERO siempre debe identificar al preparador pagado en el campo apropiado del registro electrónico e incluir la siguiente información del preparador pagado:

- Nombre
- Dirección
- EIN (si es miembro de una empresa)
- PTIN

Un ERO que opta por originar declaraciones que no han sido preparadas por la empresa se convierte en el preparador de impuestos cuando, al ingresar los datos, el ERO descubre errores que requieren cambios sustantivos y realiza los cambios. Un cambio no sustancial es una corrección limitada a un error de transposición, un registro mal colocado, un error de ortografía o una corrección aritmética. El IRS considera que todos los demás cambios son sustanciales, y el ERO se convierte en un preparador de impuestos si se realizan correcciones.

Proveedores de declaraciones electrónicas

Un Proveedor de declaración electrónica autorizado por el IRS es una empresa u organización autorizada por el IRS para participar en su programa de declaración electrónica. Un proveedor puede ser un Originador de Declaraciones Electrónicas (ERO), un Proveedor de servicios intermedios, un Transmisor, un Desarrollador de software, un Agente declarador o un Proveedor de la Ley de Asistencia Asequible (ACA). Estas diferentes funciones no se excluyen mutuamente, y una persona puede ser más de uno a la vez. Por ejemplo, un Proveedor también puede ser un ERO y a la vez un Transmisor o un preparador de declaraciones de impuestos. A pesar de que las actividades y responsabilidades para la declaración electrónica del IRS y la preparación para la declaración son distintas y diferentes entre sí, una persona puede poseer ambos títulos, deberes y responsabilidades al mismo tiempo.

Un transmisor es la persona, entidad o software que literalmente envía los datos de la declaración directamente al IRS por vía electrónica. Un proveedor es aquél que ha sido autorizado por el IRS para presentar declaraciones de impuestos electrónicamente, por lo general a través de un transmisor de terceros, como su proveedor de software de impuestos. Presentar una declaración no es lo mismo que enviarla.

Electronic Filing

Becoming an e-File Provider

To become an e-file provider, an individual must submit a completed application to the IRS requesting the proper authorization, a process that usually takes 45 days. To complete the application quickly, the individual should have the following information prepared:

- Know which Provider options can be furnished to taxpayers.
- Enter identification information for the company.
    - Employer Identification Number.
    - Name of the company.
    - Enter the name, date of birth, Social Security number, current professional information, and citizenship status of the organization's Principal and Responsible Official. Mark if either or both are an attorney, certified public accountant, enrolled agent, officer of a publicly traded corporation, or a bonded bank official.

Who are Principals and Responsible Officials?

The Principal is the individual who is ultimately responsible for anything and everything that occurs regarding e-filing at the firm. Although a firm can have more than one "Responsible Official", there can be only one Principal, and the individual designated as the Principal must be on the application. Any of the following individuals that participate in the e-file operations of the company are eligible to be designated as the Principal:

- A sole proprietor of the business. For sole proprietorships, the sole proprietor must be the Principal.
- A partner who has at least 5% or more interest in the partnership. If no partner has 5% or more, the Principal needs to be an individual who is authorized to act for the partnership in legal or tax matters.
- The President, Vice-President, Secretary, or Treasurer of a corporation are all eligible to be a Principal.
- The Principal for an entity that is not any of the above needs to be an individual with the authority within the company to act on behalf of the entity in legal or tax matters.

If any of the above individuals are not involved in the e-file operation of the company, then a large firm with multilayered management can substitute a "Key Person" who participates substantially in the firm's electronic filing operations as the principal for the e-file application.

Unlike the Principal, who is a single person responsible for e-file matters across the whole company, Responsible Officials are the people in charge of the day-to-day e-file operations at specific locations such as offices. They are the first point of contact with the IRS and have the authority to sign and revise IRS e-file applications. Responsible Officials must set the revenue procedures for e-filing and for all publications and notices thereof and ensure that employees follow them. Responsible Officials can oversee the operations at more than one office, and though there can be more, each firm must have at least one Responsible Official, although it can always add more later; the Principal can also be the Responsible Official.

Declaración electrónica

Convertirse en un proveedor de declaración electrónica

Para convertirse en un proveedor de declaración electrónica, una persona debe enviar una solicitud completa al IRS solicitando la autorización adecuada, un proceso que generalmente toma 45 días. A fin de completar la solicitud rápidamente, la persona debe tener la siguiente información preparada:

- Saber qué opciones de proveedores se pueden proporcionar a los contribuyentes.
- Colocar la información de identificación de la compañía.
    - Número de identificación del empleador
    - Nombre de la compañía.
    - Colocar el nombre, la fecha de nacimiento, el número de seguro social, información profesional actual y estado de ciudadanía del director y funcionario responsable de la organización. Marcar si uno o ambos son abogados, contadores públicos certificados, agentes inscritos, funcionarios de una sociedad anónima que cotiza en bolsa, o un funcionario bancario afiliado

¿Quiénes son los directores y funcionarios responsables?

El director es la persona que es responsable en última instancia de todo lo que ocurra con respecto a la declaración electrónica en la empresa. Si bien una empresa puede tener más de un "funcionario responsable", solo puede haber un director, y la persona designada como director debe estar en la solicitud. Cualquiera de las siguientes personas que participan en las operaciones de declaración electrónica de la compañía son elegibles para ser designados como el director:

- Una empresa individual del negocio. Para empresas individuales, la empresa individual debe ser el director.
- Un socio que tenga al menos un 5% o más de interés en la sociedad. Si ningún socio posee el 5% o más, el director debe ser una persona autorizada para actuar por la sociedad en asuntos legales o fiscales.
- El presidente, vicepresidente, secretario o tesorero de una sociedad anónima son elegibles para ser directores.
- Si el director de una entidad que no es ninguno de los anteriores debe ser una persona natural con la autoridad dentro de la compañía para actuar en nombre de la entidad en asuntos legales o fiscales.

Si alguna de las personas mencionadas anteriormente no participa en la operación de declaración electrónica de la compañía, entonces una gran empresa con administración de múltiples niveles puede sustituir a una "Persona clave" que participa sustancialmente en las operaciones de declaración electrónica de la empresa como director para la solicitud de declaración electrónica.

A diferencia del director, que es una sola persona responsable de los asuntos de declaración electrónica en toda la compañía, los funcionarios pertinentes son los responsables de las operaciones diarias de declaración electrónica en ubicaciones específicas, como las oficinas. Son el primer punto de contacto con el IRS y tienen la autoridad para firmar y revisar las solicitudes de declaración electrónica del IRS. Los funcionarios responsables deben establecer los procedimientos de ingresos para la declaración electrónica y para todas las publicaciones y avisos de las mismas, y garantizar que los empleados los sigan. Los funcionarios responsables pueden supervisar las operaciones en más de una oficina, y aunque puede haber más, cada empresa debe tener al menos un funcionario responsable, aunque siempre puede agregar información más adelante. El director también puede ser el funcionario responsable.

Step One: Creating an IRS e-Services Account

Before starting the e-file application process, the individual must create an account with IRS Secure Access. To do this, the individual will register using a two-factor authentication process at irs.gov. After this, the taxpayer will be asked to provide the following information to create the account:

- Full legal name
- Home address
- Social Security number
- Date of birth
- Phone number
- Email address

Any other individuals that the firm wishes to appoint as either the Principal or as Responsible Officials must also create e-services accounts. Account creators must return to the e-Services site within 28 days of receiving the confirmation code to confirm the registration and thus allow the firm to continue the application process.

Step Two: Submitting the Application

Once all relevant individuals have confirmed their e-Services accounts, the firm can apply to become an authorized IRS e-file provider. The next steps of the application process are as follows:

1. Log in to e-Services and access the online application to become an IRS e-file provider.
2. Select the e-file provider type (Transmitter, ERO, etc.).
3. Enter the identification information of the firm and services provided.
4. Enter the name, home address, SSN, DOB, and citizenship status for each principal and responsible party for the firm.
5. Enter the Principal and Responsible Official(s) current professional status (attorney, certified public accountant, enrolled agent, etc.) and any other requested information.
6. Each Principal and Responsible Official must answer several personal questions and sign the Terms of Agreement (TOA) using the PIN they selected when creating their e-services accounts.
7. Each Principal and Responsible Official must declare under penalty of perjury that all the personal information they entered is true.

Submit the IRS e-file application and retain the tracking number provided after the submission of the application was successful.

Any individuals appointed to become the Principal or a Responsible Official who are not an EA, CPA, or attorney must pass a background check before the application can continue. To do this, first request a fingerprint card from the IRS by calling their toll-free number (1-866-255-0654). Once the IRS has mailed the cards, take them to a trained professional at your local police department or to a company certified to provide that service. They will perform the fingerprinting of each Principal and Responsible Official, who must each sign the card that contains their fingerprints.

Primer paso: Crear una cuenta de servicios electrónicos del IRS

Antes de iniciar el proceso de solicitud de declaración electrónica, la persona debe crear una cuenta con los servicios electrónicos en el sitio web del IRS. Para hacer esto, la persona natural se registrará mediante un proceso de autenticación de dos factores en irs.gov. Posteriormente, se le pedirá al contribuyente que proporcione la siguiente información para crear la cuenta:

- Nombre legal completo
- Dirección de residencia
- Número de Seguro Social:
- Fecha de nacimiento
- Número de teléfono
- Dirección de correo electrónico

Cualquier otra persona que la empresa desee nombrar como director o como funcionario responsable también debe crear cuentas de servicios electrónicos. Los creadores de la cuenta deben regresar al sitio de servicios electrónicos dentro de los 28 días posteriores a la recepción del código de confirmación para confirmar el registro y así permitir que la empresa continúe con el proceso de solicitud.

Segundo paso: Presentar la solicitud

Una vez que todas las personas relevantes hayan confirmado sus cuentas de servicios electrónicos, la empresa puede solicitar convertirse en un proveedor autorizado de declaración electrónica del IRS. Los siguientes pasos del proceso de solicitud son los siguientes:

1. Inicie sesión en e-Services y acceda a la aplicación en línea para convertirse en un proveedor de e-file del IRS.
2. Seleccione el tipo de proveedor de declaración electrónica (transmisor, ERO, etc.).
3. Ingrese la información de identificación de la empresa y los servicios prestados.
4. Ingrese el nombre, la dirección de residencia, el NSS, la fecha de nacimiento y el estado de ciudadanía de cada director y parte responsable de la empresa.
5. Coloque el director y funcionario(s) responsable(s) (abogado, contador público certificado, agente inscrito, etc.) y cualquier otra información solicitada.
6. Cada director y funcionario responsable debe responder varias preguntas personales y firmar los Términos del Acuerdo (TOA) utilizando el PIN que seleccionaron al crear sus cuentas de servicios electrónicos.
7. Cada director y funcionario responsable debe declarar, bajo pena de perjurio, que toda la información personal que ingresaron es verdadera.

Envíe la solicitud de declaración electrónica del IRS y conserve el número de seguimiento proporcionado después de que la presentación de la solicitud sea exitosa.

Cualquier persona designada para convertirse en el director o un funcionario responsable que no sea un EA, CPA o abogado debe pasar primero una verificación de antecedentes antes de que la solicitud pueda continuar. Para hacer esto, primero solicite una tarjeta de huellas digitales del IRS llamando a su número gratuito (1-866-255-0654). Una vez que el IRS haya enviado las tarjetas por correo, llévelas a un profesional capacitado en su departamento de policía local o a una compañía certificada para proporcionar ese servicio. Realizarán la captación de huellas dactilares y proporcionarán tarjetas que contengan las huellas dactilares de cada director y funcionario responsable, quienes deberán firmar la tarjeta que contiene sus propias huellas dactilares.

Electronic Filing

Step Three: Passing the Suitability Check

Once the IRS has received, processed, and reviewed the application, they will conduct a "suitability check" to determine if the firm qualifies to become an e-file provider. The "suitability check" consists of the following checks on the firm, on each person listed as a principal or responsible official on the application, and on all documents related to the application:

- A credit check.
- A tax compliance check.
- A criminal background check.
- A check for prior noncompliance with IRS e-file requirements.

If the firm passes the suitability check they will receive their acceptance letter from the IRS with the electronic filing identification number (EFIN), which should not be confused with the firm's EIN.

Denial to Participate in IRS e-File

If the firm, a Principal, or a Responsible Official fails the suitability check, the IRS will notify the applicant of denial to participate in the program, the date they may reapply, and if they may reapply sooner if the suitability issues are resolved.

Acceptance to Participate in IRS e-File

After an applicant passes the suitability check and the IRS completes the processing of the application, the IRS will notify the applicant of their acceptance or rejection to participate in the program. A provider does not have to reapply unless the IRS suspends the provider from participation in the program for a violation. If any of the information on the original application changes, the provider will have 30 days to update the information by resubmitting the application with the assorted changes.

If the professional status of a Principal or Responsible Official changes, the firm must update its e-file application and resubmit the individual's fingerprints for a new background check. If a Principal or a Responsible Official dies, the Provider must remove or replace the deceased within 30 days by resubmitting the application. If this is not done, the IRS will remove the deceased individual(s) from the e-file application themselves, which may result in rejected returns because of leaving one of the firm's offices uncovered. The IRS will also remove Providers if they are unable to contact the provider or if the IRS' mail is returned to them as undeliverable because the Provider failed to update their physical mailing address, in which case the IRS will reject all returns submitted by the Provider until the Provider updates their information.

e-File Provider Penalties

Monitoring

The IRS monitors Providers by visiting the locations where one performs IRS e-file activities and by reviewing the e-file records the IRS requires them to keep. Monitoring may include, but is not limited to, the following:

Tercer paso: Pasar el control de idoneidad

Una vez que el IRS haya recibido, procesado y revisado la solicitud, realizarán una "verificación de idoneidad" para determinar si la empresa reúne los requisitos para convertirse en un proveedor de declaración electrónica. La "verificación de idoneidad" consiste en las siguientes comprobaciones en la empresa, en cada persona que figura como director o funcionario responsable en la solicitud, y en todos los documentos relacionados con la solicitud:

- Una verificación de crédito.
- Una verificación de cumplimiento de impuestos.
- Una verificación de antecedentes penales.
- Una verificación de incumplimiento previo con los requisitos de presentación electrónica del IRS.

Si la empresa aprueba las verificaciones de idoneidad, recibirá una carta de aceptación del IRS con su número de identificación de declaración electrónica (EFIN), que no debe confundirse con el EIN de la empresa.

Denegación a la participación en la presentación electrónica del IRS

Si la empresa, un director o un funcionario responsable no pasa la verificación de idoneidad, el IRS notificará al solicitante la denegación a la participación en el programa, la fecha en que se pueden volver a solicitar y si pueden volver a solicitarla antes si se resuelven los problemas de idoneidad.

Aceptar la participación en la presentación electrónica del IRS

Después de que un solicitante pase la verificación de idoneidad y el IRS complete el procesamiento de la solicitud, el IRS notificará al solicitante de su aceptación para participar en el programa. Un proveedor no tiene que volver a solicitar a menos que el IRS suspenda la participación del proveedor en el programa por una infracción. Si alguna de la información en la solicitud original cambia, el proveedor tendrá 30 días para actualizar la información volviendo a enviar la solicitud con los cambios surtidos.

Si el estado profesional de un director o funcionario responsable cambia, la empresa debe actualizar su solicitud de declaración electrónica y volver a enviar las huellas digitales de la persona para una nueva verificación de antecedentes. Si un director o un funcionario responsable fallece, el proveedor debe retirar o reemplazar al fallecido dentro de los treinta días, volviendo a enviar su solicitud. Si esto no se hace, el IRS eliminará a la(s) persona(s) fallecida(s) de la solicitud de declaración electrónica, lo que puede resultar en declaraciones rechazadas como resultado de dejar una de las oficinas de la empresa sin cubrir. El IRS también eliminará a los proveedores si no pueden comunicarse con el proveedor o si se les devuelve el correo del IRS porque no se pudo entregar debido a que el proveedor no actualizó su dirección de correo física, en cuyo caso el IRS rechazará todas las declaraciones enviadas por el proveedor hasta que el Proveedor actualice su información.

Multas al proveedor de declaración electrónica

Supervisión

El IRS supervisa a los proveedores visitando las ubicaciones donde realizan las actividades de declaración electrónica del IRS y revisando los registros de la declaración electrónica que el IRS les exige que conserven. La supervisión puede incluir, pero no se limita a lo siguiente:

- Reviewing the quality of e-file submissions for rejects and other defects.
- Checking adherence to signature requirements on returns.
- Scrutinizing advertising material.
- Examining records.
- Observing office procedures.
- Conducting periodic suitability checks.

The IRS monitors the regulations put in place by the Providers to ensure they are in compliance with IRC §6695(g).

Revocation

The IRS will revoke participation from an authorized Provider, Principal, or Responsible Official if so ordered by a federal court or a federal or state legal action. If the legal action expires or is reversed, the revoked Provider may reapply to participate in IRS e-file after the legal action expires or is reversed.

Sanctioning

IRS e-file violations may result in warning or sanctioning an authorized IRS e-file Provider, a Principal, or a Responsible Official. Sanctioning may take the form of a written reprimand, a suspension, or an expulsion from participating in the e-file program. In most circumstances, a sanction is effective 30 days after the date of the letter informing individuals of a sanction against them or the date that the reviewing officers or the Office of Appeals affirms the sanction, whichever is later. If a Provider, Principal, or Responsible Official is suspended or expelled from participation in e-filing, every entity that listed the suspended or expelled Principal or Responsible Official on their e-file application may also be suspended or expelled. Although notice must eventually be given, the IRS has full authority to immediately suspend or expel anyone without a prior warning or notice.

Infractions

The IRS categorizes the seriousness of infractions in three different levels.

Level One Infractions are infringements of IRS e-file rules and requirements that have little-to-no harmful effect on the quality of the returns or on the IRS e-file program. This infraction could result in a written reprimand but may not lead to a suspension or expulsion.

Level Two Infractions are violations of IRS e-file rules and requirements that have an unfavorable impact upon the quality of the returns or on the IRS e-file program. The repeating Level One Infractions after the IRS has notified the person about the current violation could cause an increase to Level Two Infraction. Depending on the nature of the infraction, the IRS may limit participation in IRS e-file or suspend the authorized IRS e-file Provider from participation in IRS e-file for a period of one year.

- ➢ Revisar la calidad de los envíos de declaración electrónica para los rechazos y otros defectos.
- ➢ Comprobar el cumplimiento de los requisitos de firma en las declaraciones.
- ➢ Escrutar material publicitario.
- ➢ Examinar registros.
- ➢ Observar los procedimientos de la oficina.
- ➢ Realizar comprobaciones periódicas de idoneidad.

El IRS puede supervisar las regulaciones establecidas por los proveedores para garantizar que cumplan con la sección §6695(g) del IRC.

Revocación

El IRS revocará la participación de un proveedor, director o funcionario responsable autorizado si así lo ordena un tribunal federal o una acción legal federal o estatal. Si la acción legal vence o se revierte, el proveedor revocado puede volver a solicitar participar en la presentación electrónica del IRS después de que la acción legal caduque o se revierta.

Sanciones

Las infracciones de declaración electrónica del IRS pueden generar advertencias o sanciones a un proveedor de declaración electrónica autorizado por el IRS, a un director o a un funcionario responsable. La sanción puede tomar la forma de una amonestación por escrito, una suspensión o una expulsión de participar en el programa de presentación electrónica. En la mayoría de los casos, una sanción es efectiva por 30 días después de la fecha de la carta que informa a las personas sobre una sanción en su contra o la fecha en que los oficiales de revisión o la Oficina de Apelaciones confirman la sanción, la que sea posterior. Si un proveedor, director o funcionario responsable es suspendido o expulsado de la participación en la presentación electrónica, todas las entidades que incluyeron al director o al funcionario responsable suspendido o expulsado en su solicitud de presentación electrónica también pueden ser suspendidas o expulsadas. Aunque eventualmente se debe dar un aviso, el IRS tiene plena autoridad para suspender o expulsar inmediatamente a cualquier persona sin previo aviso o notificación.

Infracciones

El IRS clasifica la gravedad de las infracciones en tres niveles diferentes.

Las infracciones de nivel uno son infracciones de las reglas y requisitos de la declaración electrónica del IRS que tienen poco o ningún efecto adverso en la calidad de las declaraciones o en el programa de la declaración electrónica del IRS. Una infracción podría resultar en una amonestación por escrito, pero no dará lugar a una suspensión o expulsión.

Las infracciones de nivel dos son violaciones de las reglas y requisitos de la declaración electrónica del IRS que tienen un impacto adverso en la calidad de las declaraciones o en el programa de la declaración electrónica del IRS. La repetición de las infracciones de nivel uno después de que el IRS haya notificado a la persona sobre la infracción actual podría causar un aumento en la infracción de nivel dos. Dependiendo de la naturaleza de la infracción, el IRS puede limitar la participación en la declaración electrónica del IRS o suspender la participación del proveedor de declaración electrónica autorizado en el proceso de declaración electrónica del IRS por un período de un año.

Level Three Infractions are violations of IRS e-file rules and requirements that have a significant adverse impact on the quality of tax returns. Level Three Infractions include continued Level Two Infractions after the IRS has brought the Level Two Infraction to the attention of the Provider. A Level Three Infraction may result in suspension from participation in IRS e-file for two years or, depending on the severity of the infraction (such as fraud, identity theft, or criminal conduct), in removal without the opportunity for future participation. The IRS reserves the right to suspend or expel a Provider prior to administrative review for Level Three Infractions. See Publication 3112.

Verifying Taxpayer Identification Numbers (TINs)

To help safeguard taxpayers from fraud and abuse, the tax preparer should confirm the identity and identification number of taxpayers, spouses, and dependents listed on every tax return prepared. Taxpayer Identification Numbers include SSNs, EINs, adopted taxpayer identification numbers (ATINs), and individual taxpayer identification numbers (ITINs). To confirm identities, the paid preparer should request to see both a current government-issued photo ID and the taxpayer's original identification number.

If the identification card does not have the same address as the one on the tax return, ask additional questions to verify the taxpayer's identity. Although the addresses are not required to match, confirming the identity of the taxpayer is a fundamental part of a tax professional's due diligence. Using an incorrect identification number or the same number on multiple returns or an incorrect name with the wrong identification number are some of the most common reject causes of e-filed returns. To minimize rejections, the preparer should verify the taxpayer's name and identification number prior to submitting the tax return electronically to the IRS.

Nonstandard Document Awareness

The IRS has identified key indicators of potential abuse and fraud such as altered, forged, or fabricated Forms W-2, W-2G, and 1099-R, especially when prepared by hand. Information on the reporting forms should never be altered. If the employer must make any changes, the employer should provide the employee with a corrected document, and a corrected reporting form should be sent to the IRS and the SSA. Any time the tax professional has a questionable income document, report it to the IRS.

Safeguarding Taxpayer Information

"Taxpayer information" is any piece of information that has been furnished for or by the taxpayer in any form or manner such as in person, over the phone, by mail, or by fax for the purpose of preparing the taxpayer's tax return. It includes, but is not limited to, the following pieces of information:

- Name
- Address
- Identification number
- Income
- Receipts
- Deductions
- Dependents
- Tax liability

Las Infracciones de Nivel Tres son infracciones de las reglas y requisitos de la declaración electrónica del IRS que tienen poco o ningún efecto adverso en la calidad de las declaraciones de impuestos. Las infracciones del Nivel Tres incluyen las infracciones continuas del Nivel Dos después de que el IRS haya llevado la infracción del Nivel Dos a la atención del Proveedor. Una infracción de Nivel Tres puede resultar en la suspensión de la participación en la declaración electrónica del IRS por dos años o, dependiendo de la gravedad de la infracción (como fraude, robo de identidad o conducta criminal), en la expulsión sin la oportunidad de una futura participación. El IRS se reserva el derecho de suspender o expulsar a un Proveedor antes de la revisión administrativa por infracciones del Nivel Tres. Consulte la publicación 3112.

Verificar los números de identificación del contribuyente (NIF)

Para ayudar a proteger a los contribuyentes contra el fraude y el abuso, el preparador de impuestos debe confirmar la identidad y el número de identificación de los contribuyentes, cónyuges y dependientes que figuran en cada declaración que él o ella prepara. Los números de identificación del contribuyente incluyen los NSS, EIN, los números de identificación de contribuyente adoptados (ATIN) y los números de identificación del contribuyente individual (ITIN). Para confirmar las identidades, el preparador pagado debe solicitar ver una identificación con foto emitida por el gobierno actual y el número de identificación original del contribuyente.

Si la tarjeta de identificación no tiene la misma dirección que la declaración de impuestos, haga preguntas adicionales para verificar su identidad. Si bien no se requiere que las direcciones coincidan, confirmar la identidad del contribuyente es una parte fundamental de la diligencia debida de un profesional de impuestos. El uso de un número de identificación incorrecto o el mismo número en varias declaraciones o un nombre incorrecto con un número de identificación incorrecto son algunas de las causas más comunes de rechazo de las declaraciones presentadas electrónicamente. Para minimizar los rechazos, el preparador debe verificar el nombre y el número de identificación del contribuyente antes de enviar la declaración de impuestos electrónicamente al IRS.

Conocer los documentos no estándar

El IRS ha identificado indicadores clave de posibles abusos y fraudes, como los Formularios W-2, W-2G y 1099-R alterados, falsificados o fabricados, especialmente cuando se preparan a mano. La información en los formularios de declaración nunca debe ser alterada. Si el empleador debe hacer algún cambio, el empleador debe proporcionar al empleado un documento corregido y se debe enviar un formulario de informe corregido al IRS y a la SSA. Siempre que el profesional de impuestos tenga un documento de ingresos cuestionable, infórmelo al IRS.

Salvaguardar la información del contribuyente

La "información del contribuyente" es cualquier información que ha sido proporcionada por o para el contribuyente en cualquier forma o manera bien sea en persona, por teléfono, correo o fax con el propósito de preparar la declaración de impuestos del contribuyente. Esto incluye, pero no se limita a, los siguientes datos:

- Nombre
- Dirección
- Número de identificación
- Ingresos
- Recibidos
- Deducciones
- Dependientes
- Obligación tributaria

Criminal and monetary penalties may be imposed on individuals preparing taxes or providing tax preparation services. This includes tax preparers that knowingly or recklessly make unauthorized disclosures with the preparation of income tax returns. See Title 26 IRC §301.7216.1 and §6713. Some common safeguarding strategies are:

- Lock doors to restrict access to files.
- Passwords to access computer files.
- Encrypting electronically-stored taxpayer data.
- Keep a backup of electronic data for recovery purposes. Backup files regularly.
- Shred taxpayer information.

For more information about safeguarding personal information, go to the official website of the Federal Trade Commission at www.ftc.gov.

Client Protection

The IRS has created several basic security guidelines for tax preparers to follow while preparing returns, which will make clients' data and their businesses safer:

- Learn to recognize phishing emails, especially those that look like they originated from the IRS. Never open an embedded link or attachment from an email that looks suspicious.
- Create a data security plan using the guidelines found in the Publication 4557, Safeguarding Taxpayer Data.
- Review your internal controls:
  - Install anti-malware and anti-virus security software on all devices (laptops, desktops, routers, tablets, phones, etc.) and keep the software up to date.
  - Use strong passwords of 8 or more characters with a mixture of upper and lowercase letters, numbers, and special symbols that do not start or end with a space or include common phrases or the names of loved ones or pets.
  - Encrypt all sensitive files and emails and use strong password protections.
  - Back up sensitive data to a safe and secure external source that is not connected to a network full-time.
  - Wipe, clean, or destroy old hard drives or printers containing sensitive data.
  - Limit access to taxpayer data exclusively to individuals who need to know.
  - Perform weekly checks on the number of returns filed with your firm's EFIN through your eServices account, and compare that number with the number of returns your firm has actually prepared to make sure no one is fraudulently using your EFIN to e-file returns without your knowledge. Individuals can do the same thing via their PTIN account.
- Report any data theft or data loss to the appropriate IRS Stakeholder Liaison.
- Sign up on the IRS website to receive email notices from e-News for Tax Professionals, Quick Alerts, and Social Media.

Se pueden imponer multas penales y monetarias a las personas que preparan impuestos o brindan servicios de preparación de impuestos. Esto incluye a los preparadores de impuestos que, de forma deliberada o imprudente, hacen divulgaciones no autorizadas con la preparación de declaraciones de impuestos sobre la renta. Consulte el Título 26 IRC §301.7216.1 y §6713. Algunas estrategias comunes de protección son las siguientes:

- Bloquear las puertas para restringir el acceso a los archivos.
- Contraseñas de acceso a archivos informáticos.
- Cifrado de datos de contribuyentes almacenados electrónicamente.
- Mantenimiento de copias de seguridad de los datos electrónicos con fines de recuperación. Respaldar regularmente los archivos.
- Triturar la información de los contribuyentes.

Para obtener más información sobre la protección de la información personal, visite el sitio web oficial de la Comisión Federal de Comercio enwww.ftc.gov..

Protección del cliente

El IRS ha creado varias directrices de seguridad básicas que los preparadores de impuestos deben seguir al preparar las declaraciones, lo que permitirá proteger los datos de los clientes y su negocio:

- Aprenda a reconocer los correos electrónicos de suplantación de identidad, especialmente aquellos que parecen haberse originado en el IRS. Nunca abra un enlace o archivo adjunto desde un correo electrónico que parezca sospechoso.
- Cree un plan de seguridad de datos utilizando las directrices que se encuentran en la Publicación 4557, Protección de los datos del contribuyente.
- Revise sus controles internos:
  o Instale un software de seguridad antimalware y antivirus en todos los dispositivos (computadoras portátiles, computadoras de escritorio, enrutadores, tabletas, teléfonos, etc.) y mantenga el software actualizado.
  o Use contraseñas seguras de 8 o más caracteres con una combinación de letras mayúsculas y minúsculas, números y símbolos especiales que no comiencen o terminen con un espacio o incluyan frases comunes o los nombres de seres queridos o mascotas.
  o Cifre todos los archivos y correos electrónicos confidenciales y use protecciones de contraseña seguras.
  o Realice una copia de seguridad de los datos confidenciales en una fuente externa segura y protegida que no esté conectada a una red a tiempo completo.
  o Limpie o destruya discos duros o impresoras que contengan datos confidenciales.
  o Limite el acceso a los datos de los contribuyentes exclusivamente a las personas que necesitan saber.
  o Realice verificaciones semanales del número de declaraciones presentadas con el EFIN de su empresa a través de su cuenta de servicios electrónicos, y compare ese número con el número de declaraciones que su empresa realmente ha preparado para asegurarse de que nadie esté utilizando de manera fraudulenta su EFIN para realizar declaraciones electrónicas sin su conocimiento. Las personas pueden hacer lo mismo a través de su cuenta PTIN.
- Denuncie cualquier robo de datos o pérdida de datos al enlace de partes interesadas del IRS correspondiente.
- Regístrese en el sitio web del IRS para recibir avisos por correo electrónico de e-News para profesionales de impuestos, alertas rápidas y redes sociales.

The Gramm-Leach-Bliley Act

Enacted by Congress in 1999, the Gramm-Leach-Bliley Act implemented various safeguard rules and the financial privacy rule to protect taxpayers' private information. Safeguard rules require tax return preparers, data processors, transmitters (ERO), affiliates, service providers, and others to ensure the security and confidentiality of customer records and information. The financial privacy rule requires the following to give their customers privacy notices that explain the financial institution's information collection and sharing practices:

- Tax return preparers
- Data processors
- Transmitters
- Affiliates
- Service providers
- Anyone significantly engaged in providing financial products or services that include the preparation or filing of tax returns

Reporting Security Incidents

Online Providers of individual tax returns shall report any adverse event or threat of an event that could result in an unauthorized disclosure, misuse, modification, or destruction of information. These types of incidents can affect the confidentiality, integrity, and availability of taxpayer information or the ability for a taxpayer to prepare or file a return. Types of incidents include theft of information, loss of information, natural disasters (such as floods, earthquakes, or fires that destroy unrecoverable information), and computer system or network attacks using such tools as malicious code or denials of service. If the tax professional experiences a security incident or is hacked, report it to the IRS immediately.

Part 1 Review Questions

To obtain the maximum benefit from this chapter, LTP recommends that you complete each of the following questions, and then compare them to the answers with feedback that immediately follows. Under governing self-study standards, vendors are required to present review questions intermittently throughout each self-study course.

These questions and explanations are not part of the final examination and will not be graded by LTP.

EFP1.1
What does the acronym ERO stand for?

a. Electronic Return Originator
b. Electric Refund Option
c. Electronic Return Operator
d. Electronic Refund Originator

La Ley Gramm-Leach-Bliley

Promulgada por el Congreso en 1999, la Ley Gramm-Leach-Bliley implementó varias reglas de protección y la regla de privacidad financiera para proteger la información privada de los contribuyentes. Las reglas de protección requieren que los preparadores de declaraciones de impuestos, procesadores de datos, transmisores (ERO), afiliados, proveedores de servicios y otros que garanticen la seguridad y confidencialidad de los registros e información del cliente. La regla de privacidad financiera requiere que las siguientes instituciones financieras proporcionen a sus clientes avisos de privacidad que expliquen las prácticas de recopilación e intercambio de información de la institución financiera:

- Preparadores de declaraciones de impuestos
- Procesadores de datos
- Transmisores
- Afiliados
- Proveedores de servicio.
- Cualquier persona involucrada significativamente en el suministro de productos o servicios financieros que incluyen la preparación o presentación de declaraciones de impuestos.

Notificación de incidentes de seguridad

Los proveedores de declaraciones de impuestos individuales por Internet deberán informar sobre cualquier evento adverso o amenaza de evento que pueda resultar en una divulgación no autorizada, uso indebido, modificación o destrucción de la información. Este tipo de incidentes puede afectar a la confidencialidad, integridad y disponibilidad de la información del contribuyente o a la capacidad de éste para preparar o presentar una declaración. Los tipos de incidentes incluyen el robo de información, la pérdida de información, las catástrofes naturales (como las inundaciones, los terremotos o los incendios que destruyen la información irrecuperable) y los ataques al sistema informático o a la red utilizando herramientas como códigos maliciosos o denegaciones de servicio. Si el profesional de los impuestos experimenta un incidente de seguridad o es hackeado, infórmelo al IRS inmediatamente

Parte 1 Preguntas de repaso

Para obtener el máximo beneficio de este curso, LTP recomienda que complete cada una de las preguntas a continuación, y luego las compare con las respuestas de los comentarios que se proporcionan posteriormente. Según los estándares reguladores de autoaprendizaje, los proveedores deben presentar preguntas de repaso de manera intermitente a lo largo de cada curso de autoaprendizaje.

Estas preguntas y explicaciones no son parte del examen final y no serán calificadas por LTP.

EFP1.1
¿Qué significa el acrónimo ERO?

    a. Originador Electrónico de Declaraciones.
    b. Opción de Reembolso Eléctrico.
    c. Operador Electrónico de Declaraciones.
    d. Originador Electrónico de Reembolso.

Electronic Filing

EFP1.2
A provider, as defined by the IRS, includes all of the following, **except?**

   a. Electronic Return Originator (ERO)
   b. A Software Developer
   c. A Reporting Agent
   d. An Enrolled Agent

EFP1.3
Which of the following best describes an Electronic Return Originator (ERO)?

   a. Originates the electronic submission of tax returns to the IRS
   b. Issues the tax refund
   c. Accepts tax liability payments
   d. Issues an extension on the taxpayer's behalf

EFP1.4
Which of the following best describes the Principal?

   a. Javier, who works for XYZ Company and e-files all returns.
   b. Alyssa, who handles all e-filing responsibilities.
   c. Lexa, who is a receptionist.
   d. Spencer, who does not prepare or e-file tax returns.

EFP1.5
Who is most likely to be the Responsible Official?

   a. Taylor, who runs the electronic day-by-day operations.
   b. Abigail, who is the receptionist.
   c. Jess, who prepares and e-files his returns electronically.
   d. Landon, who is the electronic filing marketing manager.

EFP1.6
If the individual who is appointed as the Principal or the Responsible Official is not an EA, CPA, or attorney, which of the following must the individual pass before the application moves forward?

   1. Background check
   2. Fingerprint card
   3. Credit check
   4. Tax compliance check

   a. 1 only
   b. 1 & 4
   c. 2 only
   d. 1, 3, & 4

EFP1.2
Un proveedor, según lo define el IRS, es todo lo siguiente, **excepto...**

a. Un Originador Electrónico de Declaraciones (ERO).
b. Un desarrollador de software.
c. Un agente de informes.
d. Un agente inscrito.

EFP1.3
¿Cuál de las siguientes opciones describe mejor un Originador Electrónico de Declaraciones (ERO)?

a. Origina la presentación electrónica de las declaraciones de impuestos al IRS.
b. Emite la declaración de impuestos.
c. Acepta pagos de obligaciones tributarias.
d. Emite una prórroga en nombre del contribuyente.

EFP1.4
¿Cuál de las siguientes opciones describe mejor los cambios en el director?

a. Javier, que trabaja para XYZ Company y presenta electrónicamente todas las declaraciones.
b. Alyssa, que se encarga de todas las responsabilidades de declaración electrónica.
c. Lexa, que es recepcionista.
d. Spencer, que no prepara ni presenta declaraciones de impuestos electrónicamente.

EFP1.5
¿Quién es más probable que sea la funcionaria responsable?

a. Taylor, que dirige las operaciones electrónicas diarias.
b. Abigail, que es la recepcionista.
c. Jess, que prepara y presenta electrónicamente sus declaraciones de impuestos.
d. Landon, que es el gerente de mercadeo de declaración electrónica.

EFP1.6
Si la persona designada como director u oficial responsable no es un EA, CPA o abogado, ¿cuál de los siguientes debe aprobar la persona antes de que se envíe la solicitud?

1. Verificación de antecedentes.
2. Tarjeta de huella dactilar.
3. Verificación de crédito.
4. Verificación de cumplimiento fiscal.

a. Solo 1
b. 1 y 4
c. Solo 2
d. 1, 3, y 4

Electronic Filing

Part 1 Review Questions Answers

EFP1.1
What does the acronym ERO stand for?

  a. **Electronic Return Originator**
  b. Electric Refund Option
  c. Electronic Return Operator
  d. Electronic Refund Originator

Feedback: Review section *Part 1: Electronic Return Originator.*

EFP1.2
A provider, as defined by the IRS, includes all of the following, **except?**

  a. Electronic Return Originator (ERO)
  b. A Software Developer
  c. A Reporting Agent
  d. **An Enrolled Agent**

Feedback: Review section *Part 1: Electronic Return Originator.*

EFP1.3
Which of the following best describes an Electronic Return Originator (ERO)?

  a. **Originates the electronic submission of tax returns to the IRS**
  b. Issues the tax refund
  c. Accepts tax liability payments
  d. Issues an extension on the taxpayer's behalf

Feedback: Review section *Part 1: Electronic Return Originator.*

EFP1.4
Which of the following best describes the Principal?

  a. Javier, who works for XYZ Company and e-files all returns.
  b. **Alyssa, who handles all e-filing responsibilities.**
  c. Lexa, who is a receptionist.
  d. Spencer, who does not prepare or e-file tax returns.

Feedback: Review section *Who are the Principals and Responsible Officials.*

EFP1.5
Who is most likely to be the Responsible Officials?

  a. **Taylor, who runs the electronic day-by-day operations.**
  b. Abigail, who is the receptionist.
  c. Jess, who prepares and e-files his returns electronically.
  d. Landon, who is the electronic filing marketing manager.

Feedback: Review section *Who are the Principals and Responsible Officials.*

Parte 1 Respuestas a las preguntas de repaso

EFP1.1
¿Qué significa el acrónimo ERO?

    a. Originador Electrónico de Declaraciones.
    b. Opción de Reembolso Eléctrico.
    c. Operador Electrónico de Declaraciones.
    d. Originador Electrónico de Reembolso.

Comentarios: Revise la sección *Parte 1: Originador Electrónico de Declaraciones*

EFP1.2
Un proveedor, según lo define el IRS, es todo lo siguiente, **excepto**...

    a. Un Originador Electrónico de Declaraciones (ERO).
    b. Un desarrollador de software.
    c. Un agente de informes.
    d. Un agente inscrito.

Comentarios: Revise la sección *Parte 1: Originador Electrónico de Declaraciones*

EFP1.3
¿Cuál de las siguientes opciones describe mejor un Originador Electrónico de Declaraciones (ERO)?

    a. Origina la presentación electrónica de las declaraciones de impuestos al IRS.
    b. Emite la declaración de impuestos.
    c. Acepta pagos de obligaciones tributarias.
    d. Emite una prórroga en nombre del contribuyente.

Comentarios: Revise la sección *Parte 1: Originador Electrónico de Declaraciones*

EFP1.4
¿Cuál de las siguientes opciones describe mejor los cambios en el director?

    a. Javier, que trabaja para XYZ Company y presenta electrónicamente todas las declaraciones.
    b. Alyssa, que se encarga de todas las responsabilidades de declaración electrónica.
    c. Lexa, que es recepcionista.
    d. Spencer, que no prepara ni presenta declaraciones de impuestos electrónicamente/.

Comentarios: Revise la sección *¿Quiénes son los directores y funcionarios responsables?*

EFP1.5
¿Quién es más probable que sea la funcionaria responsable?

    a. Taylor, que dirige las operaciones electrónicas diarias.
    b. Abigail, que es la recepcionista.
    c. Jess, que prepara y presenta electrónicamente sus declaraciones de impuestos.
    d. Landon, que es el gerente de mercadeo de declaración electrónica.

Comentarios: Revise la sección *¿Quiénes son los directores y funcionarios responsables?*

Electronic Filing

EFP1.6
If the individual who is appointed as the Principal or the Responsible Official is not an EA, CPA, or attorney, which of the following must the individual pass before the application moves forward?

1. Background check
2. Fingerprint card
3. Credit check
4. Tax compliance check

  a. 1 only
  b. 1 & 4
  c. 2 only
  d. 1, 3, & 4

Feedback: Review section *Who are the Principals and Responsible Officials.*

Part 2: Transmitting Returns

Electronic filing is mandatory for tax preparers who file 11 or more Form 1040 returns during any calendar year. If the firm has more than one preparer, all individual returns prepared by the firm contribute to that number. For example, Javier is the owner of a tax preparation company and does not prepare returns. His employee, Rosemarie, prepares five tax returns that contain a Schedule C. Oscar prepares 10 returns, and Mario prepares 100 individual tax returns. Javier's company needs to file the returns electronically because the firm as a whole prepared more than 11 returns.

All authorized IRS e-file providers must ensure that returns are promptly processed on or before due date of the return (including extensions). An ERO must ensure that stockpiling returns does not occur at the company. "Stockpiling" is both collecting returns from taxpayers prior to official acceptance in the IRS e-file program and waiting more than three calendar days to submit a return to the IRS once the ERO has all the necessary information for an e-file submission. Tax professionals who are EROs must advise their clients that they cannot transmit returns to the IRS until the IRS begins accepting transmissions. Tax returns held prior to that date are not considered "stockpiled".

Filing the Completed Return

Once the return has been completed and signed by all the necessary parties (taxpayer, preparer, etc.), it is time to file the return to the IRS. If sending the return by mail, one must acquire an envelope and postage of sufficient size and amount and mail it to the address designated by the IRS. If mailing the tax return or payment voucher, use the link to find the correct address. https://www.irs.gov/filing/where-to-file-paper-tax-returns-with-or-without-a-payment.

Electronic filing was introduced by the IRS in 1986. Filing electronically, and having a refund deposited directly into a bank account, is the fastest and greenest way of filing the return. If the taxpayer has a balance due, the amount owed could be withdrawn from a bank account as well. Electronic filing saves the snail mail waiting time for sending or receiving a paper check.

EFP1.6
Si la persona designada como director u oficial responsable no es un EA, CPA o abogado, ¿cuál de los siguientes debe aprobar la persona antes de que se envíe la solicitud?

1. Verificación de antecedentes.
2. Tarjeta de huella dactilar.
3. Verificación de crédito.
4. Verificación de cumplimiento fiscal.

  a. Solo 1
  b. 1 y 4
  c. Solo 2
  d. 1, 3 y 4

Comentarios: Revise la sección *¿Quiénes son los directores y funcionarios responsables?*

Parte 2: Transmisión de declaraciones

La presentación electrónica es obligatoria para los preparadores de impuestos que presentan 11 o más declaraciones del Formulario 1040 durante cualquier año natural. Si la empresa tiene más de un preparador, todas las declaraciones individuales preparadas por la empresa contribuyen a ese número. Por ejemplo, Javier es el propietario de una empresa de preparación de impuestos y no prepara declaraciones. Su empleada, Rosemarie, prepara cinco declaraciones de impuestos que contienen un Anexo C. Oscar prepara 10 declaraciones y Mario prepara 100 declaraciones de impuestos individuales. La compañía de Javier necesita presentar las declaraciones electrónicamente porque la empresa en su conjunto preparó más de 11 declaraciones.

Todos los proveedores autorizados de presentación electrónica del IRS deben asegurarse de que las declaraciones se procesen de manera oportuna o antes de la fecha de vencimiento de la declaración (incluidas las prórrogas) Un ERO debe garantizar que no se produzca una acumulación de declaraciones en su compañía. "Acumulación" es tanto la recolección de las declaraciones de los contribuyentes antes de la aceptación oficial en el programa de presentación electrónica del IRS como la espera de más de tres días calendarios para enviar una declaración al IRS una vez que el ERO tiene toda la información necesaria para un envío de la declaración electrónica. Los profesionales de impuestos que son ERO deben informar a sus clientes que no pueden transmitir declaraciones al IRS hasta que el IRS comience a aceptar transmisiones. Las declaraciones de impuestos mantenidas antes de esa fecha no se consideran "acumuladas".

Presentación de la declaración completada

Una vez que la declaración haya sido completada y firmada por todas las partes necesarias (contribuyente, preparador, etc.), es el momento de enviar la declaración al IRS. Si elige enviar la declaración por correo, deberá adquirir un sobre y un franqueo de tamaño y monto suficientes y enviarlo por correo a la dirección designada por el IRS para su estado. Si envía por correo la declaración de impuestos o el comprobante de pago, use el enlace para encontrar la dirección correcta.
https://www.irs.gov/filing/where-to-file-paper-tax-returns-with-or-without-a-payment.

La presentación electrónica fue introducida por el IRS en 1986. Declarar electrónicamente y recibir un depósito por un reembolso en una cuenta bancaria es la forma más rápida y ecológica de presentar la declaración completa. Si el contribuyente tiene un saldo adeudado, el monto adeudado también podría retirarse de una cuenta bancaria. La presentación electrónica ahorra el tiempo de espera del correo postal para enviar o recibir un cheque en papel.

Electronic Filing

Submission of Paper Documents

As been discussed throughout this course, there are a multitude of forms that may need to be completed and attached to a taxpayer's return for submission to the IRS. Some software companies allow forms to be attached as PDFs to the tax return prior to submission. If the software company does not support this feature, the documents need to be attached to Form 8453 (which does not need to be signed) and mailed to the IRS using the address on page 2 of Form 8453. The following is a list of the supporting documents that will need to be mailed with Form 8453 if the software does not allow PDF attachments to the return:

- Form 1098-C: Contributions of Motor Vehicles, Boats, and Airplanes
- Form 2848: Power of Attorney
- Form 3115: Application of Change in Accounting Method
- Form 3468: Investment Credit, Historical Structure Certificate
- Form 4136: Certificate for Biodiesel and Statement of Biodiesel Reseller
- Form 5713: International Boycott Report
- Form 8283: Noncash Charitable Contributions, Section B Appraisal Summary
- Form 8332: Release of Claim to Exemption for Children of Divorced or Separated Parents
- Form 8858: Information Return of U.S. Persons with Respect to Foreign Disregarded Entities
- Form 8885: Health Coverage Tax Credit
- Form 8864: Certificate for Biodiesel and Statement of Biodiesel Reseller
- Form 8949: Sales and Other Dispositions of Capital Assets, or a statement with the same information

Providing Information to the Taxpayer

The ERO must provide a complete copy of the return to the taxpayer. EROs may provide this copy in any medium—electronic or another form that is acceptable to both the taxpayer and the ERO. The copy does not need the Social Security number of the paid preparer, but the preparer's PTIN is required. A complete copy of a taxpayer's return includes, when applicable, Form 8453 and any other documents that the ERO cannot electronically transmit in addition to the electronic portion of the return.

The electronic portion of the return can be printed onto a copy of an official form or in some unofficial form. However, on an unofficial form, the ERO must match data entries with the relevant line numbers or with the descriptions found on official forms. If the taxpayer provided a completed paper return for electronic filing, and the information on the electronic portion of the return is identical to the information provided by the taxpayer, the ERO does not have to provide a printout of the electronic portion of the return to the taxpayer. The ERO should advise the taxpayer to retain a complete copy of their return and all supporting material. The ERO should also advise taxpayers that amended returns beginning 2019 can be e-filed. All others prior to 2019 must be filed as paper returns and mailed to the IRS submission processing center.

Envío de documentos impresos

Como se ha discutido muchas veces a lo largo de este curso, hay una cantidad numerosa de formularios que deben completarse y adjuntarse a la declaración del contribuyente para su presentación al IRS. Algunas compañías de software permiten adjuntar formularios como archivos PDF a la declaración de impuestos antes del envío. Si la compañía de software no admite esta función, los documentos deben adjuntarse al Formulario 8453 (que no necesita estar firmado) y enviarse por correo al IRS a la dirección que figura en la página 2 del Formulario 8453. A continuación, se muestra una lista de los documentos de respaldo que deberán enviarse con el Formulario 8453 si el software no permite adjuntar archivos PDF a la declaración:

- Formulario 1098-C: Contribuciones de vehículos de motor, botes y aviones
- Formulario 2848: Poder
- Formulario 3115: Solicitud del cambio en el método contable.
- Formulario 3468: Crédito de inversión, certificado de estructura histórica
- Formulario 4136: Certificado de biodiesel y declaración de revendedor de biodiesel
- Formulario 5713: Informe de boicot internacional
- Formulario 8283: Contribuciones caritativas no monetarias, resumen de la evaluación de la sección B
- Formulario 8332: Liberación del reclamo de exención para hijos de padres divorciados o separados
- Formulario 8858: Declaración de información de personas estadounidenses con respecto a entidades extranjeras excluidas
- Formulario 8885: Cobertura de salud del crédito fiscal
- Formulario 8864 Certificado de biodiesel y declaración de revendedor de biodiesel
- Formulario 8949: Ventas y otras disposiciones de activos de capital, o una declaración con la misma información

Proporcionar información al contribuyente

El ERO debe proporcionar una copia completa de la declaración al contribuyente. Los ERO pueden proporcionar esta copia en cualquier medio, electrónico o de otro modo, que sea aceptable tanto para el contribuyente como para el ERO. La copia no necesita el número de seguro social del preparador pagado, pero se requiere el PTIN del preparador. Una copia completa de la declaración del contribuyente incluye, cuando corresponda, el Formulario 8453 y cualquier otro documento que el ERO no pueda transmitir electrónicamente además de la parte electrónica de la declaración.

La parte electrónica de la declaración puede imprimirse en una copia de un formulario oficial o en algún formulario no oficial. Sin embargo, en un formulario no oficial, el ERO debe hacer coincidir los registros de datos con los números de línea relevantes o con las descripciones que se encuentran en los formularios oficiales. Si el contribuyente envió una declaración impresa completa para la presentación electrónica y la información en la parte electrónica de la declaración es idéntica a la información suministrada por el contribuyente, el ERO no tiene que proporcionar una copia impresa de la parte electrónica de la declaración al contribuyente. El ERO debe recomendarle al contribuyente que conserve una copia completa de su declaración y cualquier material de apoyo. El ERO también debe advertir a los contribuyentes que las declaraciones enmendadas a partir del 2019 no pueden presentarse electrónicamente. Todas las declaraciones enmendadas antes de 2019 deben presentarse electrónicamente como declaraciones impresas y enviarse por correo al centro de procesamiento de solicitudes del IRS.

Processing Return Information from Taxpayers

Before an ERO can originate the electronic submission of a return, they must first either prepare the return or collect the already completed return and its various documents from the person who prepared it. If the return was prepared by someone else, the ERO must always identify the paid preparer in the appropriate field. EROs may either transmit the return directly to the IRS or transmit it through another provider. An authorized IRS e-file provider may disclose tax return information to other providers for the purpose of preparing a tax return under Reg. 301.7216. For example, an ERO may pass on return information to an intermediate service provider or a transmitter for the purpose of having an electronic return formatted or transmitted to the IRS.

What the Taxpayer Should Receive

Taxpayers should keep copies of the following documents received from the preparer:

- Form 8879 (PIN program)
- Any Form W-2, Form 1099, etc., and any other backup material for the return
- A copy of the electronically filed return
- A copy of Form 9325, *General Information for Taxpayers Who File Electronically*, which tells taxpayers the procedure to follow if they do not receive their refund

File Accurate Tax Return to Receive Timely Refund

An electronically filed tax return is the best way for the tax professional to file an accurate tax return. To ensure the tax return is processed quickly, the ERO should take the following steps:

- File electronically.
- Submit an accurate, complete, error-free return.
- Verify that the Social Security number(s) or Taxpayer Identification Number(s) are accurate for all individuals included on the tax return.
- Provide the taxpayer's correct mailing address in case the IRS mails a refund check.
- Use correct bank account and routing number for a direct deposit.

Resubmitting Rejected Tax Returns

If the taxpayer's tax return is rejected by the IRS, the ERO has 24 hours to explain to the taxpayer the reason for the rejection. If the return can be fixed and resubmitted, then the return can be retransmitted. The taxpayer could decide to mail the tax return instead of retransmitting the return. If the taxpayer chooses to mail the return, they would need a paper copy to send to the IRS. If the taxpayer chooses not to have the electronic portion of the return corrected and transmitted to the IRS or if it cannot be accepted for processing by the IRS, the taxpayer must file a new paper return. This must be filed by the due date of the return or within 10 calendar days after the date the IRS gave notice of the return's rejection, whichever of the two is later. The paper return should include an explanation of why the return is being filed after the due date.

Declaración electrónica

Procesar información de declaración de los contribuyentes

Antes de que un ERO pueda originar el envío electrónico de una declaración, primero debe preparar la declaración o colectar la declaración ya completada y sus diversos documentos de la persona que la preparó. Si la declaración fue preparada por otra persona, el ERO siempre debe identificar al preparador pagado en el campo apropiado. Los ERO pueden transmitir la declaración directamente al IRS o transmitirla a través de otro proveedor. Un proveedor autorizado de presentación electrónica del IRS puede divulgar la información de la declaración de impuestos a otros proveedores con el fin de preparar una declaración de impuestos conforme a Reg. 301.7216. Por ejemplo, un ERO puede pasar la información de la declaración a un proveedor de servicios intermedios o un transmisor con el propósito de transmitir una declaración electrónica con el formato correspondiente al IRS.

Lo que el contribuyente debe recibir

Los contribuyentes deben guardar copias de los siguientes documentos que recibieron de su preparador:

- Formulario 8879 (programa PIN)
- Cualquier formulario W-2, formulario 1099, etc., y cualquier otro material de respaldo para su declaración
- Una copia de la declaración presentada electrónicamente.
- Una copia del Formulario 9325, *Información general para los contribuyentes que presentan su declaración electrónicamente,* que les indica a los contribuyentes el procedimiento a seguir si no reciben su reembolso.

Preparar y presentar declaraciones de impuestos precisas.

La presentación electrónica de una declaración de impuestos es la mejor manera para que el profesional de impuestos presente una declaración de impuestos precisa. Para garantizar que la declaración de impuestos se procese rápidamente, el ERO debe seguir los siguientes pasos:

- Presentar la declaración de manera electrónica.
- Presentar una declaración precisa, completa y sin errores.
- Verificar que el(los) número(s) de seguro social o el(los) número(s) de identificación del contribuyente sean correctos para las personas naturales incluida en la declaración de impuestos.
- Proporcionar la dirección de correo postal correcta del contribuyente en caso de que el IRS envíe por correo el cheque de reembolso.
- Usar la cuenta bancaria correcta y el código de identificación bancaria para un depósito directo.

Reenvío de declaraciones de impuestos rechazadas

Si el IRS rechaza la declaración de impuestos del contribuyente, la ERO tiene 24 horas para explicarle al contribuyente el motivo del rechazo. Si la declaración se puede arreglar y volver a enviar, entonces la declaración se puede volver a transmitir. El contribuyente podría decidir enviar por correo la declaración de impuestos en lugar de retransmitir la declaración. Si el contribuyente elige enviar la declaración por correo, necesitará una copia impresa para enviarla al IRS. Si el contribuyente elige no corregir la parte electrónica de la declaración y la transmite al IRS, o si no puede ser aceptada para el procesamiento por el IRS, el contribuyente debe presentar una declaración impresa. Esto debe presentarse antes de la fecha de vencimiento de la declaración o dentro de los 10 días calendarios posteriores a la fecha en que el IRS notificó el rechazo de la declaración, lo que ocurra más tarde. La declaración impresa debe incluir una explicación de por qué la declaración se presenta después de la fecha de vencimiento.

Electronic Postmark

When a tax return is e-filed, a transmitter will electronically postmark it to show when it was filed. The postmark is created at the time the tax return is submitted and includes the date and time of the transmitter's time zone. An e-filed tax return is a timely filed return if the electronic postmark is on or before the filing deadline.

Acknowledgment of Transmitted Returns

The IRS electronically acknowledges the receipt of all transmissions and will either accept or reject the transmitted returns for specific reasons. Accepted returns meet the processing criteria and are considered "filed" as soon as the return is signed electronically or by hand. Rejected returns fail to meet processing criteria and are considered "not filed." See Publication 1345, *Handbook for Authorized IRS e-File Providers of Individuals Tax Returns*.

The acknowledgment record of accepted returns contains other useful information for originators, such as: if the IRS accepted a PIN, if the taxpayer's refund will be applied to a debt, if an elected electronic funds withdrawal was paid, and if the IRS approved a request for extension on Form 4868. EROs should check the acknowledgment records stored by their tax software regularly to identify returns that require follow-up action and then take reasonable steps to address the issues specified in those records. For example, if the IRS does not accept a PIN on an individual income tax return, the ERO must provide a completed and signed Form 8453 for the return.

Rejected returns can be corrected and retransmitted without new signatures or authorizations if changes do not differ from the amount in the electronic portion of the electronic return by more than $50 to "total income" or AGI of more than $14 to "total tax," "federal income tax withheld," "refund," or "amount owed." The taxpayer must be given copies of the new electronic return data if changes are made. If the required changes are greater than the amounts discussed above, new signatures will be required, and the taxpayer must be given copies of their new signatures.

Balance Due Returns

Taxpayers who owe additional tax must pay their balances due by the original due date of the return or be subject to interest and penalties. An extension of time to file may be filed electronically by the original due date of the return, but it is an extension of time to file the return, not an extension of time to pay a balance due. Tax professionals should inform taxpayers of their obligations and options for paying balances due. Taxpayers have several choices when paying taxes owed on their returns as well as paying estimated tax payments.

As discussed previously, tax returns with amounts due can still be filed electronically, and the payment can also be made directly to the IRS via ACH withdrawals. The taxpayer can schedule a payment on or before the tax payment deadline. If a balance due return was submitted after the due date, the payment date must be the same day the Provider transmitted the return. Taxpayers can make payments by Electronic Fund Withdrawal for amounts due from the following forms:

Matasellos electrónico

Cuando una declaración de impuestos se presenta en forma electrónica, un transmisor la sellará electrónicamente para mostrar cuándo se presentó. El matasellos se crea en el momento en que se envía la declaración de impuestos e incluye la fecha y la hora de la zona horaria del transmisor. Una declaración de impuestos presentada electrónicamente es una declaración presentada de manera oportuna si el matasellos electrónico indica la fecha límite de presentación o una fecha anterior.

Acuse de recibo de declaraciones

El IRS confirma electrónicamente la recepción de todas las transmisiones y aceptará o rechazará las declaraciones transmitidas por razones específicas. Las declaraciones aceptadas cumplen con los criterios de procesamiento y se consideran "presentadas" tan pronto como la declaración se firme electrónicamente o a mano. Las declaraciones rechazadas no cumplen con los criterios de procesamiento y se consideran "no presentadas". Consulte la Publicación 1345, *Manual para proveedores de presentación electrónica autorizados por el IRS para declaraciones de impuestos de personas naturales.*

El registro de acuse de recibo de las declaraciones aceptadas contiene otra información útil para los originadores, por ejemplo, si el IRS aceptó un PIN, si el reembolso del contribuyente se aplicará a una deuda, si se realizó un retiro electrónico de fondos electo y si el IRS aprobó una solicitud de prórroga en el formulario 4868. Los ERO deben verificar los registros de acuse de recibo almacenados por su software de impuestos con regularidad para identificar las declaraciones que requieren una acción de seguimiento y luego tomar medidas razonables para abordar los problemas especificados en esos registros. Por ejemplo, si el IRS no acepta un PIN en una declaración de impuestos sobre la renta de persona natural, el ERO debe proporcionar un Formulario 8453 completado y firmado para la declaración.

Las declaraciones rechazadas se pueden corregir y retransmitir sin nuevas empresas o autorizaciones si los cambios no difieren de la cantidad en la parte electrónica de la declaración electrónica en más de $50 para "ingresos totales" o AGI o más de $14 en "impuestos totales", "impuesto federal sobre el ingreso retenido", "reembolso" o "monto adeudado". El contribuyente debe recibir copias de los nuevos datos de la declaración electrónica si se realizan cambios. Si los cambios requeridos son mayores que los montos mencionados anteriormente, se requerirán nuevas firmas, y el contribuyente deberá recibir copias de sus nuevas firmas.

Declaraciones con saldo adeudado

Los contribuyentes que adeudan impuestos adicionales deben pagar sus saldos adeudados en la fecha de vencimiento original de la declaración o estarán sujetos a intereses y multas. Se puede solicitar una prórroga en la declaración electrónica antes de la fecha de vencimiento original de la declaración, pero esta es una prórroga de tiempo para presentar la declaración, no una prórroga de tiempo para pagar el saldo adeudado. Los profesionales de impuestos deben informar a los contribuyentes de sus obligaciones y opciones para pagar los saldos adeudados. Los contribuyentes tienen varias opciones al pagar los impuestos adeudados en sus declaraciones, así como al realizar los pagos de impuestos estimados.

Como se mencionó anteriormente, las declaraciones de impuestos con cantidades adeudadas aún pueden presentarse electrónicamente, y el pago también se puede hacer directamente al IRS a través de retiros de ACH. El contribuyente puede programar un pago en la fecha límite de pago de impuestos o antes. Si se envió una declaración de saldo adeudado después de la fecha de vencimiento, la fecha de pago debe ser el mismo día en que el proveedor transmitió la declaración. Los contribuyentes pueden realizar pagos mediante retiro de fondos electrónicos por los montos adeudados de los siguientes formularios:

- Current year Form 1040.
- Form 1040-ES, *Estimated Tax for Individuals*. When filing the tax return, the taxpayer can select all four dates to electronically make the payment.
- Form 4868, *Application for Automatic Extension of Time to File U.S. Individual Income Tax Return.*
- Form 2350, *Application for Extension of Time to File U.S. Income Tax Return for Citizens and Resident Aliens Abroad Who Expect to Qualify for Special Tax Treatment.*

The tax professional needs to make sure the client's banking information is accurate and includes the routing transit number (RTN), the bank account number, the account type (checking or savings), the date the payment will be withdrawn (year, month, and day), and the amount of the payment. If the payment is being made after the due date, this should include interest and penalties as well.

As discussed previously, there are other ways to pay the balance due, such as IRS Direct Pay, via credit or debit card (though some credit card companies may charge an additional fee called a "cash advance" to use this method), using the Electronic Federal Tax Payment System (EFTPS), by check or money order, or through an installment agreement.

Pay by Check

Taxpayers may still mail their payment due to the IRS, but the payment should be accompanied with Form 1040-V. The paid preparer must supply taxpayers with copies if they mail Form 1040-V with their check or money order. Taxpayers must mail the payment due by April 15, even if their return was electronically filed earlier.

Form 1040-V is a statement that is sent with a check or money order for any balance due on the taxpayer's current tax year. If the taxpayer files electronically, the voucher and payment are sent together. Most tax preparation software will generate Form 1040-V automatically.

Electronic Funds Withdrawal

Taxpayers can authorize an electronic funds withdrawal (EFW) when they e-file their return if they have a balance due on the return. Taxpayers who choose this option must provide the tax professional with the account number and routing transit number for a savings or checking account. If the financial institution is unable to locate or match the numbers entered in a payment record with account information given on the tax return for the taxpayer, the institution will reject the direct debit request and return the money back to the sender.

Credit or Debit Card Payments

Taxpayers may also pay electronically using a credit or debit card. Taxpayers can make credit or debit card payments when e-filing, or by telephone, or the Internet. A third-party provider may charge a service fee to process the payment.

- Formulario 1040 del año actual.
- Formulario 1040-ES, *Impuesto estimado para personas naturales.* Al presentar la declaración de impuestos, el contribuyente puede seleccionar las cuatro fechas para realizar el pago electrónicamente.
- El Formulario 4868, *Solicitud de prórroga automática de tiempo para presentar la declaración de impuestos sobre la renta de los Estados Unidos para personas naturales.*
- Formulario 2350, *Solicitud de prórroga para presentar la declaración del impuesto sobre la renta de los Estados Unidos para ciudadanos y extranjeros residentes en el extranjero que esperan tener derecho a un tratamiento fiscal especial*

El profesional de los impuestos debe asegurarse de que la información bancaria del cliente es exacta e incluye el número de tránsito de la ruta (RTN), el número de la cuenta bancaria, el tipo de cuenta (de cheques o de ahorros), la fecha en que se retirará el pago (año, mes y día) y el importe del pago. Si el pago se realiza después de la fecha de vencimiento, debe incluir también los intereses y las multas.

Como se mencionó anteriormente, existen otras formas de pagar el saldo adeudado, como IRS Direct Pay, a través de la tarjeta de crédito o débito (aunque algunas compañías de tarjetas de crédito pueden cobrar una tarifa adicional llamada "adelanto de efectivo" para usar este método), usando el Sistema Electrónico de Pago de Impuestos Federales (EFTPS), mediante cheque o giro bancario o mediante un acuerdo de pago a plazos.

Pagar con cheque

Los contribuyentes aún pueden enviar por correo sus pagos adeudados al IRS, pero el pago debe ir acompañado del Formulario 1040-V. El preparador pagado debe proporcionar a los contribuyentes copias si tienen que enviar por correo postal el Formulario 1040-V con su cheque o giro bancario. Los contribuyentes deben enviar por correo el pago adeudado antes del 15 de abril, incluso si su declaración se presentó electrónicamente antes.

El Formulario 1040-V es una declaración que se envía con un cheque o giro bancario por cualquier saldo adeudado en el año fiscal actual del contribuyente. Si el contribuyente presenta una declaración electrónica, el comprobante y el pago se envían juntos. La mayoría de los software de preparación de impuestos generará automáticamente el Formulario 1040-V.

Retiro electrónico de fondos

Los contribuyentes pueden autorizar un retiro electrónico de fondos (EFW) cuando envían electrónicamente su declaración si tienen un saldo adeudado en la declaración. Los contribuyentes que elijan esta opción deben proporcionarle al profesional de impuestos el número de cuenta y el número de tránsito de ruta para una cuenta de ahorros o de cheques. Si la institución financiera no puede ubicar o hacer coincidir los números ingresados en un registro de pago con la información de la cuenta que figura en la declaración de impuestos del contribuyente, la institución rechazará la solicitud de débito directo y devolverá el dinero al emisor.

Pagos con tarjeta de crédito o débito

Los contribuyentes también pueden pagar electrónicamente usando una tarjeta de crédito o débito. Los contribuyentes pueden hacer pagos con tarjeta de crédito o débito cuando presentan una declaración electrónica, o por teléfono o por Internet. Un proveedor externo puede cobrar una tarifa de servicio para procesar el pago.

Electronic Filing

Electronic Federal Tax Payment System (EFTPS)

Individual taxpayers who make more than one payment per year should enroll in EFTPS. After the taxpayer has been enrolled, they will receive two separate mailings. One is the confirmation or update form; the second is a letter that includes the taxpayer's enrollment trace number, PIN, and instructions on how to obtain an Internet password. Payments on EFTPS can be made 24 hours, 7 days a week; however, to make a timely payment, it must be submitted before 8:00 p.m. EST at least one calendar day prior to the tax due date. Taxpayers can schedule payments up to 365 days in advance.

Returns Not Eligible for IRS e-File

The following individual income tax returns and related return conditions must be paper filed and they cannot be processed using IRS e-file:

- Tax returns with fiscal-year tax periods.
- Amended tax returns prior to 2019.
- Returns containing forms or schedules that cannot be processed by IRS e-file.

Refund Delays

Before giving a taxpayer a refund, the IRS will verify that the taxpayer does not owe any past taxes or other debts such as child support, student loans, unemployment compensation, or any state income tax obligation. If the taxpayer or spouse owes, the refund amount will be applied to their amount owed before any refund amount is paid to the taxpayer. If the amount owed is greater than the amount of refund, then the entire amount of that refund and any future refunds will be applied to offset the amount owed until it has been paid in full.

The following are other reasons a refund could be delayed:

- The return has errors, is incomplete, or needs further review.
- The return includes a claim for refundable credits and was held until Feb 15.
- The return is impacted by identity theft or fraud.
- The tax return includes Form 8379, Injured Spouse Allocation, which can take up to 14 weeks to process and review.
- Errors in the direct deposit information that cause the refund to be sent by check.
- Financial institution's refusal of direct deposit, which will result in the refund being sent by check.
- The estimated tax payments differ from the amounts reported on a tax return.
- Bankruptcy.
- Inappropriate claims for EITC.
- Recertification to claim EITC.

When the refund is delayed, the IRS will send a letter to the taxpayer explaining the issue(s) and how to resolve them. The letter or notice contains the telephone number and address for the taxpayer to use or to acquire further assistance. If there is a delay, the taxpayer can search for the needed information on the IRS website discussed in the "Where's My Refund?" section.

Sistema Electrónico de Pago de Impuestos Federales (EFTPS).

Los contribuyentes que son personas naturales que realizan más de un pago por año deben inscribirse en el EFTPS. Después de que el contribuyente haya sido inscrito, recibirá dos correos por separado. Uno es el formulario de confirmación o actualización; la otra es una carta que incluye el número de rastreo de inscripción del contribuyente, el PIN y las instrucciones sobre cómo obtener una contraseña de Internet. Los pagos en EFTPS se pueden hacer las 24 horas los 7 días de la semana; sin embargo, para realizar un pago puntual, debe enviarse antes de las 8:00 p.m. EST al menos un día natural antes de la fecha de vencimiento del impuesto. Los contribuyentes pueden programar pagos con hasta 365 días de anticipación.

Declaraciones no elegibles para la presentación electrónica del IRS

Las siguientes declaraciones de impuestos sobre la renta de personas naturales y las condiciones de declaración relacionadas deben presentarse impresas y no pueden procesarse utilizando la declaración electrónica del IRS:

- Declaraciones de impuestos con periodos fiscales del año tributario.
- Declaraciones de impuestos modificadas antes del 2019.
- Declaraciones que contienen formularios o anexos que no pueden ser procesados por la presentación electrónica del IRS.

Retrasos de reembolso

Antes de otorgarle un reembolso al contribuyente, el IRS verificará que el contribuyente no deba impuestos anteriores u otras deudas, tales como manutención infantil, préstamos estudiantiles, indemnización por desempleo o cualquier obligación estatal de impuestos sobre la renta. Si el contribuyente o su cónyuge tiene deudas, el monto del reembolso se aplicará a su monto adeudado antes de que se reembolse cualquier monto al contribuyente. Si el monto adeudado es mayor que el monto del reembolso, entonces se aplicará el monto total de ese reembolso y cualquier reembolso futuro para compensar el monto adeudado hasta que se haya pagado en su totalidad.

Las siguientes son otras razones por las que un reembolso podría retrasarse:

- La declaración tiene errores, está incompleta o necesita una revisión adicional.
- La declaración incluye un reclamo de créditos reembolsables y se mantuvo hasta el 15 de febrero.
- La declaración se ve afectada por el robo de identidad o el fraude.
- La declaración de impuestos incluye el Formulario 8379, Asignación de cónyuge afectado, que puede tardar hasta 14 semanas en procesarse y revisarse.
- Errores en la información del depósito directo que hacen que el reembolso se envíe por cheque.
- La negativa de la institución financiera al depósito directo, lo que resultará en que el reembolso se envíe por cheque.
- Los pagos de impuestos estimados difieren de los montos informados en una declaración de impuestos.
- Bancarrota.
- Reclamaciones inapropiadas para el EITC.
- Recertificación para reclamar el EITC.

Cuando se retrasa un reembolso, el IRS enviará una carta al contribuyente explicando el(los) problema(s) y cómo resolverlos. La carta o el aviso contiene el número de teléfono y la dirección que debe utilizar el contribuyente para obtener más ayuda. Si existe un retraso, el contribuyente puede buscar la información necesaria en el sitio web del IRS que se describe en la sección "¿Dónde está mi reembolso?".

Electronic Filing

Refund Offsets

When taxpayers owe a prior-year balance, the IRS will offset their current-year refund to pay the balance due on the following items:

> - Back taxes.
> - Child support.
> - Federal agency non-tax debts such as student loans.
> - State income tax obligations.

If taxpayers owe any of these debts, their refund will be offset until the debt has been paid off or the refund has been spent, whichever occurs first.

Where's My Refund?

"Where's My Refund?" is a portal on the IRS website that provides information about a taxpayer's refund status. This system is updated once every 24 hours (usually at night), and the taxpayer can begin checking where their refund is within 24 hours after the IRS has acknowledged the tax return—not the date that the provider transmitted the tax return.

Taxpayers will need the following information to track their refund:

> - SSN.
> - Filing status.
> - The full refund amount.

To receive assistance from the IRS or a Taxpayer Assistance Center (TAC) over the phone or in person, a return must have been filed electronically and also have a refund. Otherwise, they will not be able to help. IRS personnel can only research tax returns that were filed at least 21 days before. If the return was mailed, the taxpayer must wait at least 6 weeks for the return to be processed.

The Protecting Americans from Tax Hikes Act, or PATH Act, of 2015 allowed Congress to hold refunds from tax returns with refundable credits until February 15 to reduce the potential for fraud by giving the IRS more time to process and check those returns. Any refunds from tax returns with refundable credits that were held will be released after February 15 in the order that they were received and electronically approved. If the taxpayer is claiming a refundable credit, they should only call the IRS when the "Where's My Refund?" portal directs them to call.

Bank Products

Tax-related bank products are another way for a taxpayer to receive their refund and can be offered to clients to defray the cost of tax preparation fees. The most common types of bank products are as follows:

> - Bank Cards: When the deposit is loaded on a bank card to be used like a debit card. Additional fees may apply to the taxpayer.
> - Cashier's Check: A paper check that the taxpayer can either cash at a check cashing service or deposit into their personal checking or savings account.
> - Refund Advance Loans: A loan from the bank that is based on the taxpayer's refund or a flat amount.

Declaración electrónica

Compensaciones de reembolso

Cuando los contribuyentes adeudan un saldo del año anterior, el IRS compensará su reembolso del año en curso para pagar el saldo adeudado en los siguientes apartados:

- Impuestos atrasados.
- Manutención de los hijos.
- Agencia federal de deudas no tributarias, tales como préstamos estudiantiles.
- Obligaciones del impuesto sobre la renta estatal.

Si los contribuyentes tienen alguna de estas deudas, su reembolso se compensará hasta que la deuda haya sido cancelada o el reembolso haya sido gastado, lo que ocurra primero.

¿Dónde está mi reembolso?

"¿Dónde está mi reembolso?" es un portal en el sitio web del IRS que brinda información sobre el estado de reembolso del contribuyente. Este sistema se actualiza una vez cada 24 horas (generalmente por la noche), y el contribuyente puede comenzar a verificar dónde se encuentra su reembolso dentro de las 24 horas posteriores a que el IRS haya reconocido la declaración de impuestos.

Los contribuyentes necesitarán la siguiente información para rastrear su reembolso:

- NSS:
- Estado civil de declaración
- El monto total del reembolso.

Para recibir asistencia del IRS o de un Centro de asistencia al contribuyente (TAC) por teléfono o en persona, una declaración debe haber sido presentada electrónicamente y también debe tener un reembolso. De lo contrario, no podrán ayudar. El personal del IRS solo puede investigar las declaraciones que se presentaron al menos 21 días antes. Si la declaración se envió por correo, el contribuyente debe esperar al menos 6 semanas para que se procese.

La Ley de Protección de los estadounidenses contra Aumentos de Impuestos, o la Ley PATH de 2015 permitió al Congreso retener los reembolsos de las declaraciones de impuestos con créditos reembolsables hasta el 15 de febrero para reducir la posibilidad de fraude al darle al IRS más tiempo para procesar y verificar esas declaraciones. Todos los reembolsos de las declaraciones de impuestos con créditos reembolsables que se retuvieron se publicarán después del 15 de febrero en el orden en que se recibieron y se aprobaron electrónicamente. Si el contribuyente reclama un crédito reembolsable, solo debe llamar al IRS cuando el portal "¿Dónde está mi reembolso?" le indique que lo haga.

Productos bancarios

Los productos bancarios relacionados con los impuestos son otra forma de que un contribuyente reciba su reembolso y se puede ofrecer a los clientes para sufragar el costo de las tarifas de preparación de impuestos. Los tipos más comunes de productos bancarios son los siguientes:

- Tarjetas bancarias: Cuando el depósito se carga en una tarjeta bancaria para ser utilizado como una tarjeta de débito. Se pueden aplicar tarifas adicionales al contribuyente.
- Cheque de caja: Es un cheque impreso que el contribuyente puede cobrar en un servicio de cambio de cheques o depositarlo en su cuenta corriente o cuenta de ahorros.
- Préstamos de reembolso anticipado: Es un préstamo del banco que se basa en el reembolso del contribuyente o una cantidad fija.

Electronic Filing

The advantage of using a third-party bank is that the tax preparer's fee can be deducted from the taxpayer's refund. While tax-related bank products are a convenient option for many taxpayers, there are additional fees associated with each bank product, which can vary from bank to bank. If the tax professional marks a tax return for electronic filing when preparing a tax return using software, he or she will be prompted to choose how they would like to receive their refund. There are additional fees charged by the bank and the filing software for each type of bank product. The remaining balance will be distributed to the taxpayer by direct deposit, prepaid debit card, or check. Each bank offers different products, so determine which products are best for your clients. The downside to using a bank product is that if the taxpayer owes child support, back taxes, student loans, or other debts, these debts will be paid before the tax professional receives their preparation fees, which could create an additional fee for taxpayers from their preparers who will now have to collect the fees themselves.

E-File Guidelines for Fraud and Abuse

A "fraudulent return" is a return in which an individual is attempting to file using someone else's name or SSN or in which the taxpayer is presenting documents or information that have no basis in fact. A potentially abusive return is a return that the taxpayer is required to file but which contains inaccurate information that may lead to an understatement of a liability or the overstatement of a credit that could result in a refund to which the taxpayer may not be entitled.

Providers must be on the lookout for fraud and abuse. Electronic return originators (ERO) must be particularly diligent, because they are the first point of contact with taxpayers' personal information, and they are the ones who compile their information to prepare and file the returns. An ERO must be diligent in recognizing fraud and abuse, reporting it to the IRS and preventing it whenever possible. Providers must cooperate with the IRS's investigations by making information and documents related to returns with potential fraud or abuse available to the IRS upon request. An ERO who is also the paid preparer should exercise due diligence in the preparation of all returns involving refundable tax credits, as those credits are the popular target for fraud and abuse. Internal Revenue Code requires paid preparers to exercise due diligence in determining a taxpayer's eligibility for the credit.

Double Check the Taxpayer's Address

Tax professionals should inform taxpayers that the address on the first page of the return, once processed by the IRS, will be used to update the taxpayer's recorded address. The IRS will use the taxpayer's address of record for notices and refunds.

Avoiding Refund Delays

Tax professionals should make sure that all the information is current when they e-file a tax return to avoid refund delays. The tax professional should also inform clients how to avoid delays by having their information correct – encouraging them to double-check the info they provide. Tax preparer should be aware of the following to help avoid delays:

➢ Make sure to see the actual Social Security card and other forms of identification for all taxpayers and dependents.

La ventaja de utilizar un banco externo es que la tarifa del preparador de impuestos se puede deducir del reembolso del contribuyente. Si bien los productos bancarios relacionados con los impuestos son una opción conveniente para muchos contribuyentes, existen tarifas adicionales asociadas con cada producto bancario que pueden variar de un banco a otro. Si el profesional de impuestos marca una declaración de impuestos para la presentación electrónica cuando prepara una declaración de impuestos utilizando un programa informático, se le pedirá que elija cómo le gustaría recibir su reembolso. El banco y el software de presentación de declaración cobran tarifas adicionales para cada tipo de producto bancario. El saldo restante se distribuirá al contribuyente a través de depósito directo, tarjeta de débito prepagada o cheque. Cada banco ofrece diferentes productos, así que determine qué productos son mejores para sus clientes. La desventaja de usar un producto bancario es que, si el contribuyente adeuda manutención de los hijos, impuestos atrasados, préstamos estudiantiles u otras deudas, dichas deudas deben pagarse antes de que el profesional de impuestos reciba sus tarifas de preparación, lo que podría crear una tarifa adicional para los contribuyentes de sus preparadores quienes ahora tendrán que cobrar sus honorarios ellos mismos.

Directrices de la presentación electrónica para el fraude y el abuso

Una "declaración fraudulenta" es una declaración presentada por una persona que utiliza el nombre o el NSS de otra persona o para la que el contribuyente presenta documentos o información que no tienen ninguna base real. Una declaración potencialmente abusiva es una declaración que el contribuyente debe presentar pero que contiene información inexacta que puede llevar a una subestimación de un pasivo o la exageración de un crédito que a su vez podría generar un reembolso al cual el contribuyente no tenga derecho.

Los proveedores deben estar atentos al fraude y los abusos. Los originadores de declaraciones electrónicas (ERO) deben ser particularmente diligentes porque son el primer punto de contacto con la información personal de los contribuyentes y porque son quienes compilan su información para preparar y presentar sus declaraciones. Un ERO debe ser diligente en reconocer el fraude y el abuso, denunciarlo al IRS y prevenirlo siempre que sea posible. Los proveedores deben cooperar con las investigaciones del IRS al permitir que la información y los documentos relacionados con las declaraciones con posible fraude o abuso estén disponibles para el IRS cuando lo solicite. Un ERO que también sea el preparador pagado debe ejercer la debida diligencia en la preparación de todas las declaraciones que involucren créditos fiscales reembolsables, ya que esos créditos son un objetivo popular de fraude y abuso. El Código de Rentas Internas requiere que los preparadores pagados ejerzan la debida diligencia para determinar la elegibilidad de un contribuyente para el crédito.

Verificar la dirección del contribuyente

Los profesionales de impuestos deben informar a los contribuyentes que la dirección en la primera página de la declaración, una vez procesada por el IRS, se utilizará para actualizar la dirección registrada del contribuyente. El IRS utilizará la dirección registrada del contribuyente para notificaciones y reembolsos.

Evitar retrasos en el reembolso

Los profesionales de impuestos deben asegurarse de que toda la información esté actualizada cuando envíen una declaración de impuestos de forma electrónica para evitar demoras en los reembolsos. El profesional de impuestos también debe informar a sus clientes cómo pueden evitar demoras si su información es correcta para alentarlos también a que verifiquen dos veces la información que brindan. Tenga en cuenta lo siguiente para evitar retrasos:

> ➢ Asegúrese de ver la tarjeta del Seguro Social real y otras formas de identificación para todos los contribuyentes y dependientes.

- Double-check the data entry of all information prior to submission for e-file.
- Don't allow the taxpayer to insist upon filing erroneous tax returns (if the taxpayer does, return their documents and do not complete the return).
- If the client is new, ask if they filed electronically in the past.
- Keep track of the issues that result in a client's refund delays, document the delays, and add the documentation to the client's files.

Signing an Electronic Tax Return

As with an income tax return submitted to the IRS in paper form, an electronic income tax return is signed by both the taxpayer and the paid preparer. The taxpayer would sign electronically. The taxpayer must sign and date the "Declaration of Taxpayer" to authorize the origination of the electronic submission of the return to the IRS prior to its transmission. The taxpayer must sign a new declaration if the electronic return data on an individual's income tax return is changed after the taxpayer signed the Declaration of Taxpayer and if the amounts differ by more than $50 to "total income" (or AGI) or $14 to "total tax," "federal income tax withheld," "refund," or "amount you owe."

Electronic Signature Methods

Individual income tax returns are signed using PIN numbers generated in one of two ways: the taxpayers can pick it themselves, or the paid tax preparer can generate one for them. Both methods allow the taxpayer to use a personal identification number (PIN) to sign the various forms, although self-selecting a PIN requires the taxpayer to provide his or her prior year adjusted gross income (AGI) amount so the IRS can confirm the taxpayer's identity, link it with the taxpayer's other returns from across the years, and detect any returns fraudulently filed under the taxpayer's name in the future. Signature documents are not required when the taxpayer signs using the self-select method and enters their PIN directly into the electronic return. This does not apply to the practitioner-generated PIN. In all instances, the taxpayer must sign Form 8879, Signature Authorization Form, even if a practitioner-generated PIN was used.

IRS e-File Signature Authorization

When taxpayers are unable to enter their PINs directly into the electronic return, taxpayers must authorize the ERO to enter their PINs by completing Form 8879, *IRS e-file Signature Authorization*.

The ERO may enter the taxpayer's PIN in the electronic return record before the taxpayer signs Form 8879 or 8878, but the taxpayer must sign and date the appropriate form before the ERO originates the electronic submission of the return. In most instances, the taxpayer must sign and date Form 8879 or Form 8878 after reviewing the return and ensuring that the information on the form matches the information on the return.

The taxpayer who provides a completed tax return to an ERO for electronic filing may complete the IRS e-file signature authorization without reviewing the return originated by the ERO. The line items from the paper return must be entered on the application Form 8879 or Form 8878 prior to the taxpayer's signing and dating of the form. The ERO may use pre-signed authorizations as authority to input the taxpayer's PIN only if the information on the electronic version of the tax return agrees with the entries from the paper return.

- Verifique dos veces el registro de datos de toda la información antes de enviar la declaración electrónica.
- No permita que el contribuyente insista en presentar declaraciones de impuestos erróneas (si el contribuyente lo hace, devuelva sus documentos y no complete la declaración).
- Si el cliente es nuevo, pregúntele si han presentado declaraciones electrónicamente en el pasado.
- Lleve un registro de los problemas que causan retrasos en el reembolso de un cliente, documente los retrasos y agregue la documentación a los archivos del cliente.

Firma de una declaración electrónica de impuestos

Al igual que con una declaración del impuesto sobre la renta presentada al IRS en forma impresa, tanto el contribuyente como el preparador pagado deben firmar una declaración electrónica del impuesto sobre la renta. El contribuyente firmaría electrónicamente. El contribuyente también debe firmar y colocar la fecha en la "Declaración del contribuyente" para autorizar la creación de la presentación electrónica de la declaración al IRS antes de su transmisión. El contribuyente debe firmar una nueva declaración si los datos de la declaración electrónica en la declaración del impuesto sobre la renta de una persona natural se modifican después de que el contribuyente firmó la Declaración del contribuyente y si los montos difieren en más de $50 para "ingresos totales" (o AGI) o $14 para "impuesto total", "impuesto federal sobre la renta retenido", "reembolso" o "monto que adeuda".

Métodos de firma electrónica

Las declaraciones de persona natural de impuestos sobre la renta se firman utilizando los números de PIN generados de una de las dos maneras a continuación: los contribuyentes pueden elegirlo ellos mismos o el preparador de impuestos pagado puede generar uno para ellos. Ambos métodos permiten al contribuyente usar un número de identificación personal (PIN) para firmar los distintos formularios, aunque la selección automática de un PIN requiere que el contribuyente le proporcione el monto de sus ingresos brutos ajustados del año anterior (AGI) para que el IRS pueda confirmar la identidad del contribuyente, vincularlo con las otras declaraciones del contribuyente a través de los años y detectar cualquier declaración presentada de manera fraudulenta bajo el nombre del contribuyente en el futuro. No se requieren documentos de firma cuando el contribuyente firma con el método de selección automática e ingresa su PIN directamente en la declaración electrónica. Esto no se aplica al PIN generado por el profesional. En todos los casos, el contribuyente debe firmar el Formulario 8879, Formulario de autorización de firma, incluso si se usó un PIN generado por el profesional.

Autorización de firma de presentación electrónica del IRS

Cuando los contribuyentes no pueden ingresar sus PIN directamente en la declaración electrónica, los contribuyentes deben autorizar al ERO a ingresar sus PIN completando el Formulario 8879, *Autorización de firma de presentación electrónica del IRS*.

El ERO puede ingresar el PIN del contribuyente en el registro de la declaración electrónica antes de que el contribuyente firme el Formulario 8879 o 8878, pero el contribuyente debe firmar y colocar la fecha en el formulario correspondiente antes de que el ERO origine la presentación electrónica de la declaración. En la mayoría de los casos, el contribuyente debe firmar y colocar la fecha en el Formulario 8879 o el Formulario 8878 después de revisar la declaración y asegurarse de que la información del formulario coincida con la información de la declaración.

El contribuyente que proporciona una declaración de impuestos completada para un ERO a fin de realizar una presentación electrónica puede completar la autorización de firma electrónica del IRS sin revisar la declaración originada por el ERO. Los elementos de la línea de la declaración impresa deben ingresarse en la solicitud del Formulario 8879 o el Formulario 8878 antes de que el contribuyente firme y coloque la fecha en el formulario. El ERO puede usar autorizaciones firmadas previamente como autoridad para ingresar el PIN del contribuyente solo si la información en la versión electrónica de la declaración de impuestos está de acuerdo con los registros de la declaración impresa.

The taxpayer and the ERO must always complete and sign Forms 8879 or 8878 for the practitioner PIN method for electronic signatures. The taxpayer may use the practitioner PIN method to electronically sign Form 4868, *Application for Automatic Extension of Time to File US Individual Income Tax Return*, if a signature is required. A signature is only required for Form 4868 when an electronic funds withdrawal is also being requested. The ERO must retain Form 8879 and Form 8878 for 3 years from the return's due date or the date received by the IRS, whichever is later. EROs must not send Form 8879 and Form 8878 to the IRS unless the IRS requests that they do so.

Guidance for Electronic Signatures

If the tax professional's software allows electronic signatures for Forms 8878 and 8879, the taxpayer can choose to sign it that way instead of using a PIN. Technology has created many different types of e-signatures. For tax preparation, it is not the specific technology that is important but rather that the acceptable signature method is used to capture the taxpayer's information. The following are examples of currently accepted methods by the IRS:

- A handwritten signature that is inputted on an electronic signature pad.
- A handwritten signature, mark, or command inputted on a display screen by means of a stylus device.
- A digitized image of a handwritten signature that is attached to an electronic record.
- A name typed in by the signer (for example, typed at the end of an electronic record or typed into a signature block on a website form).
- A digital signature.
- A mark captured as a scalable graphic.
- A secret code, password, or PIN used to sign the electronic record.

The software must record the following data for the e-signature to be valid:

- Digital image of the signed form.
- Date and time of the signature.
- Taxpayer's computer IP address; used for remote transactions only.
- Taxpayer's login identification (username); used for remote transactions only.
- Method used to sign the record (typed name) or a system log or some other audit trail that reflects the completion of the electronic signature process by the signer.
- Identity verification; taxpayer's knowledge-based authentication past results for in-person transactions and confirmation that government photo identification has been verified.

IRS e-File Security and Privacy Standards

The IRS has mandated six security, privacy, and business standards to better serve taxpayers and protect the information collected, processed, and stored by Online Providers of individual income tax returns.

El contribuyente y el ERO siempre deben completar y firmar los Formularios 8879 o 8878 para el método de PIN del profesional para las firmas electrónicas. El contribuyente puede usar el método de PIN del profesional para firmar electrónicamente el Formulario 4868, Solicitud de prórroga automática de tiempo para presentar la declaración de impuestos sobre la renta de los Estados Unidos para personas naturales, si se requiere una firma. Solo se requiere una firma para el Formulario 4868 cuando también se solicita un retiro electrónico de fondos. El ERO debe conservar el Formulario 8879 y el Formulario 8878 por 3 años a partir de la fecha de vencimiento de la declaración o la fecha recibida por el IRS, la que sea posterior. Los ERO no deben enviar el Formulario 8879 y el Formulario 8878 al IRS a menos que el IRS solicite que lo hagan.

Orientación para firmas electrónicas

Si el software del profesional de impuestos permite firmas electrónicas para los Formularios 8878 y 8879, el contribuyente puede optar por firmarlo de esa manera en lugar de usar un PIN. La tecnología ha creado muchos tipos diferentes de firmas electrónicas. Para la preparación de impuestos, no es la tecnología específica lo que es importante, sino que se utilice el método de firma aceptable para capturar la información del contribuyente. Los siguientes son ejemplos de métodos actualmente aceptados por el IRS:

- Una firma autógrafa que se ingresa en un panel de firma electrónica.
- Una firma, marca o comando escritos a mano en una pantalla de visualización por medio de un dispositivo de lápiz.
- Una imagen digitalizada de una firma autógrafa que se adjunta a un registro electrónico.
- Un nombre escrito por el firmante (por ejemplo, escrito al final de un registro electrónico o escrito en un bloque de firma en un formulario de sitio web).
- Una firma digital.
- Una marca capturada como un gráfico escalable.
- Un código secreto, contraseña o PIN utilizado para firmar el registro electrónico.

El software debe registrar los siguientes datos para que la firma electrónica sea válida:

- Imagen digital del formulario firmado.
- Fecha y hora de la firma.
- Dirección IP de la computadora del contribuyente; se utiliza solo para transacciones remotas.
- Identificación de inicio de sesión del contribuyente (nombre de usuario); se utiliza solo para transacciones remotas.
- Método utilizado para firmar el registro (nombre escrito) o un registro del sistema o alguna otra pista de auditoría que refleje la finalización del proceso de firma electrónica por parte del firmante.
- Verificación de identidad; resultados pasados de autenticación basada en el conocimiento del contribuyente para transacciones en persona y confirmación de que se ha verificado la identificación con foto del gobierno.

Normas de seguridad y privacidad de declaración electrónica del IRS

El IRS ha establecido seis normas de seguridad, privacidad y comercial para brindar un mejor servicio a los contribuyentes y proteger la información recopilada, procesada y almacenada por los proveedores en línea de las declaraciones de impuestos sobre la renta de personas naturales.

Electronic Filing

1. Extended validation of SSL Certificate and minimum encryption standards.
2. Periodic external vulnerability scan.
3. Protecting against bulk filing of fraudulent tax returns.
4. Public Domain Name Registration
5. Reporting of Security Incidents
6. Information Privacy and Safeguard Policies

Part 2 Review Questions

To obtain the maximum benefit from this chapter, LTP recommends that you complete each of the following questions, and then compare them to the answers with feedback that immediately follows. Under governing self-study standards, vendors are required to present review questions intermittently throughout each self-study course.

These questions and explanations are not part of the final examination and will not be graded by LTP.

EFP2.1
Which of the following would the taxpayer not receive from the ERO?

a. Form 8879
b. Form W-2
c. Copy of the return that was electronically filed
d. Tickets to the Super Bowl

EFP2.2
When a tax return is prepared, the tax professional needs to verify the accuracy of which identification numbers?

a. SSN, ITIN, and PTIN
b. SSN, ITIN, and ATIN
c. ITIN, EFIN, and PTIN
d. ATIN, EFIN, and CTIN

EFP2.3
Which of the following copies should the taxpayer keep?

1. Form 8879
2. Income documents related to the tax return
3. Copy of their driver's license
4. The copy of the tax return that the preparer gave to them

a. 1 & 3
b. 3 only
c. 1 & 2
d. 1, 2, & 4

1. Validación extendida del Certificado SSL y estándares mínimos de encriptación.
2. Exploración de vulnerabilidad externa periódica.
3. Protección contra la presentación masiva de declaraciones de impuestos fraudulentas.
4. Registro de nombre de dominio público
5. Informes de incidentes de seguridad
6. Privacidad de la información y políticas de seguridad

Parte 2 Preguntas de repaso

Para obtener el máximo beneficio de este curso, LTP recomienda que complete cada una de las preguntas a continuación, y luego las compare con las respuestas de los comentarios que se proporcionan posteriormente. Según los estándares reguladores de autoaprendizaje, los proveedores deben presentar preguntas de repaso de manera intermitente a lo largo de cada curso de autoaprendizaje.

Estas preguntas y explicaciones no son parte del examen final y no serán calificadas por LTP.

EFP2.1
¿Cuál de los siguientes documentos no recibiría el contribuyente del ERO?

   a. Formulario 8879
   b. Formulario W-2
   c. Copia de la planilla que se presentó electrónicamente
   d. Entradas al Super Tazón

EFP2.2
Cuando se prepara una declaración de impuestos, el profesional de impuestos debe verificar la exactitud de qué números de identificación:

   a. NSS, ITIN y PTIN
   b. NSS, ITIN y ATIN
   c. ITIN, EFIN y ITIN
   d. ATIN, EFIN y ATIN

EFP2.3
¿Cuál de las siguientes copias debe guardar el contribuyente?

   1. Formulario 8879
   2. Documentos de ingresos relacionados con la declaración de impuestos
   3. Copia de la licencia de conducir
   4. La copia de la declaración de impuestos que les entregó el preparador

   a. 1 y 3
   b. Solo 3
   c. 1 y 2
   d. 1, 2, y 4

Electronic Filing

EFP2.4
If a tax return has been rejected and the ERO cannot rectify the issue, how soon does he need to notify the taxpayer?

   a. Does not need to notify, just resubmit the tax return.
   b. 24 hours of receiving the rejection notice.
   c. 10 calendar days after the rejection notice.
   d. 72 hours of receiving the rejection notice.

Part 2 Review Questions Answers

EFP2.1
Which of the following would the taxpayer not receive from the ERO?

   a. Form 8879
   b. Form W-2
   c. Copy of the return that was electronically filed
   d. Tickets to the Super Bowl

Feedback: Review section *What the Taxpayer Should Receive.*

EFP2.2
When a tax return is prepared, the tax professional needs to verify the accuracy of which identification numbers?

   a. SSN, ITIN, and PTIN
   b. SSN, ITIN, and ATIN
   c. ITIN, EFIN, and PTIN
   d. ATIN, EFIN, and CTIN

Feedback: Review section *Verifying Taxpayer Identification Numbers (TINs).*

EFP2.3
Which of the following copies should the taxpayer keep?

   1. Form 8879
   2. Income documents related to the tax return
   3. Copy of their driver's license
   4. The copy of the tax return that the preparer gave to them

   a. 1 & 3
   b. 3 only
   c. 1 & 2
   d. 1, 2, & 4

Feedback: Review section *What the Taxpayer Should Receive.*

EFP2.4
Si una declaración de impuestos ha sido rechazada y el ERO no puede rectificar el problema, ¿qué tan pronto debe notificar al contribuyente?

   a. No es necesario notificarlo, simplemente debe enviar la declaración de impuestos nuevamente.
   b. 24 horas después de recibir el aviso de rechazo.
   c. 10 días calendario después de la notificación de rechazo.
   d. 72 horas después de recibir el aviso de rechazo.

Parte 2 Respuestas a las preguntas de repaso

EFP2.1
¿Cuál de los siguientes documentos no recibiría el contribuyente del ERO?

   a. Formulario 8879
   b. Formulario W-2
   c. Copia de la planilla que se presentó electrónicamente
   d. Entradas al Super Tazón

Comentarios: Revise la sección: *Lo que el contribuyente debe recibir*

EFP2.2
Cuando se prepara una declaración de impuestos, el profesional de impuestos debe verificar la exactitud de qué números de identificación:

   a. NSS, ITIN y PTIN
   b. NSS, ITIN y ATIN
   c. ITIN, EFIN y PTIN
   d. ATIN, EFIN y CTIN

Comentarios: Revise la sección *Verificar los números de identificación del contribuyente (NIF)*

EFP2.3
¿Cuál de las siguientes copias debe ser retenida por el contribuyente?

   1. Formulario 8879
   2. Documentos de ingresos relacionados con la declaración de impuestos
   3. Copia de la licencia de conducir
   4. La copia de la declaración de impuestos que les entregó el preparador

   a. 1 y 3
   b. Solo 3
   c. 1 y 2
   d. 1, 2 y 4

Comentarios: Revise la sección: *Lo que el contribuyente debe recibir*

Electronic Filing

EFP2.4

If a tax return has been rejected and the ERO cannot rectify the issue, how soon does he need to notify the taxpayer?

   a. Does not need to notify, just resubmit the tax return.
   b. **24 hours of receiving the rejection notice.**
   c. 10 calendar days after the rejection notice.
   d. 72 hours of receiving the rejection notice.

Feedback: Review section *Resubmitting Rejected Tax Returns*.

Takeaways

Electronic filing is one of the safest ways to file a tax return, and paid tax preparers are mandated to e-file federal tax returns if they prepare more than 11 returns. Title 26 can impose criminal and monetary penalties on any person who fraudulently engages in preparing or providing services in connection with the tax preparation business. A paid tax professional must guard their clients' information to avoid such penalties. The adoption of e-filing has saved preparers time and resources. Although there are individuals who still prepare returns by hand, the vast majority use software and reap the benefits of all the advantages that come with being automated.

TEST YOUR KNOWLEDGE!
Go online to take a practice quiz.

EFP2.4

Si una declaración de impuestos ha sido rechazada y el ERO no puede rectificar el problema, ¿qué tan pronto debe notificar al contribuyente?

  a. No es necesario notificarlo, simplemente debe enviar la declaración de impuestos nuevamente.
  b. 24 horas después de recibir el aviso de rechazo.
  c. 10 días calendario después de la notificación de rechazo.
  d. 72 horas después de recibir el aviso de rechazo.

Comentarios: Revise la sección *Reenvío de declaraciones de impuestos rechazadas*

Aportes

La presentación electrónica es una de las formas más seguras de presentar una declaración de impuestos, y los preparadores de impuestos pagados tienen la obligación de presentar electrónicamente las declaraciones de impuestos federales si preparan más de 11 declaraciones. El Título 26 puede imponer multas criminales y monetarias a cualquier persona que se dedique de manera fraudulenta al negocio de preparar o prestar servicios relacionados con el negocio de preparación de impuestos. Un profesional de impuestos pagado debe proteger la información de sus clientes para evitar tales multas. La adopción de la presentación electrónica ha ahorrado a los preparadores tiempo y recursos. Si bien hay personas que aún preparan declaraciones a mano, la gran mayoría usa software y obtiene los beneficios de todas las ventajas que se obtienen al ser automatizado.

¡PON A PRUEBA TUS CONOCIMIENTOS!
Ve en línea para tomar una prueba de práctica.

Extensions and Amendments

Chapter 15 Extensions and Amendments

Introduction

If taxpayers are unable to file their federal individual tax returns by the due date, they may be able to qualify for an automatic six-month extension of time to file. The taxpayer can either electronically file or mail Form 4868 to the IRS to file for the extension. If the taxpayer has filed a return and realizes that a mistake was made, they would file an amended return by using Form 1040-X.

Objectives

At the end of this lesson, the student will:

- Understand when an amendment must be filed.
- Realize when to use Form 4868.
- Identify when the installment agreement should be used.

Resources

Form 1040	Publication 17	Instructions Form 1040
Form 1040-X	Publication 54	Instructions Form 1040-X
Form 4868	Tax Topic 308	Instructions Form 4868

Capítulo 15 Prórrogas y enmiendas

Introducción

Si los contribuyentes no pueden presentar sus declaraciones de impuestos federales para persona individual antes de la fecha de vencimiento, es posible que califique para una prórroga automática de seis meses para presentarla. El contribuyente puede presentar o enviar por correo electrónico el Formulario 4868 al IRS para solicitar la prórroga. Si el contribuyente ha presentado una declaración y se da cuenta de que cometió un error, debe presentar una declaración enmendada utilizando el Formulario 1040X.

Objetivos

Al final de esta lección, el estudiante podrá:

- Comprender cuándo se debe presentar una enmienda.
- Reconocer cuándo usar el Formulario 4868.
- Identificar cuándo se debe utilizar el acuerdo de pago a plazos.

Fuentes

Formulario 1040	Publicación 17	Instrucciones del Formulario 1040
Formularios 1040-X	Publicación 54	Instrucciones del Formulario 1040-X
Formulario 4868	Tema Fiscal 308	Instrucciones del Formulario 4868

Extensions and Amendments

Table of Contents / Índice

Introduction 510
Introducción 511
Part 1: Form 4868: Extension of Time to File 514
    Late Payment Penalty 514
Parte 1: Formulario 4868: Prórroga para presentar la declaración 515
    Multa por pago atrasado 515
    Making Extension Payments 516
    Installment Agreement Request (Form 9465) 516
    Hacer pagos de prórroga 517
    Solicitud de acuerdo de pago a plazos (Formulario 9465) 517
    Part 1 Review Questions 518
    Parte 1 Preguntas de repaso 519
    Part 1 Review Questions Answers 520
    Parte 1 Respuestas a las preguntas de repaso 521
Part 2: Amended Returns 522
Parte 2: Declaraciones enmendadas 523
    Complete Form 1040-X 526
    Complete el formulario 1040-X 527
    Superseded Tax Return 530
    State Tax Liability 530
    Part 2 Review Questions 530
    Declaración de impuestos reemplazada 531
    Obligación tributaria estatal 531
    Parte 2 Preguntas de repaso 531
    Part 2 Review Questions Answers 532
    Parte 2 Respuestas a las preguntas de repaso 533
Takeaways 534
Aportes 535

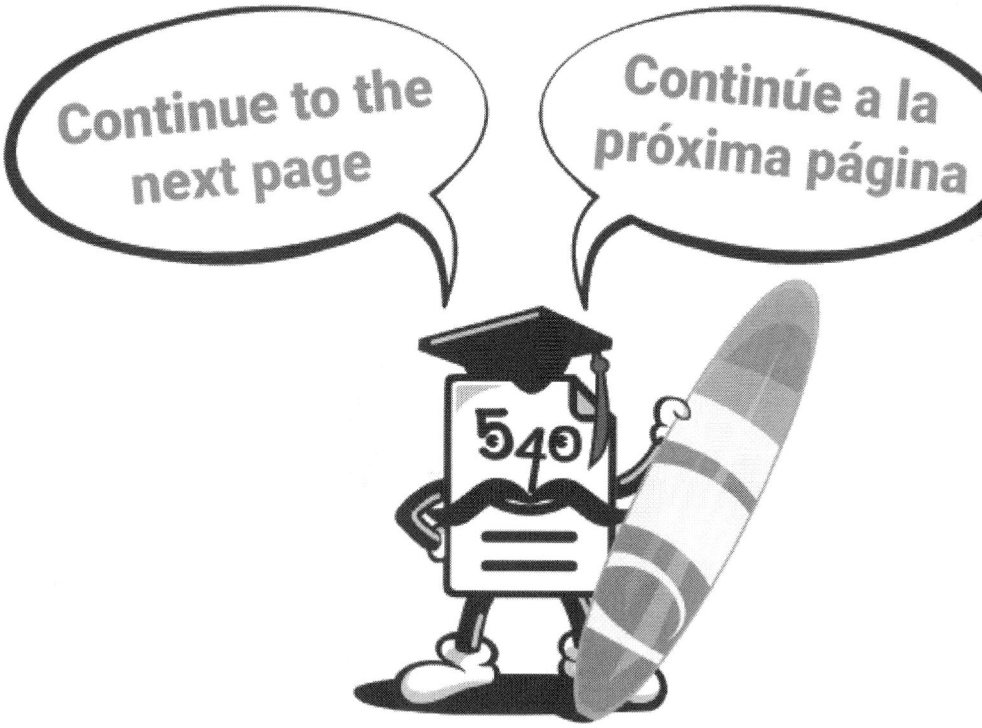
Continue to the next page
Continúe a la próxima página
540

Extensions and Amendments

Part 1: Form 4868: Extension of Time to File

File Form 4868, *Application for Automatic Extension*, to file for an automatic six-month extension for filing a federal return. The extension is for filing the tax return only. If the taxpayer has a balance due, the payment must be paid by April 15 or the due date of the return. There are three ways to request an automatic extension:

> - File Form 4868 electronically.
> - Pay all or part of the estimated income tax due using the Electronic Federal Tax Payment System (EFTPS) or a credit or debit card.
> - Mail Form 4868 to the IRS and enclose the tax payment.

To qualify for the extension for extra time, taxpayers must estimate their tax liability as accurately as possible and enter it on Form 4868, line 4, before filing Form 4868 by the regular due date of the return. If the IRS does not accept the extension of time, the taxpayer will receive a letter of denial stating the need to file his or her tax return and how much time they have to file. If the application was accepted, the taxpayer can file any time prior to the extension's due date. For example, if Nolan filed an extension on April 15, 2021, for his 2020 tax return and had no balance due but was missing a W-2 that he didn't receive until July 1, 2021, he could have waited until July 2, 2021, to complete and file his return.

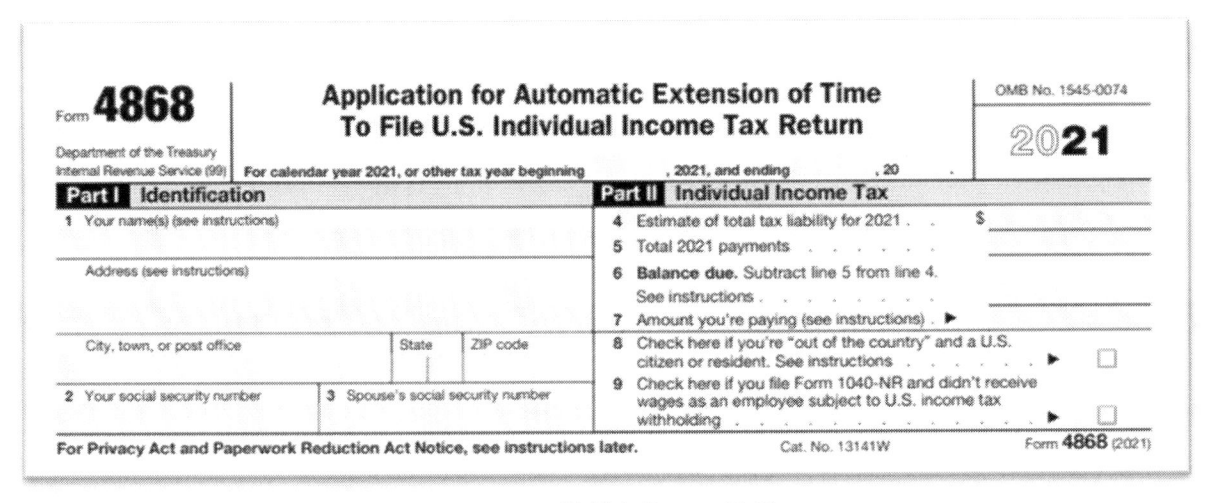

Portion of 2021 Form 4868

If the taxpayer, who is a U.S. citizen or resident, is out of the country, the extension is valid for four months. Part I of Form 4868 is used to identify the taxpayer. Part II is for information about how the tax return should be filed.

Late Payment Penalty

The taxpayer may be charged a late payment penalty of ½% of 1% of any tax (except estimated tax) not paid by the regular filing deadline. An additional monthly penalty with a maximum rate of 25% of the unpaid amount is charged on any unpaid tax. If the taxpayer can show reasonable cause for not paying on time, a statement should be attached to the return (not to Form 4868), and the late penalty payment will not be charged. Both of the following requirements need to be met to be considered reasonable cause:

Parte 1: Formulario 4868: Prórroga para presentar la declaración

Presente el Formulario 4868, *Solicitud de prórroga automática,* para solicitar una prórroga automática de seis meses para presentar una declaración federal. La prórroga es solo para presentar la declaración de impuestos. Si el contribuyente tiene un saldo pendiente, el pago debe hacerse antes del 15 de abril o la fecha de vencimiento de la declaración. Existen tres formas de solicitar una prórroga automática:

- ➢ Presentar electrónicamente el Formulario 4868.
- ➢ Pagar la totalidad o parte del impuesto sobre la renta estimado utilizando el Sistema de Pago Electrónico de Impuestos Federales (EFTPS) o una tarjeta de crédito o débito.
- ➢ Enviar el Formulario 4868 al IRS y adjuntar el pago de impuestos.

Para calificar para la prórroga por tiempo adicional, los contribuyentes deben estimar su obligación tributaria con la mayor precisión posible e ingresarla en el Formulario 4868, línea 4, antes de presentar el Formulario 4868 previo a la fecha de vencimiento regular de la declaración. Si el IRS no acepta la prórroga, el contribuyente recibirá una carta de denegación en la que se indica la necesidad de presentar su declaración de impuestos y la cantidad de tiempo que tienen para presentarla. Si la solicitud fue aceptada, el contribuyente puede presentarla en cualquier momento antes de la fecha de vencimiento de la prórroga. Por ejemplo, si Nolan presentó una prórroga el 15 de abril de 2021 para su declaración de impuestos de 2020 y no tenía saldo adeudado, pero le faltaba un formulario W-2 que no recibió hasta el 1 de julio de 2021; si así lo desea, puede esperar hasta el 2 de julio de 2021 para completar y presentar su declaración de impuestos.

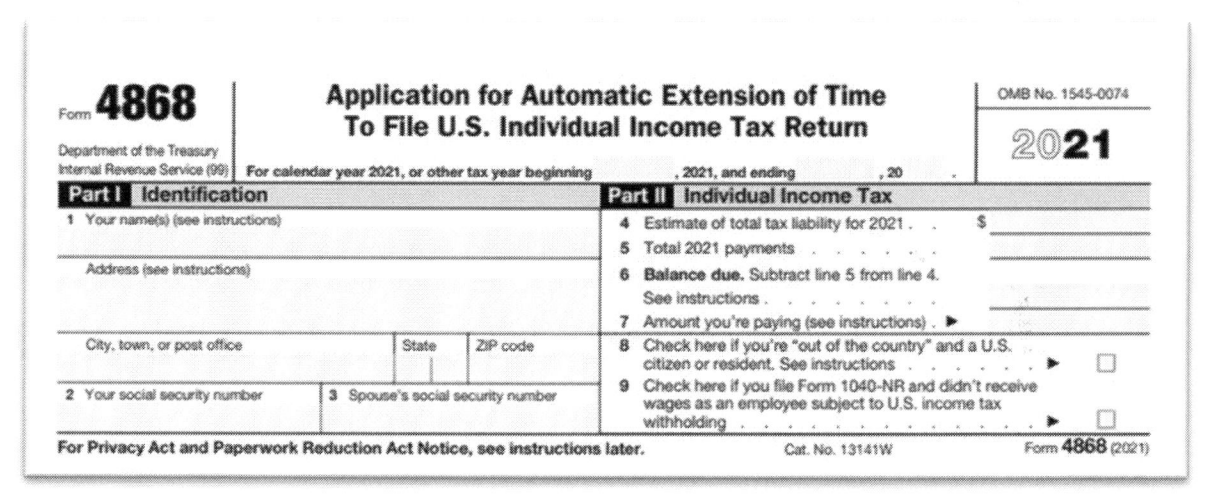

Parte del Formulario 4868 de 2021

Si el contribuyente, que es un ciudadano o residente de los Estados Unidos, está fuera del país, la prórroga es válida por cuatro meses. La Parte I del Formulario 4868 se usa para identificar al contribuyente. La Parte II se usa para obtener información sobre cómo se debe presentar la declaración de impuestos.

Multa por pago atrasado

Se puede cobrar al contribuyente una multa por pago atrasado del $1/2$% o 1% de cualquier impuesto (excepto el impuesto estimado) que no se haya pagado en el plazo de presentación de abril. Se cobra una multa mensual adicional con una tasa máxima del 25% del monto impago sobre cualquier impuesto no pagado. Si el contribuyente puede demostrar una causa razonable para no pagar a tiempo, se puede adjuntar un informe a la declaración (no al Formulario 4868), no se le cobrará la multa por pago atrasado. Los dos requisitos a continuación deben cumplirse para que se considere causa razonable:

Extensions and Amendments

> ➢ Paid at least 90% of the tax liability before the regular due date of the return via withholding, estimated payments, or payments made with Form 4868.
> ➢ The remaining balance is paid with tax return on the extended due date.

If the taxpayer has a balance due, interest is accrued on the unpaid balance. The penalty is 5% of the amount due for each month or part of a month the return is late. If the return is more than 60 days late, the minimum penalty is $435 or the balance of the tax due on the return, whichever is smaller. The maximum penalty is 25%.

Making Extension Payments

For extensions, payments can be made electronically by credit card, debit card, money order, the EFTPS system, a direct transfer from a bank account using Direct Pay, or an ACH from the taxpayer's checking or savings account. When making a payment with the extension, remember to include the payment amount on Form 1040, Schedule 3, line 9. EFTPS can also be paid via phone. The taxpayer must write down the confirmation number he or she received when making an electronic payment. If the electronic payment has been designated as an extension payment, then do not file Form 4868.

> *Señor 1040 Says:* If the taxpayer and spouse filed separate Form 4868s with payments and then chose to file the tax return as married filing jointly, make sure to include both payment amounts on Form 4868, line 5.

When paying by check or cashier's check, Form 4868 should be included and mailed to the address on Form 4868. Make sure the check or money order is made payable to United States Treasury. The taxpayer should include their SSN and write Form 4868 in the memo on the check. Do not send cash. Checks over $100 million or more are not accepted, so any payments exceeding that amount will have to be split into two or more payments. The $100 million limit does not apply to other payment methods (such as electronic payments). As with Form 1040, there are specific mailing addresses to mail extension payments. To find which mailing address should be used, see Instructions Form 4868, page 4.

Installment Agreement Request (Form 9465)

If a taxpayer owes the federal government more than can be paid at one time, the taxpayer can file Form 9465, *Installment Agreement Request*, which asks permission to pay the taxes on a monthly basis. The IRS charges a late-payment penalty of 25% per month. If the return was not filed in a timely manner, the late payment penalty is 5% per month. The IRS usually notifies the taxpayer within 30 days of approval or denial of the proposed payment plan.

The user fee for new installment agreements is $225. The taxpayer can also set up a payroll deduction installment agreement, and that fee is $225. If the taxpayer uses an online payment portal, the user fee would be $31.00, if using credit card, check or money order the payment set-up fee is $149.00. If the taxpayer's income is below a certain level (250% of the annual poverty level), the installment agreement may be reduced to $43. Form 13844 must be completed to qualify.

> Pagó al menos el 90% de la obligación tributaria antes de la fecha de vencimiento regular de la declaración mediante la retención, pagos estimados o pagos realizados con el Formulario 4868.
> El saldo restante se paga con la declaración de impuestos en la fecha de vencimiento extendida.

Si el contribuyente tiene un saldo adeudado, se acumulan intereses sobre el saldo no pagado. La multa es el 5% del monto adeudado por cada mes o parte del mes en que la declaración se retrasa. Si la declaración tiene más de 60 días de retraso, la multa mínima es de $435 o el saldo del impuesto adeudado en la declaración, el que sea menor. La multa máxima es del 25%.

Hacer pagos de prórroga

Para las prórrogas, los pagos se pueden hacer electrónicamente con tarjeta de crédito, tarjeta de débito, giro bancario, el sistema EFTPS, una transferencia directa desde su cuenta bancaria mediante pago directo o un ACH de la cuenta corriente o de ahorro del contribuyente. Al realizar un pago con la prórroga, recuerde incluir el monto del pago en el Formulario 1040, Anexo 3, línea 9. El EFTPS también se puede pagar a través del teléfono. El contribuyente debe anotar el número de confirmación que recibió al realizar un pago electrónico. Si el pago electrónico ha sido designado como un pago de prórroga, no presente el Formulario 4868.

El Señor 1040 dice: Si el contribuyente y su cónyuge presentaron Formularios 4868 separados con pagos y luego eligieron presentar la declaración de impuestos como casado que declara conjuntamente, asegúrese de incluir ambos montos de pago en el Formulario 4868, línea 5.

Cuando pague con cheque o cheque de caja, el Formulario 4868 debe incluirse y enviarse por correo a la dirección del Formulario 4868. Asegúrese de que el cheque o giro postal se haga pagadero al Departamento del Tesoro de los Estados Unidos. El contribuyente debe incluir su SSN y escribir el Formulario 4868 en la nota del cheque. No envíe dinero en efectivo. No se aceptan cheques de $100 millones o más, por lo que cualquier pago que exceda esa cantidad deberá dividirse en dos o más pagos. El límite de $100 millones no se aplica a otros métodos de pago (como los pagos electrónicos). Al igual que con el Formulario 1040, existen direcciones de correo específicas para los pagos de prórroga por correo. Para saber qué dirección de correo debe usarse, consulte las instrucciones del Formulario 4868, página 4.

Solicitud de acuerdo de pago a plazos (Formulario 9465)

Si un contribuyente le debe al gobierno federal más de lo que puede pagar en un solo pago, el contribuyente puede presentar el Formulario 9465-D, *Solicitud de acuerdo de pago a plazos*, que solicita permiso para pagar los impuestos mensualmente. El IRS cobra una multa por pago atrasado del 25% por mes. Si la declaración no se presentó oportunamente, la multa por pago atrasado es del 5% por mes. El IRS generalmente notifica al contribuyente la aprobación o denegación del plan de pago propuesto dentro de los 30 días.

La tarifa de usuario para nuevos acuerdos de pago a plazos es de $225. El contribuyente también puede establecer un acuerdo de pago a plazos de deducción de nómina, y esa tarifa es de $225. Si el contribuyente usa un portal de pago en línea, la tarifa de usuario sería de $31.00, si usa tarjeta de crédito, cheque o giro postal, la tarifa de establecimiento de pago es de $149.00. Si los ingresos del contribuyente están por debajo de cierto nivel (250% del nivel de pobreza anual), el acuerdo de pago a plazos se puede reducir a $43. El formulario 13844 debe completarse para calificar.

Extensions and Amendments

If the taxpayer elects to use the installment agreement, interest and a late-payment penalty will still apply on the unpaid amount by the due date. In agreeing to an installment payment, the taxpayer also agrees to meet all future tax liabilities. If the taxpayer does not have adequate withholding or make estimated payments so their tax liability will be paid in full of a timely filed return, they will be considered in default of the agreement, and the IRS can take immediate action to collect for the entire amount. Form 9465 can be filed electronically with the taxpayer's tax return. The penalties and interest can be avoided if the tax bill is paid in full on the due date.

If the taxpayer can make the payment in full in 120 days, to avoid the installment agreement fee, the taxpayer can call the IRS or apply online and ask for a payment agreement. See Instructions Form 9465, *Installment Agreement Request.*

By completing Form 9465 the taxpayer agrees to the following terms. The terms of the installment agreement are:

- The Installment agreement will remain in effect until all liabilities (including penalties and interest) are paid in full.
- Taxpayer will make each payment monthly by the due date that was chosen on Form 9465. If unable to make a monthly payment, the taxpayer will notify the IRS immediately.
- The agreement is based on current financial condition. IRS may modify or terminate the agreement if the taxpayer's information changes. When requested, taxpayer will provide current financial information.
- Must file all federal tax returns and pay on time any federal taxes owed.
- IRS will apply federal refunds or overpayments to the entire amount owed, including the shared responsibility payment under the ACA, until paid in full.
- If the taxpayer defaults on the installment agreement, an additional $89 reinstatement fee will be charged to reinstate the installment agreement. IRS has the authority to deduct this fee from the first payment after the agreement was reinstated.
- IRS will apply all payments made on this agreement in the best interest of the United States. Generally, IRS will apply the payment to the oldest collection period.

IRS can terminate the installment agreement if the taxpayer does not make the monthly payment as agreed. If the agreement is terminated, the IRS could collect the entire amount owed, except the Individual Shared Responsibility Payment under the ACA, by levying the taxpayers' income, bank accounts, or other assets, and even seizing property. If the tax collection is in jeopardy, the IRS may terminate the agreement. The IRS may file a Notice of Federal Tax Lien, if not already been filed.

Part 1 Review Questions

To obtain the maximum benefit from this chapter, LTP recommends that you complete each of the following questions, and then compare them to the answers with feedback that immediately follows. Under governing self-study standards, vendors are required to present review questions intermittently throughout each self-study course.

These questions and explanations are not part of the final examination and will not be graded by LTP.

Si el contribuyente opta por utilizar el acuerdo de pago a plazos, se aplicarán intereses y una multa por pago atrasado sobre el monto no pagado en la fecha de vencimiento. Al aceptar un pago a plazos, el contribuyente también acepta cumplir con todas las obligaciones tributarias futuras. Si el contribuyente no tiene una retención adecuada o realiza pagos estimados para que su obligación tributaria se pague en su totalidad con una declaración presentada oportunamente, se considerará en incumplimiento del acuerdo, y el IRS puede tomar medidas inmediatas para cobrar el monto total. El formulario 9465 se puede presentar electrónicamente con la declaración de impuestos del contribuyente. Las multas e intereses se pueden evitar si la factura tributaria se paga en su totalidad en la fecha de vencimiento.

Si el contribuyente puede realizar el pago en su totalidad en 120 días, para evitar la cuota del acuerdo de pago a plazos, puede llamar al IRS o solicitar un acuerdo de pago en línea. Consulte las instrucciones del Formulario 9465, *Solicitud de acuerdo de pago a plazos*

Al completar el Formulario 9465, el contribuyente acepta los siguientes términos. Los términos del acuerdo de pago a plazos son:

> - El acuerdo de pago a plazos permanecerá vigente hasta que se paguen todas las obligaciones (incluyendo las multas e intereses) en su totalidad.
> - El contribuyente hará cada pago mensualmente antes de la fecha de vencimiento elegida en el Formulario 9465. Si no puede hacer un pago mensual, el contribuyente notificará al IRS inmediatamente.
> - El acuerdo se basa en la situación financiera actual. El IRS puede modificar o rescindir el acuerdo si la información del contribuyente cambia. Cuando se le solicite, el contribuyente proporcionará información financiera actual.
> - Debe presentar todas las declaraciones de impuestos federales y pagar a tiempo cualquier impuesto federal adeudado.
> - El IRS aplicará reembolsos federales o pagos en exceso a todo el monto adeudado, incluyendo el pago de responsabilidad compartida conforme a la ACA, hasta que se pague por completo.
> - Si el contribuyente no cumple con el acuerdo de pago a plazos, se le cobrará una tarifa adicional de $89 para restablecer el acuerdo de pago a plazos. El IRS tiene la autoridad para deducir esta tarifa del primer pago después de que se restableció el acuerdo.
> - El IRS aplicará todos los pagos realizados en este acuerdo en el mejor interés de los Estados Unidos. En general, el IRS aplicará el pago al período de cobro más antiguo.

El IRS puede rescindir el acuerdo de pago a plazos si el contribuyente no realiza el pago mensual según lo acordado. Si se rescinde el acuerdo, el IRS podría cobrar el monto total adeudado, excepto el Pago de responsabilidad individual compartida en virtud de la ACA, al cobrar los ingresos de los contribuyentes, cuentas bancarias u otros activos, e incluso embargar la propiedad. Si la recaudación de impuestos está en peligro, el IRS puede rescindir el acuerdo. El IRS puede presentar un Aviso de gravamen fiscal federal, si aún no se ha presentado.

Parte 1 Preguntas de repaso

Para obtener el máximo beneficio de este curso, LTP recomienda que complete cada una de las preguntas a continuación, y luego las compare con las respuestas de los comentarios que se proporcionan posteriormente. Según los estándares reguladores de autoaprendizaje, los proveedores deben presentar preguntas de repaso de manera intermitente a lo largo de cada curso de autoaprendizaje.

Estas preguntas y explicaciones no son parte del examen final y no serán calificadas por LTP.

Extensions and Amendments

EAP1.1
Which of the following is true when filing Form 4868?

a. Interest is charged on the tax that was not paid by the due date of the return, even if an extension was filed.
b. Electronic filing cannot be used to file an extension of time to file.
c. Any U.S. citizen who is out of the country on April 18, 2022, is allowed an automatic six-month extension of time to file his or her return and pay any federal balance due.
d. Filing Form 4868 provides an automatic two-month extension to file and pay income tax.

EAP1.2
Which scenario is correct?

a. Marie filed Form 4868 on April 18, 2022, but did not pay the amount due. Marie may be charged a late penalty.
b. Paul died on April 1, 2022, and did not file a return. Paul will be charged death taxes on his 2021 tax return.
c. Pedro did not file Form 4868 and will receive a refund. Pedro will be charged a late penalty on the refund amount.
d. Reed filed his tax return timely and will be charged a penalty for filing on time.

EAP1.3
Faith has a balance due on her 2021 federal tax return and needs to make monthly payments to the IRS. Which of the following would she use?

a. Form 4868
b. Form 1040X
c. Form 9465
d. Form 1040

Part 1 Review Questions Answers

EAP1.1
Which of the following is true when filing Form 4868?

a. Interest is charged on the tax that was not paid by the due date of the return, even if an extension was filed.
b. Electronic filing cannot be used to file an extension of time to file.
c. Any U.S. citizen who is out of the country on April 18, 2022, is allowed an automatic six-month extension of time to file his or her return and pay any federal balance due.
d. Filing Form 4868 provides an automatic two-month extension to file and pay income tax.

Feedback: Review section *Form 4869: Extension of Time to File.*

EAP1.1
¿Cuál de las siguientes afirmaciones es verdadera al presentar el Formulario 4868?

a. Se cobran intereses sobre el impuesto que no se pagó en la fecha de vencimiento de la declaración, incluso si se presentó una prórroga.
b. La declaración electrónica no se puede utilizar para presentar una prórroga para declarar.
c. A cualquier ciudadano de los Estados Unidos que se encuentre fuera del país el 18 de abril de 2022 se le permite una prórroga automática de seis meses para presentar su declaración y pagar cualquier saldo federal adeudado.
d. El formulario de presentación 4868 proporciona una prórroga automática de dos meses para presentar y pagar el impuesto sobre la renta.

EAP1.2
¿Cuál escenario es cierto?

a. Marie presentó el Formulario 4868 el 18 de abril de 2022, pero no pagó el monto adeudado. Marie recibió una multa por demora.
b. Paul murió el 1 de abril de 2022 y no presentó declaración. A Paul se le cobrarán impuestos sobre defunciones en su declaración de impuestos de 2021.
c. Pedro no presentó el Formulario 4868 y recibirá un reembolso. A Pedro se le cobrará una multa por demora sobre el monto del reembolso.
d. Reed presentó su declaración de impuestos a tiempo y se le cobrará una multa por presentarla a tiempo.

EAP1.3
Faith tiene un saldo adeudado en su declaración de impuestos federales de 2021 y necesita hacer pagos mensuales al IRS. ¿Cuál de los siguientes formularios usaría?

a. Formulario 4868
b. Formulario 1040X
c. Formulario 9465
d. Formulario 1040

Parte 1 Respuestas a las preguntas de repaso

EAP1.1
¿Cuál de las siguientes afirmaciones es verdadera al presentar el Formulario 4868?

a. Se cobran intereses sobre el impuesto que no se pagó en la fecha de vencimiento de la declaración, incluso si se presentó una prórroga.
b. La declaración electrónica no se puede utilizar para presentar una prórroga para declarar.
c. A cualquier ciudadano de los Estados Unidos que se encuentre fuera del país el 18 de abril de 2022 se le permite una prórroga automática de seis meses para presentar su declaración y pagar cualquier saldo federal adeudado.
d. El formulario de presentación 4868 proporciona una prórroga automática de dos meses para presentar y pagar el impuesto sobre la renta.

Comentarios: Revise la sección *Formulario 4869: Prórroga para presentar la declaración*

Extensions and Amendments

EAP1.2
Which scenario is correct?

    a. Marie filed Form 4868 on April 18, 2021, but did not pay the amount due. Marie may be charged a late penalty.
    b. Paul died on April 1, 2022, and did not file a return. Paul will be charged death taxes on his 2021 tax return.
    c. Pedro did not file Form 4868 and will receive a refund. Pedro will be charged a late penalty on the refund amount.
    d. Reed filed his tax return timely and will be charged a penalty for filing on time.

Feedback: Review section *Late Payment Penalty*.

EAP1.3
Faith has a balance due on her 2021 federal tax return and needs to make monthly payments to the IRS. Which of the following would she use?

    a. Form 4868
    b. Form 1040X
    c. Form 9465
    d. Form 1040

Feedback: Review section *Installment Agreement*.

Part 2: Amended Returns

Form 1040-X is available to be e-filed as long as the original return was filed electronically. In 2021 there are new mailing addresses for where to send an original and amended tax return. Be aware of where to send the information so the taxpayer's information is not lost by sending to an incorrect address.

Portion of 2021 Form 1040-X

EAP1.2
¿Cuál escenario es cierto?

   a. Marie presentó el Formulario 4868 el 18 de abril de 2021, pero no pagó el monto adeudado. Marie recibió una multa por demora.
   b. Paul murió el 1 de abril de 2022 y no presentó declaración. A Paul se le cobrarán impuestos sobre defunciones en su declaración de impuestos de 2021.
   c. Pedro no presentó el Formulario 4868 y recibirá un reembolso. A Pedro se le cobrará una multa por demora sobre el monto del reembolso.
   d. Reed presentó su declaración de impuestos a tiempo y se le cobrará una multa por presentarla a tiempo.

Comentarios: Revise la sección *Multa por pago atrasado*

EAP1.3
Faith tiene un saldo adeudado en su declaración de impuestos federales de 2021 y necesita hacer pagos mensuales al IRS. ¿Cuál de los siguientes formularios usaría?

   a. Formulario 4868
   b. Formulario 1040X
   c. Formulario 9465
   d. Formulario 1040

Comentarios: Revise la sección *Acuerdo de pago a plazos.*

Parte 2: Declaraciones enmendadas

El Formulario 1040-X está disponible para su declaración electrónica siempre que la declaración original se presente de forma electrónica. En 2021 hay nuevas direcciones de correo postal a donde puede enviar una declaración de impuestos original y enmendada. Tenga en cuenta a dónde enviar la información, para que la información del contribuyente no se pierda al enviarla a una dirección incorrecta.

Parte del Formulario 1040-X

Extensions and Amendments

When an original return must be corrected and the corrections will alter the current tax calculations, an amended tax return must be filed. An amended return cannot be filed unless the original return has been completed, but once it has been filed, an amended return becomes the new tax return for the taxpayer. The amended return is used to change items that were previously claimed and now need adjusting because they were originally over- or understated.

For example, if the taxpayer needs to report additional income from a W-2 that arrived after the taxpayer filed the original return or if the taxpayer needs to remove a dependent because they were not eligible to claim them, the taxpayer would file an amended return. Taxpayers who wish to receive a refund from an amended return must file the amendment within three years (including extensions) of the date the original return was filed or within two years of the date the tax was paid, whichever was later.

Example: Isabella filed her original return on March 1 of the current tax year, and her return was due April 15 of the same year. Isabella is considered to have filed her return by April 15. However, if Isabella had filed for an extension until October 15 and filed her return on July 1, her return is considered to be filed on July 1.

Other reasons a taxpayer might need to file an amendment are:

- To add or remove dependents.
- To report the proper filing status.
- To report additional income from a W-2, Form 1099, or some other income statement.
- To make changes in above-the-line deductions, standard deductions, or itemized deductions.
- To add or remove tax credits.
- To report bad debt or worthless security.
- To report foreign tax credit or deduction.

The status of an amended return can be tracked using the web portal "Where's My Amended Return?" on the IRS website after providing one's identification number (SSN, ITIN, etc.), date of birth, and zip code.

Do not file Form 1040-X in the following situations:

- The taxpayer is requesting a refund of penalties and interest or an addition to tax that has already been paid. Instead, use Form 843, *Claim for Refund and Request for Abatement*.
- The taxpayer is requesting a refund for his or her share of a joint overpayment that was offset against a past-due obligation of his or her spouse. Instead, file Form 8379, *Injured Spouse Allocation*.

Cuando necesite corregir la declaración original y las correcciones alteran los cálculos de impuestos actuales, debe presentar una declaración de impuestos enmendada. No puede presentar una declaración enmendada a menos que haya completado la declaración original, pero una vez que haya hecho la declaración, una declaración enmendada se convierte en la nueva declaración de impuestos para el contribuyente. La declaración enmendada se usa para cambiar las partidas que se reclamaron anteriormente y ahora es necesario ajustarlas porque originalmente estaban sobrevalorados o subestimados.

Por ejemplo, si el contribuyente necesita declarar un ingreso adicional de un formulario W-2 que llegó después de que el contribuyente presentó su declaración original o si el contribuyente necesita eliminar a un dependiente porque no era elegible para reclamarlo, el contribuyente presentaría una declaración enmendada. Los contribuyentes que deseen recibir un reembolso de una declaración enmendada deben presentar la enmienda dentro de los tres años (incluidas las prórrogas) a la fecha en que se presentó la declaración original o dentro de los dos años posteriores a la fecha en que se pagó el impuesto, lo que ocurra más tarde.

Ejemplo: Isabella presentó su declaración original el 1 de marzo del año fiscal actual, y su declaración venció el 15 de abril del mismo año. Se considera que Isabella ha presentado su declaración antes del 15 de abril. Sin embargo, si Isabella solicitó una prórroga hasta el 15 de octubre y presentó su declaración el 1 de julio, se considerará que la declaración se presentó el 1 de julio.

Otras razones por las que un contribuyente podría necesitar presentar una enmienda son las siguientes:

- Para agregar o eliminar dependientes.
- Para informar el estado civil correspondiente.
- Para declarar ingresos adicionales de un Formulario W-2, Formulario 1099 o alguna otra cuenta de resultados.
- Para realizar cambios en las deducciones por encima de la línea, las deducciones estándar o las deducciones detalladas.
- Para agregar o eliminar dependientes.
- Para informar deudas incobrables o valores inútiles.
- Para declarar crédito o deducción fiscal extranjero.

El estado de una declaración enmendada se puede rastrear utilizando el portal web "¿Dónde está mi declaración enmendada?" en el sitio web del IRS después de proporcionar el número de identificación (NSS, NITI, etc.), la fecha de nacimiento y el código postal.

No presente el Formulario 1040-X en las siguientes situaciones:

- El contribuyente está solicitando un reembolso de multas e intereses o una adición a los impuestos que ya se ha pagado. En su lugar, use el Formulario 843, *solicitud de reembolso y solicitud de reducción*.
- El contribuyente, por su parte, está solicitando un reembolso de un pago en exceso conjunto que se compensó con una obligación vencida de su cónyuge. En su lugar, presente el Formulario 8379, *Asignación de cónyuge afectado*.

Extensions and Amendments

Interest and penalties will also be charged from the due date of the return for failure to file, negligence, fraud, substantial valuation misstatements, substantial understatements of tax, and reportable transaction understatements.

Complete Form 1040-X

The following content is how to file the 1040-X when not using software. Most software will have the preparer add Form 1040-X, and then save the form to the return, then make changes on the form that was added or removed from the original return. For example, Jimmy received an additional W-2. Tax preparer would enter the W-2 as an additional form, and software will flow the information to Form 1040- X. Filing the form electronically helps since one does not need to mail the return and information.

Portion of Form 1040-X

Part I of the 1040-X is where the taxpayer would make changes that affect lines 1-31 of the original tax return. Part II is where the taxpayer can choose to have $3 go to the Presidential Election Campaign Fund. This must be done within 20.5 months after the original due date of the return. Part III is for the explanation of changes. The IRS wants to know what was changed on the return and why the taxpayer is filing Form 1040-X.

The three columns on Form 1040-X are as follows:

> Column A: The original return amount.
> Column B: The Net Change. Enter the change in amount for each line that is altered.
> Column C: The correct amount. Add or subtract column B (if there is an entry) from column A and enter amount in column C.

Example: Robert reported $41,000 as his adjusted gross income on his 2021 Form 1040. He then received another Form W-2 for $500 after he had already filed his return. He should complete line 1 of Form 1040-X as follows:

	Column A	Column B	Column C
Line 1	$41,000	$500	$41,500

Los intereses y las multas también se cobrarán a partir de la fecha de vencimiento de la declaración por no presentación, negligencia, fraude, declaración con errores sustanciales, subestimaciones sustanciales de impuestos y devaluaciones informativas declarables.

Complete el formulario 1040-X

El siguiente contenido describe la manera de presentar el 1040-X cuando no se usa software. La mayoría de software hará que el preparador agregue el Formulario 1040-X, y luego guarde el formulario en la declaración, luego haga cambios en el formulario que se agregó o eliminó de la declaración original. Por ejemplo, Jimmy recibido un formulario W-2 adicional. El preparador de impuestos ingresaría el W-2 como un formulario adicional, y el software enviará la información al Formulario 1040-X. Presentar el formulario electrónicamente ayuda, ya que no es necesario enviar por correo la declaración y la información.

Parte del formulario 1040-X

La parte I del 1040-X es donde el contribuyente haría cambios que afectan las líneas 1 a 31 de la declaración de impuestos original. La Parte II es donde el contribuyente puede elegir que se asignen $3 al Fondo de Campaña de Elección Presidencial. Esto debe hacerse dentro de los 20.5 meses posteriores a la fecha de vencimiento original de la declaración. La parte III es para la explicación de los cambios. El IRS desea saber qué se cambió en la declaración y por qué el contribuyente presenta el Formulario 1040-X.

Las tres columnas en el Formulario 1040-X son las siguientes:

- ➢ Columna A: El monto de declaración original.
- ➢ Columna B: El cambio neto. Coloque el cambio en la cantidad para cada línea que se modifique.
- ➢ Columna C: La cantidad correcta. Agregue o reste la columna B (si hay un registro) de la columna A e ingrese la cantidad en la columna C.

Ejemplo: Robert declaró $41,000 como su ingreso bruto ajustado en su Formulario 1040 de 2021. Luego recibió otro Formulario W-2 por $500 después de que ya había presentado su declaración. Debe completar la línea 1 del formulario 1040-X de la siguiente manera:

	Columna A	Columna B	Columna C
Línea 1	$41,000	$500	$41,500

Extensions and Amendments

	Use Part III on the back to explain any changes	A. Original amount reported or as previously adjusted (see instructions)	B. Net change—amount of increase or (decrease)—explain in Part III	C. Correct amount
Income and Deductions				
1	Adjusted gross income. If a net operating loss (NOL) carryback is included, check here ▶ ☐ ... 1			
2	Itemized deductions or standard deduction ... 2			
3	Subtract line 2 from line 1 ... 3			
4a	Exemptions (amended 2017 or earlier returns only). **If changing,** complete Part I on page 2 and enter the amount from line 29 ... 4a			
b	Qualified business income deduction (amended 2018 or later returns only) 4b			
5	Taxable income. Subtract line 4a or 4b from line 3. If the result is zero or less, enter -0-			

Portion of Form 1040-X

On Form 1040-X, input the income, deductions, and credits as originally reported on the return in Column A, input the changes being made in Column B, and place the difference or sum in Column C. Next, figure the tax on the corrected amount of taxable income and calculate the amount owed or to be refunded. If the taxpayer owes taxes, the taxpayer should pay the full amount with Form 1040-X. The tax owed will not be subtracted from any amount credited to estimated tax.

If the taxpayer cannot pay the full amount due on the amended return, he or she can ask to make monthly installment payments using Form 9465. If the taxpayer overpaid taxes, they will receive a refund. The overpayment refunded based on the amended return is different and separate from any refund gained from the original return.

When assembling an amended return to be mailed, make sure that the schedules and forms are behind Form 1040-X and that the taxpayer (and spouse if filing jointly) sign the 1040-X. If the amendment was prepared by a paid tax preparer, the tax preparer must sign as well.

> *Señor* 1040 Says: Make sure to use the correct form for the year that is being amended. To find the forms you need, go to www.irs.gov, and choose the correct form(s) to amend the tax return.

Attach these forms to the front of Form 1040-X if they support changes made on the return:

- ➢ Forms W-2, W-2c, and Form 2439.
- ➢ Forms W-2G and 1099-R.
- ➢ Forms 1042-S, SSA-1042S, RRB-1042S, and 8288-A.

Attach to the back of Form 1040-X any Form 8805, *Foreign Partner's Information Statement of Section 1446 Withholding Tax*, that supports the changes made.

When sending a check or money order to the IRS for payments of taxes due, do not attach the check to the return. Instead, enclose it in the envelope and make sure the check is made out to "United States Treasury."

Parte del Formulario 1040-X

En el Formulario 1040-X coloque los ingresos, las deducciones y los créditos que se informaron originalmente en la declaración en la Columna A, ingrese los cambios que se están realizando en la Columna B y coloque la diferencia o suma en la Columna C. Luego, calcule el impuesto sobre el monto corregido de la renta imponible y calcular el monto adeudado o por reembolsar. Si el contribuyente adeuda impuestos, debe pagar el monto total con el Formulario 1040-X. El impuesto adeudado no se restará de ninguna cantidad acreditada al impuesto estimado.

Si el contribuyente no puede pagar el monto total adeudado en la declaración enmendada, puede solicitar el pago de cuotas mensuales utilizando el Formulario 9465. Si el contribuyente pagó impuestos en exceso, recibirá un reembolso. El pago en exceso reembolsado basado en la declaración enmendada es diferente e independiente de cualquier reembolso obtenido de la declaración original.

Al reunir una declaración enmendada para ser enviada por correo, asegúrese de que los anexos y formularios estén detrás del Formulario 1040-X y que el contribuyente (y su cónyuge, si declara conjuntamente) firmen el 1040-X. Si la enmienda fue preparada por un preparador de impuestos pagado, el preparador de impuestos debe firmar también.

El Señor 1040 dice: Asegúrese de usar el formulario correcto para el año que se está enmendando. Para encontrar los formularios que necesita, vaya a www.irs.gov, y elija los formularios correctos para enmendar la declaración de impuestos.

Adjunte estos formularios al frente del Formulario 1040-X si admiten los cambios realizados en la declaración:

- Formularios W-2, W-2c y Formulario 2439.
- Formularios W-2G y 1099-R.
- Formularios 1042-S, SSA-1042S, RRB-1042S y 8288-A.

Adjunte al reverso del Formulario 1040-X, cualquier Formulario 8805, *Declaración de información del socio extranjero de la Sección 1446 de retención de impuestos*, que respalde los cambios realizados.

Al enviar un cheque o giro bancario al IRS para el pago de los impuestos adeudados, no adjunte el cheque a la declaración. Colóquelo en el sobre y asegúrese de que el cheque sea consignado al "Departamento del Tesoro de los EE. UU".

Superseded Tax Return

A superseding return is a return filed subsequent to the originally filed return and filed within the filing period (including extensions). A superseding return must be a complete filing of the entire return, with all the required forms and attachments such as XML or PDF. Taxpayer filing this type of return must indicate on the form it is a superseded return.

State Tax Liability

If a return is changed for any reason, it may affect the state income tax liability. This includes changes made as a result of an examination of the return by the IRS. The IRS will inform the taxpayer's state if adjustments are made on his or her federal tax return.

Part 2 Review Questions

To obtain the maximum benefit from this chapter, LTP recommends that you complete each of the following questions, and then compare them to the answers with feedback that immediately follows. Under governing self-study standards, vendors are required to present review questions intermittently throughout each self-study course.

These questions and explanations are not part of the final examination and will not be graded by LTP.

EAP2.1
Which scenario is true?

a. The taxpayer has two years to make any corrections that result in additional tax refunds, including extensions after the date the original return was filed or within 3 years after the date the tax was paid, whichever was later.
b. The taxpayer has four years to make any corrections that result in additional tax refunds, including extensions after the date the original return was filed or within 2 years after the date the tax was paid, whichever was later.
c. The taxpayer has three years to make any corrections that result in additional tax refunds, including extensions after the date the original return was filed or within 2 years after the date the tax was paid, whichever was later.
d. The taxpayer is not allowed to make any corrections on previous year tax returns.

EAP2.2
Which of the following is used to file a federal amended return?

a. Form 1040
b. Form 1040-X
c. Form 4868
d. Form 2241

Declaración de impuestos reemplazada

Una declaración sustitutiva es una declaración presentada después de la declaración presentada originalmente y presentada dentro del período de presentación (incluidas las extensiones). Una declaración sustitutiva debe ser una presentación completa de la declaración completa, con todos los formularios y archivos adjuntos requeridos, como XML o PDF. El contribuyente que presenta este tipo de declaración debe indicar en el formulario que es una declaración reemplazada.

Obligación tributaria estatal

Si se modifica una declaración por cualquier motivo, puede afectar la obligación tributaria estatal sobre la renta. Esto incluye los cambios realizados como resultado de un examen de la declaración por parte del IRS. El IRS declarará el estado del contribuyente si se realizan ajustes en su declaración de impuestos federales.

Parte 2 Preguntas de repaso

Para obtener el máximo beneficio de este curso, LTP recomienda que complete cada una de las preguntas a continuación, y luego las compare con las respuestas de los comentarios que se proporcionan posteriormente. Según los estándares reguladores de autoaprendizaje, los proveedores deben presentar preguntas de repaso de manera intermitente a lo largo de cada curso de autoaprendizaje.

Estas preguntas y explicaciones no son parte del examen final y no serán calificadas por LTP.

EAP2.1
¿Cuál escenario es cierto?

a. El contribuyente tiene dos años para hacer cualquier corrección que resulte en reembolsos de impuestos adicionales, incluidas las prórrogas después de la fecha en que se presentó la declaración original o dentro de los 3 años posteriores a la fecha en que se pagó el impuesto, lo que ocurra más tarde.
b. El contribuyente tiene cuatro años para hacer cualquier corrección que resulte en reembolsos de impuestos adicionales, incluidas las prórrogas después de la fecha en que se presentó la declaración original o dentro de los 2 años posteriores a la fecha en que se pagó el impuesto, lo que ocurra más tarde.
c. El contribuyente tiene tres años para hacer cualquier corrección que resulte en reembolsos de impuestos adicionales, incluidas las prórrogas después de la fecha en que se presentó la declaración original o dentro de los 2 años posteriores a la fecha en que se pagó el impuesto, lo que ocurra más tarde.
d. El contribuyente no puede realizar correcciones en las declaraciones de impuestos del año anterior.

EAP2.2
¿Cuál de las siguientes opciones se utiliza para presentar una declaración federal enmendada?

a. Formulario 1040
b. Formulario 1040-X
c. Formulario 4868
d. Formulario 2241

EAP2.3
Which of the following would not be a valid reason to file an amendment?

   a. Taxpayer changing personal exemptions.
   b. Taxpayer claiming their cousins' dependents.
   c. Taxpayer reporting additional income.
   d. Taxpayer claiming additional tax credits.

EAP2.4
Lorena filed her original tax return on April 15 and was scheduled to receive a tax refund on May 9. Lorena realized she forgot income from her summer job. She files an amended return on May 3. The amended tax return resulted in Lorena having a balance due. Lorena paid her balance due on May 3. Which scenario is true?

   a. Lorena is not subject to a penalty because she paid her tax due on May 3.
   b. Lorena is subject to a penalty for not paying her tax due by April 15.
   c. Lorena is subject to a penalty for amending her tax return.
   d. Lorena does not have to report the income from her summer job.

Part 2 Review Questions Answers

EAP2.1
Which scenario is true?

   a. The taxpayer has two years to make any corrections that result in additional tax refunds, including extensions after the date the original return was filed or within 3 years after the date the tax was paid, whichever was later.
   b. The taxpayer has four years to make any corrections that result in additional tax refunds, including extensions after the date the original return was filed or within 2 years after the date the tax was paid, whichever was later.
   c. The taxpayer has three years to make any corrections that result in additional tax refunds, including extensions after the date the original return was filed or within 2 years after the date the tax was paid, whichever was later.
   d. The taxpayer is not allowed to make any corrections on previous year tax returns.

Feedback: Review section *Part 2: Amended Returns.*

EAP2.2
Which of the following is used to file a federal amended return?

   a. Form 1040
   b. Form 1040-X
   c. Form 4868
   d. Form 2241

Feedback: Review section *Part 2: Amended Returns.*

EAP2.3
¿Cuál de las siguientes opciones no sería una razón válida para presentar una enmienda?

   a. El contribuyente cambia las exenciones personales.
   b. El contribuyente reclama a los dependientes de sus primos.
   c. El contribuyente declara ingresos adicionales.
   d. El contribuyente reclama créditos fiscales adicionales.

EAP2.4
Lorena presentó su declaración de impuestos original el 15 de abril y estaba programada para recibir un reembolso de impuestos el 9 de mayo. Lorena se dio cuenta de que olvidó los ingresos de su trabajo de verano. Presenta una declaración enmendada el 3 de mayo. La declaración de impuestos enmendada resultó en que Lorena tuviera un saldo adeudado. Lorena pagó el saldo adeudado el 3 de mayo. ¿Cuál escenario es cierto?

   a. Lorena no está sujeta a una multa porque pagó sus impuestos adeudados el 3 de mayo/.
   b. Lorena está sujeta a una multa por no pagar sus impuestos adeudados antes del 15 de abril.
   c. Lorena está sujeta a una multa por enmendar su declaración de impuestos.
   d. Lorena no tiene que declarar los ingresos de su trabajo de verano.

Parte 2 Respuestas a las preguntas de repaso

EAP2.1
¿Cuál escenario es cierto?

   a. El contribuyente tiene dos años para hacer cualquier corrección que resulte en reembolsos de impuestos adicionales, incluidas las prórrogas después de la fecha en que se presentó la declaración original o dentro de los 3 años posteriores a la fecha en que se pagó el impuesto, lo que ocurra más tarde.
   b. El contribuyente tiene cuatro años para hacer cualquier corrección que resulte en reembolsos de impuestos adicionales, incluidas las prórrogas después de la fecha en que se presentó la declaración original o dentro de los 2 años posteriores a la fecha en que se pagó el impuesto, lo que ocurra más tarde.
   c. El contribuyente tiene tres años para hacer cualquier corrección que resulte en reembolsos de impuestos adicionales, incluidas las prórrogas después de la fecha en que se presentó la declaración original o dentro de los 2 años posteriores a la fecha en que se pagó el impuesto, lo que ocurra más tarde.
   d. El contribuyente no puede realizar correcciones en las declaraciones de impuestos del año anterior.

Comentarios: Revise la sección *Parte 2: Declaraciones Enmendadas.*

EAP2.2
¿Cuál de las siguientes opciones se utiliza para presentar una declaración federal enmendada?

   a. Formulario 1040
   b. Formulario 1040-X
   c. Formulario 4868
   d. Formulario 2241

Comentarios: Revise la sección *Parte 2: Declaraciones Enmendadas.*

Extensions and Amendments

EAP2.3
Which of the following would not be a valid reason to file an amendment?

a. Taxpayer changing personal exemptions.
b. Taxpayer claiming their cousins' dependents.
c. Taxpayer reporting additional income.
d. Taxpayer claiming additional tax credits.

Feedback: Review section *Part 2: Amended Returns*.

EAP2.4
Lorena filed her original tax return on April 15 and was scheduled to receive a tax refund on May 9. Lorena realized she forgot income from her summer job. She files an amended return on May 3. The amended tax return resulted in Lorena having a balance due. Lorena paid her balance due on May 3. Which scenario is true?

a. Lorena is not subject to a penalty because she paid her tax due on May 3.
b. Lorena is subject to a penalty for not paying her tax due by April 15.
c. Lorena is subject to a penalty for amending her tax return.
d. Lorena does not have to report the income from her summer job.

Feedback: Review section *Part 2: Amended Returns*.

Takeaways

This chapter gives a brief understanding of extensions and amendments. The paid tax professional must understand who should file for an extension and when to file an amendment as these are two separate processes.

If more time is needed to file the tax return, the individual should file for an extension. However, an extension of time to file *is not an extension of time to pay*. Payment is still owed by the April 15th deadline or the taxpayer will pay late payment penalties. An extension of time to file does not change this. Although an extension of time to pay and various payment plans do exist, these should not be confused with extensions of time to file.

TEST YOUR KNOWLEDGE!
Go online to take a practice quiz.

EAP2.3
¿Cuál de las siguientes opciones no sería una razón válida para presentar una enmienda?

   a. El contribuyente cambia las exenciones personales.
   b. El contribuyente reclama a los dependientes de sus primos.
   c. El contribuyente declara ingresos adicionales.
   d. El contribuyente reclama créditos fiscales adicionales.

Comentarios: Revise la sección *Parte 2: Declaraciones Enmendadas.*

EAP2.4
Lorena presentó su declaración de impuestos original el 15 de abril y estaba programada para recibir un reembolso de impuestos el 9 de mayo. Lorena se dio cuenta de que olvidó los ingresos de su trabajo de verano. Presenta una declaración enmendada el 3 de mayo. La declaración de impuestos enmendada resultó en que Lorena tuviera un saldo adeudado. Lorena pagó el saldo adeudado el 3 de mayo. ¿Cuál escenario es cierto?

   a. Lorena no está sujeta a una multa porque pagó sus impuestos adeudados el 3 de mayo.
   b. Lorena está sujeta a una multa por no pagar sus impuestos adeudados antes del 15 de abril.
   c. Lorena está sujeta a una multa por enmendar su declaración de impuestos.
   d. Lorena no tiene que declarar los ingresos de su trabajo de verano.

Comentarios: Revise la sección *Parte 2: Declaraciones Enmendadas.*

Aportes

Este capítulo proporciona una breve comprensión de las prórrogas y enmiendas. El profesional de impuestos pagado debe comprender quién debe solicitar una prórroga y cuándo presentar una enmienda, ya que estos son dos procesos separados.

Si necesita más tiempo para presentar la declaración de impuestos, la persona debe solicitar una prórroga. Sin embargo, una prórroga para presentar la solicitud *no es una prórroga para pagar*. El pago aún se adeuda antes de la fecha límite del 15 de abril o el contribuyente pagará las multas posteriores por pago atrasado. Una prórroga para declarar no cambia este hecho. Aunque existen prórrogas para pagar y hay varios planes de pago, no es recomendable y no deben confundirse con prórrogas para pagar.

¡PON A PRUEBA TUS CONOCIMIENTOS!
Ve en línea para tomar una prueba de práctica.

The Latino Tax Professionals Association (LTPA) es una asociación profesional dedicada a la excelencia en el servicio a profesionales de impuestos que trabajan en todas las áreas de la práctica tributaria, incluyendo profesionales individuales, servicios de tenencia de libros y contabilidad, agentes inscritos, contadores públicos certificados y abogados de inmigración. Nuestro exclusivo e-book interactivo y sistema de formación en línea proporciona la única formación fiscal y contable tanto en inglés como en español. Nuestra misión es proporcionar conocimiento, profesionalismo y comunidad a aquellos que sirven al contribuyente latino, para ayudarle a hacer crecer su práctica y aumentar sus ganancias atrayendo a más clientes latinos, y para proporcionar la mejor capacitación de preparación de impuestos disponible.

Latino Tax Professionals Association, LLC
1588 Moffett Street, Suite F
Salinas, California 93905
866-936-2587
www.latinotaxpro.com

Si necesita ayuda: edsupport@latinotaxpro.org

Made in the USA
Columbia, SC
09 August 2022